Geschichte in Köln

Zeitschrift für Stadt- und Regionalgeschichte

67 2020

Herausgegeben von
Thomas Deres – Christian Hillen – Michael Kaiser – Martin Kröger
Birgit Lambert – Stefan Lewejohann – Georg Mölich – Joachim Oepen
Wolfgang Rosen – Lars Wirtler – Stefan Wunsch

in Verbindung mit
Freunde des Kölnischen Stadtmuseums e.V.

Band 67 2020
herausgegeben von
Joachim Oepen, Wolfgang Rosen, Stefan Wunsch

BÖHLAU VERLAG WIEN KÖLN WEIMAR

Impressum

»Geschichte in Köln« (GiK) entstand 1977 als studentische Zeitschrift am Historischen Seminar der Universität zu Köln, das erste Heft erschien im April 1978. Das damalige Konzept, neben etablierten Autoren auch Beiträge von Studierenden zu veröffentlichen, erwies sich als überaus erfolgreich, da so wichtige Forschungsergebnisse einer breiteren Öffentlichkeit zugänglich gemacht werden konnten. Die ab Band 48 als umfangreicher Jahrgangsband publizierte Zeitschrift enthält Aufsätze, Miszellen und Rezensionen. Der Schwerpunkt liegt auf der kölnischen Stadtgeschichte und der rheinischen Landes-, Regional-, Stadt- und Ortsgeschichte, wobei in GiK durchaus auch Beiträgen mit übergreifendem Ansatz oder zur vergleichenden Stadtgeschichte ein Forum geboten wird. Dabei wird das Prinzip beibehalten, Beiträge aus dem Entstehungskontext wissenschaftlicher Qualifikationsarbeiten neben Aufsätzen etablierter Historikerinnen und Historiker zu veröffentlichen.
Seit 1995 erscheint GiK mit dem Untertitel »Zeitschrift für Stadt- und Regionalgeschichte«, seit 1998 wird sie in Verbindung mit dem Verein Freunde des Kölnischen Stadtmuseums e. V. herausgegeben. GiK ist auch Jahresgabe für die Mitglieder des »Fördervereins Geschichte in Köln e. V.«.

Herausgeber: T. Deres – C. Hillen – M. Kaiser – M. Kröger – B. Lambert – S. Lewejohann – G. Mölich – J. Oepen – W. Rosen – L. Wirtler – S. Wunsch
in Verbindung mit: Freunde des Kölnischen Stadtmuseums e. V.

Band 67 herausgegeben von Joachim Oepen, Wolfgang Rosen und Stefan Wunsch

Redaktionsanschrift: Geschichte in Köln, Zeitschrift für Stadt- und Regionalgeschichte, c/o Stefan Wunsch M.A., Franz-Denhovenstraße 51, 50735 Köln, **www.geschichte-in-koeln.de**
E-Mail: info@foerderverein-geschichte-in-koeln.de

Verlag: Böhlau Verlag GmbH & Cie. KG, Lindenstraße 14, D-50674 Köln

Lektorat: Stefan Wunsch, Köln; **Bildredaktion:** Birgit Lambert
Umschlaggestaltung: Guido Klütsch, Köln **Satz:** büro mn, Bielefeld; **Druck:** Finidr, Český Těšín
Printed in the EU

Erscheinungsweise/Bezugsbedingungen: Geschichte in Köln erscheint einmal im Jahr und kann über den Buchhandel oder unmittelbar beim Verlag bezogen werden.

Zur Titelabbildung: Domhof in Köln zur Zeit der Pest, 1605. Köln, Wallraf-Richartz-Museum & Fondation Corboud (Foto: Rheinisches Bildarchiv, Köln, rba_c011316)

Vandenhoeck & Ruprecht Verlage | www.vandenhoeck-ruprecht-verlage.com

ISSN 0720 3659, ISBN der aktuellen Ausgabe: 978-3-412-52003-8

Gedruckt mit freundlicher Unterstützung
der Annemarie und Helmut Börner-Stiftung,
des Erzbistums Köln,
des Fördervereines Geschichte in Köln e.V.,
des Landschaftsverbandes Rheinland,
des Vereins Freunde des Kölnischen Stadtmuseums e.V.

LVR Qualität für Menschen

Inhalt

Editiorial: Corona 7

Saskia Klimkeit Zur Verehrung des hl. Severin von Köln seit dem 6. Jahrhundert. Eine Problematisierung bisheriger Forschungsergebnisse 13

Georg Friedrich Heinzle Zweimal Hilduin? Überlegungen zur Identität des 842 ernannten Kölner Erzbischofs 37

Alexander Heit »Es ware seir ellendich in disser zit, ein frunt scheuwet den andern«. Kollektive und obrigkeitliche Reaktionen auf die Pest im Köln des 14. und 16. Jahrhunderts 59

Conradin von Planta Überregionale Netzwerke und Memoria: Die Kölner Benefactores der Kartause St. Margaretental zu Basel im 15. Jahrhundert 85

Tobias Kanngießer/Anna Pawlik Feine Gesellschaft. Kölner Äbtissinnenporträts in St. Peter 115

Gudrun Gersmann Von »Honvlez« zum »Baron von Hüpsch«: Die (auto)biographischen Metamorphosen eines Kölner Sammlers im 18. Jahrhundert 145

Joachim Deeters Wer zahlt für welche Schule? Bildungskosten der höheren Schulen Kölns im 19. Jahrhundert 173

Mario Kramp »Corona« und »Rassismus« 1870/71. Die Pockenepidemie und die Begegnung mit Afrikanern: Schlaglichter auf die vergessene Geschichte der französischen Kriegsgefangenen in Köln 187

Nicola Kresken Die Baugenossenschaft Kölner Universität GmbH zwischen 1920 und 1937 221

Charlotte Kalenberg Die Bündische Jugend in Köln und Umgebung 1933–1945. Unabhängige und katholische Bündische zwischen Anpassung, Widerstand und Verbot 247

Thomas Kahl »Dich minge mir nit« Integration, Ausgrenzung und Vertreibung der jüdischen Schüler am Realgymnasium Köln-Deutz 275

Eileen Schwarz Mitmachen zum Überleben? Stollwerck als Musterbetrieb im Nationalsozialismus 307

Yvonne E. Schäfers Im Dienst der »Schutzstaffel«. Das Bewerbungs- und Einstellungsverfahren von weiblichen Zivilangestellten der SS und SS-Helferinnen mit Geburts- oder Einsatzort Köln 337

Miszellen

Johannes Helmrath Humanismus im Nordwesten. Köln – Niederrhein – Westfalen. Wege und Desiderate der Forschung angesichts einer Neuerscheinung 359

Christiane Twiehaus Von den Ausgrabungen zum Museum im Herzen der Stadt: das MiQua. LVR-Jüdisches Museum im Archäologischen Quartier Köln 377

Buchbesprechungen 389

Moritz Woelk/Manuela Beer (Hg.): Museum Schnütgen. Handbuch zur Sammlung *von Anna Pawlik* 389

Klaus Gereon Beuckers/Anna Pawlik (Hg.): Das jüngere Evangeliar aus St. Georg in Köln. Untersuchungen zum Lyskirchen-Evangeliar *von Joachim Oepen* 391

Franz-Josef Arlinghaus: Inklusion – Exklusion. Funktion und Formen des Rechts in der spätmittelalterlichen Stadt. Das Beispiel Köln *von Christian Hillen* 392

Max Plassmann: Eine Stadt als Feldherr. Studien zur Kriegsführung Kölns *von Michael Kaiser* ... **394**

Walter Buschmann (Hg.): Industriekultur. Düren und die Nordeifel *von Wolfgang Rosen* ... **396**

Stefan Lewejohann/Georg Mölich (Hg.): Köln und Preußen. Studien zu einer Beziehungsgeschichte *von Clemens von Looz-Corswarem* ... **399**

Reinhard Matz/Wolfgang Vollmer: Köln vor dem Krieg. Leben – Kultur – Stadt 1880–1940; Dies.: Köln und der Krieg. Leben – Kultur – Stadt 1940–1950; Dies.: Köln nach dem Krieg. Leben – Kultur – Stadt 1950–1990 *von Georg Mölich* ... **401**

Fortis Colonia e. V. (Hg.): Eine Grünanlage mit Geschichte. Festungsbauten und Äußerer Grüngürtel in Köln *von Thomas Deres* ... **404**

Ute Planert (Hg.): Alberts Töchter. Kölner Frauen zwischen Stadt, Universität und Republik (1914–1933) *von Maike Schmidt* ... **405**

Andreas Freitäger: Hundert Jahre Neue Universität zu Köln 1919–2019 – Aus Neu mach Alt *von Thomas Fuchs* ... **408**

Gerhard Quadt/Raimund Tenholte, Köln-Dünnwald in der braunen Zeit 1933–1945 *von Thomas Roth* ... **410**

Rita Wagner (Hg.): Köln am Rhein oder von Zeit zu Zeit. Begleitband zur Ausstellung im Kölnischen Stadtmuseum vom 24. August bis zum 15. Dezember 2019 *von Joachim Oepen* ... **410**

Sakralbauten der Architektenfamilie Böhm, fotografiert von Hartmut Junker, mit Texten von Stefanie Lieb *von Martin Struck* ... **412**

Autorinnen und Autoren ... **415**

Editorial: Corona ...

... bringt alle Lebensbereiche durcheinander. Auch an einer Zeitschrift für Stadt- und Regionalgeschichte wie »Geschichte in Köln« (GiK) und den beiden Vereinen, welche die Zeitschrift wesentlich tragen, gehen die aktuellen Zeitumstände keineswegs spurlos vorüber: Geschichte lebt wie jede Wissenschaft vom Diskurs, der im Austausch der Menschen miteinander geführt wird, und der im März 2020 von jetzt auf gleich nicht mehr möglich war, jedenfalls nicht in Formen, wie wir sie gewöhnt sind – Kolloquien, Tagungen, Exkursionen ... Gleichzeitig zeigte sich bei der Erstellung der vorliegenden Ausgabe von GiK sehr schnell, dass nicht wenige Autoren die Zeit des Lockdown offenbar genutzt haben, um produktiv an ihren Themen zu arbeiten. So ist die 67. Ausgabe der GiK ein umfangreicherer Band als sonst geworden. Herausgeber und Vorstand des »Fördervereins Geschichte in Köln« haben sich zur Finanzierung dieses erweiterten Bandes entschlossen, auch um den Vereinsmitgliedern einen gewissen Ersatz für die Veranstaltungen zu bieten, die 2020 allesamt nicht möglich waren. Gleichzeitig kommt GiK stärker bebildert und erstmalig durchgehend in Farbe gedruckt daher – ein Gewinn an Qualität, mit dem die Herausgeber auf längst veränderte Rezeptionsgewohnheiten reagieren, und Ergebnis eines Nachdenkens, wie GiK in einer sich wandelnden Medienlandschaft in die (sicherlich auch digitale) Zukunft geführt werden kann.

Den Auftakt zum vorliegenden Band bildet ein Beitrag von *Saskia Klimkeit*. Besagter Diskurs der Wissenschaft ist auch für die Kölner Stadtgeschichte besonders spannend, wenn aktuelle Forschungen kritisch diskutiert werden. Erst 2011 erschien ein umfangreicher interdisziplinärer Sammelband, dessen Autoren einen sensationellen Fund im Schrein des hl. Severin in der gleichnamigen Kölner Kirche wissenschaftlich aufbereiteten und publik machten. Die seinerzeit (1999) entdeckten Textilien des 1. Jahrtausends, eine Reliquienlade des 10. Jahrhunderts, die Gebeine womöglich des hl. Severin (um 400) unter anderem führen nicht nur in die spätantike und frühmittelalterliche Geschichte Kölns zurück, sondern sind auch Zeugnisse des Kultes um diesen dritten bekannten Kölner Bischof. Saskia Klimkeit setzt sich kritisch mit einigen dieser noch jungen Forschungsergebnisse auseinander. Dabei widmet sie sich zwei zentralen Fragen: Welche Rückschlüsse lässt die insgesamt dünne Quellenlage zur Person des hl. Severin zu? Was lässt sich über eine Verehrung dieses Heiligen für die Zeit vor dem 9./10. Jahrhundert sagen? Dabei geht es nicht nur um den Heiligen oder die Severinskirche als zentralem Ort des Kultes, sondern mittelbar auch um die Bezüge Kölns im Frankenreich und überhaupt die Stadt im Frühmittelalter, worüber wir so wenig wissen.

Die Geschichte der Kölner Erzbischöfe ist grundsätzlich gut erforscht. Allerdings gibt es noch eine ganze Reihe offener Fragen, insbesondere für die Zeit des früheren Mittelalters wie etwa des 9. Jahrhunderts. Bei einigen Personen ist man sich sogar gar nicht sicher, welche Identität sie hatten. *Georg Friedrich Heinzle* trägt zur Aufklärung bei, ob es sich beim bekannten Abt des Klosters von Saint-Denis und dem Kölner Diözesanherrn um dieselbe Person handelte, die diese Posten hintereinander besetzte, oder ob es zwei unterschiedliche Personen waren. Konnte der Abt, der aus politischen Gründen sein Amt verloren hatte, anschließend noch an die Kölner Diözesanspitze gelangen oder handelte es sich beim gleichnamigen Bischof der Rheinmetropole um eine andere Person? Beide Posten waren politisch sehr relevant, sodass hier die Berücksichtigung der politischen Konstellation entscheidend zur Klärung beitragen kann. Auch in dieser Abhandlung gibt es keinen zwingenden Beweis der Identität oder Nicht-Identität der beiden Hilduine. Allerdings führt der hier durchgeführte Indizienprozess im Ergebnis dazu, dass eindeutig mehr für die Identität der fraglichen Personen spricht, als dagegen.

Gerade erleben wir die größte Pandemie seit langem. Für uns alle ist dies eine ganz neue Erfahrung. Dennoch gab es schon immer solche umfassenden und globalen Viruserkrankungen – ja die Menschheitsgeschichte war zugleich immer auch eine Seuchengeschichte. Der Beitrag von *Alexander Heit* blickt zurück ins mittelalterliche und frühneuzeitliche Köln, in dem es eine Reihe von Pestepidemien gab und vergleicht sie miteinander. Vieles, was uns heute völlig neu ist, und Einiges, was uns zurecht verstört, existierte auch schon in diesen Zeiten: Fragen, warum es die Erkrankungen gibt und wie man mit ihnen umgeht, wie man sich vor ihnen schützt und wie man sie heilen kann, Angst vor wirtschaftlichen Schäden, Absage von Festen – aber leider auch die Leugnung der Krankheit, Verschwörungstheorien, Suche den Schuldigen bis hin zu Pogromen an den Juden. Zudem treffen wir auch auf Gegenmaßnahmen wie räumliche und soziale Distanz, Zusammenkünfte unter freiem Himmel und Hygienevorkehrungen. Viele der damaligen Handlungs- und Reaktionsmuster ähneln den heutigen.

Was hat Köln mit Basel zu tun – welche Verbindungen gab es am Ausgang des Mittelalters zwischen der oberrheinischen Kartause St. Margaretental und der Dommetropole? Um diesen Beziehungen auf die Spur zu kommen, muss man methodisch prosopographisch vorgehen und eine Analyse des Basler Wohltäterbuches (Liber benefactorum) vornehmen. Auf diese Weise kann *Conradin von Planta* 32 Stifterinnen und Stifter identifizieren und sozial einordnen. Hierdurch werden überregionale, über weitere Distanzen hinweg bestehende Netzwerke zwischen geistlichen Instituten und Stadtgesellschaften sichtbar und kann erklärt werden, warum aus Köln Memorialstiftungen für die Kartause am Oberrhein getätigt wurden. Was wurde geschenkt? Wie viele Frauen, wie viele Männer waren beteiligt? Gab es unterschiedliche Intensitätsstufen der Beziehungen, und zu welchen weiteren Kartausen unterhielten die Basler Verbindungen? Die soziale Zusammensetzung der Kölner Benefactores unterstreicht die Bedeutung namentlich städtischer Kartausen für neu aufsteigende Familien aus der kommerziell-zünftischen Elite.

Fünf Damenporträts hängen in der Sakristei der Kölner Pfarrkirche St. Peter. Die freundlich dreinblickenden Damen geben sich einerseits als Ordensfrauen zu erkennen, sind aber andererseits mit Zeichen von Macht wie einem Äbtissinnenstab oder Hermelinbesatz der Kleidung ausgestattet. Damit vermitteln die Porträts einen Eindruck von der Stellung dieser Frauen, der landläufige generalisierende Vorstellungen von der gesellschaftlichen Stellung von Frauen in vormodernen Zeiten zu differenzieren hilft. *Anna Pawlik* und *Tobias Kanngießer* stellen die Dargestellten vor – drei von ihnen waren Äbtissinnen von St. Cäcilien –, gehen aber auch der Frage nach, warum diese Gemälde überhaupt entstanden sind. Es handelt sich um geistliche Amtsporträts, angefertigt zum Zweck der Repräsentation von Rang und Stand, aber auch um Tradition und Kontinuität der kirchlichen Institution sichtbar zu werden zu lassen.

Denkt man an berühmte Kölner Sammler, so kommt einem als erster Ferdinand Franz Wallraf in den Sinn. Doch ist Wallraf bei Weitem nicht der einzige im Köln des 18. Jahrhunderts aktive Sammler. Auch die Sammlung des Baron von Hüpsch erfreute sich großer Berühmt- und Beliebtheit. Schenkt man dem im Nachlass des Barons überlieferten Gästebuch Glauben, so lockte sie tausende Besucherinnen und Besucher in die Kölner Johannisstraße – umso erstaunlicher, dass Leben, Wirken und Sammlung Hüpschs heute in Köln weitestgehend in Vergessenheit geraten sind. *Gudrun Gersmann* geht der Frage nach, wer dieser Baron von Hüpsch war. Dabei skizziert sie das Leben und Schaffen dieses außergewöhnlichen Kölner Sammlers und deckt in detektivischer Manier dessen raffinierte Täuschungsmanöver mittels gefälschter biographischer Darstellungen auf, die der Selbstvermarktung dienten. Weiterhin benennt der Beitrag Forschungsdesiderate wie das Fehlen einer Gesamtdarstellung und liefert so Anstöße zu weiteren Forschungen. Hilfreich in diesem Zusammenhang dürfte das seit 2018 laufende breit angelegte, von der Kölner Greven-Stiftung geförderte Digitalisierungsprojekt des Nachlasses des Baron von Hüpsch in der Universitäts- und Landesbibliothek Darmstadt sein, dem Restaurierungsarbeiten an den Textilbestände der Sammlung und dem Nachlass vorangingen. In Zukunft wird es so möglich sein, sich diesem Quellenbestand und damit verbunden der Person Hüpschs zu nähern und zu weiterer Forschung anzustoßen.

Mit der recht einfach klingenden Frage »Wer zahlt für welche Schule?« behandelt *Joachim Deeters* ein Thema, dem sich merkwürdiger Weise die Kölner Stadtgeschichtsforschung bislang noch nicht angenommen hat. Es geht um das höhere Schulwesen des 19. Jahrhunderts, insbesondere um dessen Finanzierung. Es wird die Entwicklung der Kölner Schullandschaft nachgezeichnet, womit eine völlige Neuausrichtung der Finanzierung weiterführender Schulen einhergeht: von der Eigenfinanzierung dieser Bildungseinrichtungen hin zur öffentlichen Finanzierung, weil man nach und nach die Schulbildung »als öffentliche Aufgabe« erkannte, »auf die alle ein Anrecht besaßen« – was bis heute Gültigkeit hat. Damit ist dieser Beitrag nicht nur anschlussfähig an aktuelle gesellschaftliche Diskussionen über die Finanzierung und Ausstattung des Schul- und Bildungsbereichs, sondern skizziert auch die Grundlagen der heute bestehenden Kölner Schullandschaft.

2020/21 sind genau 150 Jahre seit dem Deutsch-Französischen Krieg vergangen, an dessen Ende bekanntlich die Reichseinheit und das Deutsche Kaiserreich standen. Ähnlich wie man bis vor wenigen Jahren den Ersten Weltkrieg nicht als ein Thema ansah, das für die (Kölner) Stadtgeschichte größere Relevanz hat, scheint auf den ersten Blick auch der 1870/71er Krieg höchstens am Rande etwas mit Köln zu tun zu haben. Dass dies sich durchaus anders verhält, zeigt der Beitrag von *Mario Kramp* auf, der aus einer geplanten Monographie vorab zwei ausgewählte Aspekte des Themas vorstellt, die zudem verblüffend aktuelle Bezüge aufweisen: Es geht um die französischen Kriegsgefangenen, die in Lagern im rechtsrheinischen Köln untergebracht waren. Diese Lager trugen nicht unerheblich zur Verbreitung einer Pockenepidemie bei, wobei Übertragungswege, Fragen des Impfens, Reaktionen der Gesellschaft und anderes stark an aktuelle Diskussionen rund um das Coronavirus erinnern. Inhaltlich anschlussfähig an die derzeitige Rassismusdebatte ist der zweite Aspekt, dass nämlich die Kölnerinnen und Kölner erstmals einer größeren Zahl Schwarzer begegneten, die sich unter den gefangenen Franzosen befanden. Die Sonntagsausflüge, bei denen man sich die afrikanischen Kriegsgefangenen wie Tiere im Zoo anschaute, wurden zu traurigen Vorläufern der »Völkerschauen« darauffolgender Jahrzehnte.

Wie baut man eine neugegründete Universität auf und schafft es dabei, sie gegenüber der bestehenden Konkurrenz zu behaupten? *Nicola Kresken* geht dieser Frage anhand des Beispiels der universitären Baugenossenschaft nach. Noch heute zeugen die in den 1920er Jahren entstandenen Bauten in der Siedlung rund um die Wolfgang-Müller-Straße in Köln-Bayenthal von dieser besonderen und bisher weitgehend unbekannten Episode der Geschichte der neuen Kölner Universität.

Nach der Machtübernahme der NSDAP wurden sowohl aus der katholischen Jugendbewegung stammende Gruppen, die stark an die Institution der katholischen Kirche angebunden waren, als auch aus der Wandervogel- und Pfadfinderbewegung entstandene Gruppen der Bündischen Jugend vom NS-Staat zunehmend in ihren Handlungsspielräumen eingeschränkt und verfolgt. *Charlotte Kalenberg* untersucht auf der Basis von Akten des Sondergerichts Köln unter anderem, ob und in welchem Ausmaß die Nationalsozialisten einen Unterschied zwischen konfessionellen Bünden und rein bündischen Gruppen machten und welche Formen der Anpassung oder des Widerstands gegen den Totalitätsanspruch der nationalsozialistischen Staatsjugend – zum Beispiel Versuche, die Hitlerjugend zu unterwandern – festzustellen sind. Die ausgewerteten Quellen lassen in einigen Fällen sowohl Aussagen über das Ausmaß an ideologischer Übereinstimmung mit dem Nationalsozialismus zu, wie sie auch Strategien widerspiegeln, die Arbeit der Gruppen gleichsam »halbillegal« weiterzuführen.

Minderheiten in Köln – Wie erfolgte die Integration von jüdischen Schülern am ersten Deutzer Realgymnasium in den ersten Jahrzehnten des 20. Jahrhunderts? Wie erlebten diese Schüler nach 1933 Ausgrenzung, Verfolgung und Vertreibung? Wie verhielten sich die Lehrer? Wie waren die jüdischen Schüler sozialisiert? Wieweit vermag eine solche Schule auch die städtische Gesellschaft in Bezug auf das Verhalten gegenüber den jüdischen Einwohnern widerzuspiegeln? Quellen hierzu bieten nicht die schulischen Festschriften oder Ähnliches, sondern vielmehr Unterlagen aus dem Schularchiv und Zeitzeugeninterviews von Überlebenden, die Auskunft über Herkunft und Lebenswege geben. Weitere Quellen über die Schüler bieten Opferdatenbanken und das NS-Dokumentationszentrum der Stadt Köln. Auf diesen Grundlagen lassen sich die entsprechenden Biografien – Integration, Ausgrenzung, Verfolgung, Flucht, Ermordung – von 64 Schülern rekonstruieren. Die Untersuchung von *Thomas Kahl* steht exemplarisch für das Schicksal der jüdischen Minderheit an höheren Kölner Schulen in den ersten vier Jahrzehnten des 20. Jahrhunderts.

Im Jahr 1936 verfügte Adolf Hitler, dass sich deutsche Betriebe zum Nationalsozialistischen Musterbetrieb auszeichnen lassen konnten. Auch der Kölner Süßwarenhersteller Gebrüder Stollwerck A.G. bewarb sich und wurde 1937 erstmalig und in den Folgejahren immer wieder ausgezeichnet. Der Aufsatz von *Eileen Schwarz* befasst sich mit mehreren Fragen. Was war überhaupt ein Nationalsozialistischer Musterbetrieb? Wer war für die Durchführung des Wettbewerbs zuständig? Wie verliefen der Bewerbungsprozess und welche Kriterien waren für eine erfolgreiche Auszeichnung entscheidend? Veränderte sich Stollwerck infolge dieser Auszeichnung, und wenn ja, inwiefern? Dabei werden Aspekte wie Soziale Fürsorge, der Betriebssport als auch die firmeneigene Betriebszeitung Stollwerck-Rundschau beleuchtet.

Dass die SS in der NS-Zeit auch ein »attraktiver« Arbeitgeber für Frauen sein konnte, hat die Forschung in den letzten Jahren bereits herausgearbeitet. Doch welche Voraussetzungen mussten für eine Anstellung erfüllt werden und wie stellten sich die jungen Frauen, die sich bei der SS bewarben, überhaupt dar? Wie war das Einstellungsverfahren der SS strukturiert und welche Informationen gaben die Bewerberinnen dabei preis? Diesen Themen sowie der Frage, mit welcher Motivation sich die Frauen entweder für den zivilen oder militärischen Bereich der SS bewarben und welche Rolle die politische Indoktrination dabei spielte, geht *Yvonne Schäfers* nach. Sie untersucht zu diesem Zweck das Bewerbungs- und Einstellungsverfahren von siebzehn weiblichen Zivilangestellten der SS und SS-Helferinnen im Nachrichtendienst mit Geburts- oder Einsatzort Köln. Grundlage ihrer Forschungen sind entsprechende Personalakten, darunter handschriftliche Lebensläufe, aus dem Bestand »SS Women Personnel Files« aus den National Archives and Records Administration (NARA) in Washington.

Wir wünschen eine anregende Lektüre.
Für das Herausgebergremium, die Bandherausgeber sowie die Bildredaktion:
Birgit Lambert, Joachim Oepen, Wolfgang Rosen und Stefan Wunsch

Zur Verehrung des hl. Severin von Köln seit dem 6. Jahrhundert

Eine Problematisierung bisheriger Forschungsergebnisse

von Saskia Klimkeit

Die Entwicklung des Kultes um den dritten bekannten Kölner Bischof, den hl. Severin von Köln (um 400), erscheint bis heute beinahe ebenso undurchsichtig wie die frühe Kölner Überlieferung im Generellen. Erst im ausgehenden 9. oder frühen 10. Jahrhundert[1] entstanden Vita und Translationsbericht, für die der Verfasser in Ermangelung an Quellenmaterial auf die Vita des gleichnamigen Bischofs von Bordeaux zurückgriff. So entstand die bis heute überlieferte Legende, der Leib des hl. Severin sei zwischen Köln und der südwestfranzösischen Stadt aufgeteilt worden.[2] Umso mehr erfreut sich die Person Severins seit Ende des 19. Jahrhunderts eines regen Forschungsinteresses, das die Veröffentlichung vergleichsweise zahlreicher Beiträge vor allem über die Entwicklung seiner Verehrung und Legende begünstigte (Abb. 1). Die Urteile, zu denen die einschlägigen Forschenden dabei kamen, fielen allerdings geradezu niederschmetternd aus. So resümierte Wilhelm Levison 1909: »Über seine Wirksamkeit wissen wir nichts; lediglich seine Zeit ergibt sich aus einer Erzählung Gregors von Tours, deren legendenhafter Charakter keines Beweises bedarf«.[3] Überhaupt seien in späteren Nachrichten »auf den Kölner Bischof Erzählungen übertragen

1 Hinsichtlich der Datierung der »Vita et translatio sancti Severini episcopi Colonienses et confessoris« liegen unterschiedliche Datierungsansätze vor. Schon Wilhelm Levison schwankt zwischen einer Aufzeichnung »am Ende des 9. oder im 10. Jahrhundert [...]«, Heribert Müller spricht von einer Entstehung »nach 881/882«, Joachim Oepen ordnet eine solche allgemeiner »an der Wende zum 10. Jahrhundert« ein und Heinz Finger datiert sie ins ausgehende 9. Jahrhundert mit dem Verweis, dass »die älteste erhaltene Handschrift [...] aus dem 10. Jahrhundert [stamme]«. Wilhelm Levison: Die Entwicklung der Legende Severins von Köln, in: Bonner Jahrbücher 118 (1909), S. 34–53, hier S. 35; Heribert Müller: Art. Severinus, in: Lexikon des Mittelalters 7, München 1995, Sp. 1805; Joachim Oepen: »Der hl. Severin von Köln« – Erkenntnisse eines Fachkolloquiums, in: Geschichte in Köln 51 (2004), S. 169–172, hier S. 169; Heinz Finger/Werner Wessel: Heilige Kölner Bischöfe. Eine Ausstellung der Diözesan- und Dombibliothek Köln im Jubiläumsjahr 2013. 1700 Jahre Kirche von Köln (5. März bis 13. Juli 2013), Köln 2013, S. 71.

2 Joachim Oepen: Severin. Heiliger und Bischof von Köln (397), in: Internetprotal Rheinische Geschichte, http://www.rheinische-geschichte.lvr.de/Persoenlichkeiten/severin/DE-2086/lido/57c94e2bcc8d85.81971965 [Stand 5.4.2020].

3 Levison: Entwicklung (Anm. 1), S. 34.

Abb. 1: Emailscheibe mit Darstellung des hl. Severin, Vorderseite, 10./11. Jahrhundert. Köln, St. Severin, Sacrarium (Foto: Stephan Kube, Köln)

worden, die ihn […] nicht betrafen«.[4] Umso erstaunlicher scheint es, dass Bernd Päffgen in dem bislang jüngsten Beitrag zu diesem Thema[5] zu dem Schluss gelangt, dass der hl. Severin zweifelsfrei zu den wenigen Heiligen gehörte, deren Verehrung sich seit dem 6. Jahrhundert eindeutig nachweisen ließe.[6] So seien von der früheren Forschung der Nachweis der Verehrung Severins in merowingischer

4 Ebd., S. 28–29.
5 Bernd Päffgen: Der hl. Severin im Spiegel der frühen historischen Überlieferung, in: Joachim Oepen/Bernd Päffgen/Sabine Schrenk/Ursula Tegtmaier (Hg.): Der hl. Severin von Köln. Verehrung und Legende. Befunde und Forschungen zur Schreinsöffnung von 1999, Siegburg 2011, S. 441–535.
6 Ebd., S. 443.

Zeit und davon ausgehend mögliche weitere Schlussfolgerungen viel zu wenig betont worden.[7] Welche Schlussfolgerungen tatsächlich aus welchen Quellen abgeleitet werden können, soll der vorliegende Beitrag klären.

1. Eine durchgängige Verehrung seit dem 6. Jahrhundert? Zur Beweiskraft der schriftlichen Quellen

a) Die Erwähnung bei Gregor von Tours (573–594)

Die früheste Erwähnung des hl. Severin von Köln findet sich in den »Libri de virtutibus sancti Martini episcopi« Gregors von Tours und bietet an sich nicht viel Stoff, um daraus Rückschlüsse auf die allgemeine Bekanntheit oder Verehrung des Heiligen ziehen zu können. Dennoch leitet Päffgen daraus die Verortung Severins im Umkreis Martins von Tours, beziehungsweise Hilarius' von Poitiers ab. Gestützt ist diese Argumentation auf zwei grundlegende Anhaltspunkte, die an dieser Stelle näher betrachtet werden sollen.

Die Himmelfahrt des hl. Martin

Widmen wir uns zunächst dem ersten Anhaltspunkt, der Zeugenrolle für die Himmelfahrt des hl. Martin von Tours (Abb. 2). Diese Passage bei Gregor, in der von einer Vision Severins die Rede ist, stellt – wie bereits erwähnt – den Grundbaustein von Päffgens Rekonstruktionsversuch dar, ist sie doch die früheste und einzige Erwähnung, die sich im 6. Jahrhundert für Severin von Köln finden lässt. Aus ihr leitet Päffgen zunächst eine enge persönliche Verbindung und schließlich eine Schüler-Lehrer-Beziehung zwischen Martin und Severin ab,[8] wobei beides weder anhand der Wortwahl noch anhand der Ausgestaltung der Erzählung so eindeutig greifbar ist. Eine erneute Untersuchung der schon oft analysierten Episode soll deutlich werden lassen, was Gregor tatsächlich sagt und welche Informationen daraus sich sinnvoll verwerten lassen.

»Beatus autem Severinus Coloniensis civitatis episcopus, vir honestae vitae et per cuncta laudabilis, dum die dominico loca sancta ex consuetudine cum suis clericis circuiret, illa hora qua vir beatus obiit audivit chorum canentium

7 Ebd.

8 Aus der später im Zuge der Rekonstruktion eine Schülerschaft bei Hilarius von Poitiers wird, da Martin angeblich lediglich 20 Jahre älter als Severin gewesen sei. Päffgen: Überlieferung (Anm. 5), S. 464–465.

Abb. 2: Vision des hl. Severin beim Tod des hl. Martin, Severinzyklus, Gemälde Nr. 5, um 1498–1500. Köln, St. Severin (Foto: Kolumba Köln, Lothar Schnepf)

in sublimi. Vocatoque archidiacono, interrogat, si aures eius percuterent voces, quas ille adtentus audiret. Respondit: ›Nequaquam‹. Tunc ille: ›Diligenter‹, inquid, ›ausculta‹. Archidiaconus autem coepit sursum collum extendere, aures erigere et super summis articulis, baculo sustentante, stare. Sed credo, eum non fuisse aequalis meriti, a quo haec non merebantur audiri. Tunc prostrati terrae ipse pariter et beatus episcopus, Dominum deprecantur, ut hoc ei divina pietas audire permitteret. Erectis autem, rursum interrrogat senes: ›Quid audis?‹ Qui ait: ›Voces psallentium tamquam in caelo audio, sed quid sit prorsus ignoro‹. Cui ille: ›Ego tibi quid sit narrabo. Domnus meus Martinus episcopus migravit ex hoc mundo, et nunc angeli canendo eum deferunt in excelsum. Et ut parumper mora esset, ut haec audirentur, diabolus eum cum iniquis angelis retenere temptavit, nihilque suum in eundem repperiens, confusus abscessit. Quid ergo de nobis peccatoribus erit, si tantum sacerdotem voluit pars iniqua nocere?‹ Haec sacerdote loquente, notatum tempus, archidiaconus Turonus misit velociter qui haec diligenter inquireret. Qui veniens, eum diem horamque manifestissime cognovit transisse beatum virum, quo sanctus Severinus audivit psallentium chorum. Sed si ad Severi recurramus historiam, ipsa hora eum sibi scripsit cum libro vitae suae fuisse revelatum«.[9]

9 Gregor von Tours: Libri I–IV de virtutibus sancti Martini episcopi, in: MGH SS rer. Merov. 1,2, ed. Buno Krusch, Nachdruck Hannover 1969, S. 140. Übersetzung: »Indes als der hl. Severin, Bischof der Stadt Köln, ein Mann von ehrenhaftem und in allem löblichen Lebenswandel, an einem Sonntag wie üblich mit seinen Priestern die heiligen Orte durchwanderte, hörte er in jener Stunde, als der heilige Mann starb, einen singenden Chor im Himmel. Er rief den Archidiakon herbei und fragte ihn, ob diese Stimmen, die er so aufmerksam vernahm, auch seine Ohren erreichen würden. Dieser erwiderte: ›Nein, keineswegs.‹ Darauf jener: ›Höre ganz genau hin!‹ Nun begann der Archidiakon seinen Hals zu recken und die Ohren zu spitzen und stellte sich, auf seinen Stock gestützt, auf die Zehenspritzen. Aber ich glaube, dass er nicht von gleichen Verdiensten war wie jener, und nicht gewürdigt wurde, etwas zu hören. Alsdann warfen sich er selbst und ebenso der hl. Bischof zu Boden und flehten zum Herrn, dass die göttliche Frömmigkeit ihm gestatte, die Stimmen zu hören. Nachdem sie wieder aufgestanden waren, fragte der alte Mann ihn wiederrum: ›Was hörst Du?‹ Er erwiderte: ›Ich höre singende Stimmen wie im Himmel, habe aber keine Ahnung, was das ist!‹ Jener entgegnete ihm: ›Ich werde Dir erklären, was das ist. Bischof Martin, mein Herr, ist von dieser Erde geschieden, und nun tragen ihn die Engel unter Gesang in den Himmel. Und, als da eine kleine Pause war, während wir das hörten, versuchte der Teufel mit Hilfe seiner bösen Geister ihn zurückzuhalten, fand aber nichts von sich in ihm und entschwand bestürzt. Was wird also mit uns Sündern passieren, wenn das boshafte Stück [der Teufel] sogar einem so großen Bischof schaden will?‹ Während der Bischof über diese Dinge sprach, notierte der Archidiakon die Zeit und schickte eilig jemanden nach Tours, um diese Sache sorgfältig zu untersuchen. Als der dort ankam, erfuhr er, dass der heilige Mann mit Sicherheit an dem Tag und in der Stunde verstorben war, als der heilige Severin den singenden Chor vernahm. Aber um wieder zur Geschichte des Severus zurückzukehren, er schrieb, dass er [der hl. Martin] ihm leibhaftig in eben dieser Stunde mit dem Buch seines Lebens in der Hand offenbart wurde«. Übersetzt von Josef van Elten und der Verfasserin.

Gregor beschreibt zunächst die kirchliche Praxis des 4. Jahrhunderts, mit den Klerikern die heiligen Stätten abzugehen.[10] Da im 6. Jahrhundert noch keine Vita Severini vorlag, konnte er diese Informationen nur aus zweierlei Quellen beziehen: Einerseits Erzählungen über den Kölner Bischof, die ihm zu Ohren gekommen waren, was zumindest Bekanntheit und öffentliches Interesse voraussetzen würde, oder andererseits aus der ihm alltäglichen und daher geläufigen Praxis des 6. Jahrhunderts in Tours, die er auf die Lebensverhältnisse im Köln des 4. Jahrhunderts übertrug[11] und derer er sich aus Mangel an Berichten über Severin bedienen musste, um diesen als bekannten Zeitgenossen Martins und damit glaubwürdigen Zeugen auszuweisen. Denn die Floskeln, die Gregor zur näheren Charakterisierung Severins als Bischofspersönlichkeit verwendet, sind nicht nur dürftig, sondern schon topisch. So erscheint auch das eher nüchtern ausfallende Urteil Friedrich Wilhelm Oedigers nicht zu knapp, wenn er schreibt, dass Gregor lediglich den Namen des Kölner Bischofs wohl noch kannte, das von ihm erzählte Geschehen allerdings dem Wunderreich der Legende angehöre.[12] Auch enthält die synonyme Bezeichnung als »beatus« und »sanctus« keine weiteren Hinweise darauf, ob Gregor Severin bereits als Heiligen mit einer sich etablierenden oder schon etablierten Verehrungspraxis kannte, verwendet er doch für viele andere Bischöfe dieselben Attribute.[13] Allerdings muss man zugeben, dass die Erwähnung Severins bei

10 Im Hinblick auf vorhandene heilige Stätten zur Zeit Severins berichtet Gregor selbst von einem heidnischen Tempel, der in der 1. Hälfte des 6. Jahrhunderts angezündet wurde (»Erat autem ibi fanum quoddam diversis ornamentis refertum, in quo barbaries proxima libamina exhibens«. Gregor von Tours: Liber vitae patrum, in: MGH SS rer. Merov. 1,2, ed. Buno Krusch, Nachdruck Hannover 1969, S. 231), von einer Basilica »ad sanctos Aureos«, das spätere St. Gereon, in der ein Brunnen stand, in den die Leichen der thebäischen Legion geworfen wurden (»Est apud Agripinensim urbem basilica, in qua dicuntur quinquaginta viri ex illa legione sacra Thebeorum pro Christi nomine martyrium consummasse. […] Sanctos Aureos ipsam basilicam incolae vocitare«. Gregor von Tours: Liber in Gloria martyrum, in: MGH SS rer. Merov. 1,2, ed. Buno Krusch, Nachdruck Hannover 1969, S. 80) und eben von den in der vorliegenden Textstelle erwähnten »loca sancta«, unter denen Margarete Weidemann »Friedhöfe mit Heiligengräbern« versteht. Vgl. Margarete Weidemann: Kulturgeschichte der Merowingerzeit nach den Werken Gregors von Tours, Bd. 2, Mainz 1982, S. 51.

11 Siehe dazu auch Sebastian Ristow: Frühes Christentum im Rheinland. Die Zeugnisse der archäologischen und historischen Quellen an Rhein, Maas und Mosel, Köln 2007, S. 105.

12 Friedrich Wilhelm Oediger: Das Bistum Köln von den Anfängen bis zum Ende des 12. Jahrhunderts, 2. Aufl. Köln 1972, S. 27. Eugen Ewig schließt für die Überlieferung bei Gregor von Tours auch nicht aus, dass sie auf einer Kölner Tradition basieren könnte. Eugen Ewig: Beobachtungen zur Frühgeschichte des Bistums Köln, in: Ders./Hartmut Atsma (Hg.): Spätantikes und fränkisches Gallien. Gesammelte Schriften Bd. 2, München 1979, S. 126–153, hier S. 130.

13 Beispielsweise bezeichnet er Perpetuus von Tours als »sanctus vero Perpetuus episcopus«, ebenso Nepotianus, den vierten Bischof von Clermont als »sanctus Neputianus episcopus«, oder auch Sidonius Apollinaris, Bischof der Auvergne, als »sanctus Sidonius episcopus«. Libri de virtutibus (Anm. 9), S. 138; Liber in gloria confessorum (Anm. 10), S. 321; Liber

Gregor und dessen Bezeichnung als »beatus«, beziehungsweise »sanctus« auf eine hervorgehobene Bedeutung des Kölner Bischofs im 6. Jahrhundert hinweist.[14] Dennoch weiß Gregor nichts weiter über ihn zu berichten. Vor allem fehlen Erzählungen über seine Taten und Verdienste, die von dem Turoner Historiograph lediglich mit dem Einschub »vir honestae vitae et per cuncta laudabilis«[15] pauschal für als seiner Heiligkeit entsprechend befunden werden. Dass Gregor nicht mehr über ihn schrieb, spricht dafür, dass Severins Name im 6. Jahrhundert in Verbindung mit dem Kölner Bischofsamt zwar bekannt war, aber man über ihn als Heiligen im südwestgallischen Raum nichts wusste.[16] Auch Sebastian Ristow konstatiert, dass Severin Gregor von Tours »nur noch legendenhaft bekannt« gewesen sei.[17]

Die Schlüsselpassage, in der nun Päffgen den Beweis für eine Verbindung nach Tours und darüber hinaus ein Schüler-Lehrer-Verhältnis zwischen Martin und Severin sieht, ist folgende: »Domnus meus Martinus episcopus migravit ex hoc mundo, et nunc angeli canendo eum deferunt in excelsum«.[18] Hieraus

vitae patrum (Anm. 10), S. 223. Der nachweislich als Heilige verehrte Ambrosius von Mailand, dem ebenfalls eine Vision wie die Severins zur Todesstunde des hl. Martin von Tours von Gregor zugeschrieben wird, erhält dagegen ausschließlich das Attribut »beatus«. Libri de virtutibus (Anm. 9), S. 141.

14 Bedenkt man, dass wie Adrian H. B. Breukelaar schreibt, »Holiness [...] the criterion for confining the ecclesiastical community« war, die Gregor schon in seinen Historien konzipiert, und Severin in seiner Darstellung als heilig damit der »personification of the standard bishop« entspricht, er von dem Turoner Bischof offensichtlich als feste Größe innerhalb dieser Gemeinschaft der Heiligen akzeptiert wurde, auch wenn über ihn vielleicht nicht viel bekannt war. Adrian H. B. Breukelaar: Historiography and Episcopal Authority in Sixth-Century Gaul. The Histories of Gregory of Tours interpreted in their historical context, Göttingen 1994, S. 242.

15 Libri de virtutibus (Anm. 9), S. 140.

16 Matthias Zender arbeitet in seinem Beitrag von 1954 heraus, dass sich hinsichtlich der Bekanntheit des Festtages des Kölner Heiligen »ziemlich genau eine Südgrenze festlegen« ließe, die »etwa von Genf über Troyes, Chartres, Poitiers und Tours« verlaufen sei. Der Festtag des gleichnamigen »Severin[s] von Bordeaux dagegen [reiche] nicht über die Loiregrenze nach Norden«. Matthias Zender: Die Verehrung des hl. Severinus von Köln, in: AHVN 155/156 (1954), S. 257–285, hier 264. Ewig sagt sogar, dass die »Erinnerung an die Antike [...] schon im 7. Jahrhundert sehr verblasst gewesen sein [muss]«. Ewig: Beobachtungen (Anm. 12), S. 130. Severin sei der einzige der Bischöfe, der (zumindest von Namen her) im Gedächtnis der Merowingerzeit lebendig geblieben sei. Dagegen spricht, dass Severin im Martyrologium Hieronymianum nicht verzeichnet ist, obwohl in einer gegen Ende des 6. Jahrhunderts in Auxerre angefertigten Ausgabe eine große Anzahl gallischer Heiliger ergänzt wurde. Michael Lapidge: The Roman Martyrs. Introduction, Translations and Commentary, Oxford 2018, S. 649. Zum fehlenden Eintrag über Severin von Köln ebd., S. 657.

17 Ristow: Christentum (Anm. 11), S. 108. Aufgrund der Tatsache, dass der Kölner Bischof erst in der Karolingerzeit vermehrt in Schriftquellen genannt wird, sei Severin wahrscheinlich erst in nachmerowingischer Zeit in Köln zu bedeutender Verehrung gelangt. Ebd., S. 109.

18 Libri de virtutibus (Anm. 9), S. 140. Übersetzung: »Mein Herr Bischof Martin hat diese Welt verlassen und jetzt tragen ihn Engel mit Gesang in den Himmel«. Übersetzung der Verfasserin.

ergebe sich laut Päffgen zweierlei: Zum einen die Vermutung, dass Martin und Severin in einem besonderen Verhältnis zueinander standen, da das Zuteilwerden einer solchen Vision eine enge Vertrautheit voraussetze, und zum anderen der Rückschluss auf eine eindeutige Schülerschaft Severins aufgrund der Bezeichnung Martins als »domnus [= dominus] meus«. Nicht zuletzt diese Formulierung ist es, auf denen Päffgens gesamte Rekonstruktion Severins als spätrömische Bischofspersönlichkeit fußt. Allerdings ist zu fragen, ob Gregor damit tatsächlich auf eine Schüler-Lehrer-Beziehung anspielen wollte: So ist zu beobachten, dass nicht nur Severin Martin »domnus« nennt. Diese Formulierung zieht sich durch sämtliche Werke Gregors und erfüllt – wie auch Päffgen an späterer Stelle in seinem Beitrag feststellt[19] – die linguistisch-stilistische Funktion, die Erhabenheit des hl. Martin über andere (Bischofs-)Heilige darzustellen. Besonders deutlich wird das im dritten Kapitel des ersten Buches über die Wunder Martins, »De ordinatione et transitu beati Martini«, wo Gregor über dessen Geburt schreibt: »Lucidus et toto orbe renitens gloriosus domnus Martinus, decedente iam mundo, sol novus exoriens, sicut anterior narrat historia, apud Sabariam Pannoniae ortus, [...]«.[20] Ebenso lässt er Landulf, der sich für die Heilung seiner Epilepsie zur Basilika des hl. Martin begibt, sprechen: »Si tu es domnus Martinus, fac super me signum crucis, et credam«.[21] Damit lässt sich aus der Anrede seitens Severin nicht mehr zwingend auf eine nachgeordnete Schülerposition schließen, sondern hier bediente sich Gregor einer Tradition der gallischen Kirche. In der Konsequenz läuft auch das von Päffgen angeführte Argument, viele gesicherte Schüler des hl. Martin seien später Bischöfe geworden,[22] ins Leere.

Ferner findet sich in Analogie zu der Bezeichnung »domnus meus« in der bei Gregor wiedergegebenen Schilderung von der Vision des Ambrosius von Mailand über die Himmelfahrt Martins die Bezeichnung »frat[er] meu[s]

19 »Interessant ist, dass Martin [...] im 5. Jahrhundert gegenüber den anderen Heiligen als *dominus* mit einer besonderen standesgemäßen Wertigkeit bezeichnet ist«. Päffgen: Überlieferung (Anm. 5), S. 471.

20 Libri de virtutibus (Anm. 9), S. 139. Übersetzung: »Der leuchtende und den ganzen Erdkreis überstrahlende herrliche Bischof [Herr] Martin, bereits von dieser Erde geschieden und als neue Sonne aufgegangen, wurde, wie schon zuvor die Geschichte erzählt, bei Sabaria in Pannonien geboren [...]«. Übersetzung von Josef van Elten und der Verfasserin.

21 Libri de virtutibus (Anm. 9), S. 165. Übersetzung: »Wenn Du Bischof [Herr] Martin bist, mache das Kreuzzeichen über mir und ich werde Dir glauben«. Übersetzung der Verfasserin.

22 »Innerhalb der gesicherten Schülerschaft Martins ist als Befund hervorzuheben, dass diejenigen, die Bischöfe wurden, nach Zahl und Ansehen vor denen stehen, die ein Mönchsleben führten. [...]. Als verbindende Elemente werden die Beziehung zum charismatischen Lehrer, eine Bestattung in der Kirche und die potentiell mögliche Heiligenverehrung auch für die Schüler deutlich«. Päffgen: Überlieferung (Anm. 5), S. 463.

Martinu[s]«.[23] Hier weist Päffgen plausibel darauf hin, dass aus Sicht der Bischofskirche von Tours die Bedeutungsgleichheit zu Mailand erstrebenswert gewesen und dies dementsprechend die Intention dieser Formulierung Gregors sei.[24] Für die Vision Severins müsste also folglich gelten, dass Gregor mit der Beziehungskonstellation Herr-Untergebener Martin in seiner Erhabenheit schlichtweg deutlicher über Severin stellen wollte als es – wie von Päffgen konstruiert – bei einer Schüler-Lehrer-Beziehung der Fall wäre, zumal Päffgen für Ambrosius und Martin aufgrund der Bezeichnung als »frater« auch keine Ausbildungsgenossenschaft annimmt. Zudem verdeutlicht die Wahl der Orte – Köln am Rand des Frankenreichs gelegen, Mailand als Zentrum des Kampfes gegen den Arianismus und eine der Wirkungsstätten des hl. Martin[25] – dass es Gregor in erster Linie darauf ankommt, die Reichweite des Einflusses Martins und damit die überregionale Bedeutung der Turoner Kirche zu dokumentieren.[26] So ist schon an dieser Stelle festzuhalten, dass keine enge persönliche Beziehung zwischen Martin von Tours und Severin von Köln nachzuweisen ist, geschweige denn daraus eine Verehrung Severins als Heiliger seit dem 6. Jahrhundert abgeleitet werden kann.[27] Päffgens Rückschlüsse zu Severin fußen auf der Annahme, dass sich anhand von Gregor von Tours die Amtszeit des Kölner Bischofs genauer bestimmen lässt, was man hinterfragen kann. Schließlich wollte Gregor »eine Geschichte zum Tod des hl. Martin erzählen und keinen Bischof von Köln chronologisch verzeichnen«.[28] Gleiches gilt für die Erwähnung Ambrosius' von Mailand, der laut Gregor die Vision über den Tod des hl. Martin während einer von ihm zelebrierten Messe empfing. Ambrosius starb

23 Libri de virtutibus (Anm. 9), S. 139.

24 Päffgen: Überlieferung (Anm. 5), S. 448.

25 Martin sei während der Verbannung Hilarius' von Poitiers als Gesandter der antiarianischen Partei in Mailand tätig gewesen. Ebd., S. 455.

26 Diesen Schluss zieht auch Päffgen: »Überdies veranschaulicht Severin von Köln als Zeuge an der Peripherie des Frankenreichs ebenso wie Ambrosius von Mailand die Größe des hl. Martin und die Bedeutung der Kirche von Tours«. Ebd., S. 448.

27 Zu demselben Schluss kommt auch Ristow, der sagt, dass sich eine solche historisch längstens in das 7. Jahrhundert zurückverfolgen ließe. Sebastian Ristow: Forschungsstand und Forschungsstandpunkte zu den Anfängen der christlichen Religion im Rheinland, in: RhVjBll 77 (2013), S. 1–24, hier S. 6. Die einzige (nachträgliche) Verbindung, die sich laut Zender herstellen ließe, sei die gemeinsame Nennung beider Heiliger, Severin und Martin, bei Kultstätten und in Litaneien, so beispielsweise in Aalst, Arlon, Corbie, Ellwangen, Holthausen, Köln (St. Andreas), Köln (St. Ignatius), Maria Laach, Michelfeld und Völlan. Dies sei unter anderem auch als Grund für die Kultentwicklung zu sehen; Matthias Zender: Die Verehrung des hl. Severin von Köln, Köln 1985, S. 23.

28 Ristow: Forschungsstand (Anm. 27), S. 7. Heinz Finger wiederum hält die Passage bei Gregor durchaus für ein glaubwürdiges historisches Zeugnis und bezeichnet das Jahr 397 als »das einzig sichere Datum«. Finger/Wessel: Heilige Kölner Bischöfe (Anm. 1), S. 67. Zender wählt mit der Bezeichnung als »halbwegs historische[...] Nachricht« einen interpretatorischen Mittelweg. Zender: Verehrung (Anm. 16), S. 258.

am 4. April 397,[29] Martin »am 8. November des Jahres 396 oder 397«.[30] Auch Gregor selbst macht dazu unterschiedliche Angaben[31] und verweist demnach entweder für Ambrosius oder für Martin auf falsche Daten, beziehungsweise Begebenheiten, was darauf schließen lässt, dass das Erstellen einer chronologischen Erzählung nicht sein vorrangiges Ziel beim Verfassen seiner Werke war.[32]

Wenn also Gregor Severin nicht als Schüler Martins kannte, woher hatte er dann das Wissen über den Kölner Heiligen und die lokale Verehrungspraxis? Päffgen vermutet im Umfeld der Herausbildung und weiteren Entwicklung des Festes der Himmelfahrt Martins (»receptio domini«) in der ersten Hälfte des 5. Jahrhunderts, also etwa 100 Jahre vor Gregor, eine mögliche Urquelle. Es müsste ein Bericht existiert haben, der bei der Anerkennung des Festes der Himmelfahrt im Jahre 461 als Schlüsselzeugnis gedient und den auch Gregor für sich genutzt hätte. Ein Beweis dafür wären die von Bischof Perpetuus von Tours (460–490) gesammelten verfügbaren Wunderberichte Martins gewesen, die er durch Bischof Paulinus von Périgueux hatte verifizieren lassen und unter denen ein solcher Text zu suchen wäre.[33] So überträgt Päffgen rückwirkend die bei Gregor

29 Ernst Dassmann: Ambrosius von Mailand, in: Theologische Realenzyklopädie 2, Berlin 1978, Sp. 372.

30 Päffgen: Überlieferung (Anm. 5), S. 444. Das Todesjahr Martins ist bis heute nicht eindeutig geklärt. Päffgen plädiert in Harmonisierung mit der Vision durch Ambrosius für den 8. November 396. Ebd., S. 448. Levison dagegen hält in Übereinstimmung mit Louis Duchesne 397 für Martins Todesjahr. Wilhelm Levison: Aus rheinischer und fränkischer Frühzeit. Ausgewählte Aufsätze, Düsseldorf 1948, S. 207, Anm. 2. – 397 gilt auch in der heutigen Forschung als das akzeptierte Todesjahr. Päffgen: Überlieferung (Anm. 5), S. 444, Anm. 17; Yitzhak Hen: The Church in Sixth-Century Gaul, in: Alexander Callander Murray (Hg.): A Companion to Gregory of Tours, Leiden 2016, S. 232–255, hier S. 235.

31 In den Libri de virtutibus schildert Gregor, dass Martin bis zu seinem Tod 25 Jahre, vier Monate und zehn Tage in Tours verbracht hatte: »in quo gloriosam et pene inimitabilem agens vitam per quinquennia quinque bis insuper geminis mensibus cum decim diebus, octogesimo primo aetatis suae anno, Caesaro et Attico consulibus, nocte media quievit in pace«. Libri de virtutibus (Anm. 9), S. 139. In den Historien dagegen soll Martin, der im 8. Herrschaftsjahr Valentinians zum Bischof geweiht worden sei, seine Funktion als solcher 26 Jahre, vier Monate und 17 Tage innegehabt haben: »sanctus Martinus anno VIII. Valentiniani episcopus ordinatur. […] Sedit autem annis XXVI, menses IIII, dies XVII, et cessavit episcopatum dies XX«. Gregor von Tours: Libri historiarum X, in: MGH SS rer. Merov. 1,1, ed. Bruno Krusch/Wilhelm Levison, Hannover 1951, S. 527.

32 »Gregory was not writing with one eye on what later scholars might make for the chronology of his works«. Richard Shaw: Chronology, Composition, and Authorial Conception in the Miracula, in: Alexander Callander Murray (Hg.): A Companion to Gregory of Tours, Leiden 2016, S. 102–140, hier S. 106 Anm. 12.

33 Päffgen: Überlieferung (Anm. 5), S. 468. Levison berichtet hierzu, dass jener Paulin, »wahrscheinlich der Dichter von Périgueux« über Bischof Amandus von Bordeaux, dem laut der Vita Severini vermeintlichen Vorgänger von Severin von Bordeaux, alias Severin von Köln, in einem Brief berichtet hat, »von dem Gregor von Tours ein Bruchstück erhalten hat«. Levison: Entwicklung (Anm. 1), S. 37. Wahrscheinlich in Anlehnung daran, dass Paulinus hier schon über Amandus von Bordeaux zu berichten wusste, nimmt Päffgen auch für Severin von Köln eine solche Überlieferung bei ihm an.

vorgefundene Erzählung auf einen fiktiven, nicht vorhandenen Text des 5. Jahrhunderts und folgert daraus: »Im Einklang mit Martins eigenen Bestrebungen, einen Heiligenkult nur bei hinreichend geklärter Überlieferung zuzulassen, dürfte Perpetuus den versammelten Bischöfen die verfügbaren Berichte […] präsentiert haben. Dabei muss dem Bericht Severins von Köln die zentrale Rolle als Nachweis für die ›receptio‹ zugekommen sein«.[34] Faktisch gibt es keinen Beweis für diese Behauptung, da ein solcher Text des 5. Jahrhunderts nicht bekannt ist. Man könnte sich allerdings fragen, ob Gregor, der mit großer Wahrscheinlichkeit nicht einfach zufällig auf den Namen Severins von Köln stieß, dessen Martins-Vision womöglich anhand einer ausschließlich mündlich überlieferten Erzählung verfasste. Dieser Gedanke bringt uns zu Päffgens zweitem Anhaltspunkt: Der persönlichen Beziehung Bischof Ebergisels von Köln zu Gregor von Tours und den sich daraus ergebenden Verknüpfungen zu einer Verehrung des hl. Severin.

Die vermeintlichen Bemühungen Bischof Ebergisels von Köln (um 590) um das Heiligengrab Severins und die Verbindung Köln – Tours

Gleich an mehreren Stellen berichtet Gregor über seinen Zeitgenossen Bischof Ebergisel von Köln und weist ihn dadurch als geschätzten Amtskollegen aus. Die erste Passage ist in Kapitel 15 des zehnten Buches der »Libri historiarum X« tradiert, in welchem Gregor den Aufstand der Königstöchter Chrodechilde und Basina gegen ihre Äbtissin im Kloster Poitiers schildert. Laut Gregor war Ebergisel Teil einer bischöflichen Schiedskommission, die über das Vorgefallene befinden sollte. Angeblich habe der austrasische König Childebert II. persönlich, neben Gregor und Bischof Merowech von Poitiers, Ebergisel als drittes Kommissionsmitglied ausgewählt.[35] Die zweite Erzählung steht in Zusammenhang mit der Kölner Kirche »ad sanctos aureos«, deren Architektur und Ausstattung Gregor kurz beschreibt, hauptsächlich aber die wundersame Heilung Ebergisels von Kopfschmerzen mittels Staub aus dem Brunnen der Basilika anschaulich darstellt.[36] Eine dritte Überlieferung Ebergisels schließt unmittelbar an diesen

34 Päffgen: Überlieferung (Anm. 5), S. 469.

35 »Haec autem Childebertus rex audiens, legationem ad Gunthramno regem dixerit, ut silicet episcopi, coniuncti de utroque regno, haec quae gerebantur sanctione canonica emendarent. Ob hanc causam Childebertus rex mediocritatis nostrae personam cum Eberegiselum Agripinensim et ipsum Urbis Pectavae Maroverum episcopum iussit adesse; […]«. Libri historiarum X (Anm. 31), S. 503. Laut Ristow suggeriert diese Erzählung ein gutes Verhältnis des rheinischen, hier insbesondere kölnischen Episkopats zum merowingischen Herrscherhaus, das für Mainz und Trier schon belegt sei. Ristow: Christentum (Anm. 11), S. 110.

36 »Quodam autem tempore Ebergisili episcopi, qui tunc huius urbis erat entestis, capitis medietas validis doloribus quatiebatur, erat tunc temporis in villa oppido proxima. Quo dolore, ut diximus, valde attenuatus, misit diaconem suum ad sanctorum basilicam. Et quia in ipsius

Bericht an und erzählt dessen Bemühungen um den Märtyrer Mallosus, von dem man zwar gewusst habe, dass er sein Martyrium im Ort Birten (bei Xanten) erlitten hatte, dessen Grabstätte allerdings nicht bekannt gewesen sei. Für diesen Mallosus ließ der Kölner Bischof angeblich eine Kirche bauen, um bei Zeiten eine angemessene Stätte für eine Translation bereits zur Verfügung zu haben. Schließlich habe ein Metzer Diakon, geleitet durch eine göttliche Vision, die Stelle gefunden, an der Mallosus begraben gewesen sei. Gregor erwähnt in diesem Zusammenhang auch den hl. Viktor, über den man sage, er sei ebenfalls in der Nähe des Märtyrers beigesetzt worden. Genaueres wisse man über ihn aber nicht.[37] Ein letzter Bericht Gregors passt nicht so ganz zu dem bisher eindeutig hervortretenden Bezug zu Köln: Im neunten Buch seiner Historien bringt er in Kapitel 28 einen Ebergisel mit dem Hof Brunichildes in Metz in Verbindung und schreibt, dass er in deren Auftrag als Gesandter nach Spanien gereist sei, um ein Geschenk an den dortigen König zu übergeben. Er habe schon oft in dieser Funktion jenes Land besucht.[38]

Aus diesen Ausführungen leitet Päffgen nun folgendes ab: Vor dem Hintergrund von Ebergisels Bemühungen in Xanten und der besonderen Verbindung zur Märtyrergrabstätte in Köln sowie der »spätestens seit dem 14. Jahrhundert«

temple medio puteus esse dicitur, in quo sancti post martyrium partier sund coniecti, collectum exinde pulverum detulit sacerdoti. Verum ubi exinde caput attigit, extemplo dolor omnis exemptus est«. Liber in gloria martyrum (Anm. 10), S. 80. Diese Verknüpfung mit der Legende der Thebäischen Legion wurde im 10. Jahrhundert in die Passio Gereonis übernommen. Heinz Erich Stiene: Kölner Heiligenleben im 10. und 11. Jahrhundert, in: Anton Euw/Peter Schreiner (Hg.): Kaiserin Theophanu. Begegnungen des Ostens und Westens um die Wende des ersten Jahrtausends. Gedenkschrift des Kölner Schnütgen-Museums zum 1000. Todesjahr der Kaiserin Bd. 1, Köln 1991, S. 125–136, hier S. 125 f.

37 »Ab hoc enim sacerdote sancti martyris Mallosi corpus reoertum est hoc modo. Cum fama ferret, hunc apud Bertunensim oppidum martyrium consummasse, occultum erat hominibus illis, quo in loco quesceret; [...]. Supradictus vero pontifex in honore eius basilicam aedificavit, ut scilicet, cum aliquid relvelationis de martyre acciperet, in ea beatos artus, Domino annuente transferret. [...] Post haec diaconus quidam Mettensis oer visum ductus, ubi martyr quiesceret, est edoctus. [...] Ferunt ibidem et Victorem martyrem esse sepultum, sed non eum adhunc cognovimus revelatum«. Liber in gloria martyrum (Anm. 10), S. 80. Schon Josef Semmler stellt fest, dass Mallosus ab dem 6. Jahrhundert dem Raum Birten-Xanten verloren ging und damit auch die angeblich von Ebergisel für ihn erbaute Kirche. Josef Semmler: Zur frühen Missions- und Kirchengeschichte am Niederrhein, in: Gundolf Precht/Hans-Joachim Schalles (Hg.): Spurenlese. Beiträge zur Geschichte des Xantener Raumes, Köln 1989, S. 235–248, hier S. 240.

38 »[...] in qua re Eberegysilum, qui saepe ad ipsam regionem legationis gratia accesserat, dixerit. [...]«. Libri historiarum X (Anm. 31), S. 446. Ob dieser Ebergisel mit dem Kölner Bischof identisch ist, ist nicht einwandfrei zu klären. Päffgen stützt sich hier auf die Annahme Severin Corstens, der eine übereinstimmende Identität als wahrscheinlich bewertet. Childebert II. hätte Ebergisel nach seiner Rückkehr als Gesandter 589 zum Bischof von Köln ernannt. Deswegen sei Ebergisel als Ortskundiger auch zur Schiedskommission abgeordnet worden. Severin Corsten: Rheinische Adelsherrschaft im ersten Jahrtausend, in: RhVjbll 28 (1963), S. 84–130, hier S. 105.

bestehenden Zuschreibung der Translation der Severinsreliquien aus Bordeaux, würden eine besondere Fürsorge um das Heiligengrab und in diesem Zusammenhang auch Öffnung des Grabes sowie Erhebung der Gebeine in den Kirchraum plausibel erscheinen.[39] Daneben unternimmt Päffgen den Versuch, eine persönliche Verbindung zwischen Ebergisel und Gregor, beziehungsweise zwischen Köln und Tours herzustellen, um darin eine mögliche Erklärung für die Erwähnung Severins von Köln in den Wundergeschichten des hl. Martin zu finden. Dazu rekonstruiert er gemäß den Ausführungen Severin Corstens für Ebergisel die Zugehörigkeit zur sogenannten Bodegisel-Sippe: Sowohl die ähnliche Namensform als auch die Gesandtentätigkeit und die von Gregor attestierte Königsnähe würden auf familiäre Verbindungen hinweisen.[40] In diesen Verbindungen sieht Päffgen auch den Grund für die Entscheidung Childeberts II., Ebergisel für seine Dienste in Anspruch zu nehmen: Kirchenrechtlich sei für Poitiers, wohin die Schiedskommission gesandt wurde, der Metropolit von Bordeaux zuständig gewesen, dessen Sprengel eigentlich zum Herrschaftsgebiet König Gunthrams gehört habe. Letzterer habe die Position 585 mit dem Laien Gundegisel-Dodo besetzt, dessen Name ebenfalls eine Nähe zur Bodegisel-Sippe suggerieren würde. Demnach wäre Ebergisel 590 »wohl wegen seines Ansehens als Diplomat und seiner Verwandtschaft mit Gundegisel nach Poitiers geschickt [worden]«.[41] Belastbare Beweise für eine Zugehörigkeit Ebergisels zu der Bodegisel-Familie gibt es allerdings nicht. Päffgens dahingehende Annahme beruht lediglich auf sehr weitreichenden Schlüssen aus der alleinigen Übereinstimmung des Namen-Gliedes -gisil.[42] Auch in der Forschung wird im Allgemeinen davon ausgegangen, dass es sich bei dem Gesandten und dem Bischof Ebergisel um zwei unterschiedliche Personen handelt, zumal Gregor zur Beschreibung des Gesandten nicht den Zusatz »episcopus« anführt.[43] Als gesichert gilt dagegen, dass Ebergisel kurz nach dem 26. März 590 Teil der Schiedskommission über die Vorgänge im Nonnenkloster zu Poitiers war und dort persönlich Gregor von Tours begegnet ist.[44]

39 Bernd Päffgen: Grab und Schrein des hl. Severin in ihrem architektonischen Kontext vom 5. bis 13. Jahrhundert, in: Oepen u. a. (Hg.): Severin (Anm. 5), S. 373–439, hier S. 400 f.

40 Ebd., S. 401 und Corsten: Rheinische Adelsherrschaft (Anm. 35), S. 110–115.

41 Päffgen: Grab (Anm. 39), S. 402.

42 Siehe dazu auch Ingo Runde: Xanten im frühen und hohen Mittelalter. Sagentradition – Stiftsgeschichte – Stadtwerdung, Köln 2003, S. 203. An dieser Stelle soll nicht näher auf die breite Forschung zu Prosopographie und Namenskunde im Merowingerreich eingegangen werden.

43 Levison: Frühzeit (Anm. 30), S. 58 Anm. 3; Hendrik Hülz: Bischof Evergislus. Ein Kölner Heiliger und seine Bedeutung in Geschichte und Gegenwart, Köln 2006, S. 27.

44 Friedrich Wilhelm Oediger (Bearb.): Die Regesten der Erzbischöfe von Köln im Mittelalter 1: 313–1099, Bonn 1954, S. 18.

Wie erklärt dieser Hintergrund nun aber die Erwähnung Severins von Köln? Päffgens mutmaßt, Gregor und Ebergisel, da gut miteinander bekannt, hätten sich in Poitiers über diesen ausgetauscht.[45] Dementsprechend geht Päffgen davon aus, dass Gregor die Informationen zu Severin von Köln erst im Jahr 590 erreichten[46] und jener diese dann als Erzählung über die Vision zur Himmelfahrt Martins in sein Werk aufnahm. Schon Bruno Krusch nimmt allerdings an, dass das erste Buch »De virtutibus sancti Martini episcopi«, in welchem diese Passage überliefert ist, zwischen 573 und 576 niedergeschrieben worden sein müsse.[47] Von dieser Datierung geht die Forschung bis heute noch aus.[48]

Damit ist ein Austausch zwischen Gregor und Ebergisel insgesamt zwar gut denkbar,[49] jedoch kann Gregor seine Informationen über Severin von Köln für die Wundertaten Martins nicht von Ebergisel bezogen haben. Ebenso wenig können anhand Gregors Schilderungen über Ebergisel für diesen besondere Bemühungen um das Grab seines Amtsvorgängers nachgewiesen, geschweige denn daraus Hinweise auf eine Verehrung Severins im 6. Jahrhundert abgeleitet

45 »Gregor von Tours und Ebergisel von Köln waren persönlich gut miteinander bekannt. Nachweislich berichtete Ebergisel Gregor von den Heiligtümern seiner Diözese, was jener in seine Schriften einstreuen konnte. Dieser offensichtliche Zusammenhang lässt daran denken, dass sich beide Bischöfe auch über Severin von Köln als nahe stehenden Zeitgenossen des Martin von Tours austauschten«. Päffgen: Überlieferung (Anm. 5), S. 482. Diese Vermutung äußert auch Hülz, jedoch vorrangig bezugnehmend auf Gregors Schilderungen über Ebergisels Taten: »Die Bischöfe werden sich bei dieser Gelegenheit in Poitiers mit Sicherheit jeweils von ihren Tätigkeiten und Erlebnissen erzählt haben, woher auch Gregor seine Informationen von dem Kölner Bischof bekommen haben wird«. Hülz: Evergislus (Anm. 43), S. 28.

46 »Ebergisel dürfte es gefallen haben, wenn die Martinsvita seines Turoner Amtskollegen aus dem Kölner Stadtheiligen einen Heiligen von Format für das gesamte Frankenreich machen konnte. Gregor kann dabei durchaus, was sogar wahrscheinlich ist, bei Ebergisel um eine örtliche Überlieferung nachgefragt haben«. Päffgen: Überlieferung (Anm. 5), S. 482.

47 »Gregorius enim die 20. Augusti a. 573 episcopus Turonensis factus est. […] Et, inquit, quia prior libellus ab eo tempore initiatus est […]. Itaque paulo postquam Turonensem sedem adeptus est, operam S. Martini miraculis insumere coepit, quam a. 581, libro altero confecto, quasi ad finem perduxit. Iam ante a 576«. Gregorii episcopi Turonensis libri octo Miraculorum, in: MGH SS rer. Merov. 1,2, ed. Buno Krusch, Nachdruck Hannover 1969, S. 2.

48 So nimmt auch Raymond van Dam an, dass Gregor in den ersten Jahren seines Bischofsamtes mit der Arbeit am ersten Buch der Wunderberichte des hl. Martin begann und es um 576 fertigstellte. Raymond van Dam: Saints and their miracles in late antique Gaul, Princeton 1993, S. 143, S. 199. Richard Shaw spricht gar von einer traditionellen Datierung des ersten Buches zwischen 573/4 und 576. Das zweite Buch sei vor November 581 und das dritte zwischen 586/7 und Juli 588 fertiggestellt worden. Buch vier sei unvollendet geblieben. Shaw: Chronology (Anm. 32), S. 107, 110f.

49 Sowohl Gregors Historien als auch der Liber in gloria martyrum enthalten Informationen über Ebergisel, was zur Entstehung der beiden Werke Gregors nach 590 und damit nach dem Zusammentreffen in Poitiers passt. Levison: Frühzeit (Anm. 30), S. 58; Alexander Callander Murray: The Composition of the Histories of Gregor of Tours and Its Bearing on the Political Narrative, in: Ders. (Hg.): A Companion to Gregory of Tours, Leiden 2016, S. 63–101, hier S. 91; Shaw: Chronology (Anm. 32), S. 136.

werden. Die Frage nach der Quelle, auf die Gregor für seine Passage der Himmelfahrt Martis zurückgegriffen hat, muss also unbeantwortet bleiben.

b) Die Vita Dagoberti III. als Zeugnis »der jüngeren Merowinger- und der Karolingerzeit«

Laut Päffgen ist neben der Beisetzung der Kölner Bischöfe Giso und Anno I. in St. Severin um 700 die »Vita Dagoberti III. regis Francorum« als Zeugnis für eine vermeintliche Verehrung des Heiligen im 8. Jahrhundert zu nennen. In dieser Quelle erscheinen König Dagobert III. die Kölner Heiligen Kunibert und Severin im Traum und fordern ihn auf, die Villa Beverna (Biesme, Provinz Namur), in der er übernachtet, dem hl. Petrus und dem hl. Gereon sowie dessen Gefährten zurückzugeben.[50] In den Urkunden und Erzählungen des 7. Jahrhunderts ist der hier neben Severin genannte Kölner Bischof Kunibert oft erwähnt und taucht als Vertrauter König Dagoberts I., als Lehrer König Sigiberts III. und als Freund Bischof Arnulfs von Metz, Pippins des Älteren sowie Grimoalds auf.[51] Dass er in der Vita Dagoberti III. in Erscheinung tritt, scheint angesichts seiner politischen Bedeutung im Merowingerreich also nicht weiter verwunderlich; für seinen Amtsvorgänger Severin existieren dagegen keine derartigen Gründe. Gleichwohl kann aufgrund der bloßen Erwähnung Severins angenommen werden, dass er zum Zeitpunkt der Entstehung der Vita Dagoberti III. als stadtkölnischer Heiliger zumindest bekannt war.[52] Weitere Details zu seiner möglichen Verehrung sind aus der kurzen Passage allerdings nicht herauszulesen. Doch nicht nur der Aussagewert der Passage für eine Verehrung Severins, sondern auch die Heranziehung der Vita als »Zeugnis[...] der jüngeren Merowinger- und Karolingerzeit zur Verehrung des Severin von Köln« sind anzuzweifeln.

50 Oediger: Regesten (Anm. 44), S. 27. »Nec mora deliberavit iter arripere et venit in pago Lomacensi et mansit in villa quae dicitur Beverna, quae antiquitus data fuerat sancto Gereoni martyri Christi, qui humatus corpore quiescit in civitate Agrippina, et a persecutoribus sanctae ecclesiae penitus fuerat abstracta. In qua rex cum se nocte sopori dedisset, apparuerunt ei per visum sancti episcopi Conibertus et Severinus, quem sic sunt affati: ›Clarissime regum, si vis, ut benivolus sit tibi Christus, annuens tuis precibus, restitute principi apostolorum Petro ac Gereoni sanctissimo martyri eiusque sotiis villam, in qua nunc somno gratissimo quiescis‹«. Vita Dagoberti III. Regis Francorum, in: MGH SS rer. Merov. 2, ed. Bruno Krusch, Hannover 1888, S. 517.

51 Maurice Coens: Les Vies de S. Cunibert de Cologne et la tradition manuscrite, in: Analecta Bollandiana 47 (1929), S. 338–368, hier S. 338; Heribert Müller: Bischof Kunibert von Köln. Staatsmann im Übergang von der Merowinger- zur Karolingerzeit, in: ZKG 98 (1987), S. 167–205, hier S. 204.

52 Diesen Schluss zieht auch Päffgen: »Deutlich fassbar ist hier Severin – wie sein Amtskollege Kunibert (623–663) – als bischöflicher Stadtheiliger, [...]«. Päffgen: Überlieferung (Anm. 5), S. 484.

Zur Entstehungszeit der Vita Dagoberti III. bemerkt schon Krusch, dass sie keinesfalls vor der Regentschaft Karls des Kahlen als westfränkischer König (843–877) verfasst worden sei, berichte der Schreiber doch über den Bau einer Basilika für den hl. Dagobert in dessen Auftrag. Sie sei allerdings auch nicht nach dem 12. Jahrhundert verfasst worden, da die erhaltenen Handschriften aus dieser Zeit stammen.[53] In Anlehnung an Krusch führt Bernhard von Simson aus, dass die Vita auf Veranlassung des Konvents des Klosters Stenay an der Maas von einem anonymen Verfasser geschrieben worden sei, der vermutlich aber im Kloster Gorze lebte.[54] Für die Abfassung ergebe sich – unter Nennung derselben Anhaltspunkte wie bei Krusch – der Zeitraum zwischen dem 9. und 12. Jahrhundert.[55] Auch Eugen Ewig vermutet eine Entstehung der Vita »nicht vor der Mitte des 9. Jahrhunderts«,[56] während Oediger sie dem 11. Jahrhundert und der Abtei Stenay zuschreibt.[57] Ian Wood wiederum konstatiert, dass das Werk mit Sicherheit nicht merowingisch, sondern an das Ende des 10. Jahrhunderts zu datieren sei.[58] Er beruft sich dabei vor allem auf die Annahme František Graus', die Vita sei kaum vor dem Ende des 10. Jahrhunderts entstanden.[59] So zahlreich die Meinungen über die Entstehungszeit der Vita Dagoberti III. auch sein mögen, feststeht, dass selbst wenn man das 9. Jahrhundert als früheste mögliche Entstehungszeit nähme, sich daraus keine Hinweise ergeben, dass während der Merowingerzeit Severin von Köln als ein nicht unbedeutender Heiliger galt.[60] Für Päffgens Rekonstruktion der Verehrung Severins wurde demnach nicht die Entstehungszeit der schriftlichen Quelle berücksichtigt, sondern die inhaltlich geschilderten Ereignisse unkritisch als »Zeugnisse der jüngeren Merowinger- und Karolingerzeit«[61] ausgewiesen.

Darüber hinaus ist zu hinterfragen, ob sowohl die eingangs kurz erwähnte Beisetzung von Giso und Anno I. als auch die Passage in der Vita Dagoberti als Zeugnisse einer eindeutig nachweisbaren durchgängigen Verehrung seit dem

53 »Scripsit autem non ante Karolum Calvum, cuius iussu basilicam S. Dagoberti novam aedificatam esse, ipse c. 14. rettulit, neque post saec. XII., quo tempore codices, qui nobis praesto fuerunt, exarati sunt«. Vita Dagoberti III. (Anm. 50), S. 509.

54 Bernhard von Simson: Kritische Erörterungen, in: Neues Archiv der Gesellschaft für Ältere Deutsche Geschichtskunde 15 (1890), S. 555–579, hier S. 557.

55 Ebd.

56 Eugen Ewig: Das Bistum Köln im Frühmittelalter, in: AHVN 155/156 (1954), S. 205–243, hier S. 225, Anm. 97.

57 Oediger: Regesten (Anm. 44), S. 27.

58 Ian Nicholas Wood: Deconstructing the Merovingian family, in: Richard Corradini/Maximilian Diesenberger/Helmut Reimitz (Hg.): The construction of communities in the Early Middle Ages. Texts, Ressources and Artefacts, Leiden 2003, S. 149–171, hier S. 154.

59 František Graus: Volk, Herrscher und Heiliger im Reich der Merowinger. Studien zur Hagiographie der Merowingerzeit, Prag 1965, S. 403, Anm. 604

60 Päffgen: Überlieferung (Anm. 5), S. 484.

61 Ebd.

6. Jahrhundert taugen. Nicht nur, dass sich an keiner Stelle ein Hinweis auf eine Verehrungspraxis findet, auch die große Zeitspanne von über 100 Jahren, die zwischen dem Bericht Gregors von Tours und der Beisetzung Gisos und Annos I., beziehungsweise der Regentschaft Dagoberts III. liegen, zeugt von einer doch sehr löchrigen Beweiskette. Übrigens wäre im Hinblick auf die Verehrung Severins von Köln als Heiliger die Einrichtung von sieben Pfründen an St. Severin, durch Bischof Anno I. ein deutlich gewichtigerer Untersuchungsaspekt gewesen.[62] So ist insgesamt zu bemerken, dass sich aus den bekannten einschlägigen Schriftquellen wenig bis gar keine belastbaren Aussagen für eine durchgehende Verehrung des hl. Severin seit dem 6. Jahrhundert generieren lassen und eine solche damit auch nicht eindeutig nachweisbar ist.

2. *Textilien und organisches Material als vermeintliche Zeugen zweier Sarkophagöffnungen im 7. und 8. Jahrhundert*

Unabhängig davon sind die zahlreichen Funde von Textilien und organischen Materialien zu betrachten, die durch ihre Erhaltung »einen wertvollen Beitrag liefern, um den religiösen Alltag und die Volksfrömmigkeit jenseits der Schriftquellen sichtbar zu machen«.[63] Diese Trennung von Schrift- und Sachquellen findet sich in der Argumentation von Päffgen nur bedingt, da er in ihnen nicht nur eine Ergänzung zu den vermeintlichen merowingerzeitlichen Nachweisen für eine Verehrung Severins sieht, sondern sie auch mit baugeschichtlichen Aktivitäten in Zusammenhang bringen will. So werden drei Textilien und ein Weintraubenkern zu Zeugen für zwei Sarkophagöffnungen im 7. und 8. Jahrhundert.

a) Die Brettchenweberei und die Perlhuhnseide

Für eine Öffnung der Grablege Severins im 7. Jahrhundert käme als erstes Indiz laut Päffgen ein bei der Schreinsöffnung 1999 gefundenes Band aus Brettchenweberei in Frage, das in Form eines Kreuzes auf einer Leinenalbe appliziert wurde (Abb. 3).[64] Die Brettchenweberei als Abschlussborte einer vergangenen

62 Siehe hierzu den aktuellen Beitrag von Joachim Oepen: Zur Gründung des Stiftes St. Severin in Köln, in: Sible de Blaauw/Elisabet Enss/Petra Linscheid (Hg.): Contextus. Festschrift für Sabine Schrenk, Münster 2020, S. 625–637.

63 Ralf Urz/Ursula Tegtmeier: Pflanzenreste aus dem Schrein des hl. Severin, in: Oepen u. a. (Hg.): Severin (Anm. 5), S. 199–207, hier S. 199.

64 Päffgen: Grab (Anm. 39), S. 413.

Abb. 3: Auf einer Albe appliziertes Kreuz aus dem Schrein des hl. Severin, Brettchengewebe, wohl Mitteleuropa, um 610–720 n. Chr. Köln, St. Severin (Foto: Rheinisches Bildarchiv, Köln, rba_d022410, Wolfgang F. Meier)

Tunika könnte mit einer Neueinkleidung des Heiligenleibes in Zusammenhang stehen: Wie auch Bischof Eligius unter der Herrschaft von Dagobert I. zahlreiche Heiligengräber im Merowingerreich grundlegend neu gestaltet hätte, wäre zu überlegen, ob nicht auch in Köln eine Modernisierung des Heiligengrabes von St. Severin vorgenommen wurde. Denkbar wäre ein solches Unternehmen während der letzten Amtsjahre Bischof Kuniberts, der als Berater König Dagoberts I. fungiert und im Sinne seiner eigenen »memoria« eine Umbettung der Gebeine nebst zugehöriger Neueinkleidung des Leichnams hätte vornehmen können.[65] Für diese Interpretation ergeben sich jedoch Komplikationen: Gemäß AMS-Datierung (C 14-Radiocarbon-Datierung) kann von einer Entstehung des Bandes in der Zeit zwischen 610 und 720 ausgegangen werden, womit es nicht, wie Päffgen schreibt,[66] eindeutig aus dem 7. Jahrhundert stammt. Wohl aber besitzt die Brettchenweberei aus St. Severin motivische Ähnlichkeit zu einer brettchengewebten Borte, die in Chelles im Grab der merowingischen Königin Bathilde gefunden wurde. Jene Borte aus Chelles entstand vermutlich

65 Ebd. Diese Zuschreibung an Kunibert erscheint angesichts dessen Lebensdaten recht knapp kalkuliert: Die vermeintliche Regierungszeit von 627 bis 663 ist nach dem heutigen Forschungsstand so nicht belegbar. Vielmehr müsse laut Finger das Todesjahr als unbekannt gelten. Finger/Wessel: Bischöfe (Anm. 1), S. 92.

66 »Ein bei der Schreinsöffnung 1999 aufgefundenes Band in Brettchenweberei aus der Zeit des 7. Jahrhunderts […]«. Päffgen: Grab (Anm. 39), S. 413.

um 680, sodass Sabine Schrenk und Ulrike Reichert für die Brettchenweberei aus St. Severin auch eine Anfertigung um 680 für möglich halten.[67] Daraus kann jedoch nicht abgelesen werden, dass sich das Band zu der Zeit bereits in St. Severin und dort als Borte in Verwendung befand, geschweige denn bereits in einer dortigen Reliquienlade lagerte. Wirklich nachweisbar ist das Gewebe in St. Severin erst als Kreuz-Applikation auf der Rückseite einer sich zum damaligen Zeitpunkt nicht mehr in Gebrauch befindlichen Albe, deren wahrscheinliche Entstehungszeit zwischen 690 und 900 liegt – ergo zwischen dem ausgehenden 7. und frühen 10. Jahrhundert.[68]

Ein zweites Indiz für eine Umbettung der Gebeine im 7. Jahrhundert stellt nach Päffgen die vermeintlich zeitgleich mit der Brettchenweberei entstandene Perlhuhnseide dar (Abb. 4). Dieses kostbare Textil hätte schon bald nach seiner Herstellung, vielleicht als Schenkung Kuniberts, als Überwurf des Heiligengrabs oder als Bespannung an der Schrankenanlage gedient haben können.[69] In der Tat ist der Entstehungszeitraum der Perlhuhnseide von 600 bis 720 derselbe wie der der Brettchenweberei, anders als letztere stammt die Seide allerdings nicht aus Mitteleuropa, sondern aus dem östlichen Mittelmeerraum.[70] Hier tut sich die Frage auf, ob die Perlhuhnseide dort eigens für eine erste Verwendung in St. Severin angefertigt wurde, beziehungsweise ob sie ungebraucht in Köln ankam. Schrenk und Reichert verweisen darauf, dass es vor allem der Material- und Prestigewert einer Seide war, der zählte. Gerade unter dem Aspekt der Größe des Gewebes müsse die Perlhuhnseide einen enormen Wert dargestellt haben, und zwar ungeachtet ihres Zustandes. Dementsprechend ist nicht nachzuweisen, dass sie bereits bald nach ihrer Herstellung nach St. Severin gestiftet worden war und dort oder vielmehr anderswo ihre erste Verwendung fand.[71] Belegbar ist, dass sie zumindest 948 zwingend nicht in der Reliquienlade gelegen haben kann, da sie im Gegensatz zu anderen Geweben keinerlei Mäusefraß aufweist. Das und der vermutlich durch einen Giebel entstandene senkrechte Knick könnten dafür sprechen, dass sie mindestens ab 948 bis etwa zum 11. Jahrhundert als Schreins- beziehungsweise Gehäusedecke benutzt

67 Sabine Schrenk/Ulrike Reichert: Die Textilien aus dem hölzernen Schrein in St. Severin, in: Oepen u. a. (Hg.): Severin (Anm. 5), S. 215–371, hier S. 308–309.
68 Sabine Schrenk: Gewebe erzählen Geschichte(n). Die Textilien im Schrein des Bischofs Severin in Köln, in: Colonia Romanica 31 (2016), S. 73–96, hier S. 91.
69 Päffgen: Grab (Anm. 39), S. 414.
70 Schrenk/Reichert: Textilien (Anm. 67), S. 239.
71 Ebd., S. 254. Zwar bezieht sich die zitierte Passage eigentlich auf das Gewebe der Achteckseide, jedoch gelten die von Schrenk und Reichert gezogenen Rückschlüsse hinsichtlich der Gebrauchsspuren gleichermaßen für die Perlhuhnseide. Für den ausdrücklichen Verweis siehe ebd., S. 240.

Abb. 4: Seidengewebe mit Perlhühnern aus dem Schrein des hl. Severin, wohl östlicher Mittelmeerraum, um 600–720 n. Chr. Köln, St. Severin (Foto: Jochen Schaal-Reichert, Köln)

wurde.[72] Insgesamt jedoch können weder die Brettchenweberei noch die Perlhuhnseide als eindeutige Hinweise auf eine Sarkophagöffnung im 7. Jahrhundert gewertet werden. Sie bezeugen lediglich, dass sie zu einem uns unbekannten Zeitpunkt als Kostbarkeiten und im Rahmen der Heiligenverehrung ihren Weg nach St. Severin fanden.

b) Der Weintraubenkern und die Achteckseide

Eine weitere Graböffnung soll laut Päffgen im 8. Jahrhundert stattgefunden haben, entweder anlässlich der Weihe der baulich erweiterten Kirche oder anlässlich der Feier von »translatio« oder »depositio«. Darauf könnte ein Weintraubenkern

72 Anna Pawlik: Gut gesichert. Das Gehäuse für den Schrein des heiligen Severin, in: Colonia Romanica 33 (2019), S. 48–79, hier S. 71.

hinweisen, der an Weinreben als Grabschmuck denken ließe. Hinzu käme ein Seidengewebe mit Achteckmuster, das zunächst aufgespannt gewesen sein oder den Schrein bedeckt haben könnte.[73] Auch hier ergeben sich insbesondere hinsichtlich der Datierung einige Ungereimtheiten: Päffgen datiert den Weintraubenkern präzise auf 710, um eine Sarkophagöffnung im 8. Jahrhundert belegen zu können; die gesamte Datierungspanne umfasst allerdings die Zeitspanne von 640 bis 780.[74] Abgesehen davon ist nicht belegbar, dass der Kern just 710, beziehungsweise innerhalb der genannten Zeitspanne seinen Weg in den Schrein fand. Dies gilt insbesondere für den von Päffgen geäußerten Gedanken, der Weintraubenkern könnte mit einer Seide mit Achteckmuster in Zusammenhang gebracht werden. Diese Achteckseide wurde vermutlich zwischen 610 und 780 in der Umgebung von Buchara, heutiges Usbekistan, angefertigt,[75] womit fraglich ist, ob sie sich zusammen mit der Weintraube um 710 in St. Severin befand. Erst für 948 kann laut Schrenk und Reichert als terminus ante quem belegt werden, dass die Seide in den neu angefertigten Holzschrein gelangte, da sie ausgeprägte Spuren von Mäusefraß aufweist. Folglich seien Verwendungsspuren wie Montierungsschlaufen an ihr vor 948 entstanden, wobei – wie bei der Perlhuhnseide auch – nicht nachgewiesen werden kann, dass die Achteckseide ausschließlich in St. Severin in Gebrauch war.[76] Möglicherweise wurde sie sogar mit all ihren Abnutzungsspuren dorthin gestiftet.[77] Was lässt sich nun aus diesem Befund schließen? Eine Graböffnung im 8. Jahrhundert kann anhand der Befunde ebenfalls nicht belegt werden. Zutreffend ist aber, dass wenigstens der Weintraubenkern zu irgendeinem Zeitpunkt seinen Weg in den Schrein fand, womit er zum stummen Zeugen eines geschmückten Severinsgrabes im 7. oder 8. Jahrhundert wird.

3. *Fazit*

Was lässt sich also abschließend zu Päffgens These sagen? Zunächst einmal sollte methodisch die Beschäftigung mit den Schriftquellen von der Betrachtung der Sachquellen getrennt werden. Jede Quellengattung für sich enthält Hinweise,

73 Päffgen: Grab (Anm. 39), S. 415–416.

74 Ursula Tegtmeier/Klaas van der Borg/Arie de Jong/Pieter M. Grootes/Marie-Josée Nadeau: Die AMS-Datierungen an Materialien aus dem Holzschrein des hl. Severin, in: Oepen u. a. (Hg.): Severin (Anm. 5), S. 127–155, hier S. 140.

75 Schrenk/Reichert: Textilien (Anm. 67), S. 241.

76 Ebd., S. 253.

77 Ebd.

die sich in Hinblick auf die Frage einer durchgehenden Verehrung Severins von Köln als Heiliger nicht zu einer Gesamterkenntnis zusammenfassen lassen, geschweige denn dass sie in gegenseitiger Ergänzung für eine Konstruktion einer kontinuierlichen Verehrungspraxis verwendet werden können. Sie stellen unterschiedliche Beweisstücke dar, aus denen nicht die Existenz des jeweils anderen abgeleitet werden kann.

So spricht auf Seiten der Schriftquellen nicht viel für eine durchgehende Verehrung seit dem 6. Jahrhundert. Die Hauptquelle Gregor von Tours lässt lediglich auf eine herausgehobene Stellung Severins im 6. Jahrhundert schließen, da sein Name in Zusammenhang mit dem Kölner Bischofsamt wohl noch bekannt war. Weitere Rückschlüsse und Verknüpfungen ergeben sich nach Meinung der Autorin nicht, zumal sie die hauptsächliche Bestrebung Gregors, über die Wunder des hl. Martin zu berichten, außer Acht lassen. Gregor bedient sich vor allem topischer Elemente bei der Charakterisierung Severins, sodass ihm unterstellt werden kann, wohl nichts weiter oder zu wenig über ihn zu wissen, um darüber ausführlicher berichten zu können. Abgesehen von der intentionalen Färbung ist auch die Einstufung seines Berichts als historisch fixiertes Wirken Severins mit Vorsicht vorzunehmen, schreibt Gregor doch beinahe ganze 200 Jahre später über etwas, das ihm nur zu Ohren gekommen ist und dessen ursprünglicher Wahrheitsgehalt dementsprechend nicht als vorbehaltlos gegeben erscheinen kann.

Weiterhin ist die Vermutung Päffgens über die Existenz einer alternativen Urquelle Gregors im Rahmen der Anerkennung der Himmelfahrt des hl. Martin als unhaltbar zu verwerfen. Dass ein früherer Bericht über die Zeugenrolle Severins nicht nur existiert hätte, sondern auch als Schlüsselzeugnis für die Etablierung eines kirchlichen Festes verwendet worden wäre, ist nicht beweisbar. Auch die Verbindung zu Ebergisel von Köln erweist sich als unwirksam. Zwar erscheint ein Austausch zwischen Gregor und seinem Amtsgenossen auf den ersten Blick plausibel, jedoch erwähnt Gregor Ebergisel bloß in Zusammenhang mit dem Märtyrerkult der Thebäischen Legion in Köln und mit dem ebenfalls zur Legion gehörenden hl. Mallosus in Birten bei Xanten. Über eine Verbindung zum hl. Severin berichtet allerdings Gregor nichts. Aufgrund der erst im Spätmittelalter aufkommenden legendär Ebergisel zugeschriebenen Überführung der Severinsreliquien aus Bordeaux nach Köln und den Bemühungen des Kölner Bischofs, in Birten gleichermaßen engagierte Bemühungen um die Etablierung eines Severinskultes anzunehmen, ist angesichts der fehlenden schriftlichen Quellengrundlage somit alles andere als plausibel, ebenso eine Unterredung Ebergisels mit Gregor über seine Aktivitäten in Köln wie über gallische Heiligenkulte. Man darf sicher davon ausgehen, dass der Turoner Bischof derartige Informationen in seine Werke hätte einfließen lassen.

Auch weitere Schriftquellen wie die Vita Dagoberti, anhand deren Schilderungen versucht wird, in Bezug auf die Severinsverehrung eine Kontinuität zu konstruieren, enthalten keinerlei Informationen zum Heiligen selbst oder zu einer Kultpraxis. Es lässt sich lediglich die Annahme äußern, dass mit der Erwähnung Severins von seiner Bekanntheit als Heiliger ausgegangen werden kann. Dabei ist allerdings das wichtige Faktum zu berücksichtigen, dass die Vita Dagoberti frühestens aus dem späten 9. Jahrhundert stammt. Sie kann nicht als Zeugnis der Merowinger- oder Karolingerzeit in Anspruch genommen werden.

Demgegenüber ergeben sich aus den Sachquellen, meint die gefundenen Textilien und organischen Materialien, für das 7. und 8. Jahrhundert durchaus Hinweise auf eine Verehrungspraxis. Auch wenn nicht rekonstruiert werden kann, ab wann welche Textilien in St. Severin in Benutzung waren, ist anzunehmen, dass das Grab mit Kostbarkeiten aufgewertet beziehungsweise geschmückt wurde. Davon zeugt vor allem der Weintraubenkern, für den sich keine andere plausible Erklärung ergibt.

Insgesamt sollten also die zu Severin existierenden Belege mit dem notwendigen historisch-kritischen Abstand betrachtet werden, um nicht Gefahr zu laufen, ein vermeintliches Gesamtbild des Heiligen und eine gut belegte, durchgehende Verehrung seit dem 6. Jahrhundert zu zeichnen, das in dieser Eindeutigkeit nicht aus den Quellen abgeleitet werden kann. Für die Zeit vor dem 9. Jahrhundert bleibt neben den wiederum von den Schrift- und Sachquellen separat zu betrachtenden, viel diskutierten archäologischen Befunden lediglich der Weintraubenkern des 7./8. Jahrhunderts als Hinweise auf eine Verehrung des hl. Severin.

Zweimal Hilduin?

Überlegungen zur Identität des 842 ernannten Kölner Erzbischofs

von Georg Friedrich Heinzle

17 Jahrhunderte Geschichte der Bischöfe und Erzbischöfe von Köln haben zahlreiche ungeklärte historische Fragen hinterlassen. Gerade bei den frühen Oberhirten betreffen diese oft deren Identität, so auch im Fall des 842 von Kaiser Lothar I. ernannten Hilduin.[1] Wer dieser während des erbitterten Bürgerkrieges um die Nachfolge Ludwigs des Frommen († 840) von Lothar I. gegen seinen bereits gewählten Konkurrenten Liutbert durchgesetzte Erzbischof war, ist in der Forschung umstritten. Die Diskussion kreist um die Frage, ob dieser Hilduin mit dem gleichnamigen Abt von Saint-Denis identisch war, der sein Abbatiat im karolingischen Brüderkrieg als Parteigänger Lothars I. verloren hatte, nachdem Lothars Kriegsgegner Karl der Kahle die Kontrolle über Saint-Denis gewonnen hatte.[2]

Das Problem ist in seinem Kern ein Überlieferungsproblem. Wir wissen, dass Hilduin von Saint-Denis seinen Posten als Abt aus politischen Grüßen einbüßte, und wir wissen, dass Lothar einen Hilduin als Kölner Erzbischof einsetzte.[3] Beide Vorgänge sind quellenmäßig – jedenfalls für ihre Zeit – gut belegt.[4] Was fehlt, ist eine Verbindung zwischen beiden. Dieser »missing link« existiert meines Wissens nicht. Die hier dargebotenen Überlegungen können also nicht zu einem zwingenden Beweis der Identität oder Nicht-Identität der beiden Hilduine führen, und es ist zu vermuten, dass sich ein solcher Beweis auch in Zukunft nicht wird erbringen lassen. Ich führe also im Folgenden einen Indizienprozess, der im Ergebnis mündet, dass eindeutig mehr für die Identität der fraglichen Personen spricht, als dagegen – vor allem, wenn man die politischen Umstände der Zeit ausreichend berücksichtigt. Wie ich auf den folgenden

1 Vgl. Friedrich Wilhelm Oediger: Geschichte des Erzbistums Köln bis zum Ende des 12. Jahrhunderts, Bd. 1, 2. Aufl. Köln 1972, S. 87 f.
2 Siehe zu Hilduins Leben die aktuelle und ausführlichste Darstellung bei Michael Lapidge: Hilduin of Saint-Denis. The Passio S. Dionysii in Prose and Verse, Leiden/Boston 2017, S. 3–61, insbesondere S. 46–49.
3 Vgl. ebd.
4 Vgl. ebd. Zu den Quellen, die vom ernannten Erzbischof berichten, siehe unten.

Seiten zu zeigen hoffe, ist es daher angebracht, als Hypothese von der Identität des ernannten Erzbischofs mit dem vormaligen Abt auszugehen.

1. Gesicherte Fakten, Quellen und Forschung

Die Betrachtung der Fakten muss mit dem beginnen, was über den mutmaßlichen späteren Erzbischof Hilduin, Abt von Saint-Denis bekannt ist. Dieser zählt zu den bekanntesten kirchlichen Persönlichkeiten der ersten Hälfte des 9. Jahrhunderts. Seit 814 ist der Franke edler Abkunft – wahrscheinlich war er sogar ein Verwandter der Karolinger[5] – als Abt der den fränkischen Königen traditionell eng verbundenen Abtei von Saint-Denis bei Paris, bezeugt. In zeittypischer Weise war er zugleich Abt weiterer, kleinerer Klöster.[6] Diese herausragende Stellung überrascht angesichts des höchst prominenten Profils Hilduins kaum: Er gilt als Schüler Alkuins, Freund von Rabanus Maurus und Lehrer Hinkmars von Reims, was ihn ohne Zweifel der intellektuellen Elite seiner Zeit zuordnet.[7] Seine schriftstellerischen Werke sind seit langem Gegenstand intensiver Forschung, wobei besonders seine Vita des Dionysius von Paris, Namenspatron von Hilduins Kloster, hervorzuheben ist.[8] Ab 819 begegnet Hilduin als Erzkaplan Ludwigs des Frommen, also geistlicher Vorsteher des Kaiserhofes. Der älteren Forschung galt er als Anhänger der sogenannten »Reichseinheitspartei« (vgl. etwa Jan Prelog[9]), die sich gegen Teilungen des Reiches in den Nachfolgeplänen Ludwigs des Frommen gestellt habe. Auch wenn die jüngere Karolingerforschung von der Vorstellung einer »Reichseinheitspartei«, die stark im deutschen Denken des 19. Jahrhunderts verwurzelt war, abgerückt ist,[10] bleibt Hilduins Nähe und Treue zu Ludwig dem Frommen – jedenfalls bis 830[11] – ebenso unbestritten wie die zu dessen ältestem Sohn und Mitkaiser Lothar I. Letztere zeigte sich besonders in Hilduins Parteinahme für

5 Zu Hilduins familiärem Hintergrund siehe Lapidge: Hilduin of Saint-Denis (Anm. 2), S. 4–11.
6 Vgl. Jan Prelog: Art. »Hilduin v. St-Denis«, in: Lexikon des Mittelalters 5 (1991), Sp. 20.
7 Der Dreiklang dieser bedeutenden Namen stammt im Zusammenhang mit Hilduin von Gabriel Théry: Hilduin et la première traduction des écrits du Pseudo-Denis, in: Revue d'histoire de l'Église de France 9 (1923), S. 23–39, hier S. 24.
8 Vgl. aktuell Lapidge: Hilduin of Saint-Denis (Anm. 2) und die dort aufgeführte Literatur zu den Werken Hilduins von Saint-Denis.
9 Prelog: Art. »Hilduin v. St-Denis« (Anm. 6).
10 Grundlegend Steffen Patzold: Eine »loyale Palastrebellion« der »Reichseinheitspartei«?: Zur »Divisio imperii« von 817 und zu den Ursachen des Aufstands gegen Ludwig den Frommen im Jahre 830, in: Frühmittelalterliche Studien 40 (2006), S. 43–77.
11 Auch nach seiner zweiten Absetzung 833/834 blieb Ludwig der Fromme mit Hilduin in Kontakt, bestellte sogar ein zweibändiges Werk über den Heiligen Dionysius bei ihm. Siehe hierzu Courtney M. Booker: The Dionysian Mirror of Louis the Pious, in: Quaestiones medii aevi novae 19 (2014), S. 241–264.

Lothar im Zuge des Aufstandes gegen Ludwig den Frommen 830, die ihn kurzzeitig seine Ämter kostete. Sein damit verbundenes Exil in Corvey war freilich nicht von langer Dauer, und Hilduin konnte in seine frühere Position zurückkehren.[12]

Die Treue zu Lothar bedeutete für Hilduin nach dem Tod Ludwigs des Frommen einen neuerlichen Einschnitt, denn im Zuge des brutalen Krieges um dessen Nachfolge verlor Hilduin sein Amt als Abt von Saint-Denis, das stets die tragende Säule seiner Position gewesen war, durch die Entscheidung Karls des Kahlen.[13] Der aufstrebende junge König Karl konnte einen engen Anhänger seines Halbbruders und Kriegsgegners Lothar an einer solchen, von ihm kontrollierten Schaltstelle nicht tolerieren. Die Besetzung solcher Spitzenämter mit treuen Anhängern war während des karolingischen Brüderkrieges auf allen Seiten verbreitet.[14] Soweit das gesicherte Wissen über Hilduin von Saint-Denis. Es liegt nahe, dass ein so profilierter Mann sehr wahrscheinlich nicht einfach spurlos aus der Überlieferung verschwunden sein wird. Genau das müsste man aber annehmen, wollte man eine Verbindung mit dem Kölner Hilduin von vorneherein ausschließen.

Schauen wir auf die über diesen Fall bekannten Tatsachen. Zunächst ist anzumerken, dass der Kölner Erzstuhl schon in dieser Zeit keineswegs ein unbedeutender Versorgungsposten, sondern eine strategische Schaltstelle war, die in ihrer Bedeutung dem Abbatiat von Saint-Denis durchaus vergleichbar war. Als einer der ältesten Bischofssitze auf fränkischem Boden, unter Karl dem Großen zum Erzbistum aufgewertet, war der Kölner Sitz eine der kirchlichen Klammern des Reichsgefüges.[15] Ihm kam Bedeutung sowohl als territorial ausgedehnter Metropolitansitz mit wichtiger Rolle in der Mission der Gebiete im Norden und Osten des Reiches, wie vor allem auch als Erzdiözese im Herzland des Frankenreiches zu – und dieses war im Brüderkrieg besonders umstritten.[16] Es leuchtet also ein,

12 Lapidge: Hilduin of Saint-Denis (Anm. 2), S. 35–46.

13 Ebd., S. 48.

14 Prominentestes Beispiel einer Bistumsbesetzung durch schiere militärische Macht im Brüderkrieg ist Reims, wo Erzbischof Hinkmar sein Amt Karl dem Kahlen und der Vertreibung des zuvor von Lothar wiedereingesetzten Ebo verdankte, der seinerseits schon in der 830er-Jahren sein Amt verloren hatte. Zu Hinkmars Leben vgl. klassisch Jean Devisse: Hincmar, archevêque de Reims 845–882, 3 Bde., Genf 1975–76.

15 Grundlegend Oediger: Bistum Köln (Anm. 1). Siehe zur Rolle Kölns unter Karl dem Großen vor allem Verena Zell: Erzbischof Hildebald von Köln. Untersuchungen zu seiner Rolle im Reformprozess Karls des Großen, Hamburg 2016. Vgl. zum Beispiel für die weitere Bedeutung des Erzbistums auch Hanna Vollrath/Stefan Weinfurter (Hg.): Köln. Stadt und Bistum in Kirche und Reich des Mittelalters. Festschrift für Odilo Engels zum 65. Geburtstag, Köln/Weimar/Wien 1993.

16 Grundlegend zum Brüderkrieg Janet Nelson: The search for peace in a time of war: the Carolingian Brüderkrieg 840–843, in: Johannes Fried (Hg.): Träger und Instrumentarien des Friedens im hohen und späten Mittelalter, Sigmaringen 1996, S. 87–114. Die aktuellste Übersicht der Ereignisgeschichte des Krieges findet sich bei Maria Schäpers: Lothar I. (795–855) und

dass Lothar die sich ihm nach dem Tod Erzbischof Hadebalds 841 bietende Gelegenheit, den von ihm kurzzeitig militärisch kontrollierten Erzstuhl in seinem Sinn zu besetzen, ergriff. Ebenso naheliegend ist, dass der Kaiser hierfür nicht eine beliebige Person auswählen wollte, sondern vielmehr jemanden brauchte, der der Aufgabe gewachsen und dessen Loyalität unzweifelhaft war. Gleichzeitig musste Lothar auch die Interessen seiner Anhänger bedienen, insbesondere derjenigen, die durch den Krieg Ämter und Besitz verloren hatten. Die Loyalität der Großen des Reiches, geistlich wie weltlich, war der entscheidende Machtfaktor im Krieg.[17] In dieser Gemengelage griff Lothar nun also auf einen Hilduin zurück. Diesen setzte er anstelle des bereits gewählten Liutbert, eines Neffen des verstorbenen Erzbischofs Hadebald, ein.[18] Militärische Macht wird ihm hierbei als Legitimation seines Handels genügt haben; ein während des Krieges und besonders für Lothar typisches Verhalten.[19]

Weitgehender Konsens besteht in der Forschung darüber, dass Hilduin zwar von Lothar eingesetzt und ernannt, aber nie kirchlich zum Erzbischof geweiht wurde.[20] Diese Ansicht, die ich teile, stützt sich vor allem auf die überlieferten Bezeichnungen Hilduins als Erzbischof, wie etwa den einschränkenden Zusatz *vocatus*, der auf den genannten Status eines ernannten, aber nicht geweihten Oberhirten verweist.[21] In verschiedenen Varianten ist diese Konstellation bis Ende der 840er-Jahre belegt, und erst ab 850 tritt mit Gunthar ein neuer Erzbischof in Köln in Erscheinung. Dessen Amtsübernahme, welche die seit 842 bestehende Pattsituation um den Kölner Erzstuhl beendete, ging mit anderen Bewegungen im lotharingischen und ostfränkischen Episkopat einher: Gunthar war Hilduins Neffe, Hilduins Gegenspieler Liutbert wurde Bischof von Münster.[22] Von 844 bis 855 ist Hilduin als Erzkanzler Lothars I. belegt, bevor er sich

das Frankenreich, Wien/Köln/Weimar 2018, S. 345–450. Siehe auch künftig Georg Friedrich Heinzle: Flammen der Zwietracht (Libelli Rhenani 77, in Vorbereitung).

17 Siehe zu diesem Aspekt aktuell Warren Pezé: Compétition et fidélité à l'épreuve de la guerre de succession, 840–843, in: Régine Le Jan/Geneviève Bührer-Thierry/Stefano Gasparri (Hg.), Coopétition. Rivaliser, coopérer dans les sociétés du haut Moyen Âge (500–1100), Turnhout 2018, S. 141–166.

18 Oediger: Bistum Köln (Anm. 1), S. 88.

19 Vgl. hierzu und speziell zu einem prominenten Beispiel eines Verlierers dieses Handlungsmusters den klassisch gewordenen Aufsatz von Janet Nelson: Public »Histories« and Private History in the Work of Nithard, in: Speculum 60 (1985), S. 251–293.

20 Vgl. die unten, Anm. 37–58 zitierten Forschungsmeinungen, die in diesem Punkt sämtlich übereinstimmen.

21 Vgl. zum »vocatus episcopus« grundsätzlich Arnold Pöschl: Der »vocatus episcopus« der Karolingerzeit, in: Archiv für katholisches Kirchenrecht 37 (1917), S. 3–43. Das lange Verharren in diesem Stand war Pöschl zufolge (vgl. ebd., S. 26 f.) nicht ungewöhnlich. Erstaunlich ist dagegen, dass Pöschls Aufsatz zwar im Wesentlichen eine Aufzählung von bezeugten »vocati« des 9. Jahrhunderts ist, Hilduin von Köln aber nicht erwähnt wird.

22 Oediger: Bistum Köln (Anm. 1), S. 88 f.

wahrscheinlich 855 in das Eifelkloster Prüm zurückzog.[23] Diese letzte Entscheidung teilte Hilduin also vermutlich mit seinem Herrn Lothar, der seine letzten Tage in Prüm verbrachte und sein Leben dort noch 855 als Mönch beschloss. Auch dieser gemeinsame Rückzug der beiden Männer lässt auf ein langjähriges Nahverhältnis schließen.

Für den ersten Abschnitt des gerade Besprochenen, das Leben Hilduins von Saint-Denis bis zu seiner Absetzung durch Karl den Kahlen, sind die Quellenbelege zahlreich, zu zahlreich, um sie hier vollständig aufzuführen.[24] In der insgesamt gut belegten Zeit Ludwigs des Frommen war Hilduin eine der immer wieder auftauchenden Hauptfiguren der fränkischen Politik und Geisteswelt. Ganz anders liegt der Fall bei der hier behandelten Frage nach demjenigen Hilduin, der 842 als Kölner Erzbischof ernannt wurde. Die bis heute gültige Zusammenfassung der betreffenden Quellenzeugnisse findet sich in den Regesten Friedrich Wilhelm Oedigers und ist recht übersichtlich.[25] In acht Jahren seines Standes als ernannter Erzbischof bringt es Hilduin lediglich auf fünf Regesten, die zudem nicht unbedingt auf aussagekräftige oder prominente Quellen verweisen.[26] Als Hauptschwierigkeit erweist sich hier das Fehlen einer eigenen maßgeblichen Historiographie in Lothars Mittelreich. Während die Reiche seiner Brüder mit den Fuldaer und Saint-Bertiner Annalen über eine mehr oder weniger hofnahe Geschichtsschreibung verfügten, welche die Tradition der fränkischen Reichsannalen in gewisser Weise fortführten, fehlte ein solches Unternehmen in Lotharingien völlig.[27] Allerdings hat auch kein Klosterchronist nennenswerte Nachrichten über Hilduin hinterlassen, und die Tradition umfassender Bistumsgeschichten war im 9. Jahrhundert noch kaum verbreitet.[28] Die Überlieferung über Erzbischof Hilduin ist dementsprechend vor allem diplomatisch, entstammt also den Urkunden. Darin liegt ein methodisches Problem hinsichtlich der Identitätsfrage Hilduins, denn die dort zu findenden Bezeichnungen sagen fast nichts über dessen Vergangenheit aus. Ein solcher Hinweis auf die für Hilduin und Lothar schmachvolle Vertreibung aus Saint-Denis wäre in einer Urkunde allerdings auch kaum zu erwarten.

23 Vgl. zu Hilduins späten Jahren Lapidge: Hilduin of Saint-Denis (Anm. 2), S. 46–56.

24 Siehe ebd., S. 4–46.

25 Friedrich Wilhelm Oediger: Die Regesten der Erzbischöfe von Köln im Mittelalter, Bd. 1, Düsseldorf 1978, S. 51–53.

26 Ebd.

27 Zur Geschichte Lotharingiens siehe Robert Parisot: Le Royaume de Lorraine sous les Carolingiens (843–923), Paris 1898 und Jens Schneider: Auf der Suche nach dem verlorenen Reich: Lotharingien im 9. und 10. Jahrhundert, Köln 2010.

28 Vgl. zur Entwicklung der fränkischen Historiographie etwa Rosamond McKitterick: History and memory in the Carolingian world, Cambridge 2004.

Ein historiographisches Zeugnis der Ernennung Hilduins sind die sogenannten »Annales Colonienses brevissimi«, die, wie ihre moderne Bezeichnung nahelegt, aber nur eine minimale Information bieten: »Hilduin nahm das Kölner Bischofsamt an«.[29] Hinzu kommt die unklare Herkunft dieser Annalen, die nur in einem nicht identifizierten mutmaßlich Kölner Konzilskodex überliefert sind, der auch in den nur zwei existierenden Editionen nicht näher bezeichnet wird.[30] Eine Urkunde Lothars von 848 kennt Hilduin als »venerabilis vocatus archiepiscopus sacrique palatii nostri notarius summus«[31] (»ehrwürdiger ernannter Erzbischof und erster Notar unseres heiligen Hofes«), eine weitere Urkunde desselben Jahres als »archiepiscopus gratia Dei et sacri palatii capellanus«[32] (»Erzbischof von Gottes Gnaden und Kaplan des heiligen Hofes«). 860 schließlich, lange nach seinem Ausscheiden als Erzbischof, heißt er in einer Urkunde Ludwigs II. »venerabilis coloniae ecclesiae vocatus archiepiscopus«[33] (»ehrwürdiger ernannter Erzbischof der Kölner Kirche«). Bisher unbeachtet blieb eine Kölner Handschrift des 7. Jahrhunderts, auf deren letzter Seite sich Federproben finden, unter denen auch zweimal die Phrase »hilduinus episcopus« auftaucht (Abb. 1–2).[34] Sie sind von zwei Händen des 9. Jahrhunderts geschrieben und Teil einer ganzen Seite disparater Federproben. Im Kontext dieser Federproben steht die Erwähnung isoliert, gibt also keine nähere Information über Hilduins Wirken oder Identität. Sie zeugt aber immerhin von Hilduins Präsenz als (Erz) Bischof und ist wahrscheinlich zeitgenössisch.

Da es sich bei allen weiteren vermeintlichen zeitgenössischen Quellen um Fälschungen handelt[35] – ein urkundentypisches Problem –, stellen die hier

29 Annales Colonieses brevissimi, ad 842, in: Georg Heinrich Pertz (Hg.), Annales et chronici aevi Carolini (MGH SS 1), Hannover 1826), S. 97: »Hilduinus accepit episcopatum Coloniae«.

30 Die aktuellste Information hierüber findet sich in der MGH-Edition von 1826, die die reichlich unbestimmte Beschreibung der Handschrift ihrerseits nur aus der ersten Edition von 1729 übernimmt. Alle auffindbaren Informationen führen allein zu dieser zurück: Johann Georg von Eckhart: Commentarii de rebus Franciae orientalis et episcopatus Wirceburgensis, Bd. 2, Würzburg 1729, S. 917f. Dort sind die Annalen erstmals ediert. Pertz hat sie von dort, und alle seitherigen Zitate gehen auf dessen Edition zurück. Eckhart gibt keine konkrete Information über die Handschrift, lediglich, dass es sich um eine Handschrift mit Konzilstexten handelt, die in der Bibliothek des Erzbistums Köln aufbewahrt wurde (»Ex MSto Conciliorum Codice vetustissimo, qui in Bibliotheca Metropol. Coloniae asservatur«). In den Katalogen der Kölner Erzbischöflichen Diözesan- und Dombibliothek findet sich kein Hinweis auf die Annalen. Im Grunde weiß man nur, dass die betreffende Handschrift vor 1729 in Köln war, was nicht bedeuten muss, dass sie heute noch dort ist. Es ist nicht auszuschließen, dass sie verloren ist.

31 MGH DD Lo I, Nr. 100, S. 239.

32 Siehe Oediger: Regesten der Erzbischöfe (Anm. 25), Nr. 161, S. 52.

33 MGH DD L II, Nr. 31, S. 129.

34 Köln, Erzbischöfliche Diözesan- und Dombibliothek, Codex 165, fol. 118v. Ansonsten enthält die Handschrift die sogenannten »Ermahnungen der Mönchsväter«, einen Text, der von herausragenden Gestalten des frühen Mönchtums handelt.

35 Vgl. Oediger: Regesten der Erzbischöfe (Anm. 25), Nr. 160 und 162, S. 52f.

Abb. 1: Seite einer Handschrift mit einer Federprobe, die den Namen »Hilduin« nennt und diesen als »episcopus« (Bischof) bezeichnet. Köln, Erzbischöfliche Diözesan- und Dombibliothek, Cod. 165, fol. 118v, Gesamtansicht (Foto: Erzbischöfliche Diözesan- und Dombibliothek Köln)

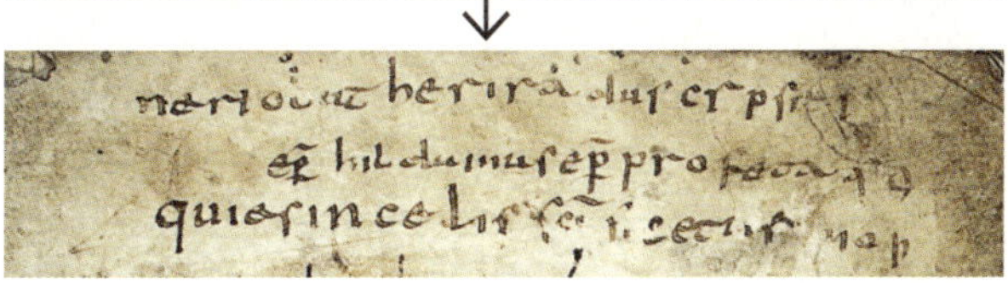

Abb. 2: Detail der Federprobe, hier um 180° gedreht. Köln, Erzbischöfliche Diözesan- und Dombibliothek, Cod. 165, fol. 118v (Foto: Erzbischöfliche Diözesan- und Dombibliothek Köln)

zitierten kurzen Texte tatsächlich die gesamte Überlieferung dar, die Auskunft über Hilduin in seiner Eigenschaft als Erzbischof, oder genauer, ernannter Erzbischof von Köln gibt. Im Grunde lässt sich also nur sagen, dass die verbreitete Ansicht bestand, Hilduin habe 842 das Amt »angenommen«, und dass man ihn noch lange nach dem Ende des Brüderkrieges (843) als ernannten Erzbischof kannte, als welcher er auch noch Jahre hiernach erinnert wurde. Das ist zunächst alles. Weder geht aus diesen Informationen hervor, was Hilduin in

Köln unternahm, noch wer er überhaupt war. Dementsprechend verwundert es kaum, dass die Ansichten der Forschung hier weit auseinandergehen. 1898 ging Robert Parisot davon aus, dass weder Hilduin noch sein Gegenspieler Liutbert, nachmaliger Bischof von Münster, je als Kölner Erzbischöfe geweiht wurden. Zugleich vermutet er, dass es sich bei den beiden Hilduinen um Verwandte gehandelt haben könnte,[36] was eine Identität beider in seinen Augen naturgemäß ausschloss. Anders sah das Friedrich Wilhelm Oediger, der in den Regesten vorsichtig, in seiner Geschichte des Erzbistums Köln jedoch mit klarer Überzeugung davon ausging, dass es sich bei den beiden Hilduinen um dieselbe Person gehandelt habe.[37] 2017 schließlich ging Michael Lapidge in der aktuellsten und ausführlichsten vorliegenden Lebensbeschreibung Hilduins ganz selbstverständlich davon aus, dass der Abt von Saint-Denis und der ernannte Kölner Erzbischof identisch waren.[38] Am Quellenbefund hat sich in den 120 Jahren zwischen Parisot und Lapidge nicht das Geringste geändert, beide Autoren referieren vielmehr dieselben Zitate, die ich oben wiedergegeben habe. Wir sehen also, dass die Entscheidung für oder gegen die Identität nicht an einer fehlenden Information, sondern allein an der Auslegung der lange bekannten Quellen hängt.

Dieser Befund spiegelt sich in den widersprüchlichen Schlüssen wider, die verschiedene Forscher in den Jahrzehnten seit der Wende zum 20. Jahrhundert aus den wenigen Quellen gezogen haben. In einem erstmals 1903 erschienenen Aufsatz über Personen Namens Hilduin im 9. Jahrhundert – der Name war nicht besonders selten[39] – erarbeitete Ferdinand Lot die erstaunliche Zahl von 15 belegten Hilduinen. Diese reduzierte er durch seine Analyse auf acht, wobei er Hilduin von Saint-Denis mit dem späteren Erzkanzler Lothars I. und ernannten Kölner Erzbischof identifizierte.[40] Zur Begründung der Identifizierung von Abt und späterem Erzbischof wirft Lot die Frage auf, die auch den vorliegenden Aufsatz bestimmt: Warum sollte man eigentlich von zwei verschiedenen Personen ausgehen?[41] Und Lot formuliert die entscheidende Bedingung für das Ausschließen

36 Parisot: Le Royaume (Anm. 27), S. 745.

37 Oediger: Regesten der Erzbischöfe (Anm. 25), S. 51; Oediger: Bistum Köln (Anm. 1), S. 87 f.

38 Lapidge: Hilduin of Saint-Denis (Anm. 2), S. 46–61.

39 Vgl. Ernst Tremp: Die Überlieferung der Vita Hludowici imperatoris des Astronomus, Hannover 1991, S. 142 f., insbesondere Anm. 308.

40 Nachdruck bei Ferdinand Lot: De quelques personnages du IXe siècle qui ont porté le nom de Hilduin, in: Ders. (Hg.): Recueil des travaux historiques, Bd. 2, Genf/Paris 1970, S. 461–495, hier S. 486: »Les Hilduin I, II, III et VII ne forment ainsi qu'un seul et même personnage«. Die Nummern I, II, III und VII bezeichnen in Lots Zählung jeweils den Abt von Saint-Denis, den Erzkanzler Lothars I., den ernannten Kölner Erzbischof und einen vormaligen Abt des Klosters Saint-Mihiel im Verdunois. Vgl. ebd., S. 461–465.

41 Ebd., S. 481 f.

der Identität, nämlich dass der Abt Hilduin kurz nach seiner Absetzung durch Karl den Kahlen gestorben sein müsste,[42] wofür es aber keinerlei Beleg gibt. Ein Jahr später bekräftigte Lot seine Ansicht, dass der Abt und der Erzbischof identisch gewesen seien, weil es keinen Grund gebe, von ihr abzurücken.[43]

Nach dem Zweiten Weltkrieg stammte der nächste wichtige Beitrag von Léon Levillain, der vorsichtig die Identität annahm. Ihm ging es um den Erweis, dass der im Martyrolog Wandalberts von Prüm nachträglich eingetragene Hilduin der Abt von Saint-Denis war, was ihm wegen Wandalberts Kölner Verbindungen besonders wahrscheinlich erschien. Es liegt nahe, dass auch die Identität der beiden fraglichen Hilduine somit wahrscheinlich erscheinen musste.[44] Einen direkten Beweis konnte er dabei freilich nicht bieten. Noch eindeutiger legte sich der Byzantinist Werner Ohnsorge 1955 fest, als er die Idee präsentierte, Lothar habe Hilduin, dem des Griechischen mächtigen ehemaligen Abt von Saint-Denis, die Kölner Würde vor allem deshalb verliehen, weil Hilduin ihn so als Gesandter gegenüber Byzanz als angemessen hochgestellter kirchlicher Amtsträger habe vertreten können.[45] Er setzte damit voraus, dass Abt und ernannter Bischof dieselbe Person waren, und berief sich auf Parisot, obwohl dieser der Identität vorsichtig ablehnend gegenüber gestanden hatte.[46] Ich teile zwar nicht Ohnsorges Ansicht, dass in diesem Aspekt der würdigen Repräsentation

42 Ebd., S. 482.

43 Ferdinand Lot: Sur les Hilduins: note rectificative, in: Ders. (Hg.), Recueil des travaux historiques, Bd. 2, Genf/Paris 1970, S. 495–499, hier S. 495. Wenig später lieferte sich Lot eine publizistische Kontroverse mit seinem Kollegen Joseph Calmette, der zwar nicht Lots Gleichsetzung des Abtes und des ernannten Erzbischofs bezweifelte, dafür aber seine Einteilung der späteren Hilduine der 860er- und 870er-Jahre angriff. Vgl. Joseph Calmette: Les abbés Hilduin au IX siècle, in: Bibliothèque de l'Ecole des Chartes 65 (1904), S. 530–536, und die (zur Materie passend) titelgleiche »réponse« von Ferdinand Lot: Les abbés Hilduin au IX siècle, in: Bibliothèque de l'Ecole des Chartes 66 (1905), S. 277–280. Es zeigt sich auch hieran, dass »Hilduin« im fränkischen 9. Jahrhundert ein weit verbreiteter Name war, sich unserem hier behandelten Fall ähnliche Probleme also in anderen Fällen auch ganz ähnlich stellen.

44 Léon Levillain: Wandalbert de Prüm et la date de la mort d'Hilduin de Saint-Denis, in: Bibliothèque de l'Ecole des Chartes 108 (1949/50), S. 5–35. Im gleichen Aufsatz wird auch die Unmöglichkeit deutlich, das Todesdatum des vormaligen Abtes von Saint-Denis zu bestimmen. Ebd., S. 35 fasst er schließlich zusammen, dass Hilduin wahrscheinlich zwischen 855 und 859 in Prüm gestorben ist.

45 Werner Ohnsorge: Das Kaiserbündnis von 842–844 gegen die Sarazenen. Inhalt und politische Bedeutung des »Kaiserbriefes aus St. Denis«, in: Archiv für Diplomatik 1 (1955), S. 88–131, insbesondere S. 118 ff. Ebd., S. 119: »Vielleicht hängt sogar die Ernennung für Köln ursächlich mit der Ostreise zusammen. 840 war er durch seinen Übertritt zu Lothar der Abtei St. Denis verlustig gegangen; seitdem war er ohne Amt; für einen Gesandten des fränkischen Kaisers nach dem Osten aber war es vorteilhaft, wenn er als Kirchenfürst auftreten konnte. Daß Hilduin nie ordiniert wurde und schließlich 850 auf den Erzstuhl zu Gunsten seines Verwandten verzichtet hat, würde bei dieser Deutung des Erwerbs seiner erzbischöflichen Würde verständlicher werden«.

46 Ebd.

der eigentliche Anlass zu Hilduins Ernennung zu sehen ist,[47] allerdings ist der Hinweis auf Hilduins Kenntnisse des Griechischen ein wichtiger Beitrag zu dem Indizienprozess, den ich unten führe. Josef Fleckenstein scheute in seiner 1959 erschienen Arbeit über die Hofkapelle der ostfränkisch-deutschen Könige vor der Gleichsetzung beider Hilduine zurück, freilich ohne Angabe von Gründen; er sah die Pflicht zum Nachweis bei denjenigen, die sich für die Identität aussprachen. Gleichwohl setzte er Lothars späteren Erzkanzler und den ernannten Erzbischof gleich.[48] Otto Gerhard Oexle mochte sich 1967 nicht festlegen,[49] ebenso wenig wie ein Jahr früher Theodor Schieffer.[50] Von Oedigers Festlegung auf die Identität 1972 haben wir schon gehört.[51] Stefan Weinfurter beschrieb die Möglichkeit einer Identität 1982 mit »fortasse« (»vielleicht«), hält sie ausweislich der weiteren Ausführungen in dem von ihm verantworteten Abschnitt der »Series episcoporum ecclesiae catholicae occidentalis« jedoch für nicht unwahrscheinlich.[52]

Auch Lexikonartikel zeigen die gleiche Diskrepanz der Einschätzungen: Während beispielsweise Jan Prelog im »Lexikon des Mittelalters« 1991 feststellte, dass Hilduin von Saint-Denis 842 zum Erzbischof von Köln ernannt wurde, blendete Ysabel de Andía 2000 in der »Encyclopedia of the Middle Ages« die Frage gänzlich aus.[53] Angesichts dieser Situation ziehen es nach wie vor viele Historiker vor, sich zu der Frage nicht zu äußern. So etwa Philippe Depreux in seiner großen Prosopographie der Zeit Ludwigs des Frommen (1997), der zwar davon ausgeht, dass der nach dem Brüderkrieg im Umkreis Lothars I. belegte Hilduin der vormalige Abt von Saint-Denis war, die Frage nach dem Kölner Erzbischof aber nicht behandelt.[54] Noch 2005 bestätigte Egon Boshof den oben referierten Quellenbefund mit der Bemerkung, die Identität der beiden Hilduine sei »nicht

47 Vgl. hierzu auch Pöschl: Vocatus episcopus (Anm. 21), insb. S. 19ff., wo Pöschl die Idee darlegt, es habe ein Ranggefüge bestanden, indem der »vocatus episcopus« zwischen dem Bischof und dem Abt gestanden habe. Diese Überlegung trüge nicht zur Festigung der Ansicht Ohnsorges bei.

48 Josef Fleckenstein: Die Hofkapelle der deutschen Könige, Bd. 1, Stuttgart 1959, S. 122ff.

49 Otto Gerhard Oexle: Die Karolinger und die Stadt des hl. Arnulf, in: Frühmittelalterliche Studien 1 (1967), S. 250–364, hier S. 349.

50 MGH DD Lo I, Einleitung, S. 19.

51 Oediger: Bistum Köln (Anm. 1), S. 87f.

52 Stefan Weinfurter/Odilo Engels (Hg.): Series episcoporum ecclesiae catholicae occidentalis ab initio usque ad annum MXCXVIII, Bd. 5, 1: Germania: Archiepiscopatus Coloniensis, Stuttgart 1982, S. 14f. 1873 hatte Pater Pius Gams in dem ähnlich angelegten Werk »Series Episcoporum Ecclesiae Catholicae« noch schlicht vermerkt: »Sedes vacat c. 842–850«. Siehe Pius Gams: Series Episcoporum Ecclesiae Catholicae, Regensburg 1873, S. 269.

53 Vgl. Prelog: Art. »Hilduin v. St-Denis“ (Anm. 6); Ysabel De Andía: Art. »Hilduin († 840/844)«, in: Encyclopedia of the Middle Ages 1 (2000), S. 675f.

54 Vgl. Philippe Depreux: Prosopographie de l'entourage de Louis le Pieux (781–840), Sigmaringen 1997, S. 250–256, insb. S. 256.

zweifelsfrei zu entscheiden«.[55] Ganz anders handelte hier 2008 Steffen Patzold, der die Identität der beiden Hilduine in seinem monumentalen Buch über die Bischöfe des Frühmittelalters ausdrücklich bestätigte, ohne allerdings auf die seit langem schwelende Forschungsdebatte einzugehen.[56] Auch Ulrich Helbach und Joachim Oepen führen Hilduin in ihrer 2013 erschienenen Bistumsgeschichte als Erzbischof von 842 bis 848/849, äußern sich aber wiederum nicht zu seiner Herkunft.[57] Schließlich mündet diese widersprüchliche Debatte, die mal offen, mal eher durch das Weglassen einer einschlägigen Aussage geführt wurde, wieder bei der erwähnten Position Michael Lapidges von 2017, die beiden Hilduine seien identisch.[58] Auch Maria Schäpers geht in einem Aufsatz von 2017 und in ihrer 2018 erschienenen Lothar-Biographie von der Identität aus.[59]

Die Diskussion bewegt sich also einerseits zwischen der Annahme oder Ablehnung der Identität, andererseits ist das Ausklammern der Frage ein ebenso häufiges Phänomen. Konjunkturen lassen sich hierbei schwer ausmachen, wenngleich die jüngsten Beiträge insgesamt eher zur Bestätigung der Identität neigen. Hier reiht sich der vorliegende Aufsatz ein: Wie oben gesagt, vertrete ich die Ansicht, dass wesentlich mehr für als gegen die Identität spricht.

2. *Ein Indizienprozess*

Zunächst lohnt sich aber die Frage, welche Argumente eigentlich gegen die Identifizierung sprechen könnten. Hier muss man feststellen, dass es im Grunde keine gibt. Der schlagendste Beweis wäre eine sichere Information über den Zeitpunkt und die Umstände des Todes von Hilduin von Saint-Denis. Wäre klar, dass er kurz nach seiner Absetzung als dortiger Abt gestorben ist, wäre die gesamte Debatte überflüssig. Eine solche Information gibt es aber nicht, im Gegenteil hat Levillain schon früh ausführlich nachgewiesen, dass das Datum seines Todes nicht seriös ermittelt werden kann, und sich schließlich für eine späte Variante entschieden, die den Abt, den Erzbischof und den Erzkanzler

55 Egon Boshof: Kaiser Lothar I.: Das Ringen um die Einheit des Frankenreiches, in: Reiner Nolden (Hg.), Lothar I.: Kaiser und Mönch in Prüm. Zum 1150. Jahr seines Todes, Niederprüm 2005, S. 11–71, hier S. 48.
56 Steffen Patzold: Episcopus: Wissen über Bischöfe im Frankreich des späten 8. bis frühen 10. Jahrhunderts, Ostfildern 2008, S. 376 f.
57 Ulrich Helbach/Joachim Oepen: Kleine illustrierte Geschichte des Erzbistums Köln, Köln 2013, S. 190.
58 Lapidge: Hilduin of Saint-Denis (Anm. 2), S. 46–61.
59 Maria Schäpers: Lothar I. und Köln, in: GiK 64 (2017), S. 9–22, insbesondere S. 18 f.; Schäpers, Lothar I. (Anm. 16), S. 444.

Lothars I. gleichsetzt.[60] Über den Tod des Abtes lässt sich die Debatte mithin nicht beenden. Das gilt auch ganz allgemein für die Frage, was aus dem Abt geworden ist, wenn nicht ein Kölner Erzbischof. Wir haben oben gesehen, dass manche Forscher annehmen, Hilduin von Saint-Denis sei zwar der Erzkanzler Lothars, aber nicht der Erzbischof gewesen. Das verweist vor allem darauf, dass man nicht nur über den Tod des Abtes nichts Sicheres weiß, sondern den weiteren Lebensweg dieses prominenten Mannes ohne die Kölner Ernennung nur schwer glaubhaft darstellen kann.

Ein ernsthafteres potenzielles Gegenargument ist die Tatsache, dass keine der Quellen, die Auskunft über den Erzbischof geben – wir haben sie oben alle gesehen – etwas über dessen Vorleben aussagt.[61] Das wäre im Zusammenhang der urkundlichen Überlieferung zwar auch nicht zwingend zu erwarten, aber es lohnt zumindest darüber nachzudenken, warum dem so ist. Hierzu ist es nötig, die politischen Zusammenhänge zu betrachten: Warum hätte man in den Urkunden an den politischen Misserfolg erinnern sollen, den Hilduins Vertreibung aus Saint-Denis bedeutet hatte? Unabhängig von der Frage der Identität mit dem später ernannten Erzbischof steht fest, dass Lothar nicht in der Lage gewesen war, seinem Verbündeten Hilduin diese Position zu sichern. Hilduins Vergangenheit in dieser Hinsicht in einem Medium in Erinnerung zu rufen, das der Repräsentation ebenso diente wie der Dokumentation von Rechtsentscheidungen, wäre auf Hilduin und Lothar negativ zurückgefallen. Zumal es den Urkunden eigen ist, als Rechtsdokumente prinzipiell für die Ewigkeit gedacht zu sein. Und für diese Ewigkeit hätte man die Schmach einer klaren militärischen und politischen Niederlage festgeschrieben. Somit erscheint es einleuchtender, diesen problematischen Aspekt wegzulassen und allein auf Hilduins aktuellen Stand als ernannter Erzbischof zu verweisen.

Weitere Argumente gegen die Identität sehe ich nicht. Die Forschungsübersicht hat gezeigt, dass die Gegner der Identität vor allem darauf rekurrieren, dass sie sich eben nicht eindeutig belegen lässt. Das zeigt, neben der langen Dauer der Debatte, den Mangel an positiven Argumenten für diese Position. Nehmen wir daher die Aspekte in den Blick, die für die Identität sprechen, was uns zugleich auch etwas in die politischen Zusammenhänge um die Mitte des 9. Jahrhunderts hineinführt.

Die Namensgleichheit ist ein Argument, das keine nähere Erörterung braucht, zumal sie – wie bereits erwähnt – auch die Ursache für zahlreiche Verwirrungen angesichts dieses in seiner Zeit häufigen Namens ist. Ein echtes Argument

60 Levillain: Wandalbert de Prüm (Anm. 4), insbesondere S. 15–35.
61 Vgl. oben.

Abb. 3: Kaiser Lothar I. in einem Evangeliar Lothars I., Tours, um 849–851. Bibliothèque nationale de France, Paris, Ms. lat. 266 (Foto: Bibliothèque nationale de France, Paris/ Source gallica.bnf.fr)

ist die unbestreitbare Nähe beider Hilduine zu Lothar I. (Abb. 3). Geht man von einer Identität aus, hätte Lothar einen seiner ältesten und profiliertesten Verbündeten mit Köln für Saint-Denis entschädigt, das dieser in der Folge von Lothars Krieg gegen seine Brüder verloren hatte. Lehnt man die Identität ab, hätte Lothar diesen alten und einflussreichen Verbündeten in der Stunde seines durch Lothar verursachten Verlustes fallengelassen und kurz darauf einen zufällig namensgleichen, bisher völlig unbekannten Dritten zum Kölner Erzbischof ernannt. Es dürfte kaum zu bestreiten sein, dass die erstere Variante auch in Abwesenheit eines zwingenden Beweises plausibler erscheint, denn sie ist die deutlich einfachere Lösung, die Fragen beantwortet, anstatt sie aufzuwerfen.

Wir haben oben schon die Idee von Ohnsorge kennengelernt, dass Lothar Hilduin vor allem zum Zweck der angemessenen Repräsentation gegenüber

Byzanz zum Erzbischof gemacht hätte.[62] Selbst wenn man diese ausschließlich auf Repräsentation gerichtete Motivation angesichts des Brüderkrieges sehr wahrscheinlich ausschließen kann, bleibt von Ohnsorges Überlegung doch ein ganz wesentlicher Punkt: Hilduin (der Erzbischof) agierte in Lothars Auftrag als Gesandter und Verhandler gegenüber den Byzantinern. Dazu waren Kenntnisse des Griechischen erforderlich. Wir wissen mit Sicherheit, dass Hilduin von Saint-Denis über solche Kenntnisse verfügte. Mehr noch: Als einer der ganz wenigen Franken seiner Zeit galt Abt Hilduin geradezu als Gelehrter der griechischen Sprache.[63] Das macht Hilduins Sprachkenntnisse zu einem Indiz für die Identität. Hier geht es um simple Wahrscheinlichkeiten: Warum sollte man die kompliziertere Variante annehmen, nämlich dass der Unbekannte, den Lothar zum Erzbischof gemacht hätte, zufällig die gleichen seltenen Sprachkenntnisse wie sein vermeintlicher Namensvetter besessen hätte? Dieses Argument hebt auch Lapidge in seinem jüngsten Beitrag hervor.[64] In diesem Zusammenhang betont er einen Aspekt, der für ihn ein Beweis für die Identität von Abt und Erzbischof ist: Sedulius Scottus, in Lüttich, mithin also in der Kölner Kirchenprovinz lebender irischer Gelehrter, widmete dem (ernannten) Erzbischof Hilduin anlässlich eines erzbischöflichen Besuchs in Lüttich ein Gedicht, das vor allem auf die »sophia«, die Gelehrsamkeit Hilduins abhebt. Lapidge zufolge kann das nur auf Hilduins Kompetenz in der griechischen Sprache verweisen, zumal von einem Gelehrten wie Sedulius, der selbst ein Experte für das Griechische war. Dadurch sei die Identität des von ihm besungenen Erzbischofs mit dem als Gelehrter des Griechischen bekannten vormaligen Abt bewiesen.[65] Der ernannte Erzbischof hieß also Hilduin und war ein Kenner des Griechischen, was ihn auch zu einem geeigneten Gesandten im Umgang mit Byzanz machte. Dass es in Lothars Anhängerschaft gleich mehrere des Griechischen gut kundige Hilduine gegeben hätte, erscheint kaum realistisch.

Die Verwendung als Gesandter verweist bereits auf ein weiteres wichtiges Indiz, das schon mehrfach erwähnt wurde, nämlich das unbestreitbar nahe und positive Verhältnis Kaiser Lothars zu Hilduin von Saint-Denis. Lothar war 795 geboren, während Lapidge die Geburt Hilduins zehn Jahre früher ansetzt.[66] Sie entstammten also ungefähr der gleichen Generation. Dass Hilduin mutmaßlich einige Jahre älter als Lothar war, fällt hierbei nicht zu sehr ins Gewicht, zumal

62 Vgl. Ohnsorge: Kaiserbündnis (Anm. 45).
63 Lapidge: Hilduin of Saint-Denis (Anm. 2), S. 58.
64 Ebd., S. 49ff.
65 Ebd., S. 57f.; es handelt sich um das Gedicht Nr. LXXVI des Sedulius Scottus; siehe MGH Poetae III, S. 226f.
66 Lapidge: Hilduin of Saint-Denis (Anm. 2), S. 60.

ein politisches Fallenlassen einem älteren Mann gegenüber sicher noch schwerer gewesen wäre, als es bei einem alten Verbündeten ohnehin gewesen sein müsste. Beider Leben waren zur fraglichen Zeit in den 840er-Jahren bereits seit Jahrzehnten miteinander verbunden. Lapidge zufolge war Hilduin von Saint-Denis der Sohn des im heutigen Südwestdeutschland begüterten Grafen Udalrich, der wiederum der Bruder von Hildegard war, der Ehefrau Karls des Großen und Mutter Ludwigs des Frommen.[67] Hilduin und Ludwig der Fromme wären demnach Cousins gewesen, Hilduin also zugleich ein entfernter Onkel Lothars I. Wahrscheinlich also einer führenden fränkischen Adelsfamilie entstammend, wurde Hilduin 814, im Todesjahr Karls des Großen, Abt von Saint-Denis. Lapidge legt nahe, dass Hilduin mit seinem Vorgänger Waldo von der Reichenau aus nach Saint-Denis gekommen war, was zu seinem familiären Hintergrund in dieser Region passen und seine frühe Ausbildung auf die Reichenau verorten würde.[68] Jedenfalls pflegte Hilduin ein gutes Verhältnis zu Ludwig dem Frommen, von dem er sich anfangs vor allem die Rechte der Abtei bestätigen ließ. Dass Hilduin Lothar kannte, der 817 zum Mitkaiser seines Vaters ernannt wurde, muss als sicher angenommen werden. Als nun im Herbst 818 Hildebald – Vorsteher der Hofkapelle seit den Tagen Karls des Großen und zugleich Erzbischof von Köln – starb, wurde Hilduin 819 sein Nachfolger an der Spitze der Hofkapelle. Er blieb dies zunächst bis 830 und wurde zu einem der wichtigsten Berater des Kaisers.[69] Dass er hierbei ein enges Verhältnis zu dessen ehrgeizigem Sohn Lothar entwickelte, zeigte sich 830 beim ersten Aufstand der Söhne gegen Ludwig den Frommen. Hilduin gehört zu denjenigen, die für die Unterstützung dieses Aufbegehrens gegen die Nachfolgepolitik Ludwigs in die Verbannung geschickt wurden. Hilduins Exil in Corvey dauerte jedoch nur ein Jahr, bereits 831 konnte er als Abt nach Saint-Denis zurückkehren.[70] Erzkaplan wurde er jedoch nicht mehr.[71] Hilduin war wieder Abt, politisch aber beschädigt. Jedoch war durch diese Episode deutlich geworden, dass seine Loyalität gegenüber Lothar sehr ausgeprägt war. Beim zweiten Aufstand gegen Ludwig 833/834 beherbergte er den Kaiser zeitweise in Saint-Denis, hielt sich ausweislich der Überlieferung politisch aber im Hintergrund. Das wäre angesichts seines knappen Davonkommens drei Jahre zuvor gut verständlich, und Lapidge zufolge widmete sich Hilduin in den Jahren bis 840 nun vor allem der inneren Neuordnung von Saint-Denis.[72]

67 Ebd., S. 8.
68 Ebd., S. 10ff.
69 Fleckenstein: Hofkapelle (Anm. 48), S. 122.
70 Lapidge: Hilduin of Saint-Denis (Anm. 2), S. 35–46.
71 Fleckenstein: Hofkapelle (Anm. 48), S. 54ff.
72 Lapidge: Hilduin of Saint-Denis (Anm. 2), S. 39ff.

Auch nach Ludwigs Tod im Sommer 840 scheint Hilduin zunächst abgewartet zu haben, schloss sich dann aber dem aus Italien zur Machtübernahme im Gesamtreich angetretenen Lothar an.[73] Dieses Verhalten war nicht nur typisch für diese Phase des Brüderkrieges, in der Lothar recht erfolgreich um Anhänger warb, sondern passte auch zur gemeinsamen Vorgeschichte der beiden Männer. Nachweislich hatte Hilduin Lothar schon zehn Jahre zuvor bei seinem gescheiterten Griff nach der Macht unterstützt. Nun schien dieses Ziel zum Greifen nahe, der natürliche Gegner beider war Karl der Kahle, dessen späte Geburt und Ausstattung die Erbfolgewirren im Karolingerreich überhaupt erst ausgelöst hatten. Karls Kriegschronist Nithard stellt es dar, als wäre Hilduin von Karl dem Kahlen abgefallen.[74] Ob er sich allerdings jemals als dessen Parteigänger sah, sollte bezweifelt werden. Vielmehr musste der Abt im Sommer und Herbst 840 die Saat aufgehen sehen, an deren Aussaat er zusammen mit Lothar bereits 830 beteiligt gewesen war. Er hatte für diese Beteiligung einen hohen Preis bezahlt und musste nun in der Gestalt Kaiser Lothars bessere Zeiten aufziehen sehen. Bald jedoch stellte sich heraus, dass Lothar Saint-Denis nicht militärisch kontrollierte. Abt Hilduin ereilte damit ein typisches fränkisches Elitenschicksal dieser Jahre: Er verlor seine Position und seinen Besitz, weil er dem falschen Karolinger die Treue hielt. Warren Pezé hat diese für die Franken neue und verstörende Konstellation positiv als »Markt der Treue« dargestellt, auf dem sogenannte Große wie Hilduin ihre Treue teuer verkaufen konnten.[75] Hilduins Geschichte ist auch ein Beispiel dafür, dass die von Pezé unterstellten Vorstellungen von einem solchen »Markt der Treue« nicht auf die frühmittelalterlichen Verhältnisse zutreffen, sondern die betroffenen Zeitgenossen diese Verluste erschüttern und quälen mussten.[76]

Zu den Eigenarten dieses neuartigen Bürgerkrieges gehörte die Aushöhlung von Rechtssicherheit, sodass man sich Hilduins Abgang in Saint-Denis nicht als juristisch geregelten Vorgang denken sollte. Es ist dementsprechend unklar, bis wann genau er dort als Abt amtierte. Gesichert ist, dass ab 843 ein neuer Abt belegt ist, und dass Hilduin spätestens seit 841 nicht mehr als solcher agierte.[77]

73 Nithard: Histoire des fils de Louis le Pieux, hg. von Sophie Glansdorff/Philippe Lauer, Paris 2012, Kapitel II, 3, S. 52.

74 Ebd.

75 Pezé: Compétition et fidélité (Anm. 17).

76 Das prominenteste Beispiel ist der gerade erwähnte Nithard, dessen unverbrüchliche Treue zu Karl dem Kahlen nicht belohnt wurde: Er verlor seine Güter durch den Krieg dauerhaft, woraufhin er sich auf seinen letzten verbliebenen Besitz zurückzog und für seinen bis dahin propagandistischen Kriegsbericht einen sehr persönlichen Schlussteil voller Bitterkeit und Klage schrieb. Vgl. Nelson: Private History (Anm. 19).

77 Vgl. Lapidge: Hilduin of Saint-Denis (Anm. 2), S. 47f.

Man muss sich Hilduin also 841 als einen Angehörigen der höchsten Elite vorstellen, der durch seine klare Parteinahme sein Amt verloren hatte und nun als freischwebende Figur darauf wartete, von seinem Herrn Lothar mit einer neuen, seiner Person und dem gegenseitigen Verhältnis angemessenen Position versorgt zu werden. Besonders während des Krieges konnte sich Lothar dieser Verpflichtung nicht entziehen: Denn war Hilduin erst mit einer solchen Position versehen, konnte er erneut zu einem wertvollen Verbündeten werden. Ihn nicht auszustatten würde wiederum seinen Unmut schüren, das lange gewachsene Verhältnis der beiden Männer gefährden und Lothar als wenig attraktiven Herrscher erscheinen lassen. Lothar konnte es sich also keinesfalls leisten, die Situation Hilduins zu ignorieren und untätig zu bleiben.

In dieser Situation starb 841 Erzbischof Hadebald von Köln, als dessen Nachfolger ein gewisser Liutbert, Neffe des verstorbenen Erzbischofs, gewählt, aber noch nicht geweiht war.[78] 841 war nun für Lothar ein verheerendes Jahr. Nach seinen anfänglichen Erfolgen hatten sich seine Brüder Karl und Ludwig (später »der Deutsche« genannt) gegen ihn verbündet und ihm im Sommer 841 in der berühmt gewordenen Schlacht von Fontenoy eine schwere Niederlage beigebracht.[79] Damit begann eine Phase, in der Lothar seine Position mit einer Mischung aus Großzügigkeit und brachialer militärischer Gewalt zu festigen versuchte. Diese Phase dauerte bis in den März 842, als seine Brüder ihn aus Aachen vertrieben und damit die Schlussphase des Krieges einläuteten, die vom Zusammenbruch von Lothars Anhängerschaft und den zähen Verhandlungen zum Frieden von Verdun (10. August 843) geprägt war. Im Kontext der versuchten Konsolidierung von Lothars Position im Winter 841/842 ist auch sein Zugriff auf den Kölner Erzstuhl zu sehen. Wie oben angedeutet, kamen bei diesem Vorgang mehrere Faktoren zusammen. Lothar nutzte die Chance, die sich durch die von ihm (noch) ausgeübte militärische Kontrolle über Köln bot. Er konnte Hilduin versorgen und, zumindest theoretisch, den wichtigen Kölner Posten mit einem seiner engsten Anhänger besetzen. Er handelte dabei zweifellos unter Zeitdruck, denn das Zeitfenster für die Durchführung des Plans war absehbar kurz. Und in der Tat kann Hilduins Ernennung bei Lothars Flucht aus dem Rheinland im März 842 erst wenige Monate, möglicherweise

78 Oediger: Bistum Köln (Anm. 1), S. 88.

79 Zur langfristigen Erinnerung an das blutige Fanal des Brüderkrieges siehe Georg Friedrich Heinzle: Le souvenir de nos gloires: Überlegungen zur Schlacht von Fontenoy (841) in der französischen Erinnerung des Spätmittelalters und des 19. Jahrhunderts, in: Christina Bröker/Sarah Gatzlik/Eva Muster/Matthias Görner (Hg.): Wissen im Mythos?: Die Mythisierung von Personen, Institutionen und Ereignissen sowie deren Wahrnehmung im wissenschaftlichen Diskurs, München 2018, S. 189–216.

Wochen, alt gewesen sein.[80] Ludwig der Deutsche feierte 842 demonstrativ in Köln Ostern, um seinen Anspruch auf die Stadt, Umgebung und die östlichen Reichsgebiete im Allgemeinen deutlich zu machen. Dass Hilduin die Ostermesse für ihn gelesen hat, können wir dabei mit hoher Sicherheit ausschließen, denn erstens war es nicht zur Weihe Hilduins gekommen, und zweitens waren die beiden Männer politische Gegner. Folgt man Ohnsorge, war Hilduin 842 ohnehin hauptsächlich mit dem diplomatischen Verkehr mit Byzanz beschäftigt, der auch Teil von Lothars letztlich gescheiterter Behauptungsstrategie war.[81]

In diesem Zusammenhang erscheint es äußerst unwahrscheinlich, dass der ernannte Erzbischof und Gesandte, dem wir hier begegnen, nicht Hilduin von Saint-Denis gewesen sein sollte. Auch seine fehlende Weihe passt hier ins Bild. Sie wird zumeist damit erklärt, dass sich nicht genügend Kölner Suffragane fanden, die sich an der Weihe eines politisch feindlichen neuen Metropoliten beteiligen wollten.[82] Ich halte diese Begründung für einleuchtend. Sie macht den Kölner Fall zu einem typischen Vorgang des Brüderkrieges, der über dessen Ende hinaus weiterwirkte. Der Krieg endete 843, aber erst 850 konnte mit Gunthar wieder ein regelkonform geweihter Erzbischof in Köln sein Amt antreten. In den dazwischenliegenden Jahren blieb die durch die hastigen Entscheidungen des Krieges erzeugte Pattsituation in Köln bestehen. Der Großteil der Kölner Suffragane, vier an der Zahl, lag nun im Reich Ludwigs des Deutschen, sodass Lothar, zu dessen Gebiet nur zwei von sechs Kölner Suffraganen gehörten, die Weihe Hilduins nicht durchsetzen konnte.[83] Allerdings gilt hier der Vorbehalt, dass nicht sicher ist, ob die Zustimmung oder Mitwirkung einer Mehrzahl der Suffragane wirklich erforderlich gewesen wäre: Zwar gibt es zeitnahe Belege aus anderen Kirchenprovinzen, die eine solche Mitwirkung nahelegen. Um eine zwingende Voraussetzung hat es sich wahrscheinlich aber nicht gehandelt. Beispielsweise hätte auch ein anderer Metropolit die Weihe vornehmen können.[84] Insofern lässt sich vermuten, dass die Weihe nicht der wichtigste Grund für Hilduins Ernennung war, sondern vielmehr die Einkünfte aus dem Amt. Rudolf Schieffer hat zudem auf die denkbare

80 Hadebald starb wohl recht spät im Jahr 841. Das ist vor allem daraus zu schließen, dass sein Neffe Liutbert im Januar 842 als erwählter Kölner Erzbischof belegt ist. Vgl. Oediger: Bistum Köln (Anm. 1), S. 88.

81 Ohnsorge: Kaiserbündnis (Anm. 45).

82 Vgl. zum Beispiel Parisot: Le Royaume (Anm. 27), S. 745; Lapidge: Hilduin of Saint-Denis (Anm. 2), S. 48.

83 Parisot: Le Royaume (Anm. 27), S. 745; Lapidge: Hilduin of Saint-Denis (Anm. 2), S. 48. Zu Gunthar siehe Oediger: Bistum Köln (Anm. 1), S. 88 ff.

84 Vgl. Daniel Carlo Pangerl: Die Metropolitanverfassung des karolingischen Frankenreiches, Hannover 2001, S. 261–298.

Möglichkeit hingewiesen, dass Lothar selbst »mit Rücksicht auf den kirchenrechtlichen Zwiespalt von Residenzpflicht und Hofdienst« entschieden hatte, Hilduin nicht weihen zu lassen.[85]

Die Zeit nach dem Krieg jedenfalls war nach wie vor von Misstrauen zwischen den Königen geprägt, sodass man sich erst 850, sieben Jahre nach Kriegsende, auf die Lösung einigen konnte, die dem Prätendenten Liutbert als Entschädigung für das ihm entgangene Köln immerhin die Leitung des Kölner Suffragans Münster einbrachte, während Hilduins Verwandter Gunthar neuer Metropolit in Köln wurde. Während der Kölner Fall nicht annähernd die gleiche Aufmerksamkeit erhalten hat, drängen sich doch Parallelen zu einem in Fachkreisen berühmten, ganz ähnlichen Fall, nämlich Reims auf: Hier hatte die kurzzeitige Wiedereinsetzung des abgesetzten Erzbischofs Ebo durch Lothar auf Jahrzehnte Unsicherheiten für dessen ebenso während des Krieges unter der Protektion Karls des Kahlen ins Amt gekommenen Nachfolger, den berühmten Hinkmar, erzeugt. Immer wieder musste sich Hinkmar der Legitimität seines eigenen Amtierens versichern.[86] Der Kölner Fall ist strukturell sehr ähnlich. Die Kölner Wirren, deren Produkt die bis heute schwelende Hilduin-Debatte ist, waren eine Variante eines typischen Phänomens des karolingischen Brüderkrieges. Ebo fand nach dem Krieg in Hildesheim eine neue bischöfliche Wirkungsstätte,[87] und auch anderswo fanden Aussöhnungen zwischen den Königen, vor allem Ludwig dem Deutschen, und ihnen vormals feindlich gesinnten Kirchenvertretern statt, insbesondere Bischöfen. So etwa in Mainz. Ludwig der Deutsche hatte sich mit Rabanus Maurus, prominenter Gelehrter der gegnerischen Kriegspartei, versöhnt und ließ ihn 847 Mainzer Erzbischof werden. Auch Rabans Vorgänger Otgar war ein Gegner Ludwigs des Deutschen gewesen, sodass die Ernennung Rabans als Symbol der Versöhnung gewertet werden kann.[88]

Versöhnung war nach dem karolingischen Brüderkrieg notwendig und keineswegs selbstverständlich. Der Krieg, der ein Klima des Misstrauens innerhalb der Königsfamilie und der höchsten Elite hinterlassen hatte, war 843 beendet. Für

85 Rudolf Schieffer: Der Bischof zwischen Civitas und Königshof (4. bis 9. Jahrhundert), in: Peter Berglar/Odilo Engels (Hg.): Der Bischof in seiner Zeit. Bischofstypus und Bischofsideal im Spiegel der Kölner Kirche. Festgabe für Joseph Kardinal Höffner, Erzbischof von Köln, Köln 1986, S. 17–39, hier S. 30. Das gleiche Zitat Schieffers bereits bei Schäpers: Lothar I. und Köln (Anm. 59), S. 19.

86 Siehe zu diesem Fall ausführlich Patzold: Episcopus (Anm. 56), S. 315–360.

87 Dort amtierte er seit 845. Siehe hierzu zum Beispiel Hans Goetting: Das Bistum Hildesheim. 3: Die Hildesheimer Bischöfe von 815 bis 1221 (1227), Berlin/New York 1984, 57–84; Boris Bigott: Ludwig der Deutsche und die Reichskirche im Ostfränkischen Reich (826–876), Husum 2002, S. 100 ff.

88 Siehe hierzu ausführlich Bigott: Reichskirche (Anm. 87), S. 95–123.

Kaiser Lothar und seinen treuen Anhänger Hilduin bedeutete der Frieden von Verdun, sich mit einer gemessen an den Hoffnungen des Sommers 840 enttäuschenden Situation abfinden zu müssen. Geweihter Erzbischof wurde Hilduin nicht mehr, er tritt bis 855 vor allem als Erzkanzler in den Urkunden Lothars in Erscheinung. Es ist wahrscheinlich, dass dieser Erzkanzler 855 gemeinsam mit Lothar den letzten irdischen Weg antrat und sich ebenfalls in das Kloster Prüm zurückzog.[89] Während Lothar hier kurz darauf starb, steht zu vermuten, dass Hilduin ihn überlebte und noch einige weitere Jahre in der Stille des Eifelklosters lebte, das übrigens ähnlich wie Saint-Denis auf das Engste mit der Dynastie der Karolinger verbunden war.[90] Welche bessere Erklärung könnte es für den gemeinsamen Rückzug der beiden Männer geben als eine politische Allianz (und vermutlich Freundschaft), die Jahrzehnte alt war. Handelte es sich tatsächlich um Hilduin von Saint-Denis, könnte man hier das gemeinsame Abtreten zweier Männer beobachten, die alle Höhen und Tiefen, alle die schweren Konflikte seit dem Tod Karls des Großen mehr oder weniger gemeinsam durchgestanden hatten und nun als Alte auf eine gemischte, aber von großer gegenseitiger Loyalität geprägte Bilanz zurückblicken konnten. Hilduin erscheint so als Teil eines Netzwerks um Lothar, das sich über die chaotischen 830er- und 840er-Jahre als stabil erwies und das nach 850 seinen unausweichlichen biologischen Niedergang fand.[91] Das ist zwar auch nur ein Indiz, aber für mein Dafürhalten ein durchaus relevantes.

Wir halten also fest: Lothar ernannte in den Wirren des karolingischen Brüderkrieges Ende 841/Anfang 842 eigenmächtig einen Kölner Erzbischof, um die wichtige Position in seinem Sinn zu besetzen. Es erscheint wahrscheinlicher, dass er seinen alten Verbündeten Hilduin hier versorgte, als dass er einen bisher unbekannten Dritten auswählte. In der Folge trat dieser ernannte Erzbischof als Gesandter mit guten Griechischkenntnissen hervor, wie sie Hilduin von Saint-Denis mit Sicherheit besaß. Hilduin wurde in Köln nicht zum Erzbischof geweiht, vielleicht weil Lothars Kontrolle über Köln und vor allem über die Kölner Suffragane nicht von Dauer war, vielleicht, weil er an mehr als den Einnahmen aus dem Erzbistum nicht interessiert war. Jedenfalls betätigte er sich

89 Diese Überlegung entwickelt Levillain: Wandalbert de Prüm (Anm. 44), S. 14 f. sehr überzeugend. Die Kritik von Schäpers: Lothar I. (Anm. 16), S. 660, »all das« müsse »letztlich Spekulation bleiben« erscheint mir zu stark gemessen an den Belegen, die Levillain aus der Prümer Memorialüberlieferung für seine Überlegung vorbringt.

90 Levillain nimmt 859 als spätestes mögliches Todesjahr an. Siehe Levillain: Wandalbert de Prüm (Anm. 44), S. 35. Vgl. zu Prüms karolingischer Geschichte bis zu Lothars Tod Bernd Isphording: Prüm. Studien zur Geschichte der Abtei von ihrer Gründung bis zum Tod Kaiser Lothars I. (721–855), Mainz 2005.

91 Zu Lothars letzten Jahren siehe Schäpers: Lothar I. (Anm. 16), S. 629–668.

nach Kriegsende bis 855 als Lothars Erzkanzler, bevor er sich wahrscheinlich gemeinsam mit seinem Herrn nach Prüm zurückzog.

Diese Variante erzählt eine kohärente Geschichte, während die Ablehnung der Identität von Abt und Erzbischof vor allem zwei weitere Fragen aufwirft: Was wurde aus Hilduin von Saint-Denis, und wer war dann der mysteriöse, des Griechischen mächtige Erzbischof, den Lothar 841/842 ernannt haben müsste? Weiterhin müsste man Lothars Motivation erklären, seinen treuen Anhänger Hilduin eben nicht zu versorgen. Das erscheint im Kontext des Brüderkrieges als wenig wahrscheinlich, denn mit einem solchen Verhalten hätte sich Lothar ohne Notwendigkeit schweren politischen Schaden zugefügt und sich einen der profiliertesten Geistlichen der Zeit zum Feind gemacht. Insgesamt erscheint die Annahme der Identität also als diejenige Position, die am meisten erklärt und am wenigsten neue Fragen aufwirft.

3. *Schluss: Der Kölner Erzstuhl als politische Entschädigung für Hilduin von Saint-Denis*

Im Licht des Gegensatzes zwischen einer kohärenten Erzählung hier und dem Aufwerfen neuer Fragen dort, sollte bis zum Erweis des Gegenteils davon ausgegangen werden, dass der 842 durch Lothar I. ernannte Kölner Erzbischof dieselbe Person war wie dessen alter Verbündeter, der im Brüderkrieg abgesetzte Abt von Saint-Denis.

Ich betone noch einmal ausdrücklich, dass es sich hierbei um einen auf Indizien und Wahrscheinlichkeit beruhenden Schluss handelt. Das Auffinden einer bisher unbekannten Quelle könnte jederzeit die Debatte in eine völlig andere Richtung lenken und möglicherweise beenden. Angesichts des seit über 100 Jahren unveränderten Quellenbefundes scheint diese Möglichkeit aber eher unwahrscheinlich zu sein. Im Grunde ist das einzige Problem das Fehlen einer Überlieferung, welche die Identität der beiden fraglichen Hilduine explizit bestätigt. Zugleich sind die Fragen, die sich aus der Ablehnung der Identität zwingend ergeben, mit Hilfe der vorhandenen Quellen nicht zu beantworten. Wer sich also gegen die Identität ausspricht, müsste ein neues, bisher nicht vorgebrachtes Argument liefern können, das ohne neu aufgefundene Quellen kaum zu erwarten ist. Insofern ist die Tendenz der jüngsten Forschung, die Identität anzunehmen, richtig. Die Beweggründe für die Tendenz wurden jedoch praktisch nicht diskutiert, und es steht zu hoffen, dass der vorliegende Beitrag hierzu als Hilfe dienen kann. Bis auf Weiteres sollte man also annehmen, dass Lothar I. mit dem Kölner Erzstuhl seinen langjährigen Verbündeten Hilduin von Saint-Denis für dessen Verlust seiner Abtei zu entschädigen und zugleich seine prekäre politische Position zu festigen suchte. Denn es gibt sehr gute Gründe, hiervon im Sinne hoher Wahrscheinlichkeit auszugehen.

Abschließend bleibt noch zu fragen, warum die Zweifel an dieser Identität lange Zeit so groß geblieben sind. Grundsätzlich ist die Neigung, das nicht sicher Belegbare als nicht gegeben anzunehmen, eine Frage wissenschaftlicher Redlichkeit. Ein möglicher Grund für die Unsicherheit liegt im bisher weit verbreiteten Mangel an Wahrnehmung dafür, welchen enormen politischen und gesellschaftlichen Einschnitt der karolingische Brüderkrieg bedeutete.[92] Insofern ist auch der prominente Reimser Vergleichsfall, durch Hinkmars wortreiche Erklärungen bestens belegt, tendenziell als singuläres Phänomen wahrgenommen worden, obwohl gerade der Kölner Fall zeigt, dass es sich um ein Muster handelt. Beide Fälle waren durch den Krieg bedingt und blieben über dessen Ende hinaus problematisch. Nimmt man den politischen Zusammenhang des Brüderkrieges in den Blick, zerstreuen sich die möglichen Zweifel an der Identität bis zu einem gewissen Grad. Hierin sehe ich das Hauptargument für die Identität: Angesichts der Zwänge, denen Lothar gerade im Winter 841/842, der Phase seines letzten militärischen Aufbäumens, unterworfen war, erschiene eine andere Lösung als die der Ernennung Hilduins von Saint-Denis in Köln aus seiner Perspektive als irrational. Zugleich ist in der Gesamtschau der Indizien die Nicht-Identität ohnehin so unwahrscheinlich, dass vielmehr für das Abstreiten der Identität nach Argumenten gefragt werden müsste. Und diese gibt es nicht, jedenfalls nicht im Moment.

92 Siehe künftig Georg Friedrich Heinzle: Flammen der Zwietracht (Libelli Rhenani 77, in Vorbereitung).

»Es ware seir ellendich in disser zit, ein frunt scheuwet den andern«

Kollektive und obrigkeitliche Reaktionen auf die Pest im Köln des 14. und 16. Jahrhunderts

von Alexander Heit

Die Pest gilt der medizin- und sozialgeschichtlichen Forschung als eine der folgenreichsten Seuchen des Spätmittelalters und der Frühen Neuzeit, sie suchte im Laufe der Jahrhunderte auch Köln mehrfach heim (Abb. 1). Die vorliegende Fallstudie soll der nahezu unüberschaubaren Pestforschung[1] eine weitere Facette hinzufügen und fragt nach den Reaktionen der Kölner Zeitgenossen auf einige Ausbrüche der Pest im 14. und 16. Jahrhundert, wobei insbesondere kollektive und obrigkeitliche Handlungsmuster im Vordergrund stehen.[2] Der Schwerpunkt der Studie liegt auf der Epidemie von 1349/50, dem vermutlich ersten Ausbruch der Pest in Köln, sowie auf der Epidemie von 1553, die vom Kölner Ratsherren Hermann Weinsberg detailliert beschrieben wurde.

Da die Reaktionen auf die Pest erst vor dem Hintergrund gesellschaftlich verbreiteter Deutungsmuster zu verstehen sind, werden zunächst drei zentrale Modelle der Zeitgenossen zur Erklärung der Pest skizziert. Eine überblicksartige Darstellung zur Bevölkerung und Herrschaft im Köln des 14. und 16. Jahrhunderts soll die Einordnung der Epidemien in den städtischen Kontext ermöglichen. Anschließend erfolgt die Betrachtung von Handlungsmustern, die als Reaktionen auf die Pest interpretiert werden können: Für die Jahre 1349/50 stehen mit der Geißlerbewegung und der Ermordung der Kölner Juden zunächst solche Verhaltensweisen im Vordergrund, die sich durch die – zumindest temporäre – Mobilisierung breiterer Bevölkerungsteile auszeichnen. Die Überlieferung zum Pestjahr 1553 und zu zeitnahen anderen Epidemien erlaubt es,

1 Zu Köln vgl. bereits Kay Peter Jankrift: Schwarzer Tod und »Großes Sterben«. Seuchen im spätmittelalterlichen Köln, in: GiK 51 (2004), S. 9–21.

2 Als »kollektive Reaktionsweisen« werden hier solche Reaktionen verstanden, die über die individuelle Pestprophylaxe und -therapie – wie sie etwa Gegenstand der sogenannten Pestregimina sind – hinausgingen. Als »obrigkeitliche Reaktionsweisen« werden dagegen Steuerungsversuche übergeordneter Gremien – hier des Kölner Stadtrates – verstanden.

Abb. 1: Domhof in Köln zur Zeit der Pest, 1605. Köln, Wallraf-Richartz-Museum & Fondation Corboud (Foto: Rheinisches Bildarchiv, Köln, rba_c011316)

das Verhalten des Stadtrates eingehender zu betrachten; auch hier stehen mit der sozialen und räumlichen Entfremdung der Zeitgenossen jedoch kollektive Reaktionen im Fokus. Anstelle eines direkten Vergleichs wird in einem letzten Schritt geprüft, inwiefern sich eine Kontinuität oder ein Wandel der beschriebenen Handlungsmuster feststellen lassen.[3]

1. *Erklärungsmodelle zum Ursprung und zur Ausbreitung der Pest*

Zur Erklärung der Pest dienten den Zeitgenossen im 14. und 16. Jahrhundert im Wesentlichen drei verschiedene Theorien, die in einem engen Verhältnis zu

3 Ein solcher Vergleich wäre schon wegen der komplexen Wandlungsprozesse zwischen dem 14. und 16. Jahrhundert kaum ohne weiteres möglich, hierzu bereits Heinrich Dormeier: Laienfrömmigkeit in den Pestzeiten des 15./16. Jahrhunderts, in: Neithard Bulst/Robert Delort (Hg.): Maladies et Société (XIIe–XVIIIe siècles). Actes du colloque de Bielefeld novembre 1986, Paris 1989, S. 269–306, hier S. 299.

den teils ausdrücklich von ihnen empfohlenen Reaktionsweisen standen und sich – wie zu zeigen sein wird – oftmals überlagerten.

Einen der beständigsten Erklärungsansätze stellt die Theorie der *Pest als Strafe Gottes* dar.[4] Als Ursache dieser – teils als erzieherische Maßnahme gedeuteten – Strafe galt die Sündhaftigkeit der Menschen. Aufgrund ihres göttlichen Ursprungs, so die Vorstellung, war die Pest nicht durch medizinische Mittel zu verhüten. Vielmehr musste versucht werden, durch Umkehr und Buße die Gunst Gottes zurückzugewinnen.[5] Entsprechend ihrer transzendenten Herkunft empfahlen sich also religiöse Bewältigungsmaßnahmen, etwa Gebete, Kirchgänge, Prozessionen oder Wallfahrten. Die Relevanz dieses Erklärungsmodells ist angesichts des hohen Stellenwertes der Religion in Mittelalter und Früher Neuzeit kaum zu überschätzen, zumal es der Pest, wie Leven hervorhebt, einen Sinn verlieh.[6]

Als zweite Theorie ist die hippokratisch-galenische *Miasmenlehre* zu nennen, die im Mittelalter eine besondere Autorität beanspruchte und bis ins 19. Jahrhundert hinein wirkmächtig blieb.[7] Die Miasmenlehre führt die Pest auf Verunreinigungen der Luft – den sogenannten »miasmata« – zurück, die als krankheitsauslösend galten. Verbreitet war die Annahme, dass bestimmte Planetenkonstellationen die Entstehung von »miasmata« verursachten.[8] Zur Popularität dieser Ansicht trug insbesondere das Pariser Pestgutachten von 1348 bei, das als Grundlage zahlreicher späterer Pestschriften eine immense Breitenwirkung

4 Die Vorstellung, dass Seuchen transzendenten Ursprungs sind, reicht bis in die griechische Antike zurück und wurde mehrmals durch die Bibel aufgegriffen; weiterführende Quellenhinweise bei Karl-Heinz Leven: Von Ratten und Menschen – Pest, Geschichte und das Problem der retrospektiven Diagnose, in: Mischa Meier (Hg.): Pest. Die Geschichte eines Menschheitstraumas, Stuttgart 2005, S. 11–32, 377–381, hier S. 16f.

5 Franz-Reiner Erkens: Buße in Zeiten des Schwarzen Todes: Die Züge der Geißler, in: ZHF 26 (1996), S. 483–513, hier S. 486; Thilo Esser: Pest, Heilsangst und Frömmigkeit. Studien zur religiösen Bewältigung der Pest am Ausgang des Mittelalters, Altenberge 1999, S. 30f.

6 Leven: Ratten (Anm. 4), S. 17. Einen religiösen Bezug stellt auch Hermann Weinsberg her, der von der Pesterkrankung und Genesung seiner Schwester Catharina berichtet: Erst Gott habe dafür gesorgt, »das ir die beulen verswonden«, Hermann Weinsberg: Liber Iuventutis, in: Die autobiographischen Aufzeichnungen Hermann Weinsbergs – Digitale Gesamtausgabe, http://www.weinsberg.uni-bonn.de/Edition/Liber_Iuventutis/Liber_Iuventutis.htm [Stand: 30.04.2020], fol. 280'; dazu Jankrift: Tod (Anm. 1), S. 21.

7 Kay P. Jankrift: Brände, Stürme, Hungersnöte. Katastrophen in der mittelalterlichen Lebenswelt, Ostfildern 2003, S. 199. Die Miasmenlehre wird dem griechischen Arzt Hippokrates zugeschrieben, dessen Urheberschaft jedoch ungeklärt ist. Galen, ebenfalls ein griechischer Arzt, entwickelte die Theorie weiter; Karl-Heinz Leven: Die Geschichte der Infektionskrankheiten. Von der Antike bis ins 20. Jahrhundert, Landsberg am Lech 1997, S. 21ff.

8 Auch diese Vorstellung wurde von Weinsberg angedeutet, der von einer »eclipsis in der sonnen« im Pestjahr 1540 berichtet. Zwar wisse er nicht, was diese 2gewirkt ader bedeut hat«, allerdings sei »ein sterbde diss jar zitlich hervur komen, die nit balde uffgehort hat«; Weinsberg: Liber Iuventutis (Anm. 6), f. 100; dazu František Graus: Pest – Geißler – Judenmorde. Das 14. Jahrhundert als Krisenzeit, Göttingen 1987, S. 26.

entfaltete und die Gestirne als primäre Auslöser der pesterregenden Luftverderbnis identifizierte.[9] Ebenfalls als verunreinigt galt der Atem von Pestkranken, was mit der Alltagsbeobachtung korrelierte, dass die Nähe zu Infizierten zur Ansteckung führen konnte. Maßnahmen im Sinne der Miasmenlehre zielten daher auf die Verbesserung der Luftqualität, etwa durch Duftstoffe oder Räuchern.[10]

Auch die dritte der hier vorgestellten Theorien, die *Kontagionslehre*, lässt sich bis in die Antike nachverfolgen. Ihre maßgebliche Ausarbeitung erfolgte jedoch erst 1546 durch den Veroneser Arzt Girolamo Fracastoro. Im Unterschied zur Miasmenlehre nahmen die Kontagionisten an, dass der krankheitsauslösende Stoff, das »contagium«, an Menschen und Gegenständen haften bleiben konnte.[11] Nicht nur durch die Luft, sondern auch durch Berührung und sogenannte Zunder (»fomites«) konnte die Pest also weitergegeben werden, wobei Fracastoro unter Zunder all das verstand, an dem die Kontagien haften blieben, etwa Kleidungsstücke.[12] Hieraus erklärten sich Maßnahmen wie die Desinfektion oder Verbrennung des Besitzes von Pestopfern, die zwar – wiederum basierend auf Alltagsbeobachtungen – schon früher durchgeführt wurden, mit der Kontagionslehre aber auch ein theoretisches Fundament erhielten.[13]

2. *Köln im 14. und 16. Jahrhundert: Bevölkerung und Herrschaft*

Mit bis zu 40.000 Einwohnern auf einer Fläche von etwa 400 Hektar war Köln im 14. Jahrhundert nicht nur die bevölkerungsreichste, sondern zugleich auch

9 »Dicamus igitur quod remota et primeua causa istius pestilentie fuit et est aliqua constellatio celestis«, zitiert nach der Abschrift bei Robert Hoeniger: Der Schwarze Tod in Deutschland. Ein Beitrag zur Geschichte des vierzehnten Jahrhunderts, Berlin 1882, unveränderter ND Wiesbaden 1973, S. 149–156, hier S. 153. Zur Wirkung des Gutachtens Rudolf Creutz: Pest und Pestabwehr im alten Köln, in: JKGV 15 (1933), S. 79–119, hier S. 84; Jankrift: Brände (Anm. 7), S. 202.

10 Jean Delumeau: Angst im Abendland. Die Geschichte kollektiver Ängste im Europa des 14. bis 18. Jahrhunderts, 2 Bde., Bd. 1, Reinbek bei Hamburg 1985, S. 184.

11 Hugo Kupferschmidt: Die Epidemiologie der Pest. Der Konzeptwandel in der Erforschung der Infektionsketten seit der Entdeckung des Pesterregers im Jahre 1894, Aarau/Frankfurt am Main/Salzburg 1993, S. 12; Leven: Ratten (Anm. 4), S. 22.

12 Leven: Geschichte (Anm. 7), S. 37; Gerhard F. Strasser: Ansteckungstheorien der Pest in der Frühen Neuzeit am Beispiel von Girolamo Fracastoro und Athanasius Kircher, in: Petra Feuerstein-Herz (Hg.): Gotts verhengnis und seine straffe – Zur Geschichte der Seuchen in der Frühen Neuzeit, Wiesbaden 2005, S. 69–76, hier S. 71 f.

13 Martin Dinges: Süd-Nord-Gefälle in der Pestbekämpfung. Italien, Deutschland und England im Vergleich, in: Wolfgang U. Eckert/Robert Jütte (Hg.): Das europäische Gesundheitssystem. Gemeinsamkeiten und Unterschiede in historischer Perspektive, Stuttgart 1994, S. 19–51, hier S. 38. Neueren Schätzungen nach könnten um 1500 sogar rund 45.000 Menschen in Köln gelebt haben, vgl. Wolfgang Herborn/Carl Dietmar: Köln im Spätmittelalter. 1288–1512/13, Köln 2019, S. 33.

die größte Stadt des Reiches.[14] Im 16. Jahrhundert sank die Einwohnerzahl bei gleichbleibender Stadtausdehnung auf schätzungsweise 37.000 Menschen.[15] In ihrer Blütezeit belief sich die Bevölkerungsdichte auf bis zu 100 Einwohner pro Hektar – ein Umstand, der die Verbreitung der Pest vermutlich begünstigt.[16] Dass Köln durch seine Lage am Rhein und sowohl im 14. als auch im 16. Jahrhundert ungebrochene Wirtschaftskraft einen zentralen Umschlagplatz für Waren darstellte, verschärfte diesen Umstand weiter, verbreitete sich die Pest doch vorrangig über Verkehrs- und Handelswege.[17]

Die Herrschaft über Köln wurde einerseits vom Stadtrat, andererseits vom Stadtherren, dem Kölner Erzbischof ausgeübt. Hatte die Herrschaft des Erzbischofs schon im ausgehenden 13. Jahrhundert einen letztlich rein formalen Charakter angenommen, so entwickelte sich der Rat bis ins 14. Jahrhundert zum zentralen Entscheidungsgremium der Stadt.[18] Als bemerkenswert erweist sich in diesem Kontext, dass sich der Rat schon früh für die Pflasterung und Reinigung von Straßen einsetzte, die wichtige Faktoren für die öffentliche Hygiene darstellen.[19] Hierzu engagierte er bereits im 13. Jahrhundert – und damit als erste Stadt vom Niederrhein bis Westfalen – Straßenmacher und Wegemeister.[20] Der Rat ergriff demnach bereits Jahre vor dem ersten Ausbruch der Pest in Köln Maßnahmen, die vor dem Hintergrund der Miasmenlehre auch der

14 Jankrift: Brände (Anm. 7), S. 148f.

15 Robert Jütte: Obrigkeitliche Armenfürsorge in deutschen Reichsstädten der Frühen Neuzeit. Städtisches Armenwesen in Frankfurt am Main und Köln, Köln/Wien 1984, S. 223.

16 Dies gilt zumindest für die Lungenpest, die – anders als die Beulenpest – durch eine Tröpfcheninfektion übertragbar ist; Neithard Bulst: Der Schwarze Tod. Demographische, wirtschafts- und kulturgeschichtliche Aspekte der Pestkatastrophe von 1347–1352. Bilanz der neueren Forschung, in: Saeculum 30 (1979), S. 45–67, hier S. 48.

17 Hans-Peter Becht: Medizinische Implikationen der historischen Pestforschung am Beispiel des »Schwarzen Todes« von 1347/51, in: Bernhard Kirchgässner/Jürgen Sydow (Hg.): Stadt und Gesundheitspflege. 19. Arbeitstagung in Bad Mergentheim. 14.–16. November 1980, Sigmaringen 1982, S. 78–94, hier S. 84ff.; Neithard Bulst: Vier Jahrhunderte Pest in niedersächsischen Städten. Vom Schwarzen Tod (1349–1351) bis in die erste Hälfte des 18. Jahrhunderts, in: Cord Meckseper (Hg.): Stadt im Wandel, 4 Bde., Bd. 4, Stuttgart/Bad Canstatt 1985, S. 251–270, hier S. 256. Zu Gewerbe und Handel in Köln Franz Irsigler: Die wirtschaftliche Stellung der Stadt Köln im 14. und 15. Jahrhundert. Strukturanalyse einer spätmittelalterlichen Exportgewerbe- und Fernhandelsstadt, Wiesbaden 1979.

18 Manfred Groten: Art. »Köln. Stadt. Mittelalter«, in: Lexikon des Mittelalters 5 (2009), Sp. 1256–1261, hier S. 1258; Ulf Heppekausen: Die Kölner Statuten von 1437 – Ursachen, Ausgestaltung, Wirkungen, in: GiK 45 (1999), S. 5–13, hier S. 6.

19 So verhängte der Rat 1336 ein Bußgeld für die Verschmutzung der Blindejohannsgasse mit »bloide ind [...] anderre unvlait«; Walther Stein (Hg.): Akten zur Geschichte der Verfassung und Verwaltung der Stadt Köln im 14. und 15. Jahrhundert, 2 Bde., Bonn 1893–1895, ND Düsseldorf 1993, Bd. 2, S. 7. Jankrift zufolge könnte sich der Rat sogar noch früher für die Reinigung der Straßen engagiert haben, da der Lohn für Reinigungsarbeiten in Rechnungsbüchern häufig nicht explizit aufgeführt worden sei; Jankrift: Brände (Anm. 7), S. 159.

20 Ein Eid der Wegemeister ist schon für 1321 belegt, Stein: Akten (Anm. 19), Bd. 1, S. 12f.; dazu Jankrift: Brände (Anm. 7), S. 159.

Entstehung von Seuchen vorbeugen konnten. Inwiefern diese Anstrengungen gesundheitspolitische Ziele verfolgten und die Hygiene der Stadt tatsächlich verbesserten, ist jedoch fraglich: Noch 1540 berichtet Hermann Weinsberg, dass »die gassen stonken van dem uisgeschotten unflat uis den spoilsteinen und anderswahe«.[21]

3. *Der »Schwarze Tod« 1349/50 in Köln*

Die erste belegte Pestepidemie in Köln ereignete sich um 1349, wobei der genaue Zeitpunkt des Ausbruchs unklar ist. So berichtet etwa Tilemann Elhen von Wolfshagen in der Limburger Chronik, dass die Pest 1349 in mehreren Städten, darunter Köln, ausgebrochen sei.[22] Diese Angabe wird durch die Chronik der Grafen von der Mark und das Fragment einer lateinischen Reimchronik gestützt.[23] In zwei Handschriften der Kölner Jahrbücher wird das Auftreten der Epidemie dagegen auf das Jahr 1350 datiert, ebenso wie in der Münstereifeler Chronik des Kanonikus Tilman Plunsch.[24] Möglich scheint es, dass die Pest um den Jahreswechsel ausbrach, wie es Kay Peter Jankrift annimmt.[25] Auch die überlieferten Angaben zur Dauer der Pest sind vage: Der Limburger Chronik zufolge herrschte die Pest je nach Stadt oder Region »me dan dru virtel jares oder ein jar«,[26] das

21 Weinsberg: Liber Iuventutis (Anm. 6), f. 104.

22 »Item da man schreip dusent druhundert unde in dem nune unde virzigesten jare da quam ein groß sterben in Dusche lande, daz ist genant daz große erste sterben. [...] Unde storben di lude in den großen steden zu Menze, zu Collen [...]«; Die Limburger Chronik des Tilemann Elhen von Wolfshagen, in: Arthur Wyss (Hg.): Die Limburger Chronik, S. 25–95, hier S. 31.

23 »Anno Domini MCCCXLIX [...] gravissima incepit mortalitas«, Fritz Zschaeck (Hg.): Die Chronik der Grafen von der Mark von Levold von Northof, Berlin 1929, S. 86 f.; »MC ter L minus I mors ingwine fortis habetur«, Lateinische Reimchronik 1081–1472, in: Historische Commission bei der Königlichen Academie der Wissenschaften (Hg.): Die Chroniken der niederrheinischen Städte. Cöln, 3 Bde., Leipzig 1876, Bd. 2, S. 203–208, hier S. 204.

24 Cölner Jahrbücher des 14. und 15. Jahrhunderts, in: Historische Commission bei der Königlichen Academie der Wissenschaften: Chroniken (Anm. 23), Bd. 2, S. 1–192, hier S. 22 f., 36. Handschrift C setzt erst mit dem Jahr 1372 ein, die Angabe in Handschrift D ist unvollständig und daher nicht eindeutig, siehe S. 71 und 131 im selben Band; dazu Jankrift: Tod (Anm. 1), S. 10. Creutz vermutet, dass Plunsch, der erst 1448 schrieb, seine Angabe aus den Kölner Jahrbüchern entlehnte, Creutz: Pest (Anm. 9), S. 82.

25 Jankrift: Tod (Anm. 1), S. 10.

26 Limburger Chronik (Anm. 22), S. 31. Laut Gadebusch Bondio und Schmiedebach sei die durchschnittliche Dauer von Pestepidemien in Städten mit zwei bis sieben Monaten deutlich kürzer ausgefallen, Mariacarla Gadebusch Bondio/Heinz-Peter Schmiedebach: »Fleuch pald, fleuch ferr, kum wider spat ...«. Entfremdung, Flucht und Aggression im Angesicht der Pestilenz (1347–1350), in: Irene Erfen/Karl-Heinz Spiess (Hg.): Fremdheit und Reisen im Mittelalter, Stuttgart 1997, S. 217–234, hier S. 223. Die Aussagekraft derartiger Durchschnittswerte ist jedoch kritisch einzuschätzen, Bulst: Tod (Anm. 16), S. 50.

Verschwinden der Pest wird auf das Jahr 1350 datiert.[27] Weder die eine, noch die andere Angabe erlauben es jedoch, die Chronologie des »Schwarzen Todes« in Köln genauer zu rekonstruieren.

Als noch schwieriger erweist sich der Versuch, die Anzahl der Pestopfer zu ermitteln, da die zeitgenössischen Angaben die tatsächlichen Bevölkerungsverluste in der Regel überstiegen.[28] Zwar berichtet Wolfshagen, dass täglich meist »me dan hondert menschen«[29] in Köln gestorben seien, allerdings bleibt dieser Wert – selbst unter Voraussetzung seiner Exaktheit – ohne gesicherte Kenntnisse über die Seuchendauer nur wenig aussagekräftig. Dass die Pest zahlreiche Todesopfer gefordert haben muss, legt lediglich eine päpstliche Urkunde des Jahres 1351 nahe, in der Clemens VI. dem Kölner Domkapitel die Pfarrkirche zu Glehn übereignet; als Begründung führt er an, dass »propter maximam mortalitatis pestem«[30] die Einkünfte des Domkapitels stark zurückgegangen seien. Diese knappen Ausführungen mögen genügen, um die im Folgenden beschriebenen Handlungsmuster einzuordnen.

a) Religiöse Bewältigung: die Flagellantenzüge

Die Geißler- oder Flagellantenzüge waren Ausdruck einer religiösen, meist aus Laien bestehenden Bewegung, die sich aus nahezu allen Bevölkerungsgruppen rekrutierte und insbesondere durch die namensgebende Selbstgeißelung auszeichnete. Hatte sich die Geißelung bereits im Früh- und Hochmittelalter als Teil des christlichen Bußwesens etabliert, so wurde sie mit den Geißlerzügen des Spätmittelalters in bislang unbekannter Form in die Öffentlichkeit verlagert und durch die Verknüpfung mit rituellen Praktiken gesteigert.[31] Die Ursprünge der Bewegung liegen offenbar im italienischen Perugia, wo 1260 der erste bezeugte Geißlerzug stattfand. Durch die Selbstgeißelung und Anrufung Marias versuchten die Flagellanten, das göttliche Strafgericht abzuwenden, das sie in Form eines politischen und wirtschaftlichen Niederganges, insbesondere

27 »Item in dem selben jubileo [gemeint ist 1350, Anm.] [...] daz sterben ufhorde [...]«, Limburger Chronik (Anm. 22), S. 39.

28 Bulst: Tod (Anm. 16), S. 52; Herborn/Dietmar: Köln (Anm. 13): S. 34.

29 Limburger Chronik (Anm. 22), S. 31.

30 Theodor J. Lacomblet (Hg.): Urkundenbuch für die Geschichte des Niederrheins oder des Erzstifts Cöln, der Fürstenthümer Jülich und Berg, Geldern, Meurs, Cleve und Mark, und der Reichsstifte Elten, Essen und Werden. Aus den Quellen in dem Königlichen Provinzial-Archiv zu Düsseldorf und in dem Kirchen- und Stadt-Archiven der Provinz, 4 Bde., Düsseldorf 1840–1858, Bd. 3, Nr. 500, S. 406–407, hier S. 406; dazu Jankrift: Tod (Anm. 1), S. 14.

31 Graus: Pest (Anm. 8), S. 42 f.; Michael Menzel: Die Zeit der Entwürfe 1273–1347, 10. Aufl. Stuttgart 2012, S. 220.

aber einer 1259 ausgebrochenen Epidemie über die Stadt gekommen sahen.[32] In kürzester Zeit verbreitete sich die Geißlerbewegung über die Alpen bis nach Süddeutschland und erreichte schließlich Polen und Ungarn, verebbte bis 1261 aber nahezu vollständig.

In Anbetracht ihres raschen Verschwindens aus dem Reich im 13. Jahrhundert erscheint der erhebliche Zustrom, den die Flagellantenbewegung mit dem Ausbruch des »Schwarzen Todes« im 14. Jahrhundert verzeichnete, umso bemerkenswerter zu sein. Ähnlich wie ein knappes Jahrhundert zuvor in Perugia war die Hoffnung, die als göttliche Strafe empfundene Pest durch eine kollektive Buße abwenden zu können, der entscheidende Beweggrund für die Flagellantenzüge ab 1348.[33] Diese Hoffnung habe sich Thilo Esser zufolge auf der Annahme gegründet, dass die eine kollektive Strafe eine ebenso kollektive Sühne erfordere.[34] Die Geißelfahrten fungierten somit als unmittelbare Maßnahme gegen die Seuche, die ihre Wirksamkeit vor dem Hintergrund des religiösen Deutungsansatzes aus der Frömmigkeit der Teilnehmer bezog. Dies dürfte nicht weniger auf die Verhältnisse in Köln zutreffen, das die Geißler in der Mitte des Jahres 1349 erreichten.[35]

Über die Herkunft der Geißler oder ihre genaue Anzahl ist wenig bekannt. In den Kölner Jahrbüchern wird das Erscheinen der »geisselbroeder«[36] nur kurz vermerkt, dasselbe gilt für die »Annales Agrippinenses«.[37] Die Limburger Chronik berichtet, dass sich »in den steden unde in dem lande [...] hondert zweihundert oder druhondert«[38] Menschen zur Teilnahme am Flagellantenzug zusammenfanden, stellt dabei jedoch keinen konkreten Bezug zu Köln her.[39] Als aufschlussreicher erweist sich die Beschreibung der Geißler durch den Chronisten Levold

32 Erkens: Buße (Anm. 5), S. 493.

33 Dies wird in einem Geißlerlied deutlich, das der Chronist Fritsche Closener wiedergibt: »N hebent uf die uwern hende, / Daz got dis große sterben wende«; Fritsche (Friedrich) Closener's Chronik. 1362, in: Die Chroniken der oberrheinischen Städte. Straßburg, 2 Bde., Leipzig 1870–1871, Bd. 1, S. 3–151, hier S. 109; ferner Limburger Chronik (Anm. 22), S. 34.

34 Esser: Pest (Anm. 5), S. 161.

35 Erkens: Buße (Anm. 5), S. 497. Vielerorts – und möglicherweise auch in Köln – fanden die Geißlerzüge vor Ausbruch der Pest statt, wodurch sie einen präventiven Charakter erhielten, Gadebusch Bondio/Schmiedebach: Entfremdung (Anm. 26), S. 230. Zu welchen Anteilen die Geißler aus der Stadtbevölkerung oder aus dem Umland stammten, ist nicht mehr zu rekonstruieren.

36 Kölner Jahrbücher (Anm. 24), S. 131, ähnlich auch die beiden anderen Handschriften auf S. 22, 33.

37 »Anno 1349 fuerunt fratres cum flagellis mirabili modo«; Annales Agrippinenses, in: Georg H. Pertz (Hg.): MGH Scriptorum 14, Hannover 1859, S. 736–738, hier S. 738.

38 Limburger Chronik (Anm. 22), S. 31.

39 Für den Oberrhein vermerkt Closener »wol 200 geischeler«, die ebenfalls im Juli 1349 angekommen seien; Straßburger Chronik (Anm. 33), S. 105. Ob es sich um dieselben Geißler wie in Köln handelte, ist jedoch nicht ersichtlich.

von Northof, die offenbar in unmittelbarer zeitlicher Nähe zu den Ereignissen entstand und deutlich negativ geprägt ist.[40] So hätten sich etliche der Geißler in Aberglauben geübt und vorgegeben, Wunder wirken zu können, was der Chronist als Ausdruck ihrer Verirrung betrachtet. Ebenso habe es jedoch viele gegeben, die sich aus tatsächlicher Frömmigkeit dem Geißlerzug angeschlossen hätten.[41] Tatsächlich ist die Vorstellung, durch die Teilnahme an den Zügen Heiligkeit zu erlangen und Wunder wirken zu können, auch außerhalb Kölns bezeugt und könnte demnach eine Rolle gespielt haben.[42] Bemerkenswerter scheint der Hinweis auf die fromme Überzeugung vieler Geißler zu sein: Dieser verweist nicht nur auf eine gesteigerte Religiosität der Menschen in Pestzeiten, sondern zugleich auf den Ernst ihres Anliegens, das Ende der Pest herbeizuführen – den auch Levold anzuerkennen schien.

Anders als in den meisten Städten des Reiches, wo die Geißler rasch nach ihrem ersten Auftreten verschwanden, kam es in Köln nach der Epidemie des »Schwarzen Todes« offenbar zu weiteren Geißelfahrten. Im April 1353 bekräftigte der Kölner Erzbischof Wilhelm von Gennep einen Synodalbeschluss, der sämtlichen »clerici et religiosi«[43] unter Androhung der Exkommunikation den Kontakt zu den Flagellanten untersagte.[44] Dass das erzbischöfliche Verbot nur eine begrenzte Wirkung entfaltete, belegt eine weitere Urkunde Wilhelms von 1357, in der er abermals Maßnahmen gegen die Geißler anordnet.[45] Bezeichnenderweise fällt diese zweite Urkunde in den unmittelbaren Kontext der zweiten Pestepidemie, die zwischen 1356 und 1358 im Rheinland herrschte.[46] Es scheint daher plausibel zu sein, dass die Pest wie schon beim Ausbruch des »Schwarzen Todes« zum erneuten Aufflackern der Flagellantenbewegung führte. Gleichwohl legt das Fehlen weiterer Quellenbelege nahe, dass sie in der Folgezeit auch aus Köln verschwand; hierzu dürfte neben der kirchlichen Repression vor allem die Enttäuschung über den mangelnden Erfolg der Geißelfahrten beigetragen haben.

40 Der Klerus stand den Geißlern meist skeptisch oder ablehnend gegenüber; dies gilt auch für Northof, der die Flagellanten als »secta« bezeichnet; Chronik der Grafen von der Mark (Anm. 23), S. 87.
41 Ebd., S. 87.
42 Graus: Pest (Anm. 8), S. 45.
43 Paul Fredericq (Hg.): Corpus documentorum inquisitionis haereticae pravitatis neerlandicae. Verzameling van stukken betreffende de pausenlijke en bisschoppelijke inquisitie in de nederlanden, 5 Bde., Gent/'s-Gravenhage 1889–1906, Bd. 1, Nr. 204, S. 203.
44 Bereits im Oktober 1349 hatte Papst Clemens VI. die Geißlerzüge verboten und seine Erzbischöfe – darunter auch Wilhelm von Gennep – angewiesen, gegen die Flagellanten vorzugehen, ebd., Nr. 202, S. 199–201.
45 Fredericq: Corpus (Anm. 43), Bd. 3, Nr. 28, S. 38f.
46 Limburger Chronik (Anm. 22), S. 46; dazu Creutz: Pest (Anm. 9), S. 88.

b) Kollektive Schuldzuweisung: die Judenpogrome

Die Judenpogrome zwischen 1348 und 1350 stellten bis zum Holocaust die schwerwiegendsten Ausschreitungen gegen die jüdische Bevölkerung dar und resultierten vielerorts in die Vernichtung der Judengemeinden (Abb. 2).[47] Schon seit dem Ende des 11. Jahrhunderts kam es zu pogromartigen Ausschreitungen gegen jüdische Gemeinden.[48] Mit dem sogenannten Judenprivileg von 1236 stellte Kaiser Friedrich II. die Juden im gesamten Reichsgebiet unter königlichen Schutz, für den er im Gegenzug eine Abgabe beanspruchte; die so begründete Judensteuer avancierte rasch zu einer lukrativen Einnahmequelle des jeweiligen Herrschers, die in der Folgezeit häufig an Territorialherren und Städte abgetreten wurde.[49] Insbesondere in Reichsstädten, die aus Bischofsstädten hervorgegangen waren, gelang es dem Stadtrat, die Rechte über die jüdische Bevölkerung praktisch vollständig zu vereinnahmen – so etwa auch in Köln.

Als wichtiges Bindeglied zwischen den Judenpogromen der Jahre 1348 bis 1350 und dem »Schwarzen Tod« fungierte das Gerücht über Brunnenvergiftungen, das zugleich einen Erklärungsansatz der Pest darstellt.[50] Wie Fritsche Closener schreibt, habe man die Juden entlang des Rheins bezichtigt, »sü hettent burnen und andere waßer entsüfert mit vergift«;[51] daraufhin habe man sie verbrannt. Ähnliches weiß auch Tilemann Elhen von Wolfshagen zu berichten: Überall in den deutschen Landen habe man die Juden getötet, weil man ihnen die Schuld gab, »daz si den cristenluden vurgeben hetten, umb das si also sere gestorben waren«.[52] Dass diese Deutung unter den Zeitgenossen keineswegs unstrittig war, beweisen zwei päpstliche Bullen von Clemens VI. vom Juli und September 1348, in denen er das Gerücht von der Brunnenvergiftung

47 Als Pogrom wird hier mit Graus die Verfolgung von Angehörigen einer bestimmten Gruppe verstanden, die von der Masse der Bevölkerung – hier einer Stadt – getragen wird und auf die Tötung der Gruppenangehörigen zielt; Graus: Pest (Anm. 8), S. 380; dagegen die Begriffskritik bei Iris Ritzmann: Judenmord als Folge des »Schwarzen Todes«: Ein medizinhistorischer Mythos?, in: Medizin, Gesellschaft und Geschichte. Jahrbuch des Instituts für Geschichte der Medizin der Robert Bosch Stiftung 17 (1999), S. 101–130, hier S. 120.

48 Karl G. Zinn: Kanonen und Pest. Über die Ursprünge der Neuzeit im 14. und 15. Jahrhundert, Opladen 1989, S. 204–206.

49 Eberhard Isenmann: Die deutsche Stadt im Spätmittelalter. 1150–1550. Stadtgestalt, Recht, Verfassung, Stadtregiment, Kirche, Gesellschaft, Wirtschaft, 2. Aufl. Köln/Weimar/Wien 2014, S. 153 f.

50 Die Verbreitung über Brunnen oder Wasserquellen ist charakteristisch für dieses Motiv. Nur vereinzelt werden vergiftete Lebensmittel oder eine absichtsvolle Verpestung der Luft genannt, Graus: Pest (Anm. 8), S. 311 f.

51 Straßburger Chronik (Anm. 33), S. 104.

52 Limburger Chronik (Anm. 22), S. 35.

Abb. 2: Pogrom in Straßburg 1349, Stich von Émile Schweitzer, 1894. Straßburg, Bibliothèque nationale et universitaire, Coll. et photogr., NIM.33621/M.38.212 (Foto: Bibliothèque nationale et universitaire, Straßburg)

ablehnt, da sie ebenso an der Pest stürben wie die Christen, und die Ermordung der Juden verurteilt.[53] Ebenfalls kritisch setzten sich zeitgenössische Historiographen wie Jacob Twinger von Königshausen mit der Vergiftungsthese auseinander[54] und erklärten die Morde mitunter durch bloße Habgier »[W]an werent Sü arm gewesen und werent in die landesherren nüt schuldig gewesen, so werent sü nüt gebrant worden«.[55]

So wenig der Einfluss ökonomischer Interessen geleugnet werden kann, dürfte er doch nur in den wenigsten Fällen ausreichen, um das Ausmaß und die Intensität der Gewaltakte der Jahre 1348 bis 1350 zu erklären.[56] Wie František Graus

53 Shlomo Simonsohn (Hg.): The Apostolic See and the Jews. 8 Bde., Toronto 1988–1991, Bd. 1: Documents: 492–1404, Nr. 373, S. 379 f.; Cesare Baronio/Odorico Raynaldi/Giacomo Laderchi (Hg.): Annales Ecclesiastici, 37 Bde., Bd. 25: 1334–1355, Bar-le-Duc/Paris/Freiburg im Üechtland 1880; Nr. 33, S. 454 f.

54 Heinrich von Herford: Liber de rebus memorabilioribus sive Chronicon Henrici de Hervordia, ed. August Potthast, Göttingen 1859, S. 280.

55 Chronik des Jacob Twinger von Königshofen. 1400 (1415), in: Chroniken (Anm. 33), Bd. 2, Leipzig 1871, S. 499–917, hier S. 764; vgl. auch Heinrich von Herford: Liber de rebus memorabilioribus sive Chronicon Henrici de Hervordia, ed. August Potthast, Göttingen 1859, S. 280.

56 Graus: Pest (Anm. 8), S. 337. Ebenfalls ist fraglich, wie häufig wirtschaftliche Interessen tatsächlich zum Ausbruch der Gewalt führten und nicht erst im Nachhinein Begehrlichkeiten

mit zahlreichen Belegen untermauert, war der Glaube an Verschwörungen verschiedenster Art im ausgehenden Mittelalter weit verbreitet – dementsprechend schien auch die Theorie einer mutwillig hervorgerufenen Seuche ein gewisses Maß an Plausibilität beanspruchen zu können.[57] Dass jedoch auch die Vergiftungsthese nicht das ausschlaggebende Motiv für die Pogrome war, scheinen gerade die Ausschreitungen in Köln nahezulegen.

Die Kölner Juden unterstanden formal sowohl dem Erzbischof als auch dem Stadtrat. Die Schutzherrschaft über sie wurde spätestens seit 1331 faktisch vom Stadtrat ausgeübt, der hierfür eine jährliche Summe von 1800 Mark Silber einforderte – der Erzbischof dagegen, der diese Aufgabe im Januar an den Rat abgetreten hatte, erhielt nur noch 70 Mark Silber pro Jahr.[58] 1335 und 1342 wurde der Schutzbrief für die Juden verlängert, zuletzt um 13 Jahre; zum Zeitpunkt des Pogroms befanden sich die Kölner Juden demnach unter dem Protektorat des Stadtrates.[59]

Das Pogrom gegen die Kölner Judengemeinde ereignete sich der Überlieferung zufolge in der Nacht vom 23. zum 24. August 1349.[60] Die Kölner Jahrbücher berichten, dass sich die Juden »selver verbranten«,[61] ohne dieses Ereignis jedoch weiter auszuführen. Vermutlich handelt es sich hierbei um eine bewusste Umdeutung mit dem Ziel, die an den Ausschreitungen beteiligten Personen indirekt zu exkulpieren, wie es für die Mehrzahl der späteren Chroniken charakteristisch ist.[62] Hierauf deutet etwa die Koelhoffsche Chronik hin, die zwar ebenfalls die Selbstverbrennung der Juden erwähnt, zugleich aber von

weckten; für Beispiele Klaus Bergdolt: Der Schwarze Tod in Europa. Die Große Pest und das Ende des Mittelalters, 3. Aufl. München 1995, S. 132f.

57 Graus: Pest (Anm. 8), S. 320–324.

58 Lacomblet (Hg.): Urkundenbuch (Anm. 30), Nr. 259, S. 209ff.; Urkunden, ed. von Ernst Weyden, in: Ders. (Hg.): Geschichte der Juden in Köln am Rhein von den Römerzeiten bis auf die Gegenwart. Nebst Noten und Urkunden, Köln 1867, S. 347–396; Nr. 18, S. 365–370; dazu Wilhelm Kisky (Hg.): Die Regesten der Erzbischöfe von Köln im Mittelalter, Bd. 4: 1304–1332, Bonn 1915, Nr. 1927, S. 465f.; Nr. 1929, S. 466; ferner Alfred Haverkamp: Die Judenverfolgungen zur Zeit des Schwarzen Todes im Gesellschaftsgefüge deutscher Städte, in: Ders. (Hg.): Zur Geschichte der Juden im Deutschland des Späten Mittelalters und der Frühen Neuzeit, Stuttgart, S. 27–93, hier S. 68.

59 Leonard Ennen (Hg.): Quellen zur Geschichte der Stadt Köln, Bd. 4, Köln 1870, Nr. 215, S. 233f.; Nr. 251, S. 264ff.; dazu Wilhelm Janssen (Hg.): Die Regesten der Erzbischöfe von Köln im Mittelalter, Bd. 5: 1332–1349 (Walram von Jülich), Köln/Bonn 1973, Nr. 343, S. 91f.; Nr. 832, S. 229.

60 »Anno 1349 […] in nocte Bartholomei Iudei combusti per ignem in Colonia«; Annales Agrippinenses (Anm. 37), S. 738. Auch die sogenannte Koelhoffsche Chronik datiert das Pogrom »up sent Bartholomeus dach«; Die Cronica van der hilliger stat van Coellen 1499, in: Historische Commission bei der Königlichen Academie der Wissenschaften: Chroniken (Anm. 23), Bd. 3, Leipzig 1877, S. 641–1007, hier S. 686.

61 Kölner Jahrbücher (Anm. 24), S. 22, ähnlich auch S. 36, 131.

62 Graus: Pest (Anm. 8), S. 206. Eine Urkunde von 1350 schreibt die Ermordung der Kölner Juden dagegen Auswärtigen und Angehörigen der Unterschicht zu, womit die Mehrheit der

ihrer Ermordung berichtet.[63] Noch ausführlicher werden die Pogrome in einer in Köln entstandenen Weltchronik beschrieben: Ungeachtet ihres Alters oder Geschlechts habe man die Juden getötet, ihre Häuser angezündet und ihren Besitz geraubt, wobei selbst Neugeborene nicht verschont worden seien.[64] Von einer gewaltigen Schlacht berichtet der Tournaier Abt Chronist Gilles Li Muisis, laut dem sich die Kölner Judengemeinde zusammen mit einer Vielzahl weiterer, nach Köln geflohenen Juden zum Kampf gerüstet und dem Angriff der Christen entgegengestellt habe. Mehr als 25.000 Juden und viele der Christen seien gefallen, schließlich seien die Juden besiegt und ihre Häuser zerstört worden.[65] Nicht zuletzt wegen der übertriebenen Angaben dürfen die Schilderungen Li Muisis' als »völlig unglaubwürdig«[66] gelten.

Um die Rolle der Pest als mögliche Bedingung oder gar als Auslöser des Pogroms in Köln zu ermessen, scheint die genauere Betrachtung der Vergiftungsthese vielversprechend zu sein. Die Koelhoffsche Chronik etwa schreibt der angeblichen Brunnenvergiftung die entscheidende Bedeutung für die Ausschreitungen zu: So habe man die Kölner Juden getötet, »want si die wasser und puitz venint hadden«.[67] Die Aussagekraft dieser erst spät entstandenen Darstellung bleibt angesichts der rechtfertigenden Tendenz vieler Chroniken indes fraglich. Als aufschlussreicher erweist sich ein Brief des Kölner Stadtrates an seine Straßburger Ratskollegen, laut dem bereits im Januar 1349 Gerüchte in der Stadt kursiert hätten, die Juden würden die Brunnen und Quellen der Stadt vergiften und so das Sterben verursachen.[68] Demnach war die Vergiftungsthese bereits Monate vor dem Pogrom im Umlauf. Die insbesondere in der älteren Forschung verbreitete Annahme, das schlagartig virulent gewordene Gerücht

Kölner Bevölkerung wiederum entlastet wird. Gänzlich von der Hand zu weisen sei diese These laut Herborn und Dietmar nicht, vgl. Herborn/Dietmar: Köln (Anm. 13), S. 355–357.

63 »So wurden si [...] verstoert, verdreven und verjaget uis Coellen in vigilia Bartholomei«; Koelhoffsche Chronik (Anm. 60), S. 686.

64 »Eisdem temporibus [...] per universum regnum Germanie tumultu populari furente et in sedicionem concitato in omnibus civitatibus, opidis et municipiis Iudei universi utriusque sexus, cuiuscumque etatis tam parvuli quam infantuli unius diei crudeli nece sine misericordia fuerunt trucidati, incensis domibus et habitacionibus ipsorum et thesauris omnibus spoliatis«; Rolf Sprandel (Hg.): Die Kölner Weltchronik 1273/88–1376, München 1991, S. 91.

65 Henri Lemaître (Hg.): Chronique et Annales de Gilles le Muisit. Abbé de Saint-Martin de Tournai (1272–1352), Paris 1906, S. 226f.

66 Graus: Pest (Anm. 8), S. 206.

67 Koelhoffsche Chronik (Anm. 60), S. 686.

68 »[...] quod talis mortalitas per intoxitationes fontium et puteorum, quibus ipsi judei venenosas res debuissent inspersisse, primitus emanasset et adhuc emanaret«; Hans Witte/Georg Wolfram (Hg.): Urkundenbuch der Stadt Straßburg, Bd. 5.1: Politische Urkunden von 1332 bis 1365, Straßburg 1896, Nr. 190, S. 178–179, hier S. 178. Dass die Gerüchte noch früher kursiert haben könnten, legt ein Schreiben des Kölner Rates vom August 1348 nahe, das ebenfalls die Vorwürfe gegen die Juden thematisiert; ebd., Nr. 173, S. 162.

einer Verschwörung sei Anlass einer Massenhysterie gewesen, die schließlich in ein Pogrom mündete, scheint für die Ausschreitungen in Köln also nicht zuzutreffen. Nimmt man den Ausbruch der Pest zum Jahreswechsel 1349/50 an, dürfte auch die Epidemie selbst nicht der Auslöser der Gewalt gewesen sein.[69] Gleichwohl ist es vorstellbar, dass die Gerüchte über die Brunnenvergiftung die Judenfeindschaft in den Monaten vor dem Pogrom förderten. Als unmittelbarer Auslöser kommt dagegen ein anderes Ereignis infrage: der Tod des Kölner Erzbischofs Walram am 15. August 1349.[70] Dieser sei Jankrift zufolge trotz des eher formalen Charakters seiner Schutzherrschaft ein wichtiger Schutzgarant der Judengemeinde gewesen.[71] Die Nachricht vom Ableben des in Paris verstorbenen Erzbischofs könnte Köln noch vor Ausbruch des Pogroms erreicht haben.[72]

Hinweise auf den obrigkeitlichen Umgang des Stadtrates finden sich im soeben erwähnten Brief an die Straßburger Ratskollegen. In dem Schreiben bekennt sich der Kölner Stadtrat zum Schutz der Judengemeinde, solange ihre Schuld an der Pest nicht belegt sei. Um die Haltbarkeit der Gerüchte zu prüfen, habe sich der Rat an verschiedene Städte gewandt, jedoch keine stichhaltigen Antworten erhalten.[73] Das Vorgehen des Rates deutet auf ein ernsthaftes Bemühen hin, die vermeintlichen Brunnenvergiftungen aufzuklären. Inwiefern hiermit ein Interesse an der Klärung der Pestursachen einherging, ist jedoch fraglich: Wie der Verfasser mitteilt, halte der Kölner Rat die Pest für eine »plagam die«,[74] was die Suche nach Ursachen praktisch überflüssig gemacht hätte.[75]

69 Jankrift: Tod (Anm. 1), S. 10.
70 Graus: Pest (Anm. 8), S. 205. Auch die Chronistik stellt den Tod Walrams in einen zeitlichen Kontext zu den Ausschreitungen gegen die Juden: »Et eodem anno obiit domnus Walramus episcopus Coloniensis in vigilia assumpcionis beate Marie, et statim post hoc in nocte Bartholomei Iudei combusti […]«; Annales Agrippinenses (Anm. 37), S. 738.
71 Jankrift: Tod (Anm. 1), S. 12; ebenfalls Herborn/Dietmar: Köln (Anm. 13), S. 54.
72 Haverkamp: Judenverfolgungen (Anm. 58), S. 68; Herborn/Dietmar: Köln (Anm. 13), S. 352.
73 Witte/Wolfram (Hg.): Urkundenbuch (Anm. 68), Nr. 190, S. 178f. Bereits im August und Dezember 1348 erkundigte sich der Kölner Stadtrat wegen der angeblichen Brunnenvergiftungen; ebd., Nr. 173, S. 162; Nr. 181, S. 165f.
74 Ebd., Nr. 190, S. 179.
75 Gleichwohl traten religiöse und weltliche Erklärungsversuche auch in Kombination auf, wie die Ausführungen zur Epidemie von 1553 belegen.

4. Die Pestepidemie 1553 in Köln

Nach dem Ende des »Schwarzen Todes« kam es in Köln zu zahlreichen weiteren Ausbrüchen der Pest.[76] Als besonders gut dokumentiert darf die Epidemie des Jahres 1553 gelten, über die das Gedenkbuch des Kölner Ratsherren und Augenzeugen Hermann Weinsberg detailliert Auskunft gibt.[77] Weinsberg zufolge brach die Pest zwischen Ostern und Pfingsten aus, was dem Zeitraum vom 2. April bis zum 21. Mai entspricht. Nach einer Hochphase im Juli und August sei die Zahl der Pesttoten im September zurückgegangen, obgleich die Epidemie bis in den Dezember angehalten habe.[78] Insgesamt beziffert Weinsberg die Opferzahl auf über 10.000 Menschen, was mehr als einem Viertel der damaligen Bevölkerung Kölns entspräche – hieran sind allerdings Zweifel angebracht, konnte doch selbst die Obrigkeit die Anzahl der Opfer nicht genau einschätzen.[79]

a) Religiöse Bewältigung: Buße und Wallfahrt

Blieben die Geißlerzüge auf einen kurzen Zeitraum im 14. Jahrhundert beschränkt, so ist die Praxis der Bußfahrten auch für spätere Seuchenausbrüche nachweisbar. Weinsberg berichtet, dass im August »vil leute uis Coln, wollen und barfoissich«[80] nach Monheim gezogen seien, um zu beten; er selbst habe sich ebenfalls dort aufgehalten, um »Unse-Liebe-Fraue daselbst«[81] aufzusuchen, womit er offenbar die Ikone in der Marienkapelle zu Monheim meint.[82]

Trotz ihrer Kürze erlaubt die Aussage verschiedene Rückschlüsse auf das Frömmigkeitsverhalten eines Teils der Kölner Bevölkerung, das in unmittelbarem Bezug zum Pestgeschehen zu stehen scheint. Hierauf deutet bereits die direkte Thematisierung der Epidemie durch die Betenden hin, die laut Weinsberg darüber sprachen, »wie heftich es sturbe«.[83] Als aufschlussreicher erweist sich jedoch die Nennung Marias – beziehungsweise der Marienkapelle –,

76 Creutz: Pest (Anm. 9), S. 88–101.
77 Von Juli bis September 1553 hielt sich Weinsberg in Dormagen auf. Wie er betont, habe er aber auch dort »alle tag und stunde zeitung in und uis Coln« erhalten; Weinsberg: Liber Iuventutis (Anm. 6), fol. 284.
78 Ebd., fol. 277, 280, 289', 293.
79 Ebd., fol. 289'; dazu Bulst: Tod (Anm. 16), S. 52.
80 Weinsberg: Liber Iuventutis (Anm. 6), fol. 285'.
81 Ebd., fol. 285'.
82 Ruth Schmitz-Ehmke (Hg.): Georg Dehio. Handbuch der Deutschen Kunstdenkmäler. Nordrhein-Westfalen, 2 Bde., Bd. 1: Rheinland, München/Berlin 1977, S. 480; Elfi Pracht-Jörns: Monheim am Rhein (Rheinischer Städteatlas XX, Nr. 101), S. 15; Rudolf Pohlmann: St. Gereon in Monheim mit Filialkirchen und Kapellen, Köln 2001, S. 21–24.
83 Weinsberg: Liber Iuventutis (Anm. 6), fol. 285'.

die offenbar das Ziel der Betenden darstellte.[84] Im Rahmen des religiösen Deutungsmusters der Pest war die Anrufung Marias nur folgerichtig, galt sie doch im christlich-katholischen Glauben als Mittlerin zwischen Gott und den Menschen.[85] Dass die Pest auch im Köln des 16. Jahrhunderts gemeinhin als göttliche Strafe verstanden wurde, legen aus Köln stammende Pestschriften nahe, die den göttlichen Ursprung der Seuche anführen und religiöse Maßnahmen zur Pestvermeidung empfehlen – eine dieser überlieferten Schriften verweist sogar explizit auf Maria.[86] Demnach ist die Annahme gerechtfertigt, dass die von Weinsberg beschriebenen Gläubigen die Kapelle aufsuchten, um ihre Fürbitten an Maria zu richten und so Schutz vor der Pest zu erlangen.

Hierbei scheint die Wahl der Kultstätte keineswegs zufällig, gab es doch in Köln ebenfalls Marienheiligtümer, die zugänglicher gewesen sein dürften.[87] Vielmehr ist davon auszugehen, dass die Reise nach Monheim bewusst zu einer Wallfahrt ausgestaltet wurde. Dies legen auch die beschriebenen Bußkleider (»wollen«) und der Verzicht auf Schuhwerk nahe: Ist die Kleidung insgesamt als Ausdruck einer bußfertigen Gesinnung zu verstehen, so bedeutete die Barfüßigkeit, eine selbst auferlegte Erschwernis, bereits an sich einen körperlichen Bußakt. Der Zug der Kölner nach Monheim erscheint demnach als absichtsvoll unternommene Wallfahrt, mit der die Bereitschaft zur Umkehr unter Beweis gestellt werden sollte – diese wiederum galt im Rahmen des religiösen Erklärungsansatzes als eine der Voraussetzungen dafür, dass Gott die Bestrafung der Menschen beendete. Wie repräsentativ die beschriebene Wallfahrt für die Reaktion der Kölner Zeitgenossen ist, bleibt mangels weiterer Belege allerdings offen.

b) Soziale Distanzierung: Misstrauen im gesellschaftlichen Miteinander

Der Zusammenbruch familiärer und gesellschaftlicher Bindungen infolge von Ansteckungsfurcht und Misstrauen gilt der Forschung als eine wesentliche Folge der Pest. Diese Annahme lässt sich durch die Aufzeichnungen Weinsbergs stützen, der in mehreren Episoden das Verhalten der Menschen in Köln schildert: So habe er selbst, als er im Auftrag des Rates Abgaben eintreiben sollte, diese Aufgabe zwar begonnen, bald jedoch unterbrochen – zu

84 Ebd., fol. 285'.
85 Esser: Pest (Anm. 5), S. 181 f.
86 Karl Sudhoff: Pestschriften aus den ersten 150 Jahren nach der Epidemie des »schwarzen Todes« 1348. XVII. Weitere Pesttraktate aus Italien bis zum Ende des 15. Jahrhunderts, in: Archiv für Geschichte der Medizin 16.3–6 (1925, ND 1965), S. 77–188, hier Nr. 229, S. 152 f.
87 Schmitz-Ehmke: Handbuch (Anm. 82), S. 354–366, besonders S. 359 f., 363 f. und weitere.

sehr habe er sich angesichts der vielen Personen, die ihm »van allen orten der stat uber den halz quamen«,[88] vor der Pest gefürchtet.[89] Das Misstrauen gegenüber Fremden, durch die sich Weinsberg zumindest indirekt gefährdet sah, veranlasste ihn folglich zu einer Vernachlässigung seiner ratsherrlichen Pflichten. Wie sehr dieses Misstrauen auch Freunde und sogar Verwandte betraf, verdeutlichen die weiteren Aufzeichnungen des Ratsherren: Nachdem seine Schwester, Catharina Weinsberg, an der Pest erkrankte, sei die Familie zwar zu einem gemeinsamen Essen zusammengekommen, dieses aber habe »under dem blauwen himmel«[90] stattgefunden – eine Maßnahme, die im Rahmen der Miasmenlehre einen gewissen Schutz versprach und offenbar in direktem Zusammenhang zur Pestfurcht der Mutter stand.[91] An einer anderen Stelle bemerkt Weinsberg, wie er selbst seinen Schwager Johan van Dutz mied, der ebenfalls an der Pest erkrankt war.[92] Und schließlich berichtet er von der Abschottung des Klosters Knechtsteden, dessen Pförtner Befehl hatte, »nemans van Coln inzulaissen«.[93] Dass diese Episoden nur Beispiele eines noch verbreiteteren, kollektiv herrschenden Misstrauens waren, deutet Weinsbergs allgemein formulierte Bestandsaufnahme im Juli 1553 an, in der er beklagt, dass ein Freund den anderen scheue.[94] Weder die Pflicht, noch familiäre Bindungen oder die Zugehörigkeit zum Ordensklerus konnte also, so scheint es, die Furcht vor der Ansteckung und das hiermit verbundene Misstrauen gegenüber den Mitmenschen auflösen. Doch zugleich scheint es angesichts des Verhaltens der Mutter Weinsbergs – die, ungeachtet ihrer Vorsichtsmaßnahmen, ihre pestkranke Tochter zum Essen empfing – zu kurz gegriffen, das Misstrauen der Zeitgenossen zu verabsolutieren.

Dass es sich vielmehr um ein komplexes Phänomen handelte, legen auch weitere Bemerkungen im Gedenkbuch des Ratsherren nahe. Weinsberg berichtet, wie er zwei Schöffen gewinnen konnte, um das Testament der pestkranken

88 Weinsberg: Liber Iuventutis (Anm. 6), fol. 278.

89 Hierzu auch die abschließende Bemerkung Weinsbergs: »Sunst, wan ich die sterbde nit gescheut hette, sult ich es gutten nutz gehat haben, aber das leib war mir lieber«, ebd., fol. 278.

90 Ebd., fol. 280'.

91 Auf die Vorsicht ihrer Mutter habe Catharina mit den Worten »nu werde ich vur uch allen gescheut« reagiert; ebd., fol. 280'. Zum Ratschlag, Pestkranken nur in freier Luft und gut belüfteten Räumen zu begegnen, siehe etwa Karl Sudhoff: Pestschriften aus den ersten 150 Jahren nach der Epidemie des »schwarzen Todes« 1348. II, in: Archiv für Geschichte der Medizin 4.6 (1911, ND 1964), S. 389–424, hier Nr. 15, S. 404 ff.

92 Es scheint bemerkenswert, dass Weinsberg sein Verhalten zumindest ansatzweise problematisiert, räumt er doch ein, dass Johan – der sich von der Pest wieder erholte – »pilliger weise« von Weinsberg enttäuscht gewesen sei, ebd., fol. 279'.

93 Ebd., fol. 285'. Ebenso wenig sei man bereit gewesen, Verpflegung aus dem Kloster hinauszureichen.

94 »Es ware seir ellendich in disser zit, ein frunt scheuwet den andern«, ebd., fol. 279'.

Tringin aufzunehmen – trotz ihrer Furcht hätten beide ihre Arbeit verrichtet.[95] Hermanns Bruder Gottschalk, der mit Tringin verheiratet war, habe seine Frau gar nicht gemieden und sei stattdessen stets bei ihr geblieben, um mit ihr zu essen und zu trinken.[96] Ebenfalls implizieren die wiederholt erwähnten Sakramentspenden und Begräbniszeremonien, dass es Geistliche gab, die ihre religiöse und seelsorgerische Funktion weiter erfüllten; hierbei riskierten sie wie auch verschiedene Bruder- und Schwesternschaften ihr Leben.[97] Obwohl die angeführten Beispiele also darauf hindeuten, dass ein von Ansteckungsfurcht geleitetes Misstrauen weit verbreitet war, scheint der Umgang mit dieser Verhaltensweise in hohem Maße individuell gewesen zu sein.

c) Räumliche Distanzierung: die Flucht aus der Stadt

Die Mehrheit der Forschung betrachtet die Flucht als eine der häufigsten und verbreitetsten Reaktionsweisen auf die Pest.[98] Für diese Annahme sprechen nicht nur zahlreiche Berichte von und über Menschen, die vor der Seuche flüchteten, sondern ebenso die Empfehlung zur Flucht in Pestschriften. Wie viele Menschen jedoch tatsächlich die Flucht ergriffen, ist aus der Überlieferung nicht zu erschließen. Ebenfalls umstritten ist es, ob sie bestimmten gesellschaftlichen Gruppen vorbehalten war oder allen Menschen offenstand.

Einblicke in die Kölner Verhältnisse gibt abermals Weinsberg. An gleich mehreren Stellen seines Gedenkbuches betont er die große Anzahl derer, die wegen der Pest aus der Stadt zogen; allein für den Juli 1553 gibt es drei separate Vermerke zur Fluchtbewegung aus Köln.[99] Aufschluss über potenzielle Zielorte der Flüchtenden ermöglicht die Route Weinsbergs, der die Stadt Ende Juli mit Teilen seiner Familie verließ und sich, nach einer kurzen Einkehr in Mechtern, nach Dormagen begab.[100] Zur Begründung dieser Ortswahl nennt der Ratsherr

95 Ebd., fol. 283'.

96 »Min broder scheuwte sei gar nit, war steitz bei ir, ass und drank mit ir«, ebd. fol. 283 f.

97 »Der geistlichen, der Longebroder und beginnen, die der kranken gewartet, waren auch vil gestorben«; ebd., fol. 289'. Zur Spende der Sakramente; ebd., 280' ff., 283. Zu den Begräbniszeremonien; ebd., fol. 279', 281 f., 283'.

98 Etwa Jankrift: Brände (Anm. 7), S. 198; Ritzmann: Judenmord (Anm. 47), S. 115; Gadebusch Bondio/Schmiedebach: Entfremdung (Anm. 26), S. 226 und weitere.

99 Bereits am 7. Juli notierte Weinsberg, »das man des folks seir in Coln miste«; es folgt eine Bemerkung am 18. Juli, nach der »vil folks uis Coln reisden«; am 24. Juli konstatiert er, dass »das folk alles uis der stat faren« würde; Weinsberg: Liber Iuventutis (Anm. 6), fol. 281 f., 282. Diese auffällige Häufung könnte auf eine Zunahme der Fluchtbewegung im Juli hindeuten, die ihrerseits mit der von Weinsberg beschriebenen Intensivierung der Pest im Juli und August zurückgeführt werden könnte.

100 Ebd., fol. 281', 284 f. Zwischen dem 10. und 24. August reiste Weinsberg mehrmals zu seinem Schwager Ewalt nach Neuss, kehrte jedoch stets nach Dormagen zurück; ebd., fol. 286 ff.

sowohl die gute Luft als auch die günstige Lage, welche die Versorgung mit Waren und den Kontakt nach Köln gewährleistet habe.[101] Kann das Beispiel der Familie Weinsberg auch nicht ohne Weiteres auf die Gesamtheit der Flüchtenden übertragen werden, so bestätigt es zumindest die Annahme Gadebusch Bondios und Schmiedebachs, wonach sich die Flucht meist auf nahe Ziele beschränkt habe.[102] Auf einen durchaus geordneten Ablauf des Rückzugs weist wiederum das Verhalten Weinsbergs hin, der sich vor seinem Aufbruch von seiner Ratstätigkeit beurlauben ließ; andernfalls hätte er Köln nicht verlassen dürfen.[103] Dass er eine derartige Reglementierung einhielt, widerspricht der These, die Pest hätte in den betroffenen Städten und Gebieten wiederholt zu Panikausbrüchen geführt.[104]

Obwohl die Anzahl der Flüchtenden nicht beziffert werden kann, scheinen Rückschlüsse auf ihre gesellschaftliche Stellung zumindest eingeschränkt möglich zu sein. Wie wenig Einzelfälle dabei verallgemeinert werden dürfen, verdeutlicht das Beispiel des bereits genannten Klosters Knechtsteden, dessen Führungsgruppe offenbar vor der Pest geflohen war. Hiervon auf eine generelle – in Quellen und Forschung wiederholt postulierte – Nachlässigkeit und Bereitschaft zur Flucht zu schließen, ist angesichts der nach wie vor durchgeführten Gottesdienste in Köln zu kurzschlüssig.[105] Ergiebiger scheinen jene Angaben Weinsbergs, die er selbst wenigstens grob quantifiziert: So seien »beinach alle doctores und studenten [...] uis Coln«[106] gezogen, da man die Hochschulen geschlossen habe.[107] Ebenso seien »etliche«[108] der Schöffen verreist. Sind letztere als oberste juristische Instanz eindeutig der politischen Führungsschicht Kölns zuzuordnen, so

101 »Diss Dormagen [...] hat gutte luchte [...] und der Rein war auch hart darbei, das man zu schiff uff und ab im Neuss alle tag kunt bestellen [...]. Darumb begerten mir uns an diss bequeim ort, das Coln nit zu weit, auch nit zu nach lach, da mir alle sachen verschaffen und vernemen mogten«; ebd., fol. 284 f. Der Hinweis auf die Luftqualität deutet auf die anhaltende Verbreitung der Miasmenlehre hin.

102 Gadebusch Bondio/Schmiedebach: Entfremdung (Anm. 26), S. 220; ferner Otto Ulbricht: Angst und Angstbewältigung in den Zeiten der Pest, in: Petra Feuerstein-Herz (Hg.): Gotts verhengnis und seine straffe. Zur Geschichte der Seuchen in der Frühen Neuzeit, Wiesbaden 2005, S. 101–112, hier S. 103.

103 Nichtsdestoweniger war ihm an einer raschen Flucht gelegen: »Anno 1553 [...] hab ich [...] urlob van her Lomershem geheischn, der war zur zit rentmeister; dan on urlob moist ich nit uis Coln zehen; und stiffelte mine sachen in der eil, so vil ich mogte«; Weinsberg: Liber Iuventutis (Anm. 6), fol. 283' f.

104 Delumeau: Angst (Anm. 10), S. 162–165.

105 Zur Rolle des Klerus etwa Bulst: Tod (Anm. 16), S. 59 f.; kritisch hierzu Bergdolt: Tod (Anm. 56), S. 163 f.

106 Weinsberg: Liber Iuventutis (Anm. 6), fol. 281.

107 Seine Einschätzung erscheint nicht zuletzt daher glaubwürdig, da Weinsberg selbst von 1539 bis 1543 als Rektor der sogenannten Kronenburse amtierte; Wolfgang Herborn: Hermann von Weinsberg (1518–1597), in: Wilhelm Janssen (Hg.): Rheinische Lebensbilder, 19 Bde., Bd. 11, Köln 1988, S. 59–76, hier S. 63.

108 Weinsberg: Liber Iuventutis (Anm. 6), fol. 283.

erwiesen sich die Gruppen der »doctores« und Studenten als deutlich heterogener.[109] Zwar erforderte die Finanzierung eines Studiums ein gewisses Kapital, dieses mussten die Studenten jedoch meist durch Nebenverdienste erwirtschaften. Ähnliches gilt für die Lehrenden, die angesichts der eher geringen Entlohnung auf weitere Einkünfte angewiesen waren.[110] Weniger die Zugehörigkeit zu einer herausgehobenen Schicht als die Flexibilität des Einkommenserwerbs könnte daher die Abwanderung der Doktoren und Studenten begünstigt haben, zumal der Unterricht an den jeweiligen Rückzugsorten häufig fortgeführt wurde.[111]

Als ebenfalls relevant erweist sich die Frage, welche Bevölkerungsteile von einer Flucht absahen oder vorzeitig zurückkehrten und welche Überlegungen sie hierbei leiteten. Peter Ordenbach, ein Schwager Weinsbergs, zog etwa kurz nach dem Tod seiner Mutter zurück nach Köln, um »alle sachen nach noitturft zu verrich ten [sic]«[112] – ob es sich hierbei um die Organisation des Begräbnisses oder anderer Angelegenheiten handelte, bleibt unklar.[113] Nach Erledigung jener Angelegenheiten sei Ordenbach »siner gescheft halber«[114] in Köln geblieben. Einen gänzlich anderen Grund führt Weinsberg für die Rückkehr seines Bruders Christian an: Dieser sei infolge eines Konflikts mit ihrem Bruder Gottschalk so verstimmt gewesen, dass er zurück nach Köln zog; offenbar wog jene Auseinandersetzung so schwer, dass sie ihn trotz seines Bestrebens, der Pest zu entfliehen, zur Umkehr bewegte.[115] Weitere Anhaltspunkte gibt das Verhalten Hermann Weinsbergs, der an seinem Rückzugsort in Dormagen Bauarbeiten verrichtete und hierzu neben Brettern auch einen Handwerker aus Köln anforderte.[116] Weniger diese beiden Einzelfälle an sich als die Selbstverständlichkeit, mit der Weinsberg von ihnen berichtet, deuten auf einen zumindest anteilig intakten

109 Wolfgang Herborn: Entwicklung der Professionalisierung der politischen Führungsschicht der Stadt Köln, in: Günther Schulz (Hg.): Sozialer Aufstieg. Funktionseliten im Spätmittelalter. Büdinger Forschungen zur Sozialgeschichte 2000 und 2001, München 2002, S. 29–47, hier S. 29f.

110 Anna-Dorothee von den Brincken: Die Stadt Köln und ihre Hohen Schulen, in: Erich Maschke/Jürgen Sydow (Hg.): Stadt und Universität im Mittelalter und in der Frühen Neuzeit, Sigmaringen 1977, S. 27–52, hier S. 36, 38f.

111 Creutz: Pest (Anm. 9), S. 110f.

112 Weinsberg: Liber Iuventutis (Anm. 6), fol. 285'.

113 Am 15. August zog Ordenbachs Ehefrau Maria nach Köln, da auch sie »deß versterbniß halben mit swagerß motter […] zu schaffen« hatte; ebd., fol. 286'. Ordenbachs Mutter verstarb jedoch bereits am 6. August – dementsprechend ist es unwahrscheinlich, dass sich die besagten Angelegenheiten des Ehepaares ausschließlich auf die Organisation des Begräbnisses bezogen, das möglicherweise noch vor der Abreise Marias erfolgte; ebd., fol. 285'. Zum Vergleich: Die im Juli verstorbene Tringin wurde noch am Tag ihres Todes bestattet; ebd., fol. 283'.

114 Ebd., fol. 286.

115 »Min broder Christian zucht auch in Coln, dan er waß noch unlustich vann wegen deß augen sclagenß. Er wolte seir die sterbde fleuwen, und bleib doch nit viß Coln«; ebd., fol. 285'.

116 »[…] mir […] schickten eim gelasworter uis Coln bode, der quam und nam die mais […]; mir […] leissen bort van Coln komen«, ebd., fol. 285.

Handwerksbetrieb hin. Nicht immer, so der Schluss, räumten die Zeitgenossen der Flucht also einen Vorrang gegenüber der Fortsetzung ihrer beruflichen Tätigkeit ein – ob dies aus wirtschaftlicher Notwendigkeit oder anderen Interessen resultierte, kann an dieser Stelle jedoch nicht angemessen diskutiert werden.[117]

d) Obrigkeitliche Steuerungsversuche: religiöse und stadthygienische Maßnahmen

Ein großer Teil der Forschung stimmt überein, dass dem obrigkeitlichen Handeln eine entscheidende Rolle bei der Vermeidung und Eindämmung der Pest zukam.[118] Bei dieser Aufgabe sah sich die Obrigkeit konkurrierenden Interessen ausgesetzt: Maßnahmen wie die Abschottung der Stadt versprachen zwar einen gewissen Schutz, gingen jedoch mit einer enormen Belastung der Wirtschaft einher – diese scheute man insbesondere in Handelsstädten wie Köln. Das Vorgehen der Obrigkeit musste daher in jeder Epidemie neu ausgehandelt und mitunter gegen andere Interessensgruppen durchgesetzt werden.[119]

Bereits 1514 forderte der unbekannte Verfasser einer in Köln gedruckten Pestschrift, man solle die Häuser von Pesttoten mit einem Strohbündel markieren; die übrigen Bewohnerinnen und Bewohner sollten sich mit einem weißen Stecken zu erkennen geben.[120] Dass der Stadtrat diese Forderung fünfzig Jahre später noch immer nicht – oder nicht mehr – durchzusetzen versuchte, deutet eine 1564 erschienene Pestschrift des niederländischen Arztes Bernard Dessen von Cronenburg an, der seine Heimat als vorbildliches Beispiel für die Verordnung einer Kennzeichnungspflicht anführt.[121] Es könnte daher auch 1553 an Maßnahmen zur Markierung von Pesthäusern und den dort lebenden Menschen gefehlt haben.

Als belastbarer erweist sich eine Bemerkung Weinsbergs, laut der im Juli 1553 die Gerichte und der Bischofsaal wegen der Pest geschlossen worden seien.[122] Dürfte letzteres eher auf Veranlassung des Erzbischofs geschehen sein,

117 Zu den heterogenen Einkommensverhältnissen der handwerklichen Mittelschicht vgl. etwa Herborn/Dietmar: Köln (Anm. 13), S. 36f.

118 Etwa Dinges: Süd-Nord-Gefälle (Anm. 13), S. 20; Walter G. Rödel: Die Obrigkeiten und die Pest. Abwehrmaßnahmen in der Frühen Neuzeit. Dargestellt an Beispielen aus dem Süddeutschen und Schweizer Raum, in: Bulst/Delort: Maladies (Anm. 3), S. 187–205, hier S. 204f.; kritisch dagegen Neithard Bulst: Krankheit und Gesellschaft in der Vormoderne. Das Beispiel Pest; in: ebd., S. 17–47, hier S. 24, 30.

119 Martin Dinges: Pest und Staat: Von der Institutionengeschichte zur sozialen Konstruktion?, in: Ders./Thomas Schlich (Hg.): Neue Wege in der Seuchengeschichte, Stuttgart 1995, S. 71–103, hier S. 80–85.

120 Creutz: Pest (Anm. 9), S. 92–94, hier S. 93.

121 Ebd., S. 96–99, besonders S. 98. Cronenburg lebte seit 1543 in Köln und dürfte auch die Epidemie von 1553 miterlebt haben.

122 »Anno 1553 den 7. tag jul. sint die gerichter eins erparen raitz umb der sterbden willen in Coln gesclossen worden. Der sale wart auch gesclossen und wart die audienz zu Ordingen

so scheint es plausibel, dass der Rat die ihm unterstehenden Gerichte schloss. Unklar bleibt indes der Hintergrund der Schließung: Als Ursache kommt ein Personalmangel ebenso infrage wie die Absicht, Menschenansammlungen zu vermeiden, wie es in den zeitgenössischen Pestregimina dringend empfohlen wurde.[123] Doch obwohl der Zusammenhang zwischen Menschenmengen und Ansteckungsgefahr offenbar bekannt war, berichtet Weinsberg nur wenig später von einer Kirmes, die im September in der Nähe des Rathauses stattgefunden habe. Eine solche dürfte fast zwangsläufig mit einer Ansammlung von Menschen verbunden gewesen sein; wieso der Rat die Kirmes nicht untersagte oder ob er ein Verbot schlichtweg nicht durchsetzen konnte, bleibt unklar. Für Weinsberg spielte dies jedoch keine Rolle: Er blieb der Kirmes fern.[124]

Dass die Obrigkeit gegen die Seuche vorzugehen versuchte, belegen Protokolle des Kölner Rates, die in zeitlicher Nähe des Pestjahres 1553 entstanden: So ordnete man im Jahr 1540 Bittmessen und Gebete an, um Trockenheit und Pest abzuwehren.[125] Ebenfalls zur Pestbekämpfung geeignet schien das Vorgehen gegen sittenwidrige Verhaltensweisen, die man als Ursache der göttlichen Ungnade und damit der Pest betrachtete: Bereits in der Mitte des 15. Jahrhunderts warnte der Rat in einer Morgensprache vor »viel suntlicher sachen as mit boerlerijen, oeverspiele ind woucherijen«,[126] die Sterben, Pest und Dürre hervorrufen würden. Auch die Obrigkeit setzte demnach auf religiöse Erklärungsversuche und hiermit verbundene Maßnahmen zur Vermeidung der Seuche, was Walter G. Rödel zufolge auch in anderen Städten der Frühen Neuzeit üblich gewesen sei.[127]

Die Vorkehrungen des Kölner Rates erschöpften sich allerdings nicht in religiösen Maßnahmen, sondern zielten auch auf die Verbesserung der städtischen Hygiene: So veranlasste der Rat 1540 durch gleich mehrere Beschlüsse, freilaufende Hunde und Schweine einzufangen oder zu töten.[128] Dass insbesondere die streunenden Schweine ein wiederkehrendes Problem darstellten, verdeutlichen

under Neus gelacht«; Weinsberg: Liber Iuventutis (Anm. 6), fol. 281.

123 Jankrift: Brände (Anm. 7), S. 208. Aus einem niederrheinischen Pestregimen stammt etwa der Rat, »man sol sich hütten vor […] aller gemainsam der lewt«; Sudhoff: Pestschriften II (Anm. 91), Nr. 14, S. 403 f., hier S. 403.

124 »[…] wiewol es eiz zu Jherusalem zu Coln am raithaus kirmiss war, so leis ich dieselb diss jar verpleiben«; Weinsberg: Liber Iuventutis (Anm. 6), fol. 288'. Auch im nahegelegenen Worringen beging man das Kirchweihfest; ebd., fol. 287'.

125 Manfred Groten (Hg.): Beschlüsse des Rates der Stadt Köln. 1320–1550, Bd. 4: 1531–1540, Düsseldorf 1988, Nr. 225, S. 681, Nr. 229, S. 682; dazu Jankrift: Tod (Anm. 1), S. 17.

126 Friedrich Keutgen (Hg.): Urkunden zur städtischen Verfassungsgeschichte, Berlin 1901, Nr. 217, S. 299–303, hier S. 302; dazu Isenmann: Stadt (Anm. 49), S. 469. Die Sonderzeichen der Edition wurden aufgelöst.

127 Rödel: Obrigkeiten (Anm. 117), S. 188.

128 Groten (Hg.): Beschlüsse (Anm. 124), Nr. 280, 281, S. 688; Nr. 297, S. 690 f.

neben der bereits genannten Morgensprache aus der Mitte des 15. Jahrhunderts zahlreiche weitere solcher Verordnungen, die sich ihren Forderungen bis zum Ende des 18. Jahrhunderts wiederholten.[129] Wie die zunehmende Steigerung der Maßnahmen und Strafen andeutet, scheint sich die Lage nur unzureichend verbessert zu haben, was auf die mangelnde Durchsetzungsfähigkeit des Rates verweist.[130] Zwar fehlt es in den angeführten Verordnungen an expliziten Hinweisen auf die Pest, doch scheint ein Zusammenhang angesichts der Intensivierung hygienischer Maßnahmen in Pestzeiten und oftmals nachdrücklicher Hinweise auf die Luftqualität zumindest plausibel zu sein.[131]

Das Handlungsrepertoire des Kölner Stadtrates beschränkte sich demnach nicht nur auf religiöse Bewältigungsformen, sondern scheint auch hygienische Maßnahmen umfasst zu haben. Dies wiederum deutet auf die Koexistenz verschiedener Erklärungsansätze im Köln des 16. Jahrhunderts hin.[132]

5. *Zur Kontinuität und zum Wandel von Handlungsmustern*

Der Überblick über die Epidemien von 1349/50 und 1553 offenbarte die Reaktionen verschiedener Gruppen auf die Pest, wobei die hier diskutierten Handlungsmuster und Verhaltensweisen nur den Ausschnitt eines deutlich umfangreicheren Spektrums darstellen.[133] Trotz der methodischen Schwierigkeit, Brüche und Kontinuitäten von Handlungsmustern über mehrere Jahrhunderte nachzuvollziehen, können einige Gemeinsamkeiten und Unterschiede der Reaktionen im 14. und 16. Jahrhundert herausgestellt werden.

Mit den Geißlerzügen und Judenmorden im 14. Jahrhundert wurden zwei Handlungsmuster diskutiert, die in ihrer Ausprägung und Reichweite in Mittelalter und Früher Neuzeit einmalig blieben: Etwa zehn Jahre nach dem

129 »Vort koment manicherkonne clagen an unse heren van den verken [...]. So gebiedent unse heren ouch noch hudistags eyme yedermanne, dat nyemant, he sij wer he sij, verken up der straisen gainde halde«; Keutgen: Urkunden (Anm. 125), Nr. 217, S. 299–303, hier S. 303. Eine Zusammenstellung weiterer Anordnungen befindet sich bei Creutz: Pest (Anm. 9), S. 101–103.

130 Creutz: Pest (Anm. 9), S. 102f.; Jankrift: Brände (Anm. 7), S. 163f.

131 Jankrift: Tod (Anm. 1), S. 18. Als Beispiel sei ein Edikt des Jahres 1597 genannt, laut dem »Schwein und Verken [...] die gesunde Luft verunreinigen und verstenken«; zitiert nach Creutz: Pest (Anm. 9), S. 102.

132 Die Kombination von Maßnahmen verschiedener Erklärungsmodelle scheint weit verbreitet gewesen zu sein; Graus: Pest (Anm. 8), S. 29f.; Rödel: Obrigkeiten (Anm. 117), S. 188. Esser zufolge sei dies als Ausdruck der zeitgenössischen Ansicht zu verstehen, dass man die tatsächliche Ursache der Pest nicht zu erkennen vermag; Esser: Pest (Anm. 5), S. 57f.

133 Dies belegen umfangreiche Reaktions- und Maßnahmenkataloge; Bulst: Krankheit (Anm. 117), S. 30f.

»Schwarzen Tod« – und damit später als in den übrigen Gebieten des Reichs – scheinen auch aus Köln die letzten Vertreter der Geißlerbewegung verschwunden zu sein, wozu die kirchliche Repression und ein allgemeiner Ansehensverlust beigetragen haben dürften. Die Judenpogrome mündeten in eine weitere Welle der Vertreibung, die allerdings nur noch selten mit der Pest begründet wurde: Im Rechtfertigungsschreiben des Kölner Rates zur 1423 beschlossenen Vertreibung der Juden findet die Pest keine Erwähnung.[134]

Demgegenüber weisen Teilaspekte durchaus Parallelen zu den Reaktionsmustern der folgenden Jahrhunderte auf: Das den Geißlerzügen zugrunde liegende religiöse Erklärungsmodell beanspruchte über die gesamte Frühe Neuzeit hinweg eine erhebliche Relevanz, wie es etwa die Wallfahrt zur Monheimer Marienkapelle verdeutlicht. Aber nicht nur die Motivation, sondern auch die Strategie der Betenden zeigt Ähnlichkeiten zum Vorgehen der Geißler, stellte die Buße doch auch im 16. Jahrhundert ein offenbar wichtiges Element bei der Pestbewältigung dar. Das Tragen von Bußgewändern und das barfüßige Gehen repräsentieren dabei deutlich weniger extreme Formen der Buße als noch die öffentliche Selbstgeißelung und blieben im Rahmen der kirchlich akzeptierten Bußpraxis. Zugleich kam es offenbar auch im 16. Jahrhundert zu kollektiven Anstrengungen zur Abwendung der Pest, die ebenso wie die Geißlerzüge auf den Schutz der gesamten Stadt gezielt haben dürften – andernfalls wäre nicht ersichtlich, wieso es der Stadtrat war, der solche Kollektivmaßnahmen anordnete.

Die Stigmatisierung von Minderheiten zu Verursachern oder Verbreitern der Pest, die sich am deutlichsten im Kölner Judenpogrom 1349 niederschlug, scheint auch im 16. Jahrhundert stattgefunden haben, wenn auch nicht in gleicher Intensität: Jankrift etwa nimmt an, dass ein 1540 gefasster Ratsbeschluss, nach dem Leprakranken der Zugang zu Köln verwehrt werden sollte, in direktem Bezug zur zeitgleich herrschenden Pest steht.[135] Dass Menschen auch unabhängig von ihrer Zugehörigkeit zu bestimmten Gruppen als Bedrohung empfunden wurden, bestätigt der Bericht Weinsbergs über die zwischenmenschliche Entfremdung

134 Dinges: Pest (Anm. 118), S. 95; Graus: Pest (Anm. 8), S. 377, 385. Unter den sieben Gründen, die der Kölner Rat anführt, befindet sich lediglich der Vorwurf der Brunnenvergiftung, der sich aber nicht notwendigerweise auf die Pest bezog; Anna-Dorothee von den Brincken (Hg.): Die Vertreibung der Juden aus Köln 1424. Die Stadt rechtfertigt sich vor dem König, 28. August 1431, in: Joachim Deeters/Johannes Helmrath in Zusammenarbeit mit Dorothee Rheker-Wunsch und Stefan Wunsch (Hg.): Quellen zur Geschichte der Stadt Köln, Bd. 2: Spätes Mittelalter und Frühe Neuzeit (1396–1794), Köln 1996, S. 69–74, hier S. 72.

135 Groten: Beschlüsse (Anm. 124), Nr. 225, S. 681; dazu Jankrift: Tod (Anm. 6), S. 17. Auch die Leprakranken standen seit dem »Schwarzen Tod« in Verdacht, die Pest zu verbreiten; zuvor hatte man ihnen ebenfalls Brunnenvergiftungen vorgeworfen; Graus: Pest (Anm. 8), S. 386.

im 16. Jahrhundert. Dürfte der Umgang mit der Furcht vor einer Ansteckung durch Familie, Freunde und Fremde auch höchst individuell gewesen sein, so scheint das Meiden gesellschaftlicher und sozialer Kontakte dennoch eine verbreitete Reaktion dargestellt zu haben – dies wiederum führte zu Beeinträchtigungen im verwandtschaftlichen wie professionellen Bereich. Ob es im Köln des 14. Jahrhunderts zu ähnlichen Verhaltensweisen kam, ist den überlieferten Quellen nicht zu entnehmen; ausgeschlossen scheint es indes nicht.[136]

136 Noch während des »Schwarzen Todes« schloss man mancherorts aus Alltagsbeobachtungen auf die Übertragbarkeit der Pest; Leven: Geschichte (Anm. 7), S. 24, 27. Auch das Meiden zwischenmenschlicher Kontakte ist bereits für das 14. Jahrhundert belegt, so etwa in Florenz; Norbert Ohler: Sterben und Tod im Mittelalter, München/Zürich 1990, S. 253.

Überregionale Netzwerke und Memoria

Die Kölner Benefactores der Kartause St. Margaretental zu Basel im 15. Jahrhundert

von Conradin von Planta

Der vorliegende Beitrag[1] steht in Verbindung mit der Edition des Wohltäterbuchs oder Liber benefactorum der Kartause St. Margaretental in Basel, die ich seit 2016 im Auftrag des Basler Kantonsarchivs bearbeite. Im Rahmen dieses Projekts ist – soweit wie möglich – auch die Identifizierung der Stifterinnen und Stifter vorgesehen, die im Basler Liber benefactorum verzeichnet sind. Eine entsprechende Prosopographie ist Teil des Editionsvorhabens.

Die Basler Kartause ist im Jahr 1401 von der Basler Patrizierfamilie Zybol gegründet worden und bestand – wie alle weiteren geistlichen Gemeinschaften Basels – bis 1529 (Abb. 1).[2] In jenem Jahr hob die protestantisch gewordene Stadt alle kirchlichen Kommunitäten innerhalb ihrer Mauern auf. Der erhaltene Liber benefactorum wurde seit den 1430er Jahren (Tätigkeit der Grundhand) für Schenkereinträge genutzt und enthält über 800 Namen. Insgesamt darf die Identifizierung von circa 500 Wohltäterinnen und Wohltätern erwartet werden. 33 Benefactores stammen aus Köln, deren Schenkungstätigkeit zu Beginn des 15. Jahrhunderts einsetzt und vor allem bis circa Mitte dieses Jahrhunderts fortgesetzt wird. Davon sind 23 identifiziert. Allerdings bedeutet »Identifizierung« nicht immer dasselbe. Manchmal lässt sich eine Person genau einordnen, man kann ihre Herkunft, ihre Lebensdaten, ihre Eltern, die Ehepartner und Kinder bestimmen sowie Ämter und Funktionen. Manchmal jedoch muss man sich mit einer Bestimmung bloß nach Herkunftsort (anstelle des Familiennamens) oder Stand begnügen. Und natürlich gibt es

1 Bei diesem Beitrag handelt es sich um einen überarbeiteten Vortragstext. Das Referat ist am 17. Juni 2019 im Rahmen des 2. Kolloquiums zur Kölner Geschichte an der Universität zu Köln gehalten worden. Den Organisatoren, PD Dr. Carla Meyer-Schlenkrich und Prof. Dr. Karl Ubl, sei hier für ihre Einladung gedankt.

2 Zur Geschichte von St. Margaretental Elsanne Gilomen Schenkel: Basel, St. Margarethental, in: Bernard Andenmatten (Hg.): Helvetia Sacra III/4: Les Chartreux en Suisse, Basel 2006, S. 57–86; Dies.: Die Kartause in Basel. Porträt eines städtischen Klosters, in: Heinz Krieg (Hg.): Kloster und Stadt am südlichen Oberrhein im späten Mittelalter und in der frühen Neuzeit, Schopfheim 2011, S. 140–153.

Abb. 1: Basel, Kartause, Klosterkirche mit Nebengebäuden, Ansicht von Nordosten (Repro: C. H. Baer, Die Kunstdenkmäler des Kantons Basel-Stadt, Band 3: Die Kirchen, Klöster und Kapellen, Erster Teil: St. Alban bis Kartause, Basel 1941, S. 537)

jene, zu denen überhaupt keine Angaben möglich sind. Außerdem gilt auch im 15. Jahrhundert die Regel, dass Personen höheren Standes leichter identifizierbar sind als solche aus bescheideneren Verhältnissen. Zu bedenken ist, dass gerade in städtischen Archiven für das Spätmittelalter neben Urkunden auch häufig reiches Aktenmaterial zur Verfügung stünde. Erwähnt seien am Kölner Stadtarchiv etwa die Schreinsbücher oder am Basler Staatsarchiv die inhaltlich vergleichbaren Handschriften des Gerichtsarchivs. Beide Quellengruppen enthalten zahlreiches Material zu Immobiliengeschäften im weiteren Sinn, Testamentseröffnungen und Besitzstreitigkeiten, die vor den Gerichten ihrer jeweiligen Heimatstadt getätigt beziehungsweise ausgetragen werden.[3] In beiden Archiven existieren aber keine Namensindizes zu diesen Reihen, sodass deren historische und/oder prosopographische Auswertung kaum realistisch

3 Für das Staatsarchiv Basel (künftig StABS) Rudolf Wackernagel: Repertorium des Staatsarchivs zu Basel, Basel 1904. Zu den Kölner Schreinsbüchern: Klaus Militzer: Die Kölner Schreinsbücher, in: GiK 56 (2009), S. 39–53.

scheint. Dieser Umstand führt ganz zweifellos zu Verlusten an Informationen, die aber aufgrund der geschilderten Quellenproblematik in Kauf genommen werden müssen. Gerade serielle Quellen bedürfen der Erschließung, bevor sie der Forschung gute Dienste leisten können.

1. *Strukturen des Gedenkens, Schenkens und der Buchführung in Basel und Köln*

Beschäftigt man sich mit der Rekonstruktion von Netzwerken geistlicher Gemeinschaften, geht man meistens von lokalen oder regionalen Verbindungen aus. Diese werden mitbestimmt durch Freundschafts- und Verwandtschaftskreise oder Klientelverhältnisse der Stifter und Donatoren. Die Zusammensetzung der Förderkreise einer kirchlichen Institution kann sich mittel- oder langfristig ändern,[4] bewegt sich aber nach diesem Bild stets im örtlichen und regionalen Umfeld der fraglichen Kommunität. Auch dieses Modell kann freilich je nach Herkunft der Donatoren wanken, denn Fürsten, Grafen und Herren können auch eine überregionale Schenkungstätigkeit entwickeln.[5] Auch die Forschung zum Kartäuserorden und seinen Häusern geht im Allgemeinen von dieser Prämisse aus.[6] Aber gerade Donationen über weite Distanz zeigen, dass diese

4 Das gilt etwa für die zu Recht etwas zurückgestutzte Rolle des adligen »Hausklosters«, das eben nicht zwingend generationenlang von »seiner« Stifterfamilie unterstützt werden muss. Treffende Schilderung von Forschungsstand und Sachverhalt bei Bettina Schöller: Muri und die Habsburger im Mittelalter, Zürich 2018, S. 95 ff. Allerdings schließt dieser Sachverhalt natürlich nicht aus, dass eine Adelsfamilie nach ihrer Abkehr von einer geistlichen Kommunität nicht eine andere unterstützt, die sich gleichfalls in ihrem Umfeld befindet.

5 Dazu allgemein Karl-Heinz Spiess: Liturgische Memoria und Herrschaftsrepräsentation im nichtfürstlichen Hochadel des Spätmittelalters, in: Werner Rösener (Hg.): Adelige und bürgerliche Erinnerungskulturen des Spätmittelalters und der Frühen Neuzeit, Göttingen 2000, S. 97–123. Auch St. Margaretental wird von hochadligen und fürstlichen Geschlechtern bedacht, die nicht aus seiner Region, dem Oberrhein, stammen; genannt seien die Häuser Wittelsbach, Württemberg, Nassau und Vinstingen.

6 Dazu etwa Roland Deigendesch: Die Kartause Güterstein. Geschichte, geistiges Leben und personales Umfeld, Leinfelden-Echterdingen 2001, S. 127–137; Ders.: Memoria bei den Kartäusern. Auswertungsmöglichkeiten kartäusischer Memorialquellen am Beispiel des Gütersteiner Anniversars (15.–16. Jahrhundert), in: Sönke Lorenz (Hg.): Bücher, Bibliotheken und Schriftkultur der Kartäuser, Stuttgart 2006, S. 269–287. Zur Kartause St. Barbara in Köln: Bruno Kammann: Die Kartause St. Barbara in Köln (1334 bis 1953). Kontinuität und Wandel, Köln 2010. Leider ist diese Arbeit in mehrfacher Hinsicht problematisch, was sich auch auf die hier untersuchte Fragestellung bezieht. Die Netzwerke von St. Barbara zu geistlichen wie weltlichen Kreisen sind kaum aufgearbeitet. Besser mindestens für Wohltäter aus der zünftisch-kommerziellen Elite Kölns im 15. Jahrhundert: Wolfgang Schmid: Bürgerschaft, Kirche und Kunst. Stiftungen an die Kölner Kartause (1450–1550), in: Werner Schäfke (Hg.): Die Kölner Kartause um 1500, Aufsatzband, Köln 1991, S. 390–425. Zu den niederländischen Kartausen s-Hertogenbosch und Utrecht: Geert Classens u. a. (Hg.): Domus prope Buscumducis. Bronnen voor de geschiedenis van het kartuizerklooster bij s-Hertogenbosch (1466–1641), Leuven 2016; Rolf de Weijert: Schenken, begraven, gedenken. Lekenmemoria in het Utrechtse kartuizerklooster Nieuwlicht

Faktoren nicht alleine ausschlaggebend sind, obgleich ihre wesentliche Rolle in der Geschichte einzelner geistlicher Gemeinschaften unbestreitbar bleibt. Das gilt grundsätzlich auch für St. Margaretental. Die Kölner Schenkungen an dieses Kloster ändern jedoch das gängige Bild der Förderung einer geistlichen Gemeinschaft in ihrem lokalen und regionalen Milieu. Die überregionale Schenkergruppe aus Köln bleibt übrigens nicht allein. Eine weitere findet sich mit zehn Donatorinnen und Donatoren beispielsweise in Mainz, wo ebenfalls eine Kartause besteht. Eine dritte lässt sich mit 14 Personen in Straßburg nachweisen. Die Straßburger Benefactores könnten an sich eher zum regionalen Umfeld von St. Margaretental gehören als ihre Pendants aus Köln oder Mainz. Es wird sich aber zeigen, dass die Straßburger Wohltäter von St. Margaretental in den hier maßgeblichen Zusammenhängen nicht ignoriert werden dürfen. Hier gilt es, den Gründen nachzugehen.

Die 33 Kölner Benefactores gehören zur Gebetsgemeinschaft von St. Margaretental. Die Kartäuser unterscheiden zwischen sogenannten »maiores benefactores« und »minores benefactores«. Erstere erhalten einen Eintrag ins Jahrzeitbuch der fraglichen Kartause und damit eine individuelle Kommemoration.[7] Die Kartäuser kennen drei Grade für das individuelle Totengedenken, nämlich »plenus monachatus« (Totenmesse mit Trikenar und Psalmen), »monachatus« (Totenmesse mit Trikenar, ohne Psalmen) und das Anniversar (Totenmesse), doch die beiden ersten sind eher, wenn auch nicht ausschließlich den eigenen Ordensangehörigen vorbehalten. Weltliche sowie geistliche, aber nicht dem Kartäuserorden angehörende Wohltäter erhalten normalerweise ein Anniversar. Die minores benefactores werden über kumulative beziehungsweise kollektive Fürbitten kommemoriert. Nur wenige erhalten ein individuelles Trikenar. Diese an 30 aufeinander folgenden Tagen abzuhaltende Totenmesse wird nur einmal oder bestenfalls mehrfach begangen, bloß in extremen Ausnahmen während unbegrenzter Zeit. Die minores benefactores werden nicht ins Jahrzeitbuch

(1391–1500), Diss. Utrecht 2015. Am Oberrhein (in Ergänzung zur vorigen Anm.): Heinz Krieg/Frank Löbbecke/Katharina Ungerer-Heuck (Hg.): Die Kartause St. Johannisberg in Freiburg im Breisgau. Historische und baugeschichtliche Untersuchungen, Freiburg im Breisgau 2014. In breiterem Rahmen wichtig die Beiträge in Sylvain Excoffon (Hg.): Les Chartreux et les Élites XIIe–XVe siècles, St. Étienne 2013. Von unterschiedlicher Qualität sind schließlich mehrere in den Analecta Cartusiana erschienene Arbeiten zu einzelnen Ordenshäusern, wenigstens in Bezug auf deren geistliches und weltliches Umfeld, vgl. Harald Goder: Die Kartause zum Vogelsang bei Jülich, Bd. 1, Salzburg 2000; Pierre Jacques Le Seigneur: La Chartreuse des Écouges, Salzburg 2005; Ders.: L'Ordre des Chartreux dans le Diocèse de Gap, Salzburg 2004.

7 Zum Gedenkwesen der Kartäuser überwiegend vom liturgischen Standpunkt aus künftig Conradin von Planta: Beobachtungen zum spätmittelalterlichen Totengedenken der Kartäuser am Beispiel der Kartausen von Basel und Köln, in: Meta Niederkorn-Bruck/Gottfried Glassner: 600 Jahre Melker Reform (im Druck).

eingetragen, was dazu führt, dass ihre Namenspräsenz bei den kollektiven Fürbitten unvollständig sein kann. Diese Unterscheidung der kartäusischen Wohltäter ist für die Erforschung der Netzwerke einzelner Kartausen wesentlich.

Kartäusische Libri benefactorum sind uneinheitlich strukturiert. Im Basler Liber benefactorum nahmen, abgesehen von der Grundhand, die folgenden Hände mehr oder weniger sukzessive ihre Einträge vor, also meistens ungefähr zum Zeitpunkt der fraglichen Donationen (Abb. 2). Der als Kalendarium strukturierte Liber benefactorum von St. Margaretental weist postume oder zu Lebzeiten der Stifter verfasste Traditionsnotizen sowie nekrologische Einträge auf. Denn Libri benefactorum, die wie der jener von St. Margaretental kollektiven Fürbitten für die lebenden und toten minores und maiores benefactores zugrunde liegen, sind in Bezug auf die Einträge verstorbener und lebender Stifter oft unvollständig. Lückenhaft sind vor allem die nekrologischen Einträge. Allerdings könnten die postumen und wohl auch die ursprünglich zu Lebzeiten der fraglichen Stifter angebrachten Traditionsnotizen für die Namenspräsenz der betreffenden Verstorbenen in die Bresche springen. Denn bei kollektiven Fürbitten werden die Sterbedaten der in den Akt einbezogenen Personen nicht benötigt. Da der Liber benefactorum und das Jahrzeitbuch von St. Margaretental aus der Mitte des 15. Jahrhunderts dessen relativ kurze Existenz von 1401 bis 1529 zeitlich weitgehend abdecken, besitzt St. Margaretental eine ungewöhnlich reiche und vollständige Dokumentation seiner Wohltäter. Nicht so die Kölner Kartause St. Barbara: Sie verfügt zwar ebenfalls über einen Liber benefactorum aus dem 15. Jahrhundert (verfasst in zwei Bänden um 1460 von einem einzigen Schreiber), der in einem Zug entstanden ist. Ein erster Band enthält die Wohltäter von St. Barbara zwischen 1335 (Gründungsjahr St. Barbara) und 1400, ein zweiter jene von 1400 bis circa 1460.[8] Doch verzeichnet dieser nicht kalendarisch aufgebaute Liber benefactorum nur die maiores benefactores. Dafür steht die Höhe der verzeichneten Schenkungen, deren Mindestbeträge – bei den sehr häufigen Geldstiftungen – durchwegs im niedrigen zweistelligen Bereich liegen. Das entspricht dem auch in St. Margaretental üblichen Limit für eine individuelle Jahrzeit, die auch hier bei etwa zehn Gulden liegt, allerdings sicherlich in gewissem Rahmen variabel ist. Außerdem liegt der Liber benefactorum von St. Barbara der Präsenz der Namen der im »Officium mensis« kommemorierten Stifter zugrunde.

8 HAStK, Kartäuser, RH 9 und 10. Die Einsicht in die Originale der beiden Handschriften ist derzeit nicht möglich. Es stehen digitalisierte Mikrofilme zur Verfügung, auf denen somit beruhen muss, was hier zum Kölner Liber benefactorum gesagt wird. Zu den beiden Bänden: Kammann: St. Barbara (Anm. 6), S. 16f. Leider hat Kammann aber weder erkannt, dass die beiden Bände des Kölner Liber benefactorum zusammengehören, noch dass sie in die Mitte des 15. Jahrhunderts gehören.

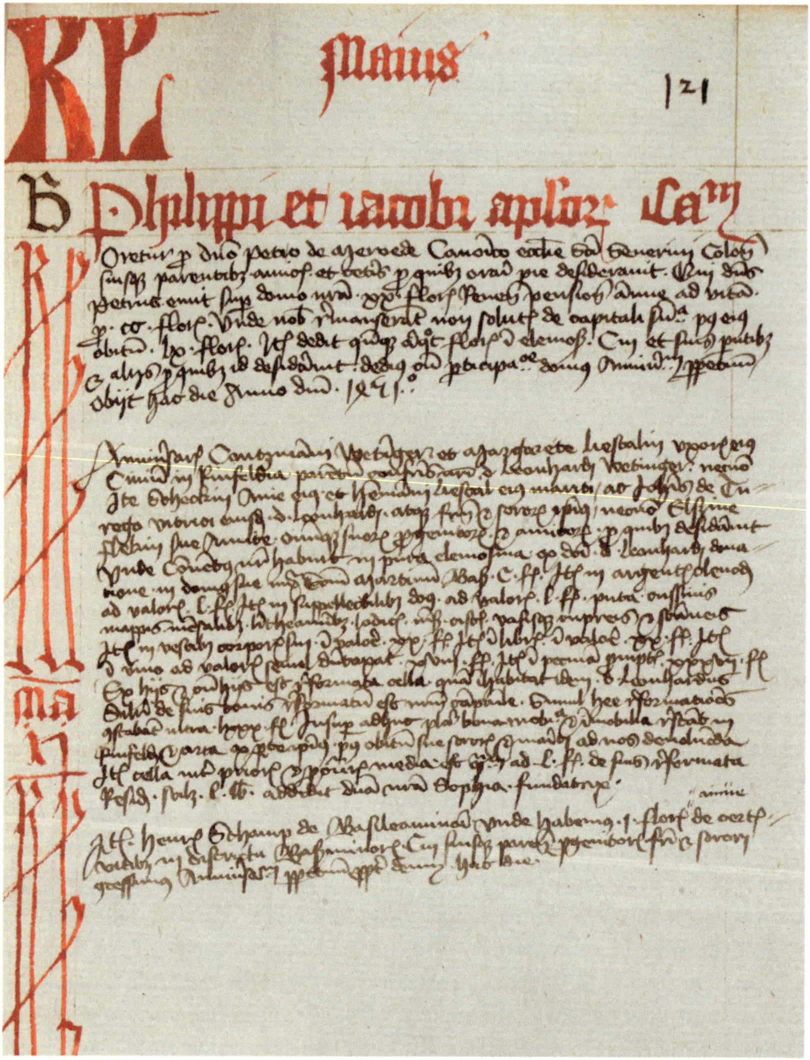

Abb. 2: Basel, Kartause, Liber benefactorum, 15.–16. Jahrhundert, fol. 121r, Seite zum 1. Mai.. Staatsarchiv Basel-Stadt, Klosterarchiv Kartaus L (Foto: Staatsarchiv Basel-Stadt)

Das Officium mensis ist eine jeweils zu Monatsbeginn im Konventsgottesdienst abzuhaltende Totenmesse und dient der Fürbitte für die maiores benefactores. Hinzu kommen im Kölner Liber benefactorum nach Monaten geordnete Listen ausgewählter maiores benefactores, deren Namen in der Konventsmesse aller

Sonntage des fraglichen Monats vorgelesen werden müssen. Die minores benefactores fehlen im Kölner Liber benefactorum fast gänzlich. Sie werden bloß einmal beim Einbezug in eine kollektive Totenmesse summarisch genannt. Die Libri benefactorum von St. Margaretental und St. Barbara teilen eine Gemeinsamkeit: Die eingetragenen Stifternamen liegen dem kollektiven Totengedenken ihres jeweiligen Klosters oder mindestens Teilen davon zugrunde; in St. Barbara für die maiores benefactores, in St. Margaretental für die minores und maiores benefactores. Kannte die liturgische Memoria der Kartäuser eine Aufgabenteilung zwischen Jahrzeitbüchern und Libri benefactorum? Erstere hätten der individuellen Kommemoration, letztere der kollektiven Fürbitte gedient. Der Befund in St. Margaretental und St. Barbara spricht dafür. Man kann daraus ableiten, dass im Prinzip auch Libri benefactores ohne kalendarische Ordnung kollektiven Fürbitten für Lebende und Tote zugrunde liegen konnten. Ob und wieweit dies der Fall war, ist eine Frage, die gelöst werden muss, wenn man sich näher mit den Methoden kartäusischer Memoria beschäftigen will. Weitere Forschungen hätten dann zu zeigen, ob diese Praktiken charakteristisch für die Kartäuser waren oder von anderen Orden ebenfalls angewandt wurden. Es handelt sich also um die Problematik mehr oder weniger ordensspezifischer Formen der Fürbitte für Lebende und Tote sowie solcher, die mehrere Orden teilten. Diese für das Hochmittelalter weniger bedeutende Frage prägt die Untersuchung des liturgischen Gedenkens an lebende und tote Benefactores in Spätmittelalter und früher Neuzeit mit. Dennoch ist sie bisher nur wenig untersucht. Dieser Umstand unterstreicht, dass die Forschung diesbezüglich erst am Anfang steht. Ein Anniversar und eine anders geartete Fürbitte müssen freilich nicht zwingend auf eine konkrete Schenkung dessen zurückgehen, für den gebetet wird. Sie kann auch Ausdruck der Dankbarkeit für andere Gefallen oder Hilfeleistungen sein.[9] So oder so machen diese Überlegungen deutlich, welche Bedeutung im Spätmittelalter einem differenzierten Memorialwesen zukam.

9 Als Beispiel sei hier folgender Eintrag genannt: StABS, KA Kartaus L, fol. 365r: Eine Gebetsfürbitte für Mitglieder der Kanzlei Kaiser Sigismunds: Dies sind der Kanzler Kaspar Schlick sowie die drei Notare Marquart Brisacher aus Konstanz, Kanoniker des Grossmünsters in Zürich, Peter Kalde, Propst des Kollegiatstifts Nordhausen, und Hermann Hecht. Zu allen vier künftig die Stifterprosopographie von St. Margaretental. Als minores benefactores werden alle vier in die kollektive Fürbitte von St. Margaretental aufgenommen. In den Jahrzeitbüchern des Klosters fehlen sie dementsprechend. Die Notiz stammt von einer Hand circa aus der Mitte des 15. Jahrhunderts. Der Schreiber verweist auf die Ausstellung eines Schutzprivilegs Kaiser Sigismunds für St. Margaretental, das offenbar der Grund für die Aufnahme der vier erwähnten Personen ins die Gebetsfürbitte des Klosters darstellt. Die fragliche Urkunde ist im ehemaligen Archiv von St. Margaretental erhalten: StABS, KA Kartaus, Urk. Nr. 128 vom 1. Mai 1434, mit Kanzleivermerken für Kaspar Schlick und Marquart Brisacher. Die Hand des Eintrags auf fol. 365r trägt auf dieser Seite ebenfalls Kaiser Sigismund ein sowie auf fol. 369r den Basler Ritter und Politiker Henmann Offenburg, der für das genannte Privileg

2. *Die Kölner Benefactores*

Stand und Rang der Kölner Benefactores spiegeln wohl die Verdrängungsprozesse innerhalb der Kölner Elite während des 15. Jahrhunderts wider. Von den 33 Kölner Wohltätern von St. Margaretental sind 23 identifizierbar. 15 Schenker sind maiores benefactores, die man also in den beiden erhaltenen Jahrzeitbüchern von St. Margaretental wiederfindet. Zehn davon sind identifizierbar. Die 18 übrigen dagegen fallen unter die minores benefactores. Im Liber benefactorum von St. Margaretental entspräche dieses Zahlenverhältnis in etwa der allgemeinen Relation zwischen den maiores und minores benefactores. Von den 23 identifizierten Wohltätern kommen neun aus der kommerziell-zünftischen Führungsschicht Kölns, wobei alle weltlichen Standes sind.[10] Fünf davon sind maiores benefactores. Nur drei weitere Schenker sind patrizischer (Köln), zwei niederadliger sowie einer großbäuerlich-niederadliger Abkunft.[11] Unter jenen sechs Donatoren erscheinen drei maiores benefactores, wobei drei dieser Personen geistlichen Standes sind. Die übrigen sieben identifizierten Benefactores sind überwiegend Kölner Kanoniker, deren geistliche Ämter zwar ermittelt werden können, nicht aber ihr Stand beziehungsweise ihre familiäre Herkunft.[12] Zwei von ihnen sind maiores benefactores.

als Interzessor am Hof des Kaisers auftrat. Alle Einträge sind in identischer Tinte, also in einem Zug gemacht worden. Dieser Umstand belegt, dass der Schreiber bewusst alle hier relevanten Personen gleichzeitig im Liber benefactorum verewigen wollte.

10 Dies sind folgende Personen: StABS, KA Kartaus G: 1. Gerwin Brekelvelde, fol. 15r, Kölner Bürger, Status offen; 2. Johannes von Gemenich (= Gymnich), Kölner Bürger, minor benefactor, fol. 110r; 3. Das Ehepaar Druda und Martin Moneck, fol. 141r, Kölner Bürger, Status offen; 4. Henricus Heilmann, fol. 148r, Kölner Bürger, maior benefactor; 5. Patze de Ulnbrucke, fol. 156r, Kölner Bürgerin, Status offen; 6. Adolf Bruwer, Bürgermeister Kölns 1415/16, fol. 180r, maior benefactor; 7. Rotgerus Kotlo, fol. 183r, Kölner Bürger, maior benefactor; 8. Ehefrau des Abel von der Lynden, ohne Vornamensnennung, fol. 343r, maior benefactrix; 9. Iohannes Pot, fol. 369r, Kölner Bürger, maior benefactor. Für Nr. 1, 3 und 5 ist aus verschiedenen Gründen unklar, ob sie in St. Margaretental als minores oder maiores benefactores galten. Gewisse Unklarheiten bestehen auch für die in den beiden folgenden Anmerkungen aufgezählten Personen. Für alle Kölner Benefactores von St. Margaretental sei hier allgemein auf die künftige Stifterprosopographie verwiesen.

11 Dies sind folgende Personen: 1. Ritter Hermann Scherfgin, fol. 54r, minor benefactor; 2. Conrad Ludikinck, fol. 110r, Kanoniker, minor benefactor; 3. Petrus von Merode, fol. 121r, Kanoniker, maior benefactor; 4. Bruno von der Arken, fol. 183r, Mönch von St. Barbara, minor benefactor; 5. Schöffe Heinrich Jude, fol. 230r, maior benefactor; 6. Junker Udo Boeze, fol. 306r, maior benefactor. Die Familien Scherfgin, Jude und von der Arken sind Kölner Patrizierfamilien, die Merode ein Niederadelsgeschlecht aus der Umgebung. Udo Boeze ist aus den Niederlanden »zugewandert«.

12 Dies sind folgende Personen: 1. Adelheid de Wichterich, fol. 5v, minor benefactrix; 2. Johannes Widenroid, fol. 7r, Kanoniker, maior benefactor; 3. Gottfried de Dorsten, fol. 108r, Kanoniker, minor benefactor; 4. Iohannes de Sechten, fol. 141r, minor benefactor; 5. Bertramus de Dursten, fol. 156r, Mönch in St. Barbara, Status unklar; 6. Iohannes Helmich, fol. 245r, Kanoniker, maior benefactor; 7. Hermann Wydelerse, fol. 248r, Kanoniker, Status unbekannt.

Die Emanzipation der Zünfte in der spätmittelalterlichen Stadt markiert den politischen und sozialen Aufstieg der führenden Familien aus diesem Milieu, die je nachdem mit den Geschlechtern der älteren Elite (Niederadel und Patriziat) kooperieren oder rivalisieren. Es handelt um einen Verdrängungsprozess, der Niederadel und Patriziat langfristig aus Rat und städtischen Ämtern vertreibt. Köln und Basel erleben diese Entwicklung wie andere Städte im Reich, wobei in Basel Familien aus der neuen zünftisch-gewerblichen Elite im 15. Jahrhundert durchaus ins Patriziat aufgenommen werden.[13] Die Verschiebungen innerhalb der Netzwerke zwischen städtischen geistlichen Gemeinschaften und den Eliten ihrer Heimatorte sind eine Folge dieses Umschwungs. Die Attraktivität städtischer Kartausen für aus kommerziell-zünftischem Milieu aufstrebende Geschlechter ist ein überregionales Phänomen, das auch für St. Margaretental gilt. Auch hier stehen aufstrebende Familien aus zünftisch-gewerblichem Milieu neben dem Basler Patriziat sowie dem in Basel selbst oder dessen Umgebung ansässigen Ritteradel. Für St. Barbara selbst ist gezeigt worden, in welchem Umfang aufsteigende Kölner Geschlechter des 15. Jahrhunderts aus dem zünftisch-gewerblichen Milieu die Kartause ihrer Heimatstadt begünstigten.[14] Sie ersetzen in diesem Sinn Niederadel und Patriziat und treten als neue Hauptgönner von St. Barbara gewissermassen die Nachfolge der alten Eliten an. In bescheidenerem Ausmaß gilt diese Feststellung auch für das ferne St. Margaretental, wenn man die oben genannten Relationen zu Rate zieht. In Basel gelingt es Ritteradel und Patriziat, sich bis ins 15. Jahrhundert zu behaupten, das heißt etwas länger als ihre Kölner Standesgenossen.[15] Die durchaus bedeutende Schenkungstätigkeit beider Gruppen an St. Margaretental ist ein Spiegel dieser politisch-sozialen Entwicklung.[16]

13 In Basel gibt im Spätmittelalter die sogenannte »Handfeste« von 1337 die städtische Verfassungsordnung vor: Ritteradel und Patriziat (in Basel »Achtburger«) verfügen über je vier beziehungsweise acht Sitze im Rat, während der Ritteradel den Bürgermeister stellt. Die »Achtburger« sind korporativ in mehreren Trinkstuben organisiert, die unter dem Begriff »Hohe Stube« subsumiert werden. Entscheidend für den Rang eines Achtburgers ist die Aufnahme in die Hohe Stube, die im 15. Jahrhundert auch mehreren Wohltäterfamilien von St. Margaretental gelingt (dazu die künftige Stifterprosopographie).

14 Vgl. Schmid: Bürgerschaft (Anm. 6), S. 391–406 sowie S, 415 f. Schmid beschränkt sich auf das 15. Jahrhundert. Das patrizische Regiment Kölns wurde 1396 gestürzt. Davor wurde die 1335 gegründete Kölner Kartause durchaus von Adel und Patriziat mit Stiftungen bedacht, wie die Durchsicht der Schenkerlisten bei Kammann: St. Barbara (Anm. 6), S. 116–122 zeigt. Leider hat Kammann selbst seine Aufstellung kaum sozialgeschichtlich ausgewertet.

15 Die Forschungslage zur oben dargestellten Thematik ist für Basel eher dürftig. Eine Klärung ist im Rahmen der derzeit laufenden Basler Stadtgeschichte zu erwarten.

16 Darüber wird die zukünftige Stifterprosopographie Auskunft geben. Die für St. Margaretental stiftenden Niederadligen stammen meistens aus dem Umkreis des Fürstbischofs von Basel, in dessen Diensten oft genug auch Patrizier stehen. An aus der Region bekannteren Geschlechtern seien hier genannt: Niederadel: Eptingen, Bärenfels, Reich von Reichenstein und Münch. Patrizier: Laufen, Rot, Sürlin (alles alte Familien des Patriziats, die seit dem 13. Jahrhundert im Basler Rat sitzen). Wie in Anm. 12 ausgeführt, müssen hier »alte« und »neue« Patrizierfamilien

Die Schenkungen der 33 Kölnerinnen und Kölner erfolgen überwiegend in Geld, viel seltener in Objekten wie Bücher oder Ähnlichem. Grundbesitz ist nicht dabei, was auch bei anderen Schenkungen aus der Ferne der Fall ist. Andererseits überwiegen im Verhältnis zu Grundbesitz während des 15. Jahrhunderts Donationen in Form von Geld oder Geldrenten auch innerhalb des lokalen und regionalen Umfelds einzelner Kartausen. Es ist zu Recht beobachtet worden, dass in diesem Säkulum der Erwerb von Grundbesitz durch die Kartäuser oft durch deren eigene Investitionen stattfindet, nicht mehr durch Schenkungen.

Unter den 23 identifizierten Kölner Wohltätern befinden sich sieben Geistliche. Sechs davon sind Kanoniker an diversen Stiften der Stadt, wobei zwei sicher niederadligem oder niederadlig-großbäuerlichem Milieu entstammen.[17] Der einzige Nichtkanoniker ist ein Kartäuser von St. Barbara von patrizischer Herkunft namens Bruno von der Arken. Die genaue Herkunft der übrigen vier Kanoniker ist schwieriger feststellbar, sie dürften aber weder aus der zünftisch-kommerziellen Elite noch aus dem Patriziat oder dem Ritteradel Kölns kommen. Insgesamt dominieren also die Laien eindeutig. Die gegenüber Kanonikern schwächere Präsenz von Ordensleuten entspricht wohl den allgemeineren Verhältnissen bei Wohltätern geistlicher Gemeinschaften.

Neun der 33 Kölner Benefactores von St. Margaretental bleiben gänzlich unbekannt. Die Erfahrungswerte der Prosopographie für das Spätmittelalter zeigen freilich, dass unidentifizierbare Personen tendenziell eher nicht den Eliten angehören. Andererseits stehen Gruppen wie Patriziat, Niederadel und zünftische Elite am Rand der Führungsschichten. Hinzu kommt die Mobilität der im 15. Jahrhundert aufsteigenden städtischen und ländlichen Eliten. Dennoch sind die geschilderten Zahlenverhältnisse unter den Kölner Wohltätern von St. Margaretental aufgrund der grob skizzierten Entwicklung der städtischen Führungsschichten wohl kein Zufall (Abb. 3).

Zu den Kölner Benefactores von St. Margaretental gehören auch Frauen. Von den 33 Kölner Schenkern und Schenkerinnen sind sechs Frauen. Häufig sind Wohltäterinnen von außerhalb des Hochadels oder eventuell aus prominenten Ritteradelsfamilien in den zeitgenössischen Quellen aber nicht wirklich fassbar. Das ist auch im vorliegenden Fall nicht anders und trifft auf fünf der sechs erwähnten Donatorinnen zu.[18] Einmal verhindert der Ehemann laut

unterschieden werden, da vor allem im 15. Jahrhundert diverse Geschlechter aus der neuen zünftischen Führungsschicht patrizischen Rang anstreben und erreichen.

17 Petrus von Merode und Conrad Ludikinck.

18 »Adelheyd de Wichterich« (vielleicht aus Wichterich, einem Ort bei Zülpich in der Voreifel) sowie »Adelheyd de Essen« und »Mella Slipers«, die Schwestern sind und gemeinsam als Donatorinnen auftreten: StABS, KA Kartaus L, fol. 5v zum 5. Januar und 305r zum 26. Oktober.

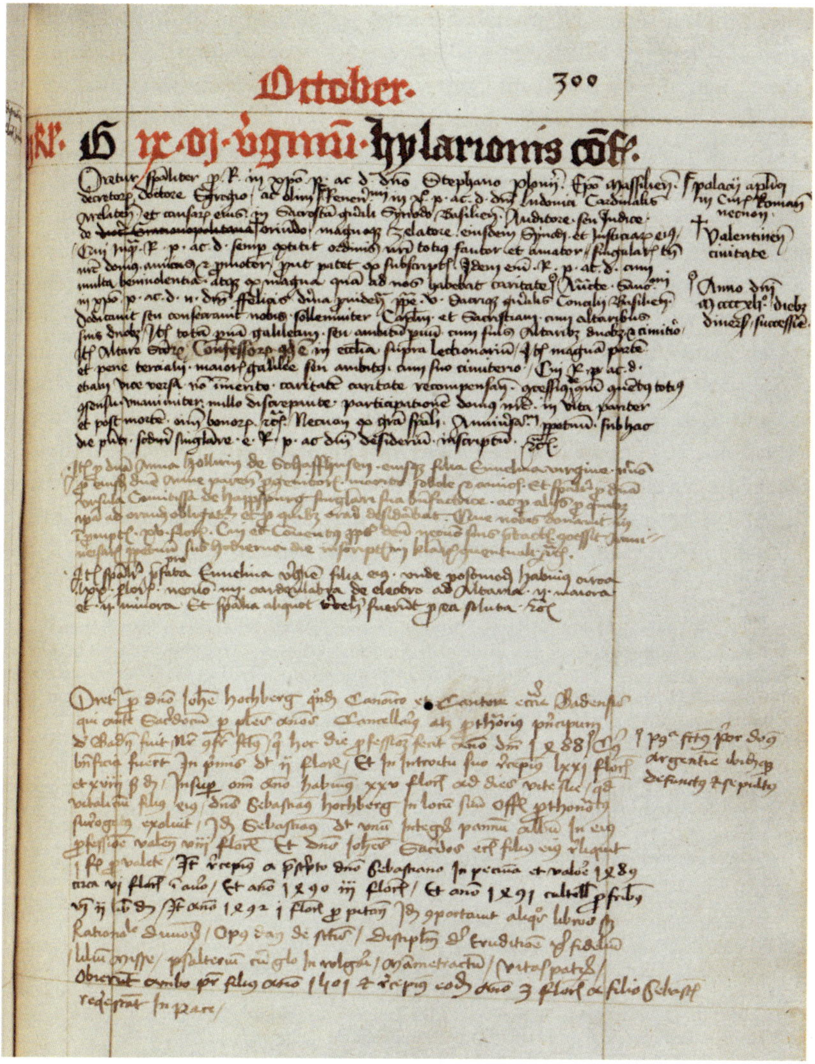

Abb. 3: Basel, Kartause, Liber benefactorum, 15.–16. Jahrhundert, fol. 300r, Seite zum 21. Oktober. Staatsarchiv Basel-Stadt, Klosterarchiv Kartaus L (Foto: Staatsarchiv Basel-Stadt)

Liber benefactorum eine große Schenkung seiner Frau an St. Margaretental.[19] In einem weiteren Fall tätigt die Witwe eines prominenten Kölner Bürgers eine Schenkung zu ihrem und ihres verstorbenen Gatten Seelenheil, ohne dass der Liber benefactorum ihren Namen nennt.[20] Auch die Jahrzeitbücher nennen den Namen dieser Benefactrix nicht.[21] Eine der sechs Kölner Wohltäterinnen von St. Margaretental ist dagegen mehrfach bezeugt: Es handelt sich um »Patze van Ulenbroich van Struysse«, eine Bürgerin Kölns. Patze, die in den Basler Liber benefactorum von dessen Grundhand eingeschrieben wird, macht eine nicht unbeträchtliche Schenkung von 50 Gulden und wäre damit eigentlich eine maior benefactrix, der eine Jahrzeit zustünde.[22] Doch fehlt sie in den Jahrzeitbüchern von St. Margaretental. Die Gründe hierzu sind nicht klar. Patze erscheint in Köln zwischen 1396 und 1408 als bedeutende Händlerin und Kreditgeberin, die in grösserem Ausmaß Handel treibt und Geld verleiht. Patze ist – zumindest nach dem im Rahmen meiner Arbeit ermittelten Quellen – als Handelspartnerin Wilhelms II., Graf von Berg und Ravensberg, ab 1380 Herzog von Berg, aktiv.[23] Weitere Kontakte bestehen zu Wilhelms II. Sohn Adolf VII., der 1408 seinem Vater als Herzog von Berg nachfolgte.[24] Sie

19 StABS, KA Kartaus L, fol. 141r zum 20. Mai »Domina Druda Monekes tzu der Groben Coloniensis, Martinus Moneck, maritus eiusdem domine«. Eintrag Arnoldis, der auch berichtet, Drudas Absicht, St. Margaretental mit 500 (!) Gulden zu stiften, sei am Widerspruch ihres Ehemanns Martin gescheitert. Die beiden fehlen in den Jahrzeitbüchern von St. Margaretental. Martin Moneck (Mönch) gehört zur zünftischen Führungsschicht Kölns. Dazu künftig die Stifterprosopographie.

20 StABS, KA Kartaus, L, fol. 343r zum 3. Dezember »Uxor cuiusdam civis Coloniensis dicti Abel von der Lynden« (Arnoldi). Auch die Identifikation des Ehemanns ist nicht ganz klar. Im Köln des früheren 15. Jahrhunderts sind zwei Abel von der Linden bezeugt. Beide zählen zur zünftischen Führungsschicht. Der erste ist der vor dem 27. Oktober 1414 verstorbene Kölner Rentmeister A. v. d. L.; HAStK, Briefbücher 20A/A5, fol. 88b vom 27. Oktober 1414: Leumundszeugnis für den † Kölner Rentmeister A. v. d. L. Ein weiterer A. v. d. L. ist 1416 als Kölner Ratsherr bezeugt; Joachim Deeters (Hg.): Rat und Bürgermeister in Köln 1396–1797. Ein Verzeichnis, in: Mitteilungen aus dem Stadtarchiv von Köln 99 (2013), S. 252.

21 StABS, KA Kartaus M, fol. 37v zum 2. Dezember, fol. 37v (wieder Arnoldi) »Legitima conthoralis relicta honesti viri Abel van der Linden, civis Coloniensis«.

22 StABS, KA Kartaus L, fol. 156r zum 4. Juni »Pro domina Patze de Ulnbrucke Coloniensis monetam L florenos (sic) habuimus«. Eine Schenkungsurkunde ist nicht erhalten. Zu Patze künftig die Prosopographie der Wohltäter von St. Margaretental.

23 Wilhelm II., 1360–1380 Graf von Berg und Ravensberg, 1380 Herzog von Berg, † 1408: Patze liefert dem Herzog 1396 Tuch und Kleiderstoff für 1.027 Gulden und erscheint im gleichen Jahr als Darlehensgeberin des Fürsten für 800 Gulden: HAStK, Armenverwaltung (künftig: AV), U2/1598 vom 22. Dezember 1396 und AV, U1/1597 vom 21. Juni 1396.

24 Adolf VII. von Jülich und Berg, 1408 Herzog von Berg, 1423 Herzog von Jülich, † 1437. Verkauf von Kleiderstoff und Wolle 1397 und 1403: HAStK, AV, U1/1599 vom 27. Februar 1397 und AV, U1/1603 vom 13. November 1403. In letzterem Jahr schuldet Adolf von Berg Patze 1507 Gulden für die Lieferung von Seide, Tuch, Kleiderstoff und Barchent. 1408 schuldet der Herzog Patze 2.440 Gulden, die in Raten aus dem Zoll von Düsseldorf bezahlt werden müssen: HAStK, AV, U3/1609 vom 26. Juli 1408. Weitere Geschäfte zwischen den beiden sind 1405 belegbar: HAStK, AV, U1/1608 vom 13. Juni 1405.

beliefert das Fürstenhaus in grösserem Ausmaß mit Textilien, wobei dieses Patze 1408 weit über 2.000 rheinische Gulden schuldet. 1396 ist Patze auch Gläubigerin des Herzogs Wilhelm II. von Berg für 800 Gulden. Sie besitzt ein eigenes Siegel, ist also rechtlich handlungsfähig beziehungsweise geschäftsfähig.[25] Die diversen urkundlichen Nennungen Patzes weisen sie nie als Witwe aus. Allerdings ist das Führen eines eigenen Siegels in den rheinischen Städten von Frauen nicht zwingend auf Witwen begrenzt.[26] Rein wirtschaftlich betrachtet gehört Patze zur im 15. Jahrhundert aufsteigenden Kölner Elite bürgerlicher Provenienz. Patze ist 1409 verstorben und in St. Barbara neben der Zelle des Sakristans beigesetzt worden, wie die Chronik von St. Barbara meldet.[27] Patze gehört damit zu den frühesten bekannten Wohltäterinnen und Wohltätern von St. Margaretental. Sie ist damit auch eine wichtige Zeugin für die frühen Beziehungen zwischen St. Barbara und St. Margaretental in den Jahren unmittelbar nach der Gründung der Basler Kartause.

Das personengeschichtliche Material zu den Benefactores von St. Margaretental zeigt, dass auch Donatorinnen eine Schenkungstradition ihrer Familie an dieselbe geistliche Kommunität begründen können, die mehrere Generationen dauert. Dafür stehen im Fall von St. Margaretental vor allem die Herren von Eptingen, ein Niederadelsfamilie aus dem Umkreis der Basler Fürstbischöfe. Die Eptinger Donationen enden, soweit nachvollziehbar, 1511, also nur 18 Jahre vor dem Untergang von St. Margaretental. Die ersten Wohltäterinnen sind die beiden Schwestern Agnes († 1430) und Adelheid († 1442) von Eptingen.[28] Erstere ist die Gemahlin des Burkard Zibol, des Sohnes des Stifters von St. Margaretental, Jakob Zibol. Die Stiftung von 1511 kommt von Elsa von Eptingen, deren Sterbejahr unbekannt ist.[29] Zwischen diesen drei Schenkerinnen erscheinen sieben weitere Angehörige der Eptinger als Benefactrices oder Benefactores von St. Margaretental.[30] Auffälligerweise befindet sich darunter nur ein Mann, der um 1500 verstorbene Ludwig von Eptingen.[31] Frauen können also ebenfalls eine

25 Vgl. dazu Andrea Stieldorf: Die Siegel bürgerlicher Frauen in rheinischen Städten, in: GiK 48 (2001), S. 45–85. Patze ist als siegelführende Frau auf S. 81 erwähnt.
26 Ebd.
27 HAStK, GA, 136a, p. 85/86, »Petze de Ulenbrock sepulta iuxta cellam sacriste dedit casulam pretiosam, 5 antipendia serica et 200 florenos Rhenenses«.
28 Zu beiden die künftige Stifterprosopographie von St. Margaretental. Adelheid hat insgesamt Jahreszinse von 30 Gulden an die Kartäuser gestiftet, das heißt ein Kapital von circa 600 Gulden, vgl. dazu StABS, KA Kartaus L, fol. 1r.
29 Notiz zu Elsa von Eptingen: StABS, KA Kartaus L, fol. 1r. Zu ihr die künftige Stifterprosopographie.
30 Zu diesen Personen die künftige Stifterprosopographie von St. Margaretental.
31 StABS, KA Kartaus L, fol. 200r. Zu ihm die künftige Stifterprosopographie von St. Margaretental.

langfristige Schenkungstradition ihrer agnatischen Familie begründen. Dafür steht die Verbindung zwischen den Herren von Eptingen und St. Margaretental. Eine Erforschung dieses Phänomens im Rahmen mittelalterlich-frühneuzeitlicher Stiftungen in breiterem Rahmen wäre wünschenswert.

3. Von Köln nach Basel: Netzwerke der Kartausen und der Memoria

Welche Gründe verbinden die Kölner Benefactores mit dem fernen St. Margaretental? Man könnte sich fragen, ob die Zentralisierung mancher Orden wie der Kartäuser eine Rolle spielt. Wie bei anderen Orden ist deren oberstes Entscheidungsgremium das Generalkapitel, das heißt die jährliche Versammlung aller Prioren. Betrachtet man einzelne Kartausen, deren Geschichte und Netzwerke gut untersucht sind, spricht die in aller Regel wie bei anderen Ordensniederlassungen vorhandene Einbettung in lokale und regionale Beziehungsfelder eher dagegen. Diese Feststellung steht aber unter dem Vorbehalt, dass die lückenhafte Forschung einen allgemeinen Überblick erschwert.

Allerdings darf man die Bindungen einzelner Kartäuserkloster unter sich nicht außer Acht lassen. Hier gibt es für St. Margaretental frühe Hinweise. Ein Anniversar für die »fratres« von St. Barbara ist für den 6. Juli im Jahrzeitbuch M belegt.[32] Der Eintrag stammt von Heinrich Arnoldi (Prior von St. Margaretental 1450–1480), der Grundhand dieses Jahrzeitbuchs, und scheint aufgrund der Tintenwechsel und der Stellung am Anfang der Notizen Arnoldis zum 6. Juli zum Grundstock der nekrologischen Notizen Arnoldis in M zu gehören. Demnach hätte es sich also um einen Eintrag gehandelt, der ziemlich sicher bereits in der Vorlage Arnoldis, einem heute verlorenen Jahrzeitbuch, stand. Diese Vermutung wird bestätigt durch einen Eintrag in den Basler Liber benefactorum zum 30. Juni, in dem gleichfalls von dieser Jahrzeit die Rede ist.[33] Diese Traditionsnotiz des Basler Liber benefactorum stammt von der Grundhand, die in den 1430er Jahren tätig war und für ihre Einträge auf einen älteren Liber benefactorum zurückgegriffen hat. Die Jahrzeit für St. Barbara muss also auf den Beginn des 15. Jahrhunderts zurückgehen und vermutlich vor der Mitte

32 StABS, KA Kartaus M, fol. 33r »Anniversarium fratrum domus Colonie«.

33 StABS, KA Kartaus L, fol. 183r. »Oretur pro venerabilibus patribus et fratribus domus Colonie, qui dederunt unum calicem bonum et si domus dimitteretur, quod absit, ad ipsos revertetur et conventus noster promisit ipsis anniversarium«. Ein zweiter Eintrag zu St. Barbara findet sich auf fol. 221r. Er ist von Louber geschrieben und eindeutig als Fortsetzung des älteren Eintrags auf fol. 183r intendiert. Hier werden Schenkungen aufgezählt, die nach 1480 stattgefunden haben (L, fol. 183r).

der 1430er Jahre, dem Zeitpunkt der Tätigkeit der Grundhand des erhaltenen Basler Liber benefactorum, begründet worden sein.

Offen ist die Form der spirituellen Verbindung zwischen St. Margaretental und der Kartause Mainz. Letztere bekommt im Liber benefactorum einen längeren Eintrag zum 22. Juli.[34] Diese von der Grundhand des Liber benefactorum begonnene Notiz ist über lange Zeit sukzessive entstanden und bezeugt eine »consociatio« zwischen der Mainzer Kartause und St. Margaretental in den 1470er Jahren.[35] Wann diese Verbindung entstanden ist, bleibt offen. Allerdings fällt die erste bezeugte Schenkung der Mainzer Kartäuser an ihr Basler Gegenstück bereits ins Jahr 1423.[36] Die Gemeinschaften der mit St. Margaretental seit 1411 verbrüderten Kartausen Torberg bei Bern, Freiburg im Breisgau und Straßburg sind mit gut 180 Personen in M vertreten.[37] Mitglieder des Mainzer Konvents erscheinen im Jahrzeitbuch M jedoch nur ausnahmsweise.[38] Die Option einer gegenseitigen Verbrüderung zwischen St. Margaretental und der Mainzer Kartause entfällt also. Legt man die am Beispiel von St. Margaretental sichtbar werdenden Formen zur spirituellen Verbindung mit anderen kirchlichen Gemeinschaften zugrunde, käme für die Kartause Mainz das ›kollektive‹ Anniversar trotz seines Fehlens im Jahrzeitbuch M in Frage.[39] Zwar gibt es mit der zeitlich beschränkten Abhaltung des Trikenars noch eine geringere Form der individuellen Fürbitte als das Anniversar. Allerdings scheint diese Variante angesichts der bedeutenden Unterstützung, welche die Mainzer Kartäuser dem jungen Basler Konvent angedeihen liessen, doch eher unglaubwürdig.

Gebetsverbrüderungen, welche die beteiligten Konvente zur beidseitigen Fürbitte zugunsten ihrer einzelnen Mitglieder verpflichten, werden auch in den spätmittelalterlichen Jahrzeitbüchern von St. Margaretental nicht festgehalten. Diese Praxis des 15. Jahrhunderts stünde somit in Kontinuität zu jener in früh- und hochmittelalterlichen Nekrologien. Arnoldi hat zwar am Anfang von M einen Text über die oben erwähnte Konfraternitas von 1411 platziert.[40] Doch

34 StABS, KA Kartaus L, fol. 206r.

35 StABS, KA Kartaus L, fol. 206r. Nach der Grundhand folgen Arnoldi und Louber. Damit ist dieser Eintrag in seiner endgültigen Gestalt über drei Generationen hinweg entstanden. Im Satz, in welchem die oben genannte »consociatio« erwähnt ist, ist die dazugehörige Jahreszahl verwischt, sodass die letzte Ziffer nicht mehr lesbar ist.

36 StABS, KA Kartaus L, fol. 206r. Es handelt sich um einen Kelch.

37 Das ergibt eine Durchsicht von M. Die Zahl ist eine Annäherung. Zu dieser Gebetsgemeinschaft siehe unten.

38 Beispielsweise der Mainzer Mönch und spätere Basler Prior Johannes Eselsweg (1429–1432) oder ein Mainzer Prior namens Heinrich: StABS, Kartaus M, fol. 6r (24. Januar) und 9v (10. Februar).

39 Andererseits bleibt diese Absenz natürlich ein Unsicherheitsfaktor.

40 StABS, KA Kartaus M, fol. 2r., wo auch das Jahr des Abschlusses der Gebetsbrüderschaft zwischen den vier Kartausen genannt wird (1411). Urkundliche Belege über diese

sind solche Einträge nicht üblich.[41] Denn die Hauptverpflichtung der Konfraternitas von 1411 sind die *individuell* zu leistenden Fürbitten für die verstorbenen Konventualen der verbrüderten Kartausen. Dementsprechend werden diese Personen jeweils an ihrem Todestag oder ihrem Jahrzeitdatum ins Totenbuch eingetragen.[42] Im Rahmen einer Gebetsgemeinschaft ebenfalls mögliche kollektive Fürbitten stehen dagegen nicht zwingend im Jahrzeitbuch, wie das Beispiel von 1411 ebenfalls unterstreicht.[43]

Arnoldi notiert jeweils am unteren Seitenrand die meisten Anniversarien für andere Konvente, die St. Margaretental zu begehen hatte. Dies sind sechs Frauenklöster, davon vier aus Basel. Die fraglichen Gemeinschaften sind in Basel die Klarissen der Klöster Gnadental und St. Clara, das Reuerinnenkloster St. Maria Magdalena an der Steinen (»Steinenkloster«) und das Dominikanerinnenkloster von Klingental sowie von auswärts das badische Zisterzienserinnenkloster Lichtenthal sowie das südelsässische Dominikanerinnenkloster Schönensteinbach.[44] In diesen Fällen hebt Arnoldi diese Jahrzeiten also von den übrigen Anniversarien ab. Die Motive hierfür sind schwierig zu erahnen, obwohl das Anniversar in der Kölner Kartause St. Barbara – wie alle übrigen Jahrzeiten – im Abschnitt seines Begehungstages steht.[45] Weitere spirituelle Beziehungen bestehen zu den Kartausen Lübeck und Ittingen (heute Kanton Thurgau). Beide fehlen jedoch in den Jahrzeitbüchern von St. Margaretental. Allerdings erscheinen die Kartäuser von Lübeck in einer der Listen Arnoldis.[46] Die bescheidene Donation von vier Gulden des Lübecker Konvents reiht diesen eher unter die minores benefactores ein, was dem Sinn der jeweiligen Listen

Gebetsgemeinschaft sind nicht erhalten.

41 Es gibt zudem weitere liturgische Handschriften wie beispielsweise Regelbücher, in die geistliche Gebetsverbrüderungen eingeschrieben werden können.

42 Der Anteil der Torberger, Freiburger und Straßburger Konventualen ist somit in M auffallend hoch im Vergleich zu verstorbenen Ordensangehörigen aus weiteren Kartausen. Eine besonders hohe Anzahl verstorbener Konventualen aus einem bestimmten Kloster im Jahrzeitbuch einer anderen Gemeinschaft kann daher ein Hinweis auf eine Gebetsgemeinschaft sein. Die im Basler Jahrzeitbuch M belegten Anniversare für kirchliche Kommunitäten sind durchwegs Sammelfürbitten, welche nur den Gesamtkonvent der fraglichen Institutionen kommemorieren, nicht jedoch deren einzelne Mitglieder. Vgl. die Aufzählung dieser Anniversare in Anm. 31 und 43.

43 Vgl. StABS, KA Kartaus L, ursprünglich Schutzblatt der Handschrift, auf dessen Rectoseite im Lauf des 15. Jahrhunderts verschiedene Notizen niedergeschrieben wurden. Eine anonyme Hand circa aus der Mitte des 15. Jahrhunderts notiert hier einen Gebetstext, eine allgemeine Fürbitte zugunsten der für St. Margaretental wichtigsten Personen und Institutionen. Neben Papst, Kaiser sowie weltlichen und geistlichen Fürsten, der Stadt Basel beten die Basler Kartäuser auch »specialiter pro fratribus conventuum Argentine, Friburgi et Porte Montis«.

44 StABS, KA Kartaus M, fol. 5r, 8r, 23r, 27v, 37v und 60v.

45 Vgl. Anm. 31.

46 StABS, KA Kartaus L, fol. 37v zum 6. oder 7. Februar »IIII flor. prior et conventus prope Lubeck nostri ordinis«.

Abb. 4: Basel, Kartause, Klosterkirche, Innenansicht, Blick nach Osten (Foto: Bürgerliches Waisenhaus Basel)

Arnoldis entspricht. Die Abwesenheit der Kartause Lübeck in den Jahrzeitbüchern von St. Margaretental wäre folgerichtig. Denn die kleine Stiftung des norddeutschen Klosters von vier Gulden hätte für eine Jahrzeit nicht ausgereicht und ihm höchstens einen Platz in der kollektiven Fürbitte der Mönche von St. Margaretental verschafft. Nicht unwesentlich wäre also die Folgerung, dass stiftende Konvente nach den gleichen Kriterien behandelt wurden wie individuelle Stifter geistlicher und weltlicher Herkunft. Gemeint ist die Kategorisierung in minores und maiores benefactores mit den damit verbundenen Folgen für die liturgische Fürbitte. Das Lübecker Beispiel spricht dafür. Zur endgültigen Bestätigung dieses Befunds wäre aber ein breiterer Quellenstand erforderlich, der an dieser Stelle nicht geboten werden kann. Die Schenkungen der Kartause Ittingen an St. Margaretental gehen größtenteils von einem ihrer Prioren aus, dem ehemaligen Basler Kartäusermönch Ludwig Moser.[47] Allerdings macht der Eintrag zu Ittingen und Moser im Liber benefactorum nicht klar, wieweit die Schenkungen des Priors seinem Kloster und/oder seiner Familie gelten. Wahrscheinlich sind beide gemeint (Abb. 4–5).

47 StABS, Kartaus L, fol. 159r zum 24. April. Moser ist vor allem ein bedeutender Wohltäter von St. Margaretental. Zu ihm die künftige Stifterprosopographie.

Abb. 5: Basel, Kartause, Klosterkirche, Innenansicht, Blick nach Westen (Foto: Bürgerliches Waisenhaus Basel)

Die Beispiele der spirituellen Verbindungen von St. Margaretental zu anderen kirchlichen Gemeinschaften zeigen das Bedürfnis nach weiterer Forschung in diesem Bereich sowie generell zum Gedenkwesen seit dem Ende des 12. und dem 13. Jahrhundert Die Verbindung zwischen St. Margaretental und den Kartausen Freiburg im Breisgau, Straßburg und Torberg bei Bern wirft die Frage nach Verbrüderungen mit gegenseitiger kollektiver Kommemoration auf, also ein beidseitiges Gebetsgedenken in Gestalt einer kollektiven Fürbitte beziehungsweise Messe. Eine Confraternitas, die aus der gegenseitigen Kommemoration der einzelnen Konventualen der verbrüderten Gemeinschaften besteht, kann durch kollektive Fürbitten ergänzt werden.[48] Zudem besitzen die Kartäuser verschiedene Grade für die individuelle Fürbitte (voller Monachat, einfacher

48 Die Fürbitte für Tote und Lebende kennt auch ganz allgemein formulierte Gebete für das Wohl aller geistlichen und weltlichen Fürsten, Papst und Kaiser, den eigenen Orden unter Umständen die Gesamtheit der toten und lebenden Wohltäter. Der Text einer solchen Fürbitte ist im Basler Liber benefactorum auf das ursprüngliche Deckblatt geschrieben worden. In der Aufzählung steht nach der Erwähnung des Kartäuserordens »et specialiter pro fratribus

Monachat, Anniversar, eventuell Trikenar). Ist der Einsatz dieser »Gedenkstufen« für ganze Konvente ebenso möglich wie für einzelne Konventualen? Wenn ja, wie würden sie eingesetzt? Nur zum individuellen Gedenken wie 1411 oder auch als Fürbitte für den oder die verbrüderten Konvente insgesamt? Nach den Befunden aus St. Margaretental ist das Problem letzter Funktion vor allem für die beiden obersten Grade der individuellen Fürbitte relevant, den vollen und den einfachen Monachat. Die Beispiele aus St. Margaretental beweisen, dass das Anniversar – als dritter Grad der individuellen Kommemorationsformen des Kartäuserordens – auch zur Fürbitte für einen ganzen Konvent dienen kann. Für die beiden Monachate aber fehlen im hier untersuchten Rahmen die Belege, sodass diese Frage offen bleiben muss.

Die Funktion der Jahrzeit als Fürbitte für einen ganzen Konvent scheint eine erst im späteren Mittelalter aufgekommene Gedenkform zu sein. Sie wäre dann neben der schon seit dem Frühmittelalter praktizierten Konfraternität eine weitere Variante für spirituelle Verbindungen zwischen Kartäuserkonventen untereinander sowie Klöstern dieses Ordens mit weiteren geistlichen Gemeinschaften. Da allerdings im Spätmittelalter ein Jahrzeitbuch nicht unbedingt vollständig ist, weil gleichzeitig ein weiteres geführt wird, ist die Notierung der von ganzen geistlichen Kommunitäten gestifteten Jahrzeiten in einem Totenbuch nicht zwingend.[49] Ein weiterer Punkt spricht ebenfalls für die neue Praxis: Die jahrzeitlichen Gedenktage zugunsten anderer Konvente werden, ebenso wie die individuellen Jahrzeiten geistlicher und weltlicher Stifter, ins Kalendar eingetragen. Eine derartige Eintragspraxis ist in früh- und hochmittelalterlichen Nekrologien nicht nachweisbar.

Für die hier diskutierten Formen der liturgischen Fürbitte kartäusischer Klöster untereinander oder mit anderen Gemeinschaften stellt sich eine weitere grundlegende Frage: Wen beziehen die jeweiligen Stifter in einen ›Konvent‹ mit ein, wen nicht? Die bereits mehrfach erwähnte Confraternitas von St. Margaretental von 1413 mit den Kartausen Straßburg, Freiburg im Breisgau

conventuum Argentine, Friburgi et Porte Montis«; StABS, KA Kartaus L, erstes Blatt unfoliiert. Das Deckblatt weist weitere Notizen auf, die hier nicht von Belang sind.

49 Ein gutes Beispiel aus dem 15. Jahrhundert ist hierfür das Jahrzeitbuch der Kartause Freiburg (Generallandesarchiv Karlsruhe, A 64/14), dessen spärliche Einträge durch die Grundhand schon aufgrund ihrer sehr geringen Zahl Anlass zu Verdacht geben. Dieser wird bestätigt, wenn man feststellt, dass Mönche, Laienbrüder, Novizen und Donaten der drei mit der Freiburger Kartause verbrüderten Konvente desselben Ordens in Basel, Straßburg und Thorberg (bei Bern) fast durchwegs fehlen, obwohl andere Kartäuser eingetragen sind, die in der Regel verlangte Trennung zwischen Kartäusern und den übrigen kommemorierten Personen also nicht eingehalten wird. Im Gegensatz dazu führt das kaum wesentlich früher entstandene Jahrzeitbuch M von St. Margaretental über 180 Konventualen aus den Kartausen Freiburg, Straßburg und Torberg an.

und Torberg bei Bern ist dank einer ausführlichen Notiz Arnoldis im Jahrzeitbuch M gut bezeugt. Hier werden neben den Mönchen die Laienbrüder (Konversen), die Novizen sowie die dem Orden durch Schenkung und Selbstübergabe verbundenen Laien, die Donaten, in die Verbrüderung einbezogen.[50] Auch der Grad der stets individuellen Kommemoration ist für alle derselbe: Der volle Monachat, also die höchstmögliche Form der kartäusischen Fürbitte. Bereits die Statuta Guigonis, die älteste Fassung der Kartäuserregel aus dem 12. Jahrhundert, erwähnen für die einzelnen Klöster des Ordens den vollen Monachat als die übliche Kommemorationsstufe für die eigenen Konventualen, worunter hier mindestens die Mönche und Laienbrüder zu verstehen sind.[51] Die Verbrüderung von 1413 folgte also für diese beiden Ordensklassen den allgemeinen Vorschriften. Allerdings beantworten auch die späteren Fassungen der Ordensregel das Problem nach dem individuellen Kommemorationsgrad für Novizen und Donaten nicht klar. In einem entscheidenden Punkt unterscheidet sich Arnoldis Text im Liber Benefactorum zur Konfraternität von 1413 von sonstigen Quellen zu Verbrüderungen und zugunsten anderer Konvente gegründeten Anniversarien: Ihre vergleichsweise ausführlich überlieferten Bestimmungen erlauben die detaillierte Feststellung dessen, was die Akteure von 1413 als ›Konvent‹ betrachteten. Dazu gehören nicht nur die Mönche und Laienbrüder, sondern auch die assoziierten Laien und die Novizen. Vor allem der Einbezug der Donaten unterstreicht, dass heute gängige Vorstellungen über die Zusammensetzung eines Klosterkonvents nicht zwingend richtig sind.

Das Anniversar kommt im Spätmittelalter als Form der spirituellen Bindung zwischen zwei kirchlichen Gemeinschaften ebenfalls in Frage. Also stellt sich auch in diesem Fall die Frage, wen die jeweiligen Stifter in ihren bei der beschenkten Institution zu kommemorierenden »Konvent« einbezogen. In die Jahrzeit für Köln, St. Barbara bei St. Margaretental sind nach dem Wortlaut des Basler Liber benefactorum die »patres«, die Mönche, und die »fratres«,

50 StABS, KA Kartaus M, fol. 2r (ursprüngliches Deckblatt). Arnoldi ist auch die Grundhand des Jahrzeitbuchs. Zu den hier genannten Ordensklassen der Laienbrüder (Konversen) und Donaten vgl. Bernard Andermatten: Introduction. Les chartreuses de Suisse au Moyen Age, in: Ders.: Helvetia Sacra (Anm. 2), S. 21–56, hier S. 40 ff. Die Laienbrüder beziehungsweise Konversen leisten die mönchischen Gelübde und unterstehen ihnen. Sie bilden im Kloster einen von den Mönchen getrennten Konvent und werden in Verwaltung und praktischer Arbeit eingesetzt. Donaten übergeben sich und ihre Güter dem Orden, unterstellen sich der Autorität des Klosters, das sie beschenkt haben, und verpflichten sich zu einem frommen Leben, ohne die mönchischen Gelübde zu leisten. Umgekehrt übernimmt das Kloster ihre Versorgung. Donaten können beiden Geschlechtern angehören.

51 »Statuta ordinis cartusiensis a domno Guigone priore Cartusie edita«, Druck Johannes Amerbach/Amorbach, Basel 1510, Statuta Guigonis, cap. XIIII, § 1.

die Laienbrüder, einbezogen.[52] Nach dem knapperen Eintrag im Jahrzeitbuch bloß die »fratres«.[53] Bereits an diesem einen Beispiel zeigt sich das prinzipielle Problem der auch im Spätmittelalter häufig knappen Terminologie, die für heutige Lesende undeutlich oder verschwommen wirkt. Zwar sind die »patres«, die Priestermönche, zweifellos der Kern des Konvents. Ihr Einbezug in eine Konfraternität oder ein »Konventsanniversar« müsste selbstverständlich sein.[54] Doch was ist mit den »fratres«? Laienmönche, Novizen und Donaten können alle gleichermaßen als »fratres« auftreten. Die beiden kurzen Texte im Jahrzeitbuch und im Liber benefactorum lassen offen, welche dieser drei Gruppen ins Anniversar einbezogen war und welche eventuell nicht. Diese Problematik ist allgemeinen Charakters und lässt sich ebenso bei individuellen Stiftungen nachweisen. Typisch sind Standardformulierungen wie »progenitores, amici« oder »omnes, pro quibus desideravit« (das heißt der Stifter oder die Stifterin).[55] Unklar ist auch die Rolle der lebenden Konventualen von St. Barbara. Gedachte man ihrer in St. Margaretental ebenfalls? Die Kartäuser von Mainz gehörten ebenfalls zur Gebetsgemeinschaft von St. Barbara. Der Basler Liber benefactorum erwähnt eine »consociatio« zwischen den beiden Ordenshäusern. Doch ist der Eintrag zur Mainzer Kartause im Liber benefactorum sukzessive von vier Händen verfasst, von denen die ersten beiden anonym sind, jedoch auch aus paläographischen Gründen in der ersten Hälfte oder um die Mitte des 15. Jahrhunderts liegen.[56] Die beiden letzten Schreiber sind Arnoldi und Jakob Louber (Prior von St. Margaretental 1480–1502). Arnoldi erwähnt die »consociatio«, die somit unter seinem Priorat (1450–1480) bereits bestand.[57] Doch wann ist sie begründet worden? Dies bleibt offen. Die Ersthand der Notiz erwähnt die bedeutende Hilfe, welche die Mainzer Kartäuser St. Margaretental am 22. Juli 1423 leisteten. Die ersten geschenkten Bücher dienten offenbar unmittelbar zur Abhaltung von Stundengebet und Messe

52 StABS, KA Kartaus L, fol. 183r. »Oretur pro venerabilibus patribus et fratribus domus Colonie«.
53 StABS, KA Kartaus M, fol. 33r »Anniversarium fratrum domus Colonie«.
54 Wobei im Einzelnen dann doch wieder nach der Praxis gefragt werden sollte.
55 Vgl. etwa StABS, KA Kartaus M, fol. 4v zum 10. Januar die Jahrzeit des Basler Archidiakons Thomas Rode »una cum omnibus, pro quibus desideravit«; ebd., fol. 31r zum 24. Juni, »Anniversarium domine Magdalene de Fleckenstein cum suis maritis, filiis et progenitoribus atque amicis«.
56 StABS, KA Kartaus, fol. 206r: Text in folgender Handabfolge: 1. Anonyme Hand (typähnlich mit Grundhand); 2. Weitere anonyme Hand (schreibt im Liber benefactorum auch sonst vor Arnoldi); 3. Arnoldi; 4. Louber.
57 StABS, KA Kartaus, fol. 206r: »Item quia dubitabamus de nonnullis libris domui Maguntie intitulatis an essent nobis dati aut concessi, supplicavimus, ut propter consociationem nobis tales donarent, prout et pie fecerunt anno 147 (Zahl verwischt), quemadmodum patet ex prioris eorum, domini Iohannis missiva etc.«.

im jungen Kloster.[58] Somit könnte die von Arnoldi genannten »consociatio« auch auf die Zeit vor 1450 zurückgehen. Eine spirituelle Bindung zwischen einzelnen Kartausen kann direkt als Motiv zur Bitte um Unterstützung ins Feld geführt werden, wie wiederum Arnoldi berichtet: In den 1470er Jahren bat der Konvent von St. Margaretental die Kartäuser von Mainz nämlich, »ut propter consociationem nobis libros darent«.[59] Das Mainzer Haus erfüllte den Wunsch von St. Margaretental.[60] Bei der Hilfe, welche ältere Ordenshäuser einem jüngeren leisten, bleibt offen, ob eine spirituelle Beziehung Ursache oder Folge dieser Unterstützung sei. Jedenfalls können Gebetsverpflichtungen aber spätere Leistungen beeinflussen.

4. *Kontakte von St. Margaretental zu den Kartausen in Mainz, Straßburg und insbesondere Köln*

Die frühen Kontakte von St. Margaretental zu den älteren Kartausen in Köln, Mainz und Straßburg sind relativ gut bezeugt. Die in der zweiten Hälfte des 15. Jahrhunderts entstandene Chronik von St. Margaretental aus der Feder Heinrich Arnoldis gibt hier einige Hinweise. So ist neben dem Prior der Kartause Straßburg, Wynand Steinbeck aus Dortmund, Hermann von Deventer, Prior von St. Barbara 1387/88–1404, beteiligt, der 1404 vom Orden für die in Basel stattfindenden Verhandlungen über die Etablierung der neuen Kartause beauftragt war.[61] Wynand seinerseits war vor seiner Ernennung in Straßburg unter anderem auch Mönch in St. Barbara.[62] 1408/09 ist er der erste Prior von St. Margaretental. In dieser Eigenschaft unternahm er 1408 eine Reise nach Köln »pro negociis domus sue expediendis«, wie die Chronik von St. Margaretental berichtet.[63] Wynands Reise fügt sich gut ein in das Phänomen der von

58 StABS, KA Kartaus, fol. 206r »Anno Domini MCCCCXXIII circa festum sancti Iacobi apostoli dederunt (i.e. die Kartäuser von Mainz) nobis unum anthiphonarium in valore [decem?] flor. Item unum parvum graduale in valore III flor. Item unum librum, in quo continentur diversa, scilicet sermo de assumptione etc.«

59 Ebd.

60 Das geht aus dem Eintrag auf fol. 206r hervor.

61 Abdruck der fraglichen Urkunde vom 29. Januar 1404 bei Wilhelm Vischer/Alfred Stern (Hg.): Basler Chroniken 1, Beilage IV, Leipzig 1872,S. 501–508; Erwähnung Stefans von Deventer S. 502.

62 Arnoldis Chronik ist das früheste Werk zur Geschichte von St. Margaretental. Sie setzt mit der Gründung des Klosters 1401 und deren Vorgeschichte ein und endet 1480, im Jahr von Arnoldis Resignation als Prior von St. Margaretental. Arnoldi, der 1487 verstarb, hat die Chronik nach seinem Rücktritt verfasst. Sie ist ediert als: »Heinrich Arnoldi, Chronica fundationis Carthusiae in Basilea minori«, in: Vischer/Stern: Chroniken (Anm. 61), S. 234–306.

63 Arnoldi: Chronica (Anm. 62), cap. 17, S. 274.

anderen Ordensniederlassungen gewährten oder auch vom Orden befohlenen Hilfe für die Einrichtung neugegründeter Klöster. Sie kann später in der Tat zu engen Beziehungen des neuen Hauses zu jenen Kommunitäten führen, die seine Errichtung aktiv gefördert haben. Arnoldi räumt Wynand in seinem Werk breiten Raum ein und zollt ihm grossen Respekt nicht nur für sein kurzes Priorat, sondern auch für seine frühere Rolle zur Einrichtung von St. Margaretental in den Jahren nach 1401.[64]

Spätestens 1409 muss die erste Schenkung aus Köln an St. Margaretental stattgefunden haben. Denn eine Kölner Benefactrix der Basler Kartäuser namens Patze von Ulenborck ist in diesem Jahr gestorben.[65] Mehrere weitere Schenkungen von Kölner Wohltätern sind sicher vor der Mitte der 1430er Jahre erfolgt, denn sie sind von der Grundhand des Basler Liber benefactorum eingetragen. Diese ist in der Mitte der 1430er Jahre tätig. 1425 schließlich schenkt St. Barbara St. Margaretental liturgisches Gerät und einige nicht näher bekannte Bücher.[66] Auch die Stiftung solcher Objekte an ein neues Kloster durch ein älteres desselben Ordens gehört zu den gängigen Mitteln, den Aufbau des fraglichen Konvents zu unterstützen. Bezeugt ist aus Köln auch die Schenkung einer hagiographischen Handschrift durch einen Kölner Kartäuser namens Bruno von der Arken.[67] Der Zeitpunkt dieser Schenkung dürfte um die Mitte des 15. Jahrhunderts liegen.[68] Damit stimmt in etwa überein, dass Bruno von der Arken 1436 in St. Barbara seine Profess abgelegt hat.[69] Sein Todesjahr ist nicht bekannt. Schließlich verzeichnet der Liber benefactorum einen Mönch von St. Margaretental namens Wilhelm von Köln, der in der ersten Hälfte der 1480er Jahre verstorben ist.[70] Als Sakristan seines Klosters dürfte Wilhelm ›voller‹ Mönch und nicht Laienbruder

64 Ebd., cap. 4, S. 254–55 und cap. 15, S. 270–272.
65 Zu Patze von Ulenborck vgl. Anm. 21–26.
66 Arnoldi: Chronica (Anm. 62), cap. 25, S. 286.
67 StABS, KA Kartaus L, fol. 183r »bona legenda sive passionale sanctorum«.
68 Die Notiz stammt von Arnoldi, der zwischen 1450 und 1480 als Prior von St. Margaretental fungierte. Bruno von der Arken ist zum 6. April ins Jahrzeitbuch der Kartause Köln eingetragen (HAStK, GA, 132, fol. 52v), nicht jedoch in die Jahrzeitbücher von St. Margaretental. Sein Todesjahr ist unbekannt.
69 So die Chronik von St. Barbara: HAStK, GA, 136a, p. 111.
70 StABS, KA Kartaus L, fol. 158r zum 6. Juni (Hand Arnoldi) »Pro domino Wilhelmo de Colonia, nostro confratre suisque«. Der Eintrag nennt ihn »sacrista« von St. Margaretental. Arnoldi beginnt seine Einträge im Liber benefactorum Mitte des 15. Jahrhunderts und setzt sie bis 1480 fort. Wilhelm ist zum 21. März in das Jahrzeitbuch der Kartaus eingeschrieben: StABS, M, fol. 15v »Dominus Wilhelmus de Colonia, sacrista huius domus«. Eintrag durch Nachtragshand (also nach Arnoldi) und damit wohl deutlich nach 1450. Die obiit-Liste des Generalkapitels der Kartäuser für das Jahr 1485 nennt Wilhelm unter den Verstorbenen (www.cartusiana.org/files/palemon/Bale% 2019a). Die erwähnten obiit-Listen enthalten jene Toten, derer auf Beschluss des Generalkapitels in allen Konventen des Ordens gedacht werden muss. Wilhelm muss also 1485 oder ein oder zwei Jahre zuvor gestorben sein. Weiteres ist über ihn nicht bekannt. Vgl. zu ihm auch die künftige Stifterprosopographie von St. Margaretental.

Abb. 6: Die Kölner Kartause St. Barbara, Klosterkirche, Blick von Norden (Foto: Wikipedia, Elke Wetzig)

gewesen sein. Der Eintrag stammt aus der Mitte oder der zweiten Hälfte des 15. Jahrhunderts. Hat also St. Barbara Mönche oder Laienbrüder nach Basel entsandt, um dort als Konventualen des neuen Klosters dessen Aufbau voranzutreiben? Auch diese Maßnahme ist zwar gängig und zwischen den Kartausen Straßburg und Mainz einerseits sowie St. Margaretental andererseits belegt.[71] Allerdings liegen die Lebensdaten des Mönchs Wilhelm dafür doch etwas spät, auch wenn sie nur partiell fassbar sind (Abb. 6).

St. Barbara gehört neben den Kartausen Mainz und Straßburg zu jenen Ordenshäusern, die die Einrichtung von St. Margaretental gefördert haben. Die Mainzer und Straßburger Häuser haben die Anfänge von St. Margaretental jedoch intensiver unterstützt als St. Barbara. Trotzdem sind die Schenkungen aus Straßburg und Mainz bei weitem weniger zahlreich und bedeutend als jene aus Köln: 14 (Straßburg) und elf (Mainz), wobei in beiden Fällen der Anteil an minores benefactores höher liegt als in Köln.[72] Dennoch sind auch die Zahlen aus Straßburg und Mainz auffällig. Die Straßburger und Mainzer Donationen unterstreichen den Konnex zwischen früher Hilfe für eine neue Kartause durch ältere Ordenshäuser und späterer Förderung des jungen Konvents

71 Vgl. Arnoldi: Chronica (Anm. 62), cap. 9, S. 261 »patres nostri primi de Argentina adducti«.
72 Von den elf Mainzer Wohltätern sind zwei maiores benefactores, unter den 14 Straßburger Wohltätern findet sich nur ein maior benefactor.

durch Personen aus der Region der unterstützenden Klöster. Auch wenn die Zahlen der Schenker und die Beträge ihrer Schenkungen variieren: In dieser Hinsicht ist die Bedeutung der drei Kartausen in Köln, Mainz und Straßburg für die Einrichtung von St. Margaretental und dessen spätere Förderung vor allem durch die weltlichen und geistlichen Eliten der drei erwähnten Städte durchaus vergleichbar.

Sucht man nach weiteren Gründen, fällt auf, dass unter den 23 identifizierbaren Kölner Donatoren von St. Margaretental neun auch St. Barbara beschenkten.[73] Einer von ihnen, Bruno von der Arken, ist Mönch von St. Barbara selbst. Zwei Donatoren scheinen demselben Freundschafts- und Verwandtschaftskreis anzugehören.[74] Auch Adolf Bruwer, Bürgermeister von Köln 1415/16, schenkt auf Bitte seines gleichnamigen Sohnes, 1439–1449 Prior von St. Margaretental und 1429 in St. Barbara in den Orden aufgenommen. Gemäß dem Basler Liber benefactorum habe der Prior Adolf seinen Vater um eine Schenkung an St. Margaretental gebeten.[75] Der ehemalige Bürgermeister kam dieser Bitte nach, tätigte auch weitere Donationen an die Basler Kartause und reihte sich unter die maiores benefactores von St. Margaretental ein.[76] Ein weiterer Benefactor namens Hartmann oder Hermann Scherfgin kommt aus einer Kölner Patrizierfamilie, welche seit dem 14. Jahrhundert recht eng mit St. Barbara verbunden ist und dort auch einen Mönch stellt.[77] Mit Heinrich Jude findet sich unter den Wohltätern von St. Barbara bedenkt ein weiterer Kölner Patrizier St. Margaretental gleichfalls.[78] Die Jude treten auch als Förderer von

73 Dies sind Adolf Bruwer (Vater), Petrus von Merode, Heinrich Jude, Johannes Pot, Rüdiger Kotlo, Patze van Ulenborck, Heinrich Heilmann sowie Gerwin Brekelveld. Als individueller Wohltäter von St. Margaretental kann auch ein Mönch aus St. Barbara namens Bruno von der Arken dazugezählt werden. Die genannten Personen sind alle identifiziert und werden ihren Platz in der Stifterprosopographie von St. Margaretental erhalten.

74 Dies sind Konrad Ludikinck und der geldrische Niederadlige Udo Boese, der aber in Köln lebt, sowie ein Johann Pieck von Sleborg. Diese drei Personen gehören vermutlich einem niederadligen Verwandtschaftsverband an, wobei allerdings Johann Pieck St. Margaretental nicht bedenkt. Zu den Einzelheiten künftig die Stifterprosopographie von St. Margaretental.

75 Eintrag des Bürgermeisters Adolf Bruwer in den Liber benefactorum zum 26. April: StABS, KA Kartaus L, fol. 180r (Arnoldi): Adolf macht unter anderem eine Schenkung von 30 Gulden »patre nostro procurante« (gemeint ist hier Adolfs gleichnamiger Sohn als Basler Prior). Bruwer senior steht zum 19. Mai im Jahrzeitbuch M: StABS, KA Kartaus, M, fol. 25v (Eintrag ebenfalls Arnoldi). Der Zeitpunkt dieser Schenkung ist unklar.

76 Vgl. dazu die künftige Stifterprosopographie von St. Margaretental. Adolf Bruwer senior gehört auch insgesamt zu den bedeutenden Förderern von St. Margaretental.

77 Zu den Beziehungen der Familie Scherfgin vor allem die Chronik von St. Barbara: HAStK, GA, 136a, p. 23, 52 und 61 mit den Nachweisen für mehrere Schenkungen noch vor 1400 und den Konventualen aus diesem Patriziergeschlecht, vgl. auch Kammann: St. Barbara (Anm. 6), S. 123 ff., der sich freilich mit Namensaufzählungen begnügt.

78 StABS, KA Kartaus L, fol. 230r. Zu Heinrich Jude die künftige Schenkerprosopographie von St. Margaretental.

St. Barbara auf, auch wenn ihre Bindungen zur Kölner Kartause nicht so eng wie jene der Scherfgin.[79]

Unter den 23 identifizierten Kölner Donatoren lassen sich somit zwölf Personen ermitteln, die entweder ebenfalls als Wohltäter der Kartause ihrer Heimatstadt auftreten oder aus Familien beziehungsweise Freundschafts- und Verwandtschaftsverbänden kommen, welche auch St. Barbara fördern.[80] In diesen Fällen werden Umstände sichtbar, die man üblicherweise als Motive für Wohltäter aus dem lokalen und regionalen Umkreis der begabten geistlichen Gemeinschaft geltend macht, etwa die langfristige Schenkungstradition einer Familie oder eines Freundschafts- und Verwandtschaftsverbandes oder die Beeinflussung eines Donatoren durch Freunde oder Verwandte, die vor ihm geschenkt haben. Allerdings sind all diese Motive vor dem Hintergrund der speziellen Verbindung zwischen St. Barbara und St. Margaretental zu sehen, die auf die Gründungszeit der jüngeren Basler Kartause zurückgeht. Ohne dieses Verhältnis wären die hier untersuchten Schenkungen »à longue distance« kaum zustande gekommen. Außerdem fällt auf, dass die Schenkungen aus Köln schon unmittelbar nach der Stiftung von St. Margaretental 1401 beginnen.[81] Dies ist klar, obwohl kaum unmittelbare Zeitangaben zu den Kölner Schenkungen für St. Margaretental erhalten sind. So sind sieben Kölner Benefactores (sechs identifizierte; ein nicht identifizierter) von der Grundhand des Basler Liber benefactorum in diesen eingetragen.[82] Dies bedeutet, dass sie vor Mitte der 1430er Jahre oder spätestens dann geschenkt haben. Die Einträge können zudem ohne weiteres im älteren, aber verlorenen Basler Liber benefactorum gestanden haben, den die Grundhand des erhaltenen als Vorlage benutzte. Bei einigen weiteren identifizierten Kölner Schenkern kann man aufgrund ihrer ungefähr bekannten Lebenszeit vermuten, dass auch sie vor 1430, wenn nicht vor 1420 für St. Margaretental gestiftet haben, obwohl sie nicht von der Grundhand in den Basler Liber benefactorum eingetragen sind.[83]

79 Vgl. dazu HAStK, GA, 136a, p. 72. Ferner Kammann: St. Barbara (Anm. 6), S. 246.

80 Hier zur Verdeutlichung die Zusammenstellung: Gemeinsame Wohltäter von St. Margaretental und St. Barbara: Adolf Bruwer (Vater), Petrus von Merode, Heinrich Jude, Johannes Pot, Rüdiger Kotlo, Patze van Ulenborck († 1409), Heinrich Heilmann sowie Gerwin Brekelveld, dazu Bruno von der Arken. Schenkung eines Angehörigen einer St. Barbara langfristig verbundenen Familie: Hermann oder Hartmann Scherfgin. Schenkungen aus niederadligem Verwandtschaftsverband: Konrad Ludikinck und Udo Boese.

81 Die bereits 1409 verstorbene Patze von Ulenborck.

82 Identifizierte Kölner Benefactores: Patze von Ulenborck, Rüdiger Kotlo, Bertram de Dursten, Heinrich Heilmann, Gerwin Brekelveld, Johannes de Sechten. Nicht identifiziert: »Goscalcus Kannenschede, plebanus in Brekelvelde«.

83 Sicher aufgrund seiner Lebensdaten Adolf Bruwer senior, aus den gleichen Gründen wahrscheinlich Rüdiger Kotlo, Bertram de Dursten und Johannes Pot. Gut möglich Heinrich der Jude und Hermann Wydelerse.

Die genauere zeitliche Bestimmung der Kölner Donationen wird durch die Mängel in der Überlieferung erschwert. So sind vor allem keine Schenkungsurkunden erhalten.[84] Testamente helfen ebenfalls kaum weiter.[85] Die Chronik von St. Margaretental von Arnoldi tritt zudem allgemein nur selten auf Donationen an ihre Herkunftsinstitution ein. Die historiographische Überlieferung von St. Barbara ist für ihr eigenes Kloster deutlich reicher, bietet aber aus verständlichen Gründen keine zusätzlichen Angaben zu Stiftungen für St. Margaretental.[86] Eindeutig ist freilich, dass die Kölner Schenkungen an St. Margaretental in den Jahren nach circa 1450 zurückgehen. Auch dieser Umstand ist ein Beleg dafür, dass die Motive für die Kölner Stiftungen in der frühen Geschichte, wenn nicht in der Gründungsgeschichte von St. Margaretental gesucht werden müssen. Zwar finden nach 1450 noch Donationen aus Köln statt, die sich von 1484–1518 hinziehen.[87] Sie stammen jedoch ganz überwiegend aus der Hand zweier Prioren von St. Barbara, Johannes von Bonn (Prior 1476–1507) und Peter Blomevenna aus Leyden (1507–1536). Beide waren Visitatoren der Rheinprovinz ihres Ordens, zu der St. Margaretental gehörte.[88] Die Schenkungen der beiden Kölner Prioren scheinen mit ihrer eben erwähnten Zweitfunktion zusammenzuhängen.[89] Stiftungen von geistlichen oder weltlichen Personen aus Köln, die nicht dem Kartäuserorden angehören, verzeichnet der Liber benefactorum für die zweite Hälfte des 15. Jahrhunderts freilich nicht mehr. Die einzige Ausnahme ist Johannes Helmich (siehe unten).

Ein im Zusammenhang vor allem mit städtischen Kartausen oft gehörtes Argument ist ihre spezielle Verbindung zu Universitäten und dem gebildeten Milieu ihrer Heimatorte. Dazu gehört auch der Umstand, dass im 15. Jahrhundert vergleichsweise viele Kartäuser über eine akademische Ausbildung verfügen. Das ist auch in der Universitätsstadt Köln nicht anders. In Basel, dessen Universität erst 1460 gegründet wurde, bestehen danach zwar gleichfalls

84 Weder das Archiv von St. Margaretental noch jenes von St. Barbara verfügen über Schenkungsurkunden von Kölner Benefactores zugunsten der Basler Kartause.

85 Nur Gerwin Brekelveld hinterlässt 1413 in seinem erhaltenen Testament St. Margaretental 20 Gulden; HAStK, Testamente A, U3/62 vom 1. Dezember 1413.

86 Die Klosterchronik und die Donatorenliste von St. Barbara: HAStK, GA, 136a und 136.

87 StABS, KA Kartaus L, fol. 211r zum 27. Juli: Die Liste dieser Schenkungen ist im Lauf der Jahre sukzessive mit diversen Tintenwechseln zuerst von Jakob Louber für die Periode 1484–1500, dann bis 1518 von Johannes Carpentarius geführt worden. Die Traditionsnotiz über die früheren Schenkungen an St. Barbara findet sich auf fol. 183r. Sowohl auf fol. 183r wie auf fol. 211r sind Querverweise auf die jeweils andere Seite angebracht.

88 Darauf verweisen Louber und Carpentarius auf fol. 211r des Liber benefactorum immer wieder.

89 Louber und Carpentarius erwähnen mehrfach das »viaticum« beziehungsweise die »expense visitationis«, welche die beiden Kölner Prioren beziehungsweise Visitatoren St. Margaretental bezahlt hätten.

Bezüge zwischen St. Margaretental und der Basler Hochschule. Doch fällt das Gros der Kölner Donationen in die Zeit vor 1450/60. Daran vermag auch ein prominenter Schenker wie Johannes Helmich nichts zu ändern. Helmich ist von 1461/62–1475/76 der erste Basler Ordinarius für Kirchenrecht, 1467–1479 amtiert er außerdem als Dekan des Kölner Stifts St. Aposteln. In Basel tritt er darüber hinaus als Kanoniker des Stifts St. Peter auf, das der Universität nahesteht und gleichzeitig eng mit St. Margaretental verbunden ist.[90] Diverse Stiftsherren von St. Peter stifteten für die Basler Kartause bis zu ihrem Untergang 1529.[91] Helmichs Donation muss also wohl doch eher im örtlichen Kontext verstanden werden.

Auch das von 1431–1449 in Basel abgehaltene Konzil, *das* Großereignis in der Geschichte der Stadt im 15. Jahrhundert, taugt nicht als Erklärungsversuch für die Kölner Donationen an St. Margaretental. Denn nur gerade zwei Kölner Wohltäter von St. Margaretental können konkret mit dem Konzil in Verbindung gebracht werden: Der eine ist Albert Varentrapp, der andere Hermann Widenroid. Wohl ist Albert Varentrapp, unter anderem Kanoniker des Kölner Stiftes St. Andreas und 1433–1435 als Botschafter des Erzbischofs von Köln anwesend auf dem Konzil. Er war »maior benefactor« von St. Margaretental wie so viele andere Teilnehmer des Basler Konzils.[92] Hermann Widenroid, auch er »maior benefactor«, ist Kanoniker des Stiftes St. Georg zu Köln sowie Pfarrer von St. Jakob.[93] 1433–1449 erscheint er als Notar am Rotagericht des Basler Konzils.[94] St. Margaretental wurde in Basel zur bedeutendsten Gaststätte für die auswärtigen Teilnehmer des Konzils und in diversen Fällen auch zu deren Grablege.[95] Doch lassen sich in keinem Fall Zusammenhänge zwischen dieser Rolle der Basler Kartause und der Herkunft späterer Schenkungen (also aus den Herkunftsorten einzelner Konzilsteilnehmer) erkennen. Dieselbe Feststellung lässt sich auch für die übrigen geistlichen Institutionen Basels treffen.[96]

90 Zu den Belegen die künftige Prosopographie der Stifter von St. Margaretental.

91 14 Kanoniker St. Peters begaben St. Margaretental, daneben auch eine ganze Reihe von Kaplänen aus demselben Stift. Dazu vgl. die künftige Stifterprosopographie von St. Margaretental.

92 Zu Albert Varentrapp Enno Bünz: Ein Leipziger Professor tritt ans Licht. Das unbekannte Portrait des Juristen Albert Varentrapp von 1426, in: Neues Archiv für sächsische Geschichte 80 (2009), S. 237–248. Vgl. künftig auch die Stifterprosopographie von St. Margaretental.

93 Die zahlreichen Quellenbelege zu Hermann Widenroid, der wohl aus einer Kölner Familie kommt, sind zusammengestellt in der künftigen Stifterprosopographie von St. Margaretental.

94 Zu seiner Tätigkeit als Notar am Basler Rotagericht Hans-Jörg Gilomen: Die Rotamanualien des Basler Konzils, Rom 1998, S. XVIII und XX (Einleitung).

95 Die einzelnen Konzilsteilnehmer, die in St. Margaretental und/oder das Kloster beschenkt haben, sind in der künftigen Stifterprosopographie aufgeführt.

96 Vgl. dazu die gut erhaltene Memorialüberlieferung der beiden wichtigsten geistlichen Institutionen Basels, des Domkapitels und des Kollegiatstifts St. Peter: Paul Bloesch (Hg.): Das Anniversarbuch des Basler Domkapitels 1334/38–1610, 2 Bde., Basel 1975. Zu St. Peter das

Unwahrscheinlich scheint auch ein wesentlicher Einfluss des Handels zwischen Basel und Köln. Denn dass im weitgespannten Handelsnetz der mittelalterlichen »Großstadt« Köln Basel eine herausragende Rolle gespielt hat, ist kaum erwiesen. Köln unterhielt in nördlicher Richtung Beziehungen zu mittel- wie oberrheinischen Städten, unter denen Basel einer von mehreren Partnern ist.[97] Schon aus diesem Grund ist das früh begründete Verhältnis zwischen St. Margaretental und St. Barbara eindeutig spezifischer und unverwechselbarer. Zudem weisen die vergleichbaren Netzwerke von St. Margaretental zu den Konventen seines Ordens in Mainz und Straßburg in dieselbe Richtung.

Zusammenfassung

Der vorliegende Beitrag möchte auf das Phänomen von Schenkungen an geistliche Gemeinschaften außerhalb von deren lokalem und regionalem Umfeld hinweisen. Denn üblicherweise verbindet man Donationen mit diesen Netzwerken. Die 33 Benefactores aus Köln und ihre Stiftungen für St. Margaretental setzen hier einen Kontrapunkt. 23 der Kölner Wohltäter Basels sind identifizierbar und haben ihren Platz in der Stifterprosopographie von St. Margaretental. Als Motive scheinen die frühen Kontakte von St. Barbara zum jüngeren St. Margaretental, die dessen Förderung dienten, eine wesentliche Rolle gespielt zu haben. Dieses Muster wiederholt sich auch zwischen St. Margaretental und den gleichfalls älteren Ordenshäusern in Mainz und Straßburg. Entsprechend schenken auch hier eine ganze Reihe von Personen aus den beiden erwähnten Städten. Wichtig sind zudem auch spirituelle Beziehungen in Form von Gebetsverbrüderungen oder Anniversarien. Daneben kommen Faktoren wie Freundschaft und Verwandtschaft und die Stiftungen für St. Margaretental und St. Barbara durch dieselben Personen vor. Doch werden diese Einzelmotive erst vor dem Hintergrund der frühen Verbindung zwischen St. Barbara und St. Margaretental verständlich. Für die Rekonstruktion der Netzwerke von Kartäuserklöstern ist zudem die liturgisch bedingte Differenzierung zwischen maiores und minores benefactores essentiell. Denn nur die maiores benefactores werden individuell kommemoriert, finden also Eingang in die Jahrzeitbücher der von ihnen beschenkten Kartausen. Die minores benefactores dagegen, die durchaus einen großen oder

offenbar umfassende Jahrzeitbuch dieses Stifts aus dem 15. Jahrhundert: StABS, KA St. Peter F (Jahrzeitbuch) und Fa (modernes Register dazu).

97 Das Thema kann hier nicht weiter ausgeweitet werden, vgl. immerhin Bruno Kuske (Hg.): Quellen zur Geschichte des Kölner Handels und Verkehrs im Mittelalter, 4 Bde., Bonn 1917–1923.

gar den größeren Teil aller Wohltäter ausmachen können, erhalten nur in kollektiven Totenmessen Fürbitte. Folglich werden sie nicht in die Jahrzeitbücher der von ihnen beschenkten Kartausen aufgenommen.

Die soziale Zusammensetzung der Kölner Benefactores unterstreicht die Bedeutung namentlich städtischer Kartausen für neu aufsteigende Familien aus der kommerziell-zünftischen Elite. Denn sie verdrängen zunehmend die ältere Führungsschicht aus Ritteradel und Patriziat. Margaretental erlebt in Basel dieselbe Entwicklung, die für spätmittelalterliche Städte typisch ist, in Basel aber etwas später einsetzt als in Köln. Dementsprechend sind in Basel Ritteradel und Patriziat als Benefactores länger präsent als ihre Kölner Pendants für St. Barbara. Die in Konkurrenz zu den erwähnten Geschlechtern stehenden älteren Eliten des Patriziats und des Ritteradels treten demgegenüber im 15. Jahrhundert eher zurück. Allerdings sind nicht alle Wohltäter identifizierbar.

Feine Gesellschaft

Kölner Äbtissinnenporträts in St. Peter

von Tobias Kanngießer und Anna Pawlik

In Folge der Sanierung des Pfarrhauses der Kirchengemeinde St. Peter an der Jabachstraße (2014/15) wurden die historischen Ausstattungsobjekte, die im Pfarrhaus untergebracht waren, teils eingelagert, teils in die Restaurierungswerkstätten des LVR-Amtes für Denkmalpflege in Pulheim-Brauweiler gebracht. Stefanie Schindler, Absolventin des CICS (Cologne Institute of Conservation Sciences) an der TH Köln, beschäftigte sich bereits 2014 im Rahmen ihrer Masterarbeit mit insgesamt fünf frühneuzeitlichen beziehungsweise barocken Äbtissinnenbildnissen, die aus dem ehemaligen Stift beziehungsweise Kloster St. Cäcilien im Zuge der Säkularisation an die Pfarrkirche St. Peter überwiesen worden waren.[1] Hier fristeten sie viele Jahre ein Dasein im Verborgenen – bis letztlich die Restaurierung eines Leinwandgemäldes, das eine Wallfahrt nach Scherpenheuvel zeigt, und vier Porträts neue Erkenntnisse zutage brachten und den Bildern gewissermaßen neues Leben einhauchten. Im Folgenden sollen insbesondere die Leinwandbildnisse von drei im 18. Jahrhundert amtierenden Äbtissinnen von St. Cäcilien sowie einer weiteren Oberin des Augustinerinnenklosters St. Maximin im Mittelpunkt stehen.

Die Ursprünge einer geistlichen Gemeinschaft von Frauen an St. Cäcilien reichen zurück bis ins letzte Drittel des 9. Jahrhunderts. Ein in dieser Zeit errichteter Kirchbau musste im 12. Jahrhundert einem Neubau weichen, der nach dem Wiederaufbau nach dem Zweiten Weltkrieg noch erhalten ist. Bis 1475 existierte an St. Cäcilien ein adeliges Damenstift, das im selben Jahr in ein Kloster für Augustiner-Chorfrauen umgewandelt wurde. Dabei handelt es sich um den nach St. Cäcilien verlegten Konvent von Sankt Maria zum Weiher, einem Kloster vor den Toren der Stadt, das 1474 im Zuge der Belagerung Kölns durch Karl den Kühnen abgerissen wurde.[2] Die Augustinerinnen

1 TH Köln, CICS, Stefanie Schindler: Die Äbtissinnen des Kölner Cäcilienklosters – Ein Ensemble von Leinwandgemälden aus dem 18. Jahrhundert. Untersuchung, Konzeptentwicklung und Durchführung ausgewählter Maßnahmen, Masterarbeit Köln 2014. Die Restaurierung wurde ebenfalls von Stefanie Schindler MA ausgeführt. Die Dokumentation der Maßnahmen liegt im Denkmälerarchiv des Erzbischöfliches Generalvikariat Köln vor.

2 Das Kloster befand sich in etwa dort, wo heute das St. Hildegardis-Krankenhaus steht.

Abb. 1: Elisabeth von Manderscheid, 1528. Köln, St. Peter, Chorfenster (Chor I, Felder 3/4b), Detail (Foto: Corpus Vitrearum Medii Aevi, Freiburg, Rüdiger Tonojan)

erhielten alle Rechte des Stiftes übertragen, zudem wurden sie verpflichtet, fortan eine Äbtissin zu wählen. Auch diese übernahm die Rechte der vormaligen Äbtissinnen des Stiftes.

Zusammen mit der benachbarten Pfarrkirche St. Peter bildet St. Cäcilien eine Kirchenfamilie. Beide Gotteshäuser gehen auf eine römische Thermenanlage aus dem 4. Jahrhundert zurück. Die frühesten archäologischen Spuren christlicher Bauten stammen bei St. Cäcilien aus karolingischer Zeit und bei St. Peter aus dem Ende des 10. und Anfang des 11. Jahrhunderts. Nach der Säkularisation (1802) wurde der mobile Besitz von St. Cäcilien – darunter die Reliquien der hll. Evergislus und Paulinus, Schatzkunst und Gemälde – nach

St. Peter überwiesen.[3] Aus früherer Zeit sind wenige Darstellungen der Äbtissinnen des Stiftes überliefert. So ist die letzte Äbtissin des Stiftes, Elisabeth (Elsa) von Reichenstein (amtierte 1443–1486), als fromme Stifterin zu Füßen der »Veilchenmadonna« von Stefan Lochner (um 1450) als Auftraggeberin zu sehen.[4] Sie ist jedoch nicht als Äbtissin, sondern als Kanonissin dargestellt. Die ersten Äbtissinnen der Augustiner-Chorfrauen an St. Cäcilien, Elisabeth von Reven (amtierte 1486–1515) und Elisabeth von Manderscheid (amtierte 1517–1544), sind anhand ihrer Wappen auf dem Flügel eines niederländischen Altartriptychons aus der Zeit um 1515/30 zu erkennen, das einst in St. Cäcilien aufgestellt war (vgl. Abb. 5).[5] Letztere tritt dem Betrachter auch im Chorfenster von St. Peter von 1528 entgegen (Abb. 1).[6]

1. *Die Porträts*

a) *Das Bildnis der Maria Sophia Gräfin Buer von Frankenberg (amtierte 1712–1737) (P1, Abb. 2)*[7]

Die junge Frau steht in einer nicht näher erkennbaren Architektur, die sich am linken Bildrand in einem Fenster öffnet. Ein blauer, samtartig reflektierender Vorhang rahmt den Bildausschnitt an der rechten und der oberen Kante. Er scheint oberhalb des Kopfes der Äbtissin gerafft zu sein, aufgrund des schlechten Zustandes der Malerei an dieser Stelle ist dies nicht mehr im Detail erkennbar. Maria Sophia blickt freundlich zum Betrachter, sie trägt einen weißen Habit, der um die Hüfte gegürtet ist. Ihr schwarzer Mantel ist aufwändig mit Hermelin gefüttert. Die Hände hat sie vor dem Bauch locker übereinandergelegt, an der rechten Hand trägt sie einen silbernen Ring ohne Wappen. Mit der rechten Hand hält sie einen prachtvollen Äbtissinnenstab, der auch in den Bildnissen der Anna Franziska (P2) und Maria Theresa (P3) wiederkehrt. Wie noch zu zeigen

3 Zur Geschichte von St. Cäcilien und seiner Vorgängerinstitution: Irene Gückel: Das Kloster St. Maria zum Weiher vor Köln (1198–1474) und sein Fortleben in St. Cäcilien bis zur Säkularisation, Köln 1993. Zur Liturgie der Augustiner-Chorfrauen nach 1475: Tobias Kanngießer: Hec sunt festa que aput nos celbrantur. Der Liber Ordinarius von St. Cäcilien, Köln (1488), Siegburg 2017.

4 Ulrike Surmann: Die Muttergottes mit dem Veilchen, Stefan Lochner, Köln 2008.

5 Hl. Cäcilia und hl. Evergislus mit den Äbtissinnen Elisabeth von Reven und Elisabeth von Manderscheid, Niederlande, um 1515/30, Köln, Wallraf-Richartz-Museum & Fondation Corboud, Inv.-Nr. WRM 488.

6 Ivo Rauch/Hartmut Scholz: Sankt Peter zu Köln, Regensburg, Freiburg im Breisgau 2007, S. 27–29.

7 104 × 75,5 × 2 Zentimeter, Öl auf Leinwand.

Abb. 2: Bildnis der Maria Sophia Gräfin Buer von Frankenberg, nach 1737. Köln, St. Peter (Foto: Landschaftsverband Rheinland – Amt für Denkmalpflege im Rheinland, Pulheim, Viola Blumrich)

sein wird, handelte es sich um einen real im Stift existierten Stab, der im Cäcilienstift als Zeichen der Äbtissinnenwürde diente. An ihre linke Brust ist ein Kreuz mit schwarzer Schleife geheftet: Ein rotes Kreuz, blau gerahmt, wird von einer perlen- und filigrangeschmückten Goldschmiedearbeit eingefangen. Dabei handelt es sich um den sogenannten Sternkreuzorden, ein 1668 gegründeter österreichischer Damenorden.[8] Im Zuge der Restaurierung zeigten sich unter einer späteren Übermalung die Reste einer identifizierenden Inschrift, die einst am oberen Rand des Bildes aufgebracht war und auf die Rückseite der Leinwand übertragen wurde: »Comitissa de Frankenberg S. Cäciliae abbatissa, electa 1712,

8 Der hochadelige Sternkreuzorden (Ordo stellatae crucis) wurde am 16. September 1668 von der österreichischen Kaiserin Eleonore von Gonzaga gegründet. Anlass war eine wundersame Rettung einer Kreuzreliquie vor einem Brand in der kaiserlichen Burg in Wien. Dem Orden gehörten ausschließlich hochadelige Damen an, die ihre bei Aufnahme väterlicherseits acht und mütterlicherseits vier adelige Ahnen nachweisen mussten; Hermann Dikowitsch: Die österreichischen Damenorden, in: Johann Stolzer/Christian Steeb (Hg.): Österreichs Orden. Vom Mittelalter bis zur Gegenwart, Graz 1996, S. 183–196, hier S. 184–189.

obiit 1737«. Unter Berücksichtigung der Möglichkeit, dass das Todesjahr erst später der Inschrift hinzugefügt worden sein kann, wird das Porträt nach dem lebenden Modell, also zur Amtszeit Maria Sophias angefertigt worden sein.

Maria Sophia Clara Evergisla Gräfin Buer von Frankenberg wurde 1667 geboren, ihr Todestag ist der 4. Mai 1737; sie entstammte der Familie von Buer zu Frankenberg. Die Familie von Buer[9] war eine Ministerialenfamilie, deren Ursprünge sich bis ins 14. Jahrhundert gesichert zurückverfolgen lassen und deren Herrschaftsbereich im Umfeld der Abtei Werden (Essen-Werden) begann.[10] Die Familie teilte sich im Lauf der Jahrhunderte in mehrere Linien. Maria Sophia gehörte zur Linie Böckum, Rommeljan, Frankenberg und Höhenholz, die 1541 aus einer Erbteilung aus der Bergischen Linie der Familie hervorgegangen war.[11] Ihr Vater war Johann Friedrich von Buer zu Böckum, Rommeljan, Frankenberg und Höhenholz (geboren circa 1636, gestorben am 30. Oktober 1689 in Köln und beigesetzt in St. Cäcilien, Köln), jülich-bergischer Hofkammerrat, Oberst der Kavallerie und Amtmann zu Löwenberg/Lülsdorf.[12] Sein Vater war reformiert, seine Mutter hat ihn und seine Geschwister im katholischen Glauben erzogen, wie seine Beisetzung in St. Cäcilien, der Eintritt seiner Schwester und seiner Tochter in Klöster sowie die Einheirat seiner Töchter in katholische Familien bezeugen.

Maria Sophia war das dritte Kind aus Johann Friedrichs Ehe mit Anna Maria Katharina von Weichs (gestorben 1672), als erstgeborene Tochter trug sie den Titel »Gräfin«. Auffällig ist ihr vierter Vorname »Evergisla«. So dürfte bereits mit der Taufe eine enge Verbindung zum Cäcilienkloster nach Köln hergestellt worden sein, war doch dies der Ort, an dem die Reliquien des Heiligen Evergislus verehrt wurden.[13]

Maria Sophia ist ab 1685 als Chorfrau in St. Cäcilien nachweisbar, am 9. September 1684 quittierte der Konvent die erhaltene Aussteuer. Die Bestattung ihres Vaters 1689 in der Klosterkirche fällt in die Zeit nach ihrem Eintritt und vor die Übernahme eines Amtes innerhalb des Konventes, was eine enge Bindung der Familie an die geistliche Gemeinschaft belegt. Vom 28. Januar 1692 bis zu ihrer

9 Es existieren verschiedene Schreibweisen des Namens: Buer, Baur, Bawyr und andere: Dietmar Ahlemann: Die Herren von Buer. Eine westdeutsche Familiengeschichte vom Hochmittelalter bis in das 19. Jahrhundert, in: Veröffentlichungen der Westdeutschen Gesellschaft für Familienkunde e.V. Sitz Köln 274 (2012), S. 213–300, hier S. 215.

10 Ebd., S. 215.

11 Ebd., S. 217, Abb. 2.

12 Ebd., S. 252, Abb. 6.

13 Hendrik Hülz: Bischof Evergislus. Ein Kölner Heiliger und seine Bedeutung in Geschichte und Gegenwart, Köln 2006; Kanngießer: Hec sunt festa (Anm. 3) S. 157–160. Im 18. Jahrhundert gab es im Erzbistum Köln eine Kapelle mit dem Patrozinium des hl. Evergislus, Hülz: Bischof Evergislus, S. 99f.

Wahl zur Äbtissin am 10. Juni 1712 hatte sie das Amt der Schaffnerin/Procuratorin inne.[14] Dabei oblag ihr die Führung der Wirtschafts- und Rechnungsbücher. Die Inauguration als Äbtissin erfolgte am 24./25. September 1712 durch den Kölner Weihbischof Johann Werner von Veyder (amtierte 1703/03–1723).[15]

Als Äbtissin von St. Cäcilien war Maria Sophia Grundherrin mehrerer Ländereien, so in Berckum, Marsdorf, Palmersdorf, Rondorf und Stommeln und besaß in neun Orten das Kollationsrecht, etwa in Stommeln, wo sie 1725 ein Fronhofkreuz errichten ließ, welches das erweiterte Wappen derer von Buer von Frankenberg und eine Inschrift trägt.[16] Ihr Vater hatte das Buerer Stammwappen um das Frankenberger Wappen vermehrt,[17] das schon 1662 für eine Aufschwörtafel verwendet wurde. Die kaiserliche Bestätigung erfolgte jedoch erst am 11. Oktober 1678.[18]

In die Regierungszeit von Maria Sophia fiel eine Auseinandersetzung mit der Stadt Köln, in die auch der Kölner Erzbischof Clemens August I. von Bayern (amtierte 1723–1761) einbezogen wurde. Ausgangspunkt war ein Unfall am 31. Oktober 1724:[19] Drei Bauern brachten Pachtabgaben nach St. Cäcilien, dabei fiel ein betrunkener Wollkrätzer vor ihren Wagen und zog sich eine Kopfwunde zu. Daraufhin wurde einer der Bauern festgenommen und sein Karren beschlagnahmt. Die Äbtissin nahm den Verwundeten auf und versorgte ihn. Gleichzeitig protestierte sie gegen die Verhaftung. In der Folge verbot der Kölner Rat Warenlieferungen nach St. Cäcilien, woraufhin der Kurfürst alle Handelswege für die Kölner Kaufleute sperren ließ. Der Kölner Rat stellte im Gegenzug alle Rentenzahlungen an den Konvent ein und klagte die Äbtissin bei Kaiser Karl VI. (regierte 1711–1740) an. Die Maßnahmen hatten einschneidende finanzielle Folgen für den Konvent.

Nach der Beilegung des Streits wurden von 1728 bis 1731 im Auftrag der Äbtissin umfangreiche Reparaturen und Bauarbeiten an den Klostergebäuden und der Kirche durchgeführt, unter anderem an der Maternuskapelle auf der Nordseite der Kirche, wie die Inschrift ihrer erhaltenen Grabplatte Auskunft

14 Gückel: St. Maria (Anm. 3), S. 138.

15 Jakob Torsy: Die Weihehandlungen der Kölner Weihbischöfe 1661–1840. Nach den weihbischöflichen Protokollen, Düsseldorf 1969, S. 308.

16 »Maria Sophia Comitissa de Frankenberg abbatissa collegiatae ecclesiae s. Caeciiae, domi[na] in Stommel, Palmersdorff, Ron[d]orf [et] Marstorff, construxit anno 17[25]«. Gückel: St. Maria (Anm. 2), S. 260; Josef Wißkirchen: Stommelns Kirchen und Kapellen, Pulheim 2004, S. 113–115.

17 Das Stammwappen der Familie von Buer führte »einen silbern gegitterten, roten Balken in Gold, auf dem Helm ein goldener Brackenkopf mit Halsband wie der Balken auf dem Schild, die Helmdecke in Gold und Rot«. Ahlemann: Herren von Buer (Anm. 9), S. 216. Das Wappen der Frankenberger Herren führte »in Schwarz fünfzehn (5–4–3–2–1) goldene Münzen«.

18 Ebd., S. 253.

19 Gückel: St. Maria (Anm. 3), S. 85–87.

gibt.[20] Darunter fiel auch eine Neuausstattung der Kirche, bei der die Stufen zur Apsis wellenförmig angelegt und Kommunionbänke aufgestellt wurden.[21] Nach ihrem Tod wurde Maria Sophia in St. Peter beigesetzt, dem Bestattungsort der Äbtissinnen von St. Cäcilien.[22] Der genaue Ort ist nicht überliefert, die Grabplatte ist erhalten. Sie ist heute an der nördlichen Außenseite der Kirche zu sehen. Im 19. Jahrhundert befand sie sich in der ehemaligen Heiltumskammer auf der Südseite der Kirche.[23]

b) Das Bildnis der Anna Franziska Waldbott von Bassenheim (amtierte 1737–1765) (P2, Abb. 3)[24]

Die junge Äbtissin – die Nachfolgerin der Maria Sophia Buer von Frankenberg – steht in einer Architektur, die im rechten Hintergrund durch einen Säulenschaft mit Basis angedeutet wird. Sie blickt freundlich zum Betrachter, ihre rechte Hand liegt auf einem roten Kissen mit gold-gesticktem Zierband. Darauf liegt ein mit Hermelin besetztes Birett. Hinter dieser steht ein Kruzifix aus Silber oder Elfenbein auf schwarzem Holz, die Balkenenden sind ebenfalls kontrastreich markiert. Unterhalb des Kreuzes liegt ein Totenschädel mit überkreuzten Knochen, oberhalb des Kopfes ist die INRI-Tafel angebracht. Mit der linken Hand umfasst die Dargestellte den Äbtissinnenstab. Das lange weiße Unterkleid ist nicht gegürtet, über dem Kopf trägt sie einen geformten schwarzen Schleier. Auf der Schulter liegt der schwarze Mantel, mit Hermelin gefüttert. Hinter der Äbtissin bildet ein schwerer grüner Vorhang mit goldener Fransenborte den Großteil des Hintergrundes. Besonders in der linken oberen Ecke sind die Reste einer dreizeiligen

20 Die Ausgaben für die Reparaturen sind nur summarisch ausgeführt, sodass sich daraus keine Details ableiten lassen, Gückel: St. Maria (Anm. 3), S. 87, Fußnote 315.

21 Marion Opitz: St. Caecilia. Kirche des weltlichen Damenstifts, seit 1474 des Augustinerinnenklosters, in: Colonia Romanica 16/17 (2001/2002), S. 163–173, hier S. 165. Eine Ansicht der Ausstattung ist bei Johann Peter Weyer: Kölner Alterthümer, Bd. III, Bl. 4, festgehalten. Werner Schäfke: Johann Peter Weyer: Kölner Alterthümer, 2 Bde., Köln 1993–1994.

22 Nicolaus Michel: Das alte freiherrliche Kanonissenstift St. Cäcilien in Köln, Saarlouis 1914, S. 57; Gückel: St. Maria (Anm. 3), S. 132, Anm. 43.

23 »D. O. M. / Reverendissima et Excellentissima Domina / Maria Sophia / de Bawer / comes de Franckenberg / Ilustris collegiati ad S. Caeciliam / Abbatissa confirmata et benedicta / Domina in Rondorf etc. / Augustissimo ordini / Dominarum stellatae / crucis immatriculata / aucto rei divinae cultu / absoluta fabrica abbatiali / restaurata aede S. Materni / obiit anno Christi 1737 aestatis 70. / religionis professionis 52 / dignita eis abbatialis 24 / sabbat HI 4. M. / ANNU SAB.AT.CUM ORSURA / IN TERRA EU…UM./ R. I. P.« Friedrich Everhard von Mering/Ludwig Reischert: Die Bischöfe und Erzbischöfe von Köln nach ihrer Reihenfolge, nebst Geschichte des Ursprunges, des Fortganges und des Verfalles der Kirchen und Klöster innerhalb der Stadt Köln, mit bes. Bezugnahme auf d. Kirchen u. Klöster d. Erzdiözese, Köln 1844, S. 14. Zur Lokalisation der Heiltumskammer: Kanngießer: Hec sunt festa (Anm. 3), S. 109, Anm. 602.

24 101,8 × 79 × 2 Zentimeter, Öl auf Leinwand.

Abb. 3: Bildnis der Anna Franziska Waldbott von Bassenheim, 1741. Köln, St. Peter (Foto: Landschaftsverband Rheinland – Amt für Denkmalpflege im Rheinland, Pulheim, Viola Blumrich)

Inschrift schemenhaft zu erkennen. Wie schon beim Porträt ihrer Vorgängerin wurde diese zu unbekannter Zeit in der Farbe des Vorhangs übermalt und stattdessen auf die Leinwandrückseite übertragen (vgl. P1 und P3): »Domina de Walbott Bassenheim S. Cäciliae Abatissa, electa 1737, obiit 1765«. Im unteren Drittel der Leinwandrückseite erscheint die Signatur des Künstlers: »PA Schmitz pinxit 1741«. Dieser ist nach Johann Jakob Merlo mit dem Antwerpener Maler Peter Augustin Schmitz zu identifizieren, der am 15. November 1719 als selbstständiger Meister in die Kölner Malerzunft aufgenommen wurde.[25] Neben dem nun identifizierten Porträt der Äbtissin von St. Cäcilien sind wohl nur zwei weitere Werke aus seiner

25 Johann Jakob Merlo: Kölnische Künstler in alter und neuer Zeit. Neu bearbeitete und erweiterte Nachrichten von dem Leben und den Werken kölnischer Künstler, hg. v. Eduard Firmenich-Richartz/Hermann Keussen, Düsseldorf 1895, Sp. 769; Rita Wagner (Bearb.): Kölnischer Bildersaal. Die Gemälde im Bestand des Kölnischen Stadtmuseums […], Köln 2006, S. 252f. – Am 3. Januar 1764 ließen die Amtsmeister des Maleramtes Antonius Gertmann (1740 eingeschrieben) und Jakob Hünseler (1759 eingeschrieben als »Henseler«) ein Gemälde aus seiner Hand – wohl mit einer Darstellung des hl. Lukas – für die Kirche des St. Cäcilien benachbarten Benediktinerinnenklosters St. Agatha aufstellen, »so lang alß Vnseren

Hand in Köln überliefert, ein Kanonikerbildnis von 1749 in St. Kunibert und das Porträt eines Pfarrers von St. Jakob, heute in St. Georg, von 1733.[26] Sein Sohn Johann Jakob Schmitz (1724–1801) ist mehrfach belegt, 1754 restaurierte er unter anderem die Wandmalereien in der Hardenrathkapelle in St. Maria im Kapitol, 1753/54 führte er für das Kartäuserkloster den achtteiligen Leinwandzyklus mit dem Leben des hl. Bruno aus, der heute in St. Severin erhalten ist.[27] Auch porträtierte er 1782 beziehungsweise um 1796 die Äbte von Groß St. Martin Sebastian Schmitz und Adam Rosell sowie schon 1764 den Pfarrer von St. Brigiden Joseph Hersel.[28] Mehrere erhaltene Porträts bezeugen die hohe Qualität seiner Malerei, insbesondere in der Erfassung individueller Züge der Dargestellten. Diese zeigt sich auch im Porträt der Äbtissin von St. Cäcilien aus der Hand seines Vaters.[29] Für die Familie der Äbtissin war Johann Jacob Schmitz wiederholt 1774 tätig: Eine auf das Jahr 1774 datierte Skizze in seinem Skizzenbuch belegt ein Porträt einer unbekannten Gräfin von Bassenheim.[30]

Anna Franziska folgte als Äbtissin auf ihre Tante Maria Sophia von Buer zu Frankenberg. Anna Franziska war das zweite Kind aus der Ehe von Karl Philipp Anton Waldbott von Bassenheim und Maria Elisabeth Amalia von Buer zu Frankenberg,[31] der Schwester von Maria Sophia.[32] Auch dies bestätigt die enge Verbindung und das familiäre Netzwerk der Familie von Buer ins Kloster St. Cäcilien; aus verschiedenen Familienzweigen traten Töchter in St. Cäcilien ein, und die Familie nutzte den Ort als Grablege.[33]

gottesdienß allda gehalten wird vnd länger nicht«; HAStK, Bestand Zunft, A 85, Amtsbuch der Malerzunft, 1696 Oktober 29; hier zitiert nach Merlo: Künstler, Sp. 769.

26 Wilhelm Ewald/Hugo Rahtgens: Die Kunstdenkmäler der Stadt Köln: (Die Kunstdenkmäler der Rheinprovinz 1, IV), Düsseldorf 1916, S. 313: St. Kunibert, Signatur auf der Rückseite »AETATIS 69, P. A. SCHMITZ F. 1749« und S. 366: St. Georg, Signatur auf der Rückseite: »P. A. SCHMITZ FECIT«.

27 Ebd. Der Zyklus bzw. das Bild mit der Darstellung der »Redenden Leiche« von 1754 ist bezeichnet mit »P. J. Schmitz fecit«. Dazu Werner Beutler: Der Brunozyklus in der Basilika St. Severin zu Köln, München/Regensburg 1993.

28 Hugo Rahtgens (Bearb.): Die kirchlichen Denkmäler der Stadt Köln: St. Gereon, St. Johann Baptist, Die Marienkirchen, Gross St. Martin, Düsseldorf 1911, S. 381. Dazu Joseph Gürtler: Die Bildnisse der Äbte von St. Martin (1622–1794) und der Pfarrer von St. Brigiden in Köln (1618–1788), in: Rheinischer Merkur, 27. September 1901, Nr. 223; Dorothee Boesler: Groß St. Martin, in: Colonia Romanica 20 (2005), S. 215–240, hier 234–239; Dorothee Boesler: St. Brigida, in: Colonia Romanica 16/17 (2001/2002), S. 154–162, hier 159–162.

29 Siehe Wagner: Bildersaal (Anm. 25), S. 246–252.

30 Hella Robels: Ein Skizzenbuch des Kölner Maler Johann Jacob Schmitz (1724–1801), in: Wallraf-Richartz-Jahrbuch 51 (1990), S. 221–240, hier S. 225, Abb. 3.

31 Stammtafel des mediatisierten Hauses Waldbott von Bassenheim, 1901, Tafel V; Herbert Schleicher: Ernst von Oidtman und seine genealogisch-heraldische Sammlung in der Universitäts-Bibliothek zu Köln, 18 Bde., Köln 1992–1999, hier Bd. 15, 1998, S. 677–695.

32 Ahlemann: Herren von Buer (Anm. 9), S. 252, Abb. 6.

33 Maria Sophias Mutter war Anna Maria Katharina von Weichs. Die Vorgängerin von Maria Sophia als Äbtissin war Maria Elisabeth Mechthild von Weichs (amtierte 1678–1712),

Das Geschlecht Waldbott von Bassenheim wird erstmals 1136 urkundlich erwähnt, es lässt sich auf eine Ortschaft namens Waldmannshausen im Westerwald zurückführen. Vorfahren von Anna Franziska sind unter anderem als Domherren in Köln oder als geistliche Frauen in Bonn nachweisbar.[34] Anna Franziska stammte aus der Linie Königsfeld, die seit 1600 als Herrschaft der Familie Waldbott gehörte.[35] Sie wurde am 17. September 1684 geboren, trat 1700 in das Kölner Kloster ein und legte am 14. November 1701 ihre Profess ab.[36] Bereits 1698/99 erscheint in den Wirtschaftsbüchern eine Kostgängerin mit Namen »Wallpot«.[37] Vermutlich handelt es sich dabei um Anna Franziska.

Wie schon ihre Vorgängerin war Anna Franziska vor ihrer Wahl zur Äbtissin von 1712 bis 1737 Schaffnerin/Procuraturorin des Klosters. Irene Gückel stellt allerdings fest, dass in ihrer Amtszeit eine »nachlässige Art der Buchführung«[38] einsetzte. Dennoch wurde sie am 14. Mai 1737 zur Äbtissin gewählt, das Protokoll ihrer Wahl ist eines von zwei erhaltenen.[39] Die Weihe fand am 21. Juni 1737 statt.[40] Das Äbtissinnenamt bekleidete sie 28 Jahre bis zu ihrem Tod am 17. Mai 1765.

Während ihrer Regentschaft gab es 1740 eine überlieferte Auseinandersetzung mit der Stadt Köln, als sich das Kloster nicht an das Verbot des freien Weinverkaufs hielt. Die Folgen waren ähnlich denen im Streit ihrer Vorgängerin mit dem Rat von 1725 bis 1727, wobei jetzt auch die Bürger der Stadt betroffen waren und zeitweise drohten, das Kloster zu plündern.[41] 1747 musste sie die Immunitätsmauer

vermutlich die Schwester ihrer Mutter. Seit 1697 ist Helena von Weichs als Priorin in St. Cäcilien nachweisbar. Sie war die Cousine von Maria Sophia; Schleicher: Oidtman (Anm. 31), Bd. 16, 1998, S. 89–91; allerdings findet sich Maria Elisabeth Mechthild von Weichs nicht in der Übersicht. Die Familie von Weichs stammt aus Bayerischem Uradel, und seit dem Anfang des 17. Jahrhunderts bildete sich eine Line in Köln aus, indem sie vom Kurfürsten und Kölner Erzbischof Ferdinand von Bayern (amtierte 1612–1650) belehnt und Mitglieder zu Oberjägermeistern ernannt wurden (Engelhard und Gaudenz von und zu Weichs). Von Beginn an strebte die Familie danach, ihre Mitglieder auch in den entsprechenden Einrichtungen und Klöstern in Köln unterzubringen; Schleicher: Oidtman (Anm. 31), Bd. 16, 1998, S. 87–89.

34 Stammtafel (Anm. 31), Tafel V.
35 Ebd.
36 Ebd., Tafel V; Niederrheinisch-westphälischer Kreiskalender, Köln 1758–1794, hier Köln 1759, S. 120.
37 Gückel: St. Maria (Anm. 3), S. 147, Fußnote 112 und S. 325, Anm. 139.
38 Ebd., S. 328.
39 Ebd., S. 132, HAStK, Best. 207 (Cäcilien), Akten 2, S. 14–28. Das zweite Protokoll handelt von der Wahl der letzten Äbtissin Aloysia Klaeber vom 26. März 1790, HAStK, Best. 207 (Cäcilien) Akten 11e, fol. 180r–183v.
40 Kreiskalender 1759 (Anm. 36), S. 120.
41 Gückel: St. Maria (Anm. 3), S. 86f., Anm. 314. Der Name Waldbott von Bassenheim findet sich bereits 1431 im Zusammenhang mit dem Koster St. Maria zum Weiher. Damals gab es eine Auseinandersetzung eines Johann Waldbott von Bassenheim, einem Vorfahren der Äbtissin Anna Franziska, mit der Stadt Köln. Stammtafel (Anm. 31), Tafel II und Schleicher:

Abb. 4: Bildnis der Maria Theresa von Dücker, nach 1790. Köln, St. Peter (Foto: Landschaftsverband Rheinland – Amt für Denkmalpflege im Rheinland, Pulheim, Viola Blumrich)

reparieren lassen.[42] Wie schon die Grabplatte ihrer Vorgängerin befand sie sich im 19. Jahrhundert in der Heiltumskammer,[43] ist aber heute verloren.[44]

c) Das Bildnis der Maria Theresa von Dücker (amtierte 1765–1790) (P3, Abb. 4)[45]

Die junge Frau steht vor einer mehrheitlich durch einen einst tief roten Vorhang verdeckten Kulisse, die seitlich von einem Säulenschaft begrenzt wird.

Oidtman (Anm. 31), Bd. 15, 1998, S. 684. Als Ort zur Beilegung des Streits diente das Kloster St. Maria zum Weiher, Gückel: St. Maria (Anm. 3), S. 51. Zur Verbindung der Institutionen St. Maria zum Weiher und St. Cäcilien: Ebd.

42 Ebd., S. 105.

43 »D. O. M. Rma et generosa Dna Anna Francisca de Walbott Bassenheim in Königsfeld, hujus perillustris collegiatae Ecclesiae ad St. Caeciliam in annum 29. Abbatissa, aetatis 81, professionis 64, obiit 17. Maji 1765«. Zur Heiltumskammer siehe Anm. 23.

44 Hugo Rahtgens (Bearb.): Die kirchlichen Denkmäler der Stadt Köln: St. Alban – St. Georg, Düsseldorf 1916, S. 191.

45 88,1 × 68,3 × 2 Zentimeter, Öl auf Leinwand.

Sie tritt hinter einem reich verzierten Tisch mit einer Marmorplatte hervor, auf dessen Vorderseite das Wappen der Familie Dücker dargestellt ist.[46] Im Unterschied zu ihren beiden Amtsvorgängerinnen hält sie den Stab nicht mehr in der Hand, stattdessen lehnt er hinter ihr an dem Säulenschaft. Ihre rechte Hand liegt auf den Hermelinhut, in der Linken hält sie ein Buch – ob Literatur oder Gebetbuch muss offen bleiben –, der Zeigefinger markiert noch die Seite, bei deren Lektüre der Maler sie gestört zu haben scheint. Vorstellbar ist, dass es sich um ein Gebetbuch handelt, welches wiederum ein Hinweis auf ihren geistlichen Stand sein kann. Der Hut liegt auf einem üppigen rot-samtenen Kissen mit Goldstickereiborte und aufwändigen goldenen Posamenten und Quasten. Wie schon bei den Porträts ihrer Amtsvorgängerinnen wurde die ursprünglich in der oberen linken Ecke aufgetragene Inschrift zu unbekannter Zeit in der Farbe des Vorhangs übermalt (heute stark verputzt) und stattdessen auf die Leinwandrückseite übertragen (vgl. P1 und P2): »Domina de Dücker S. Cäciliae abbatissa, electa 1765, obiit 1790«. Der Maler dieses Porträts ist nicht überliefert.

Maria Theresia von Dücker folgte als Äbtissin auf Anna Franziska Waldbott von Bassenheim. Das Amt übte sie von ihrer Wahl am 30. Mai 1765 bis zu ihrem Tod am 16. März 1790 aus. Ihre Familie gehörte zum limburgischen Uradel, deren Ursprünge bis an das Ende des 12. Jahrhunderts zurückreichen, erstmals urkundlich belegt ist die Familie 1220.[47] Maria Theresia gehörte im westfälischen Stamm der Familie in die Linie derer zu Ober- und Nieder-Rödinghausen.

Maria Theresia wurde am 25. Oktober 1732 geboren, ihre Profess legte sie am 28. November 1754 ab.[48] Nach knapp über zehn Jahren ihrer Zugehörigkeit zum Konvent wurde sie am 30. Mai 1765 zur Äbtissin gewählt und am 1. Juli 1765 geweiht. Das Amt bekleidete sie bis zu ihrem Tod am 16. März 1790, wobei sie bereits zwei Jahre zuvor erkrankt war.[49]

Einzelnachweise aus ihrer Regentschaft gibt es wenige, erhalten ist der Bericht über ihr Begräbnis.[50] Er gibt Auskunft darüber, dass sie in der Heiltumskammer[51]

46 Das Wappenschild der Familie Dücker trägt in weiß fünf blaue Balken. Es ist zusätzlich mit einem Helm versehen, aus dem zwei gewinkelte Arme hervorvorgehen, die eine Sonne halten. Schleicher: Oidtman (Anm. 31), Bd. 4, 1993, S. 698–704, hier S. 698. Das Oberwappen fehlt, nicht unüblich, auf dem Gemälde.

47 Genealogisches Handbuch des Adels. Adelslexikon, Bd. III, Band 61 der Gesamtreihe, Limburg an der Lahn 1975, S. 37–39, hier S. 37f. und Schleicher: Oidtman, (Anm. 31), Bd. 4, 1993, S. 699.

48 Kreiskalender 1766 (Anm. 36), S. 118.

49 Gückel: St. Maria (Anm. 3), S. 373.

50 Ebd., S. 114, Anm. 108, HAStK, Best. 207 (Cäcilien) Akten 11e, fol. 182v.

51 Vgl. Anm. 23.

aufgebahrt war und anschließend in St. Peter beigesetzt wurde. Die noch Mitte des 19. Jahrhunderts erhaltene Grabplatte[52] ist verloren gegangen.[53]

Aus dem Jahr 1766, dem zweiten Jahr ihrer Amtszeit, existiert eine Chronik des Konventes, die von Franz Carl Joseph Hillesheim, einem Kanoniker von St. Aposteln und St. Mariengraden, vom lateinischen ins Deutsche übersetzt wurde.[54]

Anhand der Rechnungsbücher aus ihrer Amtszeit lässt sich ein zunehmend gehobener Lebensstil im Kloster nachweisen, indem teure, exklusive Lebensmittel, wie zum Beispiel Spargel, Pistazien, zerlegtes Geflügel, Torten et cetera gekauft wurden. Auch finden sich Auszahlungen wie »Carnevalsgeld« an die Konventualinnen.[55]

In ihre Regentschaft fällt die Errichtung eines neuen, barocken Dachreiters, achtseitig und mit Schiefer verkleidet, der beim Bombenangriff 1943 zerstört und nicht wieder aufgerichtet wurde.[56] In ihre Amtszeit könnte auch noch die Erneuerung des Krankenhauses für die Bewohner der Klosterimmunität fallen, zumindest jedoch die Planung des Vorhabens.[57] Bei Oidtman findet sich ein Hinweis auf ein Foto mit einer Tür, auf dem das Dückersche Wappen mit Helmzier, Hut und Äbtissinnenstab mit der Jahreszahl 1787 zu sehen ist.[58] Leider lässt sich nicht nachvollziehen, um welche Tür es sich handelt.

2. *Kleider machen Leute: Die Ordenstracht*

Die drei Frauen waren allesamt Augustiner-Chorfrauen im Amt der Äbtissin, ihre Kleidung präsentiert daher sowohl den Orden als auch ihren persönlichen Rang: Um den Hals kräuselt sich eine elegante und faltenreiche Haube, über

52 »Rev. perillustris Dna Mar. Theresia Lib. Bar.de Dücker in Rödinghausen, Collegiate huj Eccl. Abbatissa; virtutum memoriam exemplum benevolentiae suique Desiderium apud omnes reliquens, ob. Anno 1790, 16. Marti, agens annum aetatis 58 profess. 35, Digts abbatialis 25«. Zitiert nach Mering/Reischert: Bischöfe (Anm. 23), Bd. 1, Köln 1844, S. 14. Als Mering diese Abschrift fertigte, befand sich die Grabplatte in der Heiltumskammer, ebd.

53 Rahtgens: Denkmäler (Anm. 44), S. 191.

54 Gückel: St. Maria (Anm. 3), S. 17, Fußnote 6; HAStK, Best. 295 (Geistliche Abteilung), H 225: »Historische Nachricht des Gottes Hauses zum Weyer genandt wie auch des noch florierenden freiedlen stiffts zu St. Cecilien binnen Cöllen. Zum gebrauch der hochwürdigen hochwohlgebohrnen frauen Mariae Theresiae freyfrauen von Dücker zu Ober- und Nieder- Roddinghausen, hochbesagten freyedelen stiffts frauen äbtissin, ins Teutsch übersetzet und verfertigt durch Franc. Car. Joseph Hillesheim, beyder rechten doctoren, canonichen deren stiffteren zu St. Apostolen, und Marien-Graden, der uralten Collnischen universitaet rectoren anno 1766«.

55 Gückel: St. Maria (Anm. 3), S. 330.

56 Ebd., S. 111.

57 Ebd., S. 108; HAStK, Best. 207 (Cäcilien), Akten 60–36, fol. 46r. In der Akte sind die Bauarbeiten und die Ausgaben für Juni 1790 eingetragen, also circa drei Monate nach ihrem Tod. So könnte zumindest die Planung des Vorhabens noch ihre Regierungszeit fallen.

58 Schleicher: Oidtman (Anm. 31), Bd. 4, 1993, S. 704. Die Recherche zu dem genannten Foto im Kölnischen Stadtmuseum, im Rheinischen Bildarchiv und beim Stadtkonservator blieb erfolglos.

Abb. 5: Linker Flügel eines Altares mit Heiligen, Niederlande, um 1515/30. Köln, Wallraf-Richartz-Museum & Fondation Corboud, Inv.-Nr. WRM 488. (Foto: Rheinisches Bildarchiv, Köln, rba_040583)

dem sie einen geformten schwarzen Schleier tragen, der innen weiß gefüttert ist. Der schwarze Chormantel ist kostbar mit Hermelin gefüttert und gesäumt (vgl. P1 und P2). Alle tragen über ihrem weißen Habit das Superpelliceum, das weiße Gewand für das Chorgebet.[59] Was bereits Joseph Braun bemerkte, ist auch auf den

59 Joseph Braun: Handbuch der Paramentik, Freiburg im Breisgau 1912, S. 103–108.

Gemälden zu sehen: »ein zwar durch seinen Faltenreichtum sehr wirkungsvolles, im Übrigen aber ganz schlichtes Gewand«.[60] Aufgrund des Bildausschnitts kann über die Länge des Chorhemdes keine Aussage getroffen werden, es dürfte aber bis zu den Knien gereicht haben.[61] Bei den Äbtissinnen auf P1 und P2 ist unter dem Habit noch ein eng an den Armen anliegendes Untergewand zu erkennen.

Neben Äbtissinnenstab und hermelinbesetztem Chormantel sind die Hüte von Bedeutung. Sie ähneln den sogenannten Kurfürstenhüten. Mit ihrem Hermelinbesatz dürften sie hier eine ähnliche repräsentative Funktion haben. Bei allen drei Darstellungen liegen sie als wesentlicher Teil der Darstellung auf einem Tisch, womit diese Bestimmung unterstrichen wird. Alle drei Frauen gehören jedoch keiner kurfürstlichen Familie an. Vielmehr dürfte es sich hier um ein Birett als Symbol ihrer geistlichen Macht handeln.[62] Bei allen drei Darstellungen ist im Detail eine vierkantige Form erkennbar. Angefangen von P1 über P2 hin zu P3 werden die vier bogenartigen Aufsätze, die von den Ecken zur Mitte verlaufen flacher. Kopfbedeckungen dieser Art finden sich auch auf den Flügeln des Altarretabels aus St. Cäcilien aus dem 16. Jahrhundert: Die Äbtissinnen Elisabeth von Reven und Elisabeth von Manderscheid tragen hier auf ihrem Schleier einen mit weißem Pelz gefütterten Hut, vermutlich ebenfalls ein Birett (Abb. 5).[63] Sowohl das Tragen der Birette über dem Schleier als auch die repräsentative Darstellung (P1–P3) als Zeichen geistlicher Macht für Äbtissinnen sind beiden Autoren kein weiteres Mal bekannt.

3. *Das Zeichen der Macht: Der Äbtissinnenstab*

Auf den drei genannten Bildnissen ist als Teil der Insignien ihrer geistlichen Macht der Stab der Äbtissinnen zu sehen. Bei allen drei Darstellungen handelt es sich offensichtlich um den gleichen Stab (Abb. 6a–c): Die Krümme wird aus einer eingerollten Akanthusranke aus vergoldetem Silber gebildet, gerahmt von feinen, silbernen Akanthusblättern, die in regelmäßigen Abständen krabbenartig auskragen. Im Zentrum erscheint auf einer kugelig ausgebildeten Konsole die Patronin des Stifts, die hl. Cäcilia, mit der Pfeifenorgel an ihrer Seite. In der rechten Hand hält sie die Märtyrerpalme. Wird der Stab im Porträt der Maria Sophia Gräfin Buer von Frankenberg (P1, Abb. 6a) in seinen Einzelformen

60 Ebd., S. 107.
61 Braun beschreibt, das das Superpelliceum im 18. Jahrhundert bis zur Mitte des Oberschenkels reichte, was für St. Cäcilien nicht zugetroffen zu haben scheint, ebd., S. 106.
62 Ebd., S. 205–207.
63 Siehe Anm. 5.

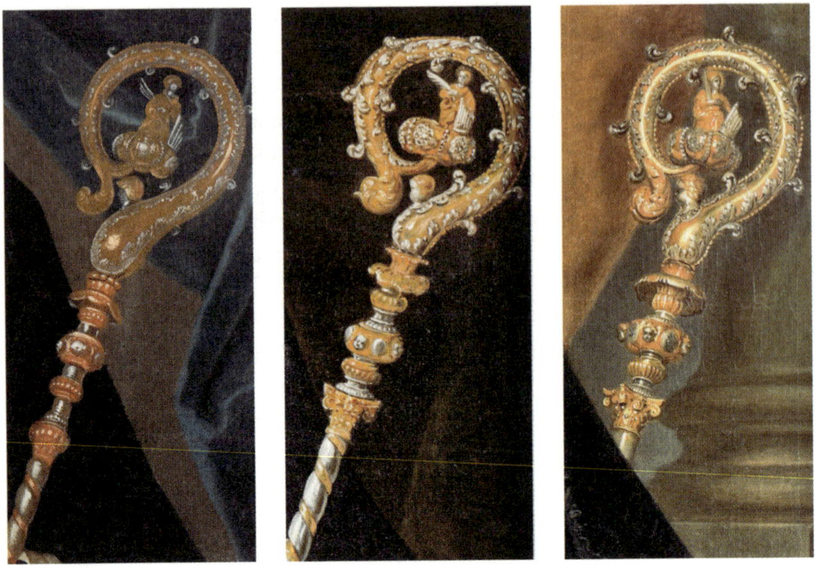

Abb. 6a–c: Der Äbtissinnenstab von St. Cäcilien, Details aus Abb. 2–4 (Fotos: Landschaftsverband Rheinland – Amt für Denkmalpflege im Rheinland, Pulheim, Viola Blumrich)

teils noch eher angedeutet, ist er im Porträt ihrer Nachfolgerin (P2, Abb. 6b) im Detail erkennbar: So umfasst die Heilige in der Krümme die Orgel mit der Linken, ein Strahlennimbus hinterfängt den Kopf. Weiter ausformuliert wird er in P3 (Abb. 6c): Die Wendung der Heiligen ist ebenso erkennbar wie die Detailbearbeitung der Orgel sowie die Ausarbeitung der Knäufe.

Der Stab zeigt einen reichen Wechsel an silbernen und vergoldeten Partien sowie eine Vielzahl unterschiedlicher Knäufe in Kapitell-, Vasen- und Knaufformen auf, der Griff ist spiralig umwickelt. Vergleichbare Werke weisen auf eine Entstehung des Cäcilienstabes um beziehungsweise kurz nach der Mitte des 17. Jahrhunderts.

So zeigen der in Augsburg geschaffene Bischofsstab für den Kölner Erzbischof Maximilian Heinrich (amtierte 1650–1688) von Johann I. Jäger aus der Zeit um 1650 oder der um 1670 gefertigte Bischofsstab des Goldschmieds Michael Freitag aus dem Regensburger Domschatz mit einer Ingolstädter Beschau die feine silberne Rahmung der Akanthusblattzier.[64] Der Regensburger Stab weist

64 Köln, Domschatzkammer, Inv. Nr. L 152; Leonie Becks/Rolf Lauer: Die Schatzkammer des Kölner Doms, Köln 2000, S. 114, Kat. Nr. 217. Regensburg, Domschatz, Inv. Nr. D 1974/31,

Abb. 7a: Godefridus Schwingler, letzter Abt von Deutz, 1786/1803, Detail aus dem Porträt. Köln, Neu-St. Heribert (Foto: Rheinisches Bildarchiv, Köln, rba_094251)

Abb. 7b: Abtstab, Köln, um 1500. Köln, Neu-St. Heribert (Foto: Rheinisches Bildarchiv, Köln, rba_014332)

dabei aufgrund des flächiges Belags der goldenen Krümme mit dem silbernen Akanthuswerk eine größere Nähe zu dem Cäcilienstab auf, gemein haben beide auch die im Zentrum stehende Büste des Patrons beziehungsweise der Patronin. Einen Hinweis auf den Entstehungsort des Kölner Stabes ergibt sich daraus dennoch nicht, vielmehr lässt sich anhand des Vergleichs die Datierung eingrenzen, die in die zweite Hälfte des 17. Jahrhunderts zu setzen ist. Ob es sich um ein Kölner Werk handelte oder um eine süddeutsche Auftrags- und Importarbeit, kann man anhand der Gemälde nicht mehr erkennen. Möglicherweise ersetzte der Stab einen früheren: Die Äbtissin Elisabeth von Manderscheid hält in dem Chorfenster von St. Peter einen spätgotischen Stab in den Armen (vgl. Abb. 1), im Zentrum die Muttergottes mit Kind auf einer Blütenvolute – vielleicht noch eine Reminiszenz an das Patronat von St. Maria zum Weiher. Die

die Edelsteinzier wurde in der Mitte des 18. Jahrhunderts hinzugefügt; Achim Hubel: Der Regensburger Domschatz, München/Zürich 1976, S. 201–202, Kat. Nr. 87, Farbtafel XIII; Günter Irmscher: Das Kölner Goldschmiedehandwerk 1550–1800. Eine Sozial- und Werkgeschichte, Regensburg 2005, Bd. 1, S. 311, Bd. 2, S. 557, Abb. 277.

Einzelformen entsprechen nicht dem späteren Exemplar, so ist davon auszugehen, dass das Kloster St. Cäcilien im Lauf des 17. Jahrhunderts einen neuen, moderneren Stab anschaffte.

Von den einst in den Kölner Stiften und Klöstern verwendeten Abts- und Äbtissinnenstäben hat allein die Rundkrümme aus St. Ursula aus der Zeit um 1480/1500 die Jahrhunderte überdauert. Sie ist aus Holz gefertigt, so entging sie wohl der Einschmelzung am Ende des 18. Jahrhunderts. Sie zeigt im Zentrum auf der einen Seite eine Schutzmantel-Madonna sowie auf der anderen Seite das ikonographische Pendant, die Patronin des Stifts als »Schutzmantel-Ursula«. Zwei Leinwandbilder aus der Zeit mit jeweils vier Bildnissen der Deutzer Äbte von St. Heribert entstanden seit der Zeit um 1650/60, fortgeführt bis 1804 (Abb. 7a).[65] Anders als bei dem Beispiel aus St. Cäcilien ist der Abtsstab, den die geistlichen Herren in den Händen halten, noch erhalten (Abb. 7b): Das Werk einer Kölner Goldschmiedewerkstatt aus der Zeit um 1500 zeigt in einer aus Silber getriebenen, reich verzierten Krümme die thronende Maria mit Kind und auf der anderen Seite die hl. Katharina. Den sechsseitigen Nodus flankieren die hll. Johann Baptist, Katharina, Maria, Margaretha, Andreas und Petrus. Die Details des mehrseitigen Nodus und der Voluten umspielten Krümme entspricht der Darstellung des Äbtissinnenstabes in dem Chorfenster von St. Peter. Auf den Porträts der Äbte von Groß St. Martin ist seit der Amtszeit von Franciscus Spix in der Mitte des 18. Jahrhunderts als Staffage des Bildraumes ein erkennbar zeitgenössischer Abtsstab mit der Darstellung des mantelteilenden Kirchenpatrons auf dem Pferd zu sehen (vgl. Abb. 12).

4. Das Bildnis der Maria Theresia Josepha von Horn-Goldschmitt (amtierte 1781/82–1802) (P4, Abb. 8)[66]

Seit dem Ende des 19. Jahrhunderts ging man davon aus, dass es sich bei diesem Bildnis um ein Porträt der Aloysia von Klaeber (amtierte 1790–1802), der letzten Äbtissin des Cäcilienklosters, handele.[67] Im Zuge der Restaurierung konnte – wie

65 Wagner: Bildersaal (Anm. 25), S. 342 f.; Robels: Skizzenbuch (Anm. 30), S. 230 f.; Martin Seidler: Der Schatz von St. Heribert, Köln 1997, S. 12.

66 88,3 × 68,7 × 2 Zentimeter, Öl auf Leinwand.

67 Eckertz schreibt dazu 1864, »daß sich in dem Pfarrhause von St. Peter die werthvollen Bildnisse von fünf Aebtissinen [sic!] von St. Cäcilia befinden: […] 5) der dom. de Kloever ultimae abbatissae el. 1790 ob. 1806«. Gottfried Eckertz: Urkunden und Actenstücke, in: AHVN 15 (1864), S. 245. Fraglich bleibt, inwieweit die Notiz zum Gemälde von Aloysia von Klaeber den Tatsachen entspricht. Möglich wäre, dass ein Porträt von ihr existierte, aber verlorenging. Ebenso muss offen bleiben, wie und unter welchen Umständen und

Abb. 8: Bildnis der Maria Theresia Josepha von Horn-Goldschmitt, nach/um 1790. Köln, St. Peter (Foto: Landschaftsverband Rheinland – Amt für Denkmalpflege im Rheinland, Pulheim, Viola Blumrich)

auch bei den anderen drei, hier vorgestellten Porträts – eine Inschrift freigelegt werden, die auf der einen Seite die Identifizierung der hier Dargestellten erhellt, auf der anderen Seite jedoch das Rätsel aufgibt, wie dieses Bild in die Reihe der Bildnisse nach St. Peter beziehungsweise St. Cäcilien kam.

Die Porträtierte erscheint lebensnah: Ein starkes Kinn und ein wacher, beinahe mahnender Blick charakterisieren sie. Ihre linke Hand liegt, locker nach einem Rosenkranz greifend, auf einem mit blauem Tuch gedeckten Tisch, auf dem auch das elfenbeinerne Kruzifix steht, welches in Variationen bereits auf den Porträts der Vorgenannten erschien. Der nicht mehr im Detail erkennbare Hintergrund wird von einem blaugrau gerafften Vorgang mit Goldborten gerahmt. Am linken Bildrand ist die Inschrift zu lesen: »Maria Theresia Josepha von Horn-Goldschmit domina magistra monasterii s. Maximini, die 6 April 1790«. Darüber befindet sich das gekrönte Wappen der Horn-Goldschmitt in

Zusammenhängen die Gemälde von Maria Theresia von Horn Goldschmitt und ihres Bruders nach St. Peter kamen.

goldener Kartusche. An der rechten unteren Bildseite (neben dem Kreuzstamm) findet sich die Signatur des Malers: »A : J : P: Horns Pinxit«, der sich mit dem Kölner Maler Johann Anton Horn identifizieren lässt. Über ihn wusste schon Merlo nicht viel zu berichten: Er soll sich am 16. Oktober 1737 in der Kölner Malerzunft eingeschrieben und im Jahr 1762 noch gelebt haben. Werke waren dem sonst gut informierten Merlo nicht bekannt.[68] Angesichts des hohen Alters, welches dieser bei Merlo genannte Horn 1790 erreicht haben müsste, ist als Künstler des Porträts vielleicht eher an einen gleichnamigen Sohn zu denken. Ob aufgrund des Namens auf eine Verwandtschaft zwischen der Dargestellten und dem Maler zu schließen ist, ist fraglich.

Der Inschrift nach handelt es sich also um die Meisterin des Augustinerinnenklosters St. Maximin (Maximinenstraße).[69] Maria Theresia Josepha von Horn-Goldschmitt (1727–13. Juli 1817) stammte aus einer Kölner Familie.[70] Ihr Bruder, Johann Philipp (1723–1796), war unter anderem Klosterkommissar von St. Maximin und seit 1764 Generalvikar des Erzbistums Köln.[71] Von der Ketten erwähnt zwei Schwestern, die Konventualinnen in St. Maximin waren: Maria Chr(istina) Josepha und Maria Theresia, erstere bezeichnet er als »Oberin«.[72] Tatsächlich sind beide als Vorsteherinnen des Klosters St. Maximin nachweisbar; Maria Christina wird von 1766 bis 1781 in den Niederrheinisch-westphälischen Kreiskalendern als Meisterin geführt.[73] Maria Theresia, offenbar die auf dem Porträt Dargestellte, hatte das Amt der Meisterin spätestens seit 1782 inne, bereits ab spätestens 1772 bekleidete sie das Amt der Prokuratorin in St. Maximin.[74]

Hermann Hüffer erwähnt die Porträts von Maria Theresia und ihrem Bruder, die sich 1881 im Pfarrhaus von St. Maria im Kapitol befunden haben sollen.[75] Möglicherweise ist der Standort nicht korrekt angegeben, denn das Bildnis des Bruders ist ebenfalls im Besitz von St. Peter erhalten (Abb. 9).[76]

68 Merlo: Künstler (Anm. 25), Sp. 422.

69 In den Niederrheinisch-westphälischen Kreiskalendern wird die Vorsteherin des Klosters als Meisterin oder Würdige Frau bezeichnet; Kreiskalender (Anm. 36).

70 Herbert Schleicher (Bearb.): Die genealogisch-heraldische Sammlung des Kanonikus Joh. Gabriel von der Ketten in Köln, 5 Bde., Köln 1983–1986, hier Bd. 2, 1984, S. 628–633.

71 Hermann Hüffer: Art. Horn-Goldschmidt, Johann Philipp von, in: Allgemeine Deutsche Biographie 13 (1881), S. 146–147 [Online-Version]; URL: https://www.deutsche-biographie.de/pnd136446604.html#adbcontent [Stand: 17.04.2020].

72 Schleicher: Sammlung (Anm. 70), S. 631.

73 Kreiskalender (Anm. 36), 1766, S. 140; 1767, S. 141; 1768, S. 101; 1769, S. 112; 1770, S. 114; 1771, S. 113; 1172, S. 75; 1773, S. 76; 1774, S. 75; 1775, S. 82; 1776, S. 74; 1777, S. 74; 1778, S. 74; 1779, S. 74; 1780, S. 74; 1781, S. 76.

74 In diesem Jahr erscheint sie zum ersten Mal als Würdige Frau im Niederrheinisch-westphälischen Kreiskalender, Kreiskalender (Anm. 36), 1782, S. 82.

75 Hüffer: Horn-Goldschmidt (Anm. 71) [Stand: 17.04.2020].

76 Schindler: Äbtissinnen (Anm. 1), S. 21–22. Eine Abbildung des Gemäldes zuletzt in: Heinz Finger: Das Erzbistum Köln Ende des 18. Jahrhunderts, in: Der Bilker Pastor Anton Josef

Abb. 9: Johann Philipp von Horn-Goldschmitt, 1790. Köln, St. Peter, Dauerleihgabe an Prälat Dr. J. Sauerborn (Foto: Tobias Kanngießer, Köln)

5. Der Ort der Bilder

Nach ihrer Restaurierung haben die Porträts einen würdigen Platz in der Sakristei von St. Peter gefunden, der gleichzeitig repräsentativen Charakter hat. Zu diesem Zweck dürften sie einst auch für St. Cäcilien geschaffen worden sein. Der genaue Ort im Kloster muss spekulativ bleiben. Denkbar sind Räume der klösterlichen Gemeinschaft, die allen Konventualinnen zugänglich waren und gleichzeitig für

Binterim, Seelsorger und Kirchenhistoriker im wiedererrichteten Erzbistum Köln. Eine Ausstellung der Diözesan- und Dombibliothek in Zusammenarbeit mit der Pfarrgemeinde St. Martin in Düsseldorf-Bilk anlässlich der 150. Wiederkehr seines Todestages (17. Mai 1855), Köln 2005, S. 71–100, hier S. 84, Abb. 10. Hier ist irrtümlich die Herkunft aus dem Besitz der Pfarrei St. Maria im Kapitol angegeben. Das Porträt befindet sich als Dauerleihgabe bei Prälat und Rector Ecclesiae von St. Cäcilien, Dr. Josef Sauerborn, Köln. Pater Friedhelm Mennekes SJ, 1987–2008 Pfarrer von St. Peter, hat diese Dauerleihgabe veranlasst, in der Annahme, es handele sich bei dem Dargestellten um einen Kanoniker von St. Cäcilien, in dessen Nachfolge Prälat Sauerborn heute an St. Cäcilien agiere.

die gesamte Gemeinschaft konstitutiven Charakter besaßen, wie zum Beispiel der Kreuzgang oder der Kapitelsaal. Für beides finden sich Äquivalente. Im Kreuzgang der Benediktinerinnenabtei Fulda finden sich überlebensgroße Porträts der Oberinnen als Gemälde, im Kreuzgang der ehemaligen Zisterziensterinnenabtei Heiligkreuzthal bei Riedlingen sind die Äbtissinnen als Wandmalereien im Kreuzgang dargestellt. Ein Zyklus mit Äbtissinnenporträts findet sich im Kapitelsaal der Klosters Medingen,[77] der damit gleichzeitig dafür steht, dass diese Tradition auch in evangelischen Gemeinschaften gepflegt wird. Auffällig sind die unterschiedlichen Maße der Bilder, die bei einer repräsentativen Hängung störend gewesen sein dürften. Die Unterschiede zwischen P1 (104 × 75,5 Zentimeter) zu P2 (101,8 × 79 Zentimeter) könnten durch die Rahmung ausgeglichen worden sein. Der große Unterschied zu P3 (88,1 × 68,3 Zentimeter) kann auch einer Anpassung an die Voraussetzungen der Wand geschuldet sein.

Das nicht zum Zyklus gehörte Porträt Maria Theresias aus St. Maximin P4 (88,3 × 68,7 Zentimeter) dürfte mit dem Porträt Johann Philipps ebenfalls repräsentativen Charakter gehabt haben, der einen entsprechenden Ort der Aufhängung, aber wohl nicht in St. Cäcilien, sondern in St. Maximin vermuten lässt. Auf beiden Gemälden findet sich eine Inschrift, die Auskunft über ihre Ämter im Kloster gibt.

Schlussbetrachtung

Alle vier Porträts sind – obgleich von unterschiedlicher Hand – von künstlerischer Qualität, insbesondere die physiognomischen Details der Dargestellten sind sicher und realitätsnah erfasst. Allen gemein ist der Wille, die Damen lebensnah als wohlwollende Vorsteherinnen ihres Konventes zu charakterisieren, die weniger repräsentativ oder machtbewusst, als vielmehr gütig und fromm erscheinen.

Dieses Bemühen um die gütige Erscheinung wird unterstrichen durch die auffallend jugendliche Darstellung der Damen. Entgegen der Realität sind sie – mit Ausnahme der Maria Theresia Josepha von Horn-Goldschmitt – als junge Frauen ins Porträt gesetzt: So war Anna Franziska Waldbott von Bassenheim (geboren 1684) zum Zeitpunkt des Gemäldes im Jahr 1741 bereits 57 Jahre alt und somit eher nicht mehr in dem jugendlichem Alter, in dem sie auf ihrem Bildnis erscheint.

Die Beigabe des Äbtissinnenstabes, der mit Hermelin besetzte Mantel und der Äbtissinnenhut weisen auf ihren hohen geistlichen Rang hin (P1–P3). Dies ist insbesondere bei Maria Sophia (P1) und Anna Franziska (P2) noch gut erkennbar,

77 Schindler: Äbtissinnen (Anm. 1), S. 19.

Abb. 10: Franziska Christine von Pfalz-Sulzbach, Johann Jakob Schmitz, um 1770. Essen-Steele, Fürstin-Franziska-Christine-Stiftung (Foto: Landschaftsverband Rheinland – Amt für Denkmalpflege im Rheinland, Pulheim, Viola Blumrich)

während der Anspruch bei dem Porträt der Maria Theresia (P3) bereits zuzunehmen scheint: Erstmals erscheint auch das Wappen prominent im Bild, der Tisch staffiert die Szenerie reich aus.

Die Porträts von St. Cäcilien gehören zu der Gattung von geistlichen Amtsporträts, die bereits seit dem späten Mittelalter in den Konventen üblich werden. Bei den erhaltenen geistlichen Amtsporträts lässt sich zwischen zwei verschiedenen Porträttypen unterscheiden: Zum einen haben sich Einzelporträts erhalten, die bei Malern in Auftrag gegeben wurden und in Anlehnung an kurfürstliche Darstellungen mit ähnlichem Anspruch entstanden. Sie dienten vorrangig der Repräsentation von Rang und Stand. Zu den überaus repräsentativen Vertretern dieser geistlichen Amtsporträts zählen unter anderem die erhaltenen Bildnisse von Maria Kunigunde von Sachsen, letzte Fürstäbtissin von Essen und Thorn (1740–1826), und ihres Bruders, Clemens Wenzeslaus von Sachsen, dem letzten Kurfürsten von Trier (1739–1812). Das machtvolle Geschwisterpaar ließ sich mehrfach von dem Koblenzer Hofmaler Heinrich Foelix (1732–1803) im herrschaftlichen Stil porträtieren.[78] Die erhaltenen Essener Bildnisse erinnern an die Herrscherdarstellung in barocker Zeit, hier allerdings in verkleinertem Format.[79] Maria Kunigunde hat sich mehrfach auf diese Weise porträtieren lassen. Im Zusammenhang mit diesen geistlichen Geschwisterporträts muss auch das Bildnis der Meisterin Maria Theresia von Horn-Goldschmidt aus St. Maximin und das ihres Bruders gesehen werden, jedoch in einer deutlich weniger repräsentativen Weise.

In monumentalem Format trat schon Maria Kunigundes Essener Vorgängerin, Franziska Christine von Pfalz-Sulzbach (1696–1776), dem Betrachter in der Residenz der Äbtissin in Essen-Steele entgegen. Der bereits genannte Kölner Maler Johann Jakob Schmitz porträtierte die gealterte Fürstäbtissin – im Jahr der Entstehung des Bildes war sie 76 Jahre alt – um 1770 gemeinsam mit ihrem Kammermohren, der den üppigen Hermelinumhang seiner Herrin im

78 Mario Kramp: »Prinzess, Ihr haltet kein Takt!« Kunigunde von Sachsen am Koblenzer Hof, in: Ders. (Hg.): Ein letzter Glanz. Die Koblenzer Residenz des Kurfürsten. Zum 200. Todesjahr des Hofmalers Heinrich Foelix (1732–1803), Koblenz 2003, S. 28–35; Birgitta Falk: Der Essener Domschatz, Essen 2009, Kat. Nr. 144, S. 302–304 (Mario Kramp). Vgl. Kölnisches Stadtmuseum, Inv. Nr. RM 1928/1237 und RM 1928/1238, RBA L 12553/1, RBA 109968; Wagner: Bildersaal (Anm. 25), S. 89; vgl. auch Porträt der Elisabeth Auguste, Kurfürstin von der Pfalz, 1771, Carl Heinrich Brandt, Kölnisches Stadtmuseum, Inv. Nr. RM1928/1236, RBA 120094; Wagner: Bildersaal (Anm. 25), S. 51.

79 Porträts der Maria Kunigunde von Sachsen, Fürstäbtissin von Essen und Thorn (1740–1826) und Clemens Wenzeslaus von Sachsen, Kurfürsten von Trier (1739–1812), Domschatz Essen, Inv. Nr. 217, 218, jeweils 67 × 50 Zentimeter, Öl auf Leinwand. Unter anderem Porträt der letzten Äbtissin von Essen, Maria Kunigunde von Sachsen, Heinrich Foelix, Koblenz, nach 1772/74, nach dem Original von Anton Graff, Essen, Ruhrmuseum, Inv. Nr. 1979/91.

Abb. 11: Bildnisse der Äbte Wiggerus und Wigo von Werden. Essen-Werden, Schatzkammer St. Ludgerus, Inv.-Nr. 13 (9/10) (Foto: Schatzkammer Werden, Aufnahme: Anne Gold, Aachen)

Bildausschnitt organisiert (Abb. 10). Im Essener Stift spielte – auch begründet in der hochadligen Abkunft der Damen – die repräsentative Darstellung von Macht und Einfluss im Bild eine vergleichbare Rolle wie bei ausschließlich weltlichen Herrschern dieser Zeit. Den kurfürstlichen Porträts vergleichbar sind auch die Bildnisse der Kölner Erzbischöfe, die seit dem 16. Jahrhundert in mehrfacher Ausführung und Variation entstanden und wohl in den Residenzen sowie Höfen aufgehängt wurden.[80]

Dem gegenüber zeigen andere Beispiele einen eher dokumentarischen Charakter. Dazu zählt vor allem die eindrucksvolle Reihe der 69 erhaltenen Abtsporträts des Benediktinerklosters Werden an der Ruhr von seiner Gründung bis zur Aufhebung 1802/03. Auf 29 Leinwänden sind in jeweils zwei oder drei Halbfigurenporträts die Amtsträger in ovalen Bildfeldern dargestellt, in unterschiedlichen Blickrichtungen, beigegeben sind ihnen Inschriften mit einer Ordnungszahl, ihrem Namen und kurzen biografischen Notizen (Abb. 11). Die Reihe wurde nach 1712 begonnen und bis zum Anfang des 19. Jahrhunderts

80 M. Joseph Gürtler: Die Bildnisse der Erzbischöfe und Kurfürsten von Köln, in: AHVN 89 (1910), S. 82–108.

Abb. 12: Abtreihe von Groß St. Martin, Köln, 1729–1806. Köln, Groß St. Martin (Foto: Stadtkonservator Köln, Dorothea Heiermann)

weitergeführt. Für die ersten 64 Porträts zeichnet der Malermönch Josef Ludger Gebhardsöder (1678–1730) verantwortlich, vier weitere malte wiederum Johann Jakob Schmitz sowie ein weiterer unbekannter Maler.[81]

Reihenporträts geistlicher Amtsträger, die oftmals von ortsansässigen Malern teils auch in mittlerer Qualität ausgeführt wurden, teils mit vorgefertigten Oberkörpern, auf die dann später das Kopfbildnis des aktuell Amtierenden hinzugefügt wurde, sind neben den genannten Beispielen aus Werden auch aus den rheinischen Klöstern in Deutz, Brauweiler, Corvey, Marienrode und Marienstatt überliefert.[82] So ist die Reihe der Deutzer Äbte aus dem 17. und der zweiten Hälfte des 18. Jahrhunderts teilweise im Original erhalten, teilweise in Kopien des Kölner Malers Hans Zepter von 1955 überliefert.[83] Die in Neu-St. Heribert erhaltenen Leinwandbilder mit insgesamt acht Abtsbildnissen belegen den einst dem Werdener Zyklus vergleichbaren dokumentarischen

81 Andrea Wegener (Hg.): Der Schatz der Abteikirche zu Essen-Werden (im Druck), Kat. Nr. 53 (Thomas Fusenig).

82 Dazu ebd.

83 Bildnisse der Äbte Paul von Frechen, Heinrich Gysen, Johann Hasert, Albert Hermans, Kopien von Hans Zepter, Köln, 1955, Kölnisches Stadtmuseum, Inv. Nr. HM 1955/78–81, RBA L 145/56*; Wagner: Bildersaal (Anm. 25), S. 304 f. Porträts der Äbte Heribert Eicks, Emil Bähren, Gottfried Schwingeler, Kopien von Hans Zepter (vielleicht nach J. J. Schmitz), Köln 1955, Kölnisches Stadtmuseum, Inv. Nr. HM 1955/82–HM 1955/84, RBA 13962*.

Charakter der Reihe.[84] Auch aus dem Benediktinerkloster Groß St. Martin sind mehrere Abtbildnisse erhalten, sie zeigen die Äbte Jakob Schorn (amtierte 1652–1674), Johannes Schlotanus (amtierte 1674–1691), Heinrich Obladen (1695–1726), Franz Spix (1741–1759) sowie die oben genannten Sebastian Schmitz (amtierte 1763–1788) und Adam Rosell (amtierte 1788–1794).[85] Besonders eindrucksvoll ist die Darstellung einer Art »Genealogie« der Äbte von Groß St. Martin, die unter anderem von Johann Jakob Schmitz nach einem Entwurf von Oliver Legipont 1729 ausgeführt und bis 1806 ergänzt und fortgeführt wurde (Abb. 12): In fünf Reihen sind die Bildnisse der Äbte zu sehen, darüber die Kirche und die Klostergebäude sowie der Gemeinschaft verbundene Heilige und Persönlichkeiten. Vermutlich stammen die beiden Bildnisse von Spix und Schmitz aus der Hand des gleichnamigen Malers, zwei Medaillonporträts stellte er 1788 der Abtei in Rechnung.[86] Dabei wurde, wie Thomas Fusenig zuletzt betonte, die Kombination aus ovalem Bildfeld, Sockel und Inschrift aus zeitgenössischen Porträtstichen übernommen.[87]

Die langen Reihen, deren ursprünglicher Anbringungsort nicht bekannt ist, dienten – im Unterschied zu den häufig großformatigen, repräsentativen, im Stil von Herrscherporträts ausgeführten Bildnissen – verstärkt der Dokumentation einer langen, bestenfalls ununterbrochenen Reihe geistlicher Amtsträger. Diese lange Folge belegte für den Betrachter zugleich die Tradition und Kontinuität der Institution, deren Vorsteher ihm dort entgegentraten. Die Äbtissinnen des Cäcilienklosters sind nur eingeschränkt als Standesporträts zu werten. Einzelne Attribute verweisen auf die geistliche Macht der Damen, standesrepräsentierende Beigaben sind jedoch insbesondere bei den ersten beiden nicht offensichtlich ins Bild gesetzt. Erst die Hinzufügung des Wappens bei Maria Theresa von Dücker unternimmt den Versuch, die Herkunft darzustellen. Entgegen den langen, oft schematischen Reihen wie in Werden und St. Heribert haben die Cäcilien-Porträts jedoch auch keinen rein dokumentarischen Charakter. Vielmehr handelt es sich um qualitativ hochwertige Darstellungen von Frauen mit Macht und Anspruch, die sich ihrer Rolle als fromme Frauen bewusst waren und dies im Bild verewigt wissen wollen, nicht zuletzt auch unter Zuhilfenahme ihrer Ordensmitgliedschaften, wie etwa bei Maria Sophia Buer von Frankenberg.

84 Wagner: Bildersaal (Anm. 25), S. 342 f.; Robels: Skizzenbuch (Anm. 30), S. 230 f. Porträtreihe der Deutzer Äbte: RBA 094245, RBA 094248, RBA 094249, RBA 094250, RBA 094251.

85 Rahtgens: Denkmäler (Anm. 28), S. 381.

86 Boesler: Groß St. Martin (Anm. 28), S. 234–236.

87 Wegener: Schatz (Anm. 81).

Exkurs: Das Stifterbild der Äbtissin Klara von Reichenstein (amtierte 1574–1581) (Abb. 13)[88]

Zum Abschluss soll noch ein weiteres Bildnis einer Äbtissin des Cäcilienstiftes vorgestellt werden, da es die erhaltenen Darstellungen der Oberinnen des Damenkonvents gewissermaßen vervollständigt. Es entstand wohl als mittelformatiges Altarretabel – möglicherweise einst als Triptychon – und zeigt die betende Äbtissin am Pult, unterhalb des Gekreuzigten in einer weiten Landschaft. Am Betpult sind ihre elterlichen Wappen der Reichenstein und Sombreffe abgebildet. Die in einen goldenen Rahmen eingefügte Inschrift rechts im Bild ist heute in ihrer Substanz stark geschädigt, gegebenenfalls teilweise falsch ergänzt, Rahtgens las sie 1929 wie folgt: »O domine Jesu Christi [sic!], adoro te in cruce pedentem. Coronam spineam in capite portantem, deprecor te, ut tua crux liberet me ab angelo percutiente. Amen«.[89] Auf dem unterhalb des Betstuhls liegenden Spruchband war zu lesen: »Vera et act(ualis) conpicta effigies reverendae et illustris D(omina) Clarae de Richenstein abbatissae ad S. Ceciliam ao 1574«.[90] Die Erwähnung der Ernennung unter Auslassung ihres Todesdatums belegt, dass das Bild bald nach ihrer Investitur entstanden sein muss.

Das Geschlecht von Reichenstein hatte seinen Stammsitz auf der Burg Reichenstein bei Puderbach im Westerwald.[91] Klara war das einzige Kind aus der Ehe Heinrichs zu Reichenstein und Margaretha von Sombreffe.[92] Sie ist die letzte aus dieser Familie, ihr Onkel Johann von Reichenstein, der letzte männliche Reichenstein, verstarb bereits 1511. Er war Domherr in Trier und Lüttich. Seine Brüder Ludwig und Wilhelm sind als Scholaster beziehungsweise Domherren am Kölner Dom nachweisbar. Ihre Tante Veronika bekleidete ebenfalls ein geistliches Amt als Äbtissin im Stift Hochelten.

Klara von Reichenstein war die dritte (bekannte) Äbtissin der Augustiner-Chorfrauen, die 1475 nach St. Cäcilien umgezogen waren.[93] Ihre Großtante, Elisabeth

88 81,5–99,4 × 68,2–70 × 1–2,5 Zentimeter, Öl auf Holz

89 Oh Herr Jesus Christus, dich, der du am Kreuz hängst und die Dornenkrone auf dem Haupt trägst, bete ich an. Ich flehe dich an, damit dein Kreuz mich befreie vom Engel des Verderbens.

90 Hugo Rahtgens (Bearb.): Die kirchlichen Denkmäler der Stadt Köln: Minoritenkirche, St. Pantaleon, St. Peter, St. Severin, Düsseldorf 1929, S. 212 f.

91 Schleicher: Oidtman (Anm. 31), Bd. 12 (1997), S. 549.

92 Zu den Ausführungen zu Klaras Familie: ebd., S. 556 f.

93 Eine Unstimmigkeit ist aufgefallen: Nach der Äbtissinnenliste bei Gückel: St. Maria (Anm. 3), S. 354, ist Elisabeth von Manderscheid 1544 verstorben. Darauf folgte Klara von Reichenstein, die der Inschrift des Porträts zufolge 1574 zur Äbtissin gewählt wurde. Zwanzig Jahre der Vakanz scheinen ungewöhnlich, zumal sich dazu nichts in den überlieferten Urkunden findet. Allerdings wird Klara bei Oidtman bereits 1548 als Äbtissin geführt, Schleicher: Oidtman (Anm. 32), Bd. 12 (1997), S. 556.

Abb. 13: Stifterbild der Äbtissin Klara von Reichenstein, nach 1574. Köln, St. Peter (Foto: Landschaftsverband Rheinland – Amt für Denkmalpflege im Rheinland, Pulheim, Viola Blumrich)

von Reichenstein (amtierte ab 1443, gestorben 1486), war die letzte Äbtissin des freiadeligen Damenstiftes St. Cäcilien. Sie hatte sich vehement gegen den Einzug der Chorfrauen und gegen die Umwandlung des Stiftes in ein Kloster gewehrt und auch ihre Verwandtschaft einbezogen.[94] Ihr Unmut darüber lässt sich auch noch in ihrem Testament ablesen, in dem sie ihre Hinterlassenschaft der Pfarrkirche St. Peter vermachte. Darunter befand sich auch das von ihr gestiftete Altarbild »Madonna mit dem Veilchen« von Stefan Lochner, auf dem sie als junge Kanonissin dargestellt ist.[95] Ihre Nichte Klara wurde um 1500 geboren, das genaue Geburtsdatum ist nicht bekannt. Am 22. Februar 1574 – fast genau 100 Jahre nach der Umwandlung des Konvents – wurde sie zur Äbtissin gewählt. Das Amt hatte sie bis zu ihrem Tod am 11. Mai 1583 inne. Die Auseinandersetzung des Konventes mit ihrer Großtante werden für sie zu dieser Zeit nicht mehr von Bedeutung gewesen sein.

94 Gückel: St. Maria (Anm. 3), S. 53–73 und Kanngießer: Hec sunt festa (Anm. 2), S. 36–43.
95 Gückel: St. Maria (Anm. 3), S. 70; Kanngießer: Hec sunt festa (Anm. 3), S. 38; Surmann: Madonna (Anm. 4), S. 21.

Von »Honvlez« zum »Baron von Hüpsch«

Die (auto)biographischen Metamorphosen eines Kölner Sammlers im 18. Jahrhundert

von Gudrun Gersmann

1. Eine biographische Spurensuche

»Ich würde von Köln nichts gesagt haben, wenn ich das Natural- und Seltenheitskabinett des Freiherrn von Hüpsch überginge [...], das schon bei der Hausthüre seinen Anfang nimmt, und beim obersten Speicherloch sich endiget. Alle Zimmer, alle Gänge, alle Winkel sind vollgepropfet; überall, wo man sich nur hinwendet, sieht man Merkwürdigkeiten aus allen Reichen der Natur, Antiken, Vasen, Grabsteine, Mineralien, Konchylien, Vögel, Waffen, Trachten, Manuskripte, Kodizes, Edelgesteine, Seegewächse, Gemälde, Kupferstiche, Handzeichnungen etc., aber auch alles durcheinander, auch sogar die Küche ist nicht frei davon«.[1]

Mit diesen Worten beschrieb Johann Gregor Lang, katholischer Pfarrer in Koblenz und Autor einer viel gelesenen »Reise auf dem Rhein von Andernach bis Düsseldorf«,[2] im Jahre 1790 einen Besuch im Kabinett des so genannten Freiherren von Hüpsch, den heute in Köln fast niemand mehr kennt. Sein Zeitgenosse Ferdinand Franz Wallraf hat ihm längst den Rang abgelaufen und ist in der öffentlichen Wahrnehmung ungleich präsenter als der Sammler »von Hüpsch«. In seiner Zeit aber war Jean Guillaume Adolphe Fiacre Honvlez alias »Baron Adolf von Hüpsch« (1730–1805) eine prominente Figur in einer Stadt, die im späten 18. Jahrhundert den meisten Zeitgenossen als Inbegriff von Chaos, Düsternis und Rückständigkeit galt. Die Mauern der Stadt Köln hatten im Mittelalter circa 45.000 Einwohner umschlossen. Beim Einmarsch der Franzosen in die freie Reichsstadt im Oktober 1794 lebten hier hingegen nur noch etwa 40.000 Menschen in offenbar oft prekären Verhältnissen.[3] Die

1 Joseph Gregor Lang: Reise auf dem Rhein, II. Theil, Reise auf dem Rhein von Andernach bis Düsseldorf, Koblenz 1790, S. 243.
2 Zu Lang Wolfgang Schütz: Koblenzer Köpfe. Personen der Stadtgeschichte, Mülheim-Kärlich 2002, S. 220 f. (Art. Lang, Joseph Gregor).
3 Johann Georg Heinzmann: Beobachtungen und Anmerkungen auf Reisen durch Deutschland. In Fragmenten und Briefen, Leipzig 1788, S. 72.

über Köln publizierten Reiseberichte übertrafen sich förmlich in ihren Negativurteilen, egal, ob diese auf eigener Anschauung beruhten oder schlicht aus anderen Werken abgeschrieben worden waren. Nichts als »elende verbaute Häuser – krumme, enge und schmutzige Straßen« habe er in Köln gesehen, so schrieb beispielsweise der anonyme Autor einer »Reise von Mainz nach Kölln im Frühjahr 1794 in Briefen«.[4] »Nirgends wird die Erwartung des Reisenden mehr getäuscht, als in dieser ehemals so blühenden und mächtigen Reichsstadt«, äußerte sich in gleicher Tonart der aus Mainz gebürtige Ferdinand Ochsenheimer in seinen ebenfalls ohne Verfasserangabe gedruckten »Streifereien durch einige Gegenden Deutschlands« aus dem Jahre 1795.[5] Zu den schärfsten Kritikern der Rheinstadt zählte auch der berühmte Publizist Ernst Moritz Arndt, der zu Beginn des 19. Jahrhunderts aus seinem Abscheu keinen Hehl machte: »Der finstere Zunft- und Pfaffengeist hat hier bis auf unsere Tage gespukt, da es selbst in den finstersten Ländern anfing heller zu werden, und Kölln stand gleichsam allein unter den rheinischen Städten als die häßlichste Reliquie des Mittelalters da«.[6]

Selbst wenn man davon ausgeht, dass sich solche Bemerkungen durch ihren Wiederholungscharakter allmählich zu nicht mehr hinterfragten Topoi entwickelten, die ex post mit bewusster Distanz und gebotener Vorsicht gelesen werden sollten, so sprechen andererseits viele Belege dafür, dass die Stadt Köln in den 1780er und 1790er Jahren tatsächlich keinen Leuchtturm der Moderne, kein Zentrum der »Lumières« darstellte. Der Kreis der Fortschrittlichen, die sich in Lesegesellschaften der Lektüre aufgeklärter Werke widmeten, war überschaubar: Wenn man der Darstellung des Dresdner Historikers Gerd Schwerhoff in seinem Band zur Kölner Stadtgeschichte folgt, dann hat es in der Domstadt im späten 18. Jahrhundert vor allem zwei »Fixsterne am Himmel der Aufklärung« gegeben: Neben Ferdinand Franz Wallraf nämlich den eingangs genannten »Baron von Hüpsch«, der als Arzt, Naturforscher, Polyhistor, Literat und Sammler ein beeindruckendes Oeuvre und Erbe hinterlassen hat.[7]

4 Anonymus: Reise von Mainz nach Kölln im Frühjahr 1794 in Briefen. Nebst Beilagen, die Franzosen in Deutschland, den D. Bahrst in Marschlinz und den Pater Simplicianus Haan in Kölln betreffend, Köln 1795, S. 195.

5 Ferdinand Ochsenheimer: Streifereien durch einige Gegenden Deutschlands, Leipzig 1795, S. 289.

6 Ernst Moritz Arndt: Reisen durch einen Theil Teutschlands, Ungarns, Italiens und Frankreichs in den Jahren 1798 und 1799, Theil IV, 2. Aufl. Leipzig 1804, S. 343.

7 Gerd Schwerhoff: Köln im Ancien Régime 1686–1794, Köln 2017, S. 259–261; zu dieser Thematik vgl. auch die Darstellung von Gertrud Wegener: Literarisches Leben in Köln 1750–1850, Köln 2000, S. 61: Hüpsch sei aufgrund seiner Schriften ein »gemäßigter Aufklärer freilich im Sinne einer katholischen Aufklärung« gewesen.

Abb. 1: Bildnis des Jean Guillaume Adolphe Fiacre Honvlez, gen. Baron von Hüpsch, Kaspar Benedikt Beckenkamp, 1789. Hessisches Landesmuseum Darmstadt, Inv.-Nr. GK 383 (Foto: Hessisches Landesmuseum Darmstadt, Wolfgang Fuhrmannek)

Wer war dieser »Fixstern der Aufklärung«?[8] Die folgenden Seiten versuchen eine erste biographische Annäherung in Gestalt einer Spurensuche, die in der heutigen belgischen Provinz Luxemburg ihren Anfang nimmt (Abb. 1). Am 31. August 1730 wurde dort ein Jean Guillaume Fiacre Honvlez als Sohn des Schöffen Gérard Honvlez und der Anna Maria Kesler geboren. Über Jean Guillaumes Kindheit ist so gut wie nichts bekannt. Wir wissen allerdings, dass er nach dem Besuch des Aachener Marianums und des seinerzeit als modern geltenden Kölner Jesuiten-Gymnasiums Tricoronatum spätestens ab dem Jahr 1755 Rechtswissenschaften, Medizin und Naturwissenschaft an der Kölner Universität zu studieren begann. In flüchtigen tagebuchartigen Notizen hat Hüpsch seine Anfänge in der alten Reichsstadt festgehalten, so erfährt der Leser aus erster Hand, dass sich der junge Mann im September 1755 bei einer Kölner Witwe als Pensionsgast einquartierte, dass am 9. November desselben Jahres der erste Schnee im Rheinland fiel, und dass am 26. und 27. Dezember ein Erdbeben die Stadt erschütterte.[9]

2. *Stationen einer Sammlerkarriere*

Nach dem Studium bestritt Honvlez/Hüpsch seinen Lebensunterhalt als Verfasser wissenschaftlicher Abhandlungen und literarischer Beiträge sowie als Empfänger diverser Zuwendungen und Renten.[10] Ab Mitte der 1760er Jahre trat er schließlich öffentlich als umtriebiger Privatsammler in Erscheinung. Wie Wallraf sammelte Honvlez/Hüpsch in enzyklopädischem Geiste, mit dem Ziel der Vervollständigung einer universalen Sammlung, buchstäblich alles – Barockgemälde, Tafelbilder und Skulpturen ebenso wie griechische und römische Altertümer, Münzen, Mineralien, Elfenbeinminiaturen, Fossilien und zoologische Präparate, Edelsteine, Tierpräparate, illuminierte Handschriften, Inkunabeln, Waffen, Rüstungen und historische Textilien. Seine über Versteigerungen, Ankäufe und Tauschgeschäfte mit Sammlern aus ganz Europa erworbenen »Schätze« brachte er im Lützeroder Hof gegenüber der Johanniterkommende in der Kölner Johannisstraße unter. Wie Wallraf scheint Honvlez/Hüpsch in größtmöglicher Bedürfnislosigkeit am

8 Schon August Johann Ludwig von Wackerbarth konstatierte, dass es kaum möglich sei, in Köln »einen aufgeklärten Mann anzutreffen«, zu den wenigen Auserwählten zählte auch er nur Honvlez/Hüpsch sowie den Vikar Hardi, siehe Wackerbarth, Rheinreise, Halberstadt 1794, S. 285.

9 Universitäts- und Landesbibliothek Darmstadt, Nachlass Johann Wilhelm Karl Adolph Freiherr von Huepsch, Kasten I, Mappe 2.

10 Als erster knapper biographischer Überblick vgl. Hermann Knaus: Hüpsch, Adolf Baron, in: Neue Deutsche Biographie 9 (1972), S. 743, online verfügbar unter: http://www.deutsche-biographie.de/pnd100294065.html [Stand: 28.07.2020].

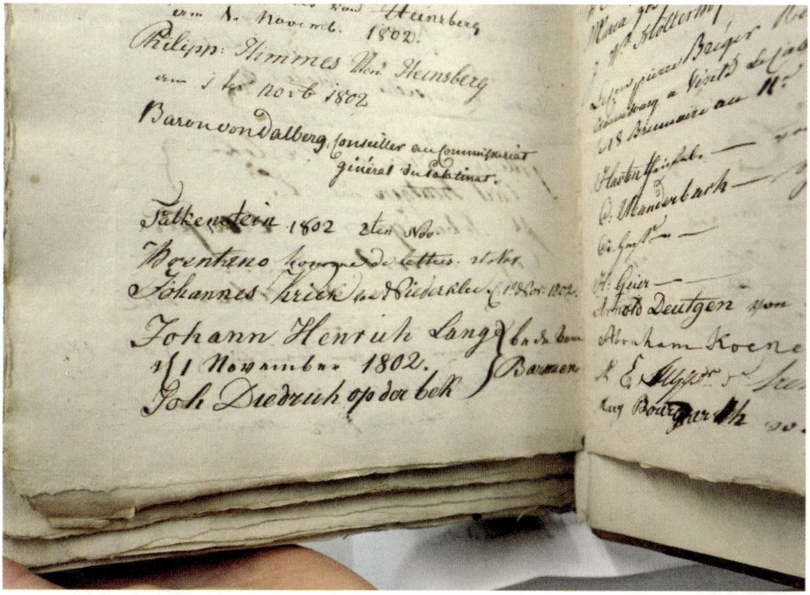

Abb. 2: Besucherbuch der Sammlung des Baron von Hüpsch, während der Restaurierung 2018, Ausschnitt einer Seite des Besuchberbuches, mit u. a. der Nennung von (Clemens) Brentano als »homme de lettres«, 1802 (Foto: TU Darmstadt, Claus Völker)

Rande des Existenzminimums gelebt und alle Einkünfte seiner Sammelleidenschaft gewidmet zu haben. Wie bei Wallraf waren nahezu alle Zimmer seines Hauses mit seinen ungeordneten, alle Räumlichkeiten sprengenden Sammlungen gefüllt.[11] Wie Wallraf war Honvlez/Hüpsch unablässig auf der Suche nach potenten Unterstützern und Gönnern wie dem Pfälzer Kurfürsten Karl Theodor, die seine Tausch- und Kaufaktivitäten finanzieren konnten.[12]

Schon wenige Jahre nach dem Beginn seiner Sammlerkarriere war Honvlez/Hüpsch zu einem äußerst aktiven und europäisch, wenn nicht sogar außereuropäisch breit vernetzten Mitglied der internationalen Sammlerszene des

11 Der Baron von Hüpsch sei »unverheurathet«, das Kabinett »mit Naturalien und Kunstsachen angefüllt; doch soll nicht die strengste Ordnung dort herrschen, vielleicht aus Mangel an Raum«, diese anschauliche Beschreibung lieferte Johann Moritz Schwager: Bemerkungen auf einer Reise durch Westphalen, bis an und über den Rhein, Leipzig 1804, S. 145.

12 Knappe Zusammenfassung der Lebensstationen des »Barons« im Beitrag von Hermann Knaus: Baron Hüpsch, in: Die Sammlungen des Baron von Hüpsch. Ein Kölner Kunstkabinett um 1800, Ausstellung des Hessischen Landesmuseums, ergänzt aus Beständen der Landes- und Hochschulbibliothek Darmstadt im Schnütgen-Museum Köln, 10. August bis 18. Oktober 1964, Köln 1964.

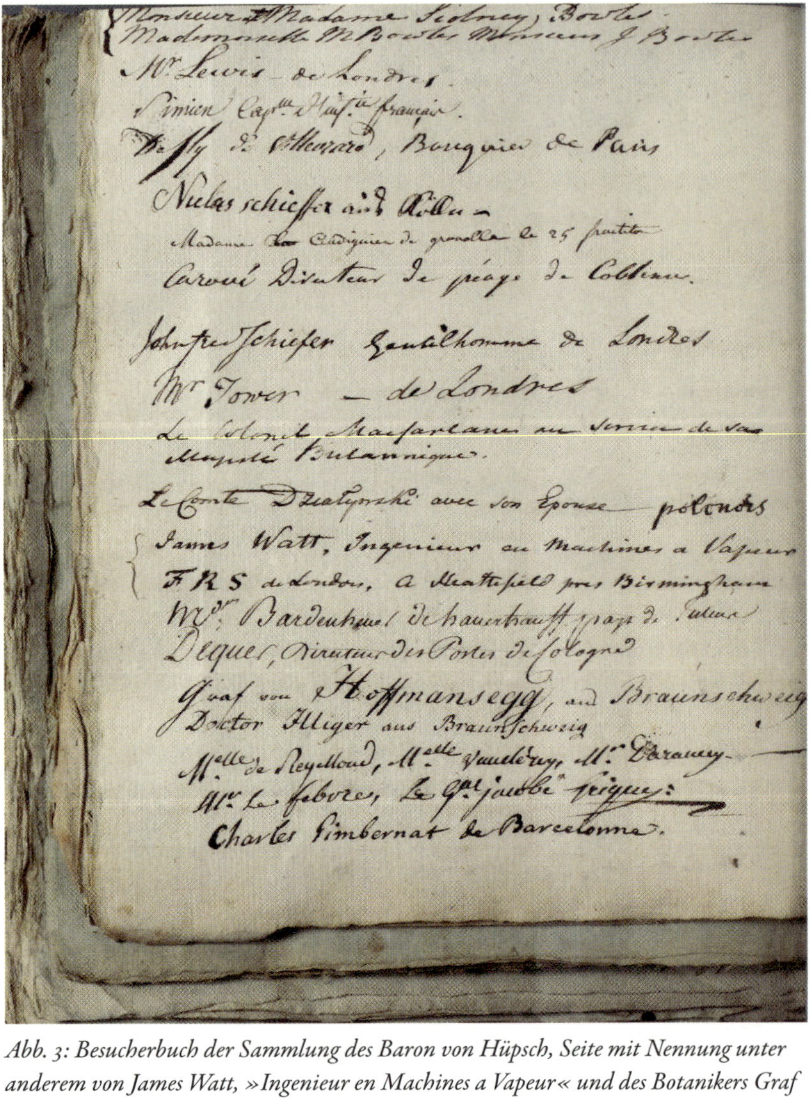
Monsieur et Madame Sidney Bowles
Mademoiselle M Bowles Monsieur J Bowles
Mr. Lewis de Londres.
Simien Capne d'Huss. français.
[illegible] de Allevard, Banquier de Paris
Niclas Schieffer aus Kölln
Madame [illegible] de [illegible] le 25 [illegible]
Carové Directeur de péage de Coblence.
John Fred Schiefer Gentilhomme de Londres
Mr. Tower — de Londres
Le Colonel Macfarlane au service de sa Majesté Britannique.
Le Comte Dzialynski avec son Epouse polonois
James Watt, Ingenieur en Machines a Vapeur
F R S de London, a Heathfield pres Birmingham
Mr. Bardenheuer [illegible]
Dequer, Directeur des Postes de Cologne
Graf von Hoffmansegg, aus Braunschweig
Doctor Illiger aus Braunschweig
Mlle de [illegible], Mlle [illegible], Mr. [illegible]
Mr. Le febvre, [illegible]
Charles Simbernat de Barcelonne.

Abb. 3: Besucherbuch der Sammlung des Baron von Hüpsch, Seite mit Nennung unter anderem von James Watt, »Ingenieur en Machines a Vapeur« und des Botanikers Graf (Johann Centurius) von Hoffmannsegg, 1802. Universitäts- und Landesbibliothek Darmstadt, Hs. 3518, fol. 583v (Foto: Universitäts- und Landesbibliothek Darmstadt, Hs-3518-ii_0626)

18. Jahrhunderts aufgestiegen. Seine ausgeprägten planerischen Fähigkeiten trugen nicht unwesentlich zu seinem schnellen Erfolg bei: Honvlez/Hüpsch hat seine umfangreiche Korrespondenz mit Sammlern und Objektgebern aus aller Welt logistisch perfekt und militärisch straff organisiert: Für die zügige Bearbeitung der Anschreiben und Antworten war beispielsweise ein eigens engagierter hauptberuflicher Schreiber zuständig. In zahlreiche Sprachen – vom Französischen über das Englische bis ins Lateinische und Hebräische – übersetzte Standardvordrucke ermöglichten und erleichterten die Kontaktaufnahme mit Sammlern und gelehrten Sozietäten von Bonn bis Brüssel und von Paris bis Batavia.[13]

Bei so viel leidenschaftlichem Engagement konnten Erfolg und Bekanntheit nicht lange ausbleiben: Schon in den 1770er Jahren hatte sich das Kabinett des Honvlez/Hüpsch in Köln, aber auch weit über die Kölner Mauern hinaus, zu einem Publikumsmagneten entwickelt. Von da an gehörte ein Besuch der Sammlung Hüpsch eigentlich zum Pflichtprogramm eines jeden Kulturreisenden im Rheinland.[14] Das im Nachlass erhalten gebliebene Gästebuch mit der akribischen Verzeichnung aller Besucher enthält 15.000 Eintragungen: Unter den Besuchernamen figurieren Wilhelm von Humboldt, Clemens von Brentano, Friedrich Schlegel, der Freiherr vom Stein sowie zuletzt noch Napoleons Gattin Joséphine (Abb. 2–3).[15]

Schon früh muss das Kabinett bereits wie eine Art öffentliches Museum organisiert gewesen sein: Honvlez/Hüpsch nahm zumindest zeitweise Eintrittsgelder für die Besichtigung seiner Sammlungen und hatte seine Haushälterin Mechthild Happertz zur kundigen Museumsführerin ausgebildet. Den an seiner Sammlung Interessierten begegnete er – wie in einem Artikel des von August von Kotzebue herausgegebenen Journals »Der Freimüthige« aus dem Jahre 1805 nachzulesen – auch als optisch eindrucksvolle Gestalt: »Ich schellte, ein Thor öffnete sich, ich trat in einen geräumigen Hausflur und fand mich plötzlich in einer andern Welt; vor mir stand ein gläserner Sarg mit einer Mumie; Haifische und Crocodile sperrten ihre Rachen gegen mich auf [...] Betroffen

13 Viele dieser Korrespondenzen finden sich in der Universitäts- und Landesbibliothek Darmstadt, Nachlass Johann Wilhelm Karl Adolph Freiherr von Huepsch, Kasten XIV.

14 Die zeitgenössischen Journale berichteten gerne über besonders prominente Besucher, siehe etwa einen Artikel in der Kurfürstlich gnädigst privilegirte[n] Münchner-Zeitung (Münchener politische Zeitung) vom 17. Februar 1791, S. 145, dem zu Folge der »regierende Herzog von Württemberg« inkognito mit Gemahlin und Gefolge wenige Tage das »berühmte Kabinet und die Bibliothek des Herrn Baron von Hüpsch« besichtigt hatte.

15 Universitäts- und Landesbibliothek Darmstadt, Hs 3518, Bd. 2, Digitale Sammlungen, Verzeichnis der Besucher des Kabinets des Freiherrn von Hüpsch in Köln ([Band 2]): [beinhaltet Einträge der Jahre 1791–1803] http://tudigit.ulb.tu-darmstadt.de/show/Hs-3518-ii [Stand: 29.07.2020].

ob des Spektakels blickte ich noch um mich, als eine bleiche hagere Gestalt hervortrat, mit langsamem feierlichen Schritt, mit weißem Kleid, weißem Hut, alles weiß, selbst das Haar«.[16] Von gleichem markanten Aussehen war, wie der Augenzeuge mit leicht boshaftem Unterton weiter berichtete, übrigens auch die Haushälterin: »Sie sahe aus, als habe er sie selbst in einer glücklichen Stunde aus den Schlacken seines chemischen Laboratoriums zusammengeklebt, aber die Ziegenhaar-Perücke, welche ihr so zierlich auf dem Ohre saß, war unstreitig aus der Antiquitätensammlung«.[17]

Selbst die politischen Umbrüche in der Zeit der französischen Herrschaft in Köln konnte Hüpsch relativ unbeschadet überstehen:[18] Während die »Kreuzigung Petri«, ein monumentales Spätwerk des Künstlers Peter Paul Rubens, sowie die wertvollen Bücher- und Kunstsammlungen der Kölner Jesuiten schon unmittelbar nach dem Einzug der französischen Truppen in die alte Reichsstadt im Herbst 1794 von den aus Paris geschickten Kunstkommissaren auseinander gerissen und in die französische Kapitale abtransportiert wurden,[19] gelang es dem energisch in eigener Sache agierenden »Bürger Hüpsch«, Einquartierungen in seinem Wohnhaus und Kontributionszahlungen zu verhindern.[20] Solche Zugeständnisse dürften jedoch keineswegs nur dem Ruf des Honvlez/Hüpsch als »Wohltäter der Menschenheit« geschuldet gewesen sein, wie es die diversen französischen

16 August von Kotzebue (Hg.): Der Freimüthige oder Ernst und Scherz: ein Unterhaltungsblatt, Berlin 1805, Nr. 79, Sonnabend, 20. April 1805, S. 315.

17 Ebd.

18 Als wissenschaftliche Abhandlung zur Zeit der französischen Herrschaft im Rheinland ist insbesondere einschlägig die Monographie von Klaus Müller: Köln von der französischen zur preußischen Herrschaft. 1794–1815, Köln 2005.

19 Zum »Kunstraub« siehe Bénédicte Savoy: Kunstraub. Napoleons Konfiszierungen in Deutschland und die europäischen Folgen, Wien/Köln/Weimar 2011, hier besonders S. 24–65 sowie Claudia-Alexandra Schwaighofer: col. – »ENVOI de COLOGNE«. Die Graphische Sammlung des ehemaligen Kölner Jesuitenkollegs in Paris, unveröffentlichtes Manuskript, München 2011, S. 73–197. Seit August 2018 fördert der Kölner Gymnasial- und Stiftungsfonds (KGS) ein größeres Projekt zur Erforschung und digitalen Erfassung der historischen Kulturbestände der Kölner Jesuiten. Das Gesamtprojekt wird vom Lehrstuhl für die Geschichte der Frühen Neuzeit an der Kölner Universität, dem Wallraf-Richartz-Museum und der USB Köln in jeweils unabhängigen Teilprojekten umgesetzt. Weitere Informationen zum gesamten Förderkontext im Jahresbericht des Kölner Gymnasial- und Stiftungsfonds für 2019, dort auf den Seiten 47–49, https://www.stiftungsfonds.org/wp-content/uploads/2020/08/KGSF_Jahresbericht_2019_final_Einzelseiten.pdf.

20 Vgl. dazu die Quellen in der Universitäts- und Landesbibliothek Darmstadt, Nachlass Johann Wilhelm Karl Adolph Freiherr von Huepsch, Kasten 4, Mappe 1, darunter ein Dokument vom 17 Vendémiaire An III (12. April 1795): Als Reaktion auf die Petition Hüpschs um Kontributionsbefreiung erklärte die Administration Centrale du Pays d'entre Meuse et Rhin in der öffentlichen Sitzung vom 12. April 1795 den Bürger Hüpsch aufgrund des Verlusts seines Lebensunterhalts und seiner Dienste für die Menschheit für kontributionsfrei. Gillet, Volksrepräsentant bei der Sambre- und Maasarmee, befreite Hüpsch von der Pflicht zur Einquartierung Armeeangehöriger unter der Voraussetzung, dass sein Haus künftig ganz der Hilfe für die Armen und der öffentlichen Bildung dienen solle.

Abb. 4: Beispiel für ein Objekt aus der Sammlung Hüpsch: Darbringung im Tempel, Stefan Lochner, Köln 1447. Ursprünglich in der Kölner Deutschordenskirche St. Katharinen, dann in der Sammlung Hüpsch, heute Hessisches Landesmuseum Darmstadt, Inv.-Nr. GK 24383 (Foto: Hessisches Landesmuseum Darmstadt, Wolfgang Fuhrmannek)

Schutzbriefe glauben machen wollte: Der »Baron« scheint sich das Wohlwollen der französischen Administratoren vielmehr auch durch Schenkungen von »Gegenständen aus der Naturgeschichte« und von »gedruckten Werken aus dem 15. Jahrhundert« an das Pariser »Nationalmuseum« »erkauft« zu haben.[21] In dankbarer Anerkennung seiner Leistungen als »Wohltäter der Menschheit« stellten ihm die neuen Machthaber dafür dann sogar neue größere Räumlichkeiten – im Hause eines Kölner Revolutionsemigranten – für seine Sammlungen in Aussicht.[22] Zum großen Ärger des »Wohltäters der Menschheit« waren die Umzugspläne jedoch schon kurz darauf obsolet, als den Emigranten im Jahre 1795 offiziell die Rückkehr in ihre Heimat gestattet wurde. Honvlez/Hüpsch blieb am Ende nichts anderes übrig, als seine restlichen Lebensjahre gemeinsam mit seinen Sammlungen und seiner Haushälterin in der Johannisstraße zu verbringen.

3. Von Köln nach Darmstadt – das Schicksal der Sammlung

Das geradezu manische Sammeln unseres Protagonisten forderte im Lauf der Zeit seinen Tribut. Mit zunehmendem Alter und wachsendem Umfang des Kabinetts stellte sich auch für den kränkelnden Honvlez/Hüpsch – ähnlich wie für Ferdinand Franz Wallraf – immer drängender die Frage, wo die Sammlung nach seinem Tod untergebracht werden sollte. Wie Wallraf wollte auch er sie als »ewige Stiftung zum Besten der Stadt und der niederdeutschen Provinzen« zunächst eigentlich gegen die Gewährung eines »anständige[n] große[n] Gebäude[s]« dauerhaft in Köln ansiedeln.[23] Doch im Unterschied zu Wallraf, der seine Sammlungen in Folge des berühmten letzten Testaments vom 9. Mai 1818 der Stadt Köln überantworten konnte,[24] sah sich Honvlez/Hüpsch mit dem Scheitern aller Pläne und Hoffnungen konfrontiert.[25] Aus

21 Darüber hinaus erhielt Hüpsch von den »französischen Commissaren« offenbar auch Antiquitäten und Waffen aus dem städtischen Zeughaus. Ebd., S. 376.

22 Interessant dazu der von einem ungenannten Autor verfasste Beitrag: Die Kölner Dom-Bibliothek und die Sammlung des Barons von Hüpsch, in: Neuer Anzeiger für Bibliographie und Bibliothekswissenschaft (1867), S. 373–379.

23 Dazu schon Leonard Ennen: Zeitbilder aus der neueren Geschichte der Stadt Köln mit besonderer Rücksicht auf Ferdinand Franz Wallraf, Köln 1857, S. 348.

24 Dazu haben Elisabeth Schläwe/Sebastian Schlinkheider kürzlich neue Quellen und Beiträge in digitaler Form publiziert, siehe dazu vor allem die Einleitung: »Wenn nun der Wallraf stirbt, wer wird denn dann der Wallraf?« – ein Prolog, in: Dies.: Letzter Wille mit großer Wirkung – Die Testamente Ferdinand Franz Wallrafs (1748–1824) (DOI: https://dx.doi.org/10.18716/map/00003), in: mapublishing, 2018, Seitentitel: Prolog [Stand: 29.07.2020].

25 Franz-Joseph von Bianco: Die alte Universität Köln und die spätern Gelehrten-Schulen dieser Stadt, nach archivarischen und andern zuverlässigen Quellen, Bd. 2, Köln 1855, S. 741,

Abb. 5: Ausstellung der Sammlung Hüpsch (Darmstadt) im Museum Schnütgen, Köln, 1964 (Foto: Rheinisches Bildarchiv, Köln, rba_116646)

tiefer Enttäuschung über die jahrelangen Querelen und die unentschiedene Haltung der Stadt Köln,[26] die ihm immer wieder eine Abfuhr erteilte, vermachte Honvlez/Hüpsch sein auf eine halbe Million Gulden geschätztes Kunst- und Naturalienkabinett schließlich testamentarisch dem Landgrafen Lud[e]wig X. von Hessen-Darmstadt:[27] Nach seinem Tod am Neujahrstag des Jahres 1805 wurden die kostbaren Sammlungsobjekte in 341 Kisten auf Ochsenkarren nach

zitiert eine von Hüpsch verfasste »Ausführliche Erläuterung an das unparteiische Stadtkölnische Publikum« vom September 1795, in der sich Hüpsch bitter über die Missachtung seiner Sammlungen beklagte.

26 Aus vielen Quellenzeugnissen des Nachlasses geht hervor, dass Honvlez/Hüpsch und seine Haushälterin in der Stadt nicht wohl gelitten waren, siehe Universitäts- und Landesbibliothek Darmstadt, Nachlass Johann Wilhelm Adolph Freiherr von Huepsch, Kasten II, Mappe 1: »Bescheinigung, dass Gertrud, die Frau des Vogelausstopfers Theodor Düren, am Morgen des 10. Mai 1789 auf der Johannisstraße in Köln öffentlich allerhand Schandworte gegen die Jungfer Mechthild Happertz ausgesprochen hat, nämlich, dass sie eine Hure sei und ein Hurenkind gehabt habe«.

27 Zur zeitgenössischen Berichterstattung siehe die Notiz im Intelligenzblatt der Allgemeinen Literatur-Zeitung, Nr. 27, Halle 1805, S. 221; Philipp Alexander Ferdinand Walther: Beiträge zur näheren Kenntniß der Großherzoglichen Hofbibliothek zu Darmstadt, Darmstadt 1867, S. 29f.

Darmstadt transportiert[28] und zunächst in 14 Zimmern des Darmstädter Schlosses untergebracht.[29] Ludwig X., seit dem Beitritt seines Landes zum Rheinbund 1806 Großherzog Ludewig I., übertrug die Kunst- und Naturaliensammlung im Jahre 1820 in Form einer Stiftung in das Eigentum des Großherzogs Hessen.[30] Im Laufe der folgenden Jahrzehnte entwickelte sich das Erbe des »Barons« rasch zu einer zentralen und unverzichtbaren Säule der im Entstehen begriffenen, neuen Darmstädter Museumslandschaft (Abb. 4). Bis heute sind seine Sammlungen ein Aushängeschild des Hauses: Mit den gesammelten Objekten hat das Hessische Landesmuseum in Darmstadt in der Vergangenheit verschiedene, in der Presse viel beachtete Ausstellungen organisiert, zuletzt im Jahre 2016 noch die Schau »Schicke Dame, feiner Herr. Bürgerliche Mode des 17. Jahrhunderts«, bei der das Museum die von Hüpsch einst erworbenen historischen Kostüme zeigte (Abb. 5).[31]

4. Honvlez/Hüpsch – Forschungsdesiderate und (digitales) Forschungsprogramm

Angesichts der unbestreitbaren Bedeutung der Sammlungen des »Barons« von Hüpsch ist es umso erstaunlicher, wie wenig sein Leben und Werk bis heute erforscht worden ist. Die einzige Monographie zum »Baron von Hüpsch« stammt aus der Feder des langjährigen Darmstädter Bibliotheksdirektors Adolf Schmidt und wurde im Jahr 1906 veröffentlicht.[32] Sie gilt, da sich Schmidt auf umfangreiches Quellenmaterial stützen konnte, nach wie vor als Referenzwerk.[33] Seit Schmidt wurden zum »Baron von Hüpsch«, wie er meist genannt wird, zwar immer wieder einmal (Katalog-)Beiträge aus dem Bereich der Kunst- und

28 Dieser Vorgang fand auch in den zeitgenössischen Journalen Aufmerksamkeit, siehe etwa den entsprechenden Artikel in der Allgemeine[n] Literatur-Zeitung, Intelligenzblatt, 16. Februar 1805, S. 221.

29 Dies berichtete unter anderem ein Artikel im Morgenblatt für gebildete Stände: Nr. 1, 2 (1807), S. 1180 (Stuttgart, Tübingen 1807).

30 Zum Schicksal der Sammlung nach dem Tod des Honvlez/Hüpsch siehe Theo Jülich: Jean Guillaume Adolphe Fiacre Honvlez – alias Baron von Hüpsch, in: Hiltrud Kier/Frank Günter Zehnder (Hg.): Lust und Verlust. Kölner Sammler zwischen Trikolore und Preußenadler, Köln 1995, S. 47–55.

31 Das Kölner Schnütgen-Museum zeigte schon im Jahre 1964 in Kooperation mit dem Hessischen Landesmuseum Darmstadt die Ausstellung »Die Sammlungen des Baron von Hüpsch: ein Kölner Kunstkabinett um 1800«; zum Katalog siehe Anm. 12.

32 Schon Johann Friedrich Schannat forderte in seiner Eiflia illustrata oder geographische und historische Beschreibung der Eifel (Aachen 1829, S. 239) weitere Forschungen zur Lebensgeschichte des »Barons von Hüpsch«: »Die näheren Umstände von der Lebensgeschichte dieses merkwürdigen Mannes sind wenig bekannt. Eine Biographie desselben würde gewiß sehr interessant seyn«.

33 Adolf Schmidt: Baron Hüpsch und sein Kabinett, Darmstadt 1906.

Museumsgeschichte publiziert.[34] Ungeachtet der aus diesen Studien gewonnenen Erkenntnisse bildet das Fehlen einer Gesamtdarstellung jedoch nach wie vor eine schmerzliche Lücke.

Man wird dem »Baron« sicher nicht gerecht, wenn man ihn lediglich als »schrägen Vogel«, als spleenigen, bestenfalls für Lokalhistoriker interessanten Kölner betrachtet. Aus drei Gründen scheint mir der Baron von Hüpsch für eine Erforschung der Kulturgeschichte des 18. Jahrhunderts überaus lohnenswert: *Erstens* repräsentierte Hüpsch als angesehener Sammler, Arzt, Naturwissenschaftler, Aufklärer, Reformer und Universalgelehrter eine Schlüsselfigur des späten 18. Jahrhunderts und vor allem der Zeit der französischen Herrschaft in Köln – mithin einer in der Historiographie vielfach ungeliebten historischen Übergangsphase, die nach wie vor viele »weiße Flecken« aufweist.

Zweitens lassen sich die Sammlungen des »Barons« zugleich in geradezu idealer Weise als Laboratorium für eine übergreifende Erforschung der »Sammlungsgeschichte« des späten 18. Jahrhunderts nutzen. In Anlehnung an die Arbeiten der Kunsthistorikerin Bénédicte Savoy und ihrer Mitarbeiterinnen[35] zum französischen »Kunstraub« können über den Nachlass Hüpsch exemplarisch unter anderem aktuelle Fragen der Provenienzforschung, der Restituierung von Sammlungsobjekten, der Museumsgründungen sowie des aufblühenden Kunstmarktes in der Zeit um 1800 untersucht werden. Das extravagante Auftreten des »Barons« sollte keineswegs vergessen lassen, dass sein mit beeindruckendem wissenschaftlichem Engagement zusammengetragenes Kabinett eine weit über den regionalen Raum hinausreichende Strahlkraft besaß. Dass die »provinziellen« Kölner Sammler des 18. Jahrhunderts nie den Aufstieg in die internationalen Sammlernetzwerke geschafft hätten, ist zumindest in seinem Fall definitiv nicht zutreffend. Ein Grund mehr, seinen Spuren zu folgen.

Drittens scheint mir Honvlez alias »von Hüpsch« aufgrund seiner über zahlreiche Quellen nachweisbaren Betrugsstrategien vor allem aber ein idealer Gegenstand für die Rekonstruktion einer Geschichte der Häutungen und Täuschungen zu sein, einer Geschichte der Inklusion und Exklusion, der Imagebildung, der Reputationsaneignung und der Entlarvung eines professionellen

34 Hier zu nennen wäre exemplarisch etwa Elga Böhm: Das Besucherbuch des Freiherrn Johann Wilhelm Adolph von Hüpsch aus den Jahren 1776 bis 1803, in: Hiltrud Kier/Frank Günter Zehnder (Hg.): Lust und Verlust. Kölner Sammler zwischen Trikolore und Preußenadler, Köln 1995, S. 57–76.

35 Abgesehen von der bereits zitierten Dissertation Bénédicte Savoys über den französischen »Kunstraub« im Rheinland vgl. auch Dies. (Hg.): Napoleon und Europa: Traum und Trauma. Katalog der Ausstellung in der Bundeskunsthalle Bonn, 17. Dezember 2010 bis 25. April 2011, München 2010.

biographischen »Fakens« im 18. Jahrhundert. Im Prozess der Aufdeckung solcher »Machenschaften« geht es nicht um einen Denkmalssturz: Die Verdienste, die sich Honvlez (alias von Hüpsch) um die Rettung des kulturellen Kölner Erbes erworben hat, bleiben unbestritten und sollten auch keineswegs geschmälert werden. Der Fall Honvlez alias von Hüpsch scheint mir allerdings – über den individuellen Fall hinaus – auch als Möglichkeit einer Annäherung an die Welt der Sammler und Gelehrten des 18. Jahrhunderts dienen zu können, deren spezifische Zugangs- und Verhaltenscodes sich im Verhalten des »Barons« spiegelten.

In den vergangenen beiden Jahren hatte ich selbst mehrfach Gelegenheit, den Nachlass Hüpsch in der Universitäts- und Landesbibliothek Darmstadt zu sichten.[36] Schon der rasche Blick in die 21 Archivkästen lässt den außerordentlichen Reichtum des Nachlasses erkennen, der sich als einer »der wenigen fast vollständig erhaltenen Wissenschaftlernachlässe des ausgehenden 18. Jahrhunderts« tatsächlich als eine wahre »Schatztruhe« für die Erforschung der Kultur-, Gelehrten-, Medizin- und Sammlungsgeschichte erweist: Unter den 10.000 Einzelblättern des Nachlasses finden sich beispielsweise Korrespondenzen mit Sammlern und Gelehrten aus aller Welt, Familienpapiere, Tagebuchnotizen, genaue Verzeichnisse seiner diversen Sammlungen, Ego-Dokumente, Manuskripte, Prozessakten, Rezepte, Zeichnungen und Rechnungen (Abb. 6). Im Zuge der seit dem Jahre 2018 mit Bundes-, Landes- und Eigenmitteln durchgeführten Restaurierungsmaßnahmen der in Teilen stark verschmutzten und beschädigten Quellen entdeckten die Mitarbeiter*innen im Kasten XVII zwischen handgeschriebenen Rezepten übrigens auch Ungewöhnliches, – mehrere zusammengefaltete Papierbriefchen nämlich, die jeweils eine kleine Menge weißen Pulvers enthielten: Möglicherweise haben wir es hier mit einer der von Hüpsch entwickelten geheimnisvollen Wunderarzneien zu tun, die er zu Lebzeiten über alle Medien und Vertriebskanäle zu verkaufen – oder manchmal auch zu verschenken – versuchte.[37]

36 Die Ergebnisse meiner Recherchen konnte ich bereits im Rahmen eines Morphomata-Fellowships an der Philosophischen Fakultät der Universität zu Köln im Sommersemester 2018 mit Kolleginnen und Kollegen aus verschiedenen geisteswissenschaftlichen Fächern diskutieren. Seitdem beschäftigt mich die Frage, wie eine zeitgemäße Biographie des Honvlez/Hüpsch geschrieben werden könnte: Es handelt sich um ein »work in Progress«, das in eine Monographie münden soll. Mein besonderer Dank für wichtige Anregungen gilt meinen Kollegen und Freunden Prof. Dr. Karl-Joachim Hölkeskamp und Prof. Dr. Elke Stein-Hölkeskamp!

37 Siehe zur aktuellen Aufbereitung des Nachlasses die Informationen der ULB Darmstadt unter https://www.tu-darmstadt.de/universitaet/aktuelles_meldungen/einzelansicht_227456.de.jsp [Stand: 24.07.2020]

Abb. 6: Sammlung des Baron von Hüpsch während der Restaurierung 2018 (Foto: TU Darmstadt, Claus Völker)

Bis vor kurzem stellte die Erforschung des Darmstädter Nachlasses die interessierten Forscherinnen und Forscher vor erhebliche Probleme, da die Quellen nur direkt vor Ort, in der Forschungsabteilung der Darmstädter ULB, eingesehen werden konnten. Darüber hinaus gab es keine ausführlichen Bestandsverzeichnisse zum Inhalt der 21 Kästen, in denen eben auch Manches durcheinander liegt und Papierchaos herrscht. Im Rahmen eines von der DFG geförderten Erschließungsprojekts ist der Nachlass Hüpsch zwar schon in den 1990er Jahren grob erfasst und inventarisiert worden. Viele der damals gewonnenen und dokumentierten Erkenntnisse sind heute jedoch leider nicht mehr verfügbar.[38]

38 Der beste Kenner des Nachlasses und der Hüpsch-Sammlungen dürfte Theo Jülich gewesen sein, zwischen 2013 und seinem frühen Tod im Jahre 2018 Direktor des Hessischen Landesmuseums. Jülich hat nicht nur verschiedene Ausstellungen zu Honvlez/Hüpsch organisiert, sondern in den 1990er Jahren auch ein erstes größeres Projekt zur Erschließung des Nachlasses geleitet. Vgl. den Abschlussbericht zum DFG-Förderprojekt »Erschließung des schriftlichen Nachlasses des Barons von Hüpsch (1730–1805) in der Handschriftensammlung der Hessischen Landes- und Hochschulbibliothek Darmstadt«; maschinenschriftlich.

Dank einer großzügigen Fördermaßnahme der Kölner Sigurd und Irene Greven-Stiftung konnte im Jahre 2019 allerdings das Projekt einer Digitalisierung und Erschließung des Honvlez/Hüpsch-Nachlasses auf den Weg gebracht werden.[39] Schon jetzt, ein Jahr nach Projektbeginn, sind viele der Darmstädter Quellen – von Korrespondenzen und Selbstzeugnissen bis hin zu administrativen Dokumenten, Geschäftspapieren und Rechnungsbüchern – online über das Nachweisportal Kalliope verfügbar, weitere Digitalisierungen werden bis zur vollständigen digitalen Erfassung des Nachlasses folgen.[40] Wir hoffen, damit nicht nur interdisziplinäre Forschungen zu Honvlez/Hüpsch anzuregen,[41] sondern auch neue digitale Auswertungsmethoden etwa unter dem Stichwort Netzwerkanalysen befördern zu können.

5. *Honvlez/Hüpsch – ein »Charlatan« des 18. Jahrhunderts? Biographische Befunde*

Liest man die zeitgenössischen Kommentare zu Honvlez/Hüpsch und seinem Kabinett, so überrascht die Spannbreite der Meinungen: Viele Nachrufe würdigten ihn einerseits als »braven und rechtschaffenen Baron von Hüpsch«, der zu den »Leuten erhabener Eigenschaften, edelstem Herzen, Freunden der Menschheit, Beförderern der Wissenschaft« gehört habe.[42] Andererseits hatte sich Honvlez/Hüpsch gerade in Bezug auf seine wissenschaftlichen Abhandlungen aber auch wiederholt mit scharfen Anfeindungen auseinanderzusetzen, die vom Vorwurf eines »erbarmungswürdige[n] Geschwätz[es]«[43] bis hin – ob zu Lebzeiten oder posthum – zur Charakterisierung als »Charlatan« reichten, so beispielsweise in dem im Jahre 1805 in August von Kotzebues Journal »Der Freimüthige« erschienenen Nekrolog, der mit dem lakonischen Ausruf endete: »Schade daß der Mann Charlatan war; sonst wäre er mit allen seinen Eigenheiten liebenswürdig gewesen«.[44]

39 Informationen zum Kooperationsprojekt »Digitalisierung des Nachlasses Hüpsch« unter https://neuere-geschichte.phil-fak.uni-koeln.de/en/personal/universitaetsprofessorinnen/gersmann-prof-dr-gudrun/forschung/baron-von-huepsch [Stand: 31.07.2020].

40 Kalliope ist das nationale Nachweisinstrument für Nachlässe und Autographen, erreichbar unter https://kalliope-verbund.info [Stand: 31.07.2020].

41 In zwei Workshops im Oktober 2019 und Frühjahr 2020 haben wir mit Kollegen und Kolleginnen aus der UB Darmstadt sowie aus der Philosophischen Fakultät der Kölner Universität mögliche interdisziplinäre Forschungsperspektiven zu Honvlez/Hüpsch diskutiert, dazu der Blogbeitrag von Christine Schmitt: Die virtuelle Heimholung eines »verlorenen« Sohnes: Baron von Hüpsch, https://fnzkoeln.hypotheses.org/4997 [Stand: 27.07.2020].

42 Entsprechende Lobpreisungen sind aufgeführt bei Schmidt: Hüpsch (Anm. 33), S. 13.

43 So in einem Artikel der Kaiserlich Königlichen allergnädigst privilegierten Realzeitung der Wissenschaften und Künste vom 28. Januar 1771, S. 75, nachzulesen.

44 Kotzebue: Freimüthige (Anm. 16), S. 315.

Dass ihn seine Kritiker immer wieder als »Charlatan« zu bezeichnen pflegten, wirft ex post die Frage auf, was genau im 18. Jahrhundert, und insbesondere im Bereich der gelehrten Wissenschaften, unter dem Phänotyp des »Charlatans« verstanden wurde. Erhellende Aufschlüsse liefert Gallica, das seit 1997 existierende Digitalisierungsportal der Französischen Nationalbibliothek, mit knapp 2.000 Treffern zur frühneuzeitlichen Verwendung des Begriffs »charlatan«.[45] Das erste Mal tauchte der Begriff in französischer Sprache demnach im späten 16. Jahrhundert auf und war zunächst auf unfähige Ärzte – Quacksalber – bezogen, wurde jedoch schon bald in einem übergreifenden Sinne verwendet. Dem Leipziger Gelehrten Johann Burkhard Mencke kommt wohl das Verdienst zu, den Begriff »Scharlatan« mit einer neuen Ausrichtung in die deutsche Sprache eingeführt zu haben. In den Jahren 1713 und 1715 hatte Mencke unter dem Titel »De charlataneria eruditorum« zwei Reden gehalten, in denen er die »Charlatanerie« explizit auf das Milieu der Gelehrten und Professoren ausweitete,[46] etwa zeitgleich erschien die deutsche Übersetzung unter dem Titel »Von der Charlatanerie oder Marcktschreyerey der Gelehrten«. Unter Schilderung zahlreicher Anekdoten ließ Mencke in diesen Schriften keine Gelegenheit aus, die Schwächen und Torheiten, die »Gauckeleyen« der Gelehrten, also deren vielfältige Fälschungs- und Betrugsmanöver, zu entlarven.[47] Seine Definition des »Charlatan« blieb freilich ziemlich allgemein und deckte eine große Spannbreite von Verhaltensweisen zwischen schlichter »Prahlerei« bis hin zum Gebrauch »unziemlicher Mittel« ab. Der Phänotyp des »Charlatans« bewegte sich demnach in einer Grauzone zwischen harmloser Angeberei auf der einen und kriminellen Handlungen auf der anderen Seite. Die »unziemlichen Mittel, sich Ansehen zu verschaffen«, könnte man tatsächlich mit dem modernen Begriff der Hochstapelei umschreiben, die unter bestimmten Bedingungen auch strafrechtlich geahndet wird: Dann nämlich, wenn Amtsanmaßung, Titelmissbrauch, Betrug und Urkundenfälschung ins Spiel kommen. War der Baron von Hüpsch also ein Hochstapler? Reiht er sich damit ein in die »chronique scandaleuse« des »dix-huitieme siècle«, die voll von »Charlatanen«, Abenteurern und Glücksrittern ist? Muss man ihn in einer Linie mit einem Baron von Münchhausen, einem Cagliostro, Freiherrn von der Trenck oder dem Chevalier d'Eon, der ersten bekannten »Transgender«-Figur der europäischen Geschichte, nennen? Und wenn ja, welche Motive steckten hinter seinem Handeln?

45 Benutzbar unter www.gallica.bnf.fr [Stand: 31.07.2020].
46 Johann Burkhard Mencke: De Charlataneria eruditorum declamationes duae, Leipzig 1715.
47 Ders.: Zwey Reden von der Charlataneria oder Marckschreyerey der Gelehrten, »Cosmopolis« circa 1715.

Adolf Schmidt, der erste Biograph des »Barons«, tat sich mit einer Einschätzung schwer. Die Widersprüche im Verhalten seines Protagonisten, der einerseits zweifellos als »Menschenfreund« und leidenschaftlicher Wissenschaftler charakterisiert werden konnte, andererseits aber definitiv auch ein Mann war, »der selbst vor Täuschungen, ja vor offenbaren Betrug nicht zurückschreckt[e]«, konnte er sich nur mit der »fast krankhafte[n] Eitelkeit« und »Gefallsucht« des »Barons« erklären.[48] Diese verharmlosende Interpretation verkennt jedoch das Ausmaß der bewussten Täuschungen, die Honvlez alias Hüpsch über Jahrzehnte hinweg unternommen hat. Die überlieferten Quellen lassen keinen Zweifel daran, dass sich der »Baron« mit Hilfe von Manipulationen verschiedenster Art im Laufe seines Lebens systematisch und gezielt immer wieder – den jeweiligen Umständen entsprechend – neu erfunden hat. Schon in jungen Jahren verwischte er erfolgreich die Spuren seiner bürgerlichen Herkunft, um sich dafür Schritt für Schritt eine adlige Identität zuzulegen: In phantasievoller Auslegung seiner eigenen Familiengeschichte nannte sich der junge Honvlez ab den 1750er Jahren zunächst eine Zeit lang »Johann Wilhelm Carl Adolph de Honvlez von der Ardenne«. Bis zur Mitte der 1760er Jahre hatte er seinen ursprünglichen Familiennamen Honvlez jedoch sukzessive bereits vollständig aus seinem Namen getilgt – um ab dann offiziell nur noch als »Johann Wilhelm Carl Adolph Freiherr von Hüpsch, Herr zu Lontzen, zu Krickelhausen und auf der Motte« zu figurieren. Bezeichnenderweise fiel dieser Namenswechsel genau zeitgleich mit der Eröffnung seines Kunst- und Naturalienkabinetts zusammen: Die über die ganze Welt verstreuten Objektgeber und Korrespondenzpartner des Kabinetts hatten es künftig nur noch mit dem »Freiherrn von Hüpsch« zu tun. Honvlez war im Zuge dieser Reinigungsaktion schließlich ganz von der Bildfläche verschwunden.[49]

Den skizzierten Prozess der Selbstaristokratisierung betrieb der »Baron« konsequent nicht zuletzt mit Hilfe von Urkundenfälschungen. So frisierte Honvlez alias von Hüpsch im Jahre 1766 nachträglich seinen Taufschein, indem er in dem Dokument vor seinem Namen und dem seiner Eltern und Paten eigenhändig das Adelsprädikat »de« einfügte: Die adlige Herkunft der Familie sollte damit gerade auch in den amtlichen Papieren dokumentiert werden – mit einem Federstrich war damit der »Baron *von* Hüpsch« geboren, als der er bis heute bekannt ist.[50] Auch andere Aktivitäten des »Barons« weisen in die gleiche

48 Schmidt: Hüpsch (Anm. 33), S. 13.
49 Ebd., S. 17 f.
50 Ebd., S. 21.

Richtung, so ließ von Hüpsch schon im Jahr 1774 in der bewussten Imitation adliger Vorbilder sein Grabdenkmal von Gottlieb Rautenbach aus Aachen entwerfen, während er zugleich anderen angesehenen Künstlern den Auftrag der Anfertigung von Gemälden und Kupferstichen mit seinem Antlitz erteilte.[51]

Passend zu dem selbst kreierten Adelstitel legte sich Honvlez zudem einen vornehmen, auf die römische Antike und das Geschlecht der Aemilier zurückreichenden Stammbaum zu.[52] In Bezug auf seine *persönlichen* Verhältnisse scheint er damit zugleich die Hoffnungen auf eine »gute Partie« verknüpft zu haben. In einer um das Jahr 1770 veröffentlichten Zeitungsanzeige präsentierte er sich jedenfalls als höchst attraktiver standesgemäßer Heiratskandidat von edler Geburt. »Dieser Herr ist von guter Familie und ein Baron, der ein sehr gelehrter und berühmter Herr ist, der viele Bücher geschrieben [hat] und bey vielen Fürsten in Hochachtung steht. Dieser Herr hat ein kostbares großes Cabinet, das viele tausend wert ist. Er hat dabey dereinst eine große Erbschaft zu hoffen, weil in der ganzen Familie niemand geheyratet. Er ist ein stiller, tugendsamer und frommer Herr, der von jedermann sehr beliebt, er ist kein Spieler noch Trinker, sondern seine einzige Beschäftigung ist das Studium. Das Frauenzimmer, das diesen Herrn heyrathen sollte, würde gewiss eine vergnügte Heyrath thun, weil er ein so braver, rechtschaffener und gelehrter Mann ist«.[53] Das Gesuch fand allerdings keine Resonanz, sodass es wohl bei seiner langjährigen Liaison mit der Haushälterin Mechtild Happertz blieb.

Als größter autobiographischer Coup des »Barons« von Hüpsch dürfte allerdings in den 1790er Jahren die Erschaffung eines fiktiven Biographen und die Niederschrift einer fingierten Biographie gewertet werden. Schon in den 1780er Jahren hatte Honvlez/Hüpsch immer wieder hymnische Würdigungen seiner eigenen Lebensleistung sowie seines Kunst- und Naturalienkabinetts produziert und in Umlauf gebracht. Ein solcher Beitrag erschien beispielsweise 1786 in der Bonner Zeitschrift »Literarische Ephemeriden«, um 1788 dann in französischer Sprache noch einmal von der Pariser Zeitschrift »L'Esprit des Journaux francois et étrangers« abgedruckt zu werden. Bereits zu dieser Zeit deutete sich an, dass Honvlez/Hüpsch genau wusste, mit welchen relativ simplen Mitteln Renommee gewonnen werden konnte: Man platzierte

51 Darüber berichtete ein Artikel in der Zeitung Der Anzeiger (Allgemeiner Anzeiger der Deutschen) am 8. September 1791, S. 438; siehe auch den Beitrag von Heinrich G. Lempertz: Eine Büste des Barons Hüpsch von Peter Joseph Imhoff 1768–1844, in: Wallraf-Richartz Jahrbuch 3/4 (1926/27), S. 238–242.

52 Ebd., S. 18.

53 Universitäts- und Landesbibliothek Darmstadt, Nachlass Johann Wilhelm Adolph Freiherr von Huepsch, Kasten II, Mappe, 1, Entwurf für eine Heiratsanzeige Hüpschs.

ein Eigenlob anonym oder unter einem erfundenen Verfassernamen in einem bekannten Journal – und trug dann Sorge dafür, dass dieses Eigenlob auch noch an weiteren Orten abgedruckt und zitiert wurde. Spätestens mit der Übersetzung und Veröffentlichung des Originaltextes in einer anderen Sprache war der maximale Multiplikationseffekt erzielt, da mit den damaligen Rechercheinstrumenten niemand mehr mit Sicherheit den Ursprungsautor hätte ausfindig machen können. Im Grunde ermöglichen erst die heutigen elektronischen bibliothekarischen Nachweissysteme die Aufdeckung solcher Verschleierungstechniken.

Der durch die ersten erfolgreichen Testläufe ermutigte Honvlez/Hüpsch betrieb sein »self fashioning« in den 1790er Jahren daraufhin umso energischer, wie sich im Jahre 1792 zeigte, als die Kölner Buchhändler Metternich ein ihm und seinem Kabinett gewidmetes Werk auf den Markt brachten. Als Verfasser der »Relation du fameux cabinet et de la bibliothèque rassemblés et consacrés à l'usage public par Mr. le Baron de Hupsch, membre de l'Académie imp. d'Augsbourg, de l'Académie roy. de la Rochelle, des Académies de Manheim & Munic, des Académies hollandoises de Harlem, Flessingue & d'Utrecht, de l'Académie de Batavia aux Indes orient., de l'Académie américaine des sciences & des arts, de la Société d'antiquités de Cassel, de la Société physique de Berlin & de plusieurs autres sociétés littéraires, &c« war ein gewisser C. L. De Brion aufgeführt.[54]

Gleich die ersten Zeilen der »Relation« stimmten den Leser auf den Inhalt ein: Auf keiner der Reisen, die er im Laufe seines Leben nach Frankreich, Italien und andere Länder unternommen habe, habe er, so de Brion, eine »größere, interessantere und instruktivere« Sammlung gesehen als die des Barons von Hüpsch.[55] Als Beleg für die Leistungen des Barons verwies de Brion dabei auf einen 1789 erschienenen »Catalogue imprimé des differens ouvrages de M. Le Baron de Hupsch à Cologne«, den Honvlez/Hüpsch selber zusammengestellt habe.[56] Zwei Jahre später, 1794, erschien die zweite Auflage der »Relation« mit einem detaillierten Verzeichnis der Sammlungsbestände. Wiederum fünf Jahre später ging 1799 eine neuerliche Lobrede des de Brion auf den »erlauchten, berühmten und verdienstvollen Freyherrn von Hüpsch«, der »zu den größten Männer[n]« zähle, die je auf Erden gelebt hätten, in Druck. Die Schrift

54 Als Druckorte wurden angegeben: »A Cologne sur le Rhin, chez les Libraires: Metternich près St. Colombe, Simonis rue Fetten Hennen, Haas aux quatre Vents. A Paris chez Bellin, Libraire, rue St Jacques. A Londres, chez Th. Hookham, Libraire N. 147. New Bond. Street. A Amsterdam, chez J. de Coster, Libraire in de Waemoestraat. 1792«.

55 Ebd., S. 3.

56 Dieser »Catalogue« ist jedoch nie erschienen.

trug den programmatischen Titel »Historischer und Pragmatischer Beweis der großen und vielfachen Verdienste des Freyh. J. W. C. A. Von Hüpsch um die leidende Menschheit, um die Wissenschaften, um die Künste und überhaupt um die gemeine Wohlfahrt«.[57] Auf weit über hundert Seiten teilte de Brion dem geneigten Leser Folgendes mit: Das Geschlecht derer von Hüpsch sei älter und vornehmer als viele gräfliche und fürstliche Familien. Der Baron von Hüpsch selber sei ein großer Menschenfreund, berühmter Naturforscher, Arzt, Entdecker neuer wirksamer Heilmittel und Freund der bedeutendsten Gelehrten in Europa.[58]

Umfangreiche Belege für diese Aussagen blieb Carl Ludwig de Brion seinem Publikum keineswegs schuldig. Zum einen berief er sich auf das schmeichelhafte Urteil, das schon früher der angesehene Gelehrte Karl Alexander von Schallberg über den »Baron« gefällt habe.[59] Zum anderen ließ er seiner Einleitung eine Art medizinischer Dokumentation folgen, die unter dem Titel »Erste Sammlung der schriftlichen authentischen Zeugnisse über die häufigen, meistentheils ganz unentgeltlich gemachten bemerkenswürdigen Genesungen der hartnäckigsten Krankheiten« insgesamt 220 Genesungsberichte aus der Zeit zwischen 1780 und 1794 enthielt. Ihnen zufolge hatte der begnadete Arzt von Hüpsch im Laufe seiner medizinischen Tätigkeit Heilmittel für beziehungsweise gegen fast alle schweren Krankheiten erfunden, gegen die »Fallsucht« (epileptische Anfälle) und die Gicht, gegen die Wasser-, Brust- und Bauchwassersucht und die Gelbsucht, gegen die »rote Ruhr« und die Melancholie, gegen Ohnmachten, Erbrechen und Zuckungen, gegen Reizhusten und Krebsgeschwüre, gegen »Unsinnigkeit« und Schlaflosigkeit, gegen Händezittern und Muskelkrämpfe und nicht zuletzt gegen die »verlorne monatliche Reinigung« (also das Ausbleiben der Menstruation).[60]

Die »wahren« Geschichten des Bandes folgten alle dem gleichen narrativen Muster: Nach der Beschreibung der jeweiligen Symptome wurde die in kürzester Zeit erfolgte Heilung hervorgehoben, ohne dass die Art der Behandlung

57 Der Untertitel lautete: »Welche sich derselbe durch seine häufigen neuen Entdeckungen, durch viele neue wichtige Beobachtungen, durch Vertheidigung der Religion, durch Ausbreitung nützlicher Kenntnisse, durch Beförderung der gesammten Gelehrsamkeit, durch unentgeltlich ausgetheilte Heilmittel an unzählige arme mittellose Kranken durch ganz ganz Europa, durch die Rettung so vieler Menschen, von einem augenscheinlichen und frühzeitigen Tode, und durch andere mannigfaltige und ungeheuchelte Beyspiele der menschenfreundlichsten Handlungen erworben hat, herausgegeben von Karl Ludwig Joseph von Brion, Mitglied der ökonomischen Societät zu Burghausen und andrer gelehrten Gesellschaften, Erster Theil, Dortmund und Essen bei Heinrich Blothe und Compagnie 1799«.

58 Ebd., S. 3.

59 Ebd., S. 7.

60 Ebd., S. 4 ff.

oder der Medikamente jedoch präzisiert worden wäre. Exemplarisch sei nur das Beispiel der »Elisabeth Faßbender von Buschdorf im Kölnischen« zitiert, deren »Bleichsucht, Neigung zum Erbrechen und Mattigkeit aller Glieder« durch die Rezepturen des »Barons« vollständig geheilt worden sei. Als Zeuge dafür wurde ein Abt namens Reinarz zitiert: »Die mir neulich gütigst zugeschickte Pulver sind von der bewusten Person bald völlig verbraucht, und zwar mit so gutem Erfolg, dass sie seit des Gebrauchs von keinem Paroxismus ist überfallen worden«.[61] In einem anderen Fall wurde im Jahr 1784 Pastor Leonard Meysen aus Düsseldorf zum Gewährsmann eines Genesungsprozesses erhoben: »Dass die ehrsame Jungfer Elisabetha Servas aus Düsseldorf, itze meine Pfarrgenossene, lange Zeit ohne Brodverdienst wegen den harten Zufällen der fallenden Sucht gewesen, solches bescheinige sie dadurch, dass sie schon im zweiten Jahre ununterbrochen Arzneimittel von [...] Herrn Baron von Hüpsch ganz unentgeldlich wider ihre unheilbare Fallsucht als ein Bewahrungsmittel erhalten, und Hochgemelter sie in ihrem betrübten blutlosen Zustand mit Almosen unterstützt, auch sie ferner an andere Wohltäter rekommendirt habe, dieses alles hat obengemelte mir als ihrem jetzigen Pfarrherren ausdrücklich bezeuget«.[62]

Für die Echtheit dieser Aussagen gab de Brion als verlässliche Quellen die Geheilten selbst, ihre Verwandten beziehungsweise andere vertrauenswürdige Zeitgenossen wie Ärzte, Adlige oder Geistliche an, die mit vollem Namen und, wenn möglich, auch mit Adressen und Berufen, hintereinander aufgelistet wurden: Unter den von Hüpsch behandelten Kranken oder Zeugen hatten sich demnach unter anderem ein »Johann Bernhard Constantin von Schönebeck auf Düsternau, Doktor der Arzneikunst«[63]; der Schustermeister »Johann Melchior Junger, wohnhaft auf der Aue bei Elberfeld«,[64] der Hofkammerrath Wankel[65] sowie die beiden Jungfern »Maria Luzia Zirs, genannt Himmelreich«,[66] und »Johanna von Krawawitschek« befunden.[67]

Um die Heiligsprechung des »Baron von Hüpsch« vollends »wasserfest« zu machen, bezog sich de Brion zur offiziellen amtlichen Bestätigung dieser Geschichten schließlich auf einen »Notarius publicus« namens J. P. A. Fassbender, den er mehrfach jeweils mit Datum und Unterschrift die durch ihn bewirkten Heilungsprozesse beglaubigen ließ.[68]

61 Ebd., Erste Sammlung der schriftlichen authentischen Zeugnisse, S. 3.
62 Ebd., S. 5.
63 Ebd., S. 10.
64 Ebd., S. 13.
65 Ebd., S. 22.
66 Ebd., S. 18.
67 Ebd., S. 6 f.
68 Ebd., S. 4.

Der Hinweis, dass auch viele einflussreiche Personen in ganz Europa von Hüpsch geheilt worden seien, die man aus Gründen der Diskretion aber selbstverständlich nicht nennen dürfe, rundete die Darstellung ab, die allein schon durch die Person des Carl Ludwig von Brion Glaubwürdigkeit und Seriosität beanspruchen durfte: Denn der Beschreibung seiner Vita nach handelte es sich bei ihm ja um einen respektablen Vertreter der Gelehrtenrepublik, der auf dem Titelblatt seines Werkes als Mitglied der »oeconomischen Societät zu Burghausen«, mithin der »Churfürstlich bayrischen Gesellschaft sittlich und landwirtschaftlicher Wissenschaften zu Burghausen« und anderer gelehrter Gesellschaften, ausgewiesen wurde.

Wir haben es hier allerdings mit einem beeindruckenden selbstreferentiellen Universum der Lüge zu tun: Die Tatsache, dass ein Carl Ludwig von Brion in den OPACS der Bibliotheken weltweit bis heute noch immer als Autor der erwähnten Druckwerke aufgeführt wird und sogar einen Normeintrag besitzt, macht diesen noch keineswegs zu einer realen Person.[69] Tatsächlich hat es einen solchen Carl Ludwig von Brion nie gegeben. Er war eine reine Erfindung unseres »Barons«. Unter dem fingierten Namen »de Brion« hatte Honvlez/Hüpsch sowohl die »Relation« als auch den »Pragmatischen Beweis« von der ersten bis zur letzten Seite eigenhändig abgefasst. Darüber hinaus hatte er auch selber, aus eigener Tasche, die Drucklegung finanziert und den Vertrieb übernommen.[70]

Das von Hüpsch inszenierte Theaterstück der Täuschung war in sich logisch und systematisch, zugleich modular und komplex aufgebaut: Hüpsch erfand einen imaginären Biographen de Brion, der sich seinerseits auf das Urteil eines Vorredners – des erwähnten Karl Alexander von Schallberg – berief, bei dem es sich jedoch ebenfalls um eine Phantasiegestalt handelte.[71] In einem weiteren Schritt ließ sich der kreative »Baron« seine Verdienste dann durch scheinbar echte, aber tatsächlich wohl fiktive Patienten bescheinigen, deren Aussagen als

69 Frühere Biographen haben die Erfindung des Carl Ludwig von Brion nicht durchschaut, vgl. J. J. Merlo: Artikel »Hüpsch, Adolf Baron«, in: Allgemeine Deutsche Biographie 1881, Onlinefassung: http://www.deutsche-biographie.de/pnd10024065.html [Stand 31.07.2020]: »Einen überschwänglichen Lobredner fand er an einem Franzosen C. L. J. De Brion«.

70 Schmidt: Hüpsch (Anm. 33), S. 16.

71 In keinem deutschen Bibliothekskatalog ist ein Karl Alexander von Schallberg oder Schalenberg oder Schallenberg nachweisbar. Schon Adolf Schmidt scheiterte bei dem Versuch, einen Gelehrten namens Schallberg oder Schallenberg ausfindig zu machen: »Ich habe mich nun vergebens bemüht, die Lobrede Schalberg aufzutreiben und herauszufinden, wer Schalberg und Brion eigentlich waren, und bin zuletzt auf Grund vieler einzelner Beobachtungen in Hüpschs Papieren zu der Ansicht gekommen, daß die Schalbergische Lobrede nie gehalten und veröffentlicht worden ist, daß beide Personen von Hüpsch nur erfunden waren, und dass die ganze Lobhudelei von ihm selbst verfaßt ist«. Schmidt: Baron Hüpsch (Anm. 33), S. 15.

Letztes durch einen gleichfalls fiktiven Notar zertifiziert wurden. Damit schuf er ideale Bedingungen für die unkritische Rezeption seiner Lügengeschichten, die in der Folge von gutwilligen Rezipienten als »Wahrheit« verbreitet wurden: Wie andere Autoren auch, gab Johann Christian Friedrich Bährens, Pastor und Rektor zu Schwerte in der Grafschaft Mark, in seinen 1799 im »Magazin für Westfalen erschienenen Reisebemerkungen historisch-topographisch-statistischen Inhalts« de Brions Beschreibung des Kabinetts ohne Einschränkungen an seine Leser weiter.[72] Nur wenige Zeitgenossen äußerten Zweifel an den Absichten oder der Identität des de Brion, so der unbekannte Verfasser eines Beitrages im »Kaiserlich Privilegierten Reichs-Anzeigers«, der sich nicht nur skeptisch in Bezug auf die Heilerfolge des »Barons« äußerte, sondern zugleich auch de Brions Expertise in Frage stellte: »Wer ist eigentlich der Lobredner Brion von Straßenfeld, und aus welchem Grunde oder mit welcher Absicht dient er dem B. von Hüpsch als Sancho Pansa?«.[73]

Tiefergehende Quellenrecherchen zeigen, wie raffiniert, vorausschauend und über einen langen Zeitraum hinweg der »Baron« den biographischen Betrug vorbereitet und eingefädelt haben muss. Denn Hüpsch war es schon im Jahre 1784, 15 Jahre *vor* dem Druck des »Pragmatischen Beweises«, gelungen, beim Präsidenten der »Churfürstlich bayrischen Gesellschaft« Burghausen die Aufnahme eines »Herrn v. Brion« in die Akademie und die Ausstellung einer entsprechenden Urkunde zu erwirken. Honvlez/Hüpsch hatte sich somit bereits Mitte der 1780er Jahre – quasi auf Vorrat – einen virtuellen Biographen erschaffen, den es zwar nur auf dem Papier gab, dem aber durch die offiziell registrierte Aufnahme in die Burghausener Akademien eine leibliche Existenz verliehen wurde. Fortan diente die scheinbar korrekte und unanfechtbare Urkunde als unbestreitbarer Beleg für die Verdienste de Brions, die im weiteren Verlauf dann dem »Baron« als Beleg für die Wahrhaftigkeit seiner eigenen biographischen Darstellung dienen konnten.[74]

Diese Techniken entsprechen den von Anthony Grafton beschriebenen Täuschungspraktiken, deren Erfolg auf einer Mixtur aus echten und falschen Nachrichten beruhten: Erfundene Geschichten wirkten umso glaubwürdiger, wenn sie zumindest mit einigen wenigen »echten« Partikeln untermauert werden

72 Ebd., S. 8f.
73 Kaiserlich privilegierter Reichsanzeiger (1801), S. 2027.
74 Schmidt: Baron Hüpsch (Anm. 33), S. 16. Schon Schmidt hatte anhand seiner Quellenrecherchen festgestellt, dass Hüpsch die Entwürfe der »Relation« und des »Beweises« des angeblichen de Brion selbst verfasst hatte, darüber hinaus hatte Hüpsch – einer in seinem Nachlass vorliegenden Quittung zu Folge – den Druck des »Beweises« in der Metternichschen Druckerei in Köln auch selbst bezahlt.

konnten. Auf den skizzierten Fall bezogen, war es ja so, dass die reale Präsenz der Akademie Burghausen über jeden Verdacht erhaben war – wer hätte vermutet, dass es sich bei de Brion um eine Phantasiegestalt handelte?

Warum diese vielen Fälschungen und Täuschungsmanöver? Warum eignete sich Hüpsch einen Adelstitel und vornehmen Stammbaum an? Warum erfand er einen Biographen? Warum ließ er sich als Wunderheiler feiern? Welchen Adressatenkreis hatte er dabei im Blick? Und, damit zusammenhängend: Welches symbolische – und vielleicht auch ökonomische – Kapital, um mit Pierre Bourdieu zu sprechen, versprach er sich aus solchen Täuschungsakten? Eine Antwort auf diese Fragen liefert vielleicht noch einmal der Rekurs auf die Verwendung des Begriffs »Charlatan«: Wenn man rekonstruieren will, was den »Charlatan« ausmacht, beziehungsweise, unter welchen Rahmenbedingungen »Charlatanerie« »praktiziert« werden kann, stößt man in etwa auf folgendes Szenario: *Erstens* muss es für den »Charlatan« Gründe, starke persönliche Antriebskräfte, geben, zu prahlen und/oder sich »unziemlicher Mittel« zu bedienen, also zu lügen, zu betrügen oder sich gar eine falsche Identität anzueignen. Zugleich ist *zweitens* aber ein Umfeld notwendig, in dem sich solche manipulativen Akte überhaupt vollziehen können. Der »Charlatan« oder Hochstapler ist nie allein, nie Einzelspieler, er braucht den Adressaten, den er bei seinen Bedürfnissen »packen« muss. Nur dann ist er – auch langfristig – erfolgreich, nur dann gelingen seine Manöver, wenn er ein feines Sensorium dafür hat, wie sein Gegenüber beziehungsweise das Milieu, in dem er reüssieren will, »funktioniert«, psychologisch gestrickt ist.

Es gibt – nachvollziehbarer Weise – keine Selbstzeugnisse, die zur Auskunft herangezogen werden könnten: Meines Wissens hat sich Hüpsch nie über seine Motive und Manöver geäußert. Da er für seine diversen Manipulationen andererseits aber auch nie zur Rechenschaft gezogen wurde, fehlen auch solche Quellen. Die strategische Verwendung der fingierten biographischen Texte und gefälschten Titel lässt allerdings klar erkennen, welche Ziele der »Baron« verfolgte und welches Zielpublikum er erreichen wollte. In manchen Fällen veröffentlichte er etwa unter diversen Pseudonymen in verschiedenen europäischen Journalen Lobreden auf seine eigene Person, die sich durch ein umsichtiges und zielstrebiges Veröffentlichungsmanagement schnell weiterentwickelten: So publizierte er etwa anonym im Jahre 1786 in der Bonner Zeitschrift »Literarische Ephemeriden« einen äußerst positiven Bericht über die in den Sammlungen des »Herrn Baron von Hüpsch in Köln« vorhandenen »Seltenheiten«. Zwei Jahre später, 1788, erschien eine erweiterte Fassung in französischer Sprache unter dem Titel »Recueil d'observations sur quelques raretés [...] qui se trouvent dans les collections d'ouvrages de la nature & de l'art possédées par M. le baron de Hupsch«, die Honvlez/Hüpsch gleich nach dem Druck quasi allen Reiseschriftstellern, die seiner Kenntnis nach über Köln und das Rheinland berichteten, zukommen ließ – verbunden mit der Aufforderung, die Lobreden auf ihn und sein Kabinett doch bitte direkt weiter zu verwenden. In vielen Fällen funktionierte diese Strategie, indem die so Angesprochenen – wie der Schriftsteller von Wakkerbart – unverändert die von Hüpsch gelieferten, angeblich von de Brion stammenden Textpassagen schlicht übernahmen, natürlich ohne auf den Ursprungsautor zu verweisen. Auf diese Weise trugen sie zur stetigen Ruhmvermehrung des »Barons« bei,[75] der seine fingierte Biographie als Entrée in die Akademien und gelehrten Gesellschaften seiner Zeit zu nutzen wusste, indem er die »Relation« und den »Pragmatischen Beweis« standardmäßig – praktisch wie ein Gütesiegel – seiner Korrespondenz mit den gelehrten Institutionen und potentiellen Objektgebern beilegte. Dass er sich über seinen Biographen de Brion in diesem Zusammenhang sogar den zweiten Platz in der Gelehrtengeschichte der Menschheit – gleich hinter Gottfried Wilhelm Leibniz – zuerkennen ließ, unterstreicht seine Absicht, sich an den für ihn relevanten »Schnittstellen« als brillanter Gelehrter und Sammler zu präsentieren und entsprechend wissenschaftlich nobilitiert zu werden: Dies war eine unerlässliche Voraussetzung für gelingende Sammler- und Tauschgeschäfte. Erst die Konstruktion einer beweisbaren Identität als Adliger, als Gelehrter, als Wohltäter und als erfolgreicher Arzt verschaffte ihm die Reputation, die er in der von Konkurrenz geprägten Sammlergemeinschaft und den gelehrten Institutionen des späten 18. Jahrhundert zur Erweiterung seiner Sammlungen brauchte.[76]

Vor diesem Hintergrund verwundert es nicht, dass Honvlez/Hüpsch auf dem Titelblatt seines im Jahre 1789 in Köln erschienenen Werkes »Neue Entdeckung eines wohlfeilen, wirksamen und sichern Mittels wie alle Verstorbene Menschen zu behandeln sind, um darunter die scheinbar Todten wieder zum Leben zu bringen, zum Besten der Menschheit bekannt gemacht« gleich mehr zehn Mitgliedschaften in angesehenen gelehrten Gesellschaften aufführte: Die

75 Schmidt: Hüpsch (Anm. 33), S. 7.

76 Ein Element dieser Strategie bestand darin, in den zeitgenössischen Journalen Berichte über die ihm zu Teil gewordenen Ehrungen unterzubringen, erwähnt sei diesbezüglich zum Beispiel eine Notiz im »Wienerblättchen« von 1750, S. 35: »Der Ruhm von den vielen Verdiensten um die Menschheit und um die Wissenschaften des Hrn. Baron von Hüpsch in Kölln am Rhein, hat sich sogar ausser unserm Europa ausgebreitet und ist in andre Welttheile übergegangen. Die Akademie der Künste und Wissenschaften von Batavia in Ostindien hat den unermüdeten Eifer und rühmlichen Bemühungen des gemeldeten Herrn Baron von Hüpsch erfahren, und hat denselben zu ihrem Mitgliede erwählt, und ihm das Diplom über hiesige Stadt zugeschickt«.

Akademien in Augsburg, La Rochelle, Mannheim und München figurierten in dieser Liste ebenso wie die gelehrten Gesellschaften in Batavia, Harlem, Utrecht, Kassel, Berlin und Burghausen.[77]

Mit den geschilderten Manövern setzte Honvlez alias Hüpsch einen Kreislauf in Gang: Mit Hilfe erschlichener Prädikate erlangte er Reputation und Zugang in die gelehrten Milieus. Hatte ihn erst einmal eine Akademie aufgenommen, war er für weitere Ehrungen prädestiniert, die in der Regel auch nicht lange auf sich warten ließen. Die schon früh betriebene Strategie der Selbstvermarktung mit »unziemlichen Mitteln« funktionierte, und je höher er stieg, desto geringer wurde die Gefahr einer Entlarvung. Auch wenn die einen oder anderen ihn Charlatan nannten: Die Tarnung flog letztlich nicht auf, Honvlez blieb der »Baron von Hüpsch« bis zu seinem Tod. So muss das Fazit wohl lauten: Mundus vult decipi.

77 Hüpsch wollte Scheintote durch ein »electrisiren« der Körper wieder zum Leben erwecken: Das Münchener Intelligenzblatt berichtete in der Ausgabe vom 30. Juni 1792 (S. 203) ausführlich über seine diesbezüglichen Versuche: »Herr Baron von Hüpsch gab schon vor 20 Jahren in Köln eine Behandlungsart, sich von der Gewißheit des Todes zu versichern, heraus, worauf man aber zu selber Zeit, weil es noch kein allgemeines Bedürfnis war, wenig oder gar nicht achtete, wie es gemeindlich auch den besten Schriften, die zur Unzeit erscheinen, ergeht. Itzt aber erneuerte er in deutscher und französischer Sprache seine neue Methode, sich von der Gewißheit des Todes zu versichern, und scheinbar Verstorbene ins Leben zu bringen, und scheint nunmehr damit, weil alles aufhorcht, viel mehr Eindruck zu machen. Sein Vorschlag besteht hauptsächlich darin, daß man die Verstorbenen, ehe man zum Begräbnis schreitet, elektrisiren soll«.

Wer zahlt für welche Schule?

Bildungskosten der höheren Schulen Kölns im 19. Jahrhundert

von Joachim Deeters

In den kürzlich erschienenen Bänden der großen Kölner Stadtgeschichte von Jürgen Herres[1] und Thomas Mergel[2] findet man wenig zum Thema Höhere Schulen. Das ist kein Vorwurf an die Autoren. Aber die reiche Kölner Geschichte bietet doch immer wieder Besonderheiten, die zu erinnern lohnend ist, so auch auf dem Feld des höheren Schulwesens.

Zuvor ein Rückblick: Elementarschulen beziehungsweise Grundschulen waren im Ancien Régime vornehmlich Aufgabe der Kirche und wurden durch sie finanziert.[3] Die auf ihnen aufbauenden weiterführenden öffentlichen Schulen mussten sich grundsätzlich selbst erhalten. Letztere taten das aus 1. ihrem Vermögen, 2. dem Schulgeld ihrer Zöglinge und 3. Stiftungen. Sie ersetzten am ehesten das Schulgeld. Je größer das Vermögen und die Stiftungen, desto besser war die Schule in ihrem Lehrangebot und ihrem Lehrpersonal. So war auch die Lage in der Reichsstadt Köln bei den dortigen drei Gymnasien Montanum, Laurentianum und Tricoronatum. Als 1773 der Jesuitenorden aufgehoben wurde, dessen Gymnasium, das Tricoronatum in der Marzellenstraße, berühmt und viel besucht wie die meisten Jesuitenschulen war, blieb praktisch alles wie bisher. Das Vermögen des Ordens in der Stadt wurde der Reichsstadt zugesprochen und diente nun dem Erhalt der Lehranstalt.[4] Weder das pädagogische Konzept noch die Finanzierung noch das Personal änderten sich – allein der »Schulträger«, doch war dieser Begriff damals noch unbekannt.[5]

Als 1798 Köln in die französische Republik eingegliedert wurde, sollte eigentlich so gut wie alles neu – und besser – werden, auch das öffentliche Schulwesen. Ein zentral regierter Staat gab nun pädagogische Richtlinien wie auch

1 Jürgen Herres: Köln in preußischer Zeit 1815–1871, Köln 2012.
2 Thomas Mergel: Köln im Kaiserreich 1871–1918, Köln 2018.
3 In Köln blieb es dabei sowohl unter der französischen Herrschaft wie zu Beginn der Preußenzeit: Josef Martin Kames: Das Elementarschulwesen in Köln von 1815–1850, Köln 1992, S. 160.
4 Joachim Deeters: Eine Kirche in städtischem Eigentum. Die Geschichte von St. Mariä Himmelfahrt 1773 bis 1814, in: GiK 58 (2011), S. 81–104.
5 Weder in Grimm, Deutsches Wörterbuch, noch im Deutschen Rechtswörterbuch.

eine einheitliche Organisation vor in Form von Gesetzen und Verordnungen. Das pädagogische Konzept der Republik wurde nach wenigen Jahren von Napoleon völlig umgeworfen, weniger jedoch Organisation und Finanzierung. Hier waren Kommunen wie auch der Staat zum Unterhalt von Schulen verpflichtet. Wo ein eigenes Schulvermögen nach den Wirren der Besatzungs- und Kontributionszeit noch vorhanden war, wurde dieses geschützt und genutzt. So entstand auch in Köln *eine* offiziell staatliche Oberschule, ursprünglich von den Lehrern selbst verwaltet, seit 1800 aber von einer städtischen Verwaltungskommission geführt. Das im Vergleich zu anderen Städten anscheinend beträchtliche Schulvermögen und die fortdauernden Bestrebungen der Kölner, eine höhere Lehranstalt, vergleichbar der alten Universität, zu erhalten, führten unter Napoleon zu einer kölnischen Sonderregelung. Durch kaiserliches Dekret vom 22. Brumaire des Jahres XIV/13. November 1805[6] wurde eine Verwaltung geschaffen, die für zwei Kölner Oberschulen, eine ersten und eine zweiten Grades,[7] zuständig war. Sie verwaltete ein Vermögen, das aus zwei Fonds bestand: dem eigentlichen Schul- oder Gymnasialfonds, der fast ausschließlich aus dem ehemaligen Jesuitenvermögen bestand, und dem Stiftungsfonds, den vereinigten Stiftungen zum Besuch der einstigen Gymnasien und der Universität. Damit war der »Kölner Gymnasial- und Stiftungsfonds« begründet, der heute noch als selbstständige öffentliche Stiftung besteht;[8] 1805 hieß er aber noch schlicht Verwaltungsbüro der Gemeindeschulen. Der Gymnasialfonds galt als städtisches Sondervermögen, das ausschließlich für den öffentlichen Unterricht verwendet werden durfte; die Stiftungen wurden treuhänderisch im Sinne der Stifter zentral verwaltet. Die baldigen Umgestaltungen des Unterrichtswesens zu einer »kaiserlichen Universität« überstanden die Fonds unbeschadet. Eine Folge der Ausrichtung des öffentlichen höheren Schulwesens an militärischen Normen und Verhaltensweisen war übrigens die Zunahme von Privatschulen, die von den Unterrichtsgesetzen geduldet und weit weniger reguliert waren.

Etwas über ein Jahr nach Abzug der Franzosen wurde auch die höhere Schule Kölns neu organisiert. Zu Ostern 1815 wurde *ein* Gymnasium errichtet mit *zwei* »Kollegien« als Vorbereitungsanstalten, die beide die Klassen Sexta, Quinta und Quarta umfassten. Jedes Kollegium besaß einen Vorsteher, die Hauptleitung oblag dem Direktor des Gymnasiums. Ort des Gymnasiums und des einen

6 Joachim Deeters: Napoleon I. ordnet die Bildung höherer Schulen in Köln an: Kaiserliches Schuldekret, 13. November 1805, in: Jürgen Herres/Georg Mölich/Stefan Wunsch (Hg.): Quellen zur Geschichte der Stadt Köln, Band 3: Das 19. Jahrhundert (1794–1914), Köln 2010, Nr. 6, S. 43–53.

7 Zwei Sekundarschulen in einer Stadt gab es im ganzen französischen Kaiserreich nur in Köln.

8 Siehe www.stiftungsfonds.org.

Abb. 1: Köln, Ehemaliges Jesuitengymnasium (Gymnasium Tricoronatum), Druckgraphik von Johann Peter Weyer, 1831. Köln, Kölnisches Stadtmuseum, Graphische Sammlung, Inv.-Nr. A I 3/662 (Foto: Rheinisches Bildarchiv, Köln, rba_183222)

Kollegiums waren die Gebäude des einstigen Jesuitenkollegs und des alten Tricoronatum ihm gegenüber in der Marzellenstraße (Abb. 1).[9] Das zweite Kollegium hatte seinen Sitz im ehemaligen Karmeliterkloster am Ende der Severinstraße kurz vor dem Waidmarkt – das heutige Friedrich-Wilhelm-Gymnasium. Schon 1820[10] kam es zu einer Änderung: das Karmeliter-Kolleg wurde zu einer höheren Stadtschule umgewandelt mit dem Klassen Sexta bis Prima. Es gab kein Griechisch, dafür aber Französisch, Englisch, Italienisch und Buchhaltung. Wer studieren wollte, musste allerdings das Gymnasium, zumindest seine oberste Klasse, besuchen.[11]

9 Im einstigen Jesuitenkolleg befindet sich heute das Erzbischöfliche Generalvikariat.

10 21. August 1820: Franz Joseph von Bianco: Versuch einer Geschichte der ehemaligen Universität und der Gymnasien der Stadt Köln, Köln 1833, S. 165. Die erste Auflage dieses in seiner zweiten Auflage 1855 bekannteren Werkes ist eine gute Quelle für die Verwaltungs- und Organisationsgeschichte der Gymnasien.

11 Programm der Schule für 1820: Hans-Jürgen Apel/Michael Klöcker: Schulwirklichkeit in Rheinpreußen. Analysen und neue Dokumente zur Modernisierung des Bildungswesens in der 1. Hälfte des 19. Jahrhunderts, Köln 1986, Dokument 64, S. 339. Zum Karmeliter-Kolleg und zur Frühgeschichte des Friedrich-Wilhelm-Gymnasiums siehe zuletzt den Aufsatz, der vom Verfasser nicht mehr eingesehen werden konnte: Thomas Gampp: Das Friedrich-Wilhelm-Gymnasium. Ein preußisches Gymnasium für Köln, in: Stefan Lewejohann/Georg Mölich (Hg.): Köln und Preußen. Studien zur einer Beziehungsgeschichte, Köln 2019, S. 71–86. Die Schulgeschichte Kölns in Franzosen- und anfänglicher Preußenzeit erweist die Berufung des heutigen Dreikönigsgymnasiums auf die Tradition des Tricoronatum als völlig abwegig. Es

Abb. 2: Karl Friedrich August Grashof, Lithographie von Buonaventura Weiss nach Gemälde von Otto Grashof, gedruckte Lithographie der Gebrüder Kehr & Niessen. Köln, Kölnisches Stadtmuseum, Graphische Sammlung, Inv.-Nr. G 7279a (Foto: Rheinisches Bildarchiv, Köln, rba_d029758)

Diese für Köln, wie sich erweisen sollte, sehr sinnvolle Ausweitung der Gymnasialbildung war einer Person zu verdanken, die auch in diesem kurzen Abriss nicht übergangen werden darf: Karl Friedrich August Grashof (1770–1841; Abb. 2). Er war Preuße, Protestant und Pädagoge. 1814 an den Rhein geholt als Direktor des öffentlichen Unterrichts unter der neuen, noch provisorischen, Verwaltung, hat er doch nicht die zu erwartende Karriere gemacht, wurde 1825 nicht in das neu gebildete Provinzial-Schulkollegium berufen, sondern blieb auf Lebenszeit in Köln als Schulrat der Bezirksregierung und als Schuldirektor. Denn Grashofs pädagogische Vorstellungen waren nicht die seines vorgesetzten Ministeriums in Berlin. 1825 wurde in einem ausführlichen Erlass die höhere Stadtschule, wie Grashof sie verwirklicht hatte, verworfen.[12] Das

fehlte nämlich schon in der französischen Zeit die pädagogische und intellektuelle Tradition. Erst im Zuge der Konfessionalisierung des höheren Schulwesens und des Wiedererstarkens des Katholizismus berief sich das »Katholische Gymnasium an Marcellen«, so sein Name ab 1830, auf das Tricoronatum. Dies ist anscheinend gut gelungen, auch weil die Schule immer noch im ehemaligen Gebäude der Jesuiten residierte.

12 10. Mai 1825: Apel/Klöckner: Schulwirklichkeit (Anm. 11), Dokument 49, S. 269–273.

Abb. 3: Köln, Friedrich-Wilhelm-Gymnasium (ehemaliges Karmelitenkloster) mit preußischer Wache, Aquarellzeichnung von Wilhelm Wintz, 1844. Kölnisches Stadtmuseum, Graphische Sammlung, Inv.-Nr. HM 1901/348, A I 3/960 (Foto: Rheinisches Bildarchiv, Köln, rba_d029798)

Abb. 4: Köln, Friedrich-Wilhelm-Gymnasium an der Severinstraße mit der Ikarusfigur, Ansicht von 1995 (Foto: Rheinisches Bildarchiv, Köln, rba_221751, Marion Mennicken)

Gymnasium wurde als reine Gelehrtenschule definiert, die als einzige Schulart die Berechtigung zu einer akademischen Ausbildung vermittelte. Alle anderen Schulformen[13] standen darunter und interessierten den Staat nur in zweiter Linie, da sie als Aufgaben der Kommunen verstanden wurden. In Konsequenz dieser grundsätzlichen Ausführungen wurde durch Erlass vom 28. September 1825[14] das Karmeliterkollegium zu einem vollständigen Gymnasium mit sechs Klassen erhoben und erhielt 1829 den Namen »Evangelisches Gymnasium«, der schon 1830 in »Friedrich Wilhelm-Gymnasium« geändert wurde (Abb. 3–4). Dementsprechend hieß das einstige Jesuitengymnasium bald »Katholisches Gymnasium«.[15]

Finanziert wurde 1816 diese *eine* Oberschule an *zwei* Standorten auf folgende Weise: Zwei Drittel trug der Gymnasial- und Stiftungsfonds, dazu kamen noch ein Zuschuss der Kommune sowie Schul- und Heizungsgeld, von den Schülern respektive Eltern zu zahlen.[16] Die Aufteilung der Finanzierung verschob sich in den 1820er Jahren durch einen eigenen Zuschuss des preußischen Staates speziell zum Evangelischen Gymnasium und die Verringerung des städtischen Beitrags; der Gymnasial- und Stiftungsfonds trug weiterhin die Hauptlast. Er verwaltete, so glaubte das Provinzial-Schulkollegium im Jahr 1828, ein Vermögen von mehr als einer Million Talern.[17]

In Berlin arbeitete man aber nicht allein an der Ausgestaltung des humanistischen Gymnasiums, sondern auch an der Verwirklichung der allgemeinen Unterrichtspflicht.[18] Durch eine Kabinettsordre vom 14. Mai 1825 wurden die Eltern verpflichtet, ihren Kindern eine Schulbildung zukommen zu lassen. Sie konnte auch in Privatunterricht erfolgen.[19] Der preußische Staat veranlasste nun

13 Zwischen gewöhnlichen Elementarschulen und Gymnasien sah das Ministerium noch für den städtischen Nähr-, Handels- und Verkehrsstand eine eigene Stufe der Bildung vor: Ministerialreskript von 1825 (siehe vorige Anm.).

14 Bianco: Versuch (Anm. 10) S. 182.

15 Es ist zu beachten, dass mit dem Wort Jesuitengymnasium damals wie lange später noch nicht allein die Institution gemeint war, sondern auch das beziehungsweise die Gebäude, das Jesuitenkolleg neben der Kirche und das Gymnasium gegenüber. Dadurch ist vermutlich Mergel: Köln (Anm. 2), S. 85 zu seiner für Köln abstrusen Behauptung verleitet worden, infolge der Aufhebung der Orden im Kulturkampf 1872 hätten die Jesuiten ihr Gymnasium Tricoronatum, dann Marcellengymnasium, aufgeben müssen.

16 Apel/Klöcker: Schulwirklichkeit (Anm. 1), Dokument 108, S. 470–471, siehe auch unten Anm. 37.

17 Bericht an das Ministerium in Berlin, 29. Februar 1828: Geheimes Staatsarchiv Preußischer Kulturbesitz Berlin (künftig: GSTA), I. HA, Rep 76 VI, Sekt 24L, Nr. 4, Bd. 1, Bl. 194–199.

18 Das preußische Allgemeine Landrecht, das die allgemeine Schulpflicht eingeführt hatte, galt in der Rheinprovinz nicht.

19 Kames: Elementarschulwesen (Anm. 3), S. 75 zeigt auf, dass im Gegensatz zum Sprachgebrauch der Zeit – wie auch später – nicht eine Pflicht zum Schulbesuch angeordnet wurde, sondern eine Unterrichtspflicht.

die Kommunen trotz ihrer schlechten Finanzlage zu einer Organisation des Grundschulwesens, die prinzipiell alle Kinder erfasste. Schulformen zwischen Grundschule und Gymnasium, das allein die Berechtigung zum Studium brachte, blieben weiterhin vom Staat unreglementiert. Damit war den Kommunen eine gewisse Freiheit gewährt, die ihren finanziellen Möglichkeiten entsprechend genutzt wurde. Meist nannte man solche Schulen »Bürgerschulen«.

Auch in Köln fand nun gleichzeitig mit der Neuordnung des Elementarschulwesens die Gründung einer solchen Bürgerschule statt. Es ist mir nicht klar, ob die Beteiligten – Stadtverordnete und Oberbürgermeister, Regierung Köln, Ministerium in Berlin – diese Gleichzeitigkeit bewusst herbeiführten oder ob es sich nur um einen Zufall handelte. Das liegt zum Teil an der strengen Scheidung der Sparten niedere, mittlere und höhere Schulbildung in der behördlichen Verwaltung und ihrer Überlieferung. Auch stand mir nicht die komplette Überlieferung der Stadtverwaltung zur Verfügung, aus der die Forschung nur das auswählte, was ihre jeweilige Fragestellung weiterbrachte.[20] Für eine mehr oder weniger bewusste Gleichzeitigkeit spricht, dass die Finanzierung von Elementarschule und Bürgerschule die gleiche war, nämlich von der Kommune gewährleistet wurde. Der Unterschied lag lediglich in der Menge des Geldes, das aufzubringen war: Für mehrere Tausend Elementarschüler waren die Kosten weit höher als für einige hundert Schüler der Bürgerschule, zumal diese fast alle imstande waren, Schulgeld zu zahlen. Am 7. November 1828 wurde die höhere Bürgerschule in Köln eröffnet.[21] Aus ihr erwuchs im Laufe von annähernd hundert Jahren das erste städtische Gymnasium Köln, das heute den Namen »Gymnasium Kreuzgasse« trägt (Abb. 5). Der steinige Weg, den die Schule zurücklegen musste bis zu ihrem ursprünglichen Ziel, Berechtigung zum Studium außerhalb des humanistischen Kanons, ist von Johannes Klinkenberg in der Centenar-Festschrift gut beschrieben.[22]

20 Kames: Elementarschulwesen (Anm. 3) behandelt allein die Elementarschulen, Klinkenberg nur die Bürgerschule – siehe [Johannes Klinkenberg]: Die Entstehung des Patronats der Stadt Köln über Höhere Schulen. Ein Beitrag zur Geschichte der Frühzeit der preußischen Herrschaft, in: Städtisches Gymnasium und Realgymnasium in der Kreuzgasse zu Köln 1828–1928. Festschrift zur Jahrhundertfeier der Anstalt, Köln 1928. Die Verfasserschaft Klinkenbergs ergibt sich aus dem Vorwort S. V.

21 Klinkenberg: Entstehung (Anm. 20), S. 60. Die öffentliche Bekanntmachung und das Schulprogramm vom 28. September 1828 sind wiederum von Grashof unterzeichnet: Apel/Klöcker: Schulwirklichkeit (Anm. 1), Dokument 52, S. 284–296.

22 Klinkenberg: Entstehung (Anm. 20), S. 31–79, zudem: Heinz-Gerd Ries: Die Kreuzgasse im Wandel der Zeiten. Aspekte zur Entwicklung der Schule zwischen 1828 und 1970, in: Städtisches Gymnasium Kreuzgasse (Hg.): Festschrift zur 175-Jahr-Feier des Gymnasiums Kreuzgasse Köln, Köln o. J. (2003), S. 12–61 (vom Verfasser nicht eingesehen). Das Gymnasium Kreuzgasse befindet sich seit der Nachkriegszeit am Rande des Inneren Grüngürtels an der Vogelsanger Straße.

Abb. 5: Köln, Gymnasium Kreuzgasse, Fassade, Entwurf von Julius Carl Raschdorff, 1864. Köln, Kölnisches Stadtmuseum, Graphische Sammlung, Inv.-Nr. HM 1914/403 (Foto: Rheinisches Bildarchiv, Köln, rba_166903)

Warum griff man aber nicht auf das Vermögen des Gymnasial- und Stiftungsfonds zu? Er galt unbestritten als das spezielle Schulvermögen der Stadt, vergleichbar dem städtischen Armenvermögen.[23] Natürlich konnten kaum Mittel aus dem Stiftungsfonds verwendet werden, da die Stiftungen im Sinne ihrer Begründer fortgeführt wurden, denen eine »Bürgerschule« unbekannt gewesen war. Aber auch der Gymnasialfonds begegnet nie als möglicher Geldgeber für die neue Höhere Bürgerschule in den mir vorgelegenen Akten und in der Literatur, nicht einmal mit dem Argument, er sei ausschließlich für Gymnasien gedacht.

23 Es unterstand einer eigenen Leitung, der Armenverwaltung, und die Stadtverwaltung selbst hatte nur deren Defizite zu decken. Die Gleichartigkeit der beiden Vermögensmassen wird in den 20er Jahren des 19. Jahrhunderts wiederholt angesprochen. Siehe Ulrike Dorn: Öffentliche Armenpflege in Köln 1794–1871. Zugleich ein Beitrag zur Geschichte der öffentlich-rechtlichen Anstalt, Köln/Wien 1990.

Zu einer möglichen Erklärung muss man etwas zurückgreifen. Schon im französischen Kaiserreich hatte der Fonds sehr autonom agiert. Das war nicht allein seinem ehrgeizigen Procurateur gérant (Verwaltungsleiter) Theodor Franz Thiriart zuzuschreiben, sondern einem systemischen Problem im Verhältnis der Stadt zu ihrem Schulvermögen. Dafür nur ein Beleg: Die Stadt hatte in den Wirren der ersten französischen Besatzungsjahre einmal das Silberwerk der Jesuiten zur Deckung einer Kontribution verwendet und ein zweites Mal Wein aus dem Schulvermögens verkauft. Schon bald danach entzweiten sich die Verantwortlichen in der Schulverwaltung selbst darüber, ob die Not der Stadt diese Handlungen gerechtfertigt hätte oder ob sie dem Schulvermögen die Erstattung schuldig sei.[24] In dem Bestreben, das Vermögen unbedingt zusammen zu halten, nahm die Verwaltung des Gymnasial- und Stiftungsfonds in preußischer Zeit die Rechtsstellung eines »pium corpus« mit eigener Rechtspersönlichkeit für sich in Anspruch. Doch diese Auffassung teilten die vorgesetzten Aufsichtsbehörden, ab 1825 das Provinzial-Schulkollegium beim Oberpräsidenten der Rheinprovinz in Koblenz und das Ministerium in Berlin, nicht immer und nicht unbedingt. Es gab aber 1832 ein Urteil des Berliner Kassations- und Revisionshofes, der diese Eigenschaft dem Fonds ausdrücklich zubilligte.[25] Andererseits war kurz zuvor, 1828, ein Tauschvertrag mit dem Erzbischof über einen Teil des Gebäudes des einstigen Jesuitenkollegs abgeschlossen worden, der allein von der Stadt Köln und dem Erzbischof ausgehandelt worden war.[26] Der Streit über die Schulden der Stadt an den Fonds wurde endgültig durch einen Vergleich 1833/34 beigelegt. In ihm einigte man sich auf einen festen jährlichen Zuschuss der Stadt zum Unterhalt der Gymnasialgebäude, als deren Eigentümerin die Stadt anerkannt wurde.[27] Dennoch musste sie 1896 bis zum Reichsgericht gehen, um das alte Jesuitengymnasium (Tricoronatum) in der Marzellenstraße, das durch einen Neubau an anderer Stelle überflüssig geworden war, zurück zu erhalten.[28] Die unveränderte

24 Nathalie Damesme: Öffentliche Schulverwaltung in der Stadt Köln 1794–1814, Köln 2003, erwähnt in ihrer gründlichen Arbeit diese Problematik nicht, da sie erst in preußischer Zeit im Zuge der allgemeinen Schuldenregelung aufbrach.

25 Archiv für das Civil- und Criminalrecht der Königlich-preußischen Rheinprovinzen 16 (NF 9), 2. Abt. (1832), S. 6–9; Bianco: Versuch (Anm. 8), S. 214.

26 HAStK, Best. 402, HI-XI-1B-14.

27 HAStK, Best. 400, I-18E-15, Bd. 2; Druck: Gerhard Schoenen: Die Kölnischen Studienstiftungen, Köln 1892, S. 86f., Anm. 2. Abgeschlossen 29. April 1833, von Berlin genehmigt 24. Mai 1834, von der Regierung Köln am 24. September 1834 ausgefertigt. Die weit auseinander liegenden Daten lassen auf Bedenken höheren Orts schließen.

28 Archiv für das Civil- und Criminalrecht der Königlich-preußischen Rheinprovinzen 91 (NF 84), 2. Abt. (1897), S. 10–13. Vorausgegangen war eine Entscheidung des Landgerichts Köln gegen die Stadt, die vom Oberlandesgericht aufgehoben wurde. Dieses ausführliche Urteil (Archiv für das Civil- und Criminalrecht der Königlich-preußischen Rheinprovinzen 90 (NF 83), 1. Abt. (1896), S. 20–41) wurde vom Reichsgericht bestätigt. Die Stadt verkaufte

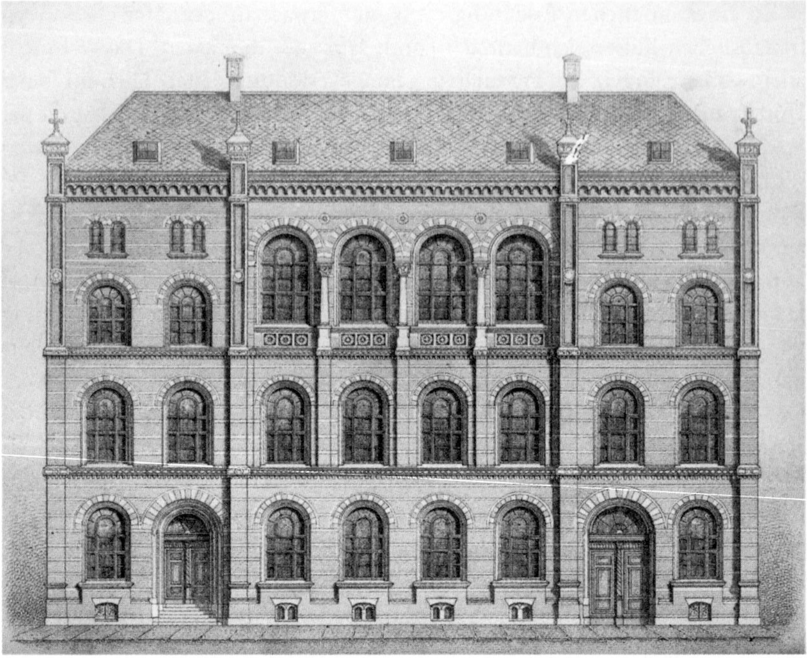

Abb. 6: Köln, Apostelgymnasium in der Apostelstraße, Fassade, Entwurf von Julius Carl Raschdorff, um 1860. Köln, Kölnisches Stadtmuseum, Graphische Sammlung, Inv.-Nr. HM 1900/71 (Foto: Rheinisches Bildarchiv, Köln, rba_023850)

Geltung des Vergleichs bis in die Inflationszeit des 20. Jahrhunderts[29] zeigt, dass die Stadt mit dem Gymnasial- und Stiftungsfonds so wenig wie möglich zu tun haben wollte. Immerhin erklärte sie sich im langwierigen Verlauf der Errichtung eines zweiten katholischen Gymnasiums[30] bereit, das Grundstück zu stellen und den Bau zu bezahlen.[31] Als dann im Oktober 1860 das »Katholische Gymnasium an Aposteln« als drittes Kölner Gymnasium eröffnet wurde, war sein Gebäude von der Stadt bezahlt, sein Betrieb jedoch völlig dem Gymnasial- und Stiftungsfonds überlassen, entgegen den Wünschen der staatlichen Behörden (Abb. 6).[32] Bei dem vierten Gymnasium, dem »Kaiser Wilhelm-Gymnasium«, das seinerzeit

das Grundstück an die Post, die das Postscheckamt darauf errichtete. Heute steht dort ein Hotel.

29 HAStK, Best. 405, Nr. 415 (alt I-18C-1). Das Apostelgymnasium befindet sich heute in der Biggestraße in Lindenthal.

30 Die Diskussion begann schon 1840.

31 HAStK, Best. 403, XVI-1-133, 10.–16. April 1859.

32 GStA, I. HA, Rep. 76 VI, Sekt. 24Z, Nr. 14, Bd. 1.

als drittes katholisches Gymnasium bezeichnet wurde, kaufte der Fonds das Grundstück aber selbst. Er eröffnete die Schule 1868 als Progymnasium, das aber schon 1871 seinen patriotischen Namen erhielt und in ein vollständiges Gymnasium umgewandelt wurde (Abb. 7).[33]

Die städtische Schulpolitik richtete sich ganz auf den Ausbau des (späteren) Gymnasiums Kreuzgasse und weiterer städtischer Oberschulen, vor allem in den nunmehr eingemeindeten Vororten. Da die Stadt immer mehr Geld in ihre Bildungsanstalten investierte, wurde der Begriff »Schulpatronat« üblich, der weitgehend dem heutigen Schulträger entspricht. Die 1916 erschienene Geschichte der Stadt Köln im ersten Jahrhundert der preußischen Herrschaft erzählt ausführlich von der erfolgreichen Ausbreitung der schulischen Bildung auf allen Ebenen, gekrönt vom städtischen Gymnasium in der Kreuzgasse. Die vier Gymnasien, von denen hier die Rede ist, werden nur kurz und beiläufig genannt, denn sie waren staatliche Institutionen.[34] Das konnte man allerdings erst seit 1889 mit Recht sagen, als der preußische Staat die Besoldung des Personals an den drei katholischen Gymnasien[35] in Köln vom Gymnasial- und Stiftungsfonds übernahm.[36] Aus den sogenannten »stiftischen« Schulanstalten waren nun staatliche geworden. Es geschah dies allerdings nicht, um den Gymnasial- und Stiftungsfonds, den bisherigen Schulträger, zu entlasten oder die Schulen besser auszustatten, sondern die einheitliche Lehrerbesoldung war Anlass und Ziel.

Kommen wir nun endlich zu Zahlen. Wie zu Beginn gesagt, trug eine Schule prinzipiell sich selbst aus Vermögen und Schulgeld. Die Relation dieser Posten zu erheben, ist nur punktuell möglich, da Aussagen über die finanziellen Verhältnisse von Schulen selten zu finden sind. 1816 finanzierte sich das Kölner Gymnasium und die beiden Kollegien zu 67 Prozent aus Geldern des Gymnasial- und Stiftungsfonds, zu 21 Prozent aus Schul- und Heizungsgeld der Schüler und zu zwölf Prozent aus einem städtischen Zuschuss.[37] Diese Relation verschob sich allmählich: 1840 machte das Schulgeld 28 Prozent aus, der städtische Zuschuss war auf zehn Prozent gesunken;[38] 1880 betrug das Schulgeld

33 GStA, I. HA, Rep. 76 VI, Sekt. 24Z, Nr. 17, Bd. 1.

34 Eberhard Gothein/Georg Neuhaus u. a.: Die Stadt Cöln im ersten Jahrhundert unter preußischer Herrschaft 1815–1915, 2 Bde., Köln 1915–1916, passim. Den Autoren scheint der Gymnasial- und Stiftungsfonds unbekannt zu sein.

35 Das Friedrich-Wilhelm-Gymnasium erhielt seit 1825 schon beträchtliche staatliche Zuschüsse und galt 1889 als staatlich.

36 Mit Vertrag vom 12. November 1888, vom Ministerium bestätigt am 29. März 1889, nachdem zuvor Lehr- und Dienstpersonal durch Unterschrift erklärt hatte, dass es gewillt sei, in den Staatsdienst überzutreten; GStA, I. HA, Rep. 76 VI, Sekt. 24G, Nr. 15, Bd. 1 sub dato.

37 Apel/Klöcker: Schulwirklichkeit (Anm. 11), Dokument 108, S. 470–471.

38 GStA, I. HA, Rep. 76 VI, Sekt. 24Z, Nr. 14, Bd. 1.

Abb. 7: Köln, Kaiser-Wilhelm-Gymnasium in der Heinrichstraße, Fassade. Köln, unbekannter Fotograf, nach 1945 (Foto: AEK, Bildsammlung 0101863)

bei den drei katholischen Gymnasien 37, 40 und 42 Prozent, also rund 40 Prozent, und die Stadt trug nur noch zwei Prozent bei.[39] Mehr als die Hälfte trug also der Gymnasialfonds. Das Schulgeld war gestiegen, jedoch ist anzunehmen, dass nicht allein die Eltern dafür aufkamen, sondern auch Stiftungen, das heißt größtenteils der Stiftungsfonds selbst. Dazu lässt sich ein Beleg anführen: In der Diskussion um die Gründung eines zweiten katholischen Gymnasiums, des späteren Apostelgymnasiums, schrieb 1846 das Provinzial-Schulkollegium nach Berlin, der Andrang auf das bestehende katholische Gymnasium beruhe auch auf der Hoffnung »auf Unterstützung aus dem vermeintlich unerschöpflichen Stiftungsfonds«, doch seien diese »herangelockten« Schüler nicht empfehlenswert und vor allem Auswärtige.[40] Bei der schließlichen Gründung des Gymnasiums 1860 ging man von 50 Prozent Schulgeld aus.[41] Anders lagen die Verhältnisse bei der höheren Bürgerschule. Im Jahre ihrer Gründung 1828 mussten 80 Prozent der Kosten durch Schul- und Heizungsgeld aufgebracht werden, den Rest

39 GStA, I. HA, Rep. 76 VI, Sekt. 24G, Nr. 15, Bd. 1.
40 GStA, I. HA, Rep. 76 VI, Sekt. 24Z, Nr. 14, Bd. 1, 23. Juli 1846.
41 Ebd.

trug die Stadt.[42] 1838 hatte sich die Relation nur geringfügig geändert zu 78 und 22 Prozent.[43] Man darf daraus schließen, dass die Gründung dieser Anstalt dem Wunsch der Eltern nach einer nicht allein humanistischen Bildung ihrer Kinder durchaus entsprach. Für die Bürgerschule kann man abschließend noch eine Relation anführen, die von 1928 stammt und zeigt, wie sich nach hundert Jahren nicht allein bei dieser Schule – inzwischen ein Gymnasium – die Finanzierung der öffentlichen Bildung geändert hat: Nun machte das Schulgeld nur noch 28 Prozent der Kosten aus, 70 Prozent betrug der städtische Zuschuss.[44] Diese Relation dürfte die damals übliche gewesen sein. Die Schulbildung war als eine öffentliche Aufgabe anerkannt, auf die alle ein Anrecht besaßen und die von allen zu finanzieren war.

42 Klinkenberg: Entstehung (Anm. 20), S. 26.
43 Apel/Klöcker: Schulwirklichkeit (Anm. 11), Dokument 73, S. 390.
44 Klinkenberg: Entstehung (Anm. 20), S. 26.

»Corona« und »Rassismus« 1870/71

Die Pockenepidemie und die Begegnung mit Afrikanern: Schlaglichter auf die vergessene Geschichte der französischen Kriegsgefangenen in Köln

von Mario Kramp

1. *Die vergessene Geschichte der Kriegsgefangenen 1870/71*

Während des Deutsch-Französischen Krieges 1870/71 gerieten nach der Niederlage der Franzosen bei Sedan Anfang September 1870 und der Kapitulation der Festung Metz Ende Oktober ganze französische Armeen in Gefangenschaft. Im Februar 1871 zählte man in Deutschland 371.981 französische Soldaten und 11.860 Offiziere.[1] Die Offiziere durften sich Privatquartiere in den Städten nehmen, die Mannschaften wurden in etwa 200 großen Lagern in ganz Deutschland interniert. Zeitweise befanden sich entlang des Rheins, bei Mainz, Koblenz, Köln und Wesel bis zu 80.000 Franzosen, und alleine in Köln bis zu 18.000 (durchschnittlich etwa 16.000) sowie über 400 französische Offiziere. Endlose Züge mit Kriegsgefangenen trafen in der Stadt ein, die meisten im erschreckenden Zustand: in abgerissenen Uniformen, hungrig, frierend oder verwundet. Der Empfang durch die neugierige Bevölkerung war im Rheinland überraschend freundlich, man drängte sich an den Gleisen und bot den Franzosen Erfrischungen und Hilfe an. Mit der Aufgabe, diese unerwarteten Massen zu versorgen und unterzubringen, waren die preußischen Behörden überfordert.[2]

1 Kriegsgeschichtliche Abtheilung des großen Generalstabes (Red.): Der deutsch-französische Krieg 1870–71, Bd. 5, Berlin 1881, S. 1540; vgl. Katja Mitze: »Seit der babylonischen Gefangenschaft hat die Welt nichts derart erlebt«. Französische Kriegsgefangene und Franctireurs im Deutsch-Französischen Krieg 1870/71, in: Rüdiger Overmans (Hg.): In der Hand des Feindes. Kriegsgefangenschaft von der Antike bis zum Zweiten Weltkrieg, Köln 1999, S. 235–254, hier S. 242; François Roth: La Guerre de 70, Paris 1993, S. 418, gibt für Ende Januar 1871 die gleiche Zahl an Mannschaften in Gefangenschaft an sowie die unerheblich abweichende Zahl von 11.810 Offizieren.

2 Erstmals aufgegriffen wurde das Schicksal der Kriegsgefangenen in der Dissertation von Helene Heide: Die französischen Kriegsgefangenen in Deutschland während des Krieges 1870/71, Diss. Köln 1959, Rinteln 1960. Ihr folgten 1994 die knappe, aber grundlegende Übersicht von Manfred Botzenhart: Französische Kriegsgefangene in Deutschland 1870/71, in: Francia 21/3 (1994), S. 13–28; Jean-François Lecaillon: La détention des prisonniers français en Allemagne pendant la guerre franco-prussienne (1870–1871), 2004, nicht gedruckt, auf dem Blog des Autors:

In Köln konzentrierte sich die große Menge der gefangenen Soldaten auf dem rechten Rheinufer vor den Toren der Stadt in hastig hergerichteten Lagern: in der Deutzer Kürassier-Kaserne, in Zeltlagern in Deutz und auf der Wahner Heide, als der Winter einbrach auch im Barackenlager in Wahnheide und dem Barackenlager Gremberg südöstlich von Deutz. Die Kranken und Verwundeten wurden in provisorischen Lazaretten in Köln und Deutz versorgt – oft gemeinsam mit deutschen Soldaten – und schließlich in einem eigens errichteten Lazarett in Kalk.

Der Krieg von 1870/71 spielt in der öffentlichen Wahrnehmung heute kaum mehr eine Rolle. Die Geschichte der französischen Kriegsgefangenen ist, auch in Köln, erstaunlicherweise vergessen. Dabei ist die Quellenlage recht anschaulich. Die Kölner Presse berichtete ausführlich darüber, in Aufzeichnungen deutscher Kriegsteilnehmer und französischer Kriegsgefangener ist von Köln die Rede und auch auf das Tagebuch des Festungsgouverneurs im Historischen Archiv der Stadt Köln kann zurückgegriffen werden. Und: Über die Lager rund um Köln erschienen kurz nach dem Krieg 1871 und 1874 zwei Bücher – und zwar mit sehr unterschiedlichen Urteilen: eines aus der Sicht des französischen Feldgeistlichen Abbé Deblaye (Abb. 1), der sich um die Franzosen in Kalk und

http://mapage.noos.fr/jflecaillon/Pages/prisonniersenallemagne.htm [Stand: 21.08.2020 und zuletzt Yoanna Cipolla: Les captifs oubliés de 1870–1871. Expériences et mémoires des soldats français en Allemagne. Mémoire de Master 2 Cultures et Sociétés: XVIIIe–XXIe siècles, Université de Bourgogne, Dijon 2016, online: https://www.academia.edu/40728723/Les_captifs_oubli%C3%A9s_de_1870–1871 [Stand: 22.07.2020]. Nur wenige Beiträge zu bestimmten Aspekten des Themas liegen vor von Mitze: Gefangenschaft (Anm. 1); Rainer Bendick: Les prisonniers de guerre français en Allemagne durant la guerre de 1870–1871, in: Sylvie Caucanas/Rémy Cazals/Pascal Payen (Hg.): Les prisonniers de guerre dans l'histoire. Contacts entre peuples et cultures, Toulouse 2003, S. 183–195; Heidi Mehrkens: Den Feind studieren. Perspektiven auf den französischen Soldaten in deutscher Kriegsgefangenschaft (1870–1871), in: Laurent Jalabert (Hg.): Les prisonniers de guerre (XVe–XIXe siècle). Entre marginalisation et reconnaissance, Rennes 2018, S. 65–79; Odile Roynette: Les visages pluriels de la captivité française en Allemagne, 1870–1873, in: Étienne Dubslaff/Paul Maurice/Maude Williams (Hg.): Fraternisations franco-allemandes en temps de guerre/Deutsch-französische Fraternisierungen in Kriegszeiten. Perspectives interdisciplinaires des fraternisations lors des conflits franco-allemands contemporains (1799–1945)/Interdisziplinäre Ansätze zu den Fraternisierungen in den neuzeitlichen deutsch-französischen Konflikten (1799–1945), Stuttgart 2019, S. 117–131. In seiner Untersuchung über die »Heimatfront« widmete Seyfehrt dem Thema ein Kapitel: Alexander Seyferth: Die Heimatfront 1870/71. Wirtschaft und Gesellschaft im deutsch-französischen Krieg, Paderborn u.a. 2007, S. 530–540. In neueren Darstellungen des Krieges wird das Thema nur kurz gestreift: Klaus-Jürgen Bremm: 70/71. Preußens Triumph über Frankreich und die Folgen, Darmstadt 2019, S. 154–155, 158; Gerd Fesser: Sedan 1970. Ein unheilvoller Sieg, Paderborn 2019, S. 91, 103; Tobias Arand: 1870/71. Die Geschichte des Deutsch-Französischen Krieges erzählt in Einzelschicksalen, 2. Aufl. Hamburg 2019, S. 403 ff., 462–464. In den beiden letzten großen Ausstellungen in Paris und Dresden wird die Kriegsgefangenschaft thematisiert: Mathilde Benoistel/Sylvie Le Ray-Burimi/Christophe Pommier (Hg.): France-Allemagne(s), 1870–1871. La guerre, la Commune, les mémoires, Katalog Ausstellung Paris, Musée de l'Armée, Paris 2017, S. 198, 213–219; Gerhard Bauer/Katja Protte/Armin Wagner (Hg.): Krieg Macht Nation. Wie das deutsche Kaiserreich entstand, Katalog Ausstellung im Militärhistorisches Museum der Bundeswehr, Dresden 2020, S. 332–335.

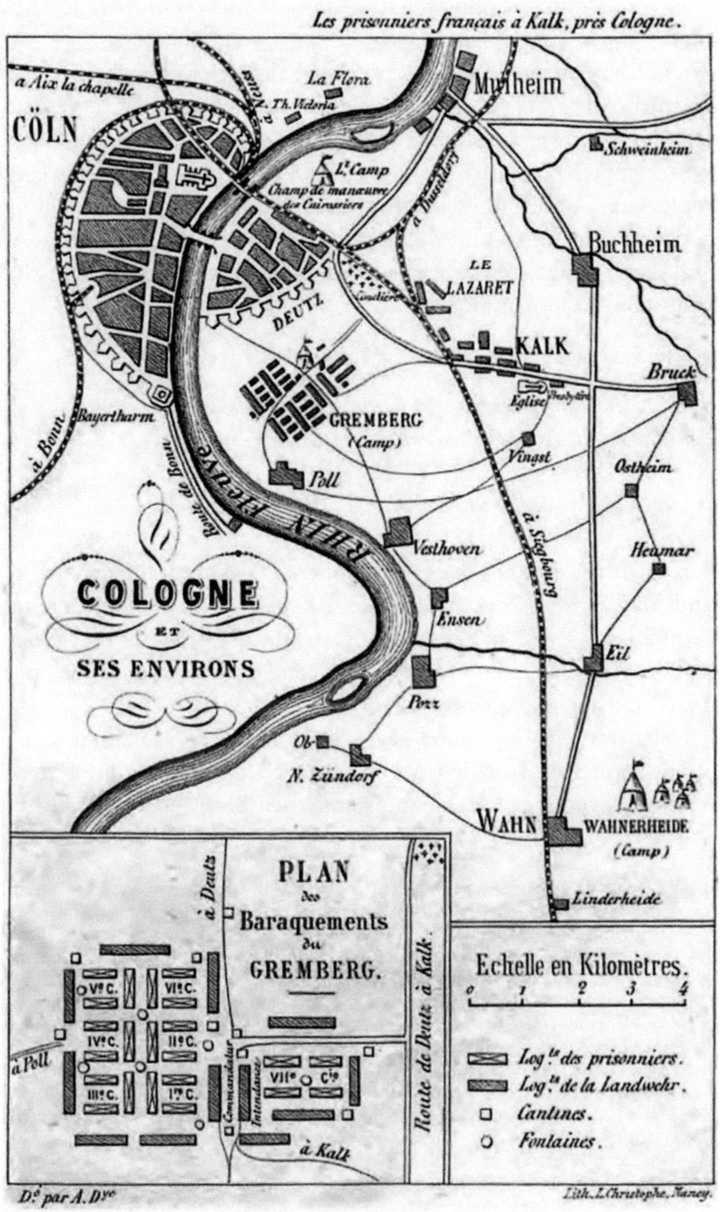

Abb. 1: Die Standorte der Kriegsgefangenenlager bei Köln, aus: Deblaye, Les prisonniers français, 1874, Frontispiz (Repro)

Gremberg kümmerte, ein anderes vom preußischen Offizier Josef Kamp, der in den Kölner Lagern Dienst tat.[3]

Über die Geschichte der französischen Kriegsgefangenen bereitet der Verfasser ein Buch vor.[4] Zwei gekürzte Auszüge daraus von erstaunlicher Aktualität werden hier vorab veröffentlicht: Die Episode der Pocken, die die Franzosen hier »einschleppten«, inklusive der heftigen Debatten um Infektionswege zwischen Impfgegnern und Impfbefürwortern sowie die der ersten Begegnung der neugierigen Kölnerinnen und Kölner mit zahlreichen dunkelhäutigen Afrikanern. Und dies vor den »Völkerschauen« im darauffolgenden Zeitalter des Imperialismus und Kolonialismus.

2. *»Von den gefangenen Franzosen bei uns eingeschleppt«. Köln und die große Pockenepidemie im Krieg 1870/71*

a) Französisches und deutsches Militär

Kurz nach der Ankunft der ersten größeren Gefangenentransporte in Deutschland begann eine Pockenepidemie. Bis 1873 forderte sie in Frankeich und Deutschland etwa 300.000 Tote. In ganz Europa fielen ihr bis zu einer halben Million Menschen zum Opfer, dann wütete diese Krankheit auch in den USA, Japan, Südamerika, Indien und sogar in Australien.[5]

Dabei war ein Impfmittel gegen diese tückische Krankheit schon seit längerem verfügbar. Trotzdem verbreitete sich die Seuche durch den Deutsch-Französischen Krieg mit seinen gigantischen Bewegungen von ungeschützten

3 A. Deblaye (Abbé): Les prisonniers français à Kalk et au Gremberg, Journal d'un aumônier français en Allemagne, Paris 1871; Josef Kamp: Bei den französischen Kriegsgefangenen. Mittheilungen aus rheinischen Lagern, Stuttgart 1874. Vom Kriegstagebuch des Festungsgouverneurs schuf Ernst Zander eine Abschrift, bevor das Original im Heeresarchiv in Potsdam 1945 vernichtet wurde. Der Verfasser dankt Max Plassmann vom Historischen Archiv der Stadt Köln dafür, das Typoskript zur Verfügung gestellt zu haben: Kriegstagebuch des Gouvernements der Festung Köln während des Krieges 1870/71 (Auszug, Aufzeichnungen von Ernst Zander, unpaginiert), HAStK, Best. 1149, A 123. Sämtliche Ausgaben der Kölnischen Zeitung der Zeit des Krieges von 1870/71 befinden sich im Bestand der Bibliothek des Kölnischen Stadtmuseums.

4 Mario Kramp: Franzosen in Köln. Die vergessene Geschichte der Kriegsgefangenen 1870–71, erscheint 2021.

5 Vgl. Gérard Jorland: La variole et la guerre de 1870, in: Les Tribunes de la santé 33 (2011), S. 25–30, hier S. 30; Matthew Smallman-Raynor/Andrew D. Cliff: The Geographical Transmission of Smallpox in the Franco-Prussian War: Prisoner of War Camps and their Impact upon Epidemic Diffusion Processes in the Civil Settlement System of Prussia, 1870–71, in: Medical History 46 (2002), S. 241–264, hier S. 242; Oskar Matzel: Die Pocken im deutsch-französischen Krieg 1870/71, Düsseldorf 1977, S. 46–52.

Menschenmassen rasend schnell.[6] Die französischen Soldaten waren zwar in der Mehrzahl geimpft – jedoch allzu nachlässig, vor allem hatte man die dringend notwendigen Wiederholungsimpfungen nur bei etwa einem Drittel der Truppen durchgeführt.[7] Hinzu kamen die hygienischen Bedingungen an den Orten der Kämpfe in Frankreich – bereits im belagerten Metz klagte Marschall Bazaine über den Ausbruch der Pocken unter seinen Soldaten.[8] Insgesamt steckten sich bis zu 200.000 französische Soldaten mit dem Pockenvirus an, woran über 23.000 starben.[9]

Bei den deutschen Truppen sah es mit dem Impfschutz sehr viel besser aus; von ihnen erkrankten nur etwa 5.000 an Pocken und knapp 300 starben daran.[10] Dagegen waren zahlreiche französische Soldaten, die in Kriegsgefangenschaft nach Deutschland verbracht wurden, dieser Krankheit nahezu schutzlos ausgeliefert – und hochinfektiös.

Der Kölner Arzt Dr. Carolus Waegener hat den Ausbruch der Pocken in seiner Stadt eindrücklich und minutiös beschrieben und analysiert: In Köln wütete demnach die Epidemie vom 1. September 1870 bis zum 12. September 1871. In deren Verlauf waren lediglich 271 Militärangehörige – preußische Soldaten wie auch französischen Kriegsgefangene – an Pocken erkrankt und wurden »in den hiesigen Militär-Lazarethen« behandelt. Von ihnen starben dreißig, also gut elf Prozent.[11]

6 Vgl. Albert Guttstadt: Die Pocken-Epidemie in Preussen, insbesondere in Berlin 1870/72, nebst Beiträgen zur Beurtheilung der Impffrage, in: Zeitschrift des königlich Preussischen Statistischen Bureaus 13 (1873), S. 116–158, hier S. 150.

7 Vgl. Jorland: variole (Anm. 5), S. 26; Wolfgang U. Eckart (Hg.): Jenner: Untersuchungen über die Ursachen und Wirkungen der Kuhpocken, Berlin/Heidelberg 2016, S. 18.

8 Vgl. Michael Howard: The Franco-Prussian War. The German Invasion of France, 1870–1871, London/New York 2005 (1. Auflage 1961), S. 220.

9 Vgl. Jorland: variole (Anm. 5), S. 27; Matzel: Pocken (Anm. 5), S. 18. Jorland nennt in der französischen Armee 125.000 bis 200.000 an Pocken erkrankte und 23.469 Pockentote (ebd.); Smallman-Raynor/Cliff: Transmission (Anm. 5), S. 243, zählen 25.077 an Pocken Verstorbene; Olaf Briese: Angst in den Zeiten der Cholera. Über kulturelle Ursprünge des Bakteriums. Seuchen-Cordon I, Berlin 2003, S. 297, 23.400 Tote; Eckart: Jenner (Anm. 7), S. 18, 23.500 an Pocken gestorbene französische Soldaten.

10 Vgl. Matzel: Pocken (Anm. 5), S. 18. Eckart: Jenner (Anm. 7), S. 18, nennt 278 an Pocken verstorbene deutsche Soldaten; Smallman-Raynor/Cliff: Transmission (Anm. 5), S. 243 zählen 297.

11 Carolus Waegener: Statistische Übersicht der Pocken-Epidemie im Jahre 1870 und 1871 in Köln. Mit einigen historischen Bemerkungen, Köln 1872, S. 6. Zur Pockenepidemie 1870/71 in Köln vgl. auch Kaiserliches Gesundheitsamt: Beiträge zur Beurtheilung des Nutzens der Schutzpockenimpfung nebst Mittheilungen über Maßregeln zur Beschaffung untadeliger Thierlymphe, Berlin/Heidelberg 1888, S. 139, S. 152–154 und 167; Peter Krautwig: Ansteckende Krankheiten, in: Ders. (Hg.): Naturwissenschaft und Gesundheitswesen in Cöln. Festschrift für die Teilnehmer an der 80. Versammlung der Gesellschaft Deutscher Naturforscher und Ärzte in Cöln, Cöln 1908, S. 206–210; Ders.: Städtische Krankenanstalten, in: ebd., S. 311–356, hier S. 320.

b) Verheerend leichte Infektionswege

Die Hauptursache für die epidemische Ausbreitung der Krankheit waren die extrem leichten Übertragungswege. Das Pockenvirus verbreitete sich sehr schnell, von Mensch zu Mensch durch Tröpfcheninfektion zum Beispiel beim Husten oder sogar durch Einatmen von Staub etwa beim Ausschütteln von Kleidung und Decken von Pockenkranken. Nach etwa zwei Wochen begann es mit Schmerzen, hohem Fieber und Schüttelfrost. Dann bildeten sich eitrige Pusteln, die, wenn es gut ging, als Narben zurückblieben. In schweren Fällen aber führte dies zu Erblindung, Hirnschäden und Lungenentzündungen – und oft zum Tod.[12]

Auch in Köln bestätigte sich während der Epidemie 1870/71, dass die Pocken sich auf solch einfachen Wegen »nur durch Ansteckung fortpflanzen«. Man beobachtete hier, dass das Pockenviren sich sogar »an leblose Dinge: Holz, Wolle, Betten, Kleider etc., welche sich in der Atmosphäre eines Pockenkranken befinden, anheftet« und diese Materialien über Jahre infektiös bleiben konnten.[13] In Trier wurde ähnliches vermerkt: die Ausbreitung der Pocken unter der Zivilbevölkerung durch den Verkauf von mit Krankheitserregern kontaminierten Decken, die gefangene Franzosen angefertigt hatten.[14]

Dagegen konnten Witterungsverhältnisse als Faktor bei der Verbreitung der Pocken ausgeschlossen werden. Für Köln wurden diese genauestens aufgezeichnet – aber sie ließen keinerlei Rückschlüsse auf größere oder geringere Zahlen an Kranken oder Toten zu.[15] Entscheidend war offenbar viel eher die Bevölkerungsdichte. Und die Entfernung dieser Bevölkerung zum nächsten großen Kriegsgefangenenlager.[16]

c) Die französischen Kriegsgefangenen und die Epidemie

Denn das Problem der Infektion vieler französischer Soldaten mit dem Pockenvirus verschwand ja nicht mit der Kriegsgefangenschaft. Im Gegenteil: Der miserable Zustand der improvisierten Gefangenenlager in Frankreich, die Massentransporte in Güterzügen und die überfüllten Lager in Deutschland trugen zur

12 Vgl. Hans Gelderblom: Die Ausrottung der Pocken, in: Spektrum der Wissenschaft 6 (1996), S. 36.

13 Waegener: Übersicht (Anm. 11), S. 4.

14 Vgl. Seyferth: Heimatfront (Anm. 2), S. 536.

15 Vgl. Waegener: Übersicht (Anm. 11), S. 6, mit Tabelle zu Temperaturen, Windrichtungen und Niederschlägen in Köln von September 1870 bis Dezember 1871 in Köln; vgl. auch Guttstadt: Pocken-Epidemie (Anm. 6), S. 150.

16 Vgl. Guttstadt: Pocken-Epidemie (Anm. 6), S. 150; Jorland: variole (Anm. 5), S. 29; Smallman-Raynor/Cliff: Transmission (Anm. 5), S. 461–468.

weiteren Verbreitung der Seuche bei. Rasch war man sich sicher, dass die französischen Kriegsgefangenen die Krankheit in Deutschland »eingeschleppt« hatten.[17]

Dies erklärte auch der französische Arzt und spätere Politiker Léon Vacher, ein Kritiker Napoleons III. Aber wer trage die Schuld dafür? Eindeutig die preußischen Militärs, wie Vacher – nicht ganz zu unrecht – festhielt: Diese hätten trotz der Proteste französischer Ärzte die Kriegsgefangenen »in offene Waggons, ja in Viehwaggons« gestopft, darunter auch solche, die sichtbar schon an Pocken erkrankt waren und diese ungeschützt über ganz Preußen verteilt. Fazit: »Die Pocken mussten in Preußen explodierend ausbrechen« – sozusagen als »Strafe für die Unmenschlichkeit der preußischen Militärbehörden«.[18]

Jenseits der Kategorien von Schuld oder Strafe war man sich auf deutscher wie auch auf französischer Seite der Rolle der Kriegsgefangenen bei der Verbreitung der Pocken in Deutschland bewusst. Dies wurde bemerkenswerterweise meist sehr sachlich und ohne nationalistische Untertöne konstatiert. In Deutschland sprach man von »Calamitäten, welche der Krieg mit Frankreich über das Land gebracht« habe.[19]

Eine traurige Ausnahme bildeten die negativen Auslassungen des preußischen Offiziers Josef Kamp, der in den Kölner Gefangenenlagern Dienst tat. Die in Köln angekommen gefangenen Franzosen seien, so Kamp, »Jammergestalten« und machten auf ihn den Eindruck einer »Zigeunerbande«. Und weiter: »Zum Reinigen und Putzen konnten die Ankömmlinge nur mit der größten Strenge angehalten werden, und in Folge der Unreinlichkeit brach bald die Pockenkrankheit aus, welche viele Opfer forderte und sich leider auch in der Stadt verbreitete«.[20]

Statt nationalistischer Stereotypen über die vermeintliche Undiszipliniertheit und Unreinlichkeit der Franzosen bemühte der Mediziner Albert Guttstadt, der als Arzt am Krieg teilgenommen hatte und dann im Pockenlazarett in Berlin arbeitete, sehr sachlich die Statistik: In fast keiner Gegend Deutschlands sei in den Jahren zuvor eine größere Pockenepidemie festgestellt worden. In Frankreich dagegen wie auch in Belgien und den Niederlanden sei die Krankheit seit Anfang 1870, also schon vor Kriegsbeginn, merklich verbreiteter gewesen.[21]

17 Vgl. Seyferth: Heimatfront (Anm. 2), S. 249 f.

18 »... elle devait être le résultat de l'imprudence de l'autorité militaire prussienne elle-même et le châtiment de son inhumanité«, Léon Vacher: L'épidémie de variole en 1870–71, in: Gazette médicale de Paris 46 (1875), S. 470–474, hier S. 473; vgl. Matzel: Pocken (Anm. 5), S. 34–38.

19 So der Regierungspräsident von Frankfurt an der Oder, zitiert nach Seyferth: Heimatfront (Anm. 2), S. 250.

20 Kamp: Kriegsgefangenen (Anm. 3), S. 19.

21 Vgl. Guttstadt: Pocken-Epidemie (Anm. 6), S. 140. Zu Guttstadt vgl. Manfred Stürzbecher: Artikel »Guttstadt, Albert«, in: Neue Deutsche Biographie, Band 7, München 1966, S. 353.

Abb. 2: Lazarett mit verwundeten französischen Kriegsgefangenen im Lager auf der Wahner Heide bei Köln, Fotografie, undatiert. Berlin, Sammlung Archiv für Kunst und Geschichte (Foto: AKG Images, Berlin)

Auch in Köln sah man dies so. Offenbar sei die »gefährlichen Seuche« von »den gefangenen Franzosen« bei uns »eingeschleppt worden«.[22] Dafür sprach die Statistik. Der gesamte Regierungsbezirk Köln war vergleichsweise gut mit Ärzten versorgt. Nennenswerte Pockenseuchen hatte es in der Stadt Köln vorher nicht mehr gegeben, einzig in den Jahren 1850, 1856/57 und 1866/67 wurden jeweils nur einige Hundert Erkrankte verzeichnet. Aber dann kam 1870/71 plötzlich die Epidemie mit tausenden Pockenkranken.[23]

Guttstadt beobachtete in seiner Auswertung statistischer Daten über die Kriegsgefangenen und die Pockenepidemie, dass in fast allen Städten, in deren Nähe große Gefangenenlager existierten, jeweils nur einige Tage vergingen vom Datum der ersten Erfassung der Pocken unter den Kriegsgefangenen bis zu dem ersten Ausbruch in der benachbarten Zivilbevölkerung. Das war im Kern zutreffend.[24]

22 Waegener: Übersicht (Anm. 11), S. 7.

23 1850 erkrankten in Köln 140 Menschen, 1856 599, 1857 200, 1866 223 und 1867 127 – in allen anderen Jahren von 1849 bis 1870 lag die Zahl weit unter 100, vgl. Waegener: Übersicht (Anm. 11), S. 4 f.; vgl. auch Guttstadt: Pocken-Epidemie (Anm. 6), S. 148; Krautwig: Krankheiten (Anm. 11), S. 170. Zur Versorgung mit Ärzten (289 Ärzte im Regierungsbezirk Köln mit 613.478 Einwohnern) vgl. Guttstadt: Pocken-Epidemie (Anm. 6), S. 129.

24 In ihrer fundierten Analyse kommen 2002 Smallman-Raynor/Cliff: Transmission (Anm. 5), S. 247, zu dem Schluss, dass nicht alle, sondern lediglich 56 von den von Guttstadt aufgeführten

Für Köln galt dies ebenfalls: Hier wurden die bereits auf dem Transport an Pocken erkrankten Franzosen am 1. September in ein Militärlazarett überwiesen (Abb. 2). Erstmals in Köln brach die Krankheit bei einem französischen Gefangenen am 8. September 1870 aus, der erste Kölner Bürger erkrankte nur vier Tage später.[25] Auch aus Düsseldorf wurden täglich mehrere Pockentote unter den Franzosen gemeldet.[26]

Weil der Ausbruch der Krankheit eine gewisse Zeit dauerte, wurden die meisten Krankheitsfälle erst im Verlauf des Aufenthalts in deutschen Gefangenenlagern registriert. Wo, wie in Köln, größere Gefangenenlager sich vor den Toren der Stadt befanden, verbreiteten sich die Pocken auch relativ schnell unter der Zivilbevölkerung – erst mit zeitlicher Verzögerung dagegen in Städten wie Berlin, wo Kriegsgefangene nur durchreisten und wo keine solche Nähe und Konzentration herrschte. Kein Wunder, dass viele Bürger zunehmend mit Besorgnis und Angst auf Kriegsgefangenenlager vor den Toren ihrer Städte blickten.[27] Im größeren Maßstab infizierten sich die Kriegsgefangenen erst ab November 1870. Zwischen Dezember 1870 und März 1871, also bis kurz vor Kriegsende und der Rückkehr der Gefangenen nach Frankreich, war die Epidemie auf ihrem Höhepunkt.[28] Von den etwa 380.000 französischen Gefangenen in Deutschland erkrankten gut 14.000 an Pocken, fast 2.000 fanden dadurch den Tod.[29]

Wenn auch die Ausbreitung der Pocken »in erster Linie« durch französische Kriegsgefangene erfolgte, so war dies bei weitem nicht die einzige Ursache. Auch aus Frankreich vertriebene Flüchtlinge und von dort zurückgekehrte deutsche Soldaten brachten das Pockenvirus nach Deutschland.[30] Der Hauptgrund für die Ausbreitung der Pocken unter der deutschen Zivilbevölkerung war jedoch deren mangelnder Impfschutz.[31]

Orten statistisch brauchbare Angaben aufweisen, diese aber sind aussagekräftig genug, um seine Thesen im Kern zu bestätigen.

25 Guttstadt: Pocken-Epidemie (Anm. 6), S. 142, Tabelle.

26 Vgl. Seyferth: Heimatfront (Anm. 2), S. 250, Anm. 1359.

27 Vgl. Paul Kübler: Geschichte der Pocken und der Impfung, Berlin 1901, S. 292; Seyferth: Heimatfront (Anm. 2), S. 250; Matzel: Pocken (Anm. 5), S. 40f.

28 Vgl. Kübler: Geschichte (Anm. 27), S. 292, der die höchsten Zahlen im Dezember 1870 mit 3.107, im Januar 1871 mit 4.139, im Februar mit 3.151 und im März mit immerhin noch 1.521 Erkrankten unter den Gefangenen angibt.

29 Vgl. ebd., S. 292, wo Kübler die Zahlen von 14.178 an Pocken erkrankten und 1.963 an Pocken verstorbenen Kriegsgefangenen angibt, zu einem ähnlichen Schluss kommt Jorland: variole (Anm. 5), S. 29, mit etwa 15.000 Infizierten und rund 2.000 Toten.

30 Vgl. Lena Maria Elisabeth Lindner: Ausbruch einer hochinfektiösen, lebensbedrohlichen Erkrankung in Nordrhein-Westfalen. Welche Erfahrungen der Pockenausbrüche in NRW können in die heutige Zeit übertragen werden?, Diss. Düsseldorf 2016, S. 22; Gelderblom: Ausrottung (Anm. 12); Guttstadt: Pocken-Epidemie (Anm. 6), S. 142 und S. 150.

31 Vgl. Eckart: Jenner (Anm. 7), S. 18.

d) Impfbefürworter und Impfgegner

Inzwischen gelten die Pocken in Europa weitgehend als ausgerottet, eine der letzten Pockenepidemien wütete 1962 in der Eifel.[32] 1870 hingegen war die Bevölkerung unzureichend geimpft, vor allem Wiederholungsimpfungen waren kaum erfolgt. Denn damals war man, was den allgemeinen Schutz angeht, noch auf die Einsicht der Bürgerinnen und Bürger angewiesen – zur Impfung konnte niemand gezwungen werden.

Um daher der Verbreitung dieser »gefährlichen Seuche« Einhalt zu gebieten, bot die Kölner »Sanitäts-Commission« an, dass jeder unentgeltlich »auf der hiesigen Impfanstalt« seine Impfung auffrischen lassen könne. Von dieser Möglichkeit der Nachimpfung machten aber weniger als 17.000 Kölner und Kölnerinnen Gebrauch, eine Erstimpfung ließen sich nur knapp 3.000 geben.[33]

Im Kölner Stadtrat war man besorgt, zumal doch erwiesen sei, dass durch Impfungen beim Militär – ganz gleich, ob bei preußischen Soldaten oder französischen Kriegsgefangenen – sich die Zahl der an Pocken Erkrankten zumindest begrenzen lasse. Die Kölner aber zeigten eine »unverantwortliche Gleichgültigkeit«, umso länger dauere die Epidemie. Ob, so fragte ein Stadtverordneter, man nicht die Bürger per »Polizei-Verordnung« zur Impfung zwingen könne? Dies sei leider unzulässig, antwortete der Oberbürgermeister.[34] Noch war in dieser Hinsicht nämlich nichts entschieden.

Die Erklärung eines anderen Ratsherren, dass die Stimmen der Impfgegner »allmählich verstummt« seien, entpuppte sich zudem als Fehleinschätzung, denn diese meldeten sich weiterhin lautstark zu Wort.[35] Sie beschimpften die Befürworter einer Impfpflicht als »Impffreunde«, gar als »Impffanatiker«.[36] Der Kölner Arzt Dr. Waegener war außer sich. Auch darüber, dass manche »hochangesehene Aerzte« sich unter den Impfgegnern befanden. Gewiss, es gebe Gefahren und »zuweilen tödtliche Zufälle«. Aber solle man etwa gar nicht

32 https://www.spiegel.de/geschichte/epidemie-in-der-eifel-1962-die-attacke-der-gefaehrlichen-pocken-a-379516eb-087c-446f-b290-c75775836f36 [Stand: 18.6.2020]; vgl. auch Gelderblom: Ausrottung (Anm. 12).

33 Zitiert nach Waegener: Übersicht (Anm. 11), S. 7, der eine Auffrischung der Impfung durch 16.731 Kölner angibt und eine Erstimpfung durch 2.813 Personen (ebd.).

34 Verhandlungen der Stadtverordneten-Versammlung zu Köln, hg. vom städtischen Oberbürgermeister-Amte zu Köln, 11. Mai 1871, S. 57.

35 Ebd., 11. Mai 1871, S. 57.

36 Heinrich Friedrich Germann: Dr. Guttstadt widerlegt durch Dr. Toni, in: Heinrich Friedrich Germann: Historisch-kritische Studien über den jetzigen Stand der Impffrage, Leipzig 1875, Teil III, S. 241–327, S. 278 und S. 281; vgl. auch H. W. Toni: Bureaukraten-Statistik und Impfzwang oder Das Königlich preußische Statistische Bureau und seine Stellung zur Impffrage. Dem deutschen Volke gewidmet, Berlin 1875, S. 19. Zu den Agitationen der Impfgegner 1870/71 vgl. Matzel: Pocken (Anm. 5), S. 11, 13f.

impfen, weil vielleicht wenige solcher Ausnahmefälle bei fünf Millionen Impfungen vorkämen? »Vollkommenheit« sei »eine Chimäre«. Und »zwischen zwei Uebeln« sei stets »das kleinere zu wählen«. Nur mit Impfungen könne man die »Pockenseuche, eine der fürchterlichsten Geisseln des Menschengeschlechtes«, in den Griff bekommen.[37] Einstweilen aber war die Diskussion um eine verpflichtende Massenimpfung gegen Pocken gerade erst entbrannt und wurde begleitet von zunehmend wütenden Attacken der Impfgegner, denen sich auch Mediziner anschlossen.[38]

e) Kontakt mit Gefangenen, Isolierung und Desinfektion

Die Wachmannschaften der Gefangenenlager waren wesentlich anfälliger für das Pockenvirus als die Soldaten der regulären Armee, handelte es sich doch meist um ältere Landwehrmänner, die Impfauffrischungen – falls überhaupt – vor allzu langer Zeit erhalten hatten.[39] Doch eine mögliche Übertragung des Pockenvirus durch die Wachmannschaften war für die Ansteckung der Bevölkerung gar nicht ausschlaggebend. Denn eine weitere Ursache für die Verbreitung der Pocken lag darin, dass die Bewohner der großen Städte direkt mit den Gefangenen »einen lebhaften Verkehr« pflegten.[40] Auch für Köln ist belegt: Man drängte sich in großer Zahl an den Bahnhöfen, besuchte die Gefangenlager, um die fremden Soldaten und die als exotisch empfundenen afrikanischen Kolonialtruppen zu sehen, ihnen Lebensmittel zu schenken, mit ihnen zu plaudern oder Handel zu treiben. Außerdem kam es in großen Stil zum Verkauf oder Tausch von Habseligkeiten gegen Teile ihrer begehrten farbenprächtigen Uniformen. All dies war angesichts des Virus hochgefährlich, das Tauschgut erwies sich sogar als Infektionsquelle ersten Ranges.[41]

37 Waegener: Übersicht (Anm. 11), S. 7 f.
38 Vgl. Eckart: Jenner (Anm. 7), S. 18; Briese: Angst (Anm. 9); Lindner: Ausbruch (Anm. 30); Bärbel-Jutta Hess: Seuchengesetzgebung in den deutschen Staaten und im Kaiserreich vom ausgehenden 18. Jahrhundert bis zum Reichsseuchengesetz 1900, Diss. Heidelberg, Heidelberg 2009. Zum Kampf gegen die Impfplicht vgl. deren Protagonisten Toni: Bureaukraten-Statistik (Anm. 36) und Germann: Studien (Anm. 36). Impf-Befürworter auf Kölner Seite waren: Krautwig: Krankheiten (Anm. 11); Waegener: Übersicht (Anm. 11); Carolus Waegener: Statistischer Nachweis über den Werth der Impfung: Widerlegung der von Dr. H. Oidtmann aus dem Pocken-Journal von Köln, Jahrgänge 1870–1873, gezogenen Resultate, nach amtlichen Quellen bearbeitet von Waegener, Köln 1881; Kreisarzt Dr. Meder: Das Impfwesen in Cöln, in: Peter Krautwig (Hg.): Naturwissenschaft (Anm. 11), S. 221–226.
39 Vgl. Matzel: Pocken (Anm. 5), S. 31 f.
40 Guttstadt: Pocken-Epidemie (Anm. 6), S. 140 und S. 142.
41 Vgl. Matzel: Pocken (Anm. 5), S. 26; Kübler: Geschichte (Anm. 27), S. 291; Jorland: variole (Anm. 5), S. 29.

Auch gab es einen eklatanten Mangel an Lazaretten und Hospitälern. Die Notwendigkeit der Isolierung der kranken Kriegsgefangenen, zu denen nun auch noch viele mit dem Pockenvirus infizierte Kölnerinnen und Kölner hinzukamen, stellte die Militär- und Zivilverwaltung vor erhebliche Probleme. In Militärlazaretten pflegte man die an Pocken erkrankten französischen Gefangenen – im zentralen Militärlazarett in Kalk befanden sich Mitte Dezember 1870 bereits um die 600. Daher wurden weitere Lazarette geräumt, um darin Pockenkranke unterzubringen.[42] Auch das Pflegepersonal steckte sich an. Abbé Deblaye erwähnte eine Schwester, die sofort in das Deutzer Pockenhospital verbracht wurde und einen Geistlichen, der sich um die Kriegsgefangenen kümmerte.[43] Pocken gehörten von nun an zu den »durchgängigen Krankheitserscheinungen« unter den Kriegsgefangenen.[44]

Die preußischen Behörden reagierten schnell. Am 3. September wurde verfügt, dass »sämtliche französischen Kriegsgefangenen [...] auch die in den Lazaretten« geimpft werden sollten.[45] Dieser Maßnahme war es zu verdanken, dass die Epidemie unter den Kriegsgefangenen zumindest eingegrenzt werden konnte. So versuchten die preußischen Behörden gewissermaßen den Schaden zu begrenzen, den sie bei den Massentransporten der ungeschützten Kriegsgefangenen angerichtet hatten.[46]

Doch wohin mit den bereits an Pocken erkrankten Franzosen? Wegen der Gefahr ansteckender Krankheiten protestierte die Kalker Gemeindeversammlung gegen die von den Militärbehörden angeordnete Unterbringung von kranken Gefangenen in Schulgebäuden im »Inneren des Ortes«.[47] In der Entgegnung hieß es lapidar, diese »Krankheiten« seien »im Allgemeinen nicht gefährlich. Gestorben sind bis jetzt nur vier«.[48] Tatsächlich aber sollten sich die Befürchtungen der Kalker als berechtigt erweisen, denn die Pocken verbreiteten sich in der Folge auch unter der örtlichen Bevölkerung.[49] Später hieß es auch in den Berichten

42 Vgl. Kriegstagebuch des Gouvernements (Anm. 3), Lazarette, 30. Dezember 1870.
43 Vgl. Deblaye: prisonniers (Anm. 3), S. 45 (14. Dezember 1870), S. 87 (22. Januar 1871).
44 Kamp: Kriegsgefangenen (Anm. 3), S. 12 f.
45 Sanitäts-Bericht über die Deutsche Heere im Kriege gegen Frankreich 1870/71: Zweiter Band, II. Statistischer Theil. Morbidität und Mortalität bei den Deutschen Heeren und bei den in Deutschland untergebrachten kriegsgefangenen Franzosen, Berlin 1886, S. 112; vgl. Matzel: Pocken (Anm. 5), S. 52.
46 Ebd., S. 68, interpretiert Matzel diese Maßnahme als Ausgleich zu dem unverantwortlichen Verhalten bei den Transporten.
47 Vgl. Kölnische Zeitung, 15. November 1870, 2. Blatt, S. 2 f.
48 Kölnische Zeitung, 30. November 1870, 2. Blatt, S. 3.
49 Vgl. Heinrich Bützler: Geschichte von Kalk und Umgebung. Bilder aus alter und neuer Zeit, Kalk 1910, S. 87–88; Pierre Ayçoberry: Köln zwischen Napoleon und Bismarck. Das Wachstum einer rheinischen Stadt, Köln 1996, S. 391 f.; Adolf Klein: Köln im 19. Jahrhundert. Von der Reichsstadt zur Großstadt, Köln 1992, S. 242; Kriegstagebuch (Anm. 3), Lazarette, 30. Dezember 1870.

des Regierungspräsidenten lapidar und zutreffend: »Ansteckungsgefahren auch für die Zivilbevölkerung«.[50]

Gleichzeitig bemühte sich die Stadtverwaltung, Platz für die Behandlung von pockenkranken Kölnerinnen und Kölnern zu schaffen. Die Räume des Bürgerhospitals und des Pockenhauses in der Spinnmühlengasse reichten nicht mehr aus. Deshalb mietete die Stadt drei als »Pockenlazarethe« genutzte »Locale vor dem Ehrenthor« an.[51] Auch der »Köln-Mülheimer Pavillon« in der Frohngasse wurde zur Pockenstation. Auf die Nutzung weiterer Pavillons in der Nähe der Flora und des Zoos verzichtete man – die »höheren Stände«, so hieß es, die diese Gegend frequentierten, könnten sich sonst womöglich gestört fühlen.[52] Als die Zahl der Kranken zunahm, erwog man sogar zwischenzeitlich die Errichtung eines Zelt- oder Barackenlagers in der Stadt oder die Umnutzung der Elementar-Pfarrschule von St. Severin.[53] Insgesamt verstarben in Kölner Hospitälern 19 Prozent der Pockenkranken, in Privatwohnungen sogar 21 Prozent.[54]

Bei der unbedingt notwendigen Isolierung und Desinfektion griff man in Köln hart durch. Am 3. Februar 1871 ordnete die königliche Regierung entsprechende Regeln an.[55] Militärlazarette und städtische Hospitäler seien durch »Chlorräucherung zu desinfizieren«, waschbare Gegenstände müssten mit Chlorkalk gewaschen werden, alles Wertlose sei zu verbrennen, Fußböden mit Lauge zu scheuern und die Wände der Krankenstuben mit Kalk neu zu tünchen.[56]

Doch der Mangel an Lazarettplätzen führte zu einer unzureichenden Isolierung der pockenkranken Kriegsgefangenen und zu einer nicht immer konsequent durchgeführten Desinfizierung. Der preußische Offizier Kamp fand für die Desinfektion in den Gefangenenlagern harte Worte in einem deplatziert wirkenden Soldatenjargon: Ein Unteroffizier habe ihm einen Pockenkranken gemeldet – seine Antwort: »›Soll desinficirt und verbrannt werden‹, das heißt nicht der Franzmann selbst, sondern der Strohsack, auf welchem er gelegen«.[57]

50 Geheimes Staatsarchiv Preußischer Kulturbesitz, Rep. 89, 16307. Zeitungs-Berichte der Regierung zu Cöln, 1870–1879, 18. April 1871, I. Quartal 1871, Bl. 106–133 (der Verfasser dankt herzlich Jürgen Herres dafür, ihm Auszüge aus diesen Quellen zur Verfügung gestellt zu haben).
51 Verhandlungen (Anm. 34), 23. April 1871, S. 43; vgl. auch S. 320; 9. Dezember 1870, S. 265; Krautwig: Krankenanstalten (Anm. 11).
52 Verhandlungen (Anm. 34), 1. Februar 1871, S. 17.
53 Vgl. ebd., 1. Februar 1871, S. 17; 23. April 1871, S. 43; 4. Mai 1871, S. 53; 11. Mai 1871, S. 56–57; 3. August 1871, S. 123; 12. Oktober 1871, S. 165; 16. November 1871, S. 195; vgl. auch Krautwig: Krankenanstalten (Anm. 11).
54 Vgl. Waegener: Übersicht (Anm. 11), S. 5; Krautwig: Krankheiten (Anm. 11), S. 170.
55 Der volle Wortlaut ist abgedruckt in: Waegener: Übersicht (Anm. 11), S. 7.
56 Ebd., S. 9.
57 Kamp: Kriegsgefangenen (Anm. 3), S. 18.

Abb. 3: Warnschild der Stadt Hornburg vor der Pockenepidemie 1871. Deutsches Medizinhistorisches Museum Ingolstadt, Holz, Inv.-Nr. 12/038 (Foto: Deutsches Medizinhistorisches Museum Ingolstadt)

Die Pockenkranken unter der Zivilbevölkerung hatten sich in häusliche Quarantäne zu begeben, in strengstens abgeschotteten Zimmern. Dort, wo das nicht möglich war, erfolge »der Transport in ein Pockenhaus«, falls sich die Betreffenden weigerten, solle eine »Warnungstafel« an ihrem Haus angebracht werden (Abb. 3).[58]

f) Die soziale Dimension der Seuche

Bis Januar 1871 waren über 400 Menschen in Köln an den Pocken erkrankt und knapp 100 gestorben.[59] War damit das Schlimmste vorbei? Dieser Ansicht war die Kölnische Zeitung, die »ein baldiges und vollständiges Erlöschen der Seuche« verkündete. Verfrüht – denn zehn Tage später musste dies zähneknirschend korrigiert werden: Die Pocken hätten sich in verschiedenen Stadtteilen so sehr vermehrt, dass man gerade älteren Menschen empfahl, sich nochmals impfen lassen.[60] Davon, dass »die Zahl der in ärztlicher Behandlung stehenden Pockenkranken in stetiger Abnahme begriffen« sei, konnte auch im März in Wahrheit nicht die Rede sein.[61] Denn der größte Schub der Seuche stand noch bevor.

58 Waegener: Übersicht (Anm. 11), S. 9. Zu den Pocken-Warnschildern vgl. den Katalog Bauer/Protte/Wagner: Krieg (Anm. 2), S. 328.
59 Von September 1870 bis einschließlich Januar 1871 zählte man 460 Erkrankte und 98 Tote, Waegener: Übersicht (Anm. 11), S. 11.
60 Kölnische Zeitung, 9. Januar 1871, 2. Blatt, S. 3; vgl. auch Kölnische Zeitung, 19. Januar 1871, 2. Blatt, S. 3.
61 Kölnische Zeitung, 8. März 1871, 2 Blatt, S. 2.

Nun zeigte sich mit aller Deutlichkeit, dass eine der Ursachen für die Verbreitung des Pockenvirus ganz wie in den überfüllten Gefangenenlagern auch in den Städten die teils erbärmlichen Wohnverhältnisse waren, zumal in Köln, wo sich die Ärmeren eng zusammendrängten.[62] Die Beobachtung mag allgemein zutreffend sein, dass von der Seuche alle Altersstufen beiderlei Geschlechts betroffen waren und dass »weder Arme noch Reiche einen Freischein gegen die Pocken besitzen«.[63] Doch schaut man sich die Auflistung der Kranken und Toten nach Berufen und Wohnvierteln an, so hatte diese Epidemie in Köln auch soziale Dimensionen: Unter den Männern waren Schreiner und Tagelöhner deutlich am meisten betroffen, unter den Frauen Dienstmägde und Putzmacherinnen.[64] Auch bei den Adressen lässt sich beobachten, dass hier die ärmeren Viertel stärker in Mitleidenschaft gezogen wurden.[65]

Den Höhepunkt der Pockenepidemie erreichte Köln zwischen Februar und Mai 1871 mit nochmal knapp 1.600 Kranken und fast 300 Toten.[66] Im April notierte der Regierungspräsident: »Pocken gewannen in Köln epidemische Ausbreitung und hatten einen bösartigen Charakter«.[67] Im Mai sah der Kölner Stadtrat daher mit Recht noch keinen Grund zur Entwarnung.[68]

Zudem wirkte im Jahr 1871, als die Epidemie unter der Zivilbevölkerung ihren Höhepunkt erreichte, auch noch etwas anderes mit: das Zusammenströmen vieler Menschen etwa auf »Jahrmärkten«. Aber nicht nur bei diesen. Kölner Zeitungen berichteten immer wieder über ausufernde Siegesfeiern mit Feuerwerk und Menschenansammlungen nach gewonnenen Schlachten. In Köln registrierte Waegener regelmäßig, dass bei solchen festlichen Gelegenheiten mit großen Menschenmengen »innerhalb der ersten 14 Tage die Zahl der Erkrankungen zunahm«.[69] Der unbestrittene Höhepunkt, bei dem sich viele Einwohner infizierten, kam, als die meisten der Kriegsgefangenen Köln längst wieder Richtung Frankreich verlassen hatten. Das waren die »Festlichkeiten für die heimkehrenden Krieger« im Juni.[70] An eine eigentlich notwendige radikale

62 Vgl. Guttstadt: Pocken-Epidemie (Anm. 6), S. 150; Matzel: Pocken (Anm. 5), S. 41.
63 Waegener: Übersicht (Anm. 11), S. 6.
64 Von den Schreinern erkrankten 38 und starben 6, von den Tagelöhnern erkrankten sogar 42 und starben 15. Ähnlich sah es bei den Dienstmägden aus mit 42 Kranken und 10 Toten, unter den Putzmacherinnen wurden 34 Kranke und 7 Tote gezählt. Die anderen Berufsgruppen liegen weit darunter; vgl. Waegener: Übersicht (Anm. 11), S. 12.
65 Vgl. ebd., S. 13–15.
66 Ebd., S. 11, verzeichnet für Februar bis Mai 1871 insgesamt 1.598 Kranke und 287 Tote.
67 Zeitungs-Berichte (Anm. 50), 18. April 1871, I. Quartal 1871, Bl. 106–133. Ende März 1871 verzeichnete man »In Köln insgesamt 1.084 Erkrankungen, davon […] 217 Todesfälle«, ebd.
68 Vgl. Verhandlungen (Anm. 34), 11. Mai 1871, S. 57.
69 Waegener: Übersicht (Anm. 11), S. 7.
70 Guttstadt: Pocken-Epidemie (Anm. 6), S. 150; vgl. auch Matzel: Pocken (Anm. 5), S. 66.

Isolierung war bei dieser Stimmung gar nicht zu denken. Ausgerechnet der größte Triumph mit Siegesparade, Feierlaune und Umarmungen wurde so zum Hotspot der Virus-Übertragung.

g) Das Ende der Epidemie in Köln

Erst im August 1871 konstatierte der Stadtrat eine »wesentliche Verminderung der Pockenkranken«, aber die Stadtverordneten hielten die Schutzregeln aufrecht, weil sie eine weitere Welle der Epidemie fürchteten. Noch Mitte November erklärte der Rat, dass die Pockenepidemie noch immer nicht ganz verschwunden sei.[71] Mitte Dezember 1871 war der Spuk endlich vorbei.

Insgesamt erkrankten in Köln 2.450 Menschen an Pocken, von denen 479 der Epidemie zum Opfer fielen.[72] Damit war Köln noch einmal mit einem blauen Auge davongekommen. Die Pockenepidemie hatte hier »nicht einen so verheerenden Charakter und Ausbreitung als in anderen Städten« angenommen.[73] Sollte »später nochmals eine Epidemie auftreten«, würde man, so Waegener, in Köln auf die alles in allem guten Erfahrungen mit den getroffenen Schutzmaßnahmen zurückgreifen können.[74]

Allein in Preußen erkrankten im Jahr 1871 laut Guttstadt über 400.000 Menschen an den Pocken, fast 60.000 starben daran. Andere Schätzungen gehen für den gesamten Zeitraum von 1870 bis 1873 in ganz Deutschland von noch weit höheren Zahlen von bis zu knapp 180.000 Pockentoten aus.[75]

Angesichts dieser grausamen Bilanz siegten im Streit mit den Impfgegnern die Befürworter der Pflichtimpfung. Man hatte auch in Köln nachweisen können, dass Impfung und Impfauffrischung einen wesentlichen Schutz bedeuteten.[76]

71 Vgl. Verhandlungen (Anm. 34), 3. August 1871, S. 123; 16. November 1871, S. 195.

72 Waegener: Übersicht (Anm. 11), S. 11. Im Januar 1872 gab es noch »8 Pockenerkrankungen in Köln«, Zeitungs-Berichte (Anm. 50), 22. Januar 1872, IV. Quartal 1871, Bl. 173–211.

73 Waegener: Übersicht (Anm. 11), S. 9. Auffällig war, das zum Beispiel Duisburg prozentual in weitaus höherem Maße von den Folgen der Pockenepidemie betroffen war; vgl. Reichsgesundheitsamt: Blattern- und Schutzpockenimpfung: Denkschrift zur Beurteilung des Nutzens des Impfgesetzes vom 8. April 1874 und zur Würdigung der dagegen gerichteten Angriffe, Berlin/Heidelberg 1925, S. 58.

74 Waegener: Übersicht (Anm. 11), S. 9.

75 Guttstadt: Pocken-Epidemie (Anm. 6), S. 151, zählte für Preußen im Jahr 1871 mehr als 400.000 Kranke und 59.838 Tote. In dem Katalog Bauer/Protte/Wagner: Krieg (Anm. 2), S. 328, ist von rund 125.000 Toten in Preußen während des gesamten Zeitraums die Rede; Matzel: Pocken (Anm. 5), S. 8, schätzt die Pockentoten in Deutschland von 1870 bis 1872 auf »etwa 150.000«; Jorland: variole (Anm. 5), S. 29, sogar auf 177.000; Smallman-Raynor/Cliff: Transmission (Anm. 5), S. 243, nennen die exakte Zahl von 176.977 Pockentoten in der gesamten deutschen Zivilbevölkerung.

76 Waegener: Übersicht (Anm. 11), S. 7, wies nach, dass von denen, die in Köln ein zweites Mal geimpft wurden, nur fünf starben. An anderer Stelle erläuterte er, dass an den Pocken

Zuletzt mündeten die Debatten in tumultartige parlamentarische Auseinandersetzungen. Schließlich wurde das Gesetz, das die Impfung verpflichtend machte, in Deutschland als Lehre aus der Pockenepidemie, dieser erschütternden Begleiterscheinung des Krieges, 1874 erlassen.[77]

In Kalk bei Köln erinnerte man sich noch lange an die Kriegszeit 1870/71, an die französischen Gefangenen und die Pockenepidemie. An manchem Haus hing ein schwarzes Blechschild mit weißer Aufschrift: »Hier sind die schwarzen Pocken«. Einige Kalker erlagen damals dieser tückischen Krankheit, andere trugen bis zu ihrem Lebensende die Pockennarben. Ein Kalker Haus an der Hochstraße, das zur Aufnahme von Pockenkranken hergerichtet war, kannte man noch viele Jahre unter dem Namen »Pockenhaus«. Es wurde erst um 1900 abgerissen.[78]

3. Exotismus und Rassismus. »Tout Cologne strömt dorthin« – Erste Begegnung mit Afrikanern 1870/71

a) Kolonialtruppen – Rassismus und Propaganda

Zum ersten Mal in der Geschichte begegneten die Kölnerinnen und Kölner einer größeren Anzahl Schwarzer Menschen – zweifellos ein einschneidendes Erlebnis. Für den Reporter der Kölnischen Zeitung war es sensationell, dass »wir« die dunkelhäutigen Turkos, »die uns bis dahin nur aus Schilderungen bekannt« waren, »jetzt in Wirklichkeit vor uns haben«.[79] Denn eine besondere Attraktion in Köln wie in ganz Deutschland waren die kriegsgefangenen Angehörigen der französischen Kolonialtruppen aus Afrika. Sie wurden in der deutschen Presse meist pauschal als »Turkos« bezeichnet – ein nicht korrekter Sammelbegriff für Soldaten von meist dunkler Hautfarbe in exotisch anmutenden Uniformen.

»Turcos« nannte man in Frankreich die Angehörigen der algerischen Schützen, der tirailleurs algériens. Seit 1842 wurden sie in Algerien aus mehrheitlich afrikanischen Einwohnern rekrutiert – zu etwa gleichen Teilen aus Kabylen, Arabern und Schwarzafrikanern. Angeführt wurden die Turkos von meist französischen Offizieren. Ihren Namen hatten sie im Krimkrieg von den gegnerischen Russen

zwölf mal mehr ungeimpfte wie geimpfte Säuglinge erkrankten, vgl. Waegener, Nachweis (Anm. 38), S. 11.

77 Die Befürworter sollten sich schließlich durchsetzen, vgl. Guttstadt: Pocken-Epidemie (Anm. 6); Kaiserliches Gesundheitsamt: Beiträge (Anm. 11); Reichsgesundheitsamt (Anm. 73). In Frankreich besteht die Pockenschutz-Impfpflicht erst seit 1902.

78 Bützler: Geschichte (Anm. 49), S. 87 f.

79 Das Zeltlager der französischen Kriegsgefangenen auf der Wahner Haide bei Köln, in: Kölnische Zeitung, 22. September 1870, 2. Blatt, S. 2.

erhalten, die sie an Türken erinnerten. Die weitaus meisten Turkos waren Muslime.[80] Seit der Eroberung Algeriens 1830 gab es zudem die Zuaven, benannt nach den Zwawa, Angehörigen kabylischer Stämme. Diese bildeten jedoch nur einen kleinen Teil dieser Einheiten, die sich auch aus Arabern und immer häufiger aus Franzosen zusammensetzte, sei es aus der Kolonie Algerien, sei es aus dem französischen Mutterland. Im Zweiten Kaiserreich wurden die Zuaven zu Elitetruppen innerhalb der regulären französischen Infanterie.[81] Diese und weitere Einheiten bildeten die Armée d'Afrique, die Afrikanische Armee, die im französischen Heer 1870 am Krieg teilnahm.[82]

Die Turkos zählten ungefähr 9.000 Mann. Rechnet man die Zuaven hinzu, in deren Reihen ja ebenfalls Nordafrikaner kämpften, ergäbe sich eine Gesamtzahl von etwa 17.000 »Fremden« in der französischen Armee, unter ihnen knapp 14.000 Muslime.[83] Turkos und Zuaven trugen exotisch wirkende Uniformen: weite Pluderhosen, kurze Jäckchen (bei den Turkos hellblau mit gelben, bei den Zuaven dunkelblau mit roten Applikationen), eine Bauchbinde sowie eine fezartige Kopfbedeckung, die mit einem Turban umwickelt werden konnte. Dies gab ihnen ein fremdartiges, orientalisch anmutendes Aussehen, das sich von der Uniformierung der übrigen Truppen deutlich abhob.[84]

80 Vgl. Frank Becker: Fremde Soldaten in der Armee des Feindes. Deutsche Darstellungen der französischen »Turko«-Truppen im Krieg von 1870/71, in: Christian Geulen (Hg.): Vom Sinn der Feindschaft, Berlin 2002, S. 167–182, hier S. 169; Michael Jeismann: Das Vaterland der Feinde. Studien zum nationalen Feindbegriff und Selbstverständnis in Deutschland und Frankreich 1792–1918, Stuttgart 1992, S. 280–297; Louis Delpérier: L'armée de Napoléon III, Saint-Cloud 2011, S. 58–67; Winfried Leipold: Der deutsch-französische Krieg von 1870/71. Die Konfrontation zweier Kulturen im Spiegelbild von Zeitzeugen und Zeitzeugnissen, Diss. Julius-Maximilians-Universität Würzburg 2015, S. 91–94; Heidi Mehrkens: Deutsch-Französischer Krieg 1870–1871, in: Ute Daniel/Gerd Krumeich (Hg.): Frankreich und Deutschland im Krieg (18.–20. Jahrhundert): Zur Kulturgeschichte der europäischen »Erbfeindschaft«, Braunschweig 2004 (Darstellung nach Kommunikatorengruppen), S. 103, S. 247–249; Tillmann Bendikowski: 1870/71: Der Mythos von der deutschen Einheit, München 2020, S. 162.

81 Vgl. Delpérier: L'armée (Anm. 80), S. 58–67; André Jouinau/Jean-Marie Mongin: L'armée française de la guerre franco-prussienne. 1870–1871. Des Cent-Gardes aux »Moblots«, Bayeux 2018, S. 79; Walter Bruyère-Ostells: L'Algérie 1852–1857, in: Bernard Giovanangeli (Hg.): Campagnes du Second Empire, Paris 2010, S. 14–27.

82 Dazu gehörten die tirailleurs algériens (Turkos), die Zuaven, die Fremdenlegion, die leichte afrikanische Infanterie, die chausseurs d'Afrique und die Spahis, vgl. Delpérier: L'armée (Anm. 80), S. 58–67; Anthony Clayton: Histoire de l'Armée française en Afrique 1830–1962, Paris 1994; Jouinau/Mongin: L'armée (Anm. 81), S. 74–79; Katalog Bauer/Protte/Wagner: Krieg (Anm. 2), S. 202, 334f.; Gerhard Bauer: »Rothosen« und Pickelhauben. Die Uniformierung der Heere 1870/71, in: ebd., S. 184–189, hier S. 185.

83 Mitze: Gefangenschaft (Anm.1), S. 248, Anm. 36, geht von lediglich 8.000 bis 9.000 Mann aus. Auch Becker: Soldaten (Anm. 80), S. 169, schätzt ihre Zahl auf 9.000, inklusive der Zuaven auf 17.000. Nach Delpérier: L'armée (Anm. 80), S. 89, nahmen allein an der Schlacht bei Weißenburg drei Regimenter Turkos mit etwa 6.600 Mann teil. Zur Zahl der 13.900 Muslime vgl. den Katalog Bauer/Protte/Wagner: Krieg (Anm. 2), S. 202.

84 Vgl. Jouinau/Mongin: L'armée (Anm. 81), S. 74–79; Arand: Geschichte (Anm. 2), S. 139f.

Im Vordergrund der Wahrnehmung stand auf Seiten der Deutschen der Aspekt des Exotischen, befördert durch die ungewöhnliche Uniformierung und die dunkle Hautfarbe. Aus den Erinnerungen vieler deutscher Veteranen sprach Angst vor dem Fremden und vermeintlich Wilden, widerwilliger Respekt vor dem Kampfgeist dieser Truppen und auch offener Rassismus.[85] Den Turkos und Zuaven eilte der Ruf voraus, sich mit Gebrüll auf den Feind zu stürzen, besonders wild und rücksichtlos zu kämpfen, keine Gefangenen zu machen und zuweilen sogar gegnerische Soldaten zu verstümmeln, kurz: sich zu gebärden wie »wilde Tiere«. Die französische Armeeführung setzte diesen grausamen Ruf der Afrikaner bewusst als Propaganda ein, um die Deutschen in Panik zu versetzen. In französischen Presseartikeln wurde gedroht, die Turkos würden über den Rhein setzen und die Pfalz und Baden in einem Amoklauf gegen die Zivilbevölkerung verwüsten.[86]

So entfaltete sich ein Propagandakrieg auf beiden Seiten. Denn dergleichen Horrorgeschichten nahmen die Deutschen begierig auf. Deutsche Soldaten warfen den fremdartigen Afrikanern häufiger als den weißen französischen Kombattanten Verletzungen des Wertesystems vor und weigerten sich, diese als gleichwertige Gegner zu betrachten. Sie galten als nicht satisfaktionsfähig. Als Wesen einer vorzivilisatorischen Rohheit wurden sie betrachtet und verhöhnt als »Wilde«, »Raubtiere« oder gar »Menschenaffengesindel«.[87] Gerüchte kursierten: Wie Vampire würden die Turkos sogar das Blut ihrer getöteten Feinde trinken. Deutsche Soldaten jedenfalls seien entschlossen, »diesen Kannibalen keinen Pardon mehr zu geben«.[88]

Zwischen Turkos und Zuaven unterschied man auf deutscher Seite kaum. Sie alle wurden als gleich fremdartig und wild betrachtet und diffamiert. Dabei ging es im Kern gar nicht um die dunkelhäutigen Kolonialtruppen an sich. Sie wurden vielmehr missbraucht für politische Zwecke. Das erklärt auch, warum die verhältnismäßig geringe Anzahl afrikanischer Soldaten in der französischen Armee in Deutschland eine dermaßen hohe Aufmerksamkeit erregte.[89]

85 Vgl. ebd., S. 140; Benoistel/Le Ray-Burimi/Pommier: France-Allemagne(s) (Anm. 2), S. 214; Katalog Bauer/Protte/Wagner: Krieg (Anm. 2), S. 192 und 202.

86 Vgl. Becker: Soldaten (Anm. 80), 171; Christian Koller: »Von Wilden aller Rassen niedergemetzelt«. Die Diskussion um die Verwendung von Kolonialtruppen in Europa zwischen Rassismus, Kolonial- und Militärpolitik (1914–1930), Stuttgart 2001, S. 49.

87 Becker: Soldaten (Anm. 80), S. 171–172 (zitiert nach ebd.).

88 Bericht über die Ankunft kriegsgefangener Turkos in Mannheim (6. August 1870), zitiert nach Joseph Kürschner: Der große Krieg 1870–71 in Zeitberichten. Nach Paul von Elpons »Tagebuch des deutsch-französischen Krieges«, neu hg. von Joseph Kürschner, Berlin u. a. o. J. [1895], Sp. 1895. Vgl. Leipold: Krieg (Anm. 80), S. 91–82; Mehrkens: Krieg (Anm. 80), S. 103 und S. 247; Bendick: prisonniers (Anm. 2), S. 192; Cipolla: captifs (Anm. 2), S. 72, zu der Legende von den »Vampiren« vgl. ebd., S. 27.

89 Vgl. Becker: Soldaten (Anm. 80), S. 170 f.; Mehrkens: Krieg (Anm. 80), S. 247.

Abb. 4: »Einige Träger französischer Zivilisation«, aus: Illustrierte Geschichte des Krieges 1870/71. Mit 318 Illustrationen, 14 Plänen im Text, 5 Kunstbeilagen und 4 Extrakarten, Stuttgart, Berlin und Leipzig o. J. (1895), S. 89 (Repro)

Die Botschaft auf illustrierten Flugblättern und in Zeitungsartikeln war klar: Afrikaner sind wie Tiere, räuberisch und unzivilisiert. Pauschal wurde die angebliche »Wildheit« der Afrikaner als Beweis für die heuchlerische Nachbarnation angeführt. Die Afrikaner dienten den Deutschen dazu, den Anspruch Frankreichs, die Zivilisation gegen die einrückenden deutschen »Barbaren« zu verteidigen, propagandistisch in sein Gegenteil zu verkehren. Zahlreiche pseudo-ethnisch verbrämte oder gar offen rassistische Bilder zeigten afrikanische Soldaten – Kämpfer oder Kriegsgefangene – als vermeintlichen Beleg dafür, dass es in Frankreich mit der vielgepriesenen »Zivilisation« in Wahrheit nicht weit her war.[90] Wer, so hieß es, wilde Turkos und Freischärler, die berüchtigten Franctireurs, in einer Art Volkskrieg auf die Deutschen hetze, führe nicht auf legitime Weise Krieg. Dabei hatte Preußen

90 Vgl. Bendick: prisonniers (Anm. 2), S. 192; Mehrkens: Krieg (Anm. 80), S. 247; Becker: Soldaten (Anm. 80), S. 170–172; Koller: Wilde (Anm. 86), S. 49; Cipolla: captifs (Anm. 2), S. 27, 72 f.

selbst 60 Jahre zuvor den Volkskrieg gegen Napoleon I. propagiert. Doch nun wollte man davon nichts mehr wissen. Das Gewaltmonopol war in den Händen eines effizienten Staates und diejenigen, die in Preußen noch für eine Volksbewaffnung eintraten, ließen sich durch eine solche Propaganda politisch zurückdrängen.[91]

Durch die immer wiederkehrende Betonung der Andersartigkeit und der vermeintlichen Grausamkeit der Kolonialsoldaten wurde eine grundlegende Distanz zum Kriegsgegner aufgebaut – ganz so, als habe das ganze französische Heer, ja die gesamte französische Nation diesen Charakter des Fremden (Abb. 4). Dies sollte vor allem eine Lektion für Rheinländer und Bayern sein, bei denen ja durchaus noch Sympathien für Frankreich bestanden: mit einem solchen Frankreich konnte es keine Annäherung geben. Sondern es galt, sich einer vermeintlich fundamental andersartigen deutschen Nation unter preußischer Führung unterzuordnen.[92] Bismarck wetterte gegen Frankreich, das »diese afrikanischen Horden mit aller Kenntnis ihrer Gewohnheiten auf einen europäischen Kriegsschauplatz führte«. Über die Turkos soll er gesagt haben: »Das ist Raubzeug, das muss abgeschossen werden«.[93]

Schon Anfang August 1870, im Verlauf der ersten deutschen Siege bei Weißenburg und Wörth, gerieten viele Turkos in Gefangenschaft.[94] Die meisten von ihnen kamen in Köln an und wurden weitertransportiert in weiter östlich gelegene deutsche Städte. Dabei gehörten diese, folgt man rassistischen Stimmungen jener Jahre, eigentlich eher in den Zoo. Im Rausch der ersten Siegesfeiern hatte ein Kölner Bürger »demjenigen 50 Reichsthaler versprochen, welcher einen von den so gefürchtet angesehenen Turcos für den hiesigen zoologischen Garten lebendig einbringt«. Und er bot – da die Mär umging, alle Turkos hätten blutgierige Katzen auf der Schulter, die im Nahkampf den Feinden ins Gesicht sprangen – »noch 50 Reichsthaler mehr, wenn die Katze desselben mit dabei ist«.[95] Die Turkos selbst wurden als »Bestien« Tieren gleichgesetzt – meist Affen, Katzen oder Hunden.[96]

91 Vgl. Becker: Soldaten (Anm. 80), S. 176–179.
92 Vgl. ebd., S. 176.
93 Bismarck, Runderlass vom 9. Januar 1871, zitiert nach Koller: Wilde (Anm. 86), S. 49. Das zweite Zitat Bismarcks wird immer wieder auch in zeitgenössischen Berichten angeführt, kann aber nicht eindeutig belegt werden, vgl. Koller: Wilde (Anm. 86), S. 49 f., Anm. 26.
94 Bei Weißenburg kämpften drei Regimenter Turkos mit insgesamt 6.600 Mann, am Ende blieben nur noch 2.400, 1.200 waren tot, 3.000 verwundet oder in Gefangenschaft geraten, vgl. Delpérier: L'armée (Anm. 80), S. 89.
95 Brief an Leonard [Mirgel], Köln, 10. August 1870, Kriegsbriefe 138:7, Universitäts- und Landesbibliothek Bonn, urn:nbn:de:hbz:5:1–38254 https://digitale-sammlungen.ulb.uni-bonn.de/ulbbnhans/content/titleinfo/1684221 [Stand: 10. 8. 2020], S. 2.
96 Koller: Wilde (Anm. 86), S. 51, erwähnt die Chronik des Pfarrers von Froeschweiler, in der berichtet wurde, dass einige Turkos Hunde Katzen und Vögel, Affen und weiße Ratten mit sich

b) Eine Kölner Attraktion: Afrikaner im Zeltlager auf der Wahner Heide

Anfang September, nach der Schlacht von Sedan, kamen die ersten größeren Gruppen von Zuaven und Turkos in Köln an, um auch hier zu bleiben. Die Kölnerinnen und Kölner staunten. Selbst viele ihrer Offiziere wirkten »abgerissen« und trugen keine Schuhe.[97] Zahleiche Angehörige der französischen Kolonialtruppen wurden in Köln interniert. Die Offiziere blieben in der Stadt, die Mannschaften wurden in das Zeltlager auf der Wahner Heide verbracht.

Innerhalb des Lagers waren sie zunächst in einem gesonderten Bereich untergebracht. Dieses »malerische Gebiet« war jedoch nicht hermetisch abgeriegelt. Gemessen an der Gesamtzahl von in Wahn internierten etwa 10.000 Gefangenen stellten sie mit zeitweise bis zu 1.000, durchschnittlich mit 600 und 800 Mann nur einen geringen Anteil.[98]

Umso größer war die Aufmerksamkeit, die ihnen zuteil wurde. Die Berichterstattung überschlug sich. Es begann mit einer Pressenotiz am 10. September, dass unter den in Köln eingetroffenen französischen Kriegsgefangenen auch »mehrere Turcos bemerkt worden« seien, fünf Tage danach wurde von der Ankunft »von 800 Turkos« berichtet, vier Tage später hieß es, dass bereits »1.000 Turkos und Zuaven« sich im Lager auf der Wahner Heide befänden.[99]

Das Phänomen, dass sich die deutsche Zivilbevölkerung an den Wochenenden aufmachte, um in den umliegenden Kriegsgefangenenlagern die Afrikaner zu bestaunen, war auch in Köln zu beobachten.[100] In der Zeitschrift »The Graphic« erschien in London eine Illustration zu einem Artikel über Kriegsgefangene, deren Behandlung sich seit Waterloo dank der Genfer Konvention von 1864

führten. Zum Motiv der Katze vgl. auch Bendikowski: Mythos (Anm. 80), S. 162; zur Gleichsetzung der Turkos mit Tieren vgl. Becker: Soldaten (Anm. 80), S. 173 und ebd., Anm. 25.

97 Kölnische Zeitung, 13. September 1870, 2. Blatt, S. 3; vgl. auch Kölnische Zeitung, 8. September 1870, 2. Blatt, S. 3.

98 Zum »malerischen Gebiet« vgl. Georg Eberhardt: Ein Bild aus dem Kriegsjahr 1870. Die Wahner Heide (hs. Augenzeugenbericht über die Besichtigung des Gefangenenlagers in der Wahner Heide im September 1870, dabei: Lithografie »Das Depot französischer Kriegsgefangenen auf der Wahnerhaide bei Coeln«; A Matthis, Elberfeld: J. Loewenstein & Co., o. D. [1870], Universitäts- und Landesbibliothek Bonn, Kriegsbriefe 213. 2, http://digitalesammlungen.ulb.uni-bonn.de/ulbbnhans/content/titleinfo/1917165 [Stand: 20.08.2020] S. 14, zitiert nach ebd. Die Rheinische Zeitung, 19. September 1870, 1. Ausgabe, S. 2, sprach von »1.000 Turkos und Zuaven« im Zeltlager auf der Wahner Heide; laut Kölnische Zeitung: Zeltlager (Anm. 79) waren es »etwa 800«; laut dem Artikel: Ein Besuch auf der wahner Haide, in: Rheinische Zeitung, 24. September 1870, 1. Ausgabe, S. 2, S. 2, »700–800«. Kamp: Kriegsgefangenen (Anm. 3), S. 26, erwähnt »600 Turkos«, der Festungsgouverneur sprach im Oktober von »550 Kriegsgefangene[n] Turkos«, Kriegstagebuch (Anm. 3), 19. Oktober 1870.

99 Rheinische Zeitung, 10. September 1870, 2. Ausgabe, S. 2; Rheinische Zeitung, 15. September 1870, 1. Ausgabe, S. 2; Rheinische Zeitung, 19. September 1870, 1. Ausgabe, S. 2.

100 Zu diesem Phänomen in Deutschland vgl. Cipolla: captifs (Anm. 2), S. 113.

Abb. 5: »French prisoners of war in the camp at Wahn, near Cologne«, 1870, nach einer Zeichnung von Godefroy Durand, in: The Graphic, London, 22. Oktober 1870. Kölnisches Stadtmuseum, Graphische Sammlung, Inv. Nr. G 32761 (Foto: Mario Kramp, Köln)

wesentlich verbessert habe. Die Abbildung dazu zeigt einen Besuch vornehmer Kölnerinnen und Kölner mit ihren Kindern im Zeltlager in der Wahner Heide (Abb. 5). Man hatte sich fein gemacht – die Herren in Gehrock mit Zylinder, die Damen in Ausgehgarderobe. Unter den Blicken des preußischen Wachpersonals kommt es zu einer Begegnung mit einer Gruppe von afrikanischen Kolonialsoldaten. Im Vordergrund beobachtet ein Junge, der selbst eine modische Kleidung ähnlich der Zuaven trägt, nachdenklich die vor ihm liegenden Gefangenen. Derweil ermuntert seine Mutter die etwas ängstlich Abstand haltende Tochter, einem Schwarzen Turko ein kleines Geschenk zu überreichen.[101]

Tatsächlich bildete das Zeltlager auf der Wahner Heide im September 1870 den »Anziehungspunkt der Bewohner Kölns«.[102] Es kam so sehr in Mode, im

101 »French prisoners of war in the camp at Wahn, near Cologne«, 1870, nach einer Zeichnung von Godefroy Durand, in: The Graphic, London, 22. Oktober 1870, S. 390, Kölnisches Stadtmuseum, Graphische Sammlung, Inv. G 32761.

102 Rheinische Zeitung: Besuch (Anm. 98).

Zeltlager auf der Wahner Heide vor allem die Turkos zu bestaunen, dass sich die Zeitungen genötigt sahen, ausführliche Artikel über das Lager zu veröffentlichen, um »auch den Weiterwohnenden und denjenigen, die aus irgend einem Grunde nicht in der Lage sind, die Haide zu besuchen, ein kleines Bild davon zu geben«.[103] Das ganze Ensemble des Zeltlagers, so Abbé Deblaye, sei malerisch und errege die Neugier. Die Kölner hätten »Lager und Zelte bislang nur als Illustrationen, die Berichten von Reisenden beigefügt waren«, gekannt. Nun aber »sah man jeden Sonntag ganz Köln (»tout Cologne«) wie bei einer Uraufführung dorthin strömen«.[104]

Auch die Kölnische Zeitung berichtete davon, wie immer wieder Scharen von »Schaulustigen und Neugierigen aus Nähe und Ferne« das Lager besuchten. Der Andrang war so groß, dass »nur manche das Glück hatten, in das Innere des Lagers eingelassen zu werden und die Geheimnisse und Absonderlichkeiten des dortigen Lebens und Treibens sich näher anschauen zu können«. Viele dagegen mussten sich damit begnügen, von außen die »Staffage des bunten Bildes« zu betrachten.[105]

Wie dies auf die vor den Toren von Köln internierten gefangenen Afrikaner gewirkt hat, wissen wir leider nicht. Im Lager Ingolstadt, wohin ebenfalls viele Besuchergruppen pilgerten, beschwerten sich die Gefangenen, sie kämen sich vor wie in einer Menagerie – woraufhin die dortigen »Führungen« eingestellt wurden.[106] Im Kriegsgefangenenlager Erfurt wurde sogar Eintritt für die Schaulustigen erhoben, Ähnliches ist auch aus Koblenz überliefert.[107] In Köln zahlte man keinen Eintritt, musste sich aber vom Lagerkommandanten eine Zutrittskarte besorgen.[108]

Da die Turkos bisher nur aus Schilderungen exotischer Länder und aus Reiseberichten bekannt waren, sie aber jetzt »in Wirklichkeit« in Köln zu sehen waren, ist es kaum verwunderlich, dass bei den Presseberichten über das Zeltlager auf der Wahner Heide die Afrikaner ganz im Vordergrund des Interesses standen.[109]

103 Ebd.; vgl. auch Kölnische Zeitung: Zeltlager (Anm. 79); vgl. auch Benno Krix: Zwischen Schießplatz und Autobahn – Ein Beitrag zur Geschichte von Wahnheide, in: Rechtsrheinisches Köln 32 (2007), S. 87–253, hier S. 100.

104 »Tout cet ensemble, est d'un aspect pittoresque et excite au plus haut point la curiosité de ces bons Allemands. Ils n'avaient encore vu de campements et de tentes que dans les gravures qui accompagnent les récits des voyageurs; aussi chaque dimanche voit-on affluer là le tout Cologne, comme à une première représentation«. Deblaye: prisonniers (Anm. 3), S. 25 (22. November 1870).

105 Kölnische Zeitung, 8. November 1870, 2. Blatt, S. 2.

106 Vgl. Botzenhart: Kriegsgefangene (Anm. 2), S. 25; Mitze: Gefangenschaft (Anm. 1), S. 248; Mehrkens: Feind (Anm. 2), S. 75 f.

107 Zu Erfurt vgl. Kölnische Zeitung, 20. Oktober 1870, 1. Blatt, S. 2; Heide, S. 55. Zu Koblenz und dem allgemeinen Phänomen vgl. Mehrkens: Feind (Anm. 2), S. 65–79, hier S. 75 f.

108 Rheinische Zeitung, 19. September 1870, 1. Ausgabe, S. 2.

109 Kölnische Zeitung: Zeltlager (Anm. 79). Mehr als die Hälfte dieses Artikels ist ihnen gewidmet; auch der Artikel in der Rheinischen Zeitung: Besuch (Anm. 98) berichtet über diese Gefangenen in vielen Passagen.

c) *Urteile und Vorurteile*

Am 14. September 1870 traf erneut »einer der kolossalen Gefangenen-Transporte« am Kölner Zentralbahnhof ein. Die Anwohner strömten neugierig herbei. Der Transport habe einerseits einen »malerischen Anblick« geboten, »denn die in offenen Wagen befindlichen Gefangenen waren weitaus zum größten Theile Turcos und Zouaven«. Sie wurden wie wilde Tiere begafft. Schließlich war man erleichtert, als die bayerische Wachmannschaft, die den Transport eskortierte und vor der die Kolonialsoldaten große Angst hatten, »vor den Augen der Africanerhorden« die Gewehre scharf laden ließ.[110] Diese beiden Sichtweisen – Angst vor den vermeintlich »wilden Tieren« einerseits und Faszination durch das Malerische andererseits – prägte die Wahrnehmung und den Umgang der Kölnerinnen und Kölner mit der für sie völlig neuartigen Begegnung mit der großen Anzahl dunkelhäutiger Menschen. Die Kehrseite der Faszination war die Stilisierung der Fremden zu liebenswürdigen oder bedauernswerten Kreaturen. Die Kehrseite der Angst waren Vorurteile oder blanker rassistischer Hass.

d) *Exotismus »phantastisch und malerisch«*

Bei den ersten Begegnungen stand das fremdartige, orientalische Aussehen der Afrikaner im Vordergrund – und dies bereits innerhalb der Stadt, wo viele Kölnerinnen und Kölner am Dom und auf der Hohe Straße französische Offiziere bestaunten. Unter ihnen befanden sich zahlreiche Turkos und Zuaven in ihren »verschiedensten, höchst malerischen Uniformen« mit weiten Pumphosen, Turbanen und Fezen.[111] »Uniformstücke« und »goldene Säbelquasten« der Turkos waren bei Kölnerinnen und Kölnern besonders begehrt. Die Afrikaner wiederum hätten eine Vorliebe für Zucker gehabt und diesen bereits am Bahnhof versucht zu kaufen sowie mit der Zivilbevölkerung einen regen Tauschhandel geführt, in dem sie Teile ihrer Ausstattung und Uniformen anboten.[112]

Der Aspekt des Exotischen dominierte auch die Beobachtungen im Zeltlager auf der Wahner Heide. Die Uniformen der »Turcos« wurden als »phantastisch« und als besonders »farbenreich, vorherrschend blau, roth und grün«

110 Kölnische Zeitung, 14. September 1870, 2. Blatt, S. 3; vgl. auch Rheinische Zeitung, 15. September 1870, 1. Ausgabe, S. 2.
111 Kölnische Zeitung, 4. November 1870, 2. Blatt, S. 2f.
112 Den Wert des preußischen Geldes, das sie mit sich führten, hätten sich die Afrikaner bei ihrer Ankunft in Köln erklären lassen, Rheinische Zeitung, 15. September 1870, 1. Ausgabe, S. 2 (zitiert nach ebd.).

Abb. 6: Zelt mit Turkos und Zuaven im Kriegsgefangenenlager auf der Wahner Heide bei Köln, Fotografie, undatiert. Berlin, Sammlung Archiv für Kunst und Geschichte (Foto: AKG Images, Berlin)

ausführlich beschrieben.[113] Die dunkelhäutigen Gefangenen seien »im buntesten Costüme« erschienen, mit »rothen und weißen Beinkleidern«, die, so der verblüffte Berichterstatter, »wie Frauenröcke weit« gewesen seien (Abb. 6). Und auch weitere erstaunliche Parallelen zur Damenmode beobachtete er: nämlich die »Zuavenjacken, wie sie ja bei unseren Schönen in der bekannten Nachäfferei der pariser Moden schon lange eingeführt sind«.[114]

Die Verwirrung mit den Geschlechterrollen trieb seltsame Blüten. In Köln umlaufende Gerüchte, es befänden sich unter den dortigen Turkos auch »einige weibliche Exemplare« entpuppten sich als Falschmeldungen – sprachlich allerdings behandelte man die Afrikaner damit erneut so, als entstammten sie der Tierwelt.[115]

Auch andere Besonderheiten wurden mit großer Neugier registriert. So die für Deutsche noch völlig fremdartige Sitte, sich zu tätowieren: »Von den Negern

113 Kölnische Zeitung: Zeltlager (Anm. 79).
114 Rheinische Zeitung: Besuch (Anm. 98).
115 Kölnische Zeitung, 29. September 1870, 2. Blatt, S. 2.

hatten sich einige mit im Gesicht und auf den Armen eingeätzten Figuren und durch Schnittnarben auf Wangen zu verschönern gesucht«. Auffällig und ebenfalls für Europäer damals in diesem Maße unüblich war das Tragen von Schmuck. Als »Zugabe zur Toilette« hätten die Afrikaner »goldene Ringe« getragen, »mit denen hin und wieder fast jeder Finger versehen ist«.[116]

Ein »putzsüchtiger Turco« sei anstatt mit der sonst üblichen Perlenschnur sogar mit einem »für gute Katholiken erbaulichen Rosenkranz um den Hals« geschmückt gewesen.[117] Dabei hatte solcher Schmuck auch für Afrikaner eine religiöse Dimension – die magische Funktion bekam der Neugierige erklärt. Es handelte sich um Amulette: »In jedem der Täschchen wurden Schriftzeichen aufbewahrt, wovon die einen vor feindlichen Kugeln, andere vor dem Tode in der Fremde, wieder andere vor dem Fieber und sonstigem Mißgeschick zu bewahren die Kraft hatten«.[118]

Neben exotischen Gewändern und fremdartigem Schmuck fiel natürlich als erstes die dunkle Hautfarbe und andersartige Haartracht und Physiognomie der Afrikaner auf. Als Männer »mit krausem Haar« und »halb rasierten Köpfen« mit einer »Gesichtsfarbe von tiefschwarz bis gebräuntem Gelb« beschrieb Abbé Deblaye die Turkos in Köln.[119] Ein anderer Beobachter stellte fest, die »Kupferfarbigen und Schwarzen« seien »Kinder Inner-Africa's, deren bis auf einen runden wolligen Schopf glatt rasirte Köpfe und Gesichter förmlich fettglänzend erscheinen«.[120]

Wurde dies als schön oder eher als abstoßend empfunden? Die Meinungen gingen auseinander. Der Berichterstatter der Kölnischen Zeitung hob hervor, dass »einige sich geradezu durch ihre exemplarische Häßlichkeit hervorthun«.[121] Georg Eberhardt, der eine ausführliche Beschreibung des Zeltlagers hinterließ, betonte dagegen, wie »besonders schön und interessant« die »braunen Araber und Beduinen« ausgesehen hätten, mit »ihren kühnen edel geschnittenen Profilen« den »sonnenverbrannten Stirnen« und den »dunklen, blitzenden Augen«.[122] Zugestanden wurde den in der Kölner Innenstadt zu bestaunenden Turkos und Zuaven, dass sich unter ihnen »manch stattliche, wirklich schöne Gestalten«

116 Kölnische Zeitung: Zeltlager (Anm. 79).
117 Ebd.
118 Ebd.
119 »Si l'on ajoute que tout cela est fait par des hommes à cheveux crépus, avec la tête à demi-rasée, el dont la couleur du visage varie du noir jais au jaune bronzé, on comprend l'hilarité qui s'empara des témoins de cette scène. Les turcos, du reste, riaient le plus fort et de joie«. Deblaye: prisonniers (Anm. 3), S. 73 (13. Januar 1870).
120 Kölnische Zeitung: Zeltlager (Anm. 79).
121 Ebd.
122 Eberhardt: Bild (Anm. 98), S. 9.

befänden. Allerdings vermissten die Zuschauer die »stramme militärische Haltung« wie bei »unseren Soldaten und Offizieren«.[123]

Hinter der wahrgenommenen Schönheit verbarg sich allerdings ein romantisierendes Bild vom edlen, aber unzivilisierten Wilden. So bemerkte Eberhardt »oft überraschend schöne Gesichtsformen« und »schlanke, geschmeidige Gestalten« – die er sich jedoch anstatt auf der Wahner Heide eher in einem exotischen Afrika à la Karl May wünschte, »am liebsten auf steilen Felswänden herumkletternd [...] oder mit Bogen und Pfeil in der Hand in den üppigen Urwäldern ihrer Heimat dahin jagend«.[124] »So süß und so malerisch« klangen laut Deblaye die fremdartigen Namen dieser »Kinder der Wüste«.[125] Bei all der romantischen Verzauberung kam der Korrespondent der Kölnischen Zeitung auf den Boden der Wirklichkeit zurück. Er befragte die Afrikaner nach ihrem Schicksal und erfuhr, dass einer von ihnen bereits »in Algerien, Italien und Mexico mitgefochten« habe. Mit »dem Ausdruck des Selbstbewußtseins« berichtete er, dass er an vielen großen internationalen Kriegszügen des Zweiten Kaiserreichs teilgenommen hatte. Er war demnach ein erfahrener Soldat. Und weitaus weltläufiger als sein kölnisches Gegenüber.[126]

Solch realer Begegnungen zum Trotz zog die Rheinische Zeitung Bilanz: Es gebe Szenen in diesem Lagerleben, die »dem Pinsel eines Künstlers« würdig seien. Dafür böten die Fotografien des Kölners Hertling vom Zeltlager auf der Wahner Heide nur einen gewissen Ersatz »in Ermangelung« eines wirklichen Künstlers.[127] Der sollte nicht lange auf sich warten lassen. Denn der aus Wiesbaden stammende und renommierte Maler Ludwig Knaus von der Düsseldorfer Akademie reiste ins Zeltlager auf die Wahner Heide, um dort Afrikaner zu skizzieren (Abb. 7).[128]

123 Kölnische Zeitung, 4. November 1870, 2. Blatt, S. 2f.

124 Eberhardt: Bild (Anm. 98), S. 8f.

125 »Je prends leurs noms, et elle serait curieuse à dire cette liste de noms si doux et si pittoresques des enfants du désert. [...] Ce sont des baisements de main, des inclinations sans nombre, des gestes, des grimaces qui tournent au burlesque et les contorsions les plus extraordinaires«. Deblaye: prisonniers (Anm. 3), S. 73 (13. Januar 1870).

126 Kölnische Zeitung: Zeltlager (Anm. 79). Zu den Feldzügen in Algerien (1852–1857), Italien (1859) und Mexico (1862–1867) vgl. Bruyère-Ostells/Henri Ortholon: La campagne d'Italie, 1859, in: Giovanangeli: Campagnes (Anm. 81), S. 64–83; Jean-François Lecaillon: L'expédition du Mexique, 1862–1867, in: ebd., S. 108–119; Delpérier: L'armée (Anm. 80), S. 30–67.

127 Rheinische Zeitung: Besuch (Anm. 98).

128 Zu den Fotografien und den Zeichnungen von Ludwig Knaus vgl. Jean-François Lecaillon: Camps de Wahner Heide, online: http://memoiredhistoire.canalblog.com/archives/2017/10/19/35779073.html [Stand: 18.04.2020] und Jean-François Lecaillon: Les »Marocains« de Ludwig Knaus, online: http://memoiredhistoire.canalblog.com/archives/2017/10/20/35788554.html [Stand: 18.04.2020].

Abb. 7: Studie von kriegsgefangenen Marokkanern im Zeltlager auf der Wahner Heide, Zeichnung Ludwig Knaus, 1870. Privatbesitz (Foto: AKG Images, Berlin)

e) Rassismus: »gleich grausamen Tigern«

Nur »mit einem widerstrebenden Schauer«, gestand sich Georg Eberhardt ein, habe er erst nach wiederholter Aufforderung durch seinen Neffen Heinrich, der als Wachmann im Zeltlager auf der Wahner Heide tätig war, in die Zelte der Turkos geblickt. »Es war mir zu Mute, als stünde ich vor dem Käfig wilder, buntgefleckter Wüstentiere«.[129] Wenn sich »auf den Ruf des Wachmanns« eine dieser fremdartigen Gestalten »emporhob und mit katzenartiger Geschmeidigkeit aus dem Zelt hervortrat, oder mit tigerartiger Geschwindigkeit heraussprang und sich gehorsam vor seinen Herrn hinstellte«, überkam Eberhardt ein »unheimliches Gefühl«. Katzen- oder tigerartig, aber gehorsam vor seinem Herrn: Auch hier ist der Topos vom Afrikaner als »Tier« überdeutlich.[130]

129 Eberhardt: Bild (Anm. 98), S. 8.
130 Ebd.

Sie seien »abenteuerliche Gestalten«, eine »wilde Menschenhorde«, die »Napoleon auf seinen Eroberungszügen in fernen Ländern zusammengerafft« habe und die er »gleich grausamen Tigern auf unsere deutschen Krieger hetzte«.[131] Diesen wilden, tierähnlichen Charakter meinte Eberhardt auch in der Physiognomie der »Kinder Afrika's« zu entdecken: Besonders in ihren Augen, die »stolz und verächtlich« blickten. Eine »schlaue Grausamkeit« lauere »zwischen den schwarzen Augenbrauen«. Bemerkenswert erschienen ihm auch die Münder und deren »rohe Sinnlichkeit«, aus denen »die großen weißen Zähne wie das Gebiß eines Panthers herausglänzten«.[132] Die Propaganda von den Turkos als »wilde Bestien« hatte offenbar gefruchtet. Die vermeintlich besondere Grausamkeit der Turkos entfachte auch Ängste. In Köln kursierten Gerüchte, die Turkos auf der Wahner Heide würden einen bewaffneten Aufstand planen. Wilde Horden ziehen brandschatzend in Köln ein? Die Presse beschwichtigte. Dies seien »gewaltige Uebertreibungen«.[133]

Zum Topos vom wilden Tier gehört dessen vermeintliche Raubgier. Zwar mache das »äußere Wesen« der »Africaner« den Eindruck, »als seien sie besser wie ihr Ruf«. Doch hapere es bei ihnen gewaltig an der Unterscheidung von »Mein und Dein«. Einer habe auf die Frage, was er gewesen sei, eher er Soldat wurde, »mit wahrhaft kindlicher Unbefangenheit« geantwortet: »Räuber«. Dies sei nicht verwunderlich. Goldene Ringe und goldene Münzen in ihren Portemonnaies machten sie verdächtig. Und dann noch Taschenuhren, wovon einer sogar – so als sei dies verboten – »zwei hübsche Exemplare« besessen habe: Dies alles wurde als Beleg dafür aufgeführt, dass die »Kabylen« wohl zurecht in dem Ruf stünden, die »Heiligkeit des Eigenthums« zu missachten. Einer von ihnen habe »auch schon im Lager lange Finger gemacht und sich an der Barschaft eines Kameraden vergriffen«. Die grausame Strafe: er wurde »mehrere Stunden an eine Kanone gebunden« und trage nun den Namen »Voleur« (Dieb). Kurzum: »Die Beutegier der Turcos ist bekannt«.[134]

f) Mitleid: Die »armen Heidenvölker«

Abbé Deblaye war tief beeindruckt von der überschwänglichen und »wärmsten« Dankbarkeit der in Köln internierten Afrikaner, die mit kindlichen Gesten den Empfang von Spenden quittierten, die er für seine »armen Turkos« gesammelt

131 Ebd., S. 1.
132 Ebd., S. 9.
133 Kölnische Zeitung, 16. Oktober 1870, 2. Blatt, S. 3.
134 Kölnische Zeitung: Zeltlager (Anm. 79), vgl. auch Rheinische Zeitung: Besuch (Anm. 98).

Abb. 8: Sitzender Marokkaner im Kriegsgefangenenlager auf der Wahner Heide bei Köln, Zeichnung Ludwig Knaus, 1870. Privatbesitz (Foto: AKG Images, Berlin)

hatte. Am »lautesten und mit Freude« hätten sie gelacht.[135] So positiv dies und ähnliche Äußerungen auch gemeint gewesen sein mögen – sie infantilisierten die Angehörigen dieser Minderheit. Nicht mit einem Gegenüber auf Augenhöhe hatte man es demnach zu tun, sondern mit armen, hilfsbedürftigen Kindern. Mitleid wird hier zur Kehrseite einer im Kern rassistischen Sichtweise. So auch in Eberhardts Beschreibung der Turkos auf der Wahner Heide (Abb. 8). Er bedauerte die Afrikaner. »Arme Geschöpfe« seien sie, »die so gewalttätig ihrem heimatlichen Boden entrissen wurden!«.[136]

Ja, mehr noch: Eberhardt träumte von einer Versöhnung der Völker. Nur hatte diese ein eindeutiges imperialistisches Gefälle. Er sehnte herbei, das »die Zivilisation unseres Nordens, von dem Geiste christlicher Liebe durchdrungen,

135 »Les turcos, du reste, riaient le plus fort et de joie«. Deblaye: prisonniers (Anm. 3), S. 73 (13. Januar 1871).
136 Eberhardt: Bild (Anm. 98), S. 9.

Abb. 9: Französische Linien-Infanteristen mit Angehörigen der Afrikanischen Armee an einer Kochstelle im Kriegsgefangenlager Wahner Heide bei Köln, Fotografie, undatiert. Berlin, Sammlung Archiv für Kunst und Geschichte (Foto: AKG Images, Berlin)

auch durch die blutigen Bahnen dieses Krieges einen Weg in die Wüsten« finden solle. Denn dort lebten die »armen Heidenvölker«. Gewiss würden »die armen Gefangenen« in Köln durch »den Umgang mit ihren edlen Feinden« – sprich: den Deutschen – geläutert. Sie würden der Zivilisation nähergebracht und schließlich »im Schönen und Guten enger mit uns vereinigt« durch »den Einblick deutscher Sitten und deutschen Lebens« (Abb. 9). Dies sei eine der »edlen Früchte dieses Krieges und dieser großen Zeit«.[137] »Wer weiß«, – so beschloss Eberhardt seine sozial-zivilisatorische Utopie – »ob die goldenen Sonnenstrahlen in den dunklen Herzen der armen Turkos doch nicht auch noch ein Fleckchen warm und weich halten, auf welchem mit der Zeit die abendländische Zivilisation einen fruchtbaren Boden findet«.[138]

137 Ebd., S. 10.
138 Ebd., S. 12 f.

g) Das Ende

Am 19. Oktober 1870 endete der Aufenthalt der meisten französischen Kolonialsoldaten in Köln – lediglich die »im Lazareth befindlichen Erkrankten« und einige Schwarze Offiziere verblieben vorerst in der Stadt.[139] Das Kriegstagebuch des Festungsgouverneurs vermerkt dazu nur lapidar: »550 Kriegsgefangene Turkos werden von der Wahner Heide nach Wesel transportiert«.[140]

Kamp gab als Grund dafür an, die Turkos hätten »angeblich in der Ueberzeugung, daß sie in der Gefangenschaft sterben müßten, den Plan gehabt, mit Gewalt auszubrechen«: Auch habe man »heimlich versteckte Waffen« bei ihnen gefunden.[141] Ob die Gefangenen wirklich aus purer Verzweiflung Ausbruchspläne hegten, lässt sich nicht belegen. Jedenfalls genügte es der Lagerleitung offenbar nicht mehr, die Afrikaner anders unterzubringen und auf die Zelte ihrer weißen Kameraden zu verteilen.[142] Kamp rief den kriegsgefangenen Afrikanern noch hämisch den Satz hinterher: »In Folge dessen gelangten diese Pioniere französischer Civilisation in engeres Gewahrsam nach Wesel«.[143] Damit endete eine äußerst spannende historische Episode interkultureller Begegnung in Köln. Im Allgemeinen wurden die kriegsgefangenen Franzosen trotz stereotyper Vorurteile als Vertreter eines den Deutschen kulturell gleichwertigen Volkes angesehen. Nicht jedoch die Afrikaner.[144] So ist Kamps sarkastisch-böse Bezeichnung der Turkos als »Pioniere französischer Civilisation« zu verstehen.

Die erste Begegnung der Kölnerinnen und Kölner mit Afrikanern 1870/71 war zugleich auch eine bislang kaum beachtete direkte Vorstufe jener anthropologisch verbrämten Zurschaustellungen, die sich auch in Deutschland nur wenige Jahre später wachsender Beliebtheit erfreuten. Diese vermarkteten mit exotischem Nervenkitzel »malerische« Präsentationen als besonders »primitiv« geltender Menschen. In Köln gab es solche Vorführungen seit 1879 – im Zoo, in anderen Vergnügungsstätten und später auch in Castan's Panoptikum in der Hohe Straße. Die Besuche der Zivilbevölkerung bei den Afrikanern in den Kriegsgefangenenlagern 1870/71 – zumal, wenn sie, wie in anderen Städten, gegen Eintritt erfolgten und die Betroffenen sich vorkamen wie in einer Menagerie – waren gewissermaßen »Völkerschauen avant la lettre«.[145]

139 Kölnische Zeitung, 20. Oktober 1870, 2. Blatt, S. 3.
140 Kriegstagebuch (Anm. 3), 19. Oktober 1870.
141 Kamp: Kriegsgefangenen (Anm. 3), S. 26.
142 Kölnische Zeitung, 16. Oktober 1870, 2. Blatt, S. 3.
143 Kamp: Kriegsgefangenen (Anm. 3), S. 26.
144 Vgl. Mehrkens: Feind (Anm. 2), S. 78.
145 Zu Köln vgl. Marianne Bechhaus-Gerst: Afrika und Köln – eine koloniale Spurensuche, in: Dies./Reinhard Klein-Arendt (Hg.): AfrikanerInnen in Deutschland und schwarze

Zugleich begann mit der Episode von 1870/71 eine Geschichte, die mit den kriegsgefangenen Kolonialtruppen im Ersten Weltkrieg und deren »Erforschung« – in Köln erneut im Lager Wahn – ihre Weiterführung findet. Es folgte die rassistische Verunglimpfung Schwarzer französischer Besatzungssoldaten im Rheinland in den 1920er Jahren und das brutale Vorgehen der Nationalsozialisten gegen die »Rheinlandbastarde«. Und schließlich, als trauriger Höhepunkt, die Folter und Tötung Schwarzer Kriegsgefangener und Zwangsarbeiter im Zweiten Weltkrieg.[146]

Deutsche – Geschichte und Gegenwart, Münster/Berlin 2004, S. 75–87, hier S. 76 f. Zu den »Völkerschauen« vgl. Anne Dreesbach: Kolonialausstellungen, Völkerschauen und die Zurschaustellung des »Fremden«, in: Europäische Geschichte Online (EGO), hg. vom Leibniz-Institut für Europäische Geschichte (IEG), Mainz 2012, online: http://www.ieg-ego.eu/dreesbacha-2012-de [Stand: 04. 05. 2020].

146 Zu den gefangenen Afrikanern im Ersten Weltkrieg und den Parallelen zu 1870/71 vgl. Britta Lange: Die Welt im Ton, in: Informationszentrum 3. Welt iz3w, Nr. 307, Juli/August 2008, S. 22–25, hier S. 23; zu Köln vgl. Stefan Lewejohann: Kriegsgefangene in Köln. Das Kriegsgefangenenlager in Wahn und die Kriegslazarette, in: Petra Hesse/Mario Kramp/Ulrich S. Soénius (Hg.): Köln 1914. Metropole im Westen, Katalog Ausstellung Köln 2014, Köln 2014, S. 212–219; Marianne Bechhaus-Gerst: Afrikanische Kriegsgefangene und Besatzungssoldaten in Köln-Wahn, in: Dies./Anne-Kathrin Horstmann (Hg.): Köln und der deutsche Kolonialismus, Köln 2013, S. 179–182. Zu den 1920er Jahren und dem NS-Regime vgl. Christian Koller: Frankfurt – Berlin – Rheinland: vom ethnologischen »Material« zur »schauerlichen Gefahr«– afrikanische Kriegsgefangene und Besatzungssoldaten in Deutschland (1870–1945), in: Ulrich van der Heyden/Joachim Zeller (Hg.): Kolonialismus hierzulande: eine Spurensuche in Deutschland, Erfurt 2007, S. 203–208.

Die Baugenossenschaft Kölner Universität GmbH zwischen 1920 und 1937

von Nicola Kresken

1919 wurde die neue Universität Köln gegründet.[1] In ihren Anfängen konzentrierte sie sich auf ein einziges Gebäude, die Zahl der Studierenden überschritt zunächst gerade einmal die Tausendergrenze, wuchs jedoch schnell an. Die Korporation der Professoren setzte sich dagegen aus den wenigen aus den Vorgängerinstitutionen übernommenen Lehrkräften zusammen.[2] Oberbürgermeister Konrad Adenauer hatte sich gemeinsam mit Christian Eckert, dem Leiter der Kölner Handelshochschule gegen zahlreiche Widerstände aus Stadt, Hochschulen und Öffentlichkeit um die Universitätsgründung bemüht.[3] Es galt nun, sie zum Erfolg zu führen. Im Zentrum stand dabei der Ausbau der Universität. Eine Wirtschafts- und Sozialwissenschaftliche und eine Medizinische Fakultät existierten in den Grundzügen bereits. Gänzlich fehlten noch die Philosophische wie Rechtswissenschaftliche Fakultät. Dies bedeutete, das Fächerangebot musste erweitert und neue Professorenstellen geschaffen und besetzt werden. Die Besetzung sollte jedoch nicht mit beliebigen Kandidaten erfolgen. Die Herausforderung bestand darin, fachlich geeignete Kandidaten zu finden, wenn möglichst mit einem gewissen Renommee. Die Kölner Universität musste sich immerhin in ein bestehendes Universitätssystem etablieren und das, wenn möglich, erfolgreich (Abb. 1).

Die Besetzung neuer Lehrstühle in den 1920er und 1930er Jahren war ein internes, für die Öffentlichkeit undurchsichtiges Verfahren, an dem nur der Kreis der Ordinarien und wenige andere Akteure beteiligt waren. Zu Recht stellt sich die Frage, welche Prozesse im Hintergrund abgelaufen sein müssen. Daran knüpfen sich auch die Fragen nach den Berufungsverhandlungen und Konditionen, zu

1 Dieser Beitrag basiert auf einem Vortrag, der im Rahmen des Begleitprogramms zur Sonderausstellung »ParallelUNIversum?! Köln und seine Universität seit 1919« am 3. September 2019 im Historischen Archiv der Stadt Köln gehalten wurde.

2 1919 konstituierten sich die Wirtschafts- und Sozialwissenschaftliche sowie die Medizinische Fakultät aus der Städtischen Handels-Hochschule Cöln, der Hochschule für kommunale und soziale Verwaltung und der Akademie für praktische Medizin und bildeten fortan die neue Universität Köln.

3 So gab es eine kleine Minderheit von Professoren unter der Federführung von Eugen Schmalenbach, die sich gegen die Neugründung einer Universität aussprachen. Siehe hierzu: Walter Cordes (Hg.): Eugen Schmalenbach. Der Mann, Sein Werk, Die Wirkung, Stuttgart 1984, S. 75.

Abb. 1: Christian Eckert, der erste Rektor der neugegründeten Universität zu Köln (Foto: Historisches Archiv der Universität zu Köln, Zugang 613/18)

denen eine Stelle von einem Kandidaten angenommen wurde. Dieser Aufsatz möchte sich mit einer Kondition näher beschäftigen, die bisher in der Forschungsliteratur keine Erwähnung gefunden hat: dem Wohnraum.[4] In diesem Kontext soll der Frage nachgegangen werden, was genau die »Baugenossenschaft Kölner Universität GmbH« mit dem Aufbau der Universität zu tun hatte und wie sie als Verhandlungsgegenstand von Universität und Ordinarien genutzt wurde.

1. *Ein »Sprung vom sicheren Land ins Ungewisse« – Der Aufbau der Kölner Universität im Kontext der Wohnungsnot der 1920er Jahre*

Zu Beginn gab es mehrere Herausforderungen, die dazu führten, dass die neugegründete Universität auf den ersten Blick kaum die idealen Rahmenbedingungen bot, angesehene Akademiker nach Köln zu locken. Das erste Problem

4 Eine gute Übersicht des bisherigen Forschungsstandes bietet der Sammelband: Christian Hesse/Rainer Christoph Schwinges (Hg.): Professorinnen und Professoren gewinnen. Zur Geschichte des Berufungswesens an den Universitäten Mitteleuropas, Basel 2012.

bestand in der Unvollständigkeit der Universität. Das bestätigen brieflich festgehaltene Bedenken potentieller Kandidaten. Hier gibt es Beschwerden über die unzureichende Ausgestaltung der Seminare bis hin zu dem bedenklich unfertigen Zustand der Universitätsbibliothek.[5] Eine ordentliche Professur in Köln zu übernehmen bedeutete, Zeit in den Aufbau investieren zu müssen, statt in eigene Forschung. Wer in den ersten Jahren einen Ruf an die Kölner Universität annahm, der musste bereit sein, »einen Sprung vom sicheren Land in das Ungewisse [zu] machen«.[6] Nicht jeder war gewillt, diese Entbehrungen zu tragen, weshalb die Universität einige Rufablehnungen hinnehmen musste. Das zweite und weitreichendere Problem bildete die nachkriegsbedingt vorherrschende Wohnungsnot in Köln. Das preußische Kultusministerium hatte sich deswegen kurz nach der Eröffnung der Universität gegen weitere Neuberufungen für Köln ausgesprochen. Diese sollten nur dann genehmigt werden, wenn den neuberufenen Professoren Wohnungen bereitgestellt werden könnten.[7] Den rechtlichen Hintergrund bildete der Beamtenstatus, der dem Ordinarius nicht nur eine Reihe von Rechten verlieh, sondern auch die Wahrnehmung rechtlich festgelegter Pflichten einforderte. Diese betrafen auch den Wohnort des Ordinarius. Aus der sogenannten Residenzpflicht, einer rechtlich verbürgten Anordnung, dass ein Beamter am Dienstwohnort verweilen musste und diesen nur mit Genehmigung verlassen durfte, entwickelte sich mit den Jahren die Verpflichtung der Beamten, den Wohnsitz so zu wählen, dass sie in der Wahrnehmung ihrer Dienstgeschäfte nicht beeinträchtigt waren.[8] Mit der Übernahme eines Lehrstuhls an der Universität war für den Ordinarius also auch die zwangsweise Übersiedlung nach Köln verbunden.[9]

5 GStAP HA Rep. 76 Kultusministerium Va. Sekt. 10 Tit. IV Nr 5, Bd. 2, Anstellung, Besoldung und Dienstverhältnisse der ordentlichen und außerordentlichen Professoren in der Philosophischen Fakultät, 1925–1932, H. Heiss an Ministerialdirektor Prof. Dr. Richter, Berlin, 4. Februar 1929

6 Ebd.

7 UAK 9/184,1, Die Baugenossenschaft Kölner Universität, 1920–1932, Rektor Eckert an Beigeordneten Bürgermeister Greven, 21. Juli 1920.

8 Gesamtkommentar Öffentliches Dienstrecht (GKÖD) I K, § 74 »Residenzpflicht«. https://www.gkoeddigital.de/gkoed_01_k_0074 [Stand: 31. 10. 2019].

9 Nur für (Privat-)Dozenten war die Residenzpflicht eine Einzelfallentscheidung der jeweiligen Fakultäten. Die strenge Wohnpflicht in Köln ist höchstwahrscheinlich auf die Situation der im Aufbau befindlichen Universität zurückzuführen. Der Lehrkörper sollte möglichst jederzeit verfügbar sein. UAK 27p/2, Senatsprotokolle, 1923–1929, Senatssitzung, 21. Januar 1925, S. 3. Entsprechend konnte die Nichteinhaltung dieser Vorschrift zum Erlöschen der Venia legendi oder sogar zur Nicht-Aufnahme in den Lehrkörper führen. UAK 27p/3, Senatsprotokolle, 1929–1932, Senatssitzung, 30. Oktober 1929, S. 6. Siehe auch: UAK 67/157, Protokollbuch der Akademischen Ratssitzungen, 1916–1928, Fakultätsprotokoll der Medizinischen Fakultät, 11. Juli 1919.

Die Bereitstellung von Wohnraum seitens der Universität wurde also ein wesentlicher Teil der Voraussetzung für künftige Berufungsvorhaben. Erschwerend kam hinzu, dass die Thematik der Wohnungsnot nicht auf Köln begrenzt blieb, sondern ein überregionales Problem war. Deshalb regte der preußische Kultusminister am 15. September 1920 an, Wohnungen von Dozenten, die an eine andere Universität übersiedelten, zu sperren, um sie den neuen Professoren zur Verfügung zu stellen. Auch der Rektor der Schlesischen Friedrich-Wilhelms-Universität zu Breslau äußerte noch 1921 in einem Rundschreiben an alle deutschen Universitäten die Bedenken: »Schwierigkeiten können jedoch dadurch entstehen, dass von hier Versetzte anderwärts nur durch Tausch mit beliebigen Wohnungsinhabern in Besitz einer Wohnung kommen können oder zu kommen glauben«.[10] Er forderte daher, »dass jeder an eine andere Universität oder Technische Hochschule Deutschlands Berufene sicher [sein kann], an der neuen Stätte seiner Wirksamkeit auch ohne solchen Tausch eine angemessene Unterkunft zu finden«.[11] Die Wohnungsnot verschärfte sich im Laufe des Jahres 1921 noch weiter. Der preußische Kultusminister betonte in einem Rundschreiben erneut, dass Wohnungen, die sich bereits in den Händen von Universitätsangehörigen befänden, unbedingt nur wieder für Angehörige der Hochschule freigegeben werden sollten. Neuberufenen Professoren solle man in jedem Falle bei der Behandlung ihrer Wohnungsangelegenheit behilflich sein.[12] In der Folge bildete sich ein universitärer Wohnungsmarkt aus, bei dem frei werdende Wohnungen von Universitätsangehörigen für andere reserviert oder unter der Hand weitervermittelt wurden.[13] Für viele Neuberufene wurden als Notlösungen zunächst auch möblierte Zimmer vermittelt.[14] Ein Lösungsansatz, der jedoch nicht ausreichend war. So löste der Historiker Martin Spahn eine langjährige Auseinandersetzung mit der Universität aus, indem er entgegen der vorherrschenden Bestimmungen seinen Wohnsitz 1922 zurück in seine alte Heimat nach Berlin-Lichterfelde verlegte. Spahn begründete sein Vorgehen damit, dass »die Kölner Wohnung unerträglich geworden sei und sich nichts anderes trotz eifriger Bemühungen gefunden habe«.[15] Die unzureichende Wohnungssituation behinderte das Wachstum der Universität maßgeblich, weshalb sich

10 UAK 9/184,1, Rektor der Universität Breslau an alle Rektoren deutscher Universitäten, 21. Januar 1921.
11 Ebd.
12 Ebd., Preußischer Minister für Wissenschaft, Kunst und Volksbildung an alle Universitätskuratoren und -kuratorien, 13. Juli 1921 (im Folgenden: fWKV).
13 Ebd., Schmalenbach an Eckert, 20. Juni 1921.
14 Ebd., Bericht an den Minister fWKV zwecks »Professorenwohnungen«, 26. Juli 1921.
15 UAK 197/1585, Sitzungsprotokolle der Philosophischen Fakultät, 1919–1950, Fakultätsprotokoll der Philosophischen Fakultät, 5. Dezember 1922.

Eckert 1923 bei der Stadt Köln beschwerte, dass »die Wohnungsnot unserer Professoren [...] sehr groß [ist]. Neue Berufungen sind oft in Frage gestellt und scheitern leicht daran, dass wir Wohnungen nicht nachweisen können«.[16] Wollte sich die junge Universität weiter auf- und ausbauen, musste sie selbst für Wohnraum sorgen, den sie den Professoren zur Verfügung stellen konnte. Einen wichtigen Teil der Lösung sollte die von und für Professoren gegründete Baugenossenschaft Kölner Universität GmbH bilden.

2. *Vom Professor zum Bauleiter – Die Gründung der Baugenossenschaft Kölner Universität*

Die genauen Ursprünge der Baugenossenschaft sind nicht zu rekonstruieren. Die Initiative geht vermutlich auf die beiden Kölner Professoren Heinrich Lehmann und Max Scheler zurück. »Nach längeren Vorarbeiten und Verhandlungen mit den städtischen Behörden und der Universität fand am 17.5. [1920, NK] eine Besprechung mehrerer Universitätsangehöriger mit Herrn Beigeordneten Dr. Greven statt, in der über die Möglichkeit, für Dozenten der Kölner Universität und des Forschungsinstituts für Sozialwissenschaften zur Abbestellung ihres Wohnungsmangels Häuser zu erbauen, verhandelt wurde«.[17] Das Ergebnis war die Gründung der Baugenossenschaft Kölner Universität GmbH, deren konstituierende Generalversammlung am 4. Juni 1920 stattfand. Die für Professoren ungewöhnliche Genossenschaftslösung führt der Bauökonom Klaus Novy auf die »sozialwissenschaftlich-sozialpolitische Ausrichtung«[18] einiger beteiligter Hochschullehrer zurück. Zu den zehn Gründungsmitgliedern der Baugenossenschaft zählten der Juraprofessor Heinrich Lehmann, der Rechtswissenschaftler Hans Planitz, die Philosophieprofessoren Hans Driesch und Max Scheler, der Hygieniker Reiner Müller, der Pathologieprofessor Albert Dietrich, der Betriebswirt Wilhelm Prion sowie dem Sozialwissenschaftler und Leiter der städtischen Volkshochschule Paul Honigsheim als auch der Honorarprofessor und Sozialpolitiker Hugo Lindemann (Abb. 2). Außerdem war die Universität Köln durch Christian Eckert vertreten.[19] Eine Satzung sorgte für die

16 UAK 9/184,1, Eckert an Beigeordneten Herlet, 23. April 1923.

17 HAStK, Abt. 85/1, Nr. 36, Gen. 33 Baugenossenschaft Kölner Universität 1920–1938, Geschäftsbericht für das Jahr 1920, S. 1. Vor allem der Stadtbeigeordnete Greven wie auch Oberbürgermeister Konrad Adenauer erwiesen sich als Unterstützer des professoralen Vorhabens. UAK 9/184,1, Greven an Rektor, 23. Juli 1920.

18 Klaus Novy (Hg.): Wohnreform in Köln. Geschichte der Baugenossenschaften, Köln 1986, S. 188.

19 UAK 9/184, 1, Liste der Genossen der Baugenossenschaft »Kölner Universität«.

Abb. 2: Heinrich Lehmann, Rektor der Universität zu Köln von 1921–1922, mit der ersten Rektorkette (Foto: Historisches Archiv der Universität zu Köln, Zugang 20/288)

strukturelle und verbindliche Organisation der Körperschaft. Sie nennt drei Organe der Genossenschaft: den Aufsichtsrat, den Vorstand und die Generalversammlung. Sowohl der Vorstand als auch der Aufsichtsrat bestanden aus jeweils drei Personen, die ebenfalls Mitglied der Genossenschaft sein mussten.[20] Der erste Vorstand setzte sich aus Hugo Lindemann als Vorsitzendem, Heinrich Lehmann als Kassierer und Paul Honigsheim als Schriftführer zusammen. In den Aufsichtsrat wurden Max Scheler als Vorsitzender sowie Hans Planitz und Albert Dietrich gewählt.[21] Die Amtszeit betrug drei Jahre, wobei jedes Jahr ein Mitglied ausgetauscht werden sollte.[22] Während die Generalversammlung die

20 HAStK, Abt. 85/1, Nr. 36, §20(1) und §22(1) der Mustersatzung für Baugenossenschaften, aufgestellt vom Hauptverband Deutscher Wohnungsunternehmen (Baugenossenschaften und -gesellschaften) e. V. Berlin 1931, S. 6 f. Die Mustersatzung bildete nur in geringfügigen Abweichungen die Vorlage für die Satzung der Baugenossenschaft.

21 Ebd., Geschäftsbericht für das Jahr 1920, S. 1.

22 Ebd., §22(4) der Mustersatzung für Baugenossenschaften, aufgestellt vom Hauptverband Deutscher Wohnungsunternehmen (Baugenossenschaften und -gesellschaften) e. V. Berlin 1931, S. 7. Ein Blick auf die Zusammensetzung der beiden Organe zeigt, dass diese Austauschregelung in der Praxis nicht eingehalten wurde. So besetzte Heinrich Lehmann von 1920–1924 einen Platz im Vorstand.

Aufsichtsratsmitglieder wählte, war der Aufsichtsrat für die Bestellung des Vorstandes, der über die Aufnahme in die Baugenossenschaft entschied, zuständig. So wurde eine gegenseitige Kontrolle gewährleistet. Um Ämterkumulation zu vermeiden, durfte außerdem ein Mitglied nicht zeitgleich im Aufsichtsrat und Vorstand sein.[23] Nichtsdestotrotz waren die Mitglieder des Aufsichtsrates und des Vorstandes die agierenden Personen, denn sie berieten unter anderem über den Erwerb und den Verkauf von Grundstücken, die Ausführung von Bauten sowie über die Grundsätze zur Zuteilung und Nutzung der Genossenschaftswohnungen.[24] Die Kommentare in den Rechnungsprüfungen der Baugenossenschaft lassen jedoch vermuten, dass die einzelnen Organe ihrer bürokratischen Arbeit insgesamt eher chaotisch und nachlässig nachgingen.[25] So wurden das Fehlen von Miet- und Nutzungsverträgen[26] sowie von Protokollbüchern und Niederschriften der Generalversammlungen kritisiert.[27] Fachliche Betreuung und Beratung erhielt die Baugenossenschaft vom Verband Rheinischer Baugenossenschaften in Düsseldorf, deren Mitglied sie war.[28]

Das erklärte Ziel der Genossenschaft sollte sein, »Wohnungen durch den Bau oder Anmietung von Häusern [zu] beschaffen«.[29] Um zu möglichst erträglichen Bedingungen Bauplätze zur Verfügung gestellt zu bekommen, setzte sich die Baugenossenschaft mit der Stadtverwaltung in Verbindung. Daraufhin beschäftigte sich die Wohnungskommission der Stadt Köln mit dem Bauvorhaben. Im Ergebnis sprach ihnen die Stadt zwei Baugrundstücke in erbbauweise zu: ein etwa 15.000 Quadratmeter großes Areal an der Wolfgang-Müller-Straße im Stadtteil Marienburg sowie eine etwa 1.430 Quadratmeter umfassende Fläche Ecke Weyertal und Gyrhof-Straße in Lindenthal.[30] In Absprache mit dem Oberbürgermeister sollten zunächst zehn Häuser gebaut werden: auf dem Grundstück in Marienburg acht größere Häuser und in Lindenthal zwei

23 Ebd., §22(3), S. 7.
24 Ebd., §25, S. 8.
25 Ebd., Bericht über die gesetzliche Rechnungsprüfung bei der Baugenossenschaft Kölner Universität eGmbH zu Köln 1930, 5. Mai 1931, S. 6f.
26 Ebd. Bericht über die gesetzliche Rechnungsprüfung 1928, 17. April 1929; ebd., Bericht über die gesetzliche Rechnungsprüfung bei der Baugenossenschaft Kölner Universität eGmbH zu Köln 1930, 5. Mai 1931, S. 1.
27 Ebd., Bericht über die gesetzliche Rechnungsprüfung 1928, 17. April 1929, S. 1.
28 Ebd., Formular des Wohnungsbauamts der Stadt Köln, 12. Mai 1926, S. 1.
29 UAK 9/184,1, Vorstand der Baugenossenschaft an Kuratorium der Universität Köln, 21. September 1920. Siehe auch: HAStK, Abt. 85/1, Nr. 36, Geschäftsbericht für das Jahr 1920, S. 1.
30 3. Sitzung, 20. Januar 1921, in: Verhandlungen der Stadtverordneten-Versammlung zu Köln. Hg. vom Oberbürgermeister zu Köln, 1921, S. 27. Das Grundstück in Marienburg könnte im Laufe des Jahres verkleinert worden sein auf 8.300 Quadratmeter. UAK 9/184,1, Baugenossenschaft an Kuratorium, Anhang A, 9.November 1920.

kleinere.[31] Aufgrund der Nähe zu den Universitätskliniken waren die Häuser in Lindenthal für Angehörige der Medizinischen Fakultät vorgesehen. Die Anzahl der Häuser in Marienburg wurde aufgrund des starken Interesses bereits kurze Zeit später auf zwölf erhöht und 1926/27 noch einmal um zwei weitere Häuser ergänzt.[32]

Um den Bau der Professorenhäuser zu finanzieren, war die Baugenossenschaft sowohl auf städtische Zuschüsse als auch auf die finanzielle Beteiligung der Universität angewiesen. Hier liegt womöglich auch ein weiterer Grund für die Gründung der Baugenossenschaft. Innerhalb der Stadtverwaltung war man sich durchaus bewusst, dass große Wohnungsnot vorherrschte, »daß aber nicht der Mangel an Bauarbeiten, sondern ein Mangel an Mitteln das Baugewerbe nicht vorwärts kommen läßt«.[33] In diesem Kontext diskutierte die Stadt über ihre Wohnungspolitik. Hier stand vor allem die Frage im Raum, ob öffentliche Mittel an Private vergeben werden sollten oder ob nur sozialgemeinschaftliche Bauprojekte gefördert werden dürften, um den Wohnungsbau wieder anzuregen. Dass diese vorrangig gefördert wurden bestätigt die Beschwerde des Stadtverordneten Hoff, »weil trotz der widerholten Warnungen seitens der Verwaltung die Gründung neuer Baugenossenschaften immer weiter Fortschritte macht. Wir halten das für einen durchaus ungesunden Zustand. Wir haben heute in Köln eine solche Zahl großer, guter und leistungsfähiger Genossenschaften, daß das Genossenschaftsbedürfnis, das wir durchaus anerkennen und unterstützen, für jeden einzelnen gedeckt werden kann«.[34] Entsprechend war eine genaue Prüfung der Pläne und Baubeschreibungen jedes Antrags geplant, »ob das Wohnhaus dazu dienen wird, dem allgemeinen Wohnungselend abzuhelfen oder ob es sich um ein reines Luxusobjekt handelt«.[35] Inwieweit die Baugenossenschaft Kölner Universität dem Ziel, der allgemeinen Wohnungsnot entgegenzuwirken, entsprochen hat, muss dahingestellt werden. Vermutlich war es die einflussreiche Unterstützung des Oberbürgermeisters Adenauer und des Stadtbeigeordneten Greven, die der Baugenossenschaft zu einer finanziellen Unterstützung durch städtische Gelder verhalfen. Die Höhe der städtischen Bauzuschüsse betrug 72.000 Mark für ein großes und 63.000 Mark für ein

31 Ebd.; HAStK, Abt. 85/1, Nr. 36, Geschäftsbericht für das Jahr 1920, S. 1.

32 UAK 9/184,1, Baugenossenschaft an Theodor Veil, 19. November 1921; ebd., Bericht von Lindemann, 25. Juli 1921. 1923 wurde ein Antrag für den Bau zweier weiterer Professorenhäuser gestellt. Ebd., Eckert an Beigeordneten Herlet, 23. April 1923; Wolfram Hagspiel: Köln: Marienburg. Bauten und Architekten eines Villenvorortes, Band II, Köln 1996, S. 783.

33 8. Sitzung, 4. März 1921, in: Verhandlungen der Stadtverordneten-Versammlung zu Köln, 1921, S. 165.

34 Ebd.

35 Ebd., S. 166.

kleines Haus, hinzu kamen pro Jahr und Haus etwa 9.500 Mark.[36] Darüber hinaus musste die Genossenschaft zwei zusätzliche Hypotheken aufnehmen. Die Bürgschaft für Kapital und Zinsen der zweiten Hypothek übernahm die Universität in ihrer Funktion als eine juristische Person des öffentlichen Rechts gegenüber der Sparkasse.[37] Jedes einzelne Mitglied musste zudem einen Genossenschaftsanteil entrichten. Dieser betrug je Genosse 500 Mark, das auf ein Girokonto der Sparkasse der Stadt Köln gezahlt wurde.[38] Zusätzlich musste jeder, der ein Haus für sich in Anspruch nehmen wollte, ein Darlehen von 20.000 Mark für die Genossenschaft aufnehmen.[39] Einige der Mitglieder, denen eine Aufbringung dieser Summe nicht möglich war, erhielten ein Darlehen der Universität über die Sparkasse.[40] Zusätzlich übernahm die Universität die jährlichen Betriebskosten, die über den festgesetzten Mietbetrag hinausging.[41] Entsprechend behielt sich das Kuratorium vor, an wen ein Haus abgegeben wurde.[42] Nachdem die Finanzierung geklärt war, konnte das Projekt in der Praxis umgesetzt werden. Im Januar 1921 begann der Bau der Professorensiedlung. Die ersten Häuser waren bereits im darauffolgenden Jahr bezugsfertig.[43] Die Miete für ein großes Haus belief sich im Jahr 1921 auf 5.000 Mark. Das kleine Haus kostete mit 4.250 Mark Miete entsprechend etwas weniger.[44] Mit Hilfe dieses Vorhabens konnte Neuberufenen Wohnraum zu günstigen Bedingungen zur Verfügung gestellt werden.

36 HAStK, Abt. 85/1, Nr. 36, Geschäftsbericht für das Jahr 1920, S. 1.; UAK 9/184,1, Eckert an Theodor Veil, 9. November 1921.
37 Ebd., Rektor Eckert an den Ersten Beigeordneten Matzerath, 17. Juli 1920.; HAStK, Abt. 85/1, Nr. 36, Geschäftsbericht für das Jahr 1920, S. 2.
38 UAK 9/184,1, Lindemann an die Mitglieder, 9. Juli 1920. Die Höhe der Genossenschaftsanteile variierte in der Folge immer wieder, was vor allem bei Anstiegen für Unmut unter den Mitgliedern sorgte. Siehe hierzu auch: ebd., Eckert an »Professor« ohne Namen, 30. April 1928.
39 Ebd., Vorstand der Baugenossenschaft an Kuratorium der Universität Köln, 21. September 1920.
40 Ebd., Baugenossenschaft an das Kuratorium, 22. Februar 1921. Ein entsprechendes Darlehen mit fünf Prozent Verzinsung nahmen die Herren Lewald, Planitz, Scheler und Mitteis in Anspruch. Ein weiteres Darlehen wurde jeweils für die Hashagen und Fischer bemüht. Ebd., Baugenossenschaft an Kuratorium, 4. Juni 1921. Das Darlehen wurde halbjährlich mit einem Abzug von 500 Mark der jeweiligen Nettokolleggeldeinnahmen getilgt. Ebd., Formblatt, o. D.
41 Ebd., Schreiben an Lindemann, 25. November 1920.
42 Ebd., Baugenossenschaft an das Kuratorium, 27. Januar 1921.
43 Ebd., Bericht von Lindemann, 25. Juli 1921.
44 Ebd., Baugenossenschaft an Theodor Veil, 19. November 1921. Zu berücksichtigen ist hier bereits der Einfluss der Inflation. Die Miete hätte in Friedenszeiten etwa 1.500 Mark betragen. UAK 9/184,1, Baugenossenschaft an Kuratorium, 19. März 1923. 1925 betrug die Miete für ein kleines Haus 124 Mark monatlich. UAK 9/184,2, Die Baugenossenschaft Kölner Universität, o. D., Lehmann an Eckert, 20. Januar 1925.

3. Wohnraum als Lockstoff und eine Siedlung, »deren Errichtung […] für die Universität von Bedeutung sein würde«

Die Kölner Universität konnte sich also gegenüber aussichtsreichen Kandidaten mit Verweis auf die Baugenossenschaft hervorheben und für weitere Berufungen auf ein strategisch günstiges Mittel zurückgreifen.[45] Eckert selbst äußerte sich in einem Schreiben an Adenauer dazu: »Wohl habe ich darauf hingewiesen, dass durch den Wohnungsbau den Betreffenden ein schönes Haus mit Garten in bester Gegend Kölns zur Verfügung gestellt würde, dessen Bewohnung nicht teurer sei als eine andere Mietwohnung in der Stadt«.[46] Dem Erfolg bei den Berufungen entspricht wohl auch die oben bereits erwähnte Erweiterung der Professorensiedlung um weitere Häuser. Es ist den Ausführungen Lindemanns zuzustimmen, wenn er gegenüber dem Kuratorium behauptete, »durch den Bau der Genossenschaftswohnungen war es möglich, die neuen Lehrkräfte für Köln zu gewinnen, von denen die Mehrzahl in den Häusern der Genossenschaft wohnt«.[47] Dafür spricht auch, dass sich bereits unter den zehn Gründungsmitgliedern neben drei aus den Vorläuferinstitutionen übernommene Ordinarien vier im Jahre 1920 neuberufene Ordinarien befanden.[48]

Und tatsächlich ging der Plan auf, denn die Wohnsituation spielte in mehreren Berufungsprozessen eine explizite Rolle. So im Falle der Berufung des Juristen Hans Lewald. Die Universität wollte ihn für den Lehrstuhl für Römisches und Bürgerliches Recht gewinnen. Im Zuge der Berufungsverhandlungen war Lewald nach Köln gekommen, um sich vor Ort umzusehen. Im Nachgang betonte er, dass er Bedenken habe, den Ruf nach Köln anzunehmen. Im Mittelpunkt stand seine »schöne Frankfurter Wohnung«[49] und die Sorge, in Köln nichts Gleichwertiges finden zu können. Er ging sogar so weit, den Ruf nur unter dem Vorbehalt annehmen zu wollen, zeitnah in Köln eine passende Wohnung zu finden.[50] Die Besorgnis des Kultusministers, Professoren würden vielfach erst dann eine Berufung annehmen, wenn die Aussicht auf eine Wohnung bestehe,

45 UAK 9/184,1, Eckert an Heilborn, 31. Januar 1921. Bericht vom 26. Juli 1921 an den Minister fWKV zwecks »Professorenwohnungen«. Siehe auch: Ebd., Baugenossenschaft an Kuratorium, 19. März 1923.

46 UAK 9/184,1, Eckert an Adenauer, 29. März 1923.

47 Ebd., Baugenossenschaft an Kuratorium, 19. März 1923.

48 Max Scheler, Reiner Müller und Albert Dietrich waren aus den Vorläuferinstitutionen übernommen worden. Die Neuberufenen waren Heinrich Lehmann, Hans Planitz, Hans Driesch und Wilhelm Prion.

49 GStAP HA Rep. 76 Va. Sekt. 10 Tit. IV Nr. 3, Anstellung, Besoldung und Dienstverhältnisse der ordentlichen und außerordentlichen Professoren in der Rechtswissenschaftlichen Fakultät, 1919–1938, Rektor an Geh. R. Wende, 31. Mai 1920.

50 Ebd.

bewahrheitete sich.[51] Das parallel die Pläne für die Professorensiedlung Gestalt annahmen, wird sicherlich ein lockendes Angebot für Lewald gewesen sein. Im Januar 1921 wird er tatsächlich namentlich auf einer Liste derer geführt, die eines der Häuser bekommen sollten.[52]

Als strategisches Mittel machte sich auch Heinrich Mitteis die Existenz der Baugenossenschaft zu nutze. Seit 1920 als Privatdozent lediglich mit einem Lehrauftrag an der Rechtswissenschaftlichen Fakultät in Köln tätig, erhielt er einen Ruf als Ordinarius nach Frankfurt. In einem Brief an das Kuratorium beschrieb Mitteis seine unzureichende Wohnsituation und äußerte den Wunsch, sich an der Baugenossenschaft beteiligen zu wollen, um günstig ein Eigenheim erwerben zu können. Strategisch sinnvoll beendete er sein Schreiben mit dem Hinweis, eine Beteiligung würde für seine Entscheidung, den Ruf nach Frankfurt an- oder abzulehnen »von ausschlaggebender Bedeutung«[53] sein. Die Fakultät war bemüht, Mitteis in Köln zu halten, denn, so betonte Heinrich Lehmann, der Dekan der Rechtswissenschaftlichen Fakultät, in einem Schreiben an den Kultusminister »[o]hne die Hilfe des Herrn Mitteis kämen wir hier garnicht aus«.[54] Mitteis Taktik ging auf: Neben dem ersehnten Ordinariat bekam er eines der Häuser in Marienburg zugesprochen.[55] Unter der Voraussetzung baldiger Unterbringung in einem der Professorenhäuser, lehnte er den Ruf nach Frankfurt ab und nahm das Ordinariat in Köln an.[56] Zu diesem Zweck musste sogar sein Kollege Paul Honigsheim, der eines der Mitglieder der ersten Stunde der Genossenschaft war, auf das ihm zugesicherte Haus verzichten.[57]

Auch Mitteis Nachfolger Hans Nipperdey forderte während seiner Berufungsverhandlungen 1925 das Haus seines Vorgängers in der Professorensiedlung zu übernehmen. Die Baugenossenschaft hielt das Haus »im Interesse der Gewinnung des Prof. Nipperdey«[58] bis zu dessen Berufung frei. Die ausfallende Miete übernahm das Kuratorium.[59] Hier wird deutlich wie weit die Universität ihren Wunschkandidaten entgegenkam, um sie nach Köln locken zu können.

51 UAK 9/184,1, Minister fWKV an alle Universitätskuratoren und -kuratorien, 13. Juli 1921.
52 Ebd., Baugenossenschaft an Kuratorium, 27. Januar 1921.
53 Ebd., Heinrich Mitteis an Kuratorium, 19. Januar 1921.
54 GStAP HA Rep. 76 Va. Sekt. 10 Tit. IV Nr. 3, Dekan der Recht. Fak. Lehmann an Minister fWKV. 1. Februar 1921.
55 UAK 9/184,1, Beschluss des Kuratoriums der Universität, 31. März 1921, Nr. 17.
56 Ebd., Mitteis an Eckert, 10. September 1921. Mitteis beschwerte sich über die wiederholten Verzögerungen beim Bau der Professorenhäuser.
57 Ebd., Eckert an Baugenossenschaft, 13. April 1921. Paul Honigsheim war ursprünglich als zukünftiger Inhaber des Hauses 4 vorgesehen. Ebd., Baugenossenschaft an Kuratorium, 27. Januar 1921. In einem Schreiben vom 15. 4. 1921 wird für dieses Haus dann auch Lewald aufgeführt.
58 UAK 9/184,2, Lehmann an Eckert, 20. Januar 1925.
59 Ebd., Beschluss des Kuratoriums, 11. Februar 1925.

Nicht nur Mietwohnungen, sondern auch die Professorenhäuser wurden im Falle einer Abberufung an einen Neuberufenen weitergegeben. So übernahm Erwin Schmalenbach 1921 das genossenschaftliche Haus seines Kollegen Hans Driesch,[60] der einem Ruf nach Leipzig gefolgt war. In einem anderen Falle war Justus Hashagen, der sich eigentlich für ein Haus kleineren Typs entschieden hatte, bei einer Besichtigung mit der Größe des Wohnraums unzufrieden. Eine von Eckert angebotene Tauschaktion lehnte er ab und entschied, in seiner Bonner Wohnung zu bleiben, da er ohnehin auf die Bonner Universitätsbibliothek angewiesen sei.[61] Über die räumliche Abwesenheit Hashagens seien »viele Klagen schon darüber laut geworden [...], dass durch Ihr Wohnen in Bonn und die damit naturgemäss verbundene Erschwerung, in Köln zu sein, Unzuträglichkeiten entständen«.[62] Damit bestätigt auch dieser Fall, dass es ungern gesehen wurde, wenn die Professoren außerhalb Kölns wohnten.

Von der Unzufriedenheit Hashagens profitierte wiederum sein Kollege Arthur Schneider, da er dessen Wohnhaus in der Professorensiedlung übernehmen konnte.[63] Seinen Ansprüchen genügte das kleine Haus auf Dauer jedoch nicht. 1924 wandten sich Arthur Schneider und Heinrich Lehmann an Adenauer als Kuratoriumsvorsitzenden. Sie baten darum, auf das der Baugenossenschaft überlassene Restgrundstück ein weiteres Doppelhaus großen Typs errichten zu dürfen und dieses entsprechend durch die Stadt wie Universität zu finanzieren. Schneider argumentierte mit den scheinbar zugesprochenen Ausstattungen im Zuge seiner Berufungsverhandlungen. Ihm war bei der Annahme seines Rufes das nächste freiwerdende Haus großen Typs zugesagt worden. Weitere Wartezeit wollte er nicht hinnehmen und stattdessen mit einem Neubau »eine angemessenere Wohnungsgelegenheit schaffen«.[64]

Ähnlich argumentierte auch Lehmann, der zwar bereits ein Haus großen Typs bewohnte, dem der Platz mit mittlerweile vier Kindern und zwei Hausangestellten jedoch nicht mehr ausreichte. Ein Ruf nach Heidelberg hätte ihm dort eine deutlich größere Wohnung verschafft, bei den Bleibeverhandlungen habe er »der Erwartung Ausdruck gegeben, dass sich auf die Dauer auch für ihn in Köln eine etwas grössere Wohnung schaffen lassen werde. Da damals die Entscheidung über die Berufung rasch fallen musste, und der Herr Vorsitzende des Kuratoriums erkrankt war, hat Prof. Lehmann davon abgesehen, die Schaffung

60 UAK 9/184,1, Schmalenbach an Eckert, 20. Juni 1921.
61 Ebd., Hashagen an Eckert, 15. Oktober 1921.
62 Ebd., Eckert an Hashagen, 27. Oktober 1921.
63 Ebd., Notiz vom 10. November 1921; ebd., Formblatt zum Darlehen, 23. November 1921.
64 UAK 9/184,2, Schreiben vom 24. November 1924, Baugenossenschaft an Kuratorium.

einer besseren Wohnung zu einer Bedingung seines Hierbleibens zu machen«.[65] Ob die mitschwingende Warnung, einen möglichen Ruf an eine andere Universität anzunehmen, ausschlaggebend war, ist nicht nachzuweisen. Sicher ist jedoch, dass dem Bau der Häuser, »deren Errichtung für die Genannten, aber auch für die Universität von Bedeutung sein würde«,[66] zugestimmt wurde. Um die Objektivität zu wahren, verschleierte der endgültige Antrag, dass die Häuser vorab festgesetzten Dozenten zugeteilt werden sollten.[67] Nur einen Monat später trat Lehmann jedoch von seinem Haus-Anspruch zurück.[68] Auch Schneider verlor das Interesse an einem Neubau, da er eine Option auf das Haus seines Kollegen Prion erhalten hatte.[69] Das Kuratorium beschloss daraufhin, dennoch die zwei Häuser zu bauen, um sie an neuberufene Professoren vermieten zu können, denn es sei, mahnte Josef Kroll, der Dekan der Philosophischen Fakultät, in einem Schreiben an Eckert »für die [Philosophische, NK] Fakultät [...] wegen zahlreicher Berufungen von der grössten Bedeutung, in der nächsten Zeit über gute Wohnungen verfügen zu können«.[70] Der Antrieb dazu waren offenbar die Berufungen Herbert Schöfflers und Ernst Walbs, die jeweils eines der Häuser erhalten sollten.[71] Kroll erhoffte sich jedoch zugleich, selbst eines der Häuser beziehen zu können: »Was nun, wenn ich das hier anfügen darf, mich persönlich angeht, so ist die Lage folgendermassen: als es sich darum handelte, ob ich den für meine wissenschaftlichen Arbeiten sehr verlockenden Ruf nach Würzburg annehmen oder die dornenreiche mich in meiner wissenschaftlichen Betätigung völlig lähmende Aufbauarbeit in Köln fortsetzen solle, ist mir seitens des Kuratoriums als Erfüllung meines hauptsächlichen Wunsches zugesagt worden, dass ich für das nächste Haus, über das die Universität verfügen könne, berücksichtigt werden solle«.[72] Seine Beschwerde blieb ungehört. Seinen Wunsch, in der Nähe seiner Kollegen unterzukommen, erfüllte er sich dennoch und bezog ein Haus in der Nähe der Professorensiedlung.[73] Der Wohnraum in der Professorensiedlung war offensichtlich sehr beliebt und die Konkurrenz um ein Haus untereinander groß, wie Krolls Beschwerde darüber, dass »ein anderer Kollege den Versuch macht, dem Kuratorium mein wohl erworbenes Recht durch

65 Ebd.
66 Ebd., Eckert an Adenauer, 4. Dezember 1924.
67 Ebd., Lehmann an Eckert, 26. Mai 1925.; Ebd. Lehmann und Schneider an Kuratorium, 26. Mai 1925.
68 Ebd., Lehmann an Eckert, 12. Juni 1925.
69 Ebd., Protokoll der Kuratoriumssitzung, 15. Juli 1925.
70 Ebd., Kroll an Eckert, 6. Juli 1925.
71 Ebd.; UAK 9/184,2, Eckert an Adenauer, 19. Januar 1926.
72 Ebd., Kroll an Eckert, 6. Juli 1925.
73 Kroll zog zunächst nach Bayenthal und dann nach Marienburg in die Kastanienallee 13. Adreßbuch Köln und Umgebung 1930, II, S.570 und Ebd. 1938/1, I, S. 576.

Zuschiessung von Privatgeldern in den geplanten Universitätsbau abzukaufen« zeigt.[74] Dafür spricht auch, dass diejenigen, die einmal in die Siedlung gezogen waren und diese nicht durch Abberufung Universität und Stadt verließen, dort wohnen blieben. Das bietet Grund genug, sich das Leben in der Professorensiedlung näher anzuschauen.

4. *»Freundschaften für das Leben« in der Professorensiedlung*

Seit der Eingemeindung 1888 war Marienburg zum Viertel der wohlhabenden Kölner Bevölkerung avanciert. In den umliegenden Straßenzügen der Professorensiedlung bestehend aus Lindenallee, Parkstraße und Unter den Ulmen entstand die Villenkolonie der wohlhabenden Kölner Bevölkerung, obwohl die Inflation auch diese Bevölkerungssicht empfindlich getroffen hatte.[75] Namhafte städtische Industrielle und Bankiers ließen sich hier nieder. In direkter Nachbarschaft residierten der Kölner Verleger Josef Neven DuMont sowie der Fabrikant Wilhelm Auerbach. Zudem war Marienburg noch peripheres Stadtgebiet, jedoch in Rheinnähe gelegen und nahe des alten wie später neuen Universitätsstandorts. Zusätzlich war es ein reines Wohngebiet, da ein Verbot jeglicher Gewerbetätigkeit vorherrschte.[76] Wer es nach Marienburg geschafft hatte, der verfügte über einen gewissen wirtschaftlichen wie gesellschaftlichen Status. Nach Babara Stambolis spiegelt der Wohnraum die Identität eines Menschen wider, kann als Teil der Identitätsbildung und der Selbstvergewisserung verstanden werden.[77] Es war die exklusive Lage, die offenbar dem Selbstwertgefühl der Professoren entsprach. Zur Realisierung des Projekts war eigens ein neuer Straßenteil angelegt worden.[78] Dieses Stück der Wolfgang-Müller-Straße wurde als Sackgasse konzipiert,[79] war somit vom alltäglichen Stadtverkehr abgeschottet und wurde entsprechend nur von Anliegern aufgesucht. Sie versprach also eine gewisse Privatheit der Gemeinschaft. Die Siedlung bestand aus 14 Wohneinheiten, die sich auf sieben an eigenen kleinen Stichwegen gelegene Doppelhäuser verteilten und einen gemeinsamen Garten und Innenhof umschlossen

74 UAK 9/184,2, Kroll an Eckert, 6. Juli 1925.

75 Frank Thomas/Sofie Trümper: Bayenthal-Marienburg: 150 Jahre Leben und Arbeiten am Rhein, Köln 1985, S. 126.

76 Ebd., S. 115.

77 Barbara Stambolis: Städtebaulicher Umbruch und lokale Identität. Zur Verknüpfung von Architektur- und Mentalitätsgeschichte am Beispiel des Neu- und Wiederaufbaus in Paderborn nach 1945, in: Die alte Stadt 22, Heft 4 (1995), S. 383–394, hier: S. 384.

78 UAK 9/184,1, Baugenossenschaft an Eckert, 18. Oktober 1921.

79 Ebd., Baugenossenschaft an Eckert, 17. Dezember 1921.

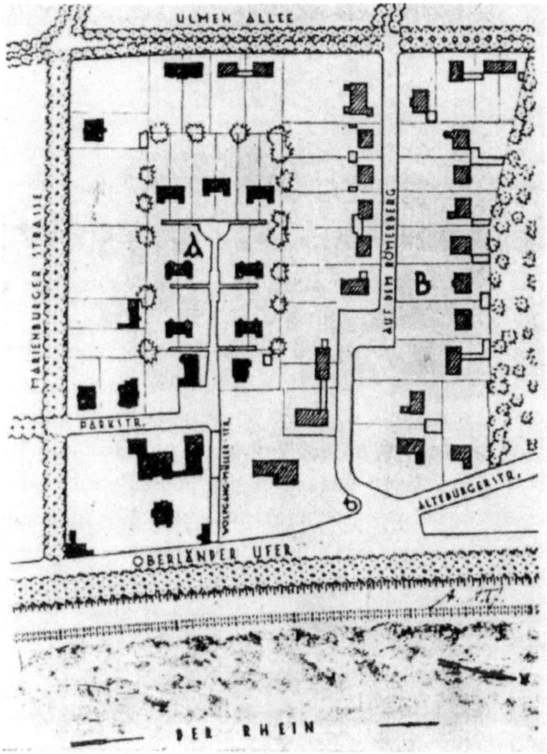

Abb. 3: Situationsplan der Professorensiedlung der Universität in der Wolfgang-Müller-Straße (Repro: Wolfram Hagspiel, Köln: Marienburg. Bauten und Architekten eines Villenvorortes, Band 2, S. 783)

(Abb. 3).[80] Verantwortlicher Architekt war der Wahlkölner Manfred Faber, der bereits im Bau von Siedlungen Erfahrungen vorweisen konnte.[81] Auf seiner Beteiligung beruhte die Umsetzung von Elementen der Gartenstadtidee. Seit Anfang des 20. Jahrhunderts fand die aus England stammende städtebauliche Bewegung in abgewandelter Form in Deutschland großen Anklang. Die Idee verband zwei Elemente, die sich hier wiederfinden: ein gesundes Wohnen im Grünen sowie das genossenschaftliche Prinzip.[82]

80 Novy: Wohnreform (Anm. 18), S. 188; Gerhard Kegel (Hg.): Heinrich Lehmann: ein großer Jurist des Rheinlands; Jugend und Beruf; seine Lebenserinnerungen, Köln 1976, S. 119.

81 UAK 9/184,1, Bericht von Lindemann, 25. Juli 1921. Zu Manfred Faber siehe: Wolfram Hagspiel: Köln und seine jüdischen Architekten, Köln 2019, S. 56–99. Die beiden Häuser Wolfgang-Müller-Str. 17 und 19 wurden nachträglich gebaut und gehen auf den Architekten Fritz Strauß zurück. Hagspiel: Marienburg (Anm. 32), S. 783.

82 Siehe zur Idee der Gartenstadt und der Deutschen Gartenstadtgesellschaft: Kristina Hartmann: Deutsche Gartenstadtbewegung. Kulturpolitik und Gesellschaftsreform, München 1976, besonders S. 27–45.

Die Formulierung Lehmanns, dass Faber »einfache, aber wohnliche Häuser«[83] entworfen habe, ist stark untertrieben, handelte es sich durchaus um schmucke Villen, die das Durchschnittswohnhaus der Zeit immer noch übertrafen. Die Häuser waren, je nach Wunsch der Genossen, in große und kleine Häuser unterteilt, verfügten über vier beziehungsweise sechs Zimmer, zwei Mansardenzimmer sowie Nebenräume und Dachkammern.[84] Nur im direkten Vergleich mit den teilweise auffälligen, überdurchschnittlich großen Villen der Nachbarschaft ist diese Äußerung Lehmanns möglicherweise nachzuvollziehen. Dennoch wird bereits an den obigen Ausführungen zu den Beschwerden Hashagens, Schneiders und Lehmanns deutlich, dass neben der Lage des Wohnraums auch dessen Größe und Ausstattung für die Professoren entscheidend waren. Die Ordinarien konstruierten auf diese Art und Weise ihre soziale Wahrnehmung: auf der einen Seite die Zugehörigkeit zum oberen Teil der Gesellschaft, auf der anderen Seite binnendifferenziert durch den akademischen Habitus, der sich in der baulichen Abgeschlossenheit der Siedlung offenbarte. Die Professorensiedlung verdeutlicht, dass private (räumliche) Nähe ein Bestandteil und zugleich Ausdruck des sozialen Habitus und der Korporationsbildung unter den Professoren war. Darauf verweist auch die Selbstbezeichnung der Professorensiedlung als »Kolonie«[85] und ihre Bewohner als »Besiedler«[86] hin. Bezeichnet eine Kolonie im weiteren Sinne einfach eine Siedlung, kann sie im engeren Sinne auch für eine »Gruppe von Personen gleicher Nationalität, die im Ausland am gleichen Ort lebt und dort die Traditionen des eigenen Landes pflegt«, stehen.[87] In diesem Fall definiert sich die Gruppe durch den gleichen Berufsstand und das Ausland offenbart sich als die kölnische Umgebung. Gepflegt wurden der gemeinsame professorale Habitus und Lebensstil. So erinnert sich Friedrich von der Leyen an die Professorensiedlung: »Wer abseits leben wollte, den ließ man in Ruhe. Unter denen, die sich zueinander gezogen fühlten, entstanden Freundschaften für das Leben und angeregtester, gesellschaftlicher interfakultativer Verkehr […] – bis heute, wo viele weit zerstreut leben, erlosch die Teilnahme an ihren verschiedenen Schicksalen nicht«.[88] Die räumliche Nähe sorgte für einen

83 Kegel: Lehmann (Anm. 80), S. 119.
84 UAK 9/184,1, Baugenossenschaft an Theodor Veil, 19. November 1921. Ebd., Bericht von Lindemann, 25. Juli 1921. Hagspiel: Marienburg (Anm. 32), S. 783.
85 Friedrich von der Leyen: Leben und Freiheit der Hochschule: Erinnerungen, Köln 1960, S. 180.
86 von der Leyen: Leben (Anm. 85), S. 180.
87 Artikel »Kolonie«, in: Munzinger Online/Duden – Deutsches Universalwörterbuch; 8., überarbeitete und erweiterte Auflage, Bibliographisches Institut GmbH, Berlin 2015. https://www.munzinger.de/search/query?query.id=query-duden [Stand: 27.08.2020].
88 von der Leyen: Leben (Anm. 85), S. 180.

Schulterschluss, sie regte zum Knüpfen freundschaftlicher Beziehungen an. Auch Heinrich Lehmann betont in seinen Memoiren »zwischen den meisten Familien entstanden engere freundschaftliche Bande, die sich auch nach der Trennung von Köln erhalten haben«.[89] Gesellschaftlicher Umgang miteinander war umso wichtiger, da die junge Universität auf keinerlei bis wenige Traditionen zurückgreifen konnte, in die neuberufene Professoren eingeführt werden konnten. Neben den von universitärer Seite organisierten Veranstaltungen,[90] spielten die von den Ordinarien privat organisierten Festivitäten daher eine wichtige Rolle. Die Professoren veranstalteten einen Nachmittagstee oder ein Abendessen bei sich zu Hause und sprachen Einladungen an ausgewählte Personen aus. So kam es zu »hübschen Zusammenkünften der großen Professorenfamilie«.[91] Solche Feiern veranstaltete beispielsweise auch Eugen Schmalenbach, der ab 1923 in der Professorensiedlung wohnte. »Im kleinen Kreis, oft improvisiert, sorgte ein Böwlchen für die Stimmung, das Grammophon hat an warmen Sommerabenden zum Tanz auf der Terrasse aufgespielt und gab einer Unterhaltung eine besondere Verbundenheit«.[92] Die Treffen hatten einen ganz klar privaten Rahmen, bei dem es dann offenbar ungezwungen zugehen durfte. Ein »lebhafter gesellschaftlicher Verkehr«[93] entstand zwischen den Mitgliedern des Lehrkörpers, vor allem den Ordinarien. Diese Verbindungen knüpften sich über die einzelnen Fakultäten und fachlichen Unterschiede hinweg.

Als erste Bewohner der Professorensiedlung bezogen 1922 Albert Dietrich und Reiner Müller die Häuser in Lindenthal. Willi Prion, Heinrich Lehmann, Max Scheler, Hans Planitz, Albert Erich Brinckmann, Friedrich von der Leyen und Eugen Schmalenbach sowie der Honorarprofessor Lindemann zogen in die großen Wohnhäuser und die kleinen Häuser der Professorensiedlung Arthur Schneider, Ernst Fischer, Hans Lewald und Heinrich Mitteis.[94] Später kamen ihre Kollegen Ernst Bertram, Walter Brandt, Hans Nipperdey, Günther Jachmann

89 Kegel: Lehmann (Anm. 80), S. 120.

90 So wurde im Oktober 1919 ein »5-Uhr-Tee« etabliert, zu dem die Ordinarien, Extraordinarien, Privatdozenten sowie die Kuratoriums- und Kommissionsmitglieder nebst ihren Familien eingeladen waren. Vermutlich handelt es sich um den Vorläufer des erstmals 1922 stattfindenden sogenannten ›Professoriums‹. Dabei handelte es sich um einen »Herrenabend«, eine im Semester monatlich erfolgende gesellschaftliche Veranstaltungen, an denen vor allem die Ordinarien und teilweise auch andere Mitglieder des Lehrkörpers als deren Gäste teilnehmen konnten. UAK 27p/1, Senatsprotokolle, 1919–1923, Senatssitzung, 15. Oktober 1919, S. 3 f.; UAK 27p/2, Senatssitzung, 12. Januar 1927, S. 12.; UAK 27p/3, Senatssitzung, 22. Juni 1932, S. 8. Auf Antrag Prof. Brinckmanns wurden nun auch planmäßige Assistenten eingeladen. Ebd., Senatssitzung, 27. Januar 1932, S. 6.

91 Kegel: Lehmann (Anm. 80), S. 118.

92 Cordes: Schmalenbach (Anm. 3), S. 142.

93 Kegel: Lehmann (Anm. 80), S. 118.

94 UAK 9/184,1, Baugenossenschaft an Eckert, 13. Juli 1922.

und Martin Spahn sowie Ernst Walb dazu, lösten teils die Kollegen ab oder bezogen die neuen Häuser. Die Professoren gehörten allen vier Fakultäten der Universität[95] und unterschiedlichsten Fachbereichen an. Nahezu alle waren verheiratet, zudem gehörten zwei Drittel einer protestantischen Glaubensgemeinschaft an, während das andere Drittel der katholischen Kirche angehörte.[96] Sie bildeten somit ein buntes Potpourri der Kölner Professorenschaft ab (Abb. 4–6).

War die Professorensiedlung in Marienburg aufgrund ihrer Entstehungsgeschichte in Köln einzigartig, die generelle Bildung professoraler Ballungszentren innerhalb der Stadt war es nicht. Ein Blick in die historischen Adressbücher Kölns[97] lässt erkennen, dass sich die Ordinarien räumlich gerne nahe beieinander niederließen. Dabei lassen sich drei Merkmale ausmachen, die sich auch in der neuen Professorensiedlung wiederfinden.

Erstens dienten die Wohnorte der Alt-Ordinarien[98] als Anziehungspunkte für neuberufene Professoren. So wohnten auch in direkter Nähe zur neuen Professorensiedlung die alteingesessenen Ordinarien Godehard Ebers und Fritz Stier-Somlo, beide waren bereits Mitglieder der Handelshochschule, sowie ihr Kollege Stefan Lorck in Häusern auf der Ulmenallee, der Marienburger Straße und der Lindenallee.[99] Die Ansiedlung in direkter Nachbarschaft kann als ein Bedürfnis nach Zusammengehörigkeit interpretiert werden, denn Wohnorte fungieren nach Hochmuth und Rau als »Beförderung von Habitusbildungen und der Herausbildung neuer Lebensstile«.[100] Die räumliche Nähe bedingte eine soziale Nähe und förderte die Kommunikation und Vergemeinschaftung untereinander.

Zweitens zeichneten sich die Wohnorte darüber hinaus durch die räumliche Nähe zu den universitären Einrichtungen aus. Zentral war das Hauptgebäude der Universität. Dieses lag während der Zeit der Weimarer Republik im Süden der Kölner Neustadt, genauer in der Claudiusstraße 1. Direkt am Rhein hatte die neue Universität ihr zu Hause in den Räumen der ehemaligen Kölner

95 Eine statistische Auswertung ergab, dass drei Mitglieder der Medizinischen, acht Mitglieder der Philosophischen, fünf Mitglieder der Sozial- und Wirtschaftswissenschaftlichen und fünf der Rechtswissenschaftlichen Fakultät angehörten.
96 Alle Daten sind aus einer von der Verfasserin erstellten Datenbank zu den Ordinarien der Kölner Universität entnommen worden. Die Daten wurden aus verschiedenen Quellen wie Personalakten oder der Datenbank Deutsche Biographie erhoben, verifiziert und zusammengetragen.
97 Die Historischen Adressbücher der Jahre 1925 und 1930 wurden nach den Adressen der zu dieser Zeit an der Kölner Universität lehrenden Ordinarien durchsucht.
98 Hiermit sind diejenigen Professoren gemeint, die aus den Vorläuferinstitutionen in die neue Universität übernommen worden waren.
99 Adreßbuch Köln und Umgebung 1925, II, S. 210, 1024 und 635.
100 Christian Hochmuth/Gert Melville/Susanne Rau (Hg.): Machträume der frühneuzeitlichen Stadt, Konstanz 2006, S. 15.

Abb. 4: Ansicht des Hauses Wolfgang-Müller-Straße 16–18, hinten das nicht zur Siedlung gehörende Haus Wolfgang-Müller-Straße 14 (Repro: Wolfram Hagspiel, Köln: Marienburg. Bauten und Architekten eines Villenvorortes, Band 2, S. 784)

Abb. 5: Westseite des Doppelhauses Wolfgang-Müller-Straße 17–19 (Repro: Wolfram Hagspiel, Köln: Marienburg. Bauten und Architekten eines Villenvorortes, Band 2, S. 784)

Abb. 6: Doppelhaus Wolfgang-Müller-Straße 20–22 (Repro: Wolfram Hagspiel, Köln: Marienburg. Bauten und Architekten eines Villenvorortes, Band 2, S. 783)

Handelshochschule gefunden.[101] Bis auf wenige Ausnahmen[102] konzentrierten sich die Wohnorte der Ordinarien am Rand des heutigen Stadtteils Altstadt-Süd entlang der Kölner Ringe, die sich an der mittelalterlichen Stadtmauer orientierten, sowie in Neustadt-Süd und den daran anknüpfenden Vororten.[103] Wer in der Nähe der Universität, jedoch lieber außerhalb der Stadtgrenze wohnen wollte, den zog es neben der Professorensiedlung in Marienburg in den Vorort Bayenthal. Im sogenannten Englischen Viertel ließen sich sieben weitere Ordinarien nieder.[104] Einen weiteren beruflichen Schwerpunkt bildeten die

101 Die Grundsteinlegung für das neue Hauptgebäude am inneren Grüngürtel erfolgte am 26. Oktober 1929, die ›Reichsgründungsfeier‹ am 18. Januar 1930. Die ersten Lehrveranstaltungen fanden dann ab November desselben Jahres statt. Erich Meuthen (Hg.): Die neue Universität. Daten und Fakten, Köln 1988, S. 31, 38 und 41.

102 August Pröbsting lebte in der Zeughausstraße 9, Franz Külbs auf den Ringen, am Hohenzollernring 79, und Bruno Kuske zunächst in der Escher, dann in der Gocher Straße im damaligen Vorort Nippes. Adreßbuch Köln und Umgebung 1925, II, S. 676, 485 und 491. Adreßbuch Köln und Umgebung 1930, II, S. 587.

103 Christian Eckert, Franz Thorbecke, Leopold von Wiese und Kauserswaldau, August Darapsky, Benedikt Schmittmann, Karl Thiess sowie Martin Spahn, Franz Haymann, Gerhard Kallen und Hermann Sierp waren hier gemeldet. Adreßbuch Köln und Umgebung 1925, II, S. 145, 178, 312, 776, 839, 883 886 und 953.

104 Josef Kroll, Rudolf Seyffert, Robert Wintgen sowie Gotthold Bohne, Ernst Bresslau, Karl Försterling und Nicolai Hartmann wohnten in dem ehemaligen Handwerker- und

Universitätskliniken in Lindenthal. Ursprünglich war die Akademie für praktische Medizin 1908 auf dem Gelände der Lindenburg errichtet worden und 1919 in die Medizinische Fakultät umgewandelt worden. Daher wohnten fast alle Ordinarien der Medizin in ihrer direkten Nachbarschaft oder in ihrer Nähe am Stadtwald.[105] Kurze Arbeitswege waren offensichtlich erstrebenswert. Das bestätigt auch die Tatsache, dass die Baugenossenschaft Kölner Universität von weiteren Bauten in Marienburg absah, nachdem das neue Universitätsgebäude errichtet worden war.[106] Die geforderte Präsenz und Verfügbarkeit an der Universität waren dadurch leichter zu erfüllen.[107]

Drittens gehörte zu der Ausbildung eines gewissen (akademischen) Habitus wohl auch die Vorliebe für luxuriöse Wohngegenden. »So werden Städte durch das Beziehungsgeflecht von Sonderräumen bestimmt, welche zugleich Orte sind – der Exklusivität oder der Exklusion«.[108] Die Ordinarien bevorzugten offenbar einen gewissen exklusiven Standard. Sowohl die Ringe, die als Wohnstraße konzipiert mit teils prunkvollen Bauten ausgestattet waren, als auch die Gegend um den Stadtwald mit ihren qualitativ hochwertigen Stadtvillen galten als beste Wohngegenden innerhalb Kölns.[109] Wer sich den Luxus in den exklusivsten Vierteln der Stadt nicht leisten konnte, der bevorzugte noch die besseren

Arbeiterviertel. Adreßbuch Köln und Umgebung 1930, II, S. 94, 269, 118, 366, 570, 987 und 1146. Das englische Viertel war im Zuge der Besetzung Kölns durch die englischen Alliierten entstanden, um die verheirateten Offiziere mit ihren Familien unterzubringen. Thomas/Trümper: Bayenthal-Marienburg (Anm. 77), S. 60.

105 Hier lebten die Professoren Otto Tilmann, Heinrich Ewald Hering, Heinrich Füth, Albert Dietrich und Reiner Müller sowie Bruno Kisch und Walter Brandt. Adreßbuch Köln und Umgebung 1925, II, S. 888, 330, 244, 159, 603 sowie Adreßbuch Köln und Umgebung 1930, II, S. 504 und 109. Aschaffenburg, Preysing und Siegert bewohnten die Adressen Stadtwaldgürtel 30, 77 und 33. Adreßbuch Köln und Umgebung 1925, II, S. 20, 675 und 830.

106 HAStK Abt. 85/1, Nr. 36 (Anm. 17), Bericht über die Prüfung bei der Baugenossenschaft Kölner Universität e. G. m. b. H. Köln-Marienburg vom Verband Rheinischer Wohnungsunternehmen (Baugenossenschaften und -gesellschaften) e. V., 6. April 1936, S. 2.

107 UAK 67/703, Dozentenpersonal generalia und specialia, 1910–1938, Schreiben vom 29. Januar 1924, S. 1. So kam es zu großen Auseinandersetzungen mit dem Historiker Martin Spahn, der sich immer wieder von der Universität und aus Köln entfernte, um sich in seiner alten Heimat Berlin aufzuhalten. Spahn entzog sich dadurch aus Sicht der Kölner »jeder Einordnung in die akademische Selbstverwaltung und zerstört die Möglichkeit einer sozialen und Arbeitsgemeinschaft mit dem Kölner Lehrkörper«. Ebd., Schreiben vom 9. Mai 1924, S. 1 f.

108 Karl-Siegbert Rehberg: Macht-Räume als Objektivationen sozialer Beziehungen – Institutionenanalytische Perspektiven, in: Hochmuth/Melville/Rau (Hg.): Stadt (Anm. 100), S. 41–55, hier: S. 54.

109 Artikel »Neustadt«, in: Jürgen Wilhelm (Hg.): Das grosse Köln Lexikon, Köln 2005, S. 334, Sp. 2. Die Neustadt wurde nach Plänen der Architekten H. J. Stübben und K. Henrici ausgebaut. Siehe auch: Christian Schuh: Kölns 85 Stadtteile. Geschichte, Daten, Fakten, Namen, Köln 2003, S. 204. Bruno Kisch: Wanderungen und Wandlungen, Köln 1966, S. 214. Siehe auch: Artikel »Lindenthal«, in: Wilhelm (Hg.): Lexikon (Anm. 109), S. 295, Sp. 1.

Viertel in den bezahlbaren Gegenden. Das englische Viertel bot immerhin noch ein- bis zweistöckige Häuser mit Gärten.[110]

Die Ordinarien vermieden eng bebaute Wohngegenden, was die Vermeidung der Altstadt erklären würde, vielmehr war ein Haus statt einer Wohnung sowie ein Garten und eine grüne Umgebung erwünscht. Leider lässt sich die Frage, ob und inwieweit die Wohnungen von der Universität oder den Professoren selbst angemietet wurden, nicht abschließend klären. Jedoch liegt die Möglichkeit nahe, dass Gewerkschaften der Universität Wohnraum vermittelt hatten. Beispielhaft dafür ist der Wohnungsbau der Gewerkschaft Mannebach im neuen Universitätsviertel. Diese wurden nach ihrer Fertigstellung der Universität zur Unterbringung ihres Lehrkörpers angeboten.[111] Im Kontext einer Exklusion ist vermutlich die Auflösung der Genossenschaft zu sehen, die im Folgenden in den Blick genommen wird.

5. Von der Genossenschaft zum Eigenheim – Die Auflösung in den 1930er Jahren

Bereits zu Beginn des Jahres 1930 stand innerhalb der Genossenschaft die Überlegung im Raum, den Erbbauvertrag mit der Stadt aufzulösen und die Häuser mit entsprechendem Grundstück zum Eigentum der einzelnen Bewohner zu machen.[112] Die Kaufabsicht der Häuser kann als eine Abgrenzung nach unten beziehungsweise außen interpretiert werden. Die entstandene Gemeinschaft wollte sich bewahren. Eine Lösung bestand für sie im Kauf der Häuser, um sie so aus dem Einflussbereich der Universität herauszuholen. Eine Kommission wurde von Seiten der Baugenossenschaft beauftragt mit der Stadt und dem Kuratorium über diese Idee zu verhandeln.[113] Eckert sprach sich in seiner Funktion als geschäftsführender Kuratoriumsvorsitzender dagegen aus, ginge damit doch die Möglichkeit abhanden, »den Universitätsprofessoren günstige Wohngelegenheit zu schaffen und auch bei einem Wechsel von Professoren solche Wohnungen an der Hand zu haben«.[114] Sein Entgegenstemmen war erfolglos, nicht zuletzt, da sich die Situation auf dem Wohnungsmarkt entspannt hatte.[115] Bereits 1932

110 Thomas/Trümper: Bayenthal-Marienburg (Anm. 77), S. 60.

111 UAK 27p/3, Senatssitzung, 29. Januar 1930, S. 4.

112 UAK 9/184,1, Eckert an Vorsitzenden der Baugenossenschaft Brinckmann, 14. Februar 1930; Ebd., Notiz von Herlet, 29. Juli 1930.

113 Ebd., Protokoll der Generalversammlung der Baugenossenschaft der Kölner Universität, 1.März 1930. Die Kommissionsmitglieder waren Brinckmann, Schmalenbach und Lehmann. Ebd.

114 Ebd., Eckert an Vorsitzenden der Baugenossenschaft Brinckmann, 14. Februar 1930.

115 Ebd., Schreiben an Oberbürgermeister Adenauer, 25. November 1930.

hatten mehrere Professoren den Kaufprozess für ihre Häuser in Gang gesetzt. Der Vorgang sah vor, dass die entsprechenden Aufwertungshypotheken von der Baugenossenschaft an die neuen Inhaber übertragen wurden.[116] Nicht außer Acht zu lassen ist die Frage, wieweit die politischen Veränderungen bei dieser Entwicklung eine Rolle gespielten haben.

Die Machtübernahme der Nationalsozialisten und die damit einhergehenden gesellschaftspolitischen Veränderungen wurden auch in der Baugenossenschaft spürbar. Ihre Gleichschaltung galt bereits im August 1933 als vollzogen und Vorstands- wie Aufsichtsratsmitglieder wurden einer Gesinnungsüberprüfung unterzogen.[117] Eine rechtliche Grundlage sowie einen wirksamen Kontroll- und Überwachungsmechanismus installierten die nationalsozialistischen Behörden mit dem Gesetz zur Sicherung der Gemeinnützigkeit im Wohnungswesen vom 14. Juli 1933. Dieses ermöglichte, dass Verbände wie Genossenschaften jederzeit einer »besonderen Überprüfung«[118] unterzogen werden konnten. Es erlaubte nicht nur die polizeiliche Überprüfung der Mitglieder, sondern auch deren Abberufung und Neubestellung, »wenn der Dienstverpflichtete nicht die Gewähr dafür bietet, daß er jederzeit rückhaltlos für den nationalen Staat eintreten wird«.[119] Möglicherweise war dies der Grund weshalb der Baugenossenschaft in einem Beschluss des Regierungspräsidenten vom 20. Januar 1934 mit Wirkung vom 5. August 1933 überraschenderweise die Bitte um Gemeinnützigkeitsanerkennung stattgegeben wurde.[120] Bereits ab 1927 hatte sich die Baugenossenschaft immer wieder vergeblich um die Anerkennung als gemeinnützige Genossenschaft beim Regierungspräsidenten bemüht.[121] Offenbar erhoffte sich die Körperschaft davon einen wirtschaftlichen Vorteil, denn gemeinnützige

116 HAStK Abt. 85/1, Nr. 36, Bericht über die Prüfung der Bilanz der Baugenossenschaft Kölner Universität vom 31.12.1931, 30. August 1932, S. 1f.

117 »Umstände, die zu Bedenken gegen die genannten Personen in staatspolitischer oder sonstiger Hinsicht Veranlassung geben, sind nicht bekannt geworden. […] Die Gleichschaltung der Genossenschaft sehe ich als vollzogen an, ohne daß es des Rücktritts der bisherigen Mitglieder des Vorstandes und Aufsichtsrates und der neuen Besetzung beider Organe bedurft hätte«. Ebd., Wohnungsfürsorge an Regierungspräsidenten, 25. August 1933, S. 1.

118 Gesetz zur Sicherung der Gemeinnützigkeit im Wohnungswesen vom 14. Juli 1933, RGBl. I 1933, S. 2. https://commons.wikimedia.org/wiki/File:Deutsches_Reichsgesetzblatt_33T1_082_0485.jpg [Stand: 20.08.2020].

119 Gesetz zur Sicherung der Gemeinnützigkeit im Wohnungswesen vom 14. Juli 1933, RGBl. I 1933, S. 2. https://commons.wikimedia.org/wiki/File:Deutsches_Reichsgesetzblatt_33T1_082_0485.jpg [Stand: 20.08.2020].

120 HAStK, Abt. 85/1, Nr. 36, Beschluß des Regierungspräsidenten an den OB Köln, 20. Januar 1934.

121 Ebd., Wohnungsbauamt an Baugenossenschaft, 14. April 1927, S. 1; ebd., Bericht über die gesetzliche Rechnungsprüfung 1928, 17. April 1929, S. 1; ebd. Bericht über die gesetzliche Rechnungsprüfung bei der Baugenossenschaft Kölner Universität eGmbH zu Köln 1930, 5. Mai 1931, S. 1.

Wohnungsunternehmen erhielten vielfältige Erleichterungen wie Steuerbefreiungen.[122] Ob sich diese Hoffnungen erfüllten, kann nicht bestätigt werden. Die Überprüfung der neugewählten Vorstands- und Aufsichtsratsmitglieder durch das Amt der städtischen Wohnfürsorge und den Polizeipräsidenten für das Jahr 1934 dagegen schon. So lautete des Urteil: »Da die beiden neugewählten Mitglieder des Aufsichtsrates und Vorstandes, Bertram und Fischer, Professoren der Kölner Universität sind und aus diesem Grund ihre rein arische Abstammung und politische Zuverlässigkeit wohl schon von der Aufsichtsbehörde nachgeprüft ist, im übrigen nach Auskunft des Herrn Polizeipräsidenten hierselbst vom 22.2.34 gegen die Herren nichts Nachteiliges bekannt geworden ist, bedarf es keiner weiteren Prüfung«.[123]

Möglicherweise haben diese Entwicklungen tatsächlich dazu geführt, die Auflösung der Baugenossenschaft zu beschleunigen. 1934 entschlossen sich Spahn und Schneider zum Kauf ihrer Häuser, die verbleibenden drei Häuser erwarben im darauffolgenden Jahr die Herren Bertram, Jachmann und Fischer.[124] Ursprüngliche Pläne, den Mitgliederkreis der Genossenschaft zu erweitern und eine neue Siedlung auf geeignetem Gelände in der Nähe des neuen Universitätsgebäudes zu errichten,[125] wurden nicht mehr in die Tat umgesetzt. »Da eine Neubautätigkeit der Genossenschaft unter den gegebenen Verhältnissen nicht mehr in Frage kommt, soll die Liquidation der Genossenschaft erfolgen«.[126] Die Baugenossenschaft Kölner Universität GmbH fand Ende des Jahres 1937 nach 17jähriger Tätigkeit ihr Ende. Die Gemeinschaft der Professorensiedlung blieb jedoch trotz Verfolgung und Entlassung einiger ihrer Mitglieder[127] durch die nationalsozialistische Herrschaft bestehen.

122 Tatsächlich hatte die Baugenossenschaft Probleme, ihre Schulden zu tilgen. Die Anerkennung als gemeinnützig hätte finanzielle Erleichterungen versprochen. Siehe hierzu: Ebd., S. 5.

123 Ebd., Ergänzungsschreiben an den Oberbürgermeister, 22. Februar 1934.

124 Ebd., Bericht über die Prüfung bei der Baugenossenschaft Kölner Universität e.G.m.b.H. Köln-Marienburg vom Verband Rheinischer Wohnungsunternehmen (Baugenossenschaften und -gesellschaften) e.V., 6. April 1936, S. 8.

125 Ebd., S. 2.

126 Ebd., Protokoll über die Generalversammlung der Baugenossenschaft Kölner Universität, 18. November 1936.

127 Der Professor Walter Brandt wurde 1936 wegen jüdischer Versippung beurlaubt und emigrierte 1937 nach Großbritannien. Heinrich Lehmann wurde 1936 auf eigenen Wunsch vom Amt des Dekans enthoben. Eugen Schmalenbach wurde 1933 beurlaubt und kurz danach zwangsweise emeritiert. Das gleiche Schicksal ereilte 1938 Ernst Fischer. Friedrich von der Leyen wurde 1937 wegen ›jüdischer Versippung‹ von seiner Lehrtätigkeit entbunden.

Fazit

Die Beziehung der Stadt Köln zu ihrer Universität führte dazu, dass die Stadt der Baugenossenschaft nicht nur ein geeignetes Bebauungsgrundstück zur Verfügung stellte, sondern auch die Finanzierung unterstützte. Sie verhalf damit der Universität zu Köln zur Einhaltung der Wohnpflicht und der Bereitstellung geeigneter Wohnräume. Diese wiederum stellten innerhalb einiger Berufungsprozesse als Bestandteil der sachlichen Ausstattungsverhandlungen einen wichtigen Vorteil dar, um Professoren für Köln gewinnen zu können.[128]

Die Kölner Universität konnte sich also gegenüber anderen Universitäten bei aussichtsreichen Kandidaten mit Verweis auf die Baugenossenschaft hervorheben und auf ein für weitere Berufungen strategisch günstiges Mittel zurückgreifen.[129] Eckert selbst äußerte sich dazu: »Wohl habe ich darauf hingewiesen, dass durch den Wohnungsbau den Betreffenden ein schönes Haus mit Garten in bester Gegend Kölns zur Verfügung gestellt würde, dessen Bewohnung nicht teurer sei als eine andere Mietwohnung in der Stadt«.[130] Dem Erfolg bei den Berufungen entspricht wohl auch die Erweiterung der Professorensiedlung um weitere Häuser bis 1927. Es ist daher den Ausführungen Lindemanns zuzustimmen, wenn er gegenüber dem Kuratorium behauptete, »durch den Bau der Genossenschaftswohnungen war es möglich, die neuen Lehrkräfte für Köln zu gewinnen, von denen die Mehrzahl in den Häusern der Genossenschaft wohnt«.[131] Darüber hinaus bot sie der Universität aber auch die Möglichkeit, Neuberufene bewusst miteinander in Kontakt zu bringen und so eine Gemeinschaft aufzubauen und verstetigen zu lassen. Ihr muss also eine integrative Leistung zugeschrieben werden. In der Zeit der Weimarer Republik stand für die junge Universität alles unter dem Zeichen der Vergemeinschaftung. Insofern sind die Anfangsjahre der Universität als eine Form der Entstehung und Entwicklung unterschiedlicher Arten von Gemeinschaftsbildung zu sehen. Den Veranstaltungen mit einem freizeitlichen Vergnügungscharakter, zu denen die Professoren zu den unterschiedlichsten Anlässen zusammenfanden, kam hierbei mit Sicherheit

128 Die Bereitstellung von Wohnraum wie die Übernahme von Kosten für die Instandsetzung von vorhandenem Wohnraum spielte eine wichtige Rolle. GStAP HA Rep. 76 Va. Sekt. 10 Tit. IV Nr. 5, Bd. 2, (Anm. 5) Vorsitzende des Kuratoriums an Ministerialrat Prof. Dr. Richter, Berlin, 4. August 1921; Aktennotiz, 15. September 1925; Minister pp. an Universitätskuratorium Köln, d. d.Hd. des Oberpräsidenten, 29. März 1930; Heimsoeth, Köln an p. KM, Ministerialrat Windelband, 7. August 1931.

129 UAK 9/184,1, Eckert an Heilborn, Breslau, 31. Januar 1921. Bericht an den Minister fWKV zwecks »Professorenwohnungen«, 26. Juli 1921. Siehe auch: Baugenossenschaft an Kuratorium, 19. März 1923.

130 UAK 9/184,1, Eckert an Adenauer, 29. März 1923.

131 Ebd., Baugenossenschaft an Kuratorium, 19. März 1923.

eine wesentliche Bedeutung zu. Die Baugenossenschaft war jedoch nicht nur ein innovativer Lösungsansatz für die Wohnungsnot, ein strategisches Mittel in Berufungsverhandlungen oder zur Vergemeinschaftung der Professorenschaft. Sie hatte darüber hinaus Vorbildcharakter: Bereits nach kurzer Zeit bekundete zunächst der Verband der Deutschen Hochschulen[132] und dann die Universität Leipzig,[133] die TH Aachen[134] sowie die Universität Hamburg[135] Interesse an ähnlichen Plänen und fragte nach der Expertise der Kölner Baugenossenschaft. Noch heute stellen die Häuser der ehemaligen Professorensiedlung in der Wolfgang-Müller-Straße ein Zeugnis der universitären Wohnungsbaupolitik der 1920er Jahre dar.

132 Ebd., Verband der Deutschen Hochschulen, Bühler an Oberlandesgerichtsrat Graven, 5. Februar 1921. Der VDH bekundete Interesse, einen Artikel über die »grosszügige vorbildliche Politik der Stadt Köln« in der hauseigenen Presse zu veröffentlichen. Eckert lehnte eine Bekanntmachung des Projekts ab, solange es nicht abgeschlossen war. Ebd., Eckert an Bühler, 19. Februar 1921.

133 Ebd., Sächsische Finanzministerium an Rat der Stadt Cöln, 4. Juli 1921.

134 Ebd., Theodor Veil an Eckert, 7. November 1921.

135 Ebd., Universitätssyndikus an Beigeordneten Oberbaudirektor Professor Dr. Schumacher, 2. Dezember 1921.

Die Bündische Jugend in Köln und Umgebung 1933–1945

Unabhängige und katholische Bündische zwischen Anpassung, Widerstand und Verbot

von Charlotte Kalenberg

Zu den häufigsten Assoziationen mit der Bündischen Jugend im »Dritten Reich«, insbesondere im Rheinland, gehören Gruppen wie die »Edelweißpiraten« und die »Navajos«. Diese zählten jedoch nicht zur Bündischen Jugend im ursprünglichen Sinne. Dass sie dennoch bis heute als solche bezeichnet werden, ist der Ausdehnung der Begrifflichkeiten durch die Nationalsozialisten geschuldet, die auch nach 1933 gebildete »wilde Cliquen« als bündisch bezeichneten. Von dieser Assoziation soll Abstand genommen und die tatsächliche Bündische Jugend und ihre Verfolgung im »Dritten Reich« betrachtet werden.

In der deutschen Jugendbewegung gab es »rein« bündische Gruppen und später auch Bünde, die an eine Institution wie die Kirche gekoppelt waren. Im Folgenden soll untersucht werden, inwiefern sich die Zugehörigkeit zur Institution Kirche auf die Positionierung der katholischen und der unabhängigen Bünde gegenüber dem Nationalsozialismus auswirkte, und inwieweit in der Verfolgung ein Unterschied gemacht wurde. Im Hinblick auf die katholischen Bünde ist das Reichskonkordat von zentraler Bedeutung, weil sich dadurch die Frage stellte, ob diese Bünde als Teil der katholischen Kirche oder als Bündische Jugend im nationalsozialistischen Sinne behandelt werden sollten.

Nach einer allgemeinen Einordnung werden vor allem konkrete Fälle von Verfolgung und Widerstand der Bündischen Jugend in der Stadt Köln und ihrer Umgebung diskutiert. Anhand von Gerichtsakten des Sondergerichts Köln wird das vorherrschende Bild von der Bündischen Jugend im Nationalsozialismus diskutiert. Die häufig getroffene Aussage, dass sich beide Arten der Jugendbewegung stark ähnelten, wird diesbezüglich auf den Prüfstand gestellt.

1. Entstehung der Bündischen Jugend

Die Jugendbewegung ist ein junges Phänomen, das sich erst um die Wende zum 20. Jahrhundert entwickelte. Die Ursprünge der Bündischen Jugend bilden der im Deutschen Reich entstandene Wandervogel und die in Großbritannien gegründeten Pfadfinder. Der Wandervogel ist vor dem Ersten Weltkrieg als lockere Wanderbewegung zu sehen, die noch nicht bündisch war, da keine allzu feste Organisationsform bestand.[1] Der Wandervogel und andere unter seinem Einfluss entstehende Gruppen in studentischen Kreisen betrachteten sich als Erziehungsgemeinschaften für eine ausgewählte jugendliche Elite. Die Lebensform der Pfadfinder wurde vom ehemaligen Kolonialoffizier Robert Baden-Powell (1857–1941) entwickelt und sollte Jungen zum Wohle und zum Erhalt des Britischen Empires erziehen, was in Deutschland bald als Erziehungsmethode adaptiert wurde.[2]

Nach dem Ersten Weltkrieg spricht man schließlich von der Bündischen Jugend. Wandervogel- und Pfadfinderbünde wurden wiederbelebt sowie neue Bünde gegründet. Wie der Großteil der Bevölkerung betrachteten auch die Bündischen das Kriegsende und die neuen politischen Umstände sowie die Auflagen des Versailler Vertrags als unakzeptabel oder zumindest als unverständlich.[3] Der Krieg hatte die Bündische Jugend verändert, die sich nun stark von der Ursprungsbewegung des Wandervogels unterschied. Statt lockerer Wandergruppen traten disziplinierte Bünde und Orden auf, deren Elite- und Sendungsbewusstsein noch ausgeprägter und politischer wurde. Die Mitglieder kamen vor allem aus dem bürgerlichen Milieu und von höheren Schulen, was den elitären Anspruch der Bünde erklärt.[4] Nur 50.000 bis 90.000 Jugendliche waren in der Bündischen Jugend organisiert. »Ihre Wirkung reichte aber weit über die eigenen Reihen hinaus«.[5]

Die Aktenlage bestimmt, welche Bünde aus Köln hier im Fokus stehen.[6] Trotzdem soll die »Deutsche Freischar« genannt werden, die meist als Kern der Jugendbewegung angesehen wird.[7] Daneben gehörten zu den klassischen Bünden Ende der 1920er Jahre der »Großdeutsche Jugendbund« und der »Jungnationale Bund«.[8]

1 Felix Raabe: Die Bündische Jugend. Ein Beitrag zur Geschichte der Weimarer Republik, Stuttgart 1961, S. 13; Ulrich Herrmann: Wandervogel und Jugendbewegung im geistes- und kulturgeschichtlichen Kontext vor dem Ersten Weltkrieg, in: Ders. (Hg.): »Mit uns zieht die neue Zeit…«. Der Wandervogel in der deutschen Jugendbewegung, Weinheim/München 2006, S. 30–79, hier S. 65.
2 Rüdiger Ahrens: Bündische Jugend. Eine neue Geschichte. 1918–1933, Göttingen 2015, S. 40.
3 Matthias von Hellfeld: Bündische Jugend und Hitlerjugend. Zur Geschichte von Anpassung und Widerstand 1930–1939, Köln 1987, S. 27f.
4 Hellfeld: Bündische Jugend (Anm. 3), S. 34.
5 Ursula Büttner: Weimar – die überforderte Republik 1918–1933. Leistung und Versagen in Staat, Gesellschaft, Wirtschaft und Kultur, Stuttgart 2008, S. 263.
6 Es werden Akten des Sondergerichts Köln aus den Beständen Gerichte Rep. 112 und Gerichte Rep. 0017 verwendet, die zwei Vorfälle zur unabhängigen Bündischen Jugend und 22 Vorfälle zu katholischen Bünden dokumentieren.
7 Hans Christian Brandenburg: Die Geschichte der HJ. Wege und Irrwege einer Generation, Köln 1982, S. 68.
8 Ahrens: Bündische Jugend (Anm. 2), S. 20.

Mitgliederstark waren auch der »Deutsche Pfadfinderbund« und die »Adler und Falken«.[9] Etablieren konnte sich in der bündischen Szene ebenso der »Nerother Wandervogel«, ein relativ weltoffener Bund. Zu Beginn der 1930er Jahre breitete sich eine neue, abgewandelte Form der Bünde aus, der Jungenschaftsbund. Die erste Jungenschaft entstand am 1. November 1929, was namensgebend für die »dj.1.11«, die »Deutsche Jungenschaft vom 1. November« war. Die Jungenschaft wollte die Jugendbewegung revolutionieren und sie in allem überragen, also »besser singen und besser schweigen, besser feiern und besser fasten, verbissen arbeiten und hemmungslos faulenzen«.[10] Die »dj.1.11« selbst zerfiel zwar recht bald, hatte die deutsche Jugendbewegung dennoch stark geprägt. Traditionelle Bünde verloren Mitglieder an neue Jungenschaften und der Einfluss reichte bis zu religiösen Organisationen wie dem »Quickborn« und parteipolitischen Jugendgruppen.

Der wesentliche Unterschied der katholischen Jugendbewegung zur aus Wandervogel- und Pfadfinderbewegung entstandenen Bündischen Jugend ist die Anbindung an die Institution Kirche. Die katholische Jugendarbeit entstand weniger aus jugendlicher Aufbruchsstimmung, sondern vornehmlich aus pädagogischen Ansätzen einzelner Geistlicher.[11] Ihre Einordnung in die eigentliche Jugendbewegung ist strittig, häufig wird sie ihr nicht zugerechnet, da auch sie »Beweger außer ihrer selbst«[12] hatte. Sie verbanden Katholizismus und Jugendbewegung und identifizierten sich mit beidem. Fasst man den Begriff der Jugendbewegung also eng, wird eine konfessionelle Jugend nicht zur »echten und eigentlichen Jugendbewegung«[13] gezählt. Sie waren den eigentlichen Bünden aber so ähnlich, dass in der Praxis große Unterschiede nicht weiter auffielen. Gegenstand dieser Untersuchung sind explizit katholische Bünde und Verbände, die zur Jugendbewegung gerechnet werden können, nicht die katholische Jugend im Allgemeinen, wozu beispielsweise auch die Pfarrjugend zählen würde.

In den Anfängen der katholischen Jugendbewegung standen vor allem die ersten Gruppen des »Quickborn«.[14] Trotz der Bedeutung von Glaube und Liturgie zählt der »Quickborn« zur Jugendbewegung, da er ohne kirchliche Statuten oder einen bischöflichen Präses entstanden und keine kirchenamtliche Gründung war.[15]

9 Ebd.
10 Walter Laqueur: Die deutsche Jugendbewegung. Eine historische Studie, Köln 1962, S. 190.
11 Paul Hastenteufel: Selbstand und Widerstand. Wege und Umwege personaler Jugendseelsorge im 20. Jahrhundert, Freiburg im Breisgau 1967, S. 11.
12 Ebd., S. 18.
13 Franz Henrich: Die Bünde katholischer Jugendbewegung. Ihre Bedeutung für die liturgische und eucharistische Erneuerung, München 1968, S. 15.
14 Ebd., S. 24.
15 Johannes Binkowski: Jugend als Wegbereiter. Der Quickborn von 1909 bis 1945, Stuttgart 1981, S. 59; Henrich: Bünde (Anm. 13), S. 105.

Abb. 1: Neudeutschland-Zeltlager in Oranienstein im Jahr 1933 (Foto: NS-Dokumentationszentrum der Stadt Köln, N 2463,6)

Man bekannte sich in den Bünden klar zur Kirche, nannte sich aber auch Jugendbewegung und drückte damit die Vereinbarkeit von beidem aus, was teilweise zu Anfeindungen aus dem katholischen Umfeld führte.[16]

Dagegen wurde »Neu-Deutschland, Verband katholischer Schüler höherer Lehranstalten« am 31. Juli 1919 vom Erzbischof von Köln, Kardinal Felix von Hartmann, gegründet.[17] Schnell sprach man von einer Jugendbewegung in einem besonderen neudeutschen Stil, der das Religiöse betone.[18] »Neudeutschland«, auch ND genannt, wird wegen seiner Gründungsgeschichte meistens, aber nicht immer, der katholischen Jugendbewegung zugerechnet,[19] weist aber viele jugendbewegte Elemente auf und war von der Bewegung mit am stärksten beeinflusst (Abb. 1–2).[20]

16 Binkowski: Jugend (Anm. 15), S. 59; Henrich: Bünde (Anm. 13), S. 105f., 268.
17 Henrich: Bünde (Anm. 13), S. 154.
18 Ebd., S. 156f.
19 Hastenteufel stellt den Bund als Teil der Jugendbewegung in Frage, Hastenteufel: Selbstand (Anm. 11), S. 37, Henrich führt ihn unter den katholischen Bünden auf, trennt ihn aber auch von »Quickborn«, der uneingeschränkt jugendbewegt war, Henrich: Bünde (Anm. 13).
20 Barbara Schellenberger: Katholische Jugend und Drittes Reich. Eine Geschichte des Katholischen Jungmännerverbandes 1933–1939 unter besonderer Berücksichtigung der ehemaligen

Abb. 2: Neudeutschland-Fähnlein im Hof der Neuerburg, circa Anfang der 1930er Jahre, unter der Leitung von Claus Courage (Foto: NS-Dokumentationszentrum der Stadt Köln, N 2463,51)

Unter Vorbehalt soll auch der »Katholische Jungmännerverband« (KJMV) Erwähnung finden, bei dem es sich um einen Zusammenschluss von 600 Vereinen handelte. Zwar hatte er nicht viel mit der eigentlichen Jugendbewegung zu tun, jedoch entwickelten sich intern jugendbewegte Zweige. Aus Wandergruppen innerhalb des KJMV bildete sich im Jahr 1929 die »Sturmschar des Katholischen Jungmännerverbandes« (Abb. 3–7). Der »Jungmännerverband« stellte gemeinsam mit der »Sturmschar« für Gerold Schmitz den Kern der »in die Kirche eingebundenen Jugendbewegung«[21] dar. Ende der 1920er Jahre fand auch der Pfadfindergedanke Einzug in den »Jungmännerverband« und im Juni 1931 wurde die »Deutsche Pfadfinderschaft St. Georg« (DPSG) schließlich nach einer Bewährungsphase in den Verband aufgenommen.[22]

Rheinprovinz, Mainz 1975, S. 8.

21 Gerold Schmitz: Die Katholische Jugendbewegung. Von den Anfängen bis zu den Neuaufbrüchen, Stein am Rhein 1997, S. 31.

22 Karl Seidelmann: Die Pfadfinder in der deutschen Jugendgeschichte. Teil 1 – Darstellung, Hannover 1977, S. 122.

Abb. 3: Titelseite des Albums »Wir bauen am Reich«, zusammengestellt von »Gauführer« Gustav Nischalke, Köln, aus Anlass des 1. Reichstreffen der Sturmschar des Katholischen Jungmännerverbandes in Koblenz im Mai 1932; Bildmotiv: Bamberger Reiter (Foto: AEK, Bildsammlung, Fotoalben 8)

Abb. 4: »Die Bannerstraße mit Bannern der Gruppen und Bezirke«, Aufnahme aus dem Album »Wir bauen am Reich« aus Anlass des 1. Reichstreffen der Sturmschar des KJM in Koblenz im Mai 1932 (Foto: AEK, Bildsammlung, Fotoalben 8)

In den katholischen Jugendbünden gab es also Unterschiede im Ausmaß der Bindung an die Kirche. Während die »Sturmschar« und die DPSG innerhalb des KJMV entstanden, gründeten sich der »Quickborn« und auch andere kleinere Bünde ohne direkte Anlehnung an die Kirche. Der »Bund Neudeutschland« bildete sich zwar nicht im KJMV, wurde aber von einem Kardinal gegründet, mithin »von oben«.[23] Gemein hatten die katholischen Bünden die geistige Grundhaltung, auch wenn »Quickborn« und andere in der Organisation selbstständig waren.[24]

Trotz ihres Entstehungshintergrundes und der Konfessionszugehörigkeit besteht in der Forschung dahingehend Einigkeit, dass sich die katholischen Bünde im Wesentlichen nicht von der ursprünglichen bündischen Jugendbewegung unterschieden.[25] Ab 1933 war es wichtig, ob und in welchem Ausmaß

23 Henrich: Bünde (Anm. 13), S. 15.
24 Schmitz: Jugendbewegung (Anm. 21), S. 31.
25 Schellenberger: Jugend (Anm. 20), S. 2; Henrich: Bünde (Anm. 13), S. 15.

Abb. 5: »Die Grauhemden bringen das Allerheiligste zur Festung [Ehrenbreitstein]«, Aufnahme aus dem Album »Wir bauen am Reich« aus Anlass des 1. Reichstreffen der Sturmschar des KJM in Koblenz im Mai 1932 (Foto: AEK, Bildsammlung, Fotoalben 8)

die Nationalsozialisten einen Unterschied zwischen konfessionellen Bünden und rein bündischen Gruppen machten und welche Auswirkungen das auf die Verfolgung hatte.

2. Die Bündische Jugend in Köln und Umgebung 1933–1945

Jugendliche, die »bündischen Umtrieben« nachgingen, wurden scharf verfolgt. Die Assoziationen der Nationalsozialisten mit Bündischer Jugend könnten von der wahren Bedeutung jedoch kaum weiter entfernt sein: Alfons Kenkmann spricht sogar von einem »Konstrukt des ›bündischen‹ Jugendlichen«.[26] In den Versuchen der Polizei, die Bündische Jugend zu definieren, berief man sich nicht auf die Ursprünge, den Wandervogel und die Pfadfinder. Es ging vielmehr um alle Gruppen, »die der Hitler-Jugend den Erziehungsauftrag streitig

26 Alfons Kenkmann: Wilde Jugend. Lebenswelt großstädtischer Jugendlicher zwischen Weltwirtschaftskrise, Nationalsozialismus und Währungsreform, Essen 1996, S. 153.

Abb. 6: Lagerfeuerschwur mit dem Vermerk »Wir wollen«, Postkarte aus dem Album »Wir bauen am Reich« aus Anlass des 1. Reichstreffen der Sturmschar des KJM in Koblenz im Mai 1932 (Foto: AEK, Bildsammlung, Fotoalben 8)

Abb. 7: »Das erste Reichsthing. Generalpräses [Ludwig Wolker] spricht«, Aufnahme aus dem Album »Wir bauen am Reich« aus Anlass des 1. Reichstreffen der Sturmschar des KJM in Koblenz im Mai 1932 (Foto: AEK, Bildsammlung, Fotoalben 8)

machen könnten«,[27] wozu schon eine gemeinsame Wanderfahrt ausreichte.[28] Es war demnach relativ einfach, als Jugendlicher von den Nationalsozialisten zur Bündischen Jugend gerechnet zu werden, wenn man sich nur am Wochenende auf Fahrt begab, wie es eben auch die Kölner »Navajos« und die »Edelweißpiraten« teilweise taten. Mit sonstigen Inhalten der traditionellen Bündischen Jugend musste man nicht viel zu tun haben. Im Folgenden geht es um die Bündische Jugend im »Dritten Reich«, die auch vor 1933 Teil der Jugendbewegung war oder sich tatsächlich auf deren Traditionen berufen kann, und ihr Pendant aus der katholischen Jugendbewegung.

27 LAV NRW, Abt. Rheinland, RW 58 Nr. 6187, p. 256, zitiert nach Kenkmann: Jugend (Anm. 26), S. 153.
28 LAV NRW, Abt. Rheinland, RW 58 Nr.10740, p. 171, zitiert nach Kenkmann: Jugend (Anm. 26), S. 153.

a) Die unabhängige Bündische Jugend

Die traditionelle Bündische Jugend hatte mit dem Nationalsozialismus durchaus gemeinsame Vorstellungen. Rüdiger Ahrens nimmt sogar einen direkten Vergleich von Bündischer Jugend und NSDAP vor und kommt zu dem Schluss, dass inhaltliche Positionen und Feindbilder sich grundsätzlich ähnelten, die Strategie aber unterschiedlich war. Die Bünde setzten nicht auf die Masse, sondern strebten eine Elitebildung an und fühlten sich dem Nationalsozialismus überlegen.[29] Inhaltlich fanden sich aber sowohl in der Hitlerjugend als auch in der Bündischen Jugend deutsch-völkische Überzeugungen, Rassevorstellungen, eine ähnliche Vorstellung vom Verhältnis von Führer und Gefolgschaft und der Aufopferungswille für das Volk.[30]

Bereits 1933 begannen die Bünde und deren Mitglieder Stellung zu beziehen, um sich mit den neuen Machthabern zu arrangieren. Die meisten bündischen Führer reihten sich in das System des neuen Staates ein.[31] Andere Bünde setzten auf Zusammenarbeit und betrachteten ihr eigenes Wirken aufgrund der angestrebten Elitenentwicklung als notwendig für das gemeinsame »nationale Lager«, für die nationalsozialistische Strategie waren sie jedoch überflüssig.[32] Erst der allumfassende Anspruch der NS-Staatsjugend und das Erstaunen darüber, dass sie nicht als natürliche Verbündete wahrgenommen wurden, trieb einzelne bündische Mitglieder in die Opposition.[33] Dies konnte auch schleichend aus dem Versuch heraus geschehen, für sich und seine Freunde Spielraum zu erhalten.[34] Quantitativ handelte es sich bei den verfolgten Bündischen um die Minderheit innerhalb der Bündischen Jugend, die vor 1933 bestand.[35] 1936 wurde die Bündische Jugend endgültig verboten.[36]

Regional betrachtet, finden sich bündische Gruppen, die nach 1933 bewusst zu Gegnern der HJ und damit des NS-Staats wurden, im gesamten Reichsgebiet. Ein regionaler Schwerpunkt lag jedoch in Westdeutschland, insbesondere im Oberbergischen und den Städten Köln, Oberhausen, Düsseldorf und Wuppertal.[37] In der Literatur zur Bündischen Jugend im »Dritten Reich« werden vor

29 Ahrens: Bündische Jugend (Anm. 2), S. 303.
30 Brandenburg: Geschichte der HJ (Anm. 7), S. 67.
31 Arno Klönne: Jugend im Dritten Reich. Die Hitler-Jugend und ihre Gegner, Köln 2014, S. 205.
32 Ahrens: Bündische Jugend (Anm. 2), S. 314 ff.
33 Ebd., S. 309.
34 Hellfeld: Bündische Jugend (Anm. 3), S. 160 f.
35 Ebd., S. 160.
36 Ebd., S. 76.
37 Ebd., S. 161.

allem die Stellungnahmen der Bundesführungen thematisiert und allgemeine Aussagen dazu getroffen, welches Verhalten von Bündischen dominierte oder überhaupt möglich war. In der folgenden Untersuchung werden Akten des Sondergerichts Köln aus den Beständen Gerichte Rep. 112 und Gerichte Rep. 0017 im Landesarchiv NRW herangezogen, die politische Vergehen behandeln und daher eine wichtige Quelle in der Geschichte der Verfolgung der unabhängigen Bündischen Jugend darstellen.[38] Zwei Vorfälle werden an dieser Stelle dokumentiert und genauer betrachtet; insgesamt werden die katholischen Bünde in 22 Fällen thematisiert, wobei der »Katholische Jungmännerverband« aus- und die »Sturmschar« eingeschlossen ist.

Zwei Akten, die dasselbe Verfahren behandeln, erwiesen sich in vielfacher Hinsicht als aufschlussreich.[39] Hauptangeklagter war der evangelische Theologiestudent Wolfgang Kinzel (Jahrgang 1916), der über den Kontakt zu einem gewissen Georg Seydel zur Jugendbewegung, der »dj.1.11«, fand. Um Seydel habe eine »bündische Jugendgruppe«[40] namens »Die verlorene Rotte«[41] bestanden, gegen die die Gestapo ermittelte. Leider ist nicht auf die eigentliche Gerichtsakte über Seydel zu schließen, da nur die Anklageschrift gegen ihn und weitere Angeklagte vom 9. April 1940 erhalten ist. Aus ihr geht hervor, dass Seydel bis 1933 dem »Bund Neudeutschland« angehörte.[42] Seine neue Gruppe bestand spätestens seit Herbst 1939, da er Kinzel zu diesem Zeitpunkt zum ersten Mal davon berichtete.[43] Seydel, mit dem Fahrtennamen »Pint«, wurde am 11. März 1940 in Marburg festgenommen und mit drei weiteren Personen wegen illegaler Betätigung und Kontakt zur »Jovy-Gruppe« um Michael Jovy, einem jugendbewegten Widerstandskämpfer, angeklagt.[44] Kinzel wiederum traf im Sommer 1939 in Bonn auf Seydel und gründete nach einigem Kontakt zu dessen Gruppe schließlich 1939 eine eigene Jugendgruppe, die er nach dem Gründungsdatum und in Anlehnung an die Jungenschaft »d.j.2.11« nannte und später in »rudel der grauwölfe«[45]

38 Hierbei handelt es sich um eine Auswahl. Vielversprechend für weitere Erkenntnisse sind auch der Bestand RW 58 im Landesarchiv NRW und speziell zum »Nerother Wandervogel« der Bestand 662,6 im Landeshauptarchiv Koblenz.

39 LAV NRW, Abt. Rheinland, Gerichte Rep. 112 Nr. 17910, 17911.

40 LAV NRW, Abt. Rheinland, Gerichte Rep. 112 Nr. 17910.

41 LAV NRW, Abt. Rheinland, Gerichte Rep. 112 Nr. 17911, p. 12r.

42 LAV NRW, Abt. Rheinland, Gerichte Rep. 112 Nr. 17910.

43 LAV NRW, Abt. Rheinland, Gerichte Rep. 112 Nr. 17911, p. 13r.

44 LAV NRW, Abt. Rheinland, Gerichte Rep. 112 Nr. 17910; Ansgar Sebastian Klein: Michael Jovy (1920–1984), Widerstandskämpfer, in: Portal Rheinische Geschichte, 21.5.2015, http://www.rheinische-geschichte.lvr.de/persoenlichkeiten/J/Seiten/MichaelJovy.aspx [Stand: 2.11.2017].

45 LAV NRW, Abt. Rheinland, Gerichte Rep. 112 Nr. 17911, p. 14v. Die Kleinschrift war charakteristisch für die »dj.1.11«. Kinzel verwendet sie in fast all seinen Briefen.

umbenannte.[46] Beide Gruppen beriefen sich auf die »dj.1.11«, ohne mit dieser in direkter Tradition gestanden zu haben.

Kinzel, genannt »Grauwolf«, hatte zunächst eine nach den Vorstellungen der nationalsozialistischen Machthaber vorbildliche Laufbahn eingeschlagen. Er trat 1933 der HJ bei und wurde schließlich über Umwege durch die SS und das Jungvolk »weltanschaulicher Schulungsleiter« im Jungbann. Den Grund für sein unfreiwilliges Ausscheiden aus dem Jungvolk vermutete er selbst darin, »daß er sich seit Weihnachten 1937 wieder zum Christentum bekannte, was sein Jungbannführer erfahren haben dürfte und deshalb eine weitere Zusammenarbeit mit ihm ablehnte«.[47] In Bonn begann Kinzel das Studium der evangelischen Theologie. Laut Aktenbericht soll er ebenfalls ausgesagt haben, dass auch seine Meinung zum Ausleseprinzip Grund für die Ablehnung durch die HJ gewesen sein könnte. Eine Aufnahme in den NSD-Studentenbund wurde ihm ebenfalls wegen seines Studiums verweigert.[48]

Das Ausmaß und die Dauer des Bestehens des »rudels der grauwölfe« waren überschaubar. Mitglieder waren seine beiden Brüder sowie zwei weitere Freunde, alle wohnhaft in Leverkusen.[49] Der Wirkungskreis der Gründung blieb auf Kinzels engstes Umfeld begrenzt, was auch dem kurzen Bestehen seiner Jugendgruppe geschuldet war. Am Winterlager der »Verlorenen Rotte« konnte die Gruppe nicht mehr teilnehmen, weil Kinzel im November 1939 nach einer Zeit in Reserve erneut zur Wehrmacht eingezogen wurde. Insgesamt wurden zwei Heimabende veranstaltet. Kinzel selbst nahm an den Abenden der »Verlorenen Rotte« teil. Vor seiner Abreise übertrug er seinem Bruder Ulrich die Führung und schrieb während seiner Abwesenheit vier Rundbriefe an seine Gruppe.[50]

Aus der Anklageschrift geht hervor, dass Kinzel geständig gewesen sei und ausgesagt habe, sich aus Groll illegal gegen die Hitlerjugend betätigt zu haben. Sein Ziel sei gewesen, die HJ von innen mit bündischen Elementen zu zersetzen. In der Akte bezieht man sich auf einen Brief, den Kinzel am 4. Dezember 1939 an Seydel schrieb. »Er hat dargelegt, daß er HJ. und DJ.-Angehörige an sich ziehen, sie mit den bündischen Ideologien beeinflussen und sie von denselben überzeugen wollte, damit die HJ.-Angehörigen diese Gedanken dann in die HJ. und ins DJ. tragen sollen«.[51] Er schrieb zudem ein Lied, das er Seydel

46 LAV NRW, Abt. Rheinland, Gerichte Rep. 112 Nr. 17911, p. 13v.
47 Ebd., p. 12v.
48 Ebd., p. 13r.
49 Ebd., p. 12r f.
50 Ebd., p. 13v f.
51 Ebd., p. 14r.

am 14. November 1939 übersandte.[52] Kinzel erläuterte dazu: »es könnte aus dem 30-jähr. krieg stammen, aber wenn du in der ersten strophe für ›kaiser‹: ›baldur‹ sagst und statt ›hei! sein heer‹ – ›streifendienst‹ ... dann hat das so seine beziehungen«.[53] Die Mitglieder des »rudels der grauwölfe« waren allesamt auch Mitglieder der HJ, was der Verfasser des Berichts als Beweis dafür sieht, dass Kinzel sein Vorhaben in die Tat umgesetzt habe.[54] Von Januar bis Februar 1939 hatte er sich zudem trotz Ausschluss »vorschriftswidrig als Jungführer im Deutschen Jungvolk, im Gebiet Köln-Aachen«[55] betätigt. Da die Mitglieder der Gruppe schon langjährig in der HJ oder im Jungvolk waren, scheint keine ursprüngliche Abneigung gegen die NS-Organisationen bestanden zu haben. Kinzel war selbst fester Bestandteil der NS-Jugendorganisationen. Er schien die HJ aber tatsächlich nicht nur »reformieren« zu wollen, sondern »zackige Kerls aus der Führerschaft der HJ [zu keilen]«, bis sie »›ganz im Leben der Horte stehen, ehe sie erfahren, dass es eine bündische Horte ist‹«.[56] Damit griff Kinzel die Staatsjugend und den Anspruch der NSDAP auf die gesamte Jugend an. Der Sinneswandel konnte nur auf Kinzels Unmut über den Ausschluss aus religiösen Gründen beruhen und stärker noch auf dem Einfluss Seydels, der ihm Alternativen aufzeigte. Dadurch scheint er begonnen zu haben, die nationalsozialistische Ideologie zu hinterfragen und sich dem Totalitätsanspruch der HJ zu widersetzen.

Mitte März 1940 durchsuchte man den Schrank Kinzels und fand ein Buch mit der Aufschrift »dj.2.11«, drei Hefte mit Namen und Anschriften und ein Buch mit selbstgeschriebenen Liedern. Am 5. April 1940 erging daraufhin Haftbefehl gegen Kinzel, der am selben Tag ins Gefängnis in Köln eingeliefert und am 3. Juni 1940 vom Sondergericht Köln zu zwei Monaten und zwei Wochen Haft verurteilt wurde. Die Strafe hatte er bereits durch die Untersuchungshaft abgesessen.[57] Die Verfahren gegen die anderen Mitglieder wurden aufgrund von Straffreiheitsgesetzen oder mangels Beweisen eingestellt.[58]

52 Die erste Strophe wurde abgedruckt: »reitet unser wilder haufe / durch das Land / zeichnet unsre spuren / mord und brand / hei! den kaiser wolln wir schlagen / hei! sein heer zum teufel jagen / was im weg uns steht, wird umgerannt / Kehrreim: / wir sind die verlorene Rotte / uns führt ein junger korporal / wir führen die lanze vom biegsamen Holz / und das schwert vom guten stahl / das schwert vom guten stahl«. Ebd., p. 14r.

53 Ebd., p. 14v.

54 Ebd., p. 14v.

55 Ebd., p. 13r.

56 LAV NRW, Abt. Rheinland, Gerichte Rep. 112 Nr. 17910.

57 LAV NRW, Abt. Rheinland, Gerichte Rep. 112 Nr. 17911, p. 16r f. Grundlage war die Verordnung des Reichspräsidenten zum Schutz von Volk und Staat vom 28. Februar 1933. Ebd., p. 11v.

58 Ebd., p. 26r f.

In der bündischen Betätigung von Kinzel kommen viele Faktoren zusammen. Er war evangelisch geprägt und wurde durch sein theologisches Studium schließlich zum Gegner nationalsozialistischer Jugendorganisationen. Er hatte Kontakt zu der bündischen Gruppe um Seydel, der seinen Hintergrund wiederum im konfessionellen ND hatte. In seiner Gründung sah er aber nicht nur die Möglichkeit bündischen Lebens, sondern er wollte die Hitlerjugend auch gezielt unterwandern. Diese Illusion einer »bündischen Umgestaltung«[59] vor allem im Jungvolk war vornehmlich in Jungenschaften verbreitet, die sich durch Lieder, Fahrten und die Gestaltung von Gruppenstunden in den NS-Jugendorganisationen ausbreiten wollten. Es gab einige derartige Versuche von »dj.1.11«-Mitgliedern, die jedoch keine dauerhafte Wirkung erzielen konnten.[60] Kinzel selbst hatte zwar keine jugendbündischen Hintergründe, reihte sich durch den Kontakt zu Seydel aber in die Tradition der Jugendbewegung ein.

Anlass für ein weiteres Verfahren gab ein verbotener »Nerotterbund« in Köln-Bickendorf,[61] womit nur der »Nerother Wandervogel« gemeint sein kann. Die hier beschriebene Gruppe soll im Sommer oder Herbst 1934 gegründet worden sein und bestand zum Zeitpunkt der Verhandlung im August 1935 somit ungefähr ein Jahr. Es handelte sich demnach nicht um eine traditionelle Gruppe des »Nerother Wandervogels«, der sich im Juni 1933 aufgelöst hatte.[62] In der Akte finden sich nur Andeutungen, die auf ihr Verhältnis zu dem ursprünglichen Bund hinweisen. Laut Bericht verstanden sich die Mitglieder als »freie bündische Vereinigung«.[63] Es wurden circa 18 bis 20 Mitglieder beiderlei Geschlechts gezählt. Wandern, Lagern und Zelten sei der Zweck der Gruppe, wobei jedoch keine Uniform getragen wurde. Nur die Führer trugen draußen schwarze Barette mit dem Zeichen des »Nerother Wandervogels«. Alle Mitglieder gehörten entweder der SA, der HJ oder dem BDM an.[64] Die Gruppe traf sich in einem Schuppen auf einem Grundstück in der Rochusstraße 37, für den 5 Reichsmark Miete gezahlt werden sollten. Der Raum war mit kleinen Hakenkreuzfähnchen versehen, die hängenden Bilder zeigten aber keinen NSDAP-Funktionär. Nach zwei Aussagen wurden auch Kampflieder gegen den Reichsjugendführer von Schirach gesungen.

Die Mitglieder der Gruppe waren zwischen Nationalsozialismus und Bündischer Jugend positioniert. Eine generelle Abneigung gegen die NSDAP scheint

59 Hellfeld: Bündische Jugend (Anm. 3), S. 101.
60 Ebd., S. 104.
61 LAV NRW, Abt. Rheinland, Gerichte Rep. 112 Nr. 9509, p. 6r. »Nerother« wird konsequent falsch geschrieben (»Nerotter«), was in dieser Arbeit korrigiert wird.
62 Hellfeld: Bündische Jugend (Anm. 3), S. 106.
63 LAV NRW, Abt. Rheinland, Gerichte Rep. 112 Nr. 9509, p. 6r.
64 LAV NRW, Abt. Rheinland, Gerichte Rep. 112 Nr. 9509, p. 50r.

nicht vorzuliegen, da alle Mitglieder auch in NS-Organisationen waren und Hakenkreuzfähnchen im Gruppenheim angebracht waren. Allerdings war das Verbot der Bündischen Jugend bekannt und gesungene Lieder richteten sich gegen die offizielle Jugendpolitik. Der Verfasser des Berichts geht davon aus, dass es sich um ein Wiederaufleben der »Wandervogelgruppen«[65] handelte. Auch wird ein Ereignis vom 3. August 1935 erwähnt, bei dem 200 Jugendliche bei Losenau »auf einen Führer namens Ölbermann vereidigt«[66] wurden, bei dem es sich um einen Mitbegründer des »Nerother Wandervogels« handelte. Zwei Baretttragende Personen der angeklagten Gruppe waren wahrscheinlich anwesend. Die Vereidigung auf den Bundesführer zeugt von einer großen Ernsthaftigkeit, mit der die Gruppe angetreten war. Trotzdem wurde das Verfahren am 24. Oktober 1935 in Köln eingestellt, da »Anhaltspunkte dafür, dass die Beschuldigten, die fast ausschliesslich der S.A., der H.J. und B.d.M. angehören [...], versucht haben, den Nerotherbund wieder aufleben zu lassen, [...] nicht vorhanden [sind]«.[67]

Die nationalsozialistische Gesinnung der Angeklagten überwiegt in der Beurteilung, zumal – wie gesagt – alle Mitglieder der Gruppe auch Teil von NS-Organisationen waren, teilweise in führenden Positionen. Unterwanderungsversuche gab es auch im »Nerother Wandervogel«, ebenfalls veranlasst durch die Bundesführung Oelbermann.[68] Die Hakenkreuzfähnchen im Gruppenraum könnten so auch als Tarnung fungiert haben. Es ist jedoch wahrscheinlicher, dass sie als Zeichen der Bejahung der NSDAP zu verstehen waren, da die Führer der Gruppe sich aktiv in NS-Organisationen beteiligten. Kampflieder gegen von Schirach lassen nur auf eine Ablehnung der Jugendpolitik der NSDAP schließen. Diese Einstellung ist mit der allgemeinen Positionierung der Bündischen Jugend dahingehend vereinbar, dass die NSDAP selbst Zustimmung erfuhr, solange die Bündische Jugend weiterbestehen konnte.[69]

Es lässt sich nach Betrachtung der Quellen festhalten, dass die Angeklagten in beiden Fällen dem Nationalsozialismus zunächst zusprachen und die NS-Jugendorganisation unterstützten, sich dann aber dem Totalitätsanspruch der Hitlerjugend widersetzten, indem sie sich parallel zu HJ organisierten.

65 Ebd., p. 6r.
66 Ebd., p. 6v.
67 Ebd., p. 50r.
68 Hellfeld: Bündische Jugend (Anm. 3), S. 106.
69 Ahrens: Bündische Jugend (Anm. 2), S. 309.

b) Die katholische Bündische Jugend

Die katholische Jugend erlebte die Machtübernahme der Nationalsozialisten in anderen Verhältnissen als die rein Bündische Jugend. Die hier betrachtete katholische Bündische Jugend machte innerhalb der gesamten katholischen Jugend jedoch nur einen geringen Anteil aus, sodass man allgemeine Aussagen über die katholische Jugend nicht ohne weiteres auf die katholische Jugendbewegung übertragen kann. Allgemein hegten katholische Verbände zunächst die Hoffnung, mit dem Staat kooperieren und ihre Jugendarbeit fortsetzen zu können.[70] Die Kirche war einerseits ein starker weltanschaulicher Gegner für den Nationalsozialismus, Ideen eines Großdeutschlands oder der Überwindung des Versailler Vertrags fanden sich andererseits aber auch in katholischem Gedankengut wieder.[71] Trotz vereinzelter Überlegungen in Richtung einer Eingliederung[72] gab es jedoch keine geschlossenen Übertritte in die Staatsjugend, wie es in der freien Jugendbewegung der Fall war. Wie bei einigen Bünden der freien Jugendbewegung hatte es für die katholische Bündische Jugend höchste Priorität, die Eigenständigkeit gegenüber den NS-Organisationen zu bewahren.

Nach ersten Problemen wurde Hoffnung in das Reichskonkordat vom 20. Juli 1933 gesetzt, welches das Verhältnis von katholischer Kirche und Staat vertraglich festhielt. Die katholischen Jugendverbände erhielten dadurch zunächst eine Sonderstellung, da ihre Eigenständigkeit bewahrt werden sollte.[73] Der Artikel 31 versprach: »Diejenigen katholischen Organisationen und Verbände, die ausschließlich religiösen, rein kulturellen und karitativen Zwecken dienen und als solche der kirchlichen Behörde unterstellt sind, werden in ihren Einrichtungen und in ihrer Tätigkeit geschützt«.[74] Das schloss einige Bünde aus, die der Kirche nicht unterstellt waren, wie die katholischen Bünde, die zwischen Jugendbewegung und Kirche standen und hier im Fokus der Betrachtung

70 Georg Pahlke: Trotz Verbot nicht tot, Paderborn 1995, S. 111.

71 Anette Mertens: Widerstand gegen das NS-Regime? Katholische Kirche und Katholiken im Rheinland 1933–1945, in: Portal Rheinische Geschichte, 30. 7. 2012, http://www.rheinische-geschichte.lvr.de/themen/Das%20Rheinland%20im%2020.%20Jahrhundert/Seiten/KatholischeKircheundKatholikenimRheinland1933 %E2 %88 %921945.aspx#29 [Stand: 09. 11. 2017]; Brandenburg: Geschichte der HJ (Anm. 7), S. 95.

72 Pahlke: Verbot (Anm. 70), S. 111.

73 Barbara Schellenberger: Katholischer Jugendwiderstand, in: Jürgen Schmädecke/Peter Steinbach (Hg.): Der Widerstand gegen den Nationalsozialismus. Die deutsche Gesellschaft und der Widerstand gegen Hitler, 3. Aufl., München/Zürich 1994 (Erstausgabe: München 1985), S. 314–326, hier S. 315.

74 Zitiert nach: Heinrich Roth: Katholische Jugend in der NS-Zeit unter besonderer Berücksichtigung des Katholischen Jungmännerverbandes. Daten und Dokumente. Zusammengestellt von Heinrich Roth, Düsseldorf/Oberhausen 1959, S. 68.

stehen. Die DPSG wurde als Pfadfinderverband im Juni 1933 mit dem Verbot des »Großdeutschen Bundes« auf bündischer Seite in Verbindung gebracht, was sie dazu veranlasste, ihre Zugehörigkeit zum KJMV zu betonen.[75] Allerdings wurde der Artikel ohnehin nie konkretisiert und die angeblich zu schützenden Verbände wurden nie festgelegt, was sich als fatales Defizit herausstellte.[76] Dem Konkordat wird teilweise eine positive Wirkung für die Verbände zugesprochen.[77] Die Maßnahmen zur Bekämpfung der konfessionellen Verbände wurden aber auch nach Vertragsabschluss nicht eingestellt. Wenige Tage nach Unterzeichnung des Konkordats wurde zusätzlich die Doppelmitgliedschaft in HJ und konfessionellen Vereinen verboten.[78] Im November 1933 folgte durch einen Erlass des Oberpräsidenten der Rheinprovinz das Verbot öffentlichen Auftretens katholischer Verbände, was im Vergleich zu anderen Regionen als früh zu gelten hat.[79]

Die bündischen katholischen Verbände reagierten auf andere Weise als die großen, an die Kirche gebundenen Verbände. Legten sie vorher keinen übermäßigen Wert auf die kirchliche Anerkennung, bot Artikel 31 nun rein theoretisch den erforderlichen Schutz. Dennoch entschieden sich einige Bünde dazu, sich aufzulösen, oder suchten Anschluss an die bündischen Teile des KJMV, der »Sturmschar« und der DPSG.[80] Eigenständig organisiert blieben vorerst nur der ND und die »Sturmschar« sowie die DPSG im KJMV. Die sich häufenden Verbote und Repressionen versuchte man zunächst auf verschiedene Weisen zu umgehen, was inzwischen zu einem ernstzunehmenden Risiko geworden war.[81] Beispiele dazu werden größtenteils aus dem KJMV angeführt, die sich meist auf die »Sturmschar« beziehen.

Ab der zweiten Hälfte des Jahres 1937 endete schließlich die Zeit der halblegalen Betätigung, da nach und nach alle katholischen Jugendorganisationen aufgelöst wurden, der KJMV in Köln am 1. Februar 1938.[82] Die letzten falschen Hoffnungen auf den Schutz des Konkordats waren beseitigt. Im Herbst 1937 unternahmen die »Sturmschar« und die DPSG einen letzten Versuch, ihren rein religiösen Charakter zu betonen und benannten sich um in »Gemeinschaft

75 Schellenberger: Jugend (Anm. 20), S. 126.
76 Pahlke: Verbot (Anm. 70), S. 111, 129.
77 Schellenberger: Jugendwiderstand (Anm. 73), S. 315.
78 Klönne: Jugend (Anm. 31), S. 173; Roth: Jugend (Anm. 74), S. 99.
79 Schellenberger: Jugendwiderstand (Anm. 73), S. 150; Franz-Josef Krehwinkel: Sturmschar unter dem NS-Regime, in: Bernd Börger/Hans Schroer (Hg.): Sie hielten stand. Sturmschar im Katholischen Jungmännerverband Deutschlands, Düsseldorf 1989, S. 95–123, hier S. 108.
80 Binkowski: Jugend (Anm. 15), S. 134; Pahlke: Verbot (Anm. 70), S. 135.
81 Pahlke: Verbot (Anm. 70), S. 167, 170, 175.
82 Schellenberger: Jugend (Anm. 20), S. 170.

St. Michael« und in »Gemeinschaft St. Georg«.[83] Einem Verbot konnten sie damit nicht entgehen. Das Verbot des »Bunds Neudeutschland« erfolgte 1939.[84]

Seit 1935 waren alle nichtreligiösen Veranstaltungen illegal. Hierzu zählten zum Beispiel Fahrten oder gemeinschaftliche Wanderungen. Seit 1938 beziehungsweise 1939 war dann auch jegliche andere Betätigung von katholischen Jugendgruppen untersagt. Dies hielt jedoch viele Gruppen nicht davon ab, in den folgenden Jahren dennoch auf Fahrt zu gehen und Heimabende durchzuführen. Sie wurden in Folge häufig wegen der Pflege »bündischen Brauchtums« angeklagt, erwartungsgemäß vor allem die stärker jugendbewegten Gruppen.[85]

Die Aktenlage bezüglich der katholischen Bündischen Jugend ist breiter als die der rein Bündischen. Einschränkend muss festgestellt werden, dass der »Katholische Jungmännerverband« von den gesichteten Akten den größten Anteil ausmacht. Behandelt werden hier aber nur die »Sturmschar« und die »Deutsche Pfadfinderschaft St. Georg«, die Teil des »Jungmännerverbandes« waren und als die jugendbewegten Teile des KJMV gelten. Zudem gab auch der »Bund Neudeutschland« Grund für Anklagen. Bünde der am meisten bündisch geprägten katholischen Jugendbewegung, wie der »Quickborn«, die »Großdeutsche Jugend« oder die »Normannsteiner«, kommen in den untersuchten Beständen für Köln nicht vor. Schon 1933 gab es den »Quickborn« und die »Normannsteiner« in ihrer alten Form nicht mehr, da sie sich zusammengeschlossen hatten und sich bald darauf in den KJMV eingliederten.[86] Inwieweit sie schließlich im KJMV wirkten, ist nicht nachzuvollziehen. Überlieferte Prozesse, die vor dem Sondergericht Köln durchgeführt wurden, sollen vorgestellt und in das Spektrum des jugendbewegten katholischen Verhaltens eingeordnet werden.

Drei Vorfälle betreffen den »Bund Neudeutschland«. Im Frühjahr 1937 wurden fünf Jungen, alle Mitglieder des ND, angeklagt, »als Angehörige eines kath. Jugendverbandes gemeinschaftliche Wanderungen unternommen zu haben«.[87] Eine feste Organisation der Jugendgruppe konnte aber nicht nachgewiesen werden, sodass das Verfahren eingestellt wurde.[88] Es ist wahrscheinlich, dass sich die Gruppe durchaus aufgrund ihrer Mitgliedschaft im ND traf. Ob sie sich im Rahmen des ND verabredeten, kann man der Quellenlage nach nicht nachvollziehen, jedoch ist eine Wirkung des Bundes auf die Jungen durch die

83 Pahlke: Verbot (Anm. 70), S. 225.
84 Schellenberger: Jugend (Anm. 20), S. 174.
85 Pahlke: Verbot (Anm. 70), S. 214f.
86 Ebd., S. 134f.
87 LAV NRW, Abt. Rheinland, Gerichte Rep. 112 Nr. 10652, p. 20r.
88 Ebd.

Konstellation der Gruppe und durch das Wandern selbst auszumachen, welches wichtiger Bestandteil des jugendbündischen Lebens war.

Eine andere Art von Ausflug unternahm im Mai 1937 eine größere Gruppe des ND. Zwei Lastkraftwagen mit größtenteils jugendlichen Mitgliedern fuhren von Köln nach Neuerburg in die Eifel, wo vom 14. bis zum 18. Mai eine religiöse Tagung stattfinden sollte. Der Kaplan Josef Falke (Jahrgang 1910) war der Leiter der Fahrt und daher auch der Hauptangeklagte, an dem besonderes Interesse bestand.[89] Der Kaplan gab an, dass es sich um eine rein religiöse Veranstaltung gehandelt habe. Der vorliegende Fall ist ein Beispiel dafür, wie man die Einschränkung des NDs als Jugendbewegung durch religiöse Veranstaltungen umgehen wollte. Auch die Beförderung von konfessionellen Gruppen in Lastkraftwagen fiel unter das Verbot der konfessionellen Jugendverbände vom 23. Juli, nach dem Verbände nicht mehr geschlossen auftreten durften.[90] Teilnehmer sollen einem Zollbeamten erklärt haben, »sie seien Mitglieder eines katholischen Jugendbundes, dürften dies aber niemandem sagen, da das öffentliche Auftreten dieser Verbände verboten sei«.[91] Sollte diese Aussage tatsächlich getroffen worden sein, spräche sie für ein bewusstes Vergehen gegen das bekannte Verbot. Andernfalls war es durchaus möglich, dass die Fahrt als erlaubt angesehen wurde, da die Gruppe nicht demonstrativ und öffentlich auftrat. Inwiefern die Tagung rein religiöser Art gewesen wäre, ist nicht nachzuweisen. Allerdings war die in der Eifel gelegene Burg Neuerburg seit 1926 im Besitz des NDs, also ein Zentrum des Bundes, in dem neben religiöser Betreuung vermutlich auch bündisches Leben gelebt wurde. Das Verfahren wurde aufgrund eines Straffreiheitsgesetzes eingestellt.[92]

Zuletzt wurden im Juli 1937 drei Jungen (Jahrgänge 1919 und 1920) angeklagt, da sie bei einer Prozession die verbotene Uniform und die Fahne des »Bundes Neudeutschlands« trugen. Anlass für den durchgeführten Umzug in der Kölner Altstadt war die Einführung eines neuen Priesters. Das Tragen der Uniform drückte ihre Zugehörigkeit zu dem Jugendbund aus, die Veranstaltung war aber rein kirchlicher Art und wurde von der katholischen Kirche durchgeführt. Die Jungen wurden lediglich verwarnt,[93] demonstrierten aber im kirchlichen Rahmen ihre Bundeszugehörigkeit.

Diese den »Bund Neudeutschland« betreffenden Vorfälle geschahen im Jahr 1937. Man kann daher sicher sein, dass das Gesetz von 1935 ausreichend bekannt war. Die Wanderung 1937 zeugt von fortgeführtem freundschaftlichem

89 LAV NRW, Abt. Rheinland, Gerichte Rep. 112 Nr. 10922, p. 30r.
90 Schellenberger: Jugendwiderstand (Anm. 73), S. 322; Roth: Jugend (Anm. 74), S. 120.
91 LAV NRW, Abt. Rheinland, Gerichte Rep. 112 Nr. 10922, p. 31r.
92 Ebd.
93 LAV NRW, Abt. Rheinland, Gerichte Rep. 112 Nr. 11177.

Zusammenhalt, der durch den Bund entstand. Über das Ziel der Aufrechterhaltung einer Organisation kann man keine Aussagen treffen, lediglich über das Bewusstsein eines Risikos, gemeinsam zu wandern. Die beiden anderen Vorfälle geschahen in Verbindung mit erwachsenen Geistlichen. Dies liegt hauptsächlich an der Struktur des NDs, die Kirchenamtsträger als Leiter vorsah.[94] Die Teilnahme an der Prozession kann nicht als jugendbündische Aktivität bezeichnet werden, hier verstießen die Jungen gegen das Tragen von Abzeichen im kirchlichen Rahmen. Im dritten Falle ist die Fahrt selbst zunächst nicht als Aktivität der katholischen Jugendbewegung zu bezeichnen. Das Programm auf der Burg Neuerburg ist unbekannt, es ist jedoch unwahrscheinlich, dass auf einer bundeseigenen Burg nur religiösen und seelsorgerischen Aktivitäten nachgegangen wurde. Sicher ist, dass man hier die Organisation des NDs weiterführen wollte, und zwar unter dem Deckmantel einer rein religiösen Veranstaltung.

Es fällt auf, dass die untersuchten Vorfälle mit Neudeutschen allesamt 1937 stattfanden. Im gleichen Jahr gab Papst Pius XI. Mitte März die Enzyklika »Mit brennender Sorge« heraus, die am 21. März 1937 von den deutschen Pfarrern verlesen wurde. Darin wurden die Verstöße gegen das Konkordat angeprangert und Glaubensgrundsätze betont, die gleichzeitig die nationalsozialistische Weltanschauung verurteilten.[95] Das Regime reagierte darauf mit verschärften Maßnahmen. Ein Zusammenhang zwischen der staatlichen Repression und vermehrten Anklagen im Bereich der katholischen Jugendaktivitäten ist somit naheliegend.

Drei durch die DPSG im Kölner Raum verursachte Vorfälle betreffen Jugendliche, die teilweise mit erwachsenen Gruppenführern unterwegs waren und wegen gemeinsamer Wanderungen und einheitlicher Kleidung angeklagt wurden. Die Unternehmungen fanden vor dem allgemeinen Verbot der konfessionellen Jugend von 1935 statt, sofern es ihre nichtreligiösen Handlungen betrifft. Durch einzelne Verordnungen, die in den Akten erwähnt werden, kam das Uniformverbot dennoch bereits zur Sprache. Während die Verfolger Interesse an den kirchlichen Verantwortlichen zeigen, gingen die Jugendlichen selbst vor allem Pfadfinderaktivitäten nach und betonten ihre Zugehörigkeit zum KJMV nicht auffallend. So wurde beispielsweise im Februar 1934 eine Gruppe von elf Jungen aus Köln angehalten, die »in geschlossener Ordnung und in einheitlicher Kluft des Katholischen Jungmännerverband Deutschlands

94 Henrich: Bünde (Anm. 13), S. 156f.

95 Ulrich von Hehl: Katholische Kirche und Nationalsozialismus im Erzbistum Köln 1933–1945, Mainz 1977, S. 156.

Deutsche Pfadfinderschaft ›St. Georg‹, Untergruppe Kath. Jungmännerverein ›Herz Jesu‹, Köln-Mülheim […] marschierten«.[96] In der Anklageschrift wird die DPSG deutlich dem »Jungmännerverband« untergeordnet und demnach vorrangig als christlicher Verband und weniger als Pfadfinderorganisation angesehen. In der Vernehmung von Teilnehmern wird der Kaplan Webers als Präses des KJMV genannt.[97] Der Sippenführer Josef Drux (Jahrgang 1917) sagt aus, dass die Fahrt einen Tag zuvor auf der Führerbesprechung des KJMV der Pfarre Herz Jesu unter dem Vorsitz des Präses angesetzt worden sei. Webers nahm an derartigen Fahrten aber nicht teil. In der Vernehmung scheint ein besonderes Interesse an dem Präses bestanden zu haben, dessen Bedeutung für den Ausflug und in der DPSG als Untergruppe jedoch gering war. Die Umsetzung des Ausflugs lag beim Stammes- und Sippenführer. Die Gruppe bezog sich in ihrem Habitus und ihren Aussagen wenig auf die Kirche und gar nicht auf Religiosität. Zu Verurteilungen kam es nicht. In den Jahren 1934 und 1935 nahmen einzelne Verbote und Erlasse gegen die Verbände immer weiter zu,[98] wurden aber teilweise noch umsichtig durchgesetzt. Erst im Laufe der Zeit wurden die Verbote konkreter, bis im Juli 1935 bisher regionale Maßnahmen in einer Polizeiverordnung zusammengefasst wurden.[99]

Im Jahre 1937 wurde die Gestapo auf einen Singkreis in Köln aufmerksam, der sich aus etwa zwölf Personen zusammensetzte. Die Mitglieder trafen sich wöchentlich, sangen Fahrtenlieder und unternahmen sonntags auch Fahrten unter anderem in den Königsforst. Ein Angeklagter stellte im Juli 1937 ein Liederbuch her, das er an die Mitglieder verteilte. Die Mitglieder wurden angeklagt, gegen das Verbot der Bündischen Jugend vom 8. Februar 1936 verstoßen und sich im bündischen Sinne betätigt zu haben.[100] Fast alle Beschuldigten haben einen katholisch-bündischen Hintergrund in der DPSG.[101] Dennoch wird der Singkreis nicht als konfessioneller Verband angesehen, sondern als bündischer. Der Singkreis war in keiner Weise an die Kirche angelehnt und auch der Zweck war nichtreligiöser Art. Das Gericht sah die Gruppe ebenfalls nicht als konfessionelle Vereinigung an, sondern als bündische und verfolgte sie in diesem Sinne. Der Singkreis muss bald nach oder direkt bei seiner Gründung illegal gewesen sein, auch wenn er nur über ein geringes Maß an Organisation verfügte, »da nicht nur die bis dahin noch

96 LAV NRW, Abt. Rheinland, Gerichte Rep. 112 Nr. 547, p. 1v.
97 LAV NRW, Abt. Rheinland, Gerichte Rep. 112 Nr. 547, p. 2r.
98 Pahlke: Verbot (Anm. 70), S. 164.
99 Ebd., S. 165f.
100 LAV NRW, Abt. Rheinland, Gerichte Rep. 0017 Nr. 383, p. 90r–92r.
101 Ebd., p. 92r–95r.

bestehenden bündischen Gruppen aufgelöst, sondern auch die Fortsetzung bündischer Gruppen und Vereine und jedwede Betätigung im bündischen Sinne verboten worden [sind]«.[102]

Die Angeklagten wurden trotz allem freigesprochen. Die Gruppe könne nicht als eine Fortsetzung oder Neugründung bündischer Gruppen oder als bewusste Betätigung im bündischen Sinne gewertet werden. Verdachtsmomente blieben jedoch, da »die Angeklagten in der Regel den deutschen Gruß nicht gebrauchten, hin und wieder Lieder aus dem bündischen Liedgut sangen und zum größten Teil ehemalige Pfadfinder sind«.[103] Der Tenor in Anklageschrift und Urteilsbegründung geht weit auseinander. Spricht man zuerst von der Pflege des Brauchtums wie dem Singen bündischer Lieder, was die Angeklagten auch zugeben, wird das Fehlen desselben später aufgeführt, um die Angeklagten freizusprechen.[104] Der Freispruch ist daher nicht ganz schlüssig. Scheinbar stellte die Gruppe keine Konkurrenz zur Staatsjugend dar, was an der mangelnden Organisation liegen kann. Zudem sei entlastend, dass es keine Verbindungen zu anderen Bünden gebe, vor allem nicht zu den »Navajos«.[105] Die »Navajos«, die eigentlich ohne bündische Tradition zu den wilden Cliquen gehörten,[106] stellten für die Beamten hier die wahre bündische Gefahr dar. Weder konfessionelle noch bündische Hintergründe spielten eine Rolle, obwohl beides in der Mischgruppe vorhanden war.

Den weitaus größten Anteil der eingesehenen Vorfälle mit katholischer Bündischer Jugend macht mit elf Fällen die »Sturmschar« aus. Zwischen 1934 und 1936 wurde in sieben Angelegenheiten das verbotene Tragen der Uniformen oder Abzeichen bei »Sturmschärlern« beanstandet.[107] Die Verfahren wegen des Tragens von Uniformen wurden in der Regel eingestellt und drehten sich meist um die Definition von Uniform und darum, ob einzelne Teile bereits unter das Verbot fielen.[108] Nach den ersten Verboten wurden die Verfolgung intensiver und die Repressionen härter.[109] Im Falle einer Sturmschargruppe aus Köln-Dellbrück, die im November 1936 eine Wanderung unternahm, kam es wegen des Tragens einer Kluft zu einer Verurteilung von 150 Reichsmark Strafe oder

102 Ebd., p. 96r, 97r.
103 Ebd.
104 Ebd., p. 63v, 97r.
105 Ebd., p. 97r.
106 Klönne: Jugend (Anm. 31), S. 238, 241.
107 LAV NRW, Abt. Rheinland, Gerichte Rep. 112 Nr. 5149, 5267, 798, 15968, 6163, 16124, 16228.
108 LAV NRW, Abt. Rheinland, Gerichte Rep. 112 Nr. 16124; LAV NRW, Abt. Rheinland, Gerichte Rep. 112 Nr. 798, p. 10r; LAV NRW, Abt. Rheinland, Gerichte Rep. 112 Nr. 15968, p. 3v–8v; LAV NRW, Abt. Rheinland, Gerichte Rep. 112 Nr. 6163, p. 16r.
109 Pahlke: Verbot (Anm. 70), S. 199.

30 Tagen Gefängnis.[110] Das Vergehen war nicht gravierender als in den anderen erwähnten Fällen. Nur ein Beteiligter trug die Bundestracht und nur das Wandern stellte eine nichtreligiöse Aktivität dar, wenn auch religiöse Zwecke des Ausflugs gar nicht genannt wurden. Dennoch kam es zur Verurteilung, was mit Blick auf die zeitliche Entwicklung stimmig ist.

Nicht nur das Marschieren oder Tragen bestimmter Kleidung sorgte für Verhandlungen, auch das allgemeine Fortführen der organisierten »Sturmschar« über religiöse Handlungen hinaus wurde verfolgt. In drei vorliegenden Fällen wird die Schnittstelle der Sturmschar zwischen konfessioneller Jugend und Bündischer Jugend deutlich. So wurde die Gestapo Ende 1937 darauf aufmerksam, dass in Spich eine Gruppe »schon seit 1933 eine illegale Tätigkeit entfaltet und darüberhinaus [sic] im Pfarrhaus ein eingerichtetes Heim besteht, wo selbst an den Wänden Bilder bündischer Art aufgemalt sind«.[111] Als Führer der Gruppe wurde der Kaplan Johannes Mandelartz (Jahrgang 1911) benannt, der seit März 1937 der Gruppe vorstand.[112] Es fanden wöchentlich Heimabende im Keller des Pfarrhauses statt. Aus mehreren Aussagen wird deutlich, dass manchmal Kriegsspiele veranstaltet wurden, bei denen zwei Parteien um die Eroberung einer Fahne kämpften. Einige sprechen auch von durchgeführten Fahrten, die aber nur vereinzelt vorkamen.[113] Ein Junge erklärte, dass zwei oder drei Jungen schon mal gemeinsam auf Fahrt gehen würden, der Kaplan gab hingegen an, von Fahrten nichts zu wissen.[114] Auch der Beamte fasste zusammen, »dass in kleineren Gruppen von 2 oder 3 Jungens noch nach dem Verbot Fahrten unternommen wurden«,[115] deren Namen aber nicht ausgemacht werden konnten.

Die Aussagen über den religiösen Anteil bei den Heimabenden gehen auseinander. Einige Jungen sagten aus, man habe wenig über religiöse Themen gesprochen, andere betonten vor allem die religiösen Dinge, wie das Lesen aus religiösen Büchern oder der Bibel.[116] So kam die Gestapo am 6. Dezember 1938 zu dem Schluss: »Durch die Aussagen der Angehörigen der Pfarrjugend Spich ist erwiesen, dass bei den Heimabenden Fahrtenlieder gesungen, Fahrtengeschichten erzählt und vorgelesen und ausserdem Gesellschaftsspiele getrieben wurden. Von einzelnen Jungens wird zugegeben, dass der geringste Teil des Abends auf religiöse Zwecke verwandt wurde«.[117] Einige Jungen sagten aus,

110 LAV NRW, Abt. Rheinland, Gerichte Rep. 112 Nr. 16228 p. 1r.
111 LAV NRW, Abt. Rheinland, Gerichte Rep. 112 Nr. 12868, p. 2r.
112 Ebd., p. 34r, 35r.
113 Ebd., p. 8r–35r.
114 Ebd., p. 12r, p. 35 r.
115 Ebd.
116 Ebd., p. 33r.
117 Ebd., p. 35v.

dass die Gruppe sich erst seit 1934 »Pfarrjugend« nannte und vorher »Sturmschar« beziehungsweise »Jungschar« hieß. Die Gestapo schlussfolgerte: »Aus den einzelnen Vernehmungen geht hervor, dass man sich nach der Umbenennung der konfessionellen Jugendvereine in die ›Pfarrjugend‹ über die Bezeichnungen in den Reihen der Mitglieder nicht mehr ganz klar war. Richtig ist wohl, dass sich an dem früheren Zustande nichts geändert hat, gleichviel ob eine Gruppe Sturmschar genannt wird oder, wie der Kaplan Mandelartz sie nennt, Jungmannschaft«.[118]

Den Aussagen nach trifft diese Feststellung vollkommen zu. Es wird deutlich, dass sich die »Pfarrjugend«, ehemals »Sturmschar« und »Jungschar«, nicht nur rein religiösen Dingen zuwandte. Das Lesen von weltlicher Literatur, das Spielen von Gesellschaftsspielen und vor allem Geländespielen gehen über die Bestimmungen des Reichskonkordats hinaus. Die Umbenennung in Pfarrjugend wird ein Versuch gewesen sein, sich als Jugendorganisation stärker an die Kirche zu binden und den Eindruck zu erwecken, die Aktivitäten seien auf religiöse, pfarrliche Arbeit beschränkt gewesen. Dieses Vorgehen war nicht unüblich, da man sich so unter den Schutz des Reichskonkordats stellen wollte, welches theoretisch rein religiöse Aktivitäten noch schützte.[119] Ein vermeintlicher Konkordatsschutz griff allerdings nicht, da durch das Verhör zu viele nichtreligiöse Aktivitäten festgestellt wurden. Einzig konnte die bündisch geprägte Gruppe offensichtlich noch bis mindestens 1937 bestehen, da sie als Teil des KJMV noch nicht einem Verbot zum Opfer gefallen war. In der Erzdiözese Köln wurde der KJMV mit allen Gliederungen Anfang des Jahres 1938 aufgelöst.[120] Auch wenn sie in ihrer Arbeit stark eingeschränkt wurden, wie die Anklage verdeutlicht, war die Gruppe selbst noch nicht illegal, nur Teile ihre Aktivitäten.

Der Beamte, der den Bericht verfasste, forderte eine strenge Bestrafung der Jugendlichen, da sich Verstöße gegen die Verordnung vom 23. Juli 1935 durch konfessionelle Jugendvereine häufen würden.[121] Das Verfahren wurde aber eingestellt und Straffreiheit gewährt, da eine höhere Strafe als sechs Monate nicht zu erwarten war.[122] Ähnlich wurde 1938 gegen eine ehemalige »Sturmschar« in Bonn ermittelt, denen eine Fortführung des KJMV jedoch auch nicht nachgewiesen werden konnte.[123]

118 Ebd., p. 51r.
119 Schellenberger: Jugendwiderstand (Anm. 73), S. 315.
120 Roth: Jugend (Anm. 74), S. 196.
121 LAV NRW, Abt. Rheinland, Gerichte Rep. 112 Nr. 12868, p. 36r.
122 Ebd., p. 5r.
123 LAV NRW, Abt. Rheinland, Gerichte Rep. 112 Nr. 11658.

Der Versuch, eine bündisch geprägte Gruppe als Messdiener zu tarnen, wurde schon im April 1934 dem Vikar Johannes Hilbert (Jahrgang 1899) aus Overath vorgeworfen, der einen Ausflug mit 23 Jugendlichen und Kindern, die bis auf drei Ausnahmen alle der »Sturm-« oder »Jungschar« angehörten, nach Altenberg zu einer Lichterprozession unternahm. Zwar wurde der Ausflug nach der ersten Verwarnung abgebrochen, doch schließt man in dem Bericht von Mai 1934: »Es dürfte kein Zweifel darüber bestehen, dass dieses Verbot durch die Bezeichnung ›Ausflug mit Messedienern‹ und das Marschieren in einzelnen Gruppen umgangen werden sollte«.[124] Geschlossenes Auftreten konnte nicht nachgewiesen werden und das Verfahren wurde eingestellt.[125] Der Versuch, als rein religiöse Gruppe zu agieren, erfolgte hier sehr früh. Erst 1937 nahmen »Sturmschar« und DPSG die Umbenennung vor, um als seelsorgerische Vereinigung zu gelten.[126]

Im letzten Fall wurde das Verfahren eingestellt. In den beiden weiteren Anklagen wurde letztlich Amnestie gewährt, da eine höhere Strafe als sechs Monate nicht zu erwarten war. Dies schließt eine Schuldzusprechung durch das Gericht jedoch nicht aus. Beide Gruppen zeugen von reger Aktivität, die noch kurz vor beziehungsweise nach dem Verbot des KJMV bestand. Das Engagement lag dabei größtenteils bei den jungen, aber erwachsenen geistlichen Führern, im kleineren Rahmen führten aber auch die Jugendlichen nichtreligiöse Tätigkeiten fort.

Schlussbetrachtung

Die meisten rein Bündischen schlossen sich freiwillig der HJ an oder lösten sich auf, sodass sie bald nach dem Machtwechsel über keine Organisation mehr verfügten. Die katholischen Bünde, die nicht der Kirche angegliedert waren, waren aufgrund eben dieser Tatsache theoretisch nicht im Reichskonkordat inbegriffen.[127] Wenn auch der Schutz des Konkordats nur scheinbar war, suchten doch katholische Bünde die Nähe zur Kirche, um den Schutz des Vertrags und den einer größeren Organisation zu genießen.[128] Damit waren die kleinen stark jugendbewegten katholischen Bünde aufgelöst – ebenso wie die unabhängigen Bünde – oder in der großen kirchlichen Organisation, dem KJMV, aufgegangen.

124 LAV NRW, Abt. Rheinland, Gerichte Rep. 112 Nr. 695, Teil 1, p. 1r.
125 LAV NRW, Abt. Rheinland, Gerichte Rep. 112 Nr. 695, Teil 2, p. 7r.
126 Pahlke: Verbot (Anm. 70), S. 225.
127 Roth: Jugend (Anm. 74), S. 68.
128 Pahlke: Verbot (Anm. 70), S. 134f.

Die meisten katholischen Bünde, die zunächst noch weiterbestehen konnten, waren im KJMV organisiert – wie die »Sturmschar« und die DPSG. Der ND blieb in seiner Organisation bis zum Verbot eigenständig. Der KJMV konnte in der Erzdiözese Köln bis Januar 1938 bestehen.[129] Die Aktenlage zeigt, dass der ND und die bündischen Gruppen des KJMV sich um ein halbillegales Weiterführen ihrer Arbeit bemühten und damit bis zu einem gewissen Grad auch erfolgreich waren. Einige der vorgestellten Vergehen im katholischen Bereich betrafen ausschließlich Jugendliche, so vor allem das verbotene Uniformtragen aller Gruppen und Wanderungen des ND oder der Georgs-Pfadfinder, die nur mit Jugendführern veranstaltet wurden. Dies zeigt, dass weiterhin Gruppenzusammenhalt unter den Jugendlichen bestand, der eingeschränkt gepflegt wurde, da die Verbände in ihrer Gesamtheit noch nicht verboten waren.

In den umfassenden Fällen, in denen die gesamte Betätigung der Gruppe zur Anklage führte, trug in der Regel ein erwachsener Geistlicher die Verantwortung. Dies bedeutet nicht, dass die Fortführung des Jugendlebens nur unter Führung von Erwachsenen möglich war. Von Mitgliedern der Gruppe um Mandelartz wurden auch außerhalb der regulären Treffen Fahrten in kleinem Rahmen unternommen. Es ist jedoch anzunehmen, dass der Gruppenzusammenhalt durch das offizielle Weiterbestehen unter der Leitung eines Kirchenamtsträgers gestärkt wurde. Zudem schützte das Reichskonkordat zwar nicht vor Repressionen durch die Nationalsozialisten, die katholischen Gruppen aber hatten zumindest eine Grundlage, auf der sie ihre Tätigkeiten verteidigen konnten.

Von Seiten der Verfolger bestand jedoch ein besonderes Interesse an den Verantwortlichen. So wurden in Vorfällen, bei denen Jugendführer die Gruppe leiteten, oft Ermittlungen über die Rolle eines Präses oder geistlichen Leiters angestellt. Beispiele dafür sind die Wanderung des ND, die Teilnahmen an Prozessionen oder Ausflüge der DPSG. In der Verfolgung von katholischen Jugendgruppen spielte für die Beamten der institutionelle Hintergrund eine Rolle. Die Jugendgruppen wurden nicht nur verfolgt, um den Totalitätsanspruch der HJ durchzusetzen. Vielmehr wurden sie mit in den Kampf gegen die Institution Kirche einbezogen, indem Druck auf die geistlichen Führer ausgeübt wurde, die auch Kirchenamtsträger waren. Die kirchennahen Gruppen wurden primär als Gliederungen der Kirche verfolgt, weniger als bündische Jugendgruppen. Dies lässt sich auch daran festmachen, dass die Verfahren, an denen die »Sturmschar« beteiligt war, meist mit einem Kirchenamtsträger verbunden waren und seltener eingestellt wurden. In zwei von drei Fällen wurde stattdessen Amnestie gewährt,

129 Schellenberger: Jugend (Anm. 20), S. 170.

was nicht mit einer Einstellung des Verfahrens gleichzusetzen ist. Ebenso lässt sich die Feststellung in zeitlicher Hinsicht wiederfinden. Alle aufgeführten Vergehen des ND und beide Anklagen gegen »Sturmscharen«, die sich dezidiert als Pfarrjugend ausgaben, datieren aus den Jahren 1937 beziehungsweise 1938. Dass es hier zu vermehrten Anklagen kam, kann zum einen mit den seit 1937 eingeleiteten Verboten des KJMV zusammenhängen,[130] zum anderen mit dem angespannten Verhältnis zwischen Staat und Kirche, das sich 1937 durch die Papstenzyklika verschärfte.[131]

Auf rein bündischer Seite handelt es sich in den vorgestellten Fällen um Neugründungen, die – wie deutlich wurde – nur bedingt etwas mit den traditionellen Bünden zu tun hatten. Hierzu gehört auch der Singkreis, dem ehemalige Georgs-Pfadfinder angehörten. In diesen Fällen war der Anspruch an die eigene Gruppe ein anderer als in den katholischen Bünden. Verfolgten die katholischen Gruppen ein Fortleben ihrer Verbände und Aktivitäten, hatten die Neugründungen mehr einen einzelnen Selbstzweck, wie das Singen und Wandern. Nicht alte Gruppen sollen bewahrt werden, es wurden vielmehr Alternativen zur HJ geschaffen, welche den Betroffenen aus verschiedenen Gründen nicht mehr zusagte. Grundsätzlich schienen die Angeklagten der Regierung nicht feindlich gegenüber zu stehen. Die bündischen Neugründungen lehnten sich insofern gegen das Regime auf, als dass sie sich dem Totalitätsanspruch der HJ widersetzten. Man kann von einer durchaus nachhaltigen Wirkung der Bünde sprechen, die Einzelne zu Neugründungen bewegte.

Zugespitzt lässt sich sagen: Je näher die katholischen Bünde der Jugendbewegung waren und je ferner der Kirche, desto weniger Bestand hatten sie im »Dritten Reich«. »Sturmschar«, DPSG und »Bund Neudeutschland« waren zwar Teil der katholischen Jugendbewegung und in Zeiten der Weimarer Republik der freien Jugendbewegung in vielem ähnlich, waren aber innerhalb der Kirche organisiert und wurden somit Teil des Kampfes zwischen katholischer Kirche und Nationalsozialismus. Damit erhielten sie praktische sowie ideelle Unterstützung durch ihre kirchlichen Leiter, wurden auf der anderen Seite aber auch als Teil der Kirche entsprechend verfolgt. Die Kirche erhielt ihre Organisation und die kirchlichen Strukturen weitgehend.[132] So konnte auch die katholische Jugend, anders als die unabhängige Bündische Jugend, sich bis 1939 zumindest von ihren Grundsätzen her behaupten.

130 Ebd.
131 Hehl: Kirche (Anm. 96), S. 156.
132 Mertens: Widerstand (Anm. 71).

»Dich minge mir nit«

Integration, Ausgrenzung und Vertreibung der jüdischen Schüler am Realgymnasium Köln-Deutz

von Thomas Kahl

Am 23. April 1908 öffnete das erste rechtsrheinische Gymnasium der Stadt Köln seine Tore. Unter den 50 Sextanern befand sich auch der jüdische Schüler Hermann Marx (* 1897) aus Poll (Abb. 1). Er war der erste von 65 Jungen mit »israelitischer« Religion, die seit der Gründung des Deutzer Realgymnasiums diese höhere Schule besuchten.[1] Die Ausgrenzung und Verfolgung durch die Nationalsozialisten führten dazu, dass jüdische Schüler nach und nach ausgeschlossen wurden. Der letzte jüdische Schüler, Karl Brünell (* 1922), musste im März 1938 das Realgymnasium verlassen. Er konnte noch rechtzeitig in die USA fliehen und überlebte. Im Folgenden soll die Geschichte der jüdischen Schüler am »Städtischen Realgymnasium für Jungen Cöln-Deutz«, heute Deutzer Gymnasium Schauertestraße, dargestellt werden. Dabei stehen die Spuren jüdischer Jungen im Schulleben und ihre schulischen Lebensläufe im Mittelpunkt. Abschließend wird erläutert, was wir heute über ihre Flucht, die Verfolgung und Ermordung wissen. Dieser Beitrag soll so allgemeine Vorgänge von Integration und Ausgrenzung jüdischer Kölner am Beispiel eines konkreten Gymnasiums beschreiben.

Nicola Wenge hat in ihrer Dissertation die Alltagsbeziehungen zwischen Juden und Nichtjuden in Köln während der Weimarer Republik beschrieben. Sie stellt unter anderem die komplexen und vielfältigen Beziehungen hinsichtlich von Nachbarschaft, Ehe und Familie und Vereinsleben sowie die universitären Verhältnisse dar: »Das Verhältnis zwischen Juden und Nichtjuden in Köln war bis in die Mitte der 1920er Jahre gut und fußte auf relativ langen Traditionen. Der

1 Städtisches Realgymnasium i. E. zu Cöln-Deutz: Jahresbericht (Nr. 1) über das Schuljahr 1908–1909. Erstattet vom Leiter der Anstalt Oberlehrer Dr. Richard Jungbluth, Cöln 1909, S. 9; Archiv Deutzer Gymnasium Schaurtestraße (ArDGS): Schülerliste 1908–1913. – Zu Familie Marx (Abb. 1): Vier Familienmitglieder wurden im Rahmen der großen Deportationen aus Köln verschleppt und ermordet: Mutter Johanna – Theresienstadt, Siegmund – Trostenez bei Minsk, Rosa – Riga, Selma – Litzmannstadt. Von links, stehend: Selma (verh. Scheye), Hermann, Siegmund, Bernhard, Rosa (verh. Billig), Eva, sitzend: Mutter Johanna, Vater Moses, Emmi (verh. Salomon). Eva, Emma, Hermann und Bernhard Marx haben den Holocaust überlebt.

Abb. 1: Familie Marx aus Poll schickte zwei Söhne zur Schule nach Deutz: Hermann (2. v. l.) war dort der erste jüdische Schüler und beendete die Schulzeit mit dem »Einjährigen«; Bernhard (5. v. l.) erhielt 1919 das Reifezeugnis. Fotograf unbekannt, etwa 1913 (Foto: NS-Dokumentationszentrum der Stadt Köln, Bp 1545)

gleichberechtigte Umgang war Teil der städtischen Normalität«. Für das Vereinsleben konstatiert Wenge einen »hohen Integrationsgrad der Kölner Juden«. Ab Mitte der 1920er Jahre habe sich die Situation für die Kölner Juden verschlechtert und ab 1927 haben die Formen antisemitischer Gewalt zugenommen. »Trotz dieser Verschlechterungen prägte auch die späten Jahre der Republik kein eindeutiges Schwarz-Weiß-Bild einer weitgehenden Isolation der Juden in Köln und eines durchgängigen Antisemitismus der nichtjüdischen Bevölkerung. In allen Bereichen städtischen Lebens zeigte sich ein breites Spektrum an Verhaltensweisen, das von sozialer Akzeptanz bis hin zum radikalen Ausschluß reichte, und antisemitische Tendenzen setzten sich nicht in allen Untersuchungsbereichen gleich stark durch«.[2] Im Folgenden soll untersucht werden, ob das Deutzer Gymnasium als ein Teilbereich städtischen Lebens diese Entwicklung ebenfalls aufweist.

2 Nicola Wenge: Integration und Ausgrenzung in der städtischen Gesellschaft. Eine jüdisch-nichtjüdische Beziehungsgeschichte Kölns 1918–1933, Mainz 2005, S. 185, 429 f.; siehe auch: Nicola Wenge: Von Juden und Nichtjuden in Köln: Integration und Ausgrenzung in einer rheinischen Großstadt 1918–1933, in: GiK 55 (2008), S. 185–203.

Die gute Aktenlage erlaubt es, einen recht präzisen Einblick in die Verhältnisse einer höheren Schule der Stadt Köln vor 1945 zu bekommen.[3] Um die Verfolgungsgeschichte der Schüler nach 1933 zu klären, wurden vor allem die Informationen aus Opferdatenbanken, aus Wiedergutmachungsakten und die des NS-Dokumentationszentrums der Stadt Köln ausgewertet. Dokumente zu insgesamt 65 ehemaligen Schülern mit jüdischer Religionszugehörigkeit sind in den Schulakten zu finden. 14 von ihnen sind nachweislich im Holocaust ermordet worden. 47 Ehemalige überlebten die Verfolgung – meistens durch rechtzeitige Flucht. Von den übrigen ist das Schicksal im Nationalsozialismus bisher nicht bekannt.[4]

Das Städtische Realgymnasium für Jungen in Deutz wurde 1908 gegründet. Die Eröffnung einer höheren Schule entsprach dem Wunsch von Deutzer Bürgern, auch auf der rechten Rheinseite ein Gymnasium für Jungen zu besitzen. 1913 bezogen die Schüler das neue Schulgebäude am Gotenring.[5] Es wurde das letzte von vier Realgymnasien,[6] die in den boomenden Vororten der Stadt seit 1899 gegründet worden waren. Die wenigen Veröffentlichungen zur Schulgeschichte gehen nur am Rande auf die jüdischen Schüler ein. Bezeichnend ist eine Formulierung in der Festschrift zum 50-jährigen Schuljubiläum aus dem Jahr 1958. Darin heißt es im Absatz zur Konfession der Schüler von 1914 bis 1957 lapidar: »Die Israeliten verschwinden bis zum Ende des Krieges völlig und tauchen nicht wieder auf«.[7]

3 Zu Kölner Schulen allgemein siehe: Joachim Trapp: Kölner Schulen in der NS-Zeit, Köln 1994. Siehe auch: Otto Geudtner/Hans Hengsbach/Sibille Westerkamp: Ich bin katholisch getauft und Arier. Aus der Geschichte eines Kölner Gymnasiums, Köln 1985. Joseph Maubach: Führer durch das öffentliche und private Bildungs- und Unterrichtswesen in Cöln a. Rh., 2. Aufl., Köln 1910.

4 Zu den Biografien aller 65 Schüler mit jüdischer Religionszugehörigkeit bis 1938 siehe: https://schaurte-koeln.de/gedenkbuch/ [Stand: 26.8.2020]; siehe auch: Gemeindeblatt der Synagogen-Gemeinde Köln Nr. 2/2019, S. 13. Die biografische Recherche ist durch die Unterstützung der Mitarbeiter des NS-Dokumentationszentrums der Stadt Köln möglich gewesen, denen ausdrücklich gedankt sei: Frau Klarzyk, Herr Basalamah, Herr Knappstein.

5 Zur Baugeschichte siehe Eva-Christine Raschke: Köln: Schulbauten 1815–1964. Geschichte – Bedeutung – Dokumentation, Köln 2001, S. 70 ff. Horst Blumrath: 75 Jahre Gymnasium Deutz, in: Festschrift des Gymnasiums Schaurtestraße zu Köln-Deutz aus Anlaß seines 75jährigen Bestehens 1983, hg. v. Gymnasium Schaurtestraße, Köln 1983, S. 18–46.

6 Ehrenfeld 1899; Nippes 1903; Lindenthal 1906.

7 Wilhelm Kamphausen: Die Herkunft der Schüler, in: Fünfzig Jahre Städtisches Neusprachliches Gymnasium Köln-Deutz 1908–1958, hg. v. Lehrerkollegium des Städtischen Neusprachlichen Gymnasiums Köln-Deutz, Köln 1958, S. 74–88, hier S. 84.

1. Die jüdische Schülerschaft von 1908 bis 1933

In Köln lebten vor dem Ersten Weltkrieg etwa 13.000 Menschen mit jüdischer Religion. Das entsprach 2,4 Prozent der gesamten Einwohner. Joachim Trapp gibt für das Jahr 1933 die Zahl von 14.800 Juden in Köln an. Er geht von circa 2.000 jüdischen Schülern aus, von denen etwa die Hälfte eine staatliche, öffentliche Schule besuchte.[8] In Köln gibt es eine lange Tradition von jüdischen Schülern an staatlichen Schulen der Stadt.[9] Die Synagogengemeinde um den Rathenauplatz bildete das Zentrum für Kölner Juden. In Deutz existierte hingegen eine eigene, kleine Gemeinde bis zur Vereinigung mit der Kölner Synagogengemeinde 1927.

Der Anteil der jüdischen Schüler an der Gesamtschülerschaft in Deutz schwankte von 1910 bis 1920 zwischen 2,5 und 5,7 Prozent. Die höchste absolute Zahl bestand 1919 mit insgesamt 20 Schülern. Im folgenden Jahrzehnt nahm der Anteil ab und pendelte stabil um zwei Prozent (Abb. 2).[10] In absoluten Zahlen spielte das Realgymnasium für die Kölner Juden keine bedeutende Rolle. So besuchten im Schuljahr 1927/28 insgesamt 293 jüdische Jungen eine städtische beziehungsweise staatliche höhere Schule in Köln.[11] Davon gingen 3,75 Prozent zur höheren Schule in Deutz.

Das Einzugsgebiet der Schule wandelte sich vor 1945 nur geringfügig. Aus den schulortnahen Wohnbezirken Deutz und Kalk kam 1914 mit 62 Prozent die weitaus größte Schülergruppe. Es verwundert auf den ersten Blick, dass kurz nach Eröffnung des neuen Gebäudes am Gotenring 1913 etwa ein Fünftel der Schüler aus dem linksrheinischen Köln stammte.[12] Seit 1915 konnten diese Schüler aber die neue Deutzer Hängebrücke nutzen. Die bessere Infrastruktur vergrößerte so die Attraktivität des wachsenden Stadtteils Deutz. Das

8 Vgl. Barbara Becker-Jákli: Das jüdische Köln. Geschichte und Gegenwart. Ein Stadtführer, Köln 2012, S. 198; Thomas Mergel: Köln im Kaiserreich 1871–1918, Köln 2018, S. 330–343; Trapp: Kölner Schulen (Anm. 3), S. 73. Siehe auch Dieter Corbach: Die Jawne zu Köln. Zur Erinnerung des ersten jüdischen Gymnasiums im Rheinland und zum Gedächtnis an Erich Klibansky. Ein Gedenkbuch, Köln 1990.

9 Vgl. Nurith Schönfeld: Das Fach Jüdische Religionslehre am Gymnasium Kreuzgasse: Schüler und Lehrer von den Anfängen bis zur Gegenwart, in: Festschrift zur 175-Jahr-Feier des Gymnasiums Kreuzgasse, hg. v. Städtischen Gymnasium Kreuzgasse, Köln 2003, S. 105–109. Geudtner/Hengsbach/Westerkamp: Ich bin katholisch getauft (Anm. 3), S. 149 ff.

10 Daten zum Jahr 1935 aus Kamphausen: Herkunft (Anm. 7), S. 101; sonst siehe: Theodor Eylert: 25 Jahre Städtisches Realgymnasium Köln-Deutz 1908–1933, bearb. und hg. vom dem Leiter der Anstalt Oberstudiendirektor Dr. Th. Eylert, Köln 1933, S. 19; (ArDGS): Ergänzungsmeldung zum Jahresbericht 15. Mai 1935; Fragebögen für höhere Schulen 15. Mai 1936; Fragebögen für höhere Schulen 25. Mai 1937.

11 Jahresberichte der höheren Lehranstalten in Preußen, Schuljahr 1927/28, bearb. von der Staatlichen Auskunftsstelle für Schulwesen, Berlin 1930.

12 Die Daten für die Jahre 1914/15 und 1924/25 aus: Kamphausen: Herkunft (Anm. 7), S. 87 f.; sonst ArDGS: Schülerlisten 1908–1945.

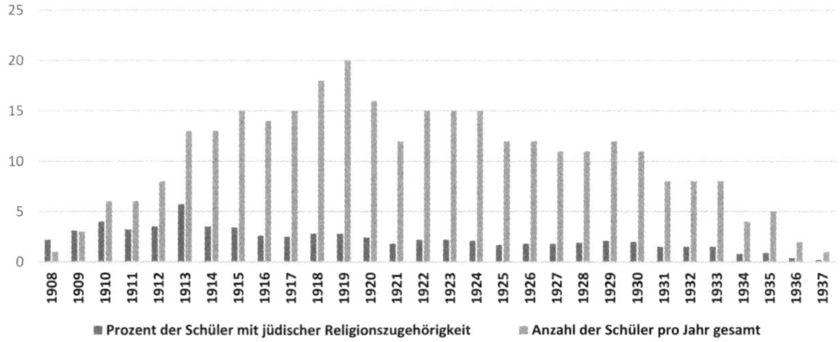

Abb. 2: Anzahl und Prozentsatz der Schüler in Deutz mit jüdischer Religionszugehörigkeit (Tabelle: Thomas Kahl, Köln)

Einzugsgebiet der jüdischen Schülerschaft von 1908 bis 1938 weist einige Besonderheiten im Vergleich zur gesamten Schülerschaft auf: Eine relative Mehrheit wohnte linksrheinisch. Der Hauptgrund dafür liegt sicher in der allgemeinen Wohnstruktur Kölner Juden. Die jüdische Bevölkerung verteilte sich nicht gleichmäßig über die Stadt, sondern konzentrierte sich im Stadtzentrum – genauer gesagt in Teilen der Altstadt und in den Straßen um die Synagoge am Rathenauplatz.[13] Viele der linksrheinisch lebenden Schüler hatten ebenfalls dort ihren Wohnsitz. Etwa fünf Prozent der jüdischen Schüler können auch in den bürgerlichen Villenvororten Rodenkirchen, Bayenthal und so weiter ausgemacht werden. Im Gegensatz dazu kamen etwa 2/3 der Nichtjuden aus der Nachbarschaft der Schule (Kalk und Deutz). Das galt für die Juden nur zu einem Drittel.[14]

Das Reifezeugnis war im Kaiserreich und in der Weimarer Republik noch den Angehörigen der vermögenden und gebildeten Schichten vorbehalten. Nur einem Prozent aller Schulpflichtigen gelang es, mit dem Abitur die Hochschulreife zu erlangen. Die Mehrzahl der Schüler auf höheren Schulen verließ diese nach der Obersekundareife (das »Einjährige«) – so auch die allermeisten jüdischen Schüler in Deutz. Das Abitur erhielten dort insgesamt 17 jüdische Schüler – der letzte von ihnen im März 1936. Die jüdischen Schüler in Deutz stellten 2,7 Prozent aller Abiturienten.[15] Diese Zahl entspricht etwa dem Anteil jüdischer Schüler an der Gesamtschülerschaft im langjährigen Mittel.

13 Vgl. Wenge: Integration (Anm. 2), S. 67.
14 Zu jüdischem Leben in Deutz siehe: Becker-Jákli: Köln (Anm. 8), S. 254; Wenge: Integration (Anm. 2), S. 175.
15 617 Schüler erhielten von 1908 bis 1933 insgesamt die Hochschulreife.

Die beruflichen Hintergründe der jüdischen Väter sind schwierig zu beschreiben. Die Schülerlisten enthalten zwar immer den Beruf des Vaters, häufig sind die Angaben aber nicht eindeutig. Das gilt vor allem für die Bezeichnung Kaufmann, die bei fast der Hälfte der Berufsbezeichnungen der Väter auftaucht. Der Begriff ist mehrdeutig und lässt keine genauen Rückschlüsse zu, ob es sich um einen kaufmännischen Angestellten oder selbstständigen Kaufmann handelt. Nur bei wenigen wird die kaufmännische Tätigkeit so präzisiert, dass die Angaben ein konkretes Gewerbe oder eine Firma bezeichnen. Andererseits entsprechen diese Daten exakt der wirtschaftlichen Betätigung der Juden in Köln. Britta Bopf schreibt, dass es eine »deutliche Überrepräsentanz des Sektors Handel und Verkehr« gegeben habe.[16] Mehr als die Hälfte der Juden Kölns sei in diesem Wirtschaftssektor tätig gewesen.

Jüdische Väter als Beamte sind hingegen in den Schulakten gar nicht nachweisbar.[17] Arbeiter gab es nur vereinzelt.[18] Handwerkliche Berufe tauchen vermehrt auf, wenn Väter Handwerksmeister waren und zum Mittelstand gehörten.[19] Das gilt vor allem für traditionelle Berufe von Juden wie etwa Metzger beziehungsweise Metzgermeister, die etwa zehn Prozent der 64 nachgewiesenen Berufe aller Väter ausmachen. Für das Schlachthandwerk gilt ähnliches wie für den Viehhandel, in dem auch mehrere Väter tätig waren. Beide Berufssparten wurden in Köln traditionell von Juden ausgeübt.[20] Die Kinder von jüdischen Ärzten oder Rechtsanwälten wurden nur in jeweils einem Fall an das Realgymnasium geschickt. Die Deutzer Schule war also eher nicht erste Wahl für das jüdische Besitz- und Bildungsbürgertum. Vier Väter waren Ingenieure – sie bevorzugten vermutlich das vergleichsweise moderne sprachliche und naturwissenschaftliche Profil eines Realgymnasiums.

Man wird mit Vorsicht urteilen können, dass es sich bei den Schülern um eine soziale Gruppe handelt, die nicht aus dem Bildungsbürgertum mit seinem elitären Gymnasialanspruch alter Schule stammte. Die Mehrheit hatte Väter, die als selbstständige Kaufmänner in Handel und Gewerbe tätig waren. Vermutlich zählten sie mehrheitlich eher zur Mittelschicht, aus Familien, die ihren

16 Britta Bopf: »Arisierung« in Köln. Die wirtschaftliche Existenzvernichtung der Juden 1933–1945, Köln 2004, S. 214.

17 Kamphausen: Herkunft (Anm. 7), S. 79.

18 Immerhin 9,7 Prozent aller Jungen der Schule hatten einen Vater, dessen soziale Herkunft mit Arbeiter zu klassifizieren ist. Das ist doppelt so hoch wie im gesamten Preußen. Siehe Kamphausen: Herkunft (Anm. 7), S. 78 f.

19 Zum Beispiel: Glaser, Polsterer, Schneidermeister, Metzger.

20 Vgl. Wenge: Integration (Anm. 2), S. 377: »1931 waren laut Schätzungen der Rheinischen Zeitung 75 % aller Kommissäre und Viehhändler, die den Kölner Schlachtviehmarkt besuchten, jüdischen Glaubens, bei den Großmetzgern waren es über 50 %«.

Kindern über eine praxis- und berufsbezogene Ausbildung einen guten Start ins Leben geben wollten beziehungsweise die wie der Deutzer Rabbiner eng mit dem Stadtteil verbunden waren. Die Daten lassen es nicht zu, differenzierter einzuschätzen, ob die Väter ihren Kindern aus Gründen der Statuserhaltung oder des Statuserwerbs eine höhere Bildung wünschten.

2. *Spuren der jüdischen Schüler im Schulleben vor 1933*

Vor der Einweihung des neuen Schulgebäudes 1913 bildete der Deutzer Bürgerverein einen »Ehrenausschuß«. Seine Aufgabe war es, die Feierlichkeiten zur Eröffnung zu gestalten, die Ausstattung zu verbessern und eine Stiftung zur Unterstützung von bedürftigen Schülern finanziell auszustatten. Diesem Ehrenausschuss gehörten zahlreiche Honoratioren der Deutzer Bürgerschaft und auch die Herren Bier und Cosmann als Vorstand der Deutzer Synagogengemeinde an.[21] Die Synagogengemeinde spielte auch durch den Religionslehrer Julius Simons eine besondere Rolle für Juden am Realgymnasium.[22] Simons wurde am 13. September 1913 mit dem israelitischen Religionsunterricht im Umfang von zwei Wochenstunden an der Schule beauftragt. Die Initiative dazu war von einem »Kultusbeamte[n] der Synagogengemeinde Cöln-Deutz« ausgegangen, der bei Schuldirektor Jungbluth im April 1913 ein entsprechendes Gesuch gestellt hatte. Jungbluth befürwortete die Einführung des Unterrichts, da mittlerweile die Zahl jüdischer Schüler auf 13 gestiegen sei, sodass sowohl die Stadtverordneten-Versammlung der Stadt Köln als auch das Königliche Provinzialschulkollegium in Koblenz zustimmten.[23] Simons schickte seine drei Söhne Hermann, Kurt und Ernst von 1924 bis 1936 auf diese Schule (Abb. 3).

Über die konkrete Organisation des gesonderten Unterrichts ist wenig bekannt. Der Kölner Gemeinderabbiner Dr. Adolf Kober berichtete 1934 darüber, dass das Realgymnasium in Deutz zu den höheren Schulen der Stadt zählte, an denen die jüdische Gemeinde »in allen Klassen durch ihre Rabbiner und Religionslehrer Religionsunterricht erteilen«[24] ließ. Noten erhielten die jüdischen wie die

21 Städtisches Realgymnasium i. E. zu Cöln-Deutz, Jahresbericht (6) über das Schuljahr 1913–1914. Erstattet von dem Direktor der Anstalt Dr. Richard Jungbluth, Cöln 1914, S. 5.

22 Zu Simons siehe Becker-Jákli: Köln (Anm. 8), S. 262. Zu Simons Position zum Religionsunterricht siehe seine Inauguraldissertation an der Universität Köln: Ethik und Religion in ihrer erzieherischen Bedeutung, 1924.

23 HAStK: Best. 551, A 169, Israelitischer Religionsunterricht am Realgymnasium – 1913.

24 Adolf Kober: Der Religionsunterricht der Synagogengemeinde Köln, in: Jahrbuch der Synagogengemeinde Köln 1934, Köln 1934, S. 42–45, hier S. 43.

Abb. 3: Familie Simons im Garten des Wohnhauses in Köln-Deutz, Ende der 1920er Jahre (v.r. n. l.: Ehepaar Simons, Hermann, Kurt, Ernst, Martha und Ruth Simons); nur die Söhne Kurt und Ernst überlebten die Deportation und den Aufenthalt in Konzentrationslagern (Foto: NS-Dokumentationszentrum der Stadt Köln, N 2906,2)

nichtjüdischen Mitschülern auf ihren Zeugnissen für den Religionsunterricht in der Regel auch.[25] Im Gegensatz zu den Lehrern für katholische und evangelische Religion wurde Julius Simons nur nebenamtlich beschäftigt.[26]

Neben Julius Simons schickten weitere Väter, die aktiv in der Deutzer Synagogengemeinde waren, ihre Söhne zum Realgymnasium: Arnold Schnog (Vorsitzender der Synagogenkommission Deutz), Max Marx (Vorstandsmitglied der Synagogengemeinde Deutz und Friedhofsgärtner Deutz), Albert Bier (chewroh hachnossas kallo/Verein für die Ausstattung mittelloser Bräute), Albert Coßmann

25 ArDGS: Tagebuch 1. Juni 1930 bis 1. April 1936; Eintrag vom 1. März 1936. Am 1. März 1936 bestätigte der Schulleiter gegenüber dem Oberpräsidium in Koblenz nach schriftlicher Aufforderung, dass der israelitische Religionsunterricht außerhalb des Schulgebäudes stattfinde.

26 DIPF Leibniz-Institut für Bildungsforschung und Bildungsinformation, BBF Bibliothek für Bildungsgeschichtliche Forschung – Archiv (DIPF/BBF/Archiv): GUT PERS 1317. Personalbericht von Direktor Jungbluth vom 19. April 1919 RG Köln Deutz.

(Vorstandsmitglied der Synagogengemeinde Deutz), Eduard Linz (Repräsentant der Gemeinde).[27] Sie alle legten wie viele andere jüdische Eltern darauf Wert, dass ihre Kinder mit Jugendlichen christlichen Glaubens zusammen unterrichtet wurden.[28]

Während und kurz nach dem Ersten Weltkrieg besuchten in absoluten Zahlen die meisten jüdischen Schüler das Realgymnasium. Einige von ihnen nahmen am Krieg aktiv teil und verließen die Schule mitten im Schuljahr 1917.[29] Kein jüdischer Schüler gehörte zu den 15 jungen Männern, die als Soldaten gefallen sind.[30] Walter Linz besuchte das Realgymnasium seit 1914 und bestand als erster jüdischer Schüler dort 1917 die Abiturprüfung. Er gehörte zur ersten Schülergruppe, die in Köln-Deutz überhaupt die Reifeprüfung ablegte. Sein Aufsatz im Fach Deutsch ist exemplarisch für die patriotische Gesinnung der allermeisten deutschen Juden, deren politische Haltung und Mentalität sich nicht von den nichtjüdischen unterschied. Linz' Abituraufsatz steht stellvertretend für die Reproduktion des weit verbreiteten und im Deutsch- und Geschichtsunterricht vermittelten Geschichtsbildes, das die Kriegsschuld Deutschlands ablehnt und die Einheit aller Deutschen im Krieg beschwört. Das von Linz selbstverständlich benutzte ›Wir‹ ist ein Beleg für die verbreitete Auffassung emanzipierter Juden von einer deutsch-jüdischen Symbiose. Zum Thema (»Warum kann das deutsche Volk in diesem Weltkriege weiteren Kämpfen mit fester Zuversicht entgegensehen?«) schrieb er am 27. Januar 1917: »Als am 2. August 1914 dem deutschen Volk der Krieg erklärt wurde, da war es allen Deutschen klar, daß es galt, einen Kampf ums Dasein zu führen. England hatte die Völker der Welt in seinen Sold genommen und bedrohte so die heiligsten Güter des deutschen Volkes. Um Freiheit und Vaterland zu verteidigen, griffen Deutschlands Söhne zu den Waffen«.[31]

Diese Einstellung bestätigt auch der jüdische Schüler Ernst Simons, als er im Rückblick sein Elternhaus charakterisierte: »Das Haus selbst war geprägt von dem Gedanken des deutschen Staatsbürgers jüdischen Glaubens. Großeltern, Eltern, Vater waren alle im Ersten Weltkrieg und glaubten, daß sie voll integriert seien im Deutschtum, in Deutschland, nur mit einer anderen Konfession«.[32]

27 Siehe Eintrag Synagogen-Gemeinde Deutz im Kölner Adressbuch 1910; Kober: Religionsunterricht (Anm. 24), S. 68ff.; zu den Biografien siehe Anm. 4.
28 Vgl. Trapp: Kölner Schulen (Anm. 3), S. 73.
29 Unter anderem Bernhard Marx und Josef Schwarz; zu Marx siehe ArDGS: Schülerliste 1917/18 U I, Austritt aus der Anstalt: 18. Juni 1917; handschriftliche Bemerkung »Heeresdienst«; zu Schwarz: Austritt aus der Anstalt: 30. September 1917; handschriftlich: »Heeresdienst«.
30 Eylert: Jahre (Anm. 10), S. 18.
31 ArDGS: Deutscher Aufsatz von Walter Linz; Reifeprüfung Ostern 1917.
32 Interview mit Ernst Simons, zitiert nach: Manuskript der Hörfundsendung von WDR 3: Samstagabend in WDR 3. In treuer Nachbarschaft – alle haben ihre Pflicht getan. Jüdisches Leben in Köln nach 1933, Sendung am 2. Dezember 1989, Autor Wolf Scheller.

Rückblickend beschrieb Simons eine weit verbreitete Vorstellung jüdisch-deutscher Identität: »Wir haben uns empfunden als Deutsche jüdischen Glaubens. Mein Großvater erzählte immer voller Stolz, dass er mit Bismarck zusammen geritten war im Kriege 1870/71«.[33]

Vor 1933 bereitete das gemeinsame Lernen von Juden und Nichtjuden an der Schule keine Probleme. Arnold Meier schrieb dazu 1983: »Meine Schulzeit gehörte im Real-Gymnasium Köln-Deutz von 1918–1925 zu der glücklichsten und wichtigsten Zeitspanne meines Lebens«. Er lobte die Atmosphäre an der Schule in den 1920er-Jahren: »Auch die Lehrer schienen mir alle sehr freundlich und hilfsbereit und unter ihnen ganz besonders mein jugendlicher Klassenlehrer, Herr Dr. Hans Becker. Auch meine Mitschüler machten es mir leicht, mich schnell in die neue Umgebung einzuleben. Schnell verlor ich, der zurückhaltende jüdische Dorfjunge, meine Schüchternheit und nahm mit freudiger Begeisterung am Leben der Schule teil. Ein Zugehörigkeitsgefühl erwuchs, das mein bewußtes Judentum in keiner Weise beeinträchtigte«. Arnold Meier berichtet weiter, dass er wegen eines Ausflugs sogar bei seinem Klassenlehrer Dr. Becker privat übernachten durfte. Dass das keine Selbstverständlichkeit gewesen ist, wird durch einen weiteren Umstand deutlich: Becker war Mitglied einer studentischen Burschenschaft und lud Meier und seine Mitschüler als Primaner in sein Stammlokal ein. Meier hebt hervor: »Daß er dies tat trotz des schwarzen Schafes in Gestalt eines jüdischen Schülers, war für mich ein Beweis seiner vornehmen und ganz vorurteilslosen Einstellung; denn selbst in den Jahren der Weimarer Republik waren die meisten Studentenverbindungen nicht sehr judenfreundlich eingestellt«. Dem »schwarzen Schaf« war also bewusst, dass einige Burschenschaften besonders antijüdisch eingestellt waren und die Speerspitze des radikalen Antisemitismus in Köln bildeten.[34]

Die biografischen Notizen von Arnold Meier sind der deutlichste Beleg dafür, dass die jüdischen Schüler in den 1920er Jahren ohne Anfeindung von nichtjüdischen Mitschülern und Lehrern die Schule besuchen konnten. Unterschiede bestanden vor allem im gesondert stattfindenden Religionsunterricht und Beurlaubungen an den jüdischen Feiertagen. Jüdische Schüler waren samstags befreit.[35] Der Schulleiter verlangte von den Lehrern auch, Rücksicht zu nehmen.

33 Ernst Simons im Interview des NS-Dokumentationszentrums der Stadt Köln; zur Biografie siehe: Verein EL-DE-Haus Köln (Hg.): Unter Vorbehalt. Rückkehr aus der Emigration nach 1945, Köln 1991, S. 160f.

34 Vgl. zum studentischen Antisemitismus im Köln der 1920er Jahre: Wenge: Integration (Anm. 2), S. 235–296.

35 ArDGS: siehe zum Beispiel Gesuch um Beurlaubung aller jüdischen Schüler zu Pessach: Schreiben des Vorstands der Synagogen-Gemeinde Köln vom 19. April 1932.

Die Schüler sollten vor jüdischen Feiertagen keine Hausaufgaben machen müssen, da »die betr. Schüler von etwa 5 Uhr nachmittags an nicht mehr arbeiten dürfen«.[36] Für die konfliktfreie Integration von jüdischen Eltern ins Deutzer Schulleben liegen weitere Belege vor: Der jüdische Rechtsanwalt Adolf Alsberg aus Rodenkirchen schickte seine beiden Söhne Georg und Hans auf die Schule. Er war 1921 Förderer im »Verein zur Förderung d. Schülerruderns« am Realgymnasium Köln-Deutz.[37] Dieser Ruderverein prägte das Schulleben und die schulische Identität in besonderer Weise. Die Schule besaß nämlich ein eigenes Ruderhaus am Deutzer Rheinufer. Auch mehrere jüdische Schüler waren Mitglieder dieses Rudervereins.[38]

Von Seiten der Lehrer gibt es vereinzelte Hinweise darauf, dass sie die jüdischen Schüler bis 1933 problemlos integrierten: Der Deutschlehrer Dr. Julius Wiegand trat in den 1920er Jahren mit einer voluminösen deutschen Literaturgeschichte an die Öffentlichkeit. In dem Werk werden Dichter jüdischer Religion wie Heinrich Heine ganz selbstverständlich als Teil der literarischen Tradition betrachtet. In der Vorrede stellte er den Beitrag jüdischer Dichter sogar ausdrücklich heraus und thematisiert die Erwähnung der jüdischen Religion im Einzelfall, um zu betonen, dass »der Anteil der Juden registriert wurde, geschieht also nicht aus Feindschaft gegen die Juden«.[39]

Als Ernst, der dritte Sohn der Rabbinerfamilie Simons, zur Schule kam, wurde er von einem Lehrer familiär begrüßt: »Ich ging ins Gymnasium. Dort waren bereits meine Brüder. Wenn neue Lehrer kamen, die uns unterrichteten, mussten wir unsere Namen nennen. Er [der Lehrer] sagte: ›Simons, alte Firma.‹ Also weil er schon die zwei Brüder unterrichtet hatte. Das ging also gut bis zum Jahre 1933«.[40] Nur einmal sind antijüdische Aktionen vor 1933 belegt. Vor der Deutzer Synagoge sei Ende 1923 gegen Abend mehrfach Unfug geübt worden, an dem auch Schüler der Anstalt beteiligt waren. Dabei sollen vor allem jüdische Zeremonien nachgeahmt worden sein.

Jungbluth forderte vom Kollegium, darüber Nachforschungen anzustellen.[41] Die verbeamteten Lehrer hatten ausnahmslos ein evangelisches oder katholisches

36 ArDGS: Mitteilungen 1919–1922, Eintrag vom 23. September 1919.
37 ArDGS: Schülerliste 1921, Vorblatt mit Namensliste.
38 ArDGS: Akte Reifeprüfung Ostern 1931; Gutachten über den Oberprimaner Walter Behrens durch Schulleiter Eylert anlässlich der Anmeldung zur Reifeprüfung, 19. Dezember 1930; Reifeprüfung Georg Auerbach 1926: Gesuch des Oberprimaners Georg Auerbach 1. Dezember 1926.
39 Dr. Julius Wiegand: Geschichte der deutschen Dichtung in strenger Systematik, nach Gedanken, Stoffen und Formen, in fortgesetzten Längs- und Querschnitten, Köln 1922, hier: Vorrede S. II.
40 Ernst Simons im Interview des NS-Dokumentationszentrums der Stadt Köln (Anm. 33).
41 ArDGS: Mitteilungen 1922–1925, Eintrag vom 9. Dezember 1923.

Bekenntnis. Lediglich ein Referendar, Dr. Ferdinand Oppenheimer, war jüdischer Religion. Über seine Lehrtätigkeit im Vorbereitungsjahr 1928/29 ist fast nichts bekannt. Das Gesuch des Studienreferendars vom 28. März 1929, die Erlaubnis zu erhalten, auch acht Stunden wöchentlich an der Jawne zu unterrichten, lehnte das Provinzialschulkollegium ab.[42]

Auf die politischen Haltungen der jüdischen Schüler gibt es verschiedene Hinweise. Allgemein gilt, dass die Mehrzahl der deutschen, emanzipierten Juden politisch liberal oder sozialdemokratisch eingestellt war und so wählte.[43] Die Prüfung der Schulakten legt die Vermutung nahe, dass die meisten jüdischen Schüler zu liberalen Positionen neigten, sofern sie nicht nur die durch den Lehrer vermittelte Ideologie reproduzierten oder seine Erwartungshaltung erfüllten. Ernst Simons hingegen gab später an, dass sein Elternhaus – das eines orthodoxen Rabbiners – und viele Deutzer Juden im Zentrum am ehesten ihre politische Heimat sahen.[44] Ihre Haltung war typisch für religiös bewusste Juden, die in vielen Positionen eher mit Katholiken als mit Protestanten übereinstimmten.

Jüdische Schüler waren auch gemeinsam mit nichtjüdischen Schülern im Realgymnasium politisch aktiv. Am 21. Oktober 1931 gründeten sie eine Jugendgruppe der Völkerbundliga. Die Deutsche Liga für Völkerbund setzte sich seit 1918 für die Ideale des Völkerbunds ein und vertrat diese auch nach dem Beitritt der Republik in den Völkerbund nach 1926. Studienrat Dr. Bernhard Keller war Mitglied in der Liga und motivierte seine Schüler sich entsprechend politisch zu engagieren. Für ihn war die Integration von jüdischen Schülern in schulische Aktivitäten selbstverständlich. Zu den politisch aktiven Schülern in Deutz gehörte Hermann Simons, auch ein Sohn des Deutzer Rabbiners Simons. In der Schülerzeitung vertrat Simons ausgesprochen pazifistische Positionen und rief dazu auf, die Ideale des Völkerbunds zu verbreiten. Simons schrieb 1931 in der Schülerzeitung: »Solche Jugendorganisationen sind notwendig. Der Jugend muss bewußt werden, daß es von ihr abhängen wird, ob wir uns den Frieden wahren, indem wir nach menschenwürdigen Lösungen der politischen und wirtschaftlichen Spannungen streben, oder ob blinder Wirtschaftsegoismus der einzelnen Völker die Welt aufs neue in Not und Elend

42 ArDGS: Schulakte 1928 (Vorbereitungsdienst); zur Biografie siehe Barbara Kowalzik: Lehrerbuch. Die Lehrer und Lehrerinnen des Leipziger jüdischen Schulwerks 1912–1942, vorgestellt in Biogrammen, Leipzig 2006, S. 211 f.

43 Vgl. Saul Friedländer: Das Dritte Reich und die Juden. Gesamtausgabe, München 2008, S. 108; Julius H. Schoeps: Düstere Vorahnungen. Deutschlands Juden am Vorabend der Katastrophe (1933–1935), Leipzig 2018.

44 Ernst Simons im Interview des NS-Dokumentationszentrums der Stadt Köln (Anm. 33); vgl. Geudtner/Hengsbach/Westerkamp: Ich bin katholisch getauft (Anm. 3), S. 155 f.

stürzen soll«.[45] Die Zusammenarbeit mit gleich gesinnten Organisationen im benachbarten europäischen Ausland wurde angeregt.

Einige Deutschlehrer förderten in der zweiten Hälfte der Weimarer Republik die Auseinandersetzung mit tagesaktuellen politischen Themen: Die demokratisch gesinnten Lehrer wie Julius Wiegand und Johannes Engelien regten durch Abitur- und Jahresarbeiten die Schüler an, sich mit den paneuropäischen Themen, Fragen der Friedenswahrung und kollektiver Sicherheit zu beschäftigen.[46] In dieser Hinsicht positionierte sich auch der jüdische Schüler Walter Behrens bewusst pro-europäisch, antinationalistisch, antirassistisch und pazifistisch. In seinem Abituraufsatz 1931 kritisierte er die »Nationalisten und Chauvinisten, wenn sie nicht sogar Anhänger des Krieges sind«.[47] Gegenüber dem Schulleiter beantragte er die Zulassung zur Hochschulreife, indem er sein außerschulisches politisches Engagement dadurch betonte, dass er Mitglied im Odd fellow-Orden sei. Ein Orden, der humanitär, überkonfessionell, politisch neutral und tolerantem Handeln und Denken verpflichtet war.[48]

Behrens besuchte seit 1922 das Realgymnasium für Jungen in Deutz und war als Mitglied im Ruderverein der Schule integriert. Er beendete die Schule mit der Hochschulreife im Jahr 1931. Ein zwiespältiges Verhältnis, die jüdische Religionszugehörigkeit auf dem Abiturzeugnis vermerken zu lassen, kann bei Behrens festgestellt werden. Zu seinem Glauben schrieb er im Gesuch zur Zulassung zur Reifeprüfung: »Mein mosaisches Bekenntnis bitte ich auf dem Zeugnis zu vermerken. Grundsätzlich bin ich Gegner des Bekenntnisvermerkes, aber als Jude kann ich nicht auf ihn verzichten. Seine Auslassung könnte mir später als Charakterlosigkeit ausgelegt werden«.[49]

Dass Antisemitismus spätestens zum Ende der 1920er Jahre auch die Juden im Realgymnasium stark betraf, zeigt ein anderes Dokument. Anlässlich seiner Abiturprüfung liegt das »Gesuch des Oberprimaners Hermann Simons zur Zulassung zur Reifeprüfung 1932« vor. Derartige Texte verlangten von den Schülern, den eigenen Bildungsgang zu beschreiben. Der älteste Sohn des Deutzer Rabbiners schrieb: »Die zu frühe Begegnung mit Antisemitismus und Judenhaß mag

45 Nachrichtenblatt des Realgymnasiums Köln-Deutz, Erste Folge Nr. 1–15, 1928–1933, hg. v. Dr. Grötz, Köln, hier: Nr. 11, Weihnachten 1931, S. 2.

46 ArDGS: zum Beispiel Abiturthema Ostern 1925 von Julius Wiegand: »Kann ein Völkerbund der Welt Frieden und Gerechtigkeit gewährleisten?«; Akte Abitur 1925.

47 ArDGS: Prüfungsaufsatz Walter Behrens O1b vom 26. Februar 1931.

48 ArDGS: Akte Abitur 1931. Schulleiter Eylert charakterisiert diesen »gut beanlagt[en], aber schwer zu behandeln[den]« Schüler so: »Aber seine wohl teilweise jüdisch bestimmte Neigung zu Dialektik wird gehemmt durch eine bei seiner Abstammung und bei seinem Bildungswillen befremdende Schwerfälligkeit im Ausdruck, […]«.

49 ArDGS: Akte Reifeprüfung Ostern 1931: Gesuch des Oberprimaners Walter Behrens.

mich stark beeinflußt haben. [...] Nicht wenig beeindruckten mich auch die politischen Ereignisse. [...] Rabbiner möchte ich werden, um in diesem Berufe meinen Glauben an die Seele des Menschen fruchtbar verwerten zu können. Das Urerlebnis meines ganzen Lebens ist mein Judentum, in dessen Dienst ich meine ganze Kraft stellen werde im Kampf gegen den Antisemitismus«.[50] Simons erlebte offensichtlich die zunehmende antisemitische Radikalisierung und die sich verschlechternde Situation für Kölner Juden in den letzten Jahren der Republik. Es kann nur spekuliert werden, welche konkreten Ereignisse ihn prägten.[51] Sein Bruder Ernst berichtete später davon, dass die Familie Simons 1928 erstmals »die ersten großen Schmierereien vor der Tür der Gemeinde« in Deutz erlebten.[52]

Wenige Tage nach der Ernennung Hitlers zum Reichskanzler schrieb der jüdische Schüler Alexander Silbermann am 4. Februar 1933 seinen Deutschaufsatz im Abitur. In der Aufgabe galt es, einen »Entwurf einer Schülerrede zum Schuljubiläum« zu verfassen. 1933 wurde das Deutzer Realgymnasium nämlich 25 Jahre alt, was den Lehrer Johannes Engelien veranlasste, diese Aufgabe zu stellen. Silbermann nutzte die Gelegenheit, um allgemeine ethische und politische Grundsätze für eine gute Schule zu entwickeln: »Ein Jubiläum ist ein Fest der Besinnung. Für uns Schüler wird es ein Anlass sein, uns über das Wesen der Schule, ihre Bedeutung und Stellung im öffentlichen Leben klar zu werden. Ich werde versuchen, im Wesentlichen den Einfluss darzustellen, den die Schule auf uns ausübt. Es gibt in der Erziehungsarbeit der Schule keine Unterschiede, die eine verschiedene Behandlung der Schüler zuließen, seien sie politischer, ständischer oder konfessioneller Art. Wir werden gemessen und wissen uns gegenseitig nicht anders zu messen, als an unseren geistigen und Charakter-Fähigkeiten«.[53]

3. *Antisemitismus im Schulalltag und beim Lehrerkollegium*

»Dieser paradiesischen Zeit am Realgymnasium Köln-Deutz folgte die peinliche Begegnung mit der Wirklichkeit des praktischen Lebens und bittere Enttäuschung«.[54] Mit diesen Worten bilanzierte der jüdische Schüler Arnold Meier im

50 ArDGS: Akte Hochschulreife 1932; Gesuch vom 1. Dezember 1931.
51 Vgl. allgemein zu Köln Wenge: Integration (Anm. 2), S. 429 ff.
52 Interview mit Ernst Simons, WDR 3 (Anm. 32).
53 ArDGS: Akte Reifeprüfung 1933.
54 Arnold Meier: Rückblick eines ehemaligen jüdischen Schülers, in: Festschrift des Gymnasiums Schaurtestraße zu Köln-Deutz aus Anlaß seines 75jährigen Bestehens 1983, hg. v. Gymnasium Schaurtestraße, Köln 1983, S. 47–49, hier S. 48.

Jahr 1983 seine Schulzeit (1918–1925) in Deutz. Meier entschloss sich Deutschland zu verlassen. Im März 1933 ging er ausgestattet mit einem Empfehlungsschreiben des ehemaligen Schulleiters Jungbluth nach London, um dort seine akademische Laufbahn fortzusetzen.

Die Gleichschaltung von Schule und Lehrerschaft prägte auch die Situation in Deutz. Auf vielen Ebenen ist die Ausrichtung der Schule im Sinne des Nationalsozialismus nachweisbar. Die jüdischen Schüler bemerkten nach dem 30. Januar 1933 auch dort schnell, dass nun eine Zeit der Unfreiheit begann. Die Studienräte Josef Gail und Johannes Engelien wurden gemäß § 4 des Gesetzes zur Wiederherstellung des Berufsbeamtentums entlassen. Gail war bis 1933 Stadtverordneter des Zentrums und Mitglied des Reichsbanners.[55] Engelien warf man seine Mitgliedschaft in der SPD und ganz allgemein eine marxistische und pazifistischen Aktivitäten vor.[56] Er hatte vielleicht auch jüdische Verwandtschaft, was zum Zeitpunkt der Entlassung aber unbekannt war und erst 1939 aktenkundig wurde.[57] Der Schulleiter vermerkte im April 1933 in den Schulakten, dass keine »Lehrerehen mit Jüdinnen« vorhanden seien.[58]

Eylert berichtete nach 1945 über seine Zeit als Schulleiter und betont seine Gegnerschaft gegenüber dem Rassismus der Nationalsozialisten: »Besonderes Mißfallen hatte ich erregt, als ich in der Aula der versammelten Schülerschaft zur Pflicht gemacht hatte, mit den jüdischen Mitschülern nach wie vor treue Kameradschaft zu halten und niemanden wegen seiner Rasse oder Konfession gering zu achten, zumal wenn jemand einem nichts zu Leide getan habe. – Der jüdische Religionslehrer Dr. Simons hat mir daraufhin einen Besuch gemacht und mir den Dank der jüdischen Eltern zum Ausdruck gebracht. Dieses Eintreten für die mir anvertrauten jüdischen Schüler solle mir niemals vergessen

55 Im Schreiben des Oberbürgermeisters heißt es, 31. Juli 1933: »Insbesondere den Schülern der unteren Klassen, in denen er hauptsächlich unterrichtet, versucht er immer wieder, sein ›republikanische‹ Gesinnung einzuimpfen«; zitiert nach: Machtergreifung und Gleichschaltung: Kölner Schulen 1933–1935. Loseblatt-Ausgabe: 2. NS-Personalpolitik in der Schule, Köln o. J.

56 LAV NRW R HSA-Pe Nr. 1008.

57 Vgl. Trapp: Kölner Schulen (Anm. 3), S. 15; Am 21. Juni 1939 erkundigte sich der Studienassessor Alfred Schneider aus Ratibor brieflich beim Schulleiter: »Wie mir bekannt geworden ist, bestehen Zweifel hinsichtlich der arischen Abstammung des Studienrats Engelien. Es wird vermutet, daß er aus diesem Grund den Schuldienst hat vorzeitig aufgeben müssen. Vielleicht können Sie, sehr geehrter Herr Oberstudiendirektor, in Ihrem Kollegium feststellen, ob diese Vermutung zutrifft. Da eine mir nahestehende Person in verwandtschaftlicher Beziehung zu dem genannten Studienrat steht, wäre diese Feststellung für mich nicht ohne Bedeutung«. Schulleiter Börger antwortete am 26. Juni, dass »grundsätzlich Personalauskünfte nur durch den Herr Oberpräsidenten« erteilt werden könnten. Briefwechsel im ArDGS; Johannes Engelien hat im Jahr 1946 gegenüber dem Schüler Rolf Quodbach bestätigt, dass er jüdische Vorfahren habe (unveröffentlichtes Interview mit Quodbach vom 21. Januar 2019).

58 ArDGS: Tagebuch 1. Juni 1930 bis 1. April 1936; Eintrag vom 4. April 1933.

werden. Sein ältester Sohn, der später im Ausland studierte, hat mir von dort noch wiederholt geschrieben«.[59]

Dennoch spiegelt sich unter der Leitung Eylerts die nationalsozialistische Ausrichtung der Schule im Schulalltag.[60] Bereits in der Publikation zum 25-jährigen Schuljubiläum 1933 schrieb der Direktor zum Lehrplan Geschichte und Staatsbürgerkunde: »Die beiden letzten Jahrzehnte zeigen über Weltkrieg und Versailles den Zusammenbruch der liberalistisch-marxistischen Weltanschauung durch den siegreichen Durchbruch des nationalsozialistischen Freiheitsgedankens«. Auch die curricularen Vorgaben im Fach Biologie wurden der NS-Ideologie angepasst: Einsichten der »Rassenkunde«, »Rassenhygiene« und der »Rassenprobleme« sollten für das »staatsbürgerliche Handeln« wirksam werden.[61]

Einen vorläufigen Abschluss der Gleichschaltung stellte die Ablösung von Direktor Dr. Theodor Eylert dar, gegen den vorher ermittelt wurde, da er die Überwachung und Entfernung der oben genannten Lehrer nicht aktiv genug unterstützt habe. 1935 musste er auf den Posten des Schulleiters am Realgymnasium Mülheim wechseln, das aus Sicht vorgesetzten Schulbehörde als Schule unbedeutender war.[62]

An dieser Stelle soll die Frage nicht im Detail beantwortet werden, wie stark die Schulwirklichkeit bereits 1933 nationalsozialistisch geprägt war (Abb. 4). Die Publikationen nach 1945 zur Schulgeschichte betonen, dass je nach Lehrer eine gewisse Distanz zum Nationalsozialismus geherrscht habe. Studienrat Dr. Wilhelm Steinforth spricht in einem »Persilschein« gar von einem »antinazistischen Kollegium«.[63] Vermutlich gilt das für einzelne Lehrer. Von Prälat Dr. Josef Herkenrath, Studienrat für katholische Religion, überliefert Horst Blumrath eine Aussage gegenüber den jüdischen Schülern: »Die träcke die brunge Butze widder us«.[64]

59 HAStK Best. 904 (Schwering, Ernst), A 528.

60 Siehe die zahlreichen Veranstaltungen im nationalsozialistischen Sinne im Schuljahr 1933/34. DIPF/BBF/Archiv – Rheinprovinz Bd. 285c 88: Städtisches Realgymnasium Köln-Deutz. Bericht über das Schuljahr 1933/34. Nr. 26 von dem Leiter der Anstalt OStD Dr. Theodor Eylert, Köln 1934.

61 Eylert: Jahre (Anm. 10), S. 43, 47.

62 Vgl. Trapp: Kölner Schulen (Anm. 3), S. 16. LAV NRW R Br-PE Nr. 9329. Zu Eylerts Rolle auch Winand Breuer: Die Höhere Bürgerschule Mülheim und die nachfolgenden Schulen von 1800–1945, in: Rechtsrheinisches Köln. Jahrbuch für Geschichte und Landeskunde 29 (2003), S. 163–193, hier S. 186.

63 LAV NRW R HSA-Pe Nr.: 4300: Schreiben Steinforths an das Schulamt vom 6. Oktober 1948.

64 Horst Blumrath/Eva Blumrath-Goetze: 100 Jahre Deutzer Gymnasium. Eine Schulchronik, in: Deutzer Gymnasium Schaurtestraße. 1908–2008. Eine Festschrift der Schule, hg. v. Deutzer Gymnasium, Köln 2008, S. 14–33, hier S. 39; Herkenrath wird auch ein kollegiales Verhalten gegenüber dem Deutzer Rabbiner und Toleranz gegenüber dem Judentum attestiert, siehe Ferdinand Graf: Prälat Dr. Joseph Herkenrath, in: Fünfzig Jahre Städtisches Neusprachliches Gymnasium Köln-Deutz 1908–1958, hg. v. Lehrerkollegium des Städtischen Neusprachlichen

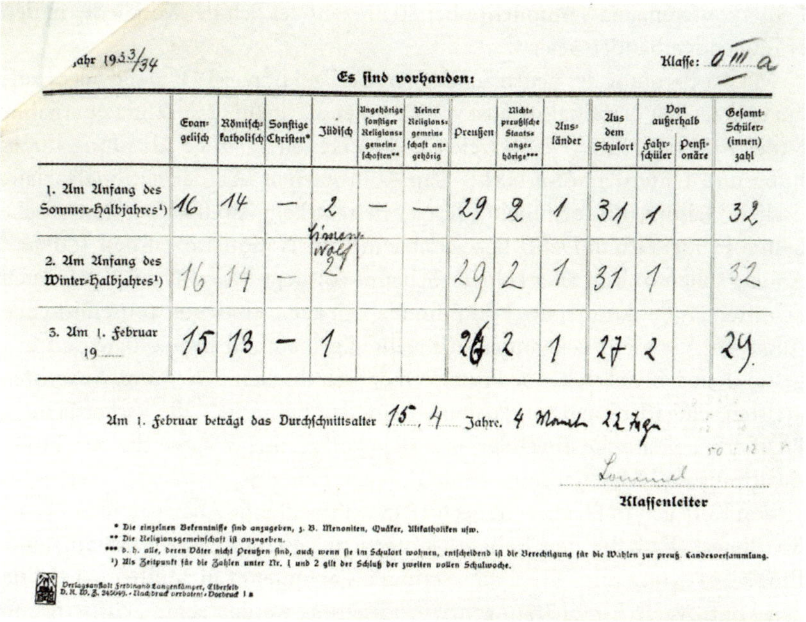

Jahr 1933/34 Klasse: O III a

Es sind vorhanden:

	Evangelisch	Römisch-katholisch	Sonstige Christen*	Jüdisch	Angehörige sonstiger Religionsgemeinschaften**	Keiner Religionsgemeinschaft angehörig	Preußen	Nichtpreußische Staatsangehörige***	Ausländer	Aus dem Schulort	Von außerhalb: Fahrschüler	Von außerhalb: Pensionäre	Gesamt-Schüler(innen)zahl
1. Am Anfang des Sommer-Halbjahres¹)	16	14	–	2	–	–	29	2	1	31	1		32
2. Am Anfang des Winter-Halbjahres¹)	16	14	–	Simons Wolf 2			29	2	1	31	1		32
3. Am 1. Februar 19....	15	13	–	1			26	2	1	27	2		29

Am 1. Februar beträgt das Durchschnittsalter 15, 4 Jahre. 4 Monate 22 Tage

Klassenleiter

* Die einzelnen Bekenntnisse sind anzugeben, z. B. Menoniten, Quäker, Altkatholiken usw.
** Die Religionsgemeinschaft ist anzugeben.
*** d. h. alle, deren Väter nicht Preußen sind, auch wenn sie im Schulort wohnen, entscheidend ist die Berechtigung für die Wahlen zur preuß. Landesversammlung.
¹) Als Zeitpunkt für die Zahlen unter Nr. 1 und 2 gilt der Schluß der zweiten vollen Schulwoche.

Verlagsanstalt Ferdinand Langenkämper, Elberfeld D. R. W. Z. 245049. - Nachdruck verboten! - Vordruck 1 a

Abb. 4: Die Erhebung von Schülerdaten erfolgte mit Formblättern. Am Ende des Schuljahres 1933/34 wurden nur die jüdischen Schüler gesondert mit Namen in ihren jeweiligen Klassen vermerkt: Simons Wolf[f]. (Foto: Deutzer Gymnasium Schaurtestraße, Köln)

Ernst Simons beschrieb die Situation: »33 war ich im Gymnasium in Quarta, in der dritten Klasse. Es war eine Zeit am Anfang, wo Lehrer noch ihre Opposition zeigen konnten. […] Z. B. der Lateinlehrer Haverkamp sagte, als es Gesetz wurde, dass die Lehrer mit Heil Hitler begrüßten: ›Was sagt man heute? Drei Liter oder was?‹. Es war ein Zeichen der Opposition. Das wurde natürlich immer schlimmer, weil manche Lehrer befördert werden wollten. Ganz besonders schlimm waren die Turnlehrer, weil sie keine Beamten waren und sie wollten gern verbeamtet werden«.[65] Das Schulleben wurde nach 1933 auf vielfältige Weise der NS-Schulpolitik unterworfen.[66] Im September 1935 verkündete Schulleiter Börger auf der

Gymnasiums Köln-Deutz, Köln 1958, S. 53–57, hier S. 57. Vgl. zur Distanz von Eylert zum Nationalsozialismus auch Trapp: Kölner Schulen (Anm. 3), S. 189.

65 Ernst Simons im Interview des NS-Dokumentationszentrums der Stadt Köln (Anm. 33).

66 Vgl. Herbert Knauf: 50 Jahre Gymnasium Deutz, in: Fünfzig Jahre Städtisches Neusprachliches Gymnasium Köln-Deutz 1908–1958, hg. v. Lehrerkollegium des Städtischen Neusprachlichen Gymnasiums Köln-Deutz, Köln 1958, S. 13–48, hier S. 31; allgemein Trapp: Kölner Schulen

Lehrerkonferenz, dass nunmehr über 80 Prozent der Schüler Mitglieder in den NS-Jugendverbänden seien.[67]

Mit der Berufung des neuen Schulleiters Dr. Paul Börger 1935 stand der Schule ein überzeugter Nationalsozialist vor. Bevor er die Stellung in Deutz übernahm, war er 1933 der NSDAP beigetreten und leitete seit 1934 die Abteilung »Erziehung und Unterricht« im NSLB-Gau Köln-Aachen. An der nationalsozialistischen Haltung von Schulleiter Börger besteht kein Zweifel. Der katholische Lehrer Herkenrath in Deutz bezeichnete ihn als »Nationalsozialisten 100%«.[68] Andere sahen in ihm aber keinen »Schaum-vor-dem-Mund-Nazi«.[69] In seinen Schriften als Funktionär des NSLB finden sich keine eindeutig antisemitischen Aussagen. Vielmehr bekennt er sich recht allgemein zur Erbbiologie und Erbgesundheitslehre als leitende Prinzipien der schulischen Erziehung. Ansonsten kreisten seine ideologischen Positionen um den Führerkult, die Verherrlichung Preußens, soldatische Tugenden und die »Volksgemeinschaft«, die den Individualismus und Materialismus zurückdrängen müsse.[70]

Von Kollegen in Deutz sind nach 1945 wohlwollende Aussagen über Börger überliefert. Er habe den Religionsunterricht geschützt. Im Rahmen seiner Entnazifizierung und Wiedereinsetzung als Schulleiter in Mülheim 1950 liegen kontroverse Einschätzungen vor. Einerseits werden seine Schriften und Aktivitäten im Sinne des Nationalsozialismus betont. Entlastende Aussagen beziehen sich auf den Schutz von Kollegen vor Verfolgung und einer innerschulischen Amtsführung, die gewisse pädagogische Freiheiten sicherte. Dr. Wilhelm Steinforth, 1933 selbst von Amtsenthebung betroffen, erwähnt zum

(Anm. 3), S. 81ff.; Horst Matzerath: Köln in der Zeit des Nationalsozialismus 1933–1945, Köln 2009, S. 180ff.

67 ArDGS: Protokollbuch für Realgymnasium Köln-Deutz ab 12. November 1934–10. März 1949; S. 30. Wegweiser durch das höhere Schulwesen des Deutschen Reichs. Reichsstelle für Schulwesen (Bearb.), 1. Jg. (Schuljahr 1935)–7. Jg. (Schuljahr 1941), Berlin 1936–1943: Jg. 2 für das Schuljahr 1935/36, S. 37: 181 Schüler im Jungvolk, 154 Schüler in der HJ. Das sind 83 Prozent.

68 AEK, CR 12.100: Schreiben von Herkenrath an das Generalvikariat, 28. November 1934, 12. Februar 1935; Herkenrath nahm die Berufung Börgers zum Anlass, seine Pensionierung zu betreiben.

69 Zur strittigen Beurteilung Börgers siehe: Knauf: 50 Jahre (Anm. 66), S. 33; Trapp: Kölner Schulen (Anm. 3), S. 45; Agnes Blänsdorf: Lehrwerke für Geschichtsunterricht an Höheren Schulen 1933–1945: Autoren und Verlage unter den Bedingungen des Nationalsozialismus, in: Hartmut Lehmann/Otto Gerhard Oexle (Hg.): Nationalsozialismus in den Kulturwissenschaften, Bd. 1, Fächer – Milieus – Karrieren, Göttingen 2004, S. 273–370, hier S. 310. Zu Börger und der »Domplombe« siehe Carl Dietmar: Kölner Mythen. Wie die Kölner sich ihre Wahrheit(en) basteln, Köln 2005.

70 Paul Börger, Grundformen nationalsozialistischer Erziehung, in: NSLB Mitteilungsblatt, Gau Köln Aachen, 9/1934, S. 12f.; siehe auch NSLB Mitteilungsblatt, Gau Köln Aachen, 9/1935, 1. Mai 1935, S. 122–124; NSLB Mitteilungsblatt, Gau Köln Aachen, 16/17 1937, 1. September 1937, S. 250.

Beispiel, dass Börger ihm die Behandlung jüdischer Schriftsteller im Unterricht nicht untersagt hätte.[71] Seine vergleichsweise gemäßigte Position zeigt sich auch beim Umgang mit jüdischen Schülern im Realgymnasium. Ernst Simons berichtete in einem Interview aus dem Jahre 2004: »Ich erinnere mich des Dr. Börger genau. Der alte Direktor des Gymnasiums Schaurtestraße Dr. Eilert [sic!] wurde durch die Nazis abgesetzt und Herr Börger kam als Nazi als Direktor nach Deutz. Ich sehe ihn noch in der (Sa-) Uniform in der Aula rufen: ›Unserem Führer Sieg Heil!‹ Ich muss aber sagen, dass er sich ziemlich fair gegenüber den jüdischen Schülern verhalten hat. Er war sogar einmal bei uns zu Hause in der Wohnung am Reischplatz. Als mein Bruder [Kurt Simons] im jüdischen Krankenhaus mit Blinddarmentzündung lag, kam er ihn, da er Schüler des Gymnasiums war, mit zwei Hitlerjungen im jüdischen Krankenhaus besuchen«.[72]

Kurt Simons beschrieb Ende 1935 sehr wohlwollend das Klima in der Schule: »Die Tatsache meines Judeseins hat mich im Schulleben nie beengt«. Er betonte jedoch, dass es eine gewisse Distanz zu den christlichen Schülern wegen seiner Religion gegeben habe (Abb. 5).[73] Er resümierte: »Ich komme damit auf das Problem, das mich heute stark beschäftigt: das jüdische Problem. Die nationalsozialistische Revolution hat meine Anschauung über die Beziehung Deutschtum – Judentum vollkommen geändert. Ich glaube wohl sagen zu können, daß ich aus innerster Überzeugung und auch durch Erziehung stets dachte, Deutscher zu sein. Ich habe niemals, auch nicht durch antisemitische Literatur, irgendeinen Zweifel zu meiner Zugehörigkeit zum deutschen Volk gehabt. Die nationalsozialistische Revolution hat mein Denken in andere Bahnen gelenkt […]«.[74] Kurt Simons konnte als letzter jüdischer Schüler 1936 in Deutz die Reifeprüfung ablegen.[75] In seinem Abituraufsatz im Fach Deutsch musste er sich mit folgender Frage auseinandersetzen: »Weshalb treibe ich Familienforschung und welche besonderen Pflichten erwachsen mir aus der Kenntnis der Vererbungslehre?« Selbstredend reproduzierte er nicht die NS-Rassenideologie, sondern äußerte sich dazu, wie ihn seine jüdische Familie prägte, und stellte sich die Frage, »ob die Reinheit oder die Mischung der Rasse als Ideal anzustreben sei«. Im Folgenden sprach er sich für die Erforschung der eigenen

71 LAV NRW R HSA-Pe Nr.: 4300: »Persilschein« Steinforths im Rahmen der Entnazifizierung an das Schulamt vom 6. Oktober 1948.

72 Unveröffentlichtes Interview von Dr. Fritz Bilz mit Ernst Simons vom 17. Februar 2004.

73 ArDGS: Akte Abitur 1936 712–726.

74 ArDGS: Akte Abitur 1936 712–726. Gesuch des Oberprimaners Kurt Simons um Zulassung zur Reifeprüfung, 5. Dezember 1936.

75 Ebd.

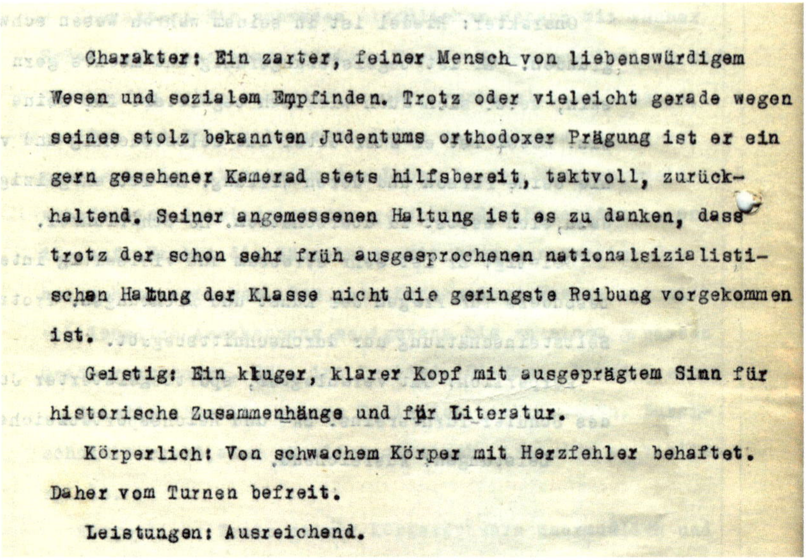

Charakter: Ein zarter, feiner Mensch von liebenswürdigem Wesen und sozialem Empfinden. Trotz oder vielleicht gerade wegen seines stolz bekannten Judentums orthodoxer Prägung ist er ein gern gesehener Kamerad stets hilfsbereit, taktvoll, zurückhaltend. Seiner angemessenen Haltung ist es zu danken, dass trotz der schon sehr früh ausgesprochenen nationalsozialistischen Haltung der Klasse nicht die geringste Reibung vorgekommen ist.

Geistig: Ein kluger, klarer Kopf mit ausgeprägtem Sinn für historische Zusammenhänge und für Literatur.

Körperlich: Von schwachem Körper mit Herzfehler behaftet. Daher vom Turnen befreit.

Leistungen: Ausreichend.

Abb. 5: Gutachten von Schulleiter Börger vom 12. Dezember 1935 über den Oberprimaner Kurt Simons vor der Abiturprüfung im Februar 1936 (Foto: Deutzer Gymnasium Schaurtestraße, Köln)

Familiengeschichte aus, um Erbkrankheiten zu verhindern. Er hatte dabei das Glück, von Wilhelm Steinforth unterrichtet und benotet zu werden, der als ausgewiesener Gegner des Nationalsozialismus bekannt war und Simons' Arbeit als die beste bewertete. Studienrat Steinforth nutzte im Unterricht seinen Handlungsspielraum aus: In den Abituraufsätzen der Mitschüler gibt es auch keine positiven Bemerkungen zum Antisemitismus der Nationalsozialisten. Es kann generell festgestellt werden, dass kein Deutschlehrer nach 1933 Aufsatzthemen stellte, die Rassismus und Antisemitismus zum Gegenstand hatten. Anders verhielt es sich mit den Aspekten HJ, Führerkult und Germanentum. Kurt Simons blieb der Schule und dem Schulleiter auch nach seiner Flucht aus Deutschland im selben Jahr in Dankbarkeit verbunden. Der Ex-Schüler sandte ihm zum Jahreswechsel 1936/37 aus dem Exil in Brüssel eine Postkarte mit herzlichen Neujahrsgrüßen, in der er zu Börger und seiner Schulzeit schrieb: »Ich hoffe, dass Sie mich nicht vergessen. Ich selbst denke recht oft u. gern an die Schulzeit zurück«.[76] Schulleiter Börger betrieb einerseits in der Aula der Schule Agitation

76 ArDGS: Postkarte von Kurt Simons an Dr. Paul Börger vom 30. Dezember 1936.

im Sinne des Nationalsozialismus. Gleichzeitig konterkarierte er diese Haltung, indem er im sozialen Miteinander die Ausgrenzung aufhob.[77]

In den Jahren 1937 und 1938, also in einer Zeit in der es noch mindestens einen jüdischen Schüler am Realgymnasium gab, entstand in Deutz das achtbändige Geschichtsbuch für Oberschulen und Gymnasien »Das Erbe der Ahnen«. Herausgeber war Schulleiter Börger. Er gewann Dr. Karl Dietrich Erdmann, Studienassessor für Geschichte in Deutz, als Autor für den Abschnitt »Die Geschichte des Zweiten und Dritten Reiches von 1871 bis zur Gegenwart«.[78] In der Einreichfassung des Lehrwerks schrieb Erdmann über die Rolle der Juden in der deutschen Geschichte: »Auch blutmäßig drang das Judentum in den deutschen Volkskörper ein. Die Zahl der Mischehen nahm zu. Das wurde erleichtert durch den Mißbrauch der Taufe; denn allgemein sah man damals im Judentum nicht das andere Volk und die andere Rasse, sondern die andere Religion. So konnte scheinbar durch den Wechsel der Religion aus einem Juden ein Deutscher werden. In Wirklichkeit aber werden die schöpfungsmäßigen Unterschiede der Rasse durch die Taufe nicht aufgehoben«.[79] Herausgeber Börger und Autor Erdmann entwarfen als Kollegen am Realgymnasium einen Schulbuchtext für den Geschichtsunterricht, der dem nationalsozialistischen Geschichtsbild und der antisemitischen Ideologie in Teilen entsprach.[80]

Weitere Lehrer äußerten sich linientreu und antisemitisch. Besonders regimenah trat Studienrat Dr. Matthias Kochs auf, wie ehemalige Schüler später bestätigten.[81] Seine parteipolitische Betätigung führte zum Aufstieg bis zum

77 Siehe hierzu allgemein für Köln Wenge: Integration (Anm. 2), S. 423 ff.

78 Wie sehr Börger den Studienreferendar als Fachkollegen schätzte, wird in seinem Gutachten über die Prüfungsarbeit Erdmanns vom 7. Juni 1936 deutlich, ArDGS Akte Stud. Ref 1935/36: »Dr. Erdmann gehört zu den wenigen Referendaren, die ausser einer gediegenen wissenschaftlichen Grundlage eine natürliche unterrichtliche Begabung mitbringen. […] Der Unterricht war in Vorbereitung, Aufbau und Durchführung mustergültig«.

79 Zitiert nach: Martin Kröger/Roland Thimme: Die Geschichtsbilder des Historikers Karl Dietrich Erdmann. Vom Dritten Reich zur Bundesrepublik, München 1996, S. 122. Siehe auch Martin Kröger: Der Historiker als Mitläufer. Karl Dietrich Erdmann im »Dritten Reich«, in: GiK 41 (1997), S. 95–110.

80 Zur Kontroverse um die Vergangenheit und die Geschichtsbilder von Karl Dietrich Erdmann im Nationalsozialismus siehe auch Christoph Cornelißen: Karl Dietrich Erdmann: Fortsetzung einer Debatte und offene Fragen, in: GWU 12 (2010), S. 692–699; Hartmut Lehmann: Karl Dietrich Erdmann in der Zeit des Nationalsozialismus: Erdmann als Lehrer, in: GWU 12 (2010), S. 700–712; Studienassessor Erdmann hatte zeitgleich selbst Probleme mit der arischen Abstammung. Aufgrund eines fehlenden Nachweises über die arische Abstammung seiner zukünftigen Ehefrau schied er aus dem Schuldienst aus.

81 Unveröffentlichte Zeitzeugengespräche mit Rolf Quodbach und Erich Höhner. Siehe auch Kochs Rolle bei der Anklage gegen den Jesuitenpater Josef Spieker: Kochs erstattete am 31. Oktober 1934 bei der NSDAP-Ortsgruppe Deutz Anzeige gegen den Geistlichen, weil dieser während einer Predigt am 28. September in der Kirche St. Maria Himmelfahrt regimekritische Äußerungen gemacht haben sollte. Vgl. Josef Spieker: Mein Kampf gegen Unrecht in Staat und Gesellschaft. Erinnerungen eines Kölner Jesuiten, Köln 1971.

Gauschulungsredner im Gau Köln-Aachen im Jahr 1938.[82] Seine rassistische Ideologie wird durch zahlreiche Reden belegt. Deren Themen waren unter anderem: »Deutscher Kampf um Blut und Rassenhygiene« oder »Die Zersetzung des deutschen Blutes durch den jüdischen Kulturbolschewismus«. Darin propagierte er auf Parteiveranstaltungen der NSDAP den Antisemitismus und ein Zuhörer lobte, dass »er die ungeheure Gefahr dieses Fremdkörpers für das deutsche Volk umfassend« nachgewiesen habe. Er resümiert Kochs Einschätzung: »Im dritten Reiche ist dem jüdischen Volke jeder Einfluß und jede Macht durch die Nürnberger Gesetze genommen«.[83] Zwei Kollegen von Kochs belasteten ihn im Rahmen der Entnazifizierung 1947. Schulleiter Haferkamp schrieb: »Im Schulunterricht hat er den Nazi-Standpunkt sehr stark vertreten, besonders unfein in der Judenfrage«. Der 1933 entlassende Johannes Engelien unterrichtete nach 1945 wieder in Deutz und teilte dem Entnazifizierungsausschuss mit, dass er die Schule nie wieder betreten würde, wenn man Kochs entnazifiziere und diesem erlaube, wieder zu unterrichten. Er äußerte sich über Kochs eindeutig: »Hetzredner gegen das Judentum«.[84]

Studienrat Dr. Alfred Grötz war bis 1935 im NSLB Gau Köln-Aachen als Schriftleiter tätig und forderte in Artikeln des Mitteilungsblattes von den Erziehern, »die Förderung der leiblichen, charakterlichen und geistigen Kräfte zur unteilbaren Ganzheit im volks- und rassegebundenen Menschen«.[85] Er diffamierte das »jüdisch zersetzte Salonbolschewiken-, Pazifisten- und Literatentum«.[86]

Zusammenfassend kann man dem so knappen wie prägnanten Urteil von Ernst Heinen nur zustimmen, dass »es in den Kreisen der Lehrer- und Schülerschaft nicht an eifrigen Anhängern des Regimes fehlte«.[87]

82 ArDGS: Ordner Pensionierte Lehrer: Personalblatt A Matthias Kochs, S. 4; siehe auch: LAV NRW R NW 1049 Nr. 5400.

83 NSLB Mitteilungsblatt, Gau Köln-Aachen: 15/1936, 1. August 1936, S. 250f.; 20/1936, 15. Oktober 1936, S. 314; 23/1936, 1. Dezember 1936, S. 359; 19/1937, 1. Oktober 1937, S. 288; 21/1937, 1. November 1937, S. 318.

84 Schreiben von Schulleiter H. Haverkamp an das Schulamt der Stadt Köln, 1. Juli 1947; Brief von Johannes Engelien an den Untersuchungsausschuss für Entnazifizierung, 19. Januar 1947; beide in: LAV NRW R NW 1049 Nr. 5400.

85 NSLB Mitteilungsblatt, Gau Köln-Aachen, 11/1935, 15. Juni 1935, S. 154; siehe auch: Dr. Grötz: Parteitag der Freiheit, In: NSLB Mitteilungsblatt, Gau Köln-Aachen, 18/1935, 15. September 1935, S. 259; NSLB Mitteilungsblatt, Gau Köln-Aachen, 15/1938, 1. November 1938, S. 358.

86 Grötz: »Intellektualismus« und geistige Arbeit, in: NSLB Mitteilungsblatt, Gau Köln-Aachen, 14/1935, 15. Juli 1935, S. 21.

87 Ernst Heinen: Das Gymnasium Köln-Deutz im Wandel der Zeitgeschichte, in: Jahrbuch des Kölnischen Geschichtsvereins 55 (1984), S. 183–195, hier S. 189.

4. Vertreibung der jüdischen Schüler aus dem Realgymnasium

Eine weitere Schilderung von Ernst Simons belegt rassistische Hetze in der Aula: »Die erste Bedrohung habe ich erlebt in einer sogenannten nationalpolitischen Schulungsstunde im Deutzer Gymnasium, wo alle Schüler hinmußten [...] und dort hörten wir zum ersten Mal massive Vorwürfe in der Schule. Aber ich vergesse auch nicht, daß Lehrer in der Schule weiß wurden und der katholische Religionslehrer zu jüdischen Schülern hinging und sagte: Nehmt das nicht so ernst. Auch diese Zeit geht vorbei. Das war wohl 1933. Es gab sicher Antisemitismus [...] aber der war nicht so tragisch. Es wurden Spottlieder auf die Juden gesungen, aber eine Bedrohung fand nicht statt, die kam erst mit den Nürnberger Gesetzen. Man wurde zwar als Jude verspottet, aber ein rassistisches Denken gab es nicht. Natürlich haben die deutschen, christlichen Kinder das auch nicht so richtig mitbekommen«.[88] Den persönlichen Kontakt zu Mitschülern hat Simons in Interviews wiederholt so beschrieben, dass sie einerseits Lieder mit antisemitischem Inhalt sangen. Anschließend seien sie aber zu ihm gekommen und sagten: »Dich minge mir nit«.[89] Im Unterschied zu dieser Erinnerung gab es an anderen Kölner Schulen durchaus antisemitische Übergriffe gegenüber Mitschülern.[90]

Derartige Sätze bestätigen einerseits die Durchdringung des Schulalltags mit Antisemitismus. Andererseits scheinen unter anderem der Religionslehrer Herkenrath und einige nichtjüdische Jungen im direkten Kontakt mit ihren jüdischen Mitschülern davon Abstand genommen zu haben.[91] Die sozialen Alltagsbeziehungen innerhalb der Schule zwischen Juden und Nichtjuden waren vermutlich komplexer, als es die Vorstellung von antisemitischer Ausgrenzung versus Integration vermuten lässt.

Auf vielen Ebenen wird die Ausgrenzung der jüdischen Schüler deutlich: Die statistische Erfassung der Schüler sah bis 1933 nur vor, die religiöse Zugehörigkeit zu dokumentieren (Abb. 6). 1934 änderte sich die statistische Erfassung der Schüler durch das Reichsministerium für Wissenschaft, Erziehung und Volksbildung: Nun wurde neben der Religionszugehörigkeit auch die »Reichs- und Rassezugehörigkeit« vermerkt. Im Rahmen des Jahresberichts vom 1. Mai 1934

88 Interview mit Ernst Simons, WDR 3 (Anm. 32).

89 Blumrath: Jahre (Anm. 5), S. 39. siehe auch: Ernst Simons im Interview des NS-Dokumentationszentrums der Stadt Köln (Anm. 33).

90 Vgl. Trapp: Kölner Schulen (Anm. 3), S. 75 f.; Barbara Becker-Jákli (Hg.): »Ich habe Köln doch so geliebt«. Lebensgeschichten jüdischer Kölnerinnen und Kölner, Köln 1993, S. 129 f. und S. 180.

91 Vgl. Blumrath: Jahre (Anm. 5), S. 18.

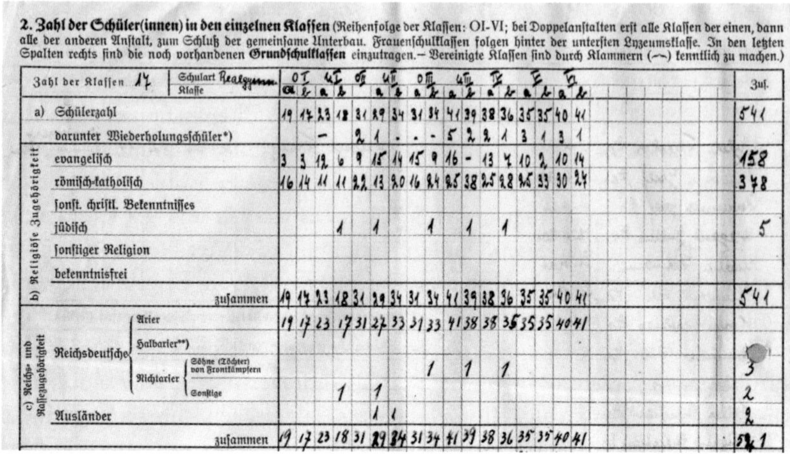

2. Zahl der Schüler(innen) in den einzelnen Klassen (Reihenfolge der Klassen: OI-VI; bei Doppelanstalten erst alle Klassen der einen, dann alle der anderen Anstalt, zum Schluß der gemeinsame Unterbau. Frauenschulklassen folgen hinter der untersten Lyzeumsklasse. In den letzten Spalten rechts sind die noch vorhandenen **Grundschulklassen** einzutragen.– Vereinigte Klassen sind durch Klammern (⌢) kenntlich zu machen.)

Zahl der Klassen 17 / Schulart Realgymn. / Klasse	OI a	OI b	UI a	UI b	OII	UII a	UII b	OIII a	OIII b	UIII a	UIII b	IV a	IV b	V a	V b	VI a	VI b	Zus.
a) Schülerzahl	19	17	23	18	31	29	34	31	34	41	39	38	36	35	35	40	41	541
darunter Wiederholungsschüler*)			–		2	1	.	.	-	5	2	2	1	3	1	3	1	
b) Religiöse Zugehörigkeit: evangelisch	3	3	12	6	9	15	14	15	9	16	-	13	7	10	2	10	14	158
römisch-katholisch	16	14	11	11	22	13	20	16	24	25	38	25	28	25	33	30	27	378
sonst. christl. Bekenntnisses																		
jüdisch				1		1			1		1		1					5
sonstiger Religion																		
bekenntnisfrei																		
zusammen	19	17	23	18	31	29	34	31	34	41	39	38	36	35	35	40	41	541
c) Reichs- und Rassezugehörigkeit: Reichsdeutsche – Arier	19	17	23	17	31	27	33	31	33	41	38	38	35	35	35	40	41	
Reichsdeutsche – Halbarier**)																		
Reichsdeutsche – Nichtarier – Söhne (Töchter) von Frontkämpfern									1		1		1					3
Reichsdeutsche – Nichtarier – Sonstige				1		1												2
Ausländer						1	1											2
zusammen	19	17	23	18	31	29	34	31	34	41	39	38	36	35	35	40	41	541

Abb. 6: Statistische Erfassung der Schüler nach religiösem Bekenntnis und der „Reichs- und Rassezugehörigkeit“ (Foto: Deutzer Gymnasium Schaurtestraße, Köln)

unterschied der Schulleiter »Reichsdeutsche« Schüler in »Arier«, »Halbarier« und »Nichtarier«. Letztere unterschied mal noch dadurch, ob sie Kinder von Frontkämpfern oder nicht gewesen sind.[92]

Insgesamt schloss man nach und nach die jüdischen Jungen von der Schulgemeinschaft aus. So durften sie nicht an den zahlreichen nationalpolitischen Veranstaltungen in der Schule teilnehmen oder man ermöglichte ihnen, sich davon befreien zu lassen. Der Schüler Simons ließ sich beispielsweise von der Teilnahme an den aufwändigen Feiern der Schule zum 1. Mai 1934 beurlauben,[93] die in enger Kooperation mit der HJ durchführt wurden.

Unter den beschriebenen Umständen gingen 1933 noch insgesamt acht jüdische Jungen täglich zum Unterricht am Gotenring. Durch die gute Überlieferungssituation kann im Folgendem detailliert nachgezeichnet werden, wie die jüdischen Schüler nach und nach die Schule verließen beziehungsweise verlassen mussten. Sie sahen sich seit Beginn der NS-Herrschaft Maßnahmen ausgesetzt, die sich gegen den Aufenthalt jüdischer Schüler an staatlichen Schulen richteten. Die rassistische Ideologie der NSDAP wurde nun konkret umgesetzt. Ihre erste Anwendung fand sie im »Gesetz über die Überfüllung von deutschen Schulen und Hochschulen« vom 25. April 1933. Das Gesetz

92 ArDGS: Ergänzungsmeldung zum Jahresbericht 1933/34. Stand vom 1. Mai 1934, S. 3; in: Akte Statistische Nachweisungen (1. Mai 1934–30. Januar 1953).

93 ArDGS: Akte S34–35; Liste mit fehlenden Schülern zur 1. Mai-Feier.

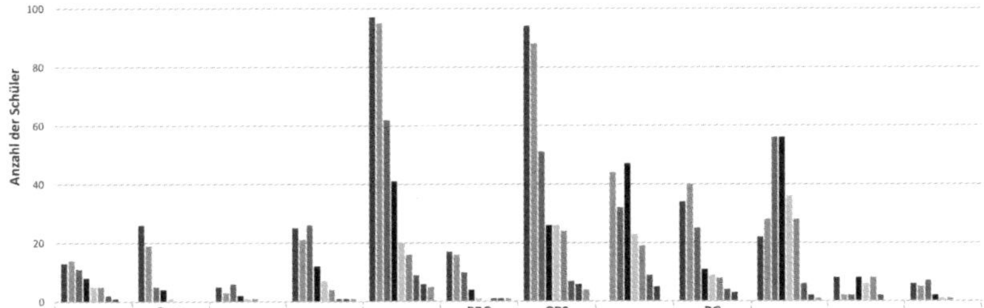

	RG Deutz	Gym. Aposteln-kloster	DKG	FWG mit RG	Gym. Kreuzgasse	RRG Spieser-gasse	ORS Humboldt-str.	ORS Hansaring	RG Ehrenfeld Schillerg.	RG Lindenthal	RRG Mülheim	RG Nippes
1921/22	13	26	5	25	97	17	94		34	22	8	6
1922/23	14	19	3	21	95	16	88	44	40	28	2	5
1927/28	11	5	6	26	62	10	51	32	25	56	2	7
1932/33	8	4	2	12	41	4	26	47	11	56	8	2
1933/34	5	1	1	7	20	1	26	23	9	36	6	1
1935/36	5	0	1	4	16	0	24	19	8	28	8	1
1936/37	2	0	0	1	9	1	7	9	4	6	2	0
1937/38	1	0	0	1	6	1	6	5	3	2	0	0
1938/39	0	0	0	1	5	1	4	0	0	1	0	0

1921/22 1922/23 1927/28 1932/33 1933/34 1935/36 1936/37 1937/38 1938/39

Abb. 7: Anzahl männlicher Schüler mit jüdischer Religionszugehörigkeit an höheren Schulen in Köln. Drei höhere Schulen bleiben unberücksichtigt, da diese nur im Schuljahr 1921/22 jüdische Schüler hatten: Kaiser Wilhelm Gymnasium (3), Oberrealschule Kalk (1), Gymnasium Mülheim (3) (Tabelle: Thomas Kahl, Köln)

zielte darauf, den Anteil von »Nichtariern« auf fünf Prozent zu begrenzen. Jüdische Schüler hätten das Realgymnasium verlassen müssen, wenn die Quote überschritten worden wäre. Das Gesetz fand in Deutz aber keine Anwendung. Von den 545 Schülern waren 1933 weniger als ein Prozent jüdischer Religion. In Deutz ist für die Schuljahre 1936 und 1937 nur ein jüdischer Schüler ausgewiesen, dessen »Reichs- und Rassezugehörigkeit« gemäß den Nürnberger Rassegesetzen (1935) als jüdisch angegeben wurde. Als »jüdisch-mischblütig« wurde kein Schüler in Deutz kategorisiert.

Die Situation in Deutz unterschied sich von der an einigen anderen Kölner Schulen, die einen deutlichen größeren Prozentsatz an jüdischen Schülern hatten (Abb. 7). Am Gymnasium Kreuzgasse gab es im Schuljahr 1933/34 noch einen Anteil von 6,4 Prozent (insgesamt 41 Schüler). Im selben Schuljahr sind in den Akten der Humboldt-Oberschule 4,9 Prozent vermerkt.[94] Diese beiden höheren

94 Für das Schuljahr 1936 werden an allen 15 höheren Schulen für die männliche Jugend Kölns 33 Schüler als »jüdisch-mischblütig« und 32 Jungen als »jüdisch« klassifiziert. Folgende Schulen hatten eine noch vergleichsweise hohe Anzahl jüdischer Schüler: Gymnasium Kreuzgasse (1936: 11 Schüler »jüdisch-mischblütig«/9 Schüler jüdisch); Oberrealschule Humboldtstraße (9/4); Realgymnasium Lindental (2/5); Oberrealschule Hansaring (1/6). Die beiden Zahlen geben die Einteilung in »jüdisch-mischblütig«/jüdisch wieder (Stichtag: 15. Mai 1936). Die

Schulen hatten zusammen mit dem Realgymnasium Lindenthal absolut und prozentual die meisten jüdischen Schüler.[95] Im Vergleich zu einigen anderen höheren linksrheinischen Schulen in Köln blieb der Anteil der jüdischen Schüler in Deutz gering, wie oben schon beschrieben wurde. Andererseits zählte das Realgymnasium wiederum nicht zu den höheren Schulen, die fast keine Juden als Schüler hatten wie die Oberrealschule Kalk, das Gymnasium Mülheim und das Kaiser Wilhelm Gymnasium. Rechtsrheinisch lebende Juden entschieden sich für die Deutzer Anstalt oder das Realgymnasium Mülheim. Die Oberrealschule Kalk und das Gymnasium Mülheim sprachen jüdische Eltern offensichtlich gar nicht an und wurden gemieden. Man wird vorsichtig urteilen können, das mehrere Kriterien die Schulwahl für jüdische Eltern bestimmten: Lage und Ansehen der Anstalt, bereits vorhandene Anzahl von jüdischen Schülern und Schultyp. Beim Schultyp wurden Realgymnasien und Oberrealschulen den altsprachlichen Gymnasien vorgezogen.

Auffällig ist vor allem, dass die Gesamtzahl der jüdischen Jungen an den städtischen höheren Schulen der Stadt bereits vor 1933 deutlich zurückging: von 354 Jungen im Schuljahr 1921/22, über 293 Schüler 1927/28 bis nur noch 221 im Jahr 1932/33 (Abb. 8).[96] Offensichtlich wandelte sich die Bereitschaft vieler jüdischer Eltern schon in den 1920er Jahren, ihre Kinder an staatlichen höheren Schulen unterrichten zu lassen. Einige dieser Kinder fanden in der Jawne ein neues Angebot: Während im Schuljahr 1926/27 erst 84 Schüler die Jawne besuchten, waren es 1929 bereits 149 Jungen. Nach der Machtübernahme der Nationalsozialisten stieg die Schülerzahl 1936/37 auf 215 und erreichte 1937 die Höchstzahl von 423.[97]

Daten für das Jahr 1937 (Stichtag: 25. Mai 1937): Gymnasium in der Kreuzgasse (8 Schüler »jüdisch-mischblütig«/6 Schüler jüdisch); Oberrealschule Humboldtstraße (7/5); Friedrich-Wilhelm-Gymnnasium (4/1); Realgymnasium Lindental (2/2). Wegweiser (Anm. 66), hier: 2. Jg. (1936), S. 36f. Abkürzungen: Gym = Gymnasium; RG = Realgymnasium; RRG = Reformrealgymnasium; ORS = Oberrealschule; DKG = Dreikönigsgymnasium, FWG = Friedrich-Wilhelm-Gymnasium. – Zahlen für Mädchen werden hier nicht zum Vergleich herangezogen. Sie besuchten in großer Zahl die Königin-Luise-Schule oder die Kaiserin-Augusta-Schule. Siehe hierzu: Wegweiser (1936) (Anm. 67), S. 100f.

95 Vgl. Trapp: Kölner Schulen (Anm. 3), S. 74f.

96 Zu den Ausnahmen siehe Abbildung 8: ORS Hansaring und RG Lindenthal; Daten aus: Jahresberichte (Anm. 11); Jahresberichte der höheren Lehranstalten in Preußen. Schuljahr 1921/22 und 1922/23, bearb. von der Staatlichen Auskunftsstelle für Schulwesen, Berlin 1923/24. Wegweiser (Anm. 66), hier: Jg. 1935, 1936, 1937, 1938; Jg. 1932/33: DIPF/BBF/Archiv: GUT PERS 1891; Jg. 1933/34: DIPF/BBF/Archiv: GUT SAMML 1919. Für das Schuljahr 1934/35 sind keine Daten überliefert. Bei der Deutung der absoluten Zahlen muss man aber die allgemeine demografische Entwicklung und den Geburtenrückgang nach 1914 berücksichtigen.

97 Jahresberichte 1927/28 (Anm. 11), S. 709; Corbach: Jawne (Anm. 8), S. 29; siehe auch Suska Döpp: Jüdische Jugendbewegung in Köln 1906–1938, Münster 1997, S. 57.

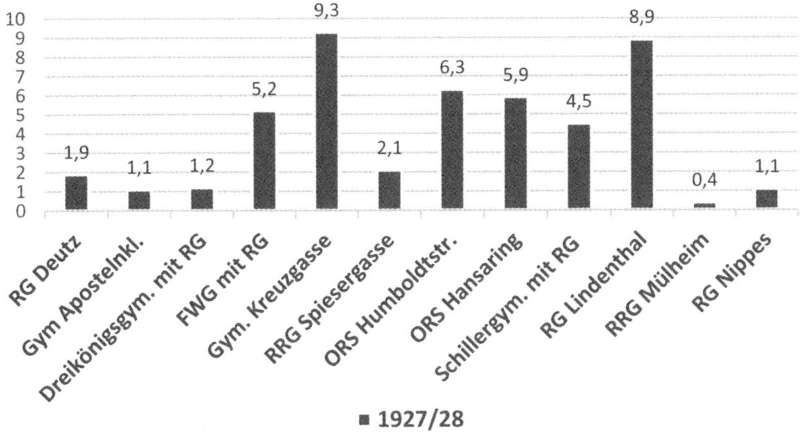

Abb. 8: Prozentsatz der jüdischen Jungen an der Gesamtschülerschaft 1927/28 (Tabelle: Thomas Kahl, Köln)

Im ersten Jahr nach der NS-Machtübernahme verließen drei von acht jüdischen Schülern das Gymnasium. Der jüngste von ihnen war Martin Stern (* 1922): Am 31. Dezember 1933 verließ er die Schule, da er mit seinen Eltern in die Niederlande emigrierte.[98] Der Schüler Friedrich Wilhelm Rosenthal (* 1921) ging ab Juli 1933 zu einer jüdischen Schule in Köln.[99] Bis 1933 besuchten Kinder von liberalen und säkularen Juden bewusst staatliche Schulen wie das Deutzer Realgymnasium. Nun sahen sich die Eltern Rosenthal gezwungen, ihr Kind an einer jüdischen Schule in Köln anzumelden. Dort waren die jüdischen Kinder immerhin innerhalb der Schule vor Diskriminierungen und Übergriffen geschützt.[100] Ein weiterer jüdischer Junge verließ die Schule vor dem 1. Februar 1934: Günther Wolff besuchte das Realgymnasium von 1932 bis vermutlich Ende 1933. Warum er das Gymnasium verlassen hat und was danach mit ihm geschehen ist, ist nicht bekannt.

Trotz der beschriebenen diskriminierenden Maßnahmen verblieben fünf jüdische Schüler über das Jahr 1933 hinaus am Deutzer Realgymnasium. Es handelt sich um: Karl Brünell (* 1922), Fritz Grünberg (* 1920), Hans-Herbert Samuel (* 1921) und die Brüder Ernst (* 1919) und Kurt Simons (* 1917). Eine lange Reihe von antisemitischen Gesetzen bewirkte in den folgenden Jahren die Verfolgung und den systematischen Ausschluss aus dem gesellschaftlichen

98 ArDGS: Schülerlisten Sexta b 1932/33, V b 1933.
99 ArDGS: Schülerlisten 1931/32; VI b – Nr. 2988; 1933 IV b.
100 Vgl. Becker-Jákli: Köln (Anm. 8), S. 114f.

Leben. Ernst Simons verließ die Schule im März 1935. Er berichtete, dass der Schulleiter ihm persönlich mitgeteilt habe, dass er die Schule verlassen müsse. Gleichzeitig versah er ihn mit einem Schreiben, das bestätigte, dass er »in der Lage gewesen wäre, das Abitur zu machen«.[101] Seinem Bruder Kurt war es noch möglich, das Abitur 1936 zu machen.

Die Schullaufbahn von Rolf Lothar Levi weist eine Besonderheit auf: Seine Eltern meldeten ihn noch im April 1935 in der 5. Klasse an. Allerdings verließ der Junge die Schule bereits im Oktober desselben Jahres wieder. Sein Abgangszeugnis vermerkt: »Der Schüler verläßt die Anstalt, um zur israel. Schule Köln, Lützowstraße, überzugehen«.[102] Seine Leistungen waren nicht der Grund, zu dieser jüdischen Volksschule zu wechseln, da auf dem Zeugnis steht, dass seine Leistungen zufriedenstellend gewesen seien. Neben dieser, in religiöser Hinsicht eher liberal eingestellten Israelitischen Volksschule existierte in Köln noch die orthodoxe Volksschule Moriah in der St.-Apernstraße. Kein Deutzer Schüler wechselte zum Reformgymnasium Jawne.

Seit 1931 besuchte Fritz Grünberg (* 1920) das Realgymnasium Köln-Deutz und wurde zu Ostern 1936 ebenfalls gezwungen, die Schule ohne Abschluss zu verlassen. Ihm gelang es, 1939 nach Chile zu emigrieren (Abb. 9–10). Später ging er davon aus, der letzte jüdische Schüler in Deutz gewesen zu sein.[103] Der letzte Junge mit jüdischer Religionszugehörigkeit war jedoch nicht Fritz Grünberg, sondern Karl Brünell.[104] Der Sohn des Deutzer Kaufmanns Walter Brünell verblieb dort bis in den März 1938. Sein Vater war »Frontkämpfer« im Ersten Weltkrieg gewesen, was 1933 drei von fünf Schülern über ihre Väter angaben.[105] Die Kinder jüdischer Bürger, die für Deutschland im Ersten Weltkrieg gekämpft hatten, sollten nach 1933 nicht entlassen werden. Das änderte sich mit einem Gesetz vom 15. November 1938, das die Schulentlassung aller jüdischen Schüler verfügte. Zu diesem Zeitpunkt hatten jedoch schon alle jüdischen Jungen das Realgymnasium in Deutz verlassen.

101 http://www.eg.nsdok.de/default.asp?typ=interview&pid=58&aktion=erstes [Stand: 26.07.2020].

102 ArDGS: Abgangszeugnisse 1930–1936; Abgangszeugnis vom 2. November 1935.

103 Im Rahmen eines Entschädigungsantrages wandte sich die United Restitution Organisation brieflich am 6. September 1957 an den Schulleiter: »Sehr geehrte Herren, unser Mandant hat bis Ostern 1936 das Realgymnasium Köln-Deutz besucht. Er mußte es zu diesem Zeitpunkt als letzter jüdischer Schüler verlassen. Sein Klassenlehrer während seiner sechsjährigen Schulzeit im Realgymnasium war Dr. Kochs. Unser Mandant macht Ausbildungsschaden geltend und gibt an, die Absicht gehabt zu haben, bis zum Abiturexamen auf der Schule zu bleiben. Er habe später studieren wollen«. Akte Briefwechsel mit Ehemaligen im ArDGS. Siehe auch: Eidesstattliche Versicherung in der Rückerstattungsakte Fritz Grünberg, undatiert, eingereicht von URO 17. August 1960; NS-Dokumentationszentrum der Stadt Köln, Auskunft vom 23. Januar 2018.

104 ArDGS: Ordner Abgangszeugnisse 1930–1936; Abgangszeugnis vom 31. März 1938.

105 Vgl. Jahresberichte vom 1. Mai 1934 (Anm. 79).

Abb. 9: Der jüdische Schüler Fritz Grünberg (3. v. l.) mit Nachbarschaftskindern in Deutz um 1930 (Foto: NS-Dokumentationszentrum der Stadt Köln, N 743,17)

Abb. 10: Fritz Grünberg (3. Reihe von vorn, 3.v.l.), seine Mitschüler und Klassenlehrer Dr. Matthias Kochs, der als Gaupropagandaredner ausgesprochen antisemitische Reden hielt. Fotograf unbekannt, um 1935 (Foto: NS-Dokumentationszentrum der Stadt Köln)

5. Flucht, Deportation, Ermordung

Die Verfolgung der jüdischen Menschen und der Völkermord an den Juden in Europa spiegeln sich auch im Schicksal der 65 jüdischen Jungen des Realgymnasiums.[106] Ganz selten ist die Flucht so gut dokumentiert wie für Ludwig Schnog. Er verließ Köln am Tag nach der Reichspogromnacht. Über Holland und Großbritannien gelang er schließlich in die sicheren USA.[107] Auch der 15-jährige Hans-Herbert Samuel (Abb. 11) musste im Dezember 1935 die Schule verlassen. Er floh 1936 mit einer Schwester über Belgien nach Großbritannien. Seine Mutter und die jüngste Schwester wurden in Auschwitz ermordet. Sein Vater, der Kölner Chirurg Dr. Maximilian Samuel, leistete vor seiner Ermordung als Arzt gezwungenermaßen Hilfsdienste bei medizinischen Versuchen im Block 10 des Konzentrationslagers Auschwitz, wo auch er getötet wurde.[108]

Bei insgesamt 18 Schülern kann der Aufenthalt in Ghettos, Konzentrations- beziehungsweise Vernichtungslagern nachgewiesen werden. Nur vier von ihnen überlebten die Inhaftierung:[109] Einer von ihnen war Ernst Simons, der in das Konzentrationslager Bergen-Belsen deportiert wurde.[110] Sein Bruder Kurt überlebte das Vernichtungslager Auschwitz. Kurt Simons hielt sich vorher im Internierungslager in Saint Cyprien (Frankreich) auf. 1942 brachte man ihn dann in ein Sammellager in Drancy. Im selben Jahr im September wurde er nach Auschwitz verschleppt. Am 10. Februar 1945 kam er in das Konzentrationslager Buchenwald. Im Zuge der Verhaftungsaktion jüdischer Männer nach der Pogromnacht am 9. November 1938 wurde Walter Behrens als Schutzhäftling erst in Brauweiler, dann in Dachau inhaftiert. Später flüchtete er in die USA. Erich Marx überlebte den Aufenthalt im Ghetto Litzmannstadt. Nach der Besetzung von Belgien wurden die Brüder Bier dort verhaftet. Sie sollten nach Osten deportiert werden. Beiden gelang es zu fliehen, und sie lebten untergetaucht in Belgien.

14 ehemalige Schüler sind nachweislich im Holocaust ermordet worden: Im Vernichtungslager Auschwitz wurden Albert Jakob Mendel, Rudolf Salomon, Ludwig Schwarz und Hermann Simons getötet. Walter Linz starb in Maly Trostenez. Die ehemaligen Schüler Max Graumann, Moritz Harf, Hans Marx, Hermann Osser ermordete man in Kulmhof. Manfred Joseph

106 Zu den einzelnen Biografien siehe Anm. 4.
107 Siehe Interview mit dem Sohn Alfred Schnog, 10. März 2001: https://collections.ushmm.org/search/catalog/irn508465 [Stand: 25.8.2019].
108 Für diesen Hinweis bedanke ich mich bei Dr. Jochen Menge (Frechen). Generalstaatsarchiv Brüssel: Akte A 191842.
109 Zu den Verfolgungsgeschichten siehe Anm. 4.
110 Zum Wirken des 2006 verstorbenen Ernst Simons siehe Jürgen Wilhelm: Simons, Ernst, in: Ulrich S. Soénius/Jürgen Wilhelm (Hg.): Kölner Personenlexikon, Köln 2008, S. 509.

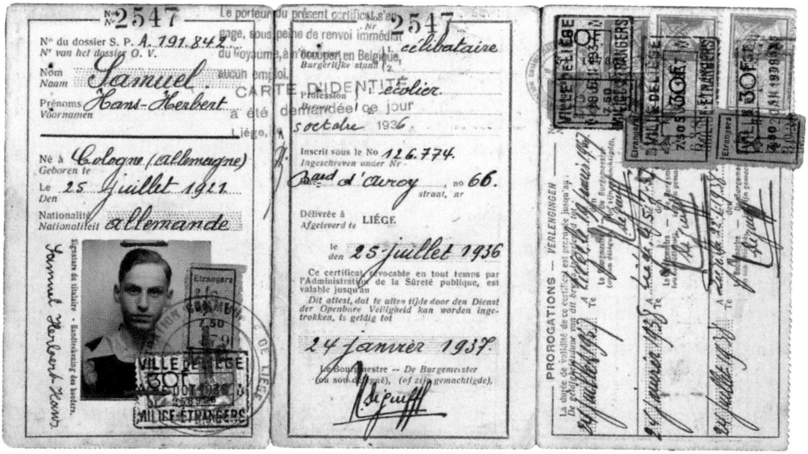

Abb. 11: Belgischer Ausweis des 15-jährigen Hans-Herbert Samuel nach der Flucht 1936 (Foto: Generalstaatsarchiv Brüssel)

und Josef Schwarz kamen in Majdanek um, Friedrich Wilhelm Rosenthal im Ghetto Litzmannstadt. In Theresienstadt starb Adolf Salomon. Außerdem wurde Fritz Levi ermordet, der Ort ist unbekannt.[111]

Auch der jüdische Religionslehrer in Deutz wurde im Holocaust getötet: Dr. Julius Simons starb in Auschwitz. Dr. Ferdinand Oppenheimer, Studienreferendar 1928, konnte 1938 nach Palästina fliehen.

6. *Fazit und Ausblick nach 1945*

Als Fazit kann festgehalten werden, dass die Alltagbeziehungen zwischen jüdischen und nichtjüdischen Schülern vor 1933 innerhalb der Schule durch eine sehr weitgehende Integration gekennzeichnet waren. Auch einige Lehrer unterstützten diese aktiv. Es liegen keine Hinweise auf Ausgrenzung und soziale Isolation der Juden vor. Vielmehr deuten die Teilnahme der jüdischen Schüler an schulischen Arbeitsgruppen und Vereinsaktivitäten sowie alle Zeitzeugenaussagen auf eine erfolgreiche Integration hin. Nicola Wenges oben zitiertes Urteil über die Situation in Köln kann man für die Situation in Deutz bestätigen und so zusammenfassen: Der gleichberechtigte Umgang war vor 1933 Teil der schulischen Normalität.

111 Seit März 2019 erinnern vor dem Schulgebäude Stolpersteine an die ermordeten Schüler.

Eine Änderung vollzog sich 1933. Judenfeindliche Stimmung, Aktivitäten und Publikationen in der Schule sind sicher ab 1933/34 nachweisbar – allerdings auch vereinzelte, im Privaten geäußerte Solidarität von Schülern und Lehrern mit den jüdischen Jungen. Selbst ausgewiesene Nationalsozialisten wie Schulleiter Börger scheinen im zwischenmenschlichen Miteinander die jüdischen Schüler weitgehend anständig behandelt zu haben. Allerdings verdeutlicht der systematische Ausschluss der allermeisten Schüler bis 1936, dass die jüdischen Jungen keineswegs »in den ersten Jahren des NS-Regimes [...] ungestört Schüler wie andere Schüler«[112] gewesen sind. Fraglich bleibt hingegen, ob die beschriebenen Verhältnisse in Deutz generell auf die Situation an anderen Kölner Gymnasien übertragen werden können. Wünschenswert wäre ein Vergleich mit der Situation an anderen Schulen. So ist nach wie vor unklar, warum einige Schulen von jüdischen Eltern stark nachgefragt und andere offensichtlich gemieden wurden.[113]

Unmittelbar nach 1945 gab es keine jüdischen Schüler mehr in Deutz. Allerdings unterrichtete eine verfolgter jüdischer Lehrer nun am Gotenring: Dr. Otto Unger machte sich um den Aufbau einer demokratischen Schule verdient, indem er die Schülermitverwaltung aufbaute.[114]

Ein ehemaliger jüdischer Schüler erneuerte 1954 den Kontakt zu seiner alten Deutzer Schule: Dr. Arnold Meier lebte seit 1933 im englischen Exil und fand während des Krieges eine Stelle an der Bury Grammar School bei Manchester. Auf seine Initiative hin begann ein Schüleraustausch zwischen Köln-Deutz und Manchester-Bury. 1983 blickte Meier auf seine Motivation zurück, diesen Schüleraustausch zu begründen: »Die ehemaligen und jetzigen Lehrer, Kameraden und Schüler, werden es verstehen, daß ich jahrelang den Kontakt mit Deutschland vermied. Allmählich erkannte ich jedoch, wie schädlich und negativ Gefühle sind, die den Weg zur Aussprache, zu Versöhnung und Verständnis zwischen Menschen und Völkern fördern. Die Frucht solcher Überlegungen war der Vorschlag vom 20. November 1954 für einen Austausch und sportlichen Wettkampf zwischen unseren Schulen«.[115] Der Austausch der Schulen existiert bis heute.

112 Blumrath: 100 Jahre (Anm. 64), S. 18.

113 Fraglich ist unter anderem, ob an anderen Schulen eine so günstige Aktenüberlieferung wie am Realgymnasium vorhanden ist. Kriegszerstörungen vieler Schularchive und die Lage beim Historischen Archiv der Stadt Köln bereiten Probleme. Ein Forschungsdesiderat stellt auch die Situation jüdischer Mädchen an Kölner Schulen dar. Siehe: https://www.koenigin-luise-schule.de/gedenkbuch.html [Stand: 27.08.2020].

114 Fritz Bilz: Otto Unger. Von Nazis verfolgt, im Versteck überlebt, Demokratie gelehrt. Köln 2020.

115 Meier: Rückblick (Anm. 54), S. 49. Siehe zu Arnold Meier auch den Nachruf von Geoffrey Moorhouse vom 6. März 2000 im Guardian. https://www.theguardian.com/news/2000/mar/06/guardianobituaries1 [Stand: 19.11.2018].

Mitmachen zum Überleben?

Stollwerck als Musterbetrieb im Nationalsozialismus

von Eileen Schwarz

1. Über Probleme und Lösungen

Osterhasen, Weihnachtsmänner, Tafelschokolade – heute können Schokoladenfirmen selbst entscheiden, welche Produkte sie verkaufen. Auch können sie selbst entscheiden, wie viel Kakao sie aus welchen Anbaugebieten beziehen und verarbeiten möchten. Diese freien Entscheidungen waren aber nicht immer selbstverständlich. Ein gutes Beispiel dafür ist die Kölner Gebrüder Stollwerck AG, die heute zum belgischen Unternehmen Baronie gehört.

Beschäftigt man sich heutzutage mit der Lage von Süßwarenherstellern ab der Machtübernahme der Nationalsozialisten 1933, so wird man schnell eines Besseren belehrt. Der Staat übernahm die wirtschaftliche Kontrolle und entschied über die angeblichen Interessen der Deutschen.[1] Im Bereich der Schokoladenindustrie diskutierte man sogar über das »rassenverschlechternde Erbgift Kakao«.[2] Diese Diskussion beendete man zwar Ende 1933 zugunsten der Kakao- und Schokoladenfabrikanten,[3] aber es brach eine fremdbestimmte Zeit für die Süßwarenindustrie an. Wie jedoch konnte man dem als Firma entgegenwirken? Eine potenzielle Antwort schien die Möglichkeit, ab 1936 im Rahmen des »Leistungskampfs der deutschen Betriebe« den Titel »Nationalsozialistischer Musterbetrieb« zu erringen. Auch Stollwerck bewarb sich und wurde prompt im ersten Auszeichnungsjahr 1937 zum Musterbetrieb erklärt.

Wie veränderte der Nationalsozialismus den Kölner Süßwarenhersteller, ab dem Zeitpunkt, als er erstmals Musterbetrieb wurde? In diesem Aufsatz sollen mehrere Aspekte betrachtet und folgende Fragen dazu beantwortet werden: Was genau war ein »Nationalsozialistischer Musterbetrieb« und welche Verantwortung trug die Deutsche Arbeitsfront (DAF) als Organisator beim Firmenwettbewerb? Wieso bewarb sich Stollwerck um die Auszeichnung und sind Veränderungen

1 Kristina Huttenlocher: Sprengel. Die Geschichte der Schokoladenfabrik, Springe 2016, S. 170.
2 Ebd., S. 168.
3 Ebd.

in diesem Rahmen im gesamten Firmenalltag zu erkennen? Wenn ja, welche waren das? Und wie erging es Stollwerck während der Zeit zwischen der Auszeichnung 1937 und dem Zweiten Weltkrieg?

2. *Die Gebrüder Stollwerck AG bis 1936*

Bevor Stollwerck als Musterbetrieb oder der Musterbetrieb als solcher betrachtet werden können, muss eine kurze Einbettung in die Firmensituation sowie in die politische und wirtschaftliche Lage des Süßwarenherstellers erfolgen. Das Kölner Unternehmen wurde 1839 von Franz Stollwerck gegründet. Mit dem Verkauf von Gebäck und Hustenbonbons war er schnell erfolgreich.[4] Nach seinem Tod 1876 übernahmen seine Söhne die Verantwortung für den väterlichen Betrieb, der mit der von den drei Kindern 1872 gegründete Handelsgesellschaft fusionierte.[5] Die Firma Stollwerck war bis dahin in ihren verschiedenen Stufen ausschließlich im Familienbesitz. Ebenso wichtig wie die familiäre Bindung in diesem Betrieb waren die seit Ende des 19. Jahrhunderts stetig wachsenden Verkaufszahlen. Zum einen begründete sich dies in den niedrigen Rohstoffpreisen für Schokoladenzutaten,[6] zum anderen expandierte die Firma sowohl deutschlandweit als auch international. So wurde die Käuferschaft vergrößert und mehrere Fabriken wurden nötig, um dem Bedarf nachkommen zu können.[7]

Mit der »Umwandlung der Offenen Handelsgesellschaft in eine Aktiengesellschaft«[8] zu Beginn des 20. Jahrhunderts läutete die Firma eine weitere wichtige Phase unter dem Namen Gebrüder Stollwerck AG ein. Der Zustand der Aktiengesellschaft wird zur Zeit des Nationalsozialismus bedeutende Folgen für Stollwerck haben. Doch die ersten Veränderungen traten bereits zu Zeiten des Ersten Weltkriegs ein und bedeuteten einen tiefen Einschnitt in die Firmengeschichte. Fehlende Rohstoffe, familiäre Verluste durch in den Krieg einberufene und gefallene Stollwerck-Familienmitglieder sowie Angst vor Fehlentscheidungen hatten zu Gewinneinbußen und zu der Entscheidung geführt, externe Berater in den Vorstand aufzunehmen.[9] Die Niederlage im Ersten Weltkrieg führte zu einem weiteren finanziellen Einbruch bei Stollwerck. So gab es

4 Tanja Junggeburth: Stollwerck 1839–1932. Unternehmerfamilie und Familienunternehmen, Stuttgart 2014, S. 45 f.
5 Ebd., S. 48.
6 Ebd.
7 Ebd., S. 49 ff.
8 Ebd., S. 54.
9 Ebd., S. 56.

auch nach 1918 viele Probleme zu bewältigen: Der Verlust der amerikanischen Produktion, Probleme bei der Tilgung der Schulden und die damit verbundenen neu aufgenommenen Kredite, Ludwig Stollwercks Tod 1922, der Fehlkauf der Firma Reichhardt 1930 und viele weitere Faktoren, die die Gebrüder Stollwerck AG in Bedrängnis und Finanznot brachten.[10] Diese ganzen Umstände und die Tatsache, dass zu dieser Zeit bereits Nicht-Familienmitglieder dem Vorstand beisaßen, hatten zur Folge, dass 1931 die Familie Stollwerck fast komplett aus dem Vorstand der Gebrüder Stollwerck AG ausschied.[11] Den Vorsitz des Aufsichtsrates übernahm Karl Kimmich, Vertreter der Disconto-Gesellschaft, einer der größten deutschen Bankgesellschaften. Zum Zeitpunkt der Übernahme des Süßwarenbetriebs war die Disconto-Gesellschaft mit der Deutschen Bank fusioniert.[12]

Kimmichs Bedeutung für Stollwerck ist besonders erwähnenswert. Er war schon vor seiner Ernennung zum Vorsitzenden 1934 Mitglied des Aufsichtsrates.[13] Ihm wurde die erfolgreiche Sanierung des Kölner Unternehmens zugeschrieben.[14] Kimmich begleitete in dieser Position Stollwerck eine Zeitlang während der Auszeichnung zum NS-Musterbetrieb. 1938 trat er zurück und Jean Baptist Rath übernahm dessen Aufgaben.[15] Das hatte zur Folge, dass die Verantwortlichkeiten hinsichtlich der Entscheidungen über etwaige Veränderungen bei Stollwerck in zwei verschiedenen Händen lagen, die aber beide der Deutschen Bank angehörten.

Die allgemeine wirtschaftliche Situation war für Stollwerck nicht ideal. Hinzu kam, dass Hinseit Ende 1934 Süßwarenbetriebe mit einer Erschwerung der wirtschaftlichen Situation kämpften: »Die für unsere Industrie zu Anfang des abgelaufenen Geschäftsjahres behördlich angeordnete Beschränkung des Rohkakao-Verbrauchs stellte uns im Hinblick auf die Verteilung unserer Fabrikation vor schwierige Aufgaben […]«.[16] Man wies jeder Firma eine bestimmte Rohstoffmenge zu und richtete sich dabei nach dem Verbrauch der letzten Geschäftsjahre.[17] Falls man zusätzliche Rohstoffe verarbeiten wollte, musste man dafür eine Begründung vorlegen. Andernfalls wurden einem die Verwendung bereits angelegter Vorräte verwehrt, denn: »Sämtliche Vorräte der Betriebe an Rohkakao, Halbfabrikaten

10 Ebd., S. 56f.
11 Ebd., S. 57.
12 Lothar Gall/Gerald D. Feldman/Harold James/Carl-Ludwig Holtfrerich/Hans E. Büschgen: Die Deutsche Bank 1870–1995, München 1995.
13 Diese Informationen wurden mir in einer E-Mail Anfrage an das Deutsche Bank Archiv durch Herrn Reinhard Frost am 15. Januar 2019 übermittelt.
14 Bruno Kuske: 100 Jahre Stollwerck-Geschichte: 1839–1939, Leipzig 1939, S. 128.
15 Ebd.
16 RWWA 208–457–1, Geschäftsbericht vom 1. Juli 1934 bis 30. Juni 1935 der Gebrüder Stollwerck Aktiengesellschaft Köln, in: Geschäftsberichte Stollwerck 1931–1940.
17 Huttenlocher: Sprengel (Anm. 1), S. 169.

und Überzugmassen wurden für die Verarbeitung gesperrt. Ohne besondere Anmeldung durften nur die ermittelnden Durchschnittsmengen verarbeitet werden«.[18] Des Weiteren wurden durch »Reichsbankpräsident Hjalmar Schacht [...] 1934 die Einfuhren [...] genehmigungspflichtig«.[19] Diese Schritte wurden unternommen, um das Exportgeschäft Deutschlands auszubauen und zu erhöhen.[20]

Aber nicht nur die Rohstoff-Kontingentierung stellte Stollwerck vor neue Herausforderungen. Auch die ab 1933 schnell verändernde Gesetzesgrundlagen durch den NS-Staat bedeuteten tiefe Einschnitte in die bisherige Struktur des Kölner Betriebs. 1933 wurden die Gewerkschaften aufgelöst und verboten,[21] was einer Bevormundung gleichkam und eine untrennbare Verflechtung zwischen Staat und Industrie bedeutete. Im Januar 1934 folgte das sogenannte »Gesetz zur Ordnung der Nationalen Arbeit« (kurz AOG), welches Firmenleiter »seit Inkrafttreten des Gesetzes [...] zugleich ›Betriebsführer‹ ihrer Beschäftigten«[22] machte. Noch bevor es zu einem Wettbewerb im Rahmen des Musterbetriebs kam, wurde schon zur Einführung dieses Gesetzes eine »›Gemeinschaft‹ genannte Arbeitsbeziehung zwischen ›Betriebsführer‹ und seiner ›Gefolgschaft‹«[23] vorgeschrieben. Als Folge dieser Einmischung in die Wirtschaft Deutschlands durch den NS-Staat und die DAF beschreibt Astrid Gehrig ein Land, das »[...] eine staatlich gelenkte und verwaltete Wirtschaft [aufwies], welche im Bereich der Produktion, der Arbeitskräfte und der Investitionen tief in die unternehmensinternen Belange eingriff«.[24] Unternehmer konnten in vielen Arbeitsabläufen kaum noch selbstständig Entscheidungen treffen, sei es bei der Kontingentierung von Rohstoffen, bei der Personalpolitik oder in Finanzfragen.[25] Diese Situation galt auch für Stollwerck, wobei sich beim Süßwarenhersteller eine offene Haltung gegenüber der Neuerungen nachweisen lässt. Ein Beispiel zeigt sich im Umgang mit dem Personal im Rahmen des »Gesetzes über Betriebsvertretungen und wirtschaftliche Vereinigungen« vom 4. April 1933. Dieses Gesetz ermöglichte es, zum einen Betriebsratsmitglieder und zum anderen Arbeitnehmerinnen und Arbeitnehmer entlassen zu können, sobald ein Verdacht von »staatsfeindlicher Einstellung«[26]

18 Ebd.
19 Ebd., S. 167f.
20 Ebd., S. 168.
21 Astrid Gehrig: Zwischen Betriebsinteresse und Lenkungswirtschaft: Drei mittelständische Unternehmer im »Dritten Reich«, in: Thomas Großbölting/Rüdiger Schmidt (Hg.): Unternehmerschaft zwischen Markt und Lenkung. Organisationsformen, politischer Einfluß und ökonomisches Verhalten 1930–1960, München 2002, S. 69–120, S. 70.
22 Gehrig: Betriebsinteresse (Anm. 21), S. 95.
23 Ebd.
24 Ebd., S. 71.
25 Ebd.
26 Martin Rüther: Arbeiterschaft in Köln 1928–1945, Köln 1990, S. 116.

bestand. So wurde unter anderem Heinrich H., seinerzeit langjähriges Mitglied im Betriebsrat, eine »Kündigung wegen staatsfeindlicher Einstellung im August 1933 ausgesprochen«.[27] Quellen zufolge seien einige Mitarbeiter, die als politisch links eingestuft wurden, entlassen worden, um Anhänger der Nationalsozialisten bei Stollwerck einstellen zu können.[28] Laut Martin Rüther »wurde dieses Verfahren sehr ausgeprägt bei der Stollwerck AG praktiziert«.[29]

An dieser Stelle sind bereits mehrere Faktoren zu erkennen, die von Wichtigkeit sind: Zum einen war zum Zeitpunkt der Machtübernahme Adolf Hitlers 1933 die Gebrüder Stollwerck AG keine von der Familie Stollwerck geführte Firma mehr. Die Interessen der Firma wurden von Personen vertreten, welche keine persönliche Bindung zum Unternehmen hatten und aus dem Banksektor kamen. Zum anderen befand sich die AG in einer Phase, in der sie knapp dem Bankrott entgangen war. Probleme wie Personalmangel, der unter anderem durch Krieg entstand, als auch Fehlkalkulationen konnten für einen Süßwarenhersteller schnell das ›Aus‹ bedeuten. Bereits 1933 zeigen sich erste Anpassungen der Aktiengesellschaft an die Anforderungen des nationalsozialistischen Deutschlands. Nicht zuletzt kämpfte der Süßwarenhersteller zusätzlich seit 1934 aufgrund der Rohstoffeinteilung von Kakao und weiteren benötigten Zutaten mit der Aufrechterhaltung der Produktpalette und Verzögerungen bei der Herstellung.[30] In wirtschaftlicher Hinsicht war Stollwerck, ebenso wie die deutsche Industrie im Allgemeinen, durch Gesetze fester mit dem Staat verbunden und büßte dadurch vor allem ihre Entscheidungsfreiheit in den wesentlichen Bereichen wie Finanzen oder Personalpolitik ein. Doch wie setzte man seitens des NS-Regimes die Idee der Verflechtung und des Eingriffs in die Firmenpolitik der Betriebe um? Ein Plan dazu wurde schließlich ab 1936 umgesetzt: Die Ernennung von deutschen Betrieben zum »Nationalsozialistischen Musterbetrieb«.

3. »Nationalsozialistischer Musterbetrieb« – eine Definition

»Betrieben, in denen der Gedanke der nationalsozialistischen Betriebsgemeinschaft im Sinne des Gesetzes zur Ordnung der nationalen Arbeit und im Geiste der Deutschen Arbeitsfront vom Führer des Betriebes und seiner Gefolgschaft auf das Vollkommenste verwirklicht ist, kann die Auszeichnung

27 Ebd., S. 155.
28 Ebd., S. 156.
29 Ebd., S. 154f.
30 RWWA 208–457–1: Geschäftsbericht vom 1. Juli 1934 bis 30. Juni 1935 der Gebrüder Stollwerck Aktiengesellschaft Köln, in: Geschäftsberichte Stollwerck 1931–1940.

›Nationalsozialistischer Musterbetrieb‹ verliehen werden«.[31] Adolf Hitler ließ am 29. August 1936 eine Verfügung veröffentlichen, welche mit diesem Satz eingeleitet wurde. Sie besagte, dass deutsche Betriebe eine Art Belohnung in Form der Auszeichnung »Nationalsozialistischer Musterbetrieb« erhalten konnten, wenn sie gewisse Rahmenbedingung aufwiesen. Dazu gehörten beispielsweise die Treue gegenüber der DAF sowie die Umsetzung der Anforderungen des Staates an deutsche Firmen. Diese Auszeichnung sollte immer für ein Jahr gelten, sodass sich der Betrieb jedes Jahr aufs Neue bewerben und auch erneut ausgezeichnet werden konnte. Jeweils am 1. Mai sollte die Verleihung stattfinden.[32] Die ausgezeichneten Betriebe erhielten die Erlaubnis, »die Flagge der Deutschen Arbeitsfront mit goldenen Fransen zu führen«.[33]

Im Grunde ist dies schon die reine Definition des Begriffes »Nationalsozialistischer Musterbetrieb«. Es beschreibt die Belohnung von besonders ›deutschen‹, ›treuen‹ und in Augen der DAF und des Staates würdigen Betrieben. Adolf Hitler stellte die DAF wiederum vor die Aufgabe, die würdigen Betriebe auszuwählen.[34] Doch es gibt auch noch weitere Faktoren, die zu einer zureichenden Definition hinzugezogen werden müssen. Es geht hierbei um die Frage, welche Ziele man mit dieser Art Wettbewerb erreichen wollte. Die Antwort dazu gab Robert Ley, Leiter der DAF, 1936 im von der NSDAP gestalteten Blatt »Der Angriff«: »Damit stellen wir die Betriebe unter unsere Anforderungen, schaffen ein […] wirksames Mittel, um den Totalitätsanspruch der Deutschen Arbeitsfront durchzusetzen und jeden Betrieb mit nationalsozialistischer Gesinnung zu erfüllen«.[35] Wer war aber die DAF und wieso oblag die Verantwortlichkeit ihr?

Die DAF wurde Anfang Mai 1933 gegründet und von Robert Ley geleitet.[36] Sie war die »mitgliederstärkste – und infolgedessen auch finanzkräftigste – Organisation des Dritten Reiches«.[37] Die DAF war, neben einer Wirtschaftsgemeinschaft mit eigenen Angestellten und Einnahmen in zeitweise Milliardenhöhe,[38] vor allem »eine politische Organisation und eine der Herrschaftssäulen der NS-Diktatur«.[39] Sie wies also eine direkte Verbindung zu deutschen Betrieben

31 BArch NS 22 778: Aus der Verfügung des Führers: Auszeichnung »Nationalsozialistischer Musterbetrieb«, München, 29. August 1936.
32 Ebd.
33 Ebd.
34 Ebd.
35 Timothy W. Mason: Sozialpolitik im Dritten Reich. Arbeiterklasse und Volksgemeinschaft, 2. Aufl., Opladen 1978, S. 249.
36 Rüdiger Hachtmann: Das Wirtschaftsimperium der Deutschen Arbeitsfront 1933–1945, Göttingen 2012, S. 9.
37 Ebd.
38 Ebd.
39 Ebd.

auf und war gleichzeitig gut organisiert – in finanzieller als auch personeller Hinsicht. Dies erleichterte den Zugang zu den Betrieben und deren Mitarbeitern, was sicherlich im Hinblick auf die Wettbewerbsbetreuung und NS-Auszeichnung von großem Wert war.

Dass Adolf Hitler den von Robert Ley geführten Verband mit der Aufsicht und Durchführung des kompletten Prozesses rund um den NS-Musterbetrieb beauftragte, war keinesfalls ein Zufall. Kurz bevor Hitlers Verfügung zur Auszeichnung von Musterbetrieben veröffentlicht wurde, »war das Verhältnis zwischen dem Regime und der Arbeiterklasse außerordentlich gespannt«.[40] Aufgrund des eher schlechten Zustands der deutschen Wirtschaft musste eine Lösung seitens der NSDAP gefunden werden, um die wirtschaftliche Situation Deutschlands zu verbessern. Dazu sollten vor allem die Arbeiterinnen und Arbeiter in den Fokus rücken, die durch mehrere Maßnahmen, wie Anpassung der Arbeitszeiten oder mehr Disziplin, das Ziel erreichen sollten.[41] Gleichzeitig realisierte die DAF ihre bisherigen Ziele nicht, was sie dazu bewegen sollte, neue Wege zu gehen, um die Arbeiterschaft Deutschlands zu erreichen.[42] Noch vor der Verfügung des Vierjahresplans im September 1936 ermöglichte Hitler der DAF, das Programm um »Nationalsozialistische Musterbetriebe« betreiben zu können. Man vermutet, dass Hitler sich eine Art Motivationsschub seitens der Arbeiterschaft erhoffte, indem man Betrieben Zugeständnisse auf sozialer Ebene machte.[43] Dass der DAF eine solche Aufgabe zugeschrieben wurde, sorgte in den Ministerien für Ärger. Die Furcht vor wachsendem Einfluss der DAF war der Grund dafür. Der Unmut reichte sogar so weit, dass 1937 die Bewerbung zum Musterbetrieb verboten wurde. Dies zwang die DAF zu einem Kompromiss: Zukünftig entschied auch die Industrie- und Handelskammer mit, wer zum Musterbetrieb ernannt werden sollte.[44]

Bereits 1934 formulierte Hitler seine Ansprüche an die DAF. Demzufolge »sollte die Arbeitsfront eine ›wirkliche Volks- und Leistungsgemeinschaft aller Deutschen‹ aufbauen«.[45] Dieses Ziel sollte erreicht werden, indem man auf zwei Wegen mit den Arbeiterinnen und Arbeitern umging: »Die NS-Organisation sollte […] möglichst alle Arbeitnehmer zu pflichteifrigen und leistungsstarken ›schaffenden Volksgenossen‹ umerziehen. Das wäre kaum möglich gewesen,

40 Mason: Sozialpolitik (Anm. 35), S. 245.
41 Ebd., S. 244.
42 Ebd., S. 246.
43 Ebd., S. 247.
44 Ebd., S. 250f. Die Kammer erhielt die Entscheidungsgewalt an einem wichtigen Punkt im Bewerbungsprozess, siehe dieses Kapitel.
45 Hachtmann: Wirtschaftsimperium (Anm. 36), S.14.

wenn sich die Arbeitsfront nur auf die Rolle eines ›Sklaventreibers‹ beschränkt hätte. Die DAF wie das Regime generell setzten keineswegs nur auf Zwang und Einschüchterung, sondern mindestens ebenso auf unterschiedlichste Formen von Anreizen und ›positiven‹ Angeboten, in der Absicht, mit diesen Lockungen bisher eher distanzierte Bevölkerungskreise zu integrieren«.[46]

In diesem Rahmen der positiven Umerziehung spielte die Auszeichnung zum »Nationalsozialistischen Musterbetrieb« sicherlich eine Rolle. Man suggerierte den Betrieben, dass sie belohnt würden, obwohl man sich zeitgleich als Vorzeigebetrieb den Forderungen der DAF unterwerfen musste. Diese Tatsache könnte beim Umgang Stollwercks in Zusammenhang mit seiner Bewerbung zum Musterbetrieb bedeutend gewesen sein. Zusammenfassend wies die DAF die nötigen Strukturen in Form von Macht, Zugang zu den Betrieben und Personalstärke auf, die dazu führten, ihr den Komplex der Musterbetriebe zu übergeben.

Ein in den Augen der DAF idealer Betrieb konnte aber nicht nur als höchstes Ziel zum »Nationalsozialistischen Musterbetrieb« ausgezeichnet werden, sondern auch weitere »Leistungsabzeichen« erwerben. Diese wurden ebenso im Rahmen des Leistungskampfes verliehen. Ley zählte in den ersten Seiten eines von ihm dazu verfassten Handbuches einige dieser Sonderauszeichnungen auf. Darunter gehörten neben dem »seit dem 1. Mai 1936 verliehenen Leistungsabzeichen für vorbildliche Berufserziehung«[47] weitere Auszeichnungen wie die »Leistungsabzeichen für Vorbildliche Sorge um die Volksgesundheit; vorbildliche Heimstätten und Wohnungen; vorbildliche Förderung von ›Kraft durch Freude‹«.[48] Stollwerck erhielt zum Beispiel 1942 das Abzeichen für die »Vorbildliche Sorge um die Volksgesundheit in Silber« (Abb. 1).[49]

Die Bedeutung dieser zusätzlichen Auszeichnungen für deutsche Betriebe zeigt sich in einem eigens zu diesem Abzeichen erstellten Dokumentes der DAF. Dieses bot, zusätzlich zu einem Leitfaden zum Leistungskampf und Musterbetrieb, Hilfestellungen für die jeweiligen DAF-Walter.[50] Man hatte den Betriebsbereichen allem Anschein nach so viel Gewicht zugemessen, dass man klar definieren musste, welchen Richtlinien die jeweiligen Entscheidungsträger Folge leisten mussten. So wurde nichts dem Zufall überlassen.

46 Ebd.

47 BArch R 1501 140244: Dokument »Nationalsozialistischer Musterbetrieb. Leistungskampf der deutschen Betriebe« sowie »Leistungskampf der deutschen Betriebe. Beurteilungsrichtlinien für Verleihung der Leistungsabzeichen: Vorbildliche Berufserziehung, Vorbildliche Sorge um die Volksgesundheit, Vorbildliche Heimstätten und Wohnungen, Vorbildliche Förderung von ›Kraft durch Freude‹«. S. 7.

48 Ebd.

49 RWWA 208-351-5.

50 BArch R 1501 140244: Dokument »Leistungskampf der deutschen Betriebe«.

URKUNDE

Auf Grund meiner Anordnung über den
»Leistungskampf der deutschen Betriebe«
verleihe ich dem Betrieb

Gebrüder Stollwerck Aktiengesellschaft
Köln/Rhein

DAS LEISTUNGSABZEICHEN
für vorbildliche Sorge um die Volksgesundheit
IN SILBER

Das Leistungsabzeichen soll Anerkennung für vorbildliche Arbeit und Ansporn für zukünftige Leistungen sein.

DER REICHSORGANISATIONSLEITER DER NSDAP
UND LEITER DER DEUTSCHEN ARBEITSFRONT

BERLIN, DEN 1. SEPTEMBER 1942.

Abb. 1: Silberurkunde für die Gebrüder Stollwerck AG »für vorbildliche Sorge um die Volksgesundheit« 1942. Köln, RWWA 208-351-5 (Repro: RWWA)

Die Einführung des Leistungskampfes und die Auszeichnung zum NS-Musterbetrieb hatten zur Folge, dass die Bewertung von Betrieben und deren Mitarbeitern eine neue Dimension annahmen. Man isolierte den einzelnen Arbeiter zu Kontrollzwecken, indem man ihm zur gleichen Zeit Glauben machte, »eine Rückbindung des Arbeitnehmers in die Betriebs- und Volksgemeinschaft«[51] vorzunehmen. Dies sollte zu einer Steigerung seiner Arbeitsleistung führen.[52] Mehr noch: Die Auszeichnungen und Wettbewerbe »sollten Arbeitnehmer und Unternehmer zu dauernden Leistungsanstrengungen im Sinn der Politik des Regimes bewegen und die Betriebsgemeinschaft [...] in eine Leistungsgemeinschaft umwandeln«.[53]

51 Matthias Frese: Betriebspolitik im »Dritten Reich«. Deutsche Arbeitsfront, Unternehmer und Staatsbürokratie in der westdeutschen Großindustrie 1933–1939, Paderborn 1991, S. 411.
52 Ebd.
53 Ebd.

Doch wie konnte sich eine Firma nun zum »Nationalsozialistischen Musterbetrieb« ernennen lassen? Dafür war ein mehrstufiger Bewerbungsprozess von Nöten. So galt es zuerst, einen offiziellen Antrag seitens des Betriebsführers zu stellen, der beim lokal zuständigen Gauobmann der DAF einzureichen war.[54] Wurde der Antrag zugelassen, so wurde im weiteren Verlauf ein »Fragebogen der DAF zur Art des Betriebes, Zusammensetzung der Belegschaft und Mitgliedschaften in NS-Organisationen«[55] von den zuständigen Firmenmitarbeitern ausgefüllt. Dieser Fragebogen, der als Anlage in der Satzung vorzufinden war, beinhaltete zunächst allgemeine Fragen zum Betrieb.[56] Es folgten Angaben zur Betriebsleitung, zum Beispiel ob die jeweiligen Personen NSDAP oder DAF-Mitgliedschaften besaßen, sowie eine Aufzählung und Einordnung der Mitarbeiter. Dazu gehörten Informationen wie die Größe des Betriebes, die Historie der Mitarbeiteranzahl zwischen 1932 und 1936, die Anzahl weiblicher Mitarbeiter oder die der DAF-Mitglieder. Auch musste angegeben werden, wie viele Mitarbeiter zu welcher Altersklasse und zu welcher Art des Arbeiters gehörten.[57] Zuletzt folgte die wohl wichtigste Frage im Zusammenhang mit der Bewerbung des Betriebes: »Inwieweit ist im Betrieb (in den Betrieben) der Gedanke der nationalsozialistischen Betriebsgemeinschaft verwirklicht und auf Grund welcher Leistungen und Tatsachen (Ist der Betrieb im Besitz von Leistungsabzeichen der DAF?) erscheint der Betrieb würdig zur Auszeichnung als ›Nationalsozialistischer Musterbetrieb‹«.[58] Doch so wichtig die Forderung nach einer Betriebsgemeinschaft auch 1937 noch war, so sehr rückte sie in den Folgejahren mehr und mehr in den Hintergrund. Es ist eine Veränderung der Anforderungen an die Betriebe erkennbar, was sich mit dem Kriegsbeginn 1939 erklären lässt.[59]

War der Fragebogen überprüft und als in Ordnung befunden worden, so entschieden die DAF und die örtliche Leitung der NSDAP mithilfe einer »Stellungnahme des Treuhänders der Arbeit«[60], ob die Firma in die engere Auswahl zum Musterbetrieb kam. War dies der Fall, so wurde mithilfe der Einschätzung der

54 BArch R1501 140244, Dokument »Nationalsozialistischer Musterbetrieb. Leistungskampf der deutschen Betriebe«, S. 5.

55 Matthias Frese: Vom NS-Musterbetrieb zum Kriegs-Musterbetrieb. Zum Verhältnis von Deutscher Arbeitsfront und Großindustrie 1936–1944, in: Wolfgang Michalka (Hg.): Der Zweite Weltkrieg. Analysen, Grundzüge, Forschungsbilanz. Im Auftrag des Militärgeschichtlichen Forschungsamtes, München 1989, S. 382–401, S. 388.

56 BArch R1501 140244, Dokument »Nationalsozialistischer Musterbetrieb. Leistungskampf der deutschen Betriebe«, S. 15.

57 Ebd., S. 16.

58 BArch R1501 140244 (Anm. 56), S. 16.

59 Klaus Weber: Leistungskampf der deutschen Betriebe, https://www.dhm.de/lemo/kapitel/ns-regime/innenpolitik/leistungskampf-der-deutschen-betriebe.html [Stand: 10.09.2020].

60 Frese: NS-Musterbetrieb (Anm. 55), S. 388.

Industrie- und Handelskammer entschieden, ob der Betrieb ausgezeichnet werden konnte.[61] »Bei einem negativen Votum der Kammer schied der Betrieb sofort aus. Von den übrigen Betrieben schlug der DAF-Gauobmann ›die ihm würdig erscheinenden‹ dem Gauleiter für das ›Gaudiplom‹ vor. Aus dem Kreis dieser Betriebe wählte wiederum die DAF-Zentrale die ›NS-Musterbetriebe‹ aus«.[62] Das bedeutet: Ein positives Gutachten war am Ende der Schlüssel zur erfolgreichen Bewerbung zum NS-Musterbetrieb. Mit der Zustimmung der Handelskammern war ein Betrieb aber noch nicht NS-Musterbetrieb. Es gab noch einen weiteren entscheidenden Zwischenschritt bis zu dieser Auszeichnung, den Matthias Frese als »Gaudiplom«[63] bezeichnet. Nur diejenigen Betriebe, welche im Rahmen der Bewerbung das »Gaudiplom für hervorragende Leistungen« erhalten hatten, konnten zum »Nationalsozialistischen Musterbetrieb« ernannt werden.[64] Leider sind weder die Bewerbungsunterlagen Stollwercks noch ein Schriftwechsel zum Entscheidungsprozess zur Bewerbung als Musterbetrieb überliefert.

Am 1. Mai 1937, dem von den Nationalsozialisten eingeführten »Tag der nationalen Arbeit«, wurde den ersten 30 Betrieben die Auszeichnung »Nationalsozialistischer Musterbetrieb« verliehen. Unter ihnen befand auch die Gebrüder Stollwerck AG. Sie war die einzige Firma im Raum Köln/Aachen, aber nicht die einzige aus dem Bereich der Süßwarenherstellung. In Magdeburg wurde die Schmidt & Sohn Kakao- und Schokoladefabrik ebenso ausgezeichnet.[65] Grundsätzlich ist zu erkennen, dass kaum kriegswichtige Unternehmen unter den ersten 30 Musterbetrieben zu finden waren, dafür aber einige aus dem Bereich der Lebensmittelherstellung.[66] Dies lässt sich mit dem Stand der einzelnen Firmen im NS-Staat und der Wichtigkeit dieser, als auch mit der Machtstellung der DAF erklären: »Die Haltung der Betriebe gegenüber dem Leistungskampf war unterschiedlich. Die kleinen Betriebe mussten sich mit der DAF arrangieren, um Pressionen aus dem Weg zu gehen. Die Betriebe der Groß- und der Rüstungsindustrie besaßen dagegen eine so herausragende Stellung, dass sie sich durch die DAF nicht unter Druck setzen ließen. Viele lehnten die Teilnahme am Leistungskampf wegen der Einsichtsmöglichkeit der DAF in die betriebswirtschaftlichen Unterlagen ab«.[67]

61 Ebd.
62 Frese: NS-Musterbetrieb (Anm. 55), S. 388.
63 Ebd.
64 BArch R1501 140244, Dokument »Nationalsozialistischer Musterbetrieb. Leistungskampf der deutschen Betriebe«, S. 13f.
65 RWWA 208-563-1, »30 NS-Musterbetriebe. Der Führer auf der Tagung der Reichsarbeitskammer«, Deutsche Allgemeine Zeitung vom 30. April 1937.
66 Frese: NS-Musterbetrieb (Anm. 55), S. 384f.
67 Weber: Leistungskampf (Anm. 59).

Stollwerck war als Süßwarenproduzent mit einer kleinen Belegschaft – im Gegensatz zur kriegswichtigen Industrie, die nun einen Vierjahresplan erfüllen sollte – nicht wichtig genug für die DAF und die Durchsetzung der nationalsozialistischen Ziele. Hier zeigt sich ein vermeintlicher Grund für die Firma, sich als Musterbetrieb auszeichnen zu lassen: Die Chance, den durch die DAF entstehenden – hier von Klaus Weber als »Pressionen« bezeichnet – möglichen Einschränkungen zu entgehen. Ob diese Einflussnahme finanzieller Natur waren oder zum Beispiel Betriebsabläufe betrafen, bleibt offen. Im Laufe der Jahre nahm sowohl die Zahl der sich bewerbenden Betriebe als auch derer, die ausgezeichnet wurden, stetig zu. Im Jahre »1940 wurden zusammen 297 Betriebe zu NS-Musterbetrieben gekürt und in den folgenden Jahren in der Regel bestätigt«.[68] Die Gründe dafür sind unklar. Man kann jedoch davon ausgehen, dass zum einen der Kriegsbeginn und damit einhergehende Verschiebungen der staatlichen Bedürfnisse und Forderungen der Kriegswirtschaft eine Rolle spielten.

Die Auszeichnung zum »Nationalsozialistischen Musterbetrieb« kann man zusammenfassend als Instrument zur Kontrolle und Verbesserung von deutschen Betrieben ab 1937 bezeichnen. Die DAF bot durch ein Belohnungssystem den Firmen die Chance, sich als ›deutsch‹ und sozialpolitisch dem Gedanken der »Volksgemeinschaft« verpflichtet zu zeigen. Wie hat nun Stollwerck die Auszeichnung genutzt und wie veränderte sich der Süßwarenhersteller unter den Fahnen der DAF?

4. Stollwerck als »Nationalsozialistischer Musterbetrieb«

»In einer am Donnerstagnachmittag veranstalteten Feierstunde wurde der Betriebsgemeinschaft der Gebr. Stollwerck-AG durch Gauleiter Staatsrat Grohé die vom Führer unterzeichnete Urkunde über die Verleihung der Goldenen Fahne überreicht«.[69] Presseberichten zufolge hatte Stollwerck die »Goldene Fahne«, welche als Teil der Auszeichnung von den Firmen ausgestellt werden durfte, bereits Anfang Mai 1937 erhalten.[70] Erst gut anderthalb Monate später aber erfolgte der erwähnte Betriebsappell mit Staatsvertretern zur offiziellen Ernennung zum Musterbetrieb. Es erreichten Stollwerck einige Glückwünsche,

68 Ebd.

69 RWWA 208–563–1, Artikel »Feier bei Gebr. Stollwerck AG«, in: Kölnische Zeitung vom 25. Juni 1937.

70 Vgl. dazu unter anderem RWWA 208–563–1, Artikel »Die Goldene Fahne wacht im Betrieb«, in: Kölnische Zeitung vom 4. Mai 1937.

welche Carl Auel, seinerseits Vorstandsmitglied und Direktor bei Stollwerck mit Sitz in Köln, nicht müde wurde zu beantworten. Vor allem nicht, als Karl Kimmich ihm per Schreiben zur Auszeichnung gratulierte. Auels Antwort an Kimmich folgte zeitnah: »Sehr geehrter Herr Doktor! Ihre freundlichen Glückwünsche zu der uns durch den Führer zuteil gewordenen Auszeichnung haben uns sehr erfreut. Wir danken Ihnen dafür verbindlichst. Es wird nun unser Bestreben sein, die Voraussetzungen für diese Ehrung immer wieder unter Beweis zu stellen, damit wir das ›Goldene Rad‹, dessen Verleihung ja jeweils befristet ist, für immer in unserer Fahne führen dürfen. Wir sind uns wohl bewusst, dass grosse Anstrengungen notwendig sein werden, um dieses Ziel zu erreichen, und wir erbitten uns dafür schon im Voraus Ihren wertvollen Rat und ihre Unterstützung«.[71]

Die Freude schien groß, als die Gebrüder Stollwerck AG 1937 zu den ausgezeichneten Musterbetrieben gehörte. Dem Schreiben ist gleichzeitig jedoch zu entnehmen, dass der Vorstand mit vielen Veränderungen im alltäglichen Betriebsleben rechnete und dafür auch auf Hilfe angewiesen war. Welche konkreten Folgen aber hatte die Auszeichnung zum »Nationalsozialistischen Musterbetrieb« schlussendlich für die Gebrüder Stollwerck AG? Folgte sie weiter ihrer Firmenpolitik auf allen Ebenen oder passte sie sich an?

5. *Personalpolitik*

Schon 1933 betrieb Stollwerck, wie oben beschrieben, eine veränderte Personalpolitik. Diese war angepasst an die Anforderungen des nationalsozialistischen Staates, der seine Gegner aus den Betrieben gedrängt sehen wollte. Wie viele und welche Mitarbeiterinnen und Mitarbeiter zwischen 1933 und 1937 aufgrund ihrer politischen Gesinnung entlassen wurden, ist nicht bekannt. Doch kurz nachdem der Süßwarenhersteller zum NS-Musterbetrieb ernannt worden war, gab es weitere Entlassungen bei Stollwerck. Diese betraf unter anderem Mitglieder des Aufsichtsrates. Dazu liegt ein Schreiben Carl Auels, Vorstandsmitglied bei Stollwerck, an Karl Kimmich vor, in welchem er dem Aufsichtsratsvorsitzenden folgende Situation beschrieb: »Nachdem wir im Mai ds. Js. Die Auszeichnung ›Nationalsozialistischer Musterbetrieb‹ erhalten haben, häufen sich von Tag zu Tag die Anfragen von allen möglichen behördlichen und parteiamtlichen Stellen über Einzelheiten unseres Unternehmens. […] U.a. wird […] die Frage nach

71 BArch R 8119F 4791 5+, Antwort Auels an Dr. Kimmich vom 11. Mai 1937 zu seinem Gratulationsschreiben vom 3. Mai 1937.

der Reichsbürgerschaft gestellt. [...] Es kommt hinzu, dass man immer wieder von der einen oder anderen Seite abfällige Bemerkungen darüber hören muss, dass unserem Aufsichtsrat Nichtarier angehören«.[72]

Auel bezieht sich hier auf zwei Mitglieder des Aufsichtsrates von Stollwerck, Dr. Georg Solmssen und Georg von Simson. Man vermutete, dass Solmssen nicht den nationalsozialistischen Anforderungen an eine sogenannte »arische Abstammung« genügte. Laut eines Dokuments der Deutschen Bank und der Disconto-Gesellschaft waren beide seit November 1932 bei der Gebrüder Stollwerck AG Köln tätig.[73] Es bestand zum Zeitpunkt des zitierten Briefes also bereits eine mehrjährige Zusammenarbeit zwischen Kimmich, Auel, Solmssen und von Simson. Dennoch schlug Auel Kimmich vor, beide aus dem Aufsichtsrat zu entlassen.[74] Den ausschlaggebenden Punkt, der zu seinem Schreiben an Kimmich führte, benannte er im letzten Abschnitt seines Schreibens: »Würden wir jetzt bei der Beantwortung der Fragen, die uns bei der vorgeschriebenen Wiederbewerbung um den Titel eines Nationalsozialistischen Musterbetriebes immer und immer wieder gestellt werden, sagen können, dass diese Herren, die seit langen Jahren unserem Aufsichtsrat angehören, demnächst ausscheiden, so wäre damit diese Schwierigkeit aus dem Wege geräumt«.[75]

Die von Auel geforderten Schritte bezüglich der Aufsichtsratsmitglieder hatten ihren Ursprung – zumindest ist dies seine Behauptung – in der Bewerbung zum Musterbetrieb und seinem Wunsch, Stollwerck weiterhin erfolgreich daran teilnehmen zu lassen. Er betonte zum Schluss, dass er nur aufgrund seiner »Sorge um das Unternehmen in Verbindung mit der notwendigen Einstellung auf die heutige Zeit«[76] diese Schritte unternommen habe. Es blieb und bleibt bis heute ungeklärt, welche politische Einstellung Auel vertrat und ob er zum Wohle der Firma und deren Auszeichnung zum Musterbetrieb oder auch in seinem eigenen Interesse gehandelt hatte. Es bleibt allerdings eine klare antisemitische Aktion der Firmenleitung.

Knapp zwei Wochen nach dem Schreiben an Kimmich antwortete dieser Anfang August 1937 und teilte Carl Auel seine Entscheidung mit. Dort hieß es zunächst, Kimmich habe »zunächst Herrn Dr. Solmssen davon Kenntnis gegeben, der inzwischen ja nach dort geschrieben und sein Amt zur Verfügung

72 BArch R 8119F 4791 6+, Schreiben Auels an Dr. Kimmich vom 24. Juli 1937.
73 BArch, R 8119F 4798 1+, Zentrales Staatsarchiv. Deutsche Bank und Disconto-Gesellschaft, Generalsekretariat Dr. Kimmich, Gebr. Stollwerck A.-G., Geschäftsber., Statuten, Prospekte, ab 1933, S. 2. Dieses Dokument wurde ab 1933 stetig aktualisiert und hat zuletzt das Datum 28. November 1938 auf dem Titelblatt stehen.
74 BArch R 8119F 4791 6+, Schreiben Auels an Dr. Kimmich vom 24. Juli 1937.
75 Ebd.
76 BArch R 8119F 4791 6+, Schreiben Auels an Dr. Kimmich vom 24. Juli 1937.

gestellt hat«.[77] Es schied demzufolge ein Aufsichtsratsmitglied nachweislich aufgrund seiner nicht »arischen« Herkunft aus der Firma aus. Georg von Simson blieb weiterhin Teil des Stollwerckschen Aufsichtsrats, da er laut Kimmich den Anforderungen entsprach, die im nationalsozialistischen Deutschland zu dieser Zeit gefordert wurden.[78]

Die im sogenannten »Arierparagraphen« geforderte »arische« Abstammung von Mitarbeitern forderte auch die DAF ein.[79] Nun wird es greifbarer, wieso Auel bezüglich Solmssen und von Simson aktiv wurde. Wenn das Überleben der Firma nur durch die Auszeichnung gesichert werden konnte, so war es durch die Beschäftigung von »Nicht-Ariern« und der möglichen Nichtbeachtung der ideologischen Vorgaben in Gefahr. Deswegen wurde ein genaues Auge auf die Herkunft aller mit Stollwerck in Verbindung stehenden Menschen geworfen. Karl Kimmich selbst musste Anfang September 1938 diese Erfahrung machen, als Auel ihn und weitere Aufsichtsratsmitglieder im Auftrag der Industrie- und Handelskammer Köln darum bat, schriftlich zu bestätigen, dass sie keine Juden waren.[80] Kimmich kam dieser Bitte rasch nach und schrieb eine Erklärung, in der er versicherte, kein Jude zu sein.[81] Dieser unangenehm erscheinende Fall war für den Deutsche Bank-Angestellten jedoch vermutlich nicht nennenswert, sondern selbstverständlich. Heute wird Karl Kimmich als aktiver Unterstützer des Nationalsozialismus beschrieben. Darunter zählte zum einen die Tatsache, dass im Rahmen der »von der Deutschen Bank durchgeführten ›Arisierungen‹ [...] seine Person innerhalb des Vorstands am deutlichsten in Erscheinung«[82] getreten ist. Zum anderen heiratete sein Bruder Joseph Goebbels' Schwester,[83] was einen engeren Kontakt zur Familie dieses ranghohen Mitglieds der NSDAP und damit zur Politik des NS-Reichs zur Folge hatte.[84]

Solche Vorgänge findet man auch auf der Ebene der Angestellten. Es liegt eine Betriebsordnung aus dem Jahre 1938 vor,[85] welche heute Aufschluss über die Erwartungen an die Stollwerck-Mitarbeiter gibt.[86] Schon der erste Punkt des

77 BArch R 8119F 4791 6+, Schreiben Dr. Kimmichs an Auel vom 4. August 1937.
78 Ebd.
79 Huttenlocher: Sprengel (Anm. 1), S. 152.
80 BArch R 8119F 4792 3+, Schreiben vom 1. September 1938 von der Geschäftsleitung Auel an die Aufsichtsratsmitglieder von Stollwerck.
81 BArch R 8119F 4792 3+.
82 http://www.bankgeschichte.de/de/content/856.html unter »Kimmich, Karl« [Stand: 06.01.2019].
83 Ebd.
84 Ebd. Die Erwähnung der Hochzeit und Verknüpfung Kimmichs zum NS-Staat lässt diese Schlussfolgerung zu.
85 RWWA 208–496–7: »Stollwerck – Betriebs-Ordnung der Firma Gebrüder Stollwerck Akt.-Ges., Köln«, Köln 1. Oktober 1938. Betriebsordnungen der Jahre zuvor waren nicht aufzufinden.
86 Wichtig zu beachten ist, dass zu diesem Zeitpunkt nicht mehr Karl Kimmich, sondern J.-B. Rath den Posten des Aufsichtsratsvorsitzenden übernommen hatte.

ersten Kapitels beschreibt die Richtung: »A. Grundsätzliches zum Aufbau der Betriebsgemeinschaft. 1. Unser Unternehmen ist im Rahmen der Deutschen Wirtschaft berufen, dem Wohle der Gesamtheit zu dienen. Bedingung für die Erreichung dieses Zieles ist der Aufbau einer Betriebsgemeinschaft zwischen Betriebsführung und Gefolgschaft, deren Grundlagen Leistung und Kameradschaft sind. Die Zugehörigkeit zu unserer Betriebsgemeinschaft verpflichtet daher jeden Arbeitskameraden, im steten Bewußtsein seiner Verantwortung seine volle Kraft dem Dienst des Unternehmens zu widmen und sich dem Gesamtwohl unterzuordnen«.[87]

Der Oberbegriff der »Betriebsgemeinschaft« wurde als erste Priorität genannt und kann zusammen mit der anschließenden Ausführung als Appell an alle Angestellten verstanden werden, jeder einzelne Angestellte solle Teil eines großen Ganzen sein, indem er Höchstleistung zeigte. Diese Leistung sollte er gleichzeitig aber nicht für sich, sondern für die ganze Firma und damit auch für die »Volksgemeinschaft« aufbringen. Von Anfang an wurde seitens der Geschäftsleitung deutlich gemacht, dass die Firma großen Wert auf eine funktionierende »Gemeinschaft« zwischen den Kollegen und auf eine Erhöhung der Produktivität legte. Dieser Anspruch passte gut mit den Forderungen der DAF hinsichtlich einer Betriebsgemeinschaft zusammen. Ohne die auf die Betriebsgemeinschaft zugeschnittene Firmenpolitik wäre eine Auszeichnung zum Musterbetrieb nicht möglich gewesen. Im Rahmen des Zusammenhaltes war laut der Betriebsordnung der gemeinschaftliche Beitritt aller Mitarbeiter in die DAF 1938 bereits vollzogen worden.[88] Auch alle zukünftigen Mitarbeiterinnen und Mitarbeiter sollten diesen Schritt gehen.[89] Man gewinnt den Eindruck, als sei dies in den Augen der Geschäftsleitung ein unumgänglicher Schritt für eine erfolgreiche, dem NS-Staat dienende Firma gewesen. Die DAF forderte die Mitgliedschaft aller Mitarbeiter jedoch schon seit 1934 von den Firmen ein.[90] Doch nur Mitglied in der NSDAP oder einem NS-Verband zu sein, reichte allem Anschein nicht aus. Man fokussierte sich auf weitere Projekte, wie Ausstattung der Fabriken und soziale Angebote für die Belegschaft, welche eher praktischer Natur waren.

87 RWWA 208–496–7: »Stollwerck – Betriebs-Ordnung der Firma Gebrüder Stollwerck Akt.-Ges., Köln«, Köln 1. Oktober 1938, S. 1.
88 RWWA 208–496–7: »Stollwerck – Betriebs-Ordnung« (Anm. 87), S. 1.
89 Ebd.
90 Huttenlocher: Sprengel (Anm. 1), S. 152.

6. Soziale Fürsorge

Nicht nur auf personeller Ebene bemühte sich der Betrieb, den Vorgaben der DAF im Rahmen der Auszeichnung zum »Nationalsozialistischen Musterbetrieb« gerecht zu werden. Auch die Ausstattung der Fabrikräume sowie das Angebot für die Mitarbeiterinnen und Mitarbeiter außerhalb der Arbeitszeit waren entscheidende Faktoren beim Auswahlverfahren, zumal auch diese das alltägliche Arbeitsleben beeinflusste (Abb. 2–3). Dazu definierte Robert Ley im Handbuch für DAF-Walter[91] einige Auswahlkriterien, die die Bewerber zum »Nationalsozialistischen Musterbetrieb« vorweisen mussten. So fragte Ley unter anderem, ob das jeweilige Werk musikalische Gruppen zum gemeinsamen Musizieren vorweisen konnte.[92] Bei Stollwerck war dies der Fall: Seit 1895 gab es den Männerchor »Theobromina«, der 1937 noch bestand. Er nannte sich zu diesem Zeitpunkt in »Stollwerckscher Männerchor« um.[93] Aufgrund von Leys Forderung bewertete Bruno Kuske in seinem Jubiläumswerk über Stollwerck diesen Gesangverein als »wichtige Aufgabe im geselligen und kulturellen Leben der Betriebsgemeinschaft«.[94]

Außerdem galt auch eine Werksbücherei als wichtiger Punkt für das betriebliche Gemeinwohl.[95] Diese hatte Stollwerck bereits vorher für Mitarbeiterinnen und Mitarbeiter zur Verfügung gestellt, baute sie aber im Rahmen der NS-Auszeichnung aus.[96] Den Mitarbeiterinnen und Mitarbeitern standen knapp 2.000 Bücher zur Verfügung, welche thematisch von nationalsozialistischen Werken bis hin zu Romanen reichten.[97]

Zudem enthielt der Geschäftsbericht von 1937/38 erstmals einen »Sozialbericht«, welcher ein eigenes Kapitel füllte.[98] Dort hieß es: »Im Berichtsjahre haben wir die seit 1933 in Angriff genommene Pläne zum Aufbau eines Sozialwerkes in unserer Betriebsordnung verankert«.[99] Demnach waren der Ausbau und etwaige Veränderungen im Sozialbereich Stollwercks unabhängig von

91 BArch R 1501 140244: Dokument »Nationalsozialistischer Musterbetrieb. Leistungskampf der deutschen Betriebe«.
92 Ebd., S. 19.
93 Kuske: 100 Jahre (Anm. 14), S. 138.
94 Ebd.
95 BArch R 1501 140244: Dokument »Nationalsozialistischer Musterbetrieb. Leistungskampf der deutschen Betriebe«, S. 20.
96 RWWA 208-457-1: »Bericht über das Geschäftsjahr 1937/38 der Gebrüder Stollwerck Aktiengesellschaft Köln«.
97 RWWA 208-485-6, Stollwerck Rundschau Ausgabe 2/1940, S 5 f.
98 RWWA 208-457-1: »Bericht über das Geschäftsjahr 1937/38 der Gebrüder Stollwerck Aktiengesellschaft Köln«.
99 Ebd.

Abb. 2: Besuch von Robert Ley bei Stollwerck 1936. Köln, RWWA 208-F4345 (Repro: RWWA)

Abb. 3: Besuch von Robert Ley bei Stollwerck 1936. Köln, RWWA 208-F4345 (Repro: RWWA)

der Bewerbung zum Musterbetrieb bereits in Planung. Jedoch erst ab dem Zeitpunkt, ab dem Stollwerck die »Goldene Fahne« trug und sich »Nationalsozialistischer Musterbetrieb« nennen durfte, wurde das Vorhaben umgesetzt. In diesem Rahmen war die DAF merklich an der Firmengestaltung in allen Bereichen beteiligt und wirkte zumindest als Katalysator für die Umsetzung der Sozialpläne. Es war jedoch nicht das erste Mal, dass die Bemühungen in diesem Bereich der Firmengestaltung seitens des Vorstands erwähnt wurden. Schon im Geschäftsbericht von 1936/37 betonte man die Neuerungen, welche die Firma zugunsten ihrer Mitarbeiter, der Arbeitsatmosphäre und Betriebsgemeinschaft vorgenommen hatte.[100] Der Grund dafür liegt in der erstmaligen erfolgreichen Bewerbung zum Musterbetrieb, welche man explizit als Folge für die Bemühungen des Betriebs darstellte. Man listete – zusätzlich zu den wichtigsten Zahlen und Fakten zur Lage der Firma – das auf, was letztendlich zum Ziel führte, nämlich »den Kameradschaftsgeist innerhalb der Betriebsgemeinschaft«[101] zu wecken. Das beinhaltete diverse finanzielle Hilfen für die Angestellten oder den Ausbau des Angebotes für die Mitarbeiterinnen und Mitarbeiter im Bereich Sport und Erholung.[102] Auf sozialer Ebene engagierten sich außerdem Stollwerck-Mitarbeiterinnen innerhalb der »Werkfrauengruppe«. Sie packten unter anderem Pakete mit selbstgestrickten Kleidungsstücken, Süßigkeiten und Zigaretten für Stollwerck-Kollegen, die in den Krieg eingezogen wurden. Zusätzlich kümmerten sich die Damen um die Familien von Stollwerck-Soldaten, indem sie ihnen im Haushalt halfen oder Krankenpflege betrieben.[103] Diesen Familien wurde außerdem eine Sozialarbeiterin zur Seite gestellt, die sich auch darum kümmerte, dass die Versorgung der Angehörigen von ›Stollwerckern‹ mit Lebensmitteln sichergestellt wurde.[104]

Eine größere Veränderung im sozialen Bereich der Gebrüder Stollwerck AG war die ab 1938 eröffnete Kindertagesstätte (Abb. 4). Sie wurde laut einem Bericht mit dem Titel »Kindertagesstätte der Gebrüder Stollwerck A.-G. Köln a. Rhein«[105] nach Empfehlung Richard Schallers, seinerzeit Gauobmann der DAF, von Stollwerck geplant und angeboten.[106] Statt Verwandten kümmerte sich nun ausgebildetes Personal um die Kinderbetreuung.[107] Von Musterbetrieben wurde

100 RWWA 208-457-1 (Anm. 98).
101 RWWA 208-457-1 (Anm. 98).
102 Ebd.
103 RWWA 208-485-6, Stollwerck Rundschau Ausgabe 3/1940, S. 6.
104 RWWA 208-485-6, Stollwerck Rundschau Ausgabe 5/1940, S. 3.
105 RWWA 208-111-3, Datum und Autor unbekannt.
106 RWWA 208-111-3: Kindertagesstätte der Gebrüder Stollwerck A.-G. Köln a. Rhein, aus: Kindertagesstätte: Schriftwechsel, Verschiedenes 1939–1943, Datum und Autor unbekannt.
107 RWWA 208-111-3: Kindertagesstätte (Anm. 106).

Der Neue Tag

Vorbild und Schrittmacher

Die erste Betriebs-Kindertagesstätte

Einweihung durch Richard Schaller / Stollwerck A.-G. als Musterbetrieb

Gauobmann Richard Schaller bei seiner Ansprache Photo: Maier

Abb. 4: »Vorbild und Schrittmacher. Die erste Betriebs-Kindertagesstätte. Einweihung durch Richard Schaller/Stollwerck A.-G. als Musterbetrieb«, in: Der Neue Tag vom 25. Mai 1938. Köln, RWWA 208-560-2 (Repro: RWWA)

erwartet, keine Kosten zu scheuen, um den sozialpolitischen Anforderungen gerecht zu werden.[108] Vermutlich war die Kinderbetreuung kostenlos, obwohl der finanzielle Aufwand für Stollwerck sicher nicht zu unterschätzen war. Jedoch ergab sich für den Süßwarenhersteller durch Berichterstattung über die Kindertagesstätte eine erhöhte Präsenz in den Medien. Über die Eröffnung des Kindergartens berichtete unter anderem »Der Neue Tag« in einem ausführlichen und mit Bild versehenen Artikel.[109] Darin wurde in Auszügen die Rede Schallers wiedergegeben, in der sich der Sinn der Tagesstätte erschließt. So betonte Schaller, dass man sich nicht auf der Auszeichnung zum NS-Musterbetrieb ausruhen dürfe,

108 BArch R 1501 140244: Dokument »Nationalsozialistischer Musterbetrieb. Leistungskampf der deutschen Betriebe«, S. 20.

109 VRWWA 208–560–2: Die erste Betriebs-Kindertagesstätte, in: Der Neue Tag, 25. Mai 1938.

sondern besonders in sozialer Hinsicht weiterhin das Angebot ausbauen müsse, um »den Geist der nationalsozialistischen Idee noch tiefer in die Herzen der Gefolgschaft hineinzutragen«.[110] Im weiteren Verlauf betonte er nochmals die Vorbildfunktion, die Stollwerck als Musterbetrieb gehabt habe und welcher der Süßwarenbetrieb dank der Kindertagesstätte auch gerecht werde.[111] Am Ende des Artikels führte man alles auf, was im Rahmen des Projektes neu geschaffen wurde: »Für jede Abteilung stehen ein großes Spielzimmer, ein Ruheraum, eine gedeckte Spielterrasse, und ein freier Spielplatz mit einer Auslaufmöglichkeit für die größere Abteilung in den Park und auf den Grünflächen, die ebenfalls neu geschaffen wurden, zur Verfügung«.[112]

Auch in anderen Printmedien wurde das Beispiel des Kölner Kindergartens präsentiert. In einer Ausgabe der Zeitschrift »Schönheit der Arbeit«[113] wurde anhand des Stollwerckschen Betriebes das Beispiel einer Kindertagesstätte vorgestellt. In einer Mischung aus einem kleinen Text und vielen Bildern wurden der Ort, die Betreuerinnen sowie die Kinder in Szene gesetzt. Letztendlich sichere die Einrichtung die Weiterbeschäftigung der Frauen, die als Mütter ihre Arbeit verloren hätten. Dieser Aspekt ist angesichts des Arbeitskräftemangels, der sich ab 1937 einstellte, eine den Produktionsprozess sichernde Maßnahme.

7. Gesundheit und Sport

Dem Aufruf Leys zu den Verbesserungen im räumlichen und gesundheitlichen Bereich[114] folgte Stollwerck ab 1937, also ab dem ersten Jahr seiner Auszeichnung. Das zeigt sich zum einen in Erläuterungen im Geschäftsbericht von 1937/38[115] und zum anderem in der Betriebsordnung der Firma von 1938[116] sowie in der betriebseigenen Werkszeitschrift Stollwerck-Rundschau. Dort finden sich weitere Hinweise auf die Anpassung Stollwercks für eine erfolgreiche Neu-Bewerbung zum Musterbetrieb. So erwähnte man explizit die Einführung des Betriebssports und auch, dass das Angebot in der Kantine im Rahmen des Kantinenessens

110 Ebd.
111 Ebd.
112 Ebd.
113 RWWA 208-752-10: Schönheit der Arbeit, Jahrgang 3/Heft 6, Berlin 1938, S. 266–272.
114 BArch R 1501 140244: Dokument »Nationalsozialistischer Musterbetrieb. Leistungskampf der deutschen Betriebe«, S. 22–24.
115 RWWA 208-457-1: »Bericht über das Geschäftsjahr 1937/38 der Gebrüder Stollwerck Aktiengesellschaft Köln«.
116 RWWA 208-496-7: »Stollwerck – Betriebs-Ordnung der Firma Gebrüder Stollwerck Akt.-Ges., Köln«, Köln 1. Oktober 1938, S. 8f.

erweitert worden sei. Neben der bereits aufgeführten Werksbücherei berichtete Stollwerck zudem von der Vergrößerung der Grünanlagen auf dem Fabrikgelände und einer freundlicheren Gestaltung der Werke durch unter helleres Licht in den Fabrikhallen und Aufenthaltsräumen.[117] Als Folge dieser Angebotserweiterung hieß es am Ende des Sozialberichtes, dass nur aufgrund dieser »Bestrebungen auf dem Gebiete der sozialen Fürsorge und [der] Leistungen unserer Betriebsgemeinschaft«[118] Stollwerck 1938 zum zweiten Mal zum Musterbetrieb ernannt wurde. In der Betriebsordnung von 1938 waren beispielsweise auch Empfehlungen bezüglich der richtigen Ernährung vorzufinden. So sollte man mittags warmes Essen statt Pausenbrote zu sich nehmen, da zu viele davon ungesund gewesen seien.[119] Stollwerck unterstützte die Umsetzung dieser Empfehlung. Das Erholungshaus der Firma, das auch eine Kantine enthielt, bot auch während Lebensmittelengpässen 1940 durch die explizit benannte Unterstützung der DAF weiterhin warme Mahlzeiten an. Die Arbeitsfront verschaffte Stollwerck demnach Sonderrationen zur Versorgung der Belegschaft. Zur Abrundung einer gesunden und hygienischen Pause wurde die Badeeinrichtung im Erholungshaus mit neuen Waschmöglichkeiten ausgebaut.[120]

Weiterhin sprach man die Empfehlung aus, regelmäßig Sport zu treiben und dafür auf die von Stollwerck zur Verfügung gestellten Betriebssportkurse zurückzugreifen.[121] Der Betriebssport wurde, besonders ab 1940, unter anderem in der betriebseigenen Werkszeitschrift Stollwerck-Rundschau thematisiert. In verschiedenen Aufsätzen konnten sich die Mitarbeiterinnen und Mitarbeiter über die aktuellen Sportereignisse im Betrieb informieren und erhielten gleichzeitig eine Art Ratgeber zum richtigen sportlichen Verhalten. So gab es für Lehrlingsgruppen aller Berufe eine Art wechselndes Programm von unterschiedlichen Sportarten wie Boxen, Raufen und Laufen.[122] Dann gab es geschlechtergemischte Treffen für Stollwerck-Mitarbeiter aus allen Abteilungen. Hier wurde Fußball gespielt und Selbstverteidigung gelehrt.[123] Weitere Angebote reichten vom Tanz über Leichtathletik bis hin zu Tischtennis.[124] Weder die Altersklasse noch der ausgeübte Beruf schienen eine Rolle gespielt zu haben, denn es galt: »Wir erwarten, daß alle mitmachen, denn gerade jetzt im Kriege ist körperliche

117 RWWA 208-457-1: »Bericht« (Anm. 115).
118 Ebd.
119 RWWA 208-496-7: Stollwerck-Betriebs-Ordnung der Firma Gebrüder Stollwerck Akt.-Ges., Köln vom 1. Oktober 1938, S. 8.
120 RWWA 208-485-6, Stollwerck Rundschau Ausgabe 5/1940, S. 1.
121 RWWA 208-496-7: Stollwerck-Betriebs-Ordnung (Anm. 119), S. 8f.
122 RWWA 208-485-6, Stollwerck Rundschau Ausgabe 2/1940, S. 4.
123 Ebd.
124 Ebd.

Gesundheit wertvolles Gut, das zu pflegen Pflicht jedes einzelnen ist«.[125] Dies förderte man, neben den Kursangeboten, zusätzlich mit ausreichend Platz auf einer Sportanlage, die Geräte und viel Raum für Aktivitäten bot und auf der sogar ein Tennisplatz zu finden war.[126] Außerdem stand Stollwerck-Mitarbeiterinnen und -Mitarbeitern zwei Mal in der Woche ein Betriebsarzt zur Verfügung.[127] Doch schon vor Kriegszeiten war der Sport ein wichtiges Anliegen für das Unternehmen Stollwerck. In einer späteren Rundschau-Ausgabe betonte man in einem Artikel zum »Frühjahrslauf der Betriebe 1941«,[128] dass bereits »in den letzten Vorkriegsjahren [...] alle Schaffenden die Aufforderung ›Treibt Leibesübungen‹«[129] zugetragen wurde.

8. Stollwerck-Rundschau

Besonders aussagekräftig im Hinblick auf alle bereits gewonnenen Erkenntnisse über Stollwerck als Musterbetrieb ist die Stollwerck-Rundschau. Das erste Exemplar erschien 1940 und wurde explizit als Ablösung für die vorherige Werkzeitschrift »Aufbruch« bezeichnet.[130] Die Rundschau wurde in den Betrieben in Köln, Berlin und Wien verteilt.[131] Sie erschien zunächst monatlich, im weiteren Kriegsverlauf jedoch immer unregelmäßiger. Über die Auflage ist nichts bekannt, als Herausgeber wurde die »Hauptabteilung Werkzeitschriften für die Betriebsgemeinschaft Gebrüder Stollwerck AG«[132] genannt. Diese veröffentlichte die Zeitschrift jedoch ausdrücklich nur »im Einvernehmen mit der DAF«,[133] welche die jeweiligen Ausgaben allem Anschein zunächst kontrollierte und genehmigte. In der Rundschau konnten die Mitarbeiterinnen und Mitarbeiter sich über unterschiedliche Themen informieren: Berichte von Kollegen, die zum Kriegseinsatz eingezogen waren, Aktuelles über den Betriebssport, Lyrik, politische Ansprachen von Politikern und vieles mehr.

Wenn man sich die Ausgaben der Stollwerck-Rundschau genauer ansieht, so erkennt man bereits auf der Titelseite der Ausgabe 1/1940 eine zum Musterbetrieb geformte Firma. Zum einen ist unter dem Firmenlogo das Emblem der DAF

125 Ebd., S. 5.
126 RWWA 208-485-6, Stollwerck Rundschau Ausgabe 5/1940, S. 2.
127 Ebd., S. 1.
128 RWWA 208-485-6, Stollwerck Rundschau Ausgabe 7/1941, S. 1 ff.
129 RWWA 208-485-6, Stollwerck Rundschau Ausgabe 7/1941, S. 2.
130 RWWA 208-485-6, Stollwerck Rundschau Ausgabe 1/1940.
131 Ebd., S. 1.
132 RWWA 208-485-6, Stollwerck Rundschau Ausgabe 2/1940, S. 8.
133 Ebd.

abgedruckt, ein Zahnrad mit Hakenkreuz innerhalb des Rades.[134] Zum anderen wird hier im Titel ganz klar von der »Rundschau der Betriebsgemeinschaft«[135] gesprochen. Ausschließlich die zum »Nationalsozialistischen Musterbetrieb« ernannten Firmen durften das Zeichen der DAF verwenden.[136] Der Begriff der »Betriebsgemeinschaft« umschrieb eine der zentralen Forderungen der DAF und verknüpft diese direkt mit der jeweiligen Firma. Ohne die Artikel in der Zeitschrift zu lesen, wurde jedem Mitarbeiter durch die Verwendung des Zeichens und der Wahl des Titels die aktive Verbindung zwischen ihrer Firma und dem NS-Staat bewusst gemacht. Die Zeitschrift weist viele propagandistische Mittel auf, die in ihrer Gestaltung und Botschaft eher motivierender Natur, wenngleich ebenso ideologisch geprägt waren. So wurde mithilfe von selbstgeschriebenen Gedichten zum Beispiel über die Belegschaft Stollwercks oder über die Werksküche eine Geschichte erzählt und gleichzeitig eine Verbindung zwischen den Leserinnen und Lesern zu den Betrieben selbst hergestellt.[137] Ganz im Zeichen der gesunden Ernährung, auf welche laut der DAF nun auch geachtet werden sollte, findet man außerdem praktische Alltagshinweise in der Rundschau wieder. So sollten der Leser der Zeitschrift zum Beispiel darauf achten, »für seine Lebensmittelmarken die beste und wertvollste Ware zu erwerben«.[138]

Zusätzlich bot die Rundschau einen Einblick in das alltägliche Betriebsleben der Firma ab 1940. Dazu gehört zum Beispiel die sogenannte »Stollwerck-Werkpause«. Ein Bericht über diese gemeinsame Betriebspause, welche am 1. März 1940 in der Sporthalle der Firma abgehalten wurde, fand sich in der dazugehörigen Monatsausgabe wieder.[139] Dort wurde betont, dass bereits zuvor Werkpausen stattgefunden hätten, welche zumeist auf dem Hof des Produktionsgeländes abgehalten worden seien.[140] Das gemeinsame Treffen im März 1940 diente aber der – um ein Jahr verspäteten – 100-Jahrfeier der Firma Stollwerck. Zu diesem Anlass kamen laut Bericht viele Gäste und Mitarbeiter zusammen. Sie erlebten gemeinsam ein musikalisch und lyrisch gestaltetes Programm, das live im Radio übertragen wurde.[141] Bilder aus der Sporthalle zeigen Hakenkreuz-Flaggen mit und ohne goldenem

134 RWWA 208–485–6, Stollwerck Rundschau Ausgabe 1/1940, S. 1.
135 Ebd.
136 BArch NS 22 778: Aus der Verfügung des Führers: Auszeichnung »Nationalsozialistischer Musterbetrieb«, München, 29. August 1936. Nur ausgezeichnete Musterbetriebe durften laut dieser Verfügung Hitlers die Goldene Fahne als auch das DAF-Logo verwenden.
137 Zum Beispiel Agnes Heythausen: »Uns Jugendgrupp«, in: RWWA 208–485–6, Stollwerck Rundschau Ausgabe 2/1940, S. 8. Oder Peter Keil: Loblied auf die Werksküche, in: RWWA 208–485–6, Stollwerck Rundschau Ausgabe 1/1940, S. 4, siehe Anhang 4.
138 RWWA 208–486–1, Stollwerck Rundschau Ausgabe Januar/Februar 1943, S. 3.
139 RWWA 208–485–6, Stollwerck Rundschau Ausgabe 3/1940, S. 1.
140 Ebd.
141 Ebd., S. 1–4.

Zahnrad und einige Mitarbeiterinnen und Mitarbeiter, die in Arbeitskleidung an der Veranstaltung teilnahmen.[142] Leider kann man diese Werkpause nicht mit anderen sonst bei Stollwerck in Köln abgehaltenen Werkpausen vergleichen, da dazu keine Quellen vorliegen. Inwieweit sich diese Veranstaltungen von der im März 1940 unterschieden, ist nicht herauszufinden. Einen Punkt kann man aber festhalten: Die Aufgabe eines Musterbetriebes, Vorbild für andere Betriebe zu sein, wurde hier erfüllt, denn hier wurde eine perfekt inszenierte Werkpause aufgezeigt.

Ebenso vorbildlich schien die Umsetzung des Betriebssports zu verlaufen. In mehreren Ausgaben wurde das breite Angebot aufgezeigt, das die Süßwarenfirma in Köln ihren Mitarbeitern aller Altersklassen anbot. Einen Einblick in die Umsetzung erhielten die Leser der Rundschau zum Beispiel in einem Rückblick über den »Frühjahrslauf der Betriebe« von 1941.[143] Auf den Bildern erkennt man zum einen eine gemischte Gruppe von Mitarbeiterinnen und Mitarbeitern, welche sowohl in Arbeits- als auch Sportbekleidung den Tätigkeiten nachgingen, sowie eine großzügig angelegte Grünanlage der Firma.[144] Auch hier findet sich ein perfekt inszeniertes Schauspiel von einem vorbildlich handelnden, in einer »Betriebsgemeinschaft« agierenden Kollegium eines Musterbetriebs wieder.

Dass die Rundschau ein propagandistisches Mittel war, zeigt sich vor allem an den Themenbereichen, die sich mit dem Krieg beschäftigen. So finden sich regelmäßig in den Ausgaben »Die Seiten der Wehrmacht« wieder,[145] die die Angestellten Stollwercks mit Informationen rund um die Kriegsdienst leistenden Kollegen versorgte. Berichte, Rätsel, Anschriften-Änderungen für Feldpost, Beförderungen und vieles mehr wurde auf diesen Seiten thematisiert. Zusätzlich wurden politische Reden, Ansprachen und motivierende Worte von NS-Funktionären und höheren Angestellten abgedruckt.[146] Der Arbeitsalltag veränderte sich im weiteren Kriegsverlauf, was sich auch an den Artikeln in der Werkszeitschrift wiederspiegelte. Berichte über den Werkluftschutz, der 1941 laut dem Werkluftschutzleiter Stollwercks aufgrund der alliierten Angriffe immer wichtiger werde,[147] verdeutlichen, wie nah der Krieg an den Kölner Betrieb heranrückte.

Die hier aufgezeigten Beispiele zeigen, dass Stollwerck sowohl als Musterbetrieb als auch als Vorzeigebetrieb diente und die DAF jeden verfügbaren Kanal nutzte, um die Arbeiterinnen und Arbeiter vom Sinn des Krieges und der Wichtigkeit des gemeinschaftlichen Kampfes an der sogenannten »Heimatfront« zu überzeugen.

142 Ebd.
143 RWWA 208-485-6, Stollwerck Rundschau Ausgabe 7/1941, S. 1 ff.
144 Ebd.
145 RWWA 208-485-6, Stollwerck Rundschau Ausgabe 2/1940, S. 7.
146 RWWA 208-485-6, Stollwerck Rundschau Ausgabe 5/1940, S. 1.
147 RWWA 208-485-6, Stollwerck Rundschau Ausgabe 2/1941, S. 4 f.

9. Produktion und Aufträge

Die Stollwerck-Belegschaft war 1935/36 mit insgesamt 2.785 Angestellten[148] relativ groß, wobei keine Angaben dazu gemacht wurden, ob die Tabelle nur den Kölner Betrieb oder auch alle Zweigstellen beinhaltete. Die genauen Zahlen spielen zwar für diese Untersuchungen keine Rolle, aber die allgemeine Entwicklung der Mitarbeitergröße an sich ist interessant. 1936/37 beschäftigte Stollwerck 2.848 Mitarbeiter, im darauffolgenden Geschäftsjahr sogar 2.999.[149] Der Gewinn stieg zwischen 1935 und 1938 von 497.180,06 Reichsmark auf 697.934,03 Reichsmark.[150] Die Zahlen entwickelten sich also kurz vor und ab der Ernennung zum Musterbetrieb 1937 erst einmal positiv. Dieser Zustand hielt aber nicht lange an.

Laut Bericht von 1939 veränderte sich die Produktpalette nicht.[151] Der Kriegsausbruch zwang die Autoren der Handbücher der deutschen Aktiengesellschaften aber allem Anschein nach zu einer Pause, denn auch 1939 stellt man nur die Zahlen bis 1937/38 vor. Für 1940 stehen überhaupt keine Handbücher zur Verfügung, die Zahlen von 1939 und 1940 werden in späteren Ausgaben vorgestellt. Mit Beginn des Krieges veränderten sich die Anforderungen an deutsche Firmen. Dies bedeutete zum Beispiel, dass man auf qualitativ schlechte Zutaten für die jeweiligen Produkte zurückgreifen musste, welche zuvor noch aufgrund des Reinheitsgebotes verboten waren.[152] Obwohl die Zeiten für Süßwarenhersteller schon vor 1939 kritisch waren, verschlechterten sie sich mit Kriegsbeginn zunehmend. Es galt – auch für Stollwerck als Musterbetrieb – neue Ideen und Lösungen für die bevorstehende Misere zu finden. Als einer der Lösungsansätze wurde im Dezember 1939 der Versuch unternommen, Stollwerck als Wehrbetrieb einstufen zu lassen.[153] In einem Schreiben an Jean Baptist Rath, der laut Kuske seit 1938 den Posten des Aufsichtsratsvorsitzenden von Kimmich übernommen hatte,[154] wies Kimmich letzteren darauf hin, dass »Stollwerck im Gegensatz zu anderen Schokoladenfabriken nicht zu den Wehrbetrieben«[155] gehörte. Kimmich wünschte sich jedoch die Ernennung der

148 Handbuch der deutschen Aktiengesellschaften 1938, Bd. 6 (Jahrgang 43), Berlin 1938, S. 8932.
149 Ebd.
150 Ebd., S. 8933.
151 Handbuch der deutschen Aktiengesellschaften 1939, Bd. 6 (Jahrgang 44), Berlin 1939, S. 8347.
152 Huttenlocher: Sprengel (Anm. 1), S. 186.
153 Eine genaue Definition des Begriffes »Wehrbetrieb« liegt leider nicht vor.
154 Kuske: 100 Jahre (Anm. 14), S. 128.
155 BArch, R 8119F 4792 4+, Schreiben vom 12. Dezember 1939 an Direktor Rath. Kimmich war eigentlich kein Mitglied mehr bei Stollwerck, aber er war noch immer Mitarbeiter der Deutschen Bank, vgl. http://www.bankgeschichte.de/de/content/856.html unter »Kimmich, Karl« [Stand: 06.01.2019] – demnach auch Teil des Hauptaktionärs von Stollwerck.

Firma dazu[156] und führte dafür triftige Gründe an. Zum einen seien, wie bereits im Zitat aufgezeigt, auch andere Süßwarenhersteller zum Wehrbetrieb ernannt worden. Zum anderen seien diese Betriebe bevorzugt bei der Rohstoffzuteilung behandelt worden. Dies hätte im Zuge der kaum verfügbaren Rohstoffmengen für Stollwerck überlebenswichtig werden können.[157] Kimmich schrieb weiterhin, dass man bei der Ernennung noch andere Vorteile genießen könne,[158] die er aber nicht näher erläuterte. Schon drei Tage später erhielt der Aufsichtsratsvorsitzende eine Antwort Raths, in welcher er die Ernennung Stollwercks zum Wehrbetrieb bestätigte.[159]

So konnte zunächst der Bezug von Rohstoffen gesichert werden. Aber das allein reichte nicht aus, da spätestens zu Kriegsbeginn die Versorgung der Bevölkerung mit Schokolade und Süßwaren weniger wichtig war als Produktion von Rüstungsgütern. Quellen zu Produktion und Auftragslage Stollwercks gibt es kaum. Lediglich die Handbücher der deutschen Aktiengesellschaften geben Aufschluss über die Lage der Kölner Firma während des Zweiten Weltkriegs. In der Ausgabe von 1941 finden sich Zahlen für 1939 und 1940. Angeblich hielt sich demnach der Gewinn bei einer runden Summe von 650.250 Reichsmark.[160] Interessanter sind die Zahlen der Angestellten. Sie lagen 1938/39 noch bei insgesamt 3.060, ein Jahr später waren es 573 Mitarbeiter weniger. Der Gewinn sank ebenso stetig.[161]

Die allgemeine Situation von Süßwarenfirmen ist einigermaßen gut dokumentiert. 1942 gab es eine Anordnung seitens der Wirtschaftlichen Vereinigung Süßwarenwirtschaft, »dass weniger rationell arbeitende Betriebe stillzulegen seien«.[162] Stollwerck gehörte demzufolge zu den noch effizienteren Betrieben, da sonst die Produktion bereits 1942 gestoppt worden wäre. Erst ab 1943/44 gibt es wieder Hinweise auf die Situation Stollwercks, unter anderem in einem Dokument vom September 1944 mit dem Titel »Kriegsleistungskampf der deutschen Betriebe 1944«.[163] Darin hieß es, dass auch Stollwerck von diversen gesetzlichen Änderungen betroffen gewesen sei,[164] welche für jeden Süßwarenhersteller das ›Aus‹ bedeuten konnten: »Nachdem schon im 2. Halbjahr 1943 die

156 BArch, R 8119F 4792 4+, Schreiben vom 12. Dezember 1939 an Direktor Rath.
157 BArch, R 8119F 4792 4+, Schreiben vom 12. Dezember 1939 an Direktor Rath.
158 Ebd.
159 BArch, R 8119F 4792 4+, Schreiben vom 15. Dezember 1939 an Dr. Kimmich.
160 Handbuch der deutschen Aktiengesellschaften 1941, Bd. 1 (Jahrgang 46), Berlin 1941, S. 782.
161 Vgl. unter anderem Handbuch der deutschen Aktiengesellschaften 1942, Bd. 2 (Jahrgang 47), Berlin 1942, S.1140.
162 Huttenlocher: Sprengel (Anm. 1), S. 195.
163 RWWA, Ordner 208–339–2: Kriegsleistungskampf der deutschen Betriebe 1944, in: Soziales: Freiwillige soziale Leistungen (Angaben für Sozialberichte) 1942–1944, September 1944.
164 RWWA, Ordner 208–339–2: Kriegsleistungskampf (Anm. 166), S. 1.

Erzeugungsmengen weiter eingeschränkt wurden, kam zu Beginn des Monats Dezember die Bestimmung, daß sämtliche Süßwarenbetriebe zum 31. 12. 1943 zu schließen seien«.[165]

Dies war eine Folge der Entwicklung der deutschen Wirtschaft hin zu einer Kriegsrüstungsindustrie, und hierunter litt auch die Bedeutung von Schokoladenerzeugnissen.[166] Die Bestimmung über die Stilllegung der Betriebe 1943 bedeutete aber noch nicht die unmittelbare Schließung der Firma, denn zum einen gab es eine Frist bis Anfang 1944, die Vorräte zu verarbeiten.[167] Zum anderen wurde der Kölner Betrieb »zum Schonbetrieb bestimmt, um [...] Fabrikate für die Wehrmacht herzustellen und [...] ein kleines Kontingent für besondere Zwecke zu verarbeiten«.[168] Ein weiterer ausschlaggebender Punkt zum Fortbestehen des Unternehmens Stollwercks war die Tatsache, dass laut Geschäftsbericht zu den Jahren 1943/44 diverse kleine Aufträge für das Militär bestanden. Die gelieferte Ware hatte laut Bericht jedoch kaum etwas mit Schokolade, sondern mehr mit zuckrigen und vitaminreichen Lebensmitteln zu tun.[169] Hierin zeigt sich die Abhängigkeit Stollwercks von Wehrmachtsaufträgen. Im Anschluss an die im Geschäftsbericht getätigten Aussagen wurde darauf hingewiesen, dass man mit einem schlechten Folgejahr rechnete, da man von der Aufrechterhaltung des Produktionsverbotes für Süßwaren ausgegangen sei.[170] Auch die Tatsache, dass »erhebliche Teile der Rübenanbauflächen und der Zuckerbestände unter Feindeinwirkung liegen«,[171] erschwerte die Erfüllung der künftigen sowie bestehenden und mengenmäßig heruntergesetzten Aufträge des Militärs.[172] Dieser Jahresbilanz zufolge kämpfte Stollwerck aber noch mit ganz anderen Problemen. Zu 1943/44 heißt es: »Die Bemühungen, stärker in die Rüstung eingeschaltet zu werden, waren erfolglos, da wir selbst Personal für diesen Zweck nicht zur Verfügung hatten und auch unsere Räume mit Rücksicht auf die Eigenerzeugung für die Aufnahme maschineller Anlagen für eine Rüstungsfertigung größtenteils nicht ausreichen würden«.[173] Zusätzlich zum Personalmangel erschwerten weitere

165 Ebd., S. 1.

166 Huttenlocher: Sprengel (Anm. 1), S. 194.

167 RWWA, Ordner 208-339-2: Kriegsleistungskampf der deutschen Betriebe 1944, in: Soziales: Freiwillige soziale Leistungen (Angaben für Sozialberichte) 1942-1944, September 1944, S. 1.

168 Ebd. Unter besondere Zwecke fielen laut Dokument unter anderem Produktionen zur Versorgung der Zivilbevölkerung in den luftgefährdeten und bombengeschädigten Bezirken.

169 RWWA Ordner 208-388-5: »Geschäftsbericht für das Geschäftsjahr 1943/44«, in: »Geschäftsberichte der Gebrüder Stollwerck (div. Dokumente dazu) 1942-1945«, S. 3. Es handelt sich um einen Entwurf.

170 Ebd., S. 4.

171 Ebd.

172 Ebd.

173 Ebd.

Probleme wie Stromausfälle oder alliierte Angriffe die Arbeit.[174] Ein Jahr später war die Produktion Stollwercks schließlich gänzlich zum Stillstand gekommen.[175] Die Belegschaft verkleinerte sich, die Gewinne sanken stetig.

Nun ist die Frage zu stellen, ob und inwieweit die Tatsache, dass die Firma ein Musterbetrieb war, diese Zustände beeinflussten. Dazu kann man einen Vergleich zu einem anderen Süßwarenhersteller heranziehen, der kein Musterbetrieb war. Novesia, eine Neusser Schokoladenfirma, kämpfte im Vergleich zu Stollwerck auch mit vielen Problemen während der Machtübernahme durch die Nationalsozialisten und nach dem Beginn des Zweiten Weltkriegs. In der Jubiläumsschrift von 1960 zum 100-jährigen Jubiläum wird betont, dass »die politischen und wirtschaftlichen Verhältnisse nach 1933 die aufsteigende Entwicklung mehr und mehr zum Stillstand«[176] führten. Als ein Grund wird die Rohstoffverknappung angegeben,[177] ein anderer sei die Einstellung des Firmeninhabers, Hermann Feldhaus gewesen, welcher »als entschiedener Gegner des Nationalsozialismus«[178] beschrieben wird. Ein wirklich anderer Umstand ist im Vergleich auf den ersten Blick nicht vorzufinden: Sowohl Novesia als auch Stollwerck kämpften mit einem Rückgang der Aufträge und erlitten Gebäudeschäden durch Luftangriffe mit dem Beginn des Luftkriegs.[179] Dieser Vergleich als auch die allgemein schwierige wirtschaftliche Lage für Kleinbetriebe und Firmen, welche keine Rüstungsgüter herstellten, widerlegt auf den ersten Blick die Vermutung, dass Stollwerck einen größeren Vorteil durch die Auszeichnung zum NS-Musterbetrieb genoss. Denn auch die Ernennung zum Wehrbetrieb war dem Schreiben Kimmichs zufolge nicht unbedingt nur Musterbetrieben vorbehalten. Doch lässt sich nicht bestreiten, dass Stollwercks vom den Status als NS-Musterbetrieb profitierte. Dies begründet sich zum einen in der länger anhaltenden Auftragslage, die durch die Wehrmacht und damit durch den Staat entstand. Der Arbeitermangel war keine Folge von Repressionen, die einem nicht NS-konformen Betrieb vielleicht drohten, sondern der Kriegssituation geschuldet. Ebenso verhielt es sich mit der Rohstoffknappheit.

174 Ebd., S. 4. Danach endet der Bericht ohne weitere Anmerkungen.
175 RWWA Ordner 208–291–2: Bericht über das Geschäftsjahr 1944/45, in: Gebrüder Stollwerck Aktiengesellschaft Köln. Bericht über die Geschäftsjahre 1947/48, 1946/47, 1945/46, 1944/45, 1943/44, S. 22.
176 Mathias T. Engels.: 100 Jahre Novesia. Schokoladenfabrik P. F. Feldhaus Neuss, Krefeld 1960, S. 64.
177 Ebd.
178 Ebd.
179 Ebd. und RWWA Ordner 208–388–5: »Geschäftsbericht für das Geschäftsjahr 1943/44«, in: »Geschäftsberichte der Gebrüder Stollwerck (div. Dokumente dazu) 1942–1945«, S. 2: Im Bericht wird ein Fliegerangriff Ende Juni 1943 erwähnt.

10. Zusammenfassung

Mit Auszeichnung zum »Nationalsozialistischen Musterbetrieb« gelang es dem NS-Staat, seine Kontrolle über Unternehmen auszubauen, wie das Beispiel der Gebrüder Stollwerck AG zeigt. Die wirtschaftliche Situation war für Süßwarenbetriebe seit der Machtübernahme durch die Nationalsozialisten insgesamt schwierig. Der NS-Staat übernahm mehr und mehr die Kontrolle über Rohstoffe und rief zugleich Existenzängste aufseiten der Unternehmer hervor. Die Motivation für die Teilnahme Stollwercks am Wettbewerb zum NS-Musterbetrieb kann aufgrund fehlender Quellen sowie lückenhafter Forschung zu diesem Thema nur begründet vermutet werden. Es ist davon auszugehen, dass insbesondere die insgesamt veränderten Rahmenbedingungen Stollwerck zu einer Bewerbung bewegten. Ein weiterer Grund könnte die Angst vor wirtschaftlichen Problemen, begründet durch Rohstoffkontingentierung und -verknappung, gewesen sein. Mit der Auszeichnung zum »Nationalsozialistischen Musterbetrieb« erhoffte sich die Firmenleitung offenbar nicht nur eine sichere Auftragslage, sondern auch zusätzliche Werbung durch die Berichterstattung, zum Beispiel über besondere Aktivitäten. Zumindest Letzteres gelang Dank der Eröffnung einer Kindertagesstätte. Die Auftragslage verschlechterte sich jedoch zunehmend, was unter anderem dem kriegsbedingten Personalmangel geschuldet war. Auch Wehrmachtaufträge halfen dem Unternehmen letztlich wenig. Im Vergleich zu anderen Süßwarenunternehmen konnte sich Stollwerck dennoch länger halten, was seiner Auszeichnung zum »Nationalsozialistischen Musterbetrieb« zu verdanken war.

Die in der Analyse aufgeführten Beispiele in den verschiedenen Bereichen Stollwercks verdeutlichen eine Abhängigkeit des Süßwarenherstellers von der DAF. Anhand der langen Liste an Umstrukturierungen in der Firma wird klar, wie sehr sich das Unternehmen der DAF unterwarf. Dieser Eindruck manifestiert sich in den immer wiederkehrenden Hinweisen seitens Stollwerck, dass nur mithilfe und auf Empfehlung der DAF die Angebote – sei es zum Beispiel eine Kindertagesstätte oder das sportliche Angebot – überhaupt umgesetzt werden konnten. Es gab das solide Grundgerüst an außerbetrieblichen und sozialen Leistungen für Stollwerck-Mitarbeiter jedoch schon vor 1937. Man kann daher nicht sagen, dass allein die Umstände ab 1937 mit der Berechtigung, die »Goldene Fahne« zu tragen, zu all diesen Maßnahmen führten. Der Zweite Weltkrieg schließlich forderte völlig andere wirtschaftliche Grundlagen als die Vorkriegszeit. Süßwaren waren im Vergleich zu Waffen, Munition oder weiteren, wichtigen Kriegsmaterialien nicht mehr von Bedeutung. Man konnte aber die Abwanderung von Arbeitskräften in die besser bezahlende Rüstungsindustrie mit den sozialpolitischen Errungenschaften verzögern.

Im Dienst der »Schutzstaffel«

Das Bewerbungs- und Einstellungsverfahren von weiblichen Zivilangestellten der SS und SS-Helferinnen mit Geburts- oder Einsatzort Köln

von Yvonne E. Schäfers

Durch die neuere Forschungsliteratur ist deutlich geworden, dass auch das weibliche Geschlecht einen großen Anteil an der Stabilisierung der NS-Politik hatte, zum Beispiel durch die Arbeit auf staatlichen Verwaltungsstellen oder im militärischen Bereich. Von Interesse sind in diesem Zusammenhang das Privatleben und die beruflichen Laufbahnen von weiblichen Zivilangestellten der SS und SS-Helferinnen, weshalb sich der vorliegende Beitrag mit solchen »SS-Frauen« befasst, deren Geburts- oder Einsatzort Köln war. Grundlage ist dabei ein Konvolut von 43 Personalakten, von denen 17 besonders umfangreiche ausgewählt wurden. Diese bestehen aus persönlichen Dokumenten von einer SS-Helferin und drei weiblichen Zivilangestellten der SS mit Einsatzort Köln sowie neun SS-Helferinnen und vier weiblichen Zivilangestellten der SS mit Geburtsort Köln. Sie bilden im Hinblick auf verschiedene Aspekte, zum Beispiel Alter, Vorbildung und sozialer Hintergrund, einen Querschnitt durch die ursprüngliche Gesamtgruppe.

Negativ-Beispiele, also Frauen, deren Bewerbungen abgelehnt wurden, finden hier keine Berücksichtigung, da dazu keine Unterlagen vorliegen. Somit kann also lediglich ein Rahmen von Einstellungskriterien abgesteckt werden, innerhalb dessen Bewerberinnen eingestellt wurden. Auch die juristische Verfolgung der Frauen in der Nachkriegszeit wird in diesem Beitrag nicht behandelt. Zum einen würde der Anspruch, ein umfassendes Bild der weiblichen Beteiligung am NS-Völkermord innerhalb der SS im zivilen und militärischen Bereich den vorgegebenen Rahmen überschreiten. Zum anderen geht aus der Forschungsliteratur hervor, dass für die weiblichen Zivilangestellten der SS und die SS-Helferinnen kaum und wenn, dann nur für Frauen aus dem süddeutschen Raum, Entnazifizierungsakten auffindbar sind.

Durch die Untersuchung des politischen Engagements von Frauen in unterschiedlichen Bereichen des Nationalsozialismus wird in der neueren Forschung deutlich, dass auch sie sich für die Ausgestaltung und Umsetzung der

Staatsideologie einsetzten. Mittels ihrer Mitglied- und Führerinnenschaft zum Beispiel in der NS-Frauenschaft, der Publikation ideologisch indoktrinierter Texte und ihres aktiven Einsatzes in der Kriegswirtschaft und sogar des aktiven Dienstes bei der Wehrmacht, trugen sie ihren Teil zur Aufrechterhaltung des NS-Systems bei. Trotz dieser Tatsachen thematisierte die historische Forschung dieses Engagement in der unmittelbaren Nachkriegszeit und den 1950- und -60er Jahren nicht.

Nach der Entdeckung der Frau im Nationalsozialismus als Forschungsobjekt und einer differenzierten, durchaus konfliktdurchwirkten Untersuchung ihrer Handlungsräume, galt die Rolle der Frau als mögliche Täterin im Nationalsozialismus in der Mitte der 1990er Jahre als vollkommen revidiert. Ehefrauen von Tätern, die durch ihre Heirat Teil der »Sippengemeinschaft SS« wurden und Täterinnen in Gestalt von KZ-Aufseherinnen, erlangten nun auch in der Öffentlichkeit verstärkt Aufmerksamkeit. Im Hinblick auf diesen damals neuen Forschungsaspekt lassen sich die verschiedenen Publikationen der Soziologin und Politologin Gudrun Schwarz als besonders richtungsweisend nennen. In ihrer Studie »Eine Frau an seiner Seite. Ehefrauen in der SS-Sippengemeinschaft« (1997) arbeitet sie die starke politische beziehungsweise ideologische Indoktrinierung des Privaten und die Verfolgung von persönlichen Interessen beziehungsweise die materiellen Bereicherungsansprüche von SS-Ehefrauen heraus.[1]

Gerade in den letzten zehn bis fünfzehn Jahren setzte sich die Forschung verstärkt mit der Rolle der Frau im nationalsozialistischen Verwaltungsapparat des militärischen Bereichs auseinander. Franka Maubach untersucht in ihrer 2009 erschienen Monographie die Erfahrungen und Lebensgeschichten von Nachrichtenhelferinnen der Wehrmacht. Sie vollzieht den ihrer Meinung nach in der Erforschung der Rolle der Frau im Nationalsozialismus noch fehlenden »[...] erfahrungsgeschichtlich ausgerichtete[n] Blick auf die Masse der ›ganz normalen Frauen‹, auf die vielfältigen weiblichen Aktivitäten jenseits des Innenraums des Privaten während des Kriegs«.[2]

2010 wurde das SS-Helferinnenkorps von der Historikerin und Germanistin Jutta Mühlenberg erstmals eigenständig in Form einer Dissertation behandelt. Mühlenberg legte eine umfassende Studie vor, die einerseits Organisation, Struktur und Einsatz des nachrichtendienstlichen Frauenkorps erläutert. Andererseits

1 Siehe dazu Gudrun Schwarz: Eine Frau an seiner Seite. Ehefrauen in der SS-Sippengemeinschaft, Hamburg 1997. – Der vorliegende Aufsatz beruht auf meiner 2018 unter der Anleitung von Prof. Dr. Habbo Knoch an der Universität zu Köln verfassten Masterarbeit »Hilfe zum Sieg? Kölner Frauen im Dienst der SS«.

2 Franka Maubach: Die Stellung halten. Kriegserfahrungen und Lebensgeschichten von Wehrmachthelferinnen, Göttingen 2009, S. 20.

weist sie nach, dass junge Frauen im patriarchalisch geprägten NS-System durchaus die Chance hatten, eine (wenn auch eingeschränkte) militärische Karriere zu durchlaufen.[3] Mühlenberg zeichnet ein Bild der SS-Helferinnen, das sie nicht nur als nachrichtendienstliche Unterstützerinnen des Militärs ausweist. Durch ihre Zugehörigkeit zur »SS-Sippengemeinschaft« und somit Vertreterinnen der NS-Rassenideologie und Befürworterinnen der Vernichtungspolitik können sie außerdem als eindeutige Täterinnen identifiziert werden. Mühlenbergs Publikation stellt die Vergleichsgrundlage der vorliegenden Arbeit dar. Die US-amerikanische Historikerin Wendy Lower differenziert in ihrer 2014 auf Deutsch erschienen Monographie »Hitlers Helferinnen. Deutsche Frauen im Holocaust« zwischen der Täterinnenschaft von Augenzeuginnen, Täterinnen und sogenannten »Komplizinnen«. Besonders das Kapitel, in dem diese »Komplizinnen« behandelt werden, ist für diese Arbeit relevant. Hier steckt Lower als eine der ersten den Tätigkeitsbereich von weiblichen Zivilangestellten des NS-Verwaltungsapparates ab und untersucht diesen.[4]

Mit der Frage, ob weibliche Zivilangestellte im NS-Verwaltungsapparat ebenso in der Staatsideologie gefestigt waren wie die Angehörigen des SS-Helferinnenkorps und die Nachrichtenhelferinnen der Wehrmacht, setzt sich die Historikerin Rachel Century in ihrer 2017 veröffentlichen Publikation auseinander.[5] Sie arbeitet den Unterschied heraus, dass die jungen Frauen, die in der Wehrmacht oder der SS ihren militärischen Dienst leisteten, neben ihrer technischen beziehungsweise nachrichtendienstlichen Ausbildung immer auch umfangreiche sogenannte »weltanschauliche Schulungen« besuchten und dementsprechend mit NS-Gedankengut indoktriniert wurden. Sie betont im Hinblick auf die wissenschaftliche Diskussion um die Opfer- beziehungsweise Täterinnenschaft von Frauen, dass sowohl die Nachrichtenhelferinnen der Wehrmacht als auch die SS-Helferinnen immer den männlichen Vorgesetzten unterstellt gewesen seien und sie stets *für* und nicht *mit* Männern arbeiteten.[6]

Die eingangs erwähnten Personalakten sind Teil des Archivbestands »SS Women Personnel Files«, der dienstliche Unterlagen und Personalakten zu 5.661 Frauen umfasst, die in unterschiedlichen Positionen und auf unterschiedlichen Dienststellen der SS im Deutschen Reich und seinen Besatzungsgebieten arbeiteten. Die Akten von verschiedener Qualität und Quantität sowie unterschiedlicher Provenienz wurden von der US-amerikanischen Militärregierung in der

3 Jutta Mühlenberg: Das SS-Helferinnenkorps. Ausbildung, Einsatz und Entnazifizierung der weiblichen Angehörigen der Waffen-SS 1942–1945, Hamburg 2010.
4 Wendy Lower: Hitlers Helferinnen. Deutsche Frauen im Holocaust, München 2014.
5 Rachel Century: Female Administrators of the Third Reich, London 2017.
6 Ebd., S. 216.

unmittelbaren Nachkriegszeit gesammelt und zusammengetragen. Konkrete Fundstellen der Akten können nicht nachgewiesen werden. Das Aktenkonvolut umfasst Dokumente und Unterlagen zu 3.562 weiblichen Zivilangestellten der SS und 2.099 Frauen, von denen 1.967 ausgewiesene SS-Helferinnen und 132 Kriegshelferinnen, das heißt unvereidigte Schülerinnen der Reichsschule-SS waren. Das gesamte SS-Helferinnenkorps umfasste laut Mühlenberg mindestens 2.765 Frauen. 2.375 dieser Gesamtgruppe waren Angehörige der Waffen-SS und 390 Kriegshelferinnen. Von einer umfassenden Katalogisierung aller Personalakten von Frauen, die während des Nationalsozialismus für die SS arbeiteten, kann im Hinblick auf das von Mühlenberg untersuchte Aktenkonvolut aber in keinem Fall die Rede sein.[7]

Alle Akten sind auf 99 Mikrofilmrollen in der National Archives and Records Administration (NARA) in Washington, DC, Record Group 242, A 3343, series SF, SS Women Personnel Files (roll A0001-A0049 und B0001-B0049) gespeichert.[8] Für die vorliegende Untersuchung wurde eine Kopie dieser Filmrollen des Hamburger Instituts für Sozialforschung genutzt.

1. *Die Bewerbung und Einstellung von Frauen bei der SS*

Seit der Entstehung der »Urzelle« der SS im März 1923, der sogenannten »Stabswache«, die aus »alten Kämpfern« bestand und Hitler während seinen Auftritten Schutz und Beistand leistete, galt die SS ausschließlich als männlich geprägte Organisation. Nach der Erhebung der Gruppierung zur Eliteeinheit und der Verleihung der Blutfahne durch Hitler während des Reichsparteitages in Weimar am 4. Juli 1926 habe die SS als selbstständiges Organ der NSDAP gegolten, so Heinz Höhne, Publizist und Sachbuchautor, in seinem Standardwerk »Der Orden unter dem Totenkopf. Die Geschichte der SS« (1976).[9] Spätestens die Ernennung Heinrich Himmlers zum Reichsführer-SS am 6. Januar 1929 legte den Grundstein für den Ordensmythos, der sich um die Schutzstaffel rankte. Höhne konstatiert, dass das ideologische Vorbild Himmlers zur Stiftung von Gemeinschaft und Identität der Jesuitenorden gewesen sei.[10] Wie lässt sich nun

7 Jutta Mühlenberg: Weibliche Berufskarrieren im Nationalsozialismus: Der Aktenbestand »SS-Frauen«, in: KZ-Gedenkstätte Neuengamme (Hg.): Polizei, Verfolgung und Gesellschaft im Nationalsozialismus, Bremen 2013, S. 211–214, hier S. 212.
8 Ebd., S. 214.
9 Heinz Höhne: Der Orden unter dem Totenkopf. Die Geschichte der SS, München 1976, S. 23 und S. 29f.
10 Ebd., S.136f.

erklären, dass Frauen nicht nur in den Dienst der SS genommen, sondern sogar Teil dieser nationalsozialistischen Institution werden konnten? Zunächst stellt Rachel Century fest, dass die SS bereits ab 1934 weibliche Büroangestellte in allen verwaltungstechnischen Bereichen, zum Beispiel im Reichssicherheitshauptamt (RSHA), im Wirtschaftsverwaltungshauptamt (WVHA), im Rasse- und Siedlungshauptamt (RuSHA) und im T4-Programm, beschäftigt habe.[11] Lower erläutert diesen Sachverhalt folgendermaßen: Der bessere Bildungszugang für das weibliche Geschlecht in den 1930er Jahren und der verstärkte Bedarf der SS an gut ausgebildeten Verwaltungsfachkräften habe die Einstellung von Frauen gefördert.[12] Es ist darüber hinaus zu vermuten, dass Frauen im Allgemeinen durch eine geschlechtstypische Berufswahl mehr Kenntnisse über die Aufgaben und Arbeitsbereiche einer Sekretärin, Stenotypistin oder Sachbearbeiterin hatten als Männer. Je näher der Kriegsbeginn rückte und je weiter der Krieg selbst voranschritt, desto größer wurde der Bedarf an (weiblichem) Verwaltungspersonal, damit wehrfähige Männer für den Dienst an der Kampffront freigestellt werden konnten. Dies galt zweifelsohne auch für die SS. Es lässt sich also die These formulieren, dass die Ideologie der SS, so konservativ und patriarchalisch sie zunächst auch sein mochte, sich den politischen Entwicklungen und den daraus resultierenden personellen Anforderungen zwangsläufig unterwerfen musste. Wollte die SS ihre nach außen propagierte Kampfkraft und Stärke bewahren, kam sie nicht umhin, Frauen (wenn auch auf untergeordneten Positionen) zur Erhaltung ihres Verwaltungsapparates einzustellen.

Wer die grundlegende Idee zur Aufstellung des SS-Helferinnenkorps hatte, ist nicht bekannt. Jedoch hielt Felix Kersten, Himmlers Masseur, die Äußerungen des Reichsführers-SS hinsichtlich einer solchen Einheit in seinem Tagebuch fest. Nach Kersten hätte Himmler bereits vor Kriegsbeginn die Idee von der Gründung einer Eliteschule für junge Frauen gehegt, in der sie ideologisch und praktisch für eine Position im Auswärtigen Dienst oder im Nachrichtenwesen vorbereitet werden sollten. Aus der Quelle geht aber auch hervor, dass Himmler seine Pläne auf die Zeit nach dem Krieg verschoben hätte.[13] Der Chef des Fernmeldewesens, Ernst Sachs, hätte jedoch im Frühjahr 1942 die Aushebung eines weiblichen Nachrichtenkorps der SS inklusive einer entsprechenden Schule veranlasst. Mühlenberg sieht die Gründe für die Aufstellung des Helferinnenkorps im Jahr 1942 zum einen im zunehmenden Personalmangel im Nachrichtwesen

11 Century: Female Administrators (Anm. 5), S. 2.
12 Lower: Hitlers Helferinnen (Anm. 4), S. 131.
13 Felix Kersten: Totenkopf und Treue. Heinrich Himmler ohne Uniform. Aus den Tagebuchblättern des finnischen Medizinalrates Felix Kersten, Hamburg 1952, S. 95 und S. 97.

Abb. 1: SS-Helferinnen bei der Ankunft auf der Solahütte nahe dem Vernichtungslager Auschwitz. Die Frauen verbrachten dort einige Urlaubstage in Gesellschaft hochrangiger SS-Offiziere aus dem Verwaltungsstab des Lagers. Darunter war auch SS-Obersturmführer Karl Höcker (Mitte), aus dessen Fotoalbum dieses Bild stammt. Die originale Bildunterschrift lautet: »Mit den SS Maiden auf der Solahütte 22.7.44« (Foto: United States Holocaust Memorial Museum, Washington, Foto-Nr. 34762)

der SS. Zum anderen nennt sie die infrastrukturellen Vorbereitungen zum Ausbau der Feldverbände der Waffen-SS, die für 1943 angesetzt gewesen seien, als ein weiteres Motiv.[14]

»Mithilfe des weiblichen Nachrichtenkorps sollte zum einen männliches Nachrichtenpersonal der SS für die Kampffront freigestellt und zum anderen – so Himmlers Votum – eine neue weibliche Elite des nationalsozialistischen Deutschlands herangebildet werden« (Abb. 1–2).[15]

Mühlenberg macht mit ihrer These deutlich, dass den SS-Helferinnen über ihre Tätigkeit als Nachrichtenhelferinnen hinaus noch eine andere Rolle zugedacht war. Die Reichsschule-SS, die 1942 in mehreren zwangsenteigneten Schlössern und Villen im elsässischen Oberehnheim eingerichtet wurde, »[…] sollte ›Mutterhaus‹ sein und nicht nur auf den Einsatz, sondern zusätzlich zum Beruf auf das Leben in der Sippengemeinschaft der SS vorbereiten und die Frauen

14 Mühlenberg: Das SS-Helferinnenkorps (Anm. 3), S. 41.
15 Ebd., S. 43.

kontinuierlich betreuend begleiten«.[16] Himmlers Idee war es, die Schule in Oberehnheim als eine Art »Ordensburg« fungieren zu lassen, in der die Anwärterinnen nicht nur ausgebildet wurden; sie sollten auch die Übergangszeit zwischen Einsätzen dort verbringen. Heirateten sie, dem Idealbild entsprechend, einen Mann aus den Reihen des SS und fiel dieser im Krieg, so war es den Frauen in diesem Fall gestattet, an die Reichsschule-SS zurückzukehren und von dort aus nach einem neuen Ehepartner in der »Sippengemeinschaft SS« zu suchen. Somit unterschied sich die Schule in ihrem Typus klar von den ausschließlich als Lernzentren konzipierten Ausbildungsstätten der Nachrichtenhelferinnen der Wehrmacht.

Den zahlreichen Bewerbungen als SS-Helferinnen lag eine Vielzahl von Rekrutierungswegen zugrunde. Der mustergültige Weg der NS-Politik sei die Rekrutierung der Anwärterinnen durch Bekannte und Verwandte gewesen, die bereits auf einer SS-Dienstelle gearbeitet hätten oder besser sogar Teil der »Sippengemeinschaft SS« gewesen seien, so Mühlenberg.[17] Als zweiten möglichen Weg in die SS nennt sie den Kontakt der Bewerberinnen zu anderen nationalsozialistischen Organisationen, wie zum Beispiel dem BDM. Bei diesen beiden Rekrutierungswegen konnte grundsätzlich davon ausgegangen werden, dass nur geeignete Mädchen angesprochen wurden, da die Kontaktpersonen durch ihren Dienst bei der SS bereits entsprechend weltanschaulich geschult waren. Häufig seien aber auch Bewerbungen eingegangen, in denen die jungen Frauen ihre Motivation aus dem Kriegshilfsdienst (KHD) oder Reichsarbeitsdienst (RAD) heraus begründet hätten. Die Arbeitsdienste hätten nach Meinung der Autorin durch die dort vermittelten Werte wie Gehorsam, Disziplin und Opferbereitschaft die bestmögliche Vorbereitung für einen Dienst als SS-Helferin geboten.[18]

Die nach Mühlenberg mindestens 2.765 vereidigten SS-Helferinnen, von denen 2.099 in dem von ihr untersuchten Aktenbestand verzeichnet sind, erhielten ihre Grund- und die daran anschließende Fachausbildung in den Bereichen Fernschreiben, Fernsprechen oder Funk an der Reichsschule-SS in Oberehnheim. Der Erziehungswissenschaftler und Pädagoge Hans-Christian Harten, der sich in seiner in 2014 erschienenen Monographie mit der weltanschaulichen

16 Jutta Mühlenberg: Die SS-Helferinnen und das weibliche Gefolge der SS. Tätigkeiten, Darstellungen und Einsätze von Frauen im Organisationapparat der Waffen-SS, in: Jan-Erik Schulte/Peter Lieb/Bernd Wegner (Hg.): Die Waffen-SS. Neue Forschungen, Paderborn 2014, S. 99–114, hier: S. 108. Zitiert nach: Richtlinien für die Aufstellung des »WKNSS« [Weiblichen Nachrichtenkorps der Waffen-SS], [handschriftliches Signum, unleserlich, vermutlich Sachs] 31. März 1942, BA, NS 32 II/ 2, Bl. 6–12, hier Bl. 11.

17 Mühlenberg: Das SS-Helferinnenkorps (Anm. 3), S. 68.

18 Ebd., S. 75 f.

Abb. 2: SS-Helferinnen auf der Terrasse der Solahütte. Knapp 30 Kilometer vom Lagerkomplex Auschwitz entfernt, genießen die jungen Frauen Blaubeeren und Musik. Auch dieses Foto stammt aus dem Höcker-Album. Höcker, der in der Mitte zu sehen ist, schrieb dazu »Hier gibt es Blaubeeren« (Foto: United States Holocaust Memorial Museum, Washington, Foto-Nr. 34767a)

Schulung der SS auseinandersetzt, erläutert, dass es den SS-Helferinnen nach der Grund- und Fachausbildung durchaus möglich war, eine (wenn auch begrenzte) Karriere zu durchlaufen. Ab Ende 1944 wurden an der Reichsschule-SS auch Unterführerinnen- und Führerinnenlehrgänge angeboten. Diese Lehrgänge seien hauptsächlich weltanschaulich ausgerichtet gewesen und hätten die rhetorischen Fähigkeiten der Anwärterinnen erweitert, so Harten. Ab September 1944 sei im Nachbarort Niederehnheim sogar eine eigene Unterführerinnenschule eingerichtet worden.[19]

Die Gründe, die zur Einstellung von Frauen als SS-Helferinnen und zur Aufnahme in die »Sippengemeinschaft SS« führten, weichen von den Argumenten zur Beschäftigung von weiblichen Zivilangestellten ab. Himmlers ideologischer Anspruch, aus der SS einen elitären Orden zu machen, stand im Hinblick auf das weibliche Helferinnenkorps im Vordergrund. Sein Ziel war es, einen Bewerberinnenpool von ausgewählten, besonders »arischen« Frauen zu schaffen, aus

19 Hans-Christian Harten: Himmlers Lehrer. Die weltanschauliche Schulung der SS, Paderborn 2014, S. 333.

denen später »rassisch reine« Ehefrauen von SS-Männern werden sollten. Um die zu schließenden Ehen kontrollieren zu können, hätten SS-Männer, SS-Helferinnen und weibliche Zivilangestellte der Organisation eine Heiratsgenehmigung des Reichsführers-SS durch das RuSHA-Heiratsamt einholen müssen, so Gudrun Schwarz.[20] Das extrem aufwendige Prozedere verlangte nicht nur Untersuchungen von Körper und Geist des Brautpaares, sondern auch die Einreichung von Geburts- und Heiratsurkunden der Vorfahren zur Überprüfung der arischen Abstammung.

Es macht den Eindruck, als habe der akute Personalmangel beziehungsweise der Anspruch der SS, möglichst viele im Nachrichtenwesen tätige Männer für den Kriegsdienst freizustellen, Himmlers Idee von der Aufstellung eines weiblichen SS-Korps geradezu in die Hände gespielt. Durch den erläuterten Sachverhalt konnten einerseits die freigewordenen Posten an Telefonen und Fernschreibern besetzt und andererseits ein Kontingent an ausgewählten, potentiellen SS-Ehefrauen geschaffen werden, die bereits ihren Dienst für die »Volksgemeinschaft« innerhalb des gesamten Deutschen Reiches verrichtet hatten. Diese Vermutung lässt sich durch eine Rede Himmlers auf der SS-Gruppenführertagung in Posen im Oktober 1943 bestätigen. Er führte darin aus, »[…] dass man Frauen nicht nur wegen ihres biologischen Beitrags zur ›Volksgemeinschaft‹, sondern auch wegen ihrer organisatorischen Fähigkeiten respektieren sollte«.[21]

2. *Struktur und Inhalt der Bewerbungsunterlagen der Untersuchungsgruppe*

Wie eingangs erwähnt, soll das Bewerbungs- und Einstellungsverfahren von weiblichen Zivilangestellten und SS-Helferinnen mit Geburts- oder Einsatzort Köln möglichst detailliert dargestellt werden. Daher wurden Personalakten von 17 Frauen ausgewählt, die besonders umfangreich sind. Von allen Frauen sind handschriftliche Lebensläufe überliefert, die Informationen zu ihrer Herkunft, Schulbildung und ihrem bisherigen Engagement in unterschiedlichen NS-Organisationen geben. Von acht der zehn SS-Helferinnen ist der »Fragebogen für SS-Maiden« erhalten. Außerdem befinden sich in den Akten für zwölf der 17 Frauen Beurteilungen von der Reichsschule-SS Oberehnheim, der NSDAP oder

20 Gudrun Schwarz: Frauen in der SS. Sippenverband und Frauenkorps, in: Kirsten Heinsohn/Barbara Vogel/Ulrike Weckel (Hg.): Zwischen Karriere und Verfolgung. Handlungsräume von Frauen im nationalsozialistischen Deutschland, Frankfurt am Main1997, S. 223–244, hier S. 235.

21 Rede des Reichsführers SS bei der SS-Gruppenführertagung in Posen am 4. Oktober 1943, URL: http://www.1000dokumente.de/pdf/dok_0008_pos_de.pdf [Stand: 25.3.2020].

einer ihrer Untergruppierungen, wie dem Sicherheitsdienst oder der Gestapo. Neunmal sind Schul- und Arbeitszeugnisse gefunden worden, die Aufschluss über Persönlichkeit und Arbeitshaltung der weiblichen Zivilangestellten und SS-Helferinnen vor ihrem Eintritt in die SS geben. Personalfragebögen, die inhaltlich an die »Fragebögen für SS-Maiden« angelehnt sind, existieren für die Frauen der Untersuchungsgruppe sechsmal. Weiter sind zweimal von den Bewerberinnen bearbeitete Vorprüfungsunterlagen der zuständigen SS-Oberabschnitte für eine Aufnahme an die Reichsschule-SS vorhanden.

a) Gegenüberstellung: Bewerbung vs. Einstellungskriterien

Ähnlich wie bei männlichen SS-Anwärtern war auch das Bewerbungsverfahren von SS-Helferinnen und weiblichen Zivilangestellten an bestimmte Einstellungskriterien geknüpft. Durch ärztliche und »rassische« Überprüfungen, Gutachten des Sicherheitsdienstes oder der Gestapo und Vorprüfungen bei den SS-Oberabschnitten sollte gewährleistet werden, dass nur die am besten geeigneten Bewerberinnen Teil der SS oder in ihren Dienst gestellt werden.

Durch die Auswertung der Bewerbungsunterlagen soll ein Beweberinnentypus herausgearbeitet werden. Dazu werden unterschiedliche Informationen, die die Frauen in den entsprechenden Dokumenten von sich preisgeben, erfasst. Ursprünglich waren das: Alter, NSDAP-Zugehörigkeit, Zugehörigkeit zu anderen NS-Organisationen, Arbeitsdienste, fachliche Ausbildung, »charakterliche« Eignung, Vorstrafen, politische Zuverlässigkeit, körperliche Tauglichkeit, Schulabschlusszeugnisse, Zeugnisse der Reichsschule-SS, Nachweis der arischen Abstammung, Konfession und Familienstand. Hier liegt der Fokus nun aber ausschließlich auf den Einstellungskriterien und Bewerbungsmotivationen der Frauen. Die Informationen über die Bewerberinnen werden mit den Forschungsergebnissen von Jutta Mühlenberg verglichen.

b) Weibliche Zivilangestellte der SS

Century erläutert, dass zumindest die Einstellungsverfahren des RSHA, das auch als Arbeitgeber ziviler Kräfte galt, häufig keinem bestimmten Schema gefolgt und eher unstrukturiert abgelaufen seien.[22] Es bleibt zu überprüfen, ob dies auch auf die Einstellungsverfahren der SS zutrifft. Anders als bei den SS-Helferinnen ist über die Zivilangestellten der SS im Allgemeinen und ihr

22 Century: Female Administrators (Anm. 5), S. 84 und S. 86

Einstellungsverfahren im Besonderen nur wenig bekannt. Es ist jedoch zu vermuten, dass die ideologische Festigung über der beruflichen Kompetenz der jeweiligen Bewerberin stand.

Es kann gefolgert werden, dass die Einstellungskriterien der SS für eine Anstellung als weibliche Zivilangestellte auf sehr viele (potentielle) Bewerberinnen anwendbar waren. Auffällig ist der enorm große Altersunterschied der Bewerberinnen. Die älteste Bewerberin, die in Köln geborene Hanna Z., war bei ihrer Einstellung am 1. Februar 1944 bereits 44 Jahre alt.[23] Elisabeth Z. war als Hanna Z.s Tochter erst 16 Jahre alt.[24] Die besonders große Altersspanne der zivilen Mitarbeiterinnen, wie in diesem Fall von 28 Jahren, könnte im Hinblick auf das Einstellungsdatum Anfang 1944 in Zusammenhang mit dem akuten Personalmangel des Verwaltungsapparates der SS gebracht werden. Eine NSDAP-Mitgliedschaft der Bewerberinnen war nicht vorausgesetzt: Beispielsweise lassen drei Frauen in ihren Personalfragebögen das Feld, in dem eine Mitgliedschaft abgefragt wird, leer oder streichen es durch.[25] Fast alle Frauen engagierten sich aber in einer Parteiorganisation, zum Beispiel der Nationalsozialistischen Volkswohlfahrt (NSV), der Deutschen Arbeitsfront (DAF) oder der NS-Frauenschaft oder waren Mitglied des Bundes Deutscher Mädel (BDM).[26]

Genau wie in Berufen im zivilen Verwaltungs- und Administrationsbereich forderte auch die SS eine gewissenhafte, pflichtbewusste und selbstständige Arbeitsweise von ihren Bewerberinnen beziehungsweise Angestellten. Anders als bei den SS-Helferinnen wurden hier eine entsprechende Ausbildung oder zumindest verwaltungstechnische Grundkenntnisse vorausgesetzt. Darüber hinaus war ein Nachweis über die Vorstrafenlosigkeit, die politische Zuverlässigkeit und die persönliche Verschwiegenheit erforderlich. Diese Informationen musste die Bewerberin jedoch nicht selbst vorlegen. Sie wurden im Verlauf der Tätigkeit von der SS selbst eingeholt. Für alle untersuchten Frauen waren diese entsprechenden Bescheinigungen ohne negative Einträge. Im Gegensatz zu zivilen Arbeitgebern verlangte die SS zusätzlich eine Überprüfung der körperlichen Tauglichkeit durch einen SS-Arzt. Außerdem mussten die Frauen selbst ihre »arische« Abstammung bescheinigen lassen. Zum Beispiel war die in Köln

23 NARA, SS Women Personnel Files, A 3343-SF-B0049-2338-2422, Bl. 2356, PA Hanna Z.

24 NARA, SS Women Personnel Files, A 3343-SF-B0049-2256-2336, Bl. 2270, PA Elisabeth Z.

25 NARA, SS Women Personnel Files, A 3343-SF-A0047-0644-0726, Bl. 686, PA Anneliese K.; PA Hanna Z., Bl. 2356 und NARA, SS Women Personnel Files, A 3343-SF-B0017-0226-0300, Bl. 240, PA Käthe P.

26 PA Käthe P., Bl. 240; PA Elisabeth Z., Bl. 2271; PA Hanna Z., Bl. 2357; NARA, SS Women Personnel Files, A 3343-SF-A0032-2910-2960, Bl. 2932, PA Käthe H.; NARA, SS Women Personnel Files, A 3343-SF-B0028-2632-2816, Bl. 2736, PA Lieselotte S. und NARA, SS Women Personnel Files, A 3343-SF-B0042-0764-0818, Bl. 788, PA Josefa V.

geborene Käthe P. zum Zeitpunkt ihrer Einstellung bereits mit einem Mann verheiratet, der zur Wehrmacht eingezogen und nach Polen versetzt worden war. Sie wurde ab Februar 1943 beim Fürsorgeoffizier »Warthe« in Posen eingesetzt. P. musste Angaben über die »arische« Herkunft ihrer Eltern und Großeltern sowie der entsprechenden Vorfahren ihres Ehemannes machen. Sie versicherte: »Mir sind trotz sorgfältiger Prüfung keine Umstände bekannt, die die Annahme rechtfertigen, daß sowohl ich als auch meine Ehefrau [Anm.: Das Formular war für männliche Bewerber erstellt worden, Y. S.] nicht arischer Abstammung seien oder daß einer unserer Eltern- oder Großelternteile zu irgendeiner Zeit der jüdischen Religion angehört haben. Ich bin mir bewußt, daß ich mich der fristlosen Dienstentlassung aussetze, wenn diese Erklärung nicht der Wahrheit entspricht«.[27]

Besonders aufwendig scheint der Nachweis dieser »arischen« Abstammung der Bewerberinnen gewesen zu sein, da die Beibringung von Geburts- und Heiratsurkunden der Vorfahren bis in die dritte Generation hinein erforderlich war. Es muss angenommen werden, dass sich die Bewerbungs- und Einstellungsverfahren in den 1930er und -40er Jahren für weibliche Verwaltungsangestellte bei zivilen Arbeitgebern wesentlich weniger aufwändig gestalteten. Deshalb muss im dritten Abschnitt überprüft werden, was die Bewerberinnen dazu bewog, das Auswahlverfahren der SS dennoch zu durchlaufen.

c) SS-Helferinnen

Hinsichtlich der Einstellungskriterien der SS-Helferinnen mit Geburts- oder Einsatzort Köln lässt sich folgendes festhalten: Anders als die weiblichen Zivilangestellten der SS waren die hier untersuchten Frauen wesentlich jünger. Trotz der zugelassenen Altersspanne von 17 bis 35 Jahren, war die Älteste der Kölner SS-Helferinnen zum Zeitpunkt ihrer Einberufung 23 und die Jüngste gerade einmal 17 Jahre alt.[28] Dieses Forschungsresultat geht konform mit Mühlenbergs Ergebnissen.[29] Laut der Autorin hätten sich hauptsächlich jüngere Frauen für einen Dienst bei der SS beworben. Die körperliche und vor allem die »rassische« Tauglichkeit der Bewerberinnen wurden durch SS-Ärzte eingehend überprüft.

27 Fragebogen über den Nachweis der arischen Abstammung, in: PA Käthe P., Bl. 252–254, hier Bl. 254.

28 Mühlenberg: Das SS-Helferinnenkorps (Anm. 3), S. 62 beziehungsweise NARA, SS Women Personnel Files, A 3342-SF-A0015–0562–0614, Bl. 610, PA Anna D. und NARA, SS Women Personnel Files, A 3343-SF-A0025–2786–2876, Bl. 2796, PA Trudl G. – Anna D. war die einzige in Köln eingesetzte SS-Helferin und bei ihrer Einstellung 23 Jahre alt. Trudl G. war in Köln geboren und wurde mit 17 Jahren Mitglied des SS-Helferinnenkorps.

29 Mühlenberg: Das SS-Helferinnenkorps (Anm. 3), S. 128.

Sie mussten in ihrer Erscheinung und Abstammung entsprechend der NS-Ideologie grundsätzlich frei von »nicht-arischen« Merkmalen sein, was auch durch eine Anfrage bei der staatlichen Erbkrankenkartei verifiziert wurde.[30]

Die Zugehörigkeit zur NSDAP kann kein Einstellungskriterium gewesen sein, da eine Bewerberin die Nachfrage nach einer Mitgliedschaft verneint und andere das Antwortfeld entweder leer gelassen oder durchgestrichen haben.[31] Die übrigen vier Frauen waren bereits vor ihrer Ausbildung an der Reichsschule-SS nachweislich Parteimitglieder.[32]

Aufgrund des jugendlichen Alters der Bewerberinnen waren zwar neun der zehn untersuchten SS-Helferinnen Mitglied oder sogar Führerin beim BDM.[33] Da ein Großteil der entsprechenden Geburtenjahrgänge durch die Jugenddienstpflicht zu einem Eintritt in eine NS-Jugendorganisation angehalten war, kann daraus nur indirekt ein Einstellungskriterium abgeleitet werden. Mühlenberg stellt in ihrer Analyse fest, dass 85 Prozent der Frauen ihrer Untersuchungsgruppe im BDM organisiert gewesen seien.[34] Das Engagement der in Köln geborenen oder eingesetzten SS-Helferinnen im BDM übersteigt diese Rate also sogar um einiges.

Bei den vorherigen schulischen Leistungen der Bewerberinnen, die in Form von Zeugnissen den Bewerbungsunterlagen beigefügt waren, macht die Auswertung der Zeugnisse und Beurteilungen deutlich, dass auch Frauen mit befriedigenden oder sogar nur ausreichenden Leistungen, die sie an den vor ihrer Bewerbung besuchten Schulen erbracht hatten, an die Reichsschule-SS einberufen und nach dem Grundlehrgang vereidigt wurden.[35] Es war außerdem möglich, trotz körperlicher Mängel aber einer tiefgehenden ideologischen Überzeugung und »rassischen« und »charakterlichen« Eignung zumindest zeitweise in das

30 Vgl. zum Beispiel NARA, SS-Women Personnel Files, A 3343-SF-B0035–0308–0386, Bl. 368, PA Hilde S.

31 Vgl. PA Trudl G., Bl. 2836 beziehungsweise PA Hilde S., Bl. 384; NARA, SS Women Personnel Files, A 3343-SF-A0043–1936–1990, Bl. 1974, PA Ingeborg Kn.; NARA SS Women Personnel Files, A 3343-SF-A0038–0686–0740, Bl. 730, PA Erika J. und NARA, SS Women Personnel Files, A 3343-SF-B0032–1354–1400, Bl. 1392, PA Margarete S.

32 NARA, SS Women Personnel Files, A 3343-SF-A0002–1556–1604, Bl. 1594, PA Christa A.; NARA, SS Women Personnel Files, A 3343-SF- A0023–2130–2182, Bl. 2162, PA Anni G.; NARA, SS Women Personnel Files, A 3343-SF-A0048–2410–2472, Bl. 2454, PA Ingeborg Ku. und NARA, SS Women Personnel Files, A 3343-SF-B0021–0538–0594, Bl. 578, PA Lieselotte R.

33 Vgl. PA Trudl G., Bl. 2836; PA Erika J., Bl. 730; PA Ingeborg Kn., Bl. 1974; PA Ingeborg Ku., Bl. 2454; PA Margarete S., Bl. 1392; PA Hilde S., Bl. 384; PA Christa A., Bl. 1594; PA Anni G., Bl. 2162 und PA Lieselotte R., Bl. 578.

34 Mühlenberg: Das SS-Helferinnenkorps (Anm. 3), S. 153 beziehungsweise S. 155.

35 Der Notendurchschnitt (Notenpunktanzahl geteilt durch Fächeranzahl) der überlieferten Volksschulzeugnisse variiert in einem Rahmen von 2,1 bis 3,8. Der Schwerpunkt liegt jedoch im »guten« Bereich, das Zeugnis mit dem Durchschnitt von 3,8 (PA Hilde S., Bl. 380) stellt sich als Ausnahme heraus.

SS-Helferinnenkorps aufgenommen zu werden.[36] Die Ableistung des Gelöbnisses am Ende des Grundlehrgangs, inklusive der Unterzeichnung einer Verschwiegenheitserklärung, bedingte die endgültige Aufnahme der bis zu diesem Zeitpunkt noch »Kriegshelferinnen« genannten Frauen und machte sie am Ende des Grundlehrgangs zu vollwertigen Mitgliedern der »Sippengemeinschaft SS«.[37]

3. *Persönliche Motivation zur Bewerbung*

Die Zeithistorikerin Sybille Steinbacher schreibt: »Mit Blick auf die Massenanziehungskraft, psychosoziale Kraftentfaltung und Integrationserfolge des Nationalsozialismus ist die Mobilisierung des Gemeinschaftsbewusstseins, die sich an Männer wie Frauen richtete, kaum hoch genug einzuschätzen«.[38] Deshalb ist es neben einer Analyse der Einstellungskriterien wichtig, die Motivationen, die die jungen Frauen der Untersuchungsgruppe zu einer Bewerbung um einer Aufnahme in die »Sippengemeinschaft SS« bewegten, zu untersuchen. Als Quellen dienen dazu die in den Personalakten erhaltenen handschriftlichen Lebensläufe, die im Zuge des Einstellungsverfahrens oder während ihrer Dienstzeit für die Vollständigkeit verschiedener Formulare von den Bewerberinnen angefordert wurden. Diese äußern sich darin nicht nur über die Familienverhältnisse, aus denen sie stammen, sondern auch über ihr politisches Engagement und ihren bisherigen Bildungsweg.

Rachel Century stellt die These auf, dass die meisten weiblichen Zivilangestellten sich nicht unbedingt aus ideologischer Überzeugung bei der SS bewarben. Die SS-Helferinnen hingegen seien sich darüber im Klaren gewesen, dass sie sich für einen militärischen Dienst beworben hätten, der eine vollkommene Verinnerlichung der nationalsozialistischen Ideologie und die Bereitschaft zur Umsetzung eines bestimmten Weltbildes voraussetzte.[39]

36 Im Fall der SS-Helferin Hilde S. wird im Zuge der SS-ärztlichen körperlichen Untersuchung festgehalten, dass die Bewerberin nur für die Kriegsdauer als Uniformträgerin für die SS und die Polizei geeignet sei (PA Hilde S., Bl. 356). In einer später erstellten Beurteilung eines Röntgenbildes der Truppenärztin der Reichsschule-SS wird der Grund dafür deutlich: Die Bewerberin litt im Bereich der Lunge unter den Folgeschäden einer abgeklungenen Rippenfellentzündung. Trotzdem kam die Ärztin zu dem Ergebnis, dass Hilde S. vorläufig für den Dienst als SS-Helferin geeignet sei (ebd., Bl. 354). Dass S. trotz ihrer Krankengeschichte mit Wirkung vom 8. Januar 1944 einberufen wurde, mag mit dem Personalmangel der SS im bereits fortgeschrittenen Kriegsverlauf erklärt werden.

37 Verhandlung über die Verpflichtung der SS-Helferin Christa A., in: PA Christa A., Bl. 1572.

38 Sybille Steinbacher: Differenz der Geschlechter? Chancen und Schranken für »Volksgenossinnen«, in: Frank Bajohr/Michael Wildt (Hg.): Volksgemeinschaft. Neue Forschungen zur Gesellschaft des Nationalsozialismus, 2. Aufl. Frankfurt am Main 2012, S. 94–104, hier S. 96.

39 Century: Female Administrators (Anm. 5), S. 8.

a) Weibliche Zivilangestellte der SS

Die Lebensläufe der weiblichen Zivilangestellten der SS konnten aus unterschiedlichen Dokumenten, die Teil der entsprechenden Personalakten waren, entnommen werden. Konkret sind das Personalfragebögen und Bewerbungsbögen sowie Anhänge von Fragebögen des RuSHA, die im Zuge des Antrags einer Heiratsgenehmigung von beiden Ehepartnern ausgefüllt werden mussten. In zwei Fällen existieren Lebensbeschreibungen, die sich keinem Formular zuordnen lassen.

Fast alle Frauen kündigten ihre vorherigen kaufmännischen Tätigkeit in der zivilen Arbeitswelt und meldeten sich freiwillig zum Verwaltungsdienst bei einer SS-Einheit im In- oder Ausland. Lieselotte S. erklärte sich nach ihrer Notdienstverpflichtung zum Kriegshilfsdienst beim SD-Abschnitt Köln im November 1942 zur Weiterarbeit im Verwaltungsapparat der SS bereit.[40] Elisabeth Z. bewarb sich zusammen mit ihrer Mutter Hanna Z. um eine Anstellung, nachdem sie Köln ohne den Abschluss einer weiterführenden, kaufmännischen Schule verlassen musste. Beide arbeiteten ab Februar 1944 auf der Dienststelle eines Fürsorgeoffiziers der Waffen-SS in Budapest.[41]

Den handschriftlichen Lebensläufen der Personalakten lassen sich teilweise konkrete Angaben oder indirekte Hinweise entnehmen, auf deren Grundlage sich Vermutungen hinsichtlich der Motivationen der Frauen zu einer Bewerbung als Zivilangestellte der SS anstellen lassen. Die Ambitionen der Frauen der Untersuchungsgruppe sind breit gefächert und entstanden durch die verschiedensten persönlichen Hintergründe. Für die vorliegende Gruppe können beispielsweise die Versetzung des zur Wehrmacht eingezogenen Ehemanns, der Wunsch nach der Nähe zum Bräutigam, der bei der Wehrmacht diente, und die Suche nach Sicherheit vor weiteren Bombenangriffen als Bewerbungsmotivationen nachgewiesen werden.[42] Aus den Lebensläufen der anderen Frauen lassen sich leider keine konkreten Gründe für eine Bewerbung filtern. Eine ideologische Überzeugung und der Wille zum Engagement für die Umsetzung der NS-Politik ist aber allen Dokumenten zu entnehmen.

Hinsichtlich der Auswertung der sozialen Herkunft der weiblichen Zivilangestellten der SS wird ein Schichtenmodell verwendet, das auch Jutta Mühlenberg verwendet. Die Bewerberinnen nannten in ihren Lebensläufen den Beruf

40 PA Lieselotte S., Bl. 2737 und 2939.
41 PA Elisabeth Z., Bl. 2274.
42 In dieser Reihenfolge: PA Käthe P., Bl. 242 beziehungsweise Bl. 256; PA Anneliese K., Bl. 687; PA Elisabeth Z., Bl. 233 f.

ihres Vaters, der als Indikator für eine der sozialen Schichten gilt. Mühlenberg teilt ihr System in eine Unterschicht, in die Arbeiter, Soldaten und untere Beamte fallen; eine untere Mittelschicht, deren Teil zum Beispiel Landwirte, mittlere Beamte und selbstständige Kaufleute sind, sowie eine obere Mittelschicht, zu der beispielsweise höhere Beamte, Offiziere und Unternehmer gehören.[43] Der soziale Hintergrund aller weiblichen Zivilangestellten der SS ist in der Forschung noch nicht behandelt worden. Es kann aber festgehalten werden, dass die Bewerberinnen der vorliegenden Untersuchungsgruppe fast gänzlich der unteren Mittelschicht entstammten. Fast alle Frauen kommen aus Kaufmannsfamilien und schlagen nach ihrer Schulzeit ebenfalls eine kaufmännische Berufslaufbahn ein.[44] Eine Ausnahme stellt Elisabeth Z. dar, die mit ihrer Mutter aus Köln zu fliehen musste und sich ohne Fachabschluss und nur mit rudimentären verwaltungstechnischen Vorkenntnissen bei der SS bewarb und eingestellt wurde.[45] Alle anderen Bewerberinnen waren im Zuge ihrer Ausbildung oder in vorherigen Beschäftigungsverhältnissen bereits mit bürokratischen Abläufen in Berührung gekommen und konnten den Anforderungen der SS so gerecht werden.

b) SS-Helferinnen

Auch die Lebensläufe der Kölner SS-Helferinnen entstammen unterschiedlichen Dokumenten, die Teil der vorliegenden Personalakten sind. Namentlich sind dies der »Untersuchungsbogen SS-Maid«, der »Fragebogen für SS-Maiden«, und der »Personalfragebogen für SS-Helferinnen«, die grundsätzlich im Zuge der Bewerbung eingereicht wurden. In einigen Fällen wurde zunächst nur der ausgefüllte Bewerbungsbogen bei den zuständigen SS-Oberabschnitten abgegeben und die geforderte Vita erst später nachgereicht. Zusätzlich existieren zwei Lebensläufe auf losen Blättern, die keinem Formular zugeordnet werden können. Diese sind in Oberehnheim nach der Einberufung der jeweiligen Bewerberinnen erstellt worden und vom propagandistischen Sprachduktus der NS-Ideologie geprägt.

43 Mühlenberg: Das SS-Helferinnenkorps (Anm. 3), S. 139.
44 PA Käthe H., Bl. 2933 (Beruf des Vaters: Kaufmann); PA. Lieselotte S. Bl. 2737 und 2939 (Beruf des Vaters: Mittelschullehrer); PA Josefa V., Bl. 788 (Beruf des Vaters: Stadtinspektor); PA Anneliese K., Bl. 678 (Beruf des Vaters: Kaufmann); PA Gerda K., Bl. 2517 (Beruf des Vaters: 100 Prozent Kriegsinvalide); PA Käthe P., Bl. 242 f. (Beruf des Vaters: Kaufmann); PA Hermine S., Bl. 1934 (Beruf das Vaters: Postsekretär); PA Hanna Z., Bl. 2537 (Beruf des Vaters: Möbelschreiner).
45 PA Elisabeth Z., Bl. 2274.

Alle hier untersuchten SS-Helferinnen besuchten die Volksschule. Danach schloss sich der Besuch einer höheren Schule beziehungsweise eine Berufsausbildung im kaufmännischen Bereich an. Aus familiären oder kriegsbedingten Gründen mussten fast alle Frauen ihre Ausbildung abbrechen. Auch die Einberufung zum Reichsarbeitsdienst wird als Grund für eine nicht abgeschlossene Berufsausbildung genannt.[46] Lediglich zwei Frauen konnten zum Zeitpunkt ihrer Einberufung als SS-Helferin eine abgeschlossene Ausbildung vorweisen.[47]

Neben der schulischen Ausbildung muss der Bewerbungszeitraum der untersuchten Kölner SS-Helferinnen-Gruppe erwähnt werden. Die früheste Bewerbung ging am 6. Dezember 1942 beim SS-Oberabschnitt West ein; die letzte der »SS-Frauen« bewarb sich am 12. Februar 1945.[48] Mühlenberg untersucht diesen Aspekt in ihrer Dissertation nicht. Es kann jedoch, zumindest für die Frauen, die ihre Heimatstadt Köln aufgrund unterschiedlicher Gründe ohne Berufsabschluss verließen, die These aufgestellt werden, dass sie das SS-Helferinnenkorps als Chance zu einer beruflichen und vielleicht auch persönlichen Neuorientierung sowie zum gesellschaftlichen und sozialen Aufstieg gerade im späteren Kriegsverlauf wahrnahmen.

Die soziale Herkunft der SS-Helferinnen wird hier ebenfalls am Beruf des Vaters festgemacht und kann zu dem Schichtenmodell von Mühlenberg in Relation gesetzt werden.[49] Die Ergebnisse der Auswertung des sozialen Hintergrundes der zehn Bewerberinnen weichen leicht von dem der weiblichen Zivilangestellten der SS ab. Zwei der zehn Bewerberinnen entstammen, nach dem Beruf des Vaters zu urteilen, aus der Unterschicht, sieben aus der unteren Mittelschicht, und eine aus der oberen Mittelschicht.[50]

Mühlenberg gelangt zu dem Ergebnis, dass 40,09 Prozent ihrer Untersuchungsgruppe von 1.761 SS-Helferinnen, von denen dahingehende Informationen erhalten sind, aus der Unterschicht entstammen, 44,12 Prozent aus der

46 PA Trudl G., Bl. 2834 (Krankheit der Mutter); PA Erika J., Bl. 732 (Fliegerschaden der Schule und des Elternhauses) und PA Ingeborg Kn., Bl. 1978.
47 PA Ingeborg Ku., Bl. 2458 und PA Hilde S., Bl. 382.
48 PA Trudl G., Bl. 2838 beziehungsweise PA Lieselotte R., Bl. 580.
49 Mühlenberg: Das SS-Helferinnenkorps (Anm. 3), S. 139.
50 In dieser Reihenfolge: PA Anna D., Bl. 608 (Beruf des Vaters: Arbeiter); PA Christa A., Bl. 1598 (Beruf des Vaters: Arbeiter); PA Anni G., Bl. 2166 (Beruf des Vaters: Mittlerer Beamter); PA Erika J., Bl. 732 (Beruf des Vaters: Unterer Beamter); PA Ingeborg Kn., Bl. 1978 (Beruf des Vaters: Selbst. Kaufmann); PA Ingeborg Ku., Bl. 2458 (Beruf des Vaters: Mittlerer Beamter); PA Lieselotte R., Bl. 581 (Beruf des Vaters: Mittlerer Beamter); PA Margarete S., Bl. 1394 (Beruf des Vaters: Handwerksmeister); PA Hilde S., Bl. 382 (Beruf des Vaters: Selbst. Kaufmann); PA Trudl G., Bl. 2834 (Beruf des Vaters: Gauhauptstellenleiter im Amt für Volksgesundheit).

unteren Mittelschicht und 14,88 Prozent aus der oberen Mittelschicht, 0,91 Prozent ordnet sie der Gruppe »Sonstige« zu.[51]

Es fällt auf, dass die SS-Helferinnen mit Geburts- oder Einsatzort Köln in einem höheren Maße der unteren Mittelschicht entstammen (70 %) als die Gesamtgruppe. Im Hinblick auf eine Herkunft aus der Unterschicht weichen die vorliegenden Ergebnisse von Mühlbergs Gruppe stark ab.

Die Motivationen der SS-Helferinnen unterscheiden sich wie die der weiblichen Zivilangestellten stark. Mühlenberg konstatiert für ihre Untersuchungsgruppe: »Den Anschreiben kann in der Regel nicht der eine Grund entnommen werden, der für die jeweilige Frau ausschlaggebend war, sich bei der SS zu bewerben«.[52] Bewerbungen aus ideologischer Überzeugung können bei Trudl G. und Hilde S. vermutet werden, die beide aus Köln stammten. Trudl G. versucht, sich in ihrem Lebenslauf als gebildete junge Frau mit breitgefächerten Kenntnissen zu positionieren, denn sie schreibt: »Für die französische Sprache interessiere ich mich sehr, spreche sie bis jetzt noch nicht ganz perfekt« oder gar »Ich kenne Deutschland ziemlich genau«.[53] Hilde S. bewirbt sich aus dem Kriegshilfsdienst als SS-Helferin und schreibt: »[Ich] stamme aus einer rein arischen Familie. Aus kriegsbedingten Gründen möchte ich mich nach meiner KHD-Zeit als SS-Helferin melden«.[54] Sie wurde ab August 1943 auf der Dienststelle eines SS-Obergruppenführers in Berlin und ab Januar 1944 beim SD-Abschnitt Köln-Bonn eingesetzt.

Eine besondere ideologische Überzeugung zeigt Anna D. Sie scheint nicht nur aufgrund ihres Besuchs einer kaufmännischen Berufsschule, ihrer vorherigen Tätigkeit als Hauswirtschafterin und selbstständigen Weiterbildungsmaßnahmen als SS-Helferin sehr geeignet gewesen zu sein: Acht Monate nach der Hochzeit mit einem SS-Unterscharführer bewarb sie sich als SS-Helferin beim SS-Oberabschnitt West. Hinsichtlich ihrer Motivation zur Bewerbung bei der SS beziehungsweise zu ihrer Folgeleistung des Einberufungsbescheids, ist der letzte Abschnitt ihres Lebenslaufes aufschlussreich. Sie erklärt: »Im letzten Jahr bin ich von schweren Schicksalsschlägen getroffen worden. Mein Vater starb am 4.7.42 und mein jüngster Bruder lag zur Zeit auf Leben und Tod an einer schweren Beinverletzung im Krankenhaus, die er sich bei einem Bombenangriff […] zuzog. Am 5.3.43 fiel mein Ehemann, am 13.5. mein Bruder und am 13.9.43 starb meine Mutter. Aber durch all diese Schicksalsschläge lass ich den Mut nicht sinken«.[55]

51 Mühlenberg: Das SS-Helferinnenkorps (Anm. 3), S. 139.
52 Ebd., S. 81.
53 Oberkirch, den 29. März 1943, Trudl G., Lebenslauf, in: PA Trudl G., Bl. 2852.
54 Fragebogen für SS-Nachrichtenmaiden, Jena, den 22. September 1943; PA Hilde S., Bl. 382.
55 Oberkirch, den 2. Oktober 1943. Anna D., SS-Kriegshelferin. Mein Lebenslauf!, in: PA Anna D., Bl. 596.

Die junge Witwe kam trotz aller Widrigkeiten ihrer Einberufung am 1. Oktober 1943 nach und gab sich kurz nach ihrer Ankunft in Oberehnheim beziehungsweise Oberkirch in ihren Ausführungen optimistisch. Ihr Standpunkt kann aus zweierlei Perspektiven betrachtet werden: Erstens ergibt es Sinn, dass sich die junge Frau nach diesen Schicksalsschlägen von der Heimat lösen und sowohl einen privaten als auch einen beruflichen Neuanfang wagen wollte. Der vermutliche Wunsch nach der Abkehr von ihrem Geburtsort wurde ihr auch durch ihre späteren Einsätze als Funkerin an der Siposchule Fürstenberg in Mecklenburg und der Stapostelle Köln (Dezember 1944 bis Januar 1945) erfüllt.[56] Zweitens scheint es aber ungewöhnlich, dass sie sich der Organisation anschloss, die im Kern für den Tod ihres Mannes an der Ostfront und für die Verletzung ihres Bruders verantwortlich war. Sie musste also dermaßen von der NS-Propaganda indoktriniert gewesen sein, dass sie trotz dieser tiefen Einschnitte in ihr Leben das Regime unterstützen wollte. Ein Beleg dafür ist die Bewerbung als SS-Helferin während ihrer Ehe mit einem SS-Unteroffizier. Wäre ihr Mann nicht an der Front gefallen, hätte das junge Ehepaar eine Trennung zumindest für den Ausbildungszeitraum von Anna D. in Kauf nehmen und sich zu einem späteren Zeitpunkt um entsprechende Versetzungen zueinander kümmern müssen, um zusammenleben zu können. Aus den Lebensläufen der anderen sieben Bewerberinnen lassen sich keine konkreten Bewerbungsmotivationen ableiten. Vor dem Hintergrund, dass alle (zumeist höherrangige) Mitglieder des BDM waren und ihre Arbeitsdienste abgeleistet haben, kann man eine gewisse ideologische Nähe und Überzeugung vorausgesetzt wurde. Hinzu kommt bei manchen jungen Frauen sicher der Wunsch nach räumlicher Veränderung, einem sicheren Arbeitsplatz und der Möglichkeit, bei diesem »Abenteuer« einen potentiellen Ehemann kennenzulernen. Ebenso wie bei den weiblichen Zivilangestellten der SS darf auch der gesellschaftliche und soziale Aufstieg, der sich aus einer solchen Anstellung ergab, nicht außer Acht gelassen werden und fließt sicher in die Motivationen der Bewerberinnen ein. Wendy Lower konstatiert dahingehend folgerichtig:

»Für Frauen eröffneten sich im modernen NS-Staat Karrierewege in Lagern und anderen Ämtern, und zwar nicht in untergeordneten Rollen, sondern innerhalb einer Hierarchie, die sie in Kommandopositionen mit bislang beispiellosen Macht hievten und in denen sie den geachteten Status einer uniformierten Vertreterin dieses NS-Staates innehatten«.[57]

56 PA Anna D., Bl. 602.
57 Lower: Hitlers Helferinnen (Anm. 4), S. 144.

4. Fazit

Wurde durch das NS-Regime von 1933 bis 1939 ein traditionsgebundenes Familien- und Frauenbild propagiert, so markierte der Beginn des Zweiten Weltkriegs eine Zäsur: Dem weiblichen Geschlecht war es nun möglich, sich abseits von einem privaten Engagement in entsprechenden Organisationen hauptberuflich auch im militärischen Bereich für die Umsetzung der nationalsozialistischen Werte einzusetzen.

Dahingehend muss einerseits betont werden, dass sich zumindest die Frauen, die sich aus ideologischer Überzeugung um eine bestimmte Position bewarben, großteils nicht durch einen emanzipatorischen Gedanken für Tätigkeiten als Zivilangestellte im NS-Verwaltungsapparat oder als SS-Helferinnen motiviert sahen. Vielmehr war es ihr Ziel, mit ihrer Arbeit ihren Beitrag für die »Volksgemeinschaft« und somit »Hilfe zum Sieg« zu leisten. Die SS und alle anderen Organe des NS-Regimes waren allerdings nicht aus emanzipatorischen Gründen auf der Suche nach weiblichem Personal. Zweck dieser Maßnahme war lediglich, wehrfähige Männer nicht für administrative Tätigkeiten abstellen zu müssen, sondern sie zum Kriegsdienst einziehen zu können.

Grundsätzlich lässt sich für die Bewerbungen von weiblichen Zivilangestellten der SS und SS-Helferinnen festhalten, dass alle Frauen die zum Teil sehr privaten Informationen ohne Vorbehalte in den entsprechenden Formularen offenlegten. Dass sie ihre Bewerbungen durch bestimmte Formulierungen unmittelbar auf das Ziel »Einstellung« auslegten, kann angenommen werden, da sich jede der Frauen bestmöglich präsentierte. Ob sie dazu aber zum Beispiel einige Stationen im Lebenslauf »schönten« oder weniger vorteilhafte Informationen ausließen, kann nicht nachgewiesen werden, da entsprechende Vergleichsmöglichkeiten fehlen.

Im Gegensatz zu der gängigen Vorstellung von der »Eliteeinheit SS«, war zumindest die Einstellung als Zivilangestellte durch keine besonders hohen Anforderungen reglementiert. Aus der Untersuchung der Einstellungskriterien der weiblichen Zivilangestellten der SS mit Einsatzort Köln geht hervor, dass diese auf sehr viele potentielle Bewerberinnen anwendbar waren. Nicht einmal eine abgeschlossene kaufmännische Ausbildung wurde vorausgesetzt, rudimentäre Kenntnisse genügten. Wie bereits erwähnt war ein Bewerbungs- und Einstellungsverfahren für weibliche Verwaltungsangestellte im Hinblick auf die Beibringung verschiedenster Dokumente bei zivilen Arbeitgebern vermutlich wesentlich unkomplizierter. Zusätzlich griff das Verfahren durch körperliche Untersuchungen und sehr intime Fragen stark in die Privatsphäre der Frauen ein. Deshalb ist die Bereitschaft zum Durchlaufen dieses Verfahrens als ein

Indiz für die hohe Identifikation der Frauen mit dem nationalsozialistischen Gedankengut zu werten.

Abschließend lässt sich hinsichtlich der Einstellungskriterien der SS-Helferinnen folgendes festhalten: Anders als die weiblichen Zivilangestellten waren die hier untersuchten Frauen trotz des zugelassenen Bewerbungsalters von 17 bis 35 Jahren wesentlich jünger. Die körperliche und vor allem die »rassische« Tauglichkeit der Bewerberinnen wurden durch SS-Ärzte eingehend überprüft. Sie mussten in ihrer Erscheinung und Abstammung entsprechend der NS-Ideologie und genau wie die weiblichen Zivilangestellten SS frei von »nicht-arischen« Merkmalen sein.

Nach der Auswertung von SD-, Gestapo- und Parteibeurteilungen sowie der Analyse von Schul- und Arbeitszeugnissen kann festgehalten werden, dass sich die SS im Zuge der Einstellung von SS-Helferinnen auch ein umfassendes Bild von ihrer politischen Zuverlässigkeit beziehungsweise der ihrer Familien machte. Werte wie etwa Zuverlässigkeit, Pflichtbewusstsein und Einsatzbereitschaft waren in jedem der zahlreichen Referenzschreiben zu finden. Somit ergeben sich daraus die Einstellungskriterien der SS hinsichtlich der Persönlichkeit der Bewerberinnen. Schulische Leistungen und etwaige körperliche Mängel wurden mutmaßlich der »charakterlichen« und der »rassischen« Eignung hintangestellt. Die Ableistung des Gelöbnisses, inklusive der Unterzeichnung einer Verschwiegenheitserklärung, machte die Frauen am Ende des Grundlehrgangs zu vollwertigen Mitgliedern der »Sippengemeinschaft SS«. Ähnlich wie bei den weiblichen Zivilangestellten der SS ist auch beim Einstellungsverfahren der SS-Helferinnen eine extrem tiefgehende Überprüfung der Bewerberinnen im Hinblick auf körperliche Tauglichkeit, »Charakter« und Familie zu erkennen. Wer diese umfassende Begutachtung für eine berufliche Perspektive in Kauf nahm, musste entweder in beträchtlicher Weise ideologisch gefestigt oder den starken Willen zum gesellschaftlichen und sozialen Aufstieg haben. Für die vorliegende Untersuchungsgruppe ist sicher eine Mischung aus diesen Motivationen anzunehmen.

Die weiblichen Zivilangestellten der SS mit dem Geburts- oder Einsatzort Köln der von mir untersuchten Gruppe bewarben sich schwerpunktmäßig aus familiären Gründen, aufgrund des Wunsches nach räumlicher Veränderung oder der Identifikation mit dem nationalsozialistischen Gedankengut um eine Anstellung. Für die SS-Helferinnen ist es schwerer, konkrete Beweggründe herauszuarbeiten. Vermutlich lag den Bewerbungen aber eine tiefergehende ideologische Überzeugung zugrunde. Anders als die zivilen Mitarbeiterinnen der SS-Verwaltung erklärten sich die SS-Helferinnen bereit, aktives Mitglied der Waffen-SS zu werden. Die Möglichkeit, als Helferin der Wehrmacht die deutschen Streitkräfte nur für die Kriegsdauer zu unterstützen, genügte ihnen nicht. Ihr Ziel war es, über das Kriegsende hinaus vollwertiges Mitglied der »Sippengemeinschaft SS« zu bleiben und von dieser Mitgliedschaft in vielerlei Hinsicht zu profitieren. Die Abgrenzung von einer Tätigkeit bei der Wehrmacht war den Bewerberinnen bewusst und bei ihren Bestrebungen wichtig. Die Frauen stimmten der NS-Ideologie mit all ihren Facetten und Zielen unbedingt zu und verpflichteten sich dieser durch ein feierliches Gelöbnis. Die weiblichen Zivilangestellten hingegen traten aus nicht immer nachweisbarer ideologischer Überzeugung in den Dienst der SS ein. Jedoch wussten sie zum Beispiel durch das Abtippen von Deportationslisten und dem Vervielfältigen von Befehlen trotz ihrer subalternen Positionen im Angestelltenverhältnis wahrscheinlich genauso viel von dem millionenfachen Völkermord wie die SS-Helferinnen, wurden mit ihrer Einstellung aber nicht Teil einer militärischen Kampfeinheit.

Humanismus im Nordwesten

Köln – Niederrhein – Westfalen. Wege und Desiderate der Forschung angesichts einer Neuerscheinung

von Johannes Helmrath

Der Humanismus in Deutschland war ein komplexes historisches Phänomen mit vielen regionalen Zentren und Personen.[1] Während der bedeutende südwestdeutsche Humanismus am Oberrhein- und im Elsass nicht zuletzt durch das Lebenswerk von Dieter Mertens und Franz Josef Worstbrock, aber auch die Humanisten in Erfurt, Wien und Breslau sowie zuletzt in Mainz[2] trotz fortbestehender Desiderate relativ gut erforscht sind, galt das weitaus weniger für den nordwestdeutsch-(nieder)rheinischen und westfälischen Humanismus.

Ein höchst nützliches Buch hat darüber nun Ulrich Andermann vorgelegt: »Humanismus in Nordwesten. Köln – Niederrhein – Westfalen« und damit zugleich eine Schneise für künftige Forschungen gelegt. Die folgende Rezension bietet die Möglichkeit, einige Forschungsprobleme anzusprechen. Andermann, der an der Universität Osnabrück lehrt, ist als besonderer Kenner durch seine Habilitationsschrift bekannt, die dem Hamburger Humanisten Albert Krantz (1999), dem Nordlicht des deutschen Humanismus, gewidmet ist.[3] Mit dem vorliegenden Band versucht er, eine Zwischenbilanz der nach wie vor zerklüfteten und inhomogenen Erforschung des Humanismus im Nordwesten zu geben, ein Versuch, der im Titel einem älteren Band »Humanismus im Südwesten« (1993),[4]

1 Zugleich Rezension von Ulrich Andermann: Humanismus in Nordwesten. Köln – Niederrhein – Westfalen, Münster: Aschendorff 2018, 361 S., 46,00 €. In Klammern die Seitenzahlen dieses Bandes. Ich danke Georg Mölich für hilfreiche Hinweise.

2 Erschlossen wesentlich durch Uta Goerlitz; genannt seien nur: Humanismus und Geschichtsschreibung am Mittelrhein. Das »Chronicon urbis et ecclesiae Maguntinensis« des Hermannus Piscator OSB [† 1526], Tübingen 1999; Dies.: »Accepi […] te poesis et historiarum fore avidissimum exquisitorem«. Der Mainzer Humanist und Historiograph Hermannus Piscator OSB und sein Umfeld, in: Georg Mölich/Uwe Neddermeyer/Wolfgang Schmitz (Hg.): Spätmittelalterliche Geschichtsschreibug in Köln und im Reich. Die »Koelhoffsche« Chronik und ihr historisches Umfeld, Köln 2001, S. 139–151, zuletzt: Dies.: Text und Artefakt. Zum Diskurs mittelrheinischer Humanisten über Mainz im Altertum, in: Dieter Boschung/Alfred Schäfer (Hg.): Monumenta Illustrata. Raumwissen und antiquarische Gelehrsamkeit, Paderborn 2019, S. 305–330.

3 Ulrich Andermann: Albert Kranz. Wissenschaft und Historiographie um 1500, Weimar 1999.

4 Paul Gerhard Schmidt (Hg.): Humanismus im deutschen Südwesten. Biographische Profile, Sigmaringen 1993. Vgl. auch den Dieter Mertens in memoriam gewidmeten Band: Sabine

der aus Biographien besteht, respondieren möchte. Der erfasste Raum »zwischen Ijssel und Weser« (S. 291) reicht von Deventer im Westen bis Herford im Osten, mit der Universitätsstadt Köln auch räumlich im Zentrum. Der Norden, mit Albert Kranz, gehört nicht dazu. Ein Zeitrahmen ist bewusst nicht genannt, doch ist der Fokus mehr oder weniger auf die Zeit etwa von 1480 bis 1560 gelegt, er umfasst noch »die Anfänge der Konfessionalisierung« (S. 20), schließt aber den sogenannten »Späthumanismus« offenkundig aus.

Natürlich ist ein solches ambitioniert prosopographisch aufgebautes Werk nicht ohne Vorarbeiten möglich. Neben den Artikeln über rheinisch-westfälische Humanisten in der Allgemeinen Deutschen Biographie (ADB) und der Neuen Deutschen Biographie (NDB), liefert vor allem das famose von Franz Josef Worstbrock herausgegebene »Verfasserlexikon Deutscher Humanismus 1480–1520« und dessen von Wilhelm Kühlmann organisierte Fortsetzung »Frühe Neuzeit in Deutschland 1520–1620« neue Grundlagen. Diese beiden Lexika bewirkten geradezu einen Quantensprung der organisiert verfügbaren Kenntnisse. Freilich fehlte nach wie vor ein souveräner problem- und forschungsgeschichtlicher Überblick über die humanistischen Zentren und ihre zahlreichen Akteure.[5] Sieht man von frühen Studien von Carl Krafft um 1870 ab,[6] war man für den »rheinischen« Humanismus lange auf Justus Hashagens, des ersten Mediävisten

Holtz/Albert Schirrmeister/Stefan Schlelein (Hg.): Humanisten edieren. Gelehrte Praxis im Südwesten in Renaissance und Gegenwart, Stuttgart 2014.

5 Lediglich ein erster Versuch: Johannes Helmrath: Der Humanismus in Deutschland, in: Ders.: Wege des Humanismus. Studien zu Praxis und Diffusion der Antikeleidenschaft im 15. Jahrhundert. Ausgewählte Aufsätze Band 1, Tübingen 2013, S. 17–51; erweitert und modifiziert: Ders.: Der Humanismus in Deutschland als Epochenphänomen, in: Guido von Büren/Franz-Peter Fuchs/Georg Mölich (Hg.): Herrschaft, Hof und Humanismus. Wilhelm V. von Jülich-Kleve-Berg und seine Zeit, Bielefeld 2018, S. 471–500, besonders S. 485–491, die Bibliographie wird hier nicht erneut ausgeschüttet. Besonders brillante und kompetente Überblicke, auch als Versuche zur Definition des Humanismus: Erich Meuthen: Charakter und Tendenzen des deutschen Humanismus, in: Heinz Angermeier (Hg.): Säkulare Aspekte der Reformationszeit, München/Wien 1983, S. 217–266; Dieter Mertens: Deutscher Renaissance-Humanismus, in: Stiftung »Humanismus heute« des Landes Baden-Württemberg (Hg.): Humanismus in Europa, Heidelberg 1998, S. 187–210; Matthias Pohlig: War Flacius Humanist? in: Arno Mentzel-Reuters/Martina Hartmann (Hg.): Catalogus und Centurien. Interdiziplinäre Studien zu Flacius Illyricus und den Magdeburger Centurien, Tübingen 2008, S. 19–52; Harald Müller: Habit und Habitus. Mönche und Humanisten im Gespräch, Tübingen 2006, besonders S. 47–78; sowie allgemein: Gerrit Walther: Humanismus, in: Friedrich Jaeger (Hg.): Enzyklopädie der Neuzeit, Bd. 5, Stuttgart/Wetzlar 2007, S. 675–692; Markus Völkel: Humanismus, in: Pim de Boer/Heinz Duchhardt/Georg Kreis (Hg.): Europäische Erinnerungsorte, Bd. 1: Mythen und Grundbegriffe des europäischen Selbstverständnisses, München 2012, S. 135–145; Ulrich Muhlack: Renaissance und Humanismus, Berlin/Boston 2017, S. 151–231; und zuletzt, wichtig: Jan-Hendryk de Boer: Die Gelehrtenwelt ordnen. Zur Genese des hegemonialen Humanismus um 1500, Tübingen 2017, hier Kapitel 2: Humanismus erforschen. Eine Bestandsaufnahme, S. 25–61.

6 Karl Krafft/Wilhelm Crecelius: Beiträge zur Geschichte des Humanismus am Niederrhein und in Westfalen, Bd. I–II, Elberfeld 1870–1875.

der 1919 wiedergegründeten Kölner Universität,[7] seinerzeit pionierhaften Aufsatz »Hauptrichtungen des rheinischen Humanismus« (1922)[8] angewiesen. Einer seiner späteren Nachfolger, Erich Meuthen, hat diese Linie in seiner »Kölner Universitätsgeschichte, Bd. I« (1988)[9] maßstabsetzend fortgeführt.

In der Forschungsgeschichte des deutschen Humanismus, so schon bei seinen Gründervätern, – zu nennen wären Wilhelm Wattenbach, Adalbert Horawitz, Paul Joachimsen, Klaus Hartfelder oder Gustav Bauch –, spielte der Humanismus im Nordwesten, und dabei auch der (nieder)rheinische Humanismus lange eine stiefmütterliche Rolle – bis zu jenem Aufsatz von Hashagen. Die seinerzeit (1975) bahnbrechende, von französischen Forschern am »Centre des Études supérieures de Renaissance« in Tours angestoßene, dann gemeinsam mit vielen deutschen Beteiligten durchgeführte Tagung »L'humanisme allemand« widmet ihm keinen einzigen Beitrag.[10] Dabei wird dort im Vorwort die Epoche des »mouvement humaniste« als die erste von drei international ausstrahlenden Kulturblüten Deutschlands gepriesen, vor der Goethezeit und der Zeit der Weimarer Republik![11] Die jüngere Forschung hat demgegenüber sichtlich Fortschritte gemacht: Hier ging zum Teil die Kunstgeschichte voran, unter Verwendung des gegenüber »Humanismus« weiter gefassten immer noch stark kunsthistorisch geprägten Epochen- und Bewegungsbegriffs der Renaissance. Man denke etwa an die Ausstellung »Renaissance am Rhein« (2010)[12] und an

7 Hashagen kam von Bonn und ging 1926 nach Hamburg. Zu ihm Bernd Heimbüchel, in: Ders./Klaus Pabst: Kölner Universitätsgeschichte, Bd. II: Das 19. und 20. Jahrhundert, Köln/Wien 1988, S. 498–502; Peter Borowsky: Justus Hashagen, ein vergessener Hamburger Historiker, in: Zeitschrift des Vereins für Hamburgische Geschichte 84 (1998), S. 163–184. Sein mediävistisches Œuvre verdiente eine Untersuchung.

8 Justus Hashagen: Hauptrichtungen des rheinischen Humanismus, in: AHVN 106 (1922), S. 1–56. Vgl. auch Ders.: Die Devotio moderna in ihrer Einwirkung auf Humanismus, Reformation, Gegenreformation und spätere Richtungen, in: ZKG 55 (1936), S. 523–531.

9 Erich Meuthen: Kölner Universitätsgeschichte, Bd. I: Die alte Universität, Köln/Wien 1988, vor allem S. 203–262.

10 Joël Lefèvre/Jean-Claude Margolin (Hg.): L'Humanisme allemand (1480–1540). XVIIIe Colloque International de Tours, München/Paris 1979.

11 Aus dem Vorwort von Joël Lefèvre und dem damals führenden französischen Humanismusforscher Jean-Claude Margolin: »Il s'agit de la première contribution vraiment capitale des pays de la langue allemande à la culture universelle«; ebd., S. 5. Von den niederrheinischen Humanisten kommt lediglich Konrad Heresbach als Editor und Übersetzer im – wertvollen – Anhang des Bandes vor, nämlich einem Katalog der tagungsflankierenden Ausstellung von Drucken zum deutschen Humanismus (607–676); zu Heresbach: ebd., S. 608, 614, 618, 640, 661. Auf der Tagung sprachen 20 Gelehrte aus Frankreich, zwölf aus Deutschland und drei aus anderen Nationen.

12 Renaissance am Rhein. Eine Veröffentlichung des LVR-LandesMuseums Bonn (Ausstellungskatalog), Ostfildern 2010, hier vor allem Harald Müller: Von Italien an den Rhein. Der Humanismus verändert die Bildungslandschaft, S. 40–55 sowie knapp zum Epochenkonzept Georg Mölich: »Renaissance am Rhein« als regionaler Epochenbegriff – eine Skizze, S. 15–17. In der Ausstellung wurde das Bemühen spürbar, auf die bislang durchaus ungeläufige Verbindung

den zuvor unter anderem von dem Kölner Kunsthistoriker Norbert Nußbaum herausgegebenen Band »Wege zur Renaissance«. Dort geht es am Beispiel des Rheinlands auch um die generelle Frage nach genuinen architektonischen und ikonischen Aneignungsformen der Antike in Deutschland, letztlich also um die alte Frage, ob es eine »deutsche Renaissance« gegeben habe. Der Folgeband wandte sich dann den wichtigen sozialen und politischen Räumen humanistischer Wirkmöglichkeiten zu: »Städte, Höfe, Kulturtransfer«.[13] Breiter geworden ist die Phalanx biographisch-prosopographischer Arbeiten über einzelne Humanisten des andermannschen Spektrums. Zu nennen sind insbesondere die Studien von Heinz Finger über Gisbert Longolius (1990),[14] von Andreas Freitäger über Johannes Cincinnius (1999),[15] von Martin Szameitat über Konrad Heresbach (2010)[16] sowie die ebenfalls prosopographisch ausgerichtete wichtige Arbeit von Elisabeth Kloosterhuis (»Erasmusjünger«, 2004),[17] schließlich der schöne Tagungsband über Herzog Wilhelm V. von Jülich »Herrschaft, Hof und Humanismus« (2018),[18] den Andermann nurmehr flüchtig einarbeiten konnte.

von »Rheinland« und »Renaissance« werbend aufmerksam zu machen. In diesem Geiste auch Guido von Büren/Stephan Hoppe/Georg Mölich: Orte der Renaissance im Rheinland, Köln 2010. Kritisch zur gewählten Epochencharakteristik Andreas Rutz: Renaissance am Rhein? Überlegungen zur rheinischen Geschichte im 15. und 16. Jahrhundert, in: RhVjBll 75 (2011), S. 280–295.

13 Norbert Nußbaum/Claudia Euskirchen/Stephan Hoppe (Hg.): Wege zur Renaissance. Beobachtungen zu den Anfängen neuzeitlicher Kunstauffassung im Rheinland und in den Nachbargebieten um 1500, Köln 2003; sowie diese Grundlagen weiterführend: Stephan Hoppe/Alexander Markschies/Norbert Nußbaum (Hg.): Städte, Höfe und Kulturtransfer. Studien zur Renaissance am Rhein, Regensburg 2010, hier Harald Müller: Humanismus im Rheinland. Bemerkungen zu Zentren, Netzwerken und prägenden Inhalten am Übergang zur Neuzeit, S. 15–18. – Zum Problem einer »deutschen Renaissance« wichtig Muhlack: Renaissance und Humanismus (Anm. 5), S. 122–150.

14 Heinz Finger: Gisbert Longolius. Ein niederrheinischer Humanist (1507–1543), Düsseldorf 1990.

15 Andreas Freitäger: Johannes Cincinnius von Lippstadt (ca. 1485–1555). Bibliothek und Geisteswelt eines westfälischen Humanisten, Münster 1999.

16 Martin Szameitat: Konrad Heresbach – Ein niederrheinischer Humanist zwischen Politik und Gelehrsamkeit, Bonn 2010. Heresbach war auch zuvor so etwas wie die Schwalbe, die den Frühling der rheinischen Humanismusforschung machte. Hervorzuheben ist die 1997 in Wesel und Düsseldorf gezeigte Ausstellung von Jutta Prieur (Hg.): Humanismus als Reform am Niederrhein. Konrad Heresbach 1496–1576, Bielefeld 1996. Im Umfeld der Ausstellung entstand Meinhard Pohl (Hg.): Der Niederrhein im Zeitalter des Humanismus. Konrad Heresbach und sein Kreis, Bielefeld 1997.

17 Elisabeth M. Kloosterhuis: Erasmusjünger als politische Reformer. Humanismusideal und Herrschaftspraxis am Niederrhein im 16. Jahrhundert, Köln 2004.

18 Herrschaft, Hof und Humanismus (Anm. 5), siehe zum Humanismus besonders S. 471–590; dort die Beiträge von Helmrath: Humanismus in Deutschland als Epochenphänomen (Anm. 5); Peter Arnold Heuser: Netzwerke des Humanismus in Rheinland. Georg Cassander (1513–1566) und der jülich-klevische Territorienverbund, S. 501–530; Martin Szameitat: Humanismus und Fürstenerziehung. Konrad Heresbachs »Über die Erziehung und Bildung der Fürstenkinde«, S. 531–540; Marc Laureys: Gegenreformation und Fürstenerziehung.

Endlich wurde auch einmal die prosopographisch reiche Dissertation von Götz-Rüdiger Tewes über die Bursen der alten Kölner Universität[19] angemessen für die Humanismusforschung genutzt, deren Inhalt ihren Titel weit überschreitet, gerade was die Kölner Humanisten und ihre Mobilität betrifft. Die Möglichkeiten einer Briefnetzwerkanalyse für die Erforschung der Humanisten, ihres gruppenprägenden Habitus und ihrer Kommunikationskultur hatte – am Beispiel der humanistisch profilierten deutschen Benediktiner, allen voran des Johannes Trithemius – Harald Müller demonstriert.[20]

Andermann wirft grundsätzliche Fragen auf, die bis heute offen und umstritten sind: War der Humanismus im Norden und Nordwesten Deutschlands gegenüber dem frühblühenden Südwesten eine Spätentwicklung oder gar eine Schwundstufe? Und hatte er einen genuinen, womöglich dezidiert religiösen, »christlichen« Charakter? Eine Frage, die immer wieder auch für die Gesamtbewegung des europäischen Humanismus gestellt und sehr unterschiedlich beantwortet worden ist.[21] Ohne gleich einer »Revolte des Nordwestens« das Wort zu reden, intendiert das Buch doch indirekt eine Aufwertung des Humanismus beziehungsweise der Humanisten in den Niederlanden, im Rheinland und in Westfalen. Freilich wird man dort auch nach der Lektüre des andermannschen Werkes keinen Humanisten (wohl mit Ausnahme Agricolas) vom Kaliber eines Pirckheimer, Peutinger, Celtis oder Reuchlin gefunden haben, denn die europäische Überfigur Erasmus von Rotterdam war, trotz seiner niederländischen Herkunft, von vornherein ausgeklammert. Was überrascht, ist vielmehr die hohe Anzahl und sehr diverse Ausprägung humanistisch affizierter Personen, Opera und Bildungsstätten. In jedem Fall empfiehlt es sich, die für die Erforschung des deutschen Humanismus sachgerechte regionale Perspektive dergestalt zu behalten, dass man besser von Humanismus im Rheinland als substanzhaft von einem »rheinischen Humanismus« spricht.

Wenden wir uns nun dem Buch von Andermann genauer zu: Die Einführung (I. Kapitel) enthält einen Überblick über die Forschungsgeschichte und knappe Überlegungen zu ökonomischen, politischen und intellektuellen Kohärenzfaktoren des »Nordwestens« (S. 13, 25). Es folgt als Kapitel II der Versuch einer

Stephanus Pighius' »Hercules Prodicius«, S. 541–572; Hans de Waart: Johann Wier. Hofarzt von Herzog Wilhelm und Vorkämpfer für Toleranz, S. 573–590.

19 Götz-Rüdiger Tewes: Die Bursen der Kölner Artisten-Fakultät bis zur Mitte des 16. Jahrhunderts, Köln/Weimar/Wien 1993, hier vor allem Kapitel V, S. 666–805.

20 Müller: Habit und Habitus (Anm. 5). Siehe auch Ders.: Italien (Anm. 12); Ders.: Humanismus im Rheinland (Anm. 13).

21 Zum Problem Berndt Hamm/Thomas Kaufmann (Hg.): Wie fromm waren die Humanisten?, Wiesbaden 2016, hier vor allem Thomas Kaufmann: Die gottlosen und die frommen Humanisten im Spiegel der Forschung, S. 11–47.

(wie fast immer strukturell unbefriedigenden) Orientierung über den Humanismusbegriff beziehungsweise, wie sich Andermann und andere ausdrücken, »die humanistische Bildungsreform« (S. 27). Die reiche allgemeine Literatur zu diesem Thema[22] wird allerdings hier und im ganzen Buch bewusst und verständlicherweise nur selektiv verhandelt.

Der folgende prosopographische Teil III ist der wichtigste und längste: »Die Humanisten. Leben und Werk«. Nach nicht völlig eindeutigen Kriterien hat der Verfasser hier 29 als besonders wichtig erachtete Humanisten »herausgemendelt«, die er in zwei Gruppen teilt, in 13 »vorreformatorische« (I.,1–13) und 16 »nachreformatorische« (II., 1–16), wobei diese Begriffe hier mehr chronologisch-epochal als konfessionell gemeint sind. Die kurzen Kapitel bringen, bei oft sehr schmaler Quellenbasis, Grundinformationen zum Leben, Studium (fast immer in Köln!) und Karrieren, zum großen Teil als Lehrer an den in Kapitel VI dann näher untersuchten zahlreichen Schulen, wenn möglich auch zu ihren Beziehungen und Netzwerken. Jedes Mal folgt ein kurzer und nutzbringender Schwenk über die wichtigsten, oft kaum genug erschlossenen Opera. Einen knappen Überblick über die Karrieren ermöglicht eine Tabelle im Anhang (S. 303), die Namen, besuchte Schule, Universität, akademischen Grad, Kenntnis antiker Sprachen (außer Latein), Studium in Italien, Lehrort und bekleidete Ämter (soweit nicht Schullehrer, also: herzoglicher Rat, Stiftspropst etc.) aufführt – sofern diese Dinge denn überhaupt bekannt sind! Viele Felder der Tabelle bleiben so (noch) weiß. Ein solcher umsichtiger tour d'horizon hat bislang gefehlt. Zur Orientierung des Lesers seien die Personen hier komplett aufgeführt. Nicht wenige sind kaum bekannt. Gruppe A: Wessel Gansfort, Rudolf Agricola, Arnold Heymerick, Alexander Hegius, Rudolf von Langen, Antonius Liber, Bartholomaeus Coloniensis, Jacobus Magdalius von Gouda, Jacobus Canter, Johannes Kerckmeister, Timan Kemener, Johannes Murmellius. Gruppe B: Jakob Montanus, Hermann von dem Busche, Johannes Caesarius, Ortwin Gratius, Jacobus Greselius, Hermann Graf von Neuenahr, Jacobus Sobius (Sobbe), Johannes Cincinnius (Kruyshaer), Johannes Pollius, Henricus Sibaeus, Konrad Heresbach, Matthias Breidenbach, Johannes Glandorp, Gisbert Longolius, Johannes Monheim und Johann Lambach. Und wenn Andermann vielfach auf die profunden Artikel der oben genannten Lexika zurückgreifen kann, gilt das keineswegs für alle Humanisten, etwa einen Johannes Pollius (S. 114–117), für die Andermann das Material dann neu und oft erstmals zusammenstellt. In jedem Fall können diese biobibliographischen Skizzen

22 Siehe etwa oben Anm. 5.

bereits als Ausgangspunkt von Netzwerkforschungen dienen. Die meisten dieser hier kanonisierten Personen kommen in den systematischeren Folgekapiteln wieder vor; doch wird dort, vor allem »bei Untersuchung der Schulen [...], eine Vielzahl weiterer Humanisten im nordwestdeutschen Raum zutage gefördert« (S. 241), was das Spektrum zwar eindrucksvoll vergrößert, den Überblick allerdings sehr erschwert.

An zweiter Stelle der ersten Gruppe steht Rudolf Agricola (1444–1485), der nach verbreiteter Ansicht erste deutsche »Vollhumanist«. Er wurde zwar zunächst im Nordwesten intellektuell sozialisiert (Schule in Groningen, Universitäten Erfurt, Köln, Löwen), verbrachte die entscheidenden Jahre (1469–1479) seines kurzen Lebens aber in Italien, nach der Rückkehr dann wenige Jahre in Groningen und lehrte zuletzt noch kurz in Heidelberg.[23] Agricola ist die einzige Figur, die den Rahmen sprengt.

Was hat diese heterogene Gruppe von 29 Männern qua »Humanismus« gemeinsam, und was unterscheidet sie, wie lassen sich Gruppen typisieren, wie war ihr jeweiliges »Profil als Humanist« (S. 128)? Die Fragen sind leicht zu stellen, zu beantworten sind sie beim heutigen Forschungsstand schwer. Auch Andermann leistet das nur in Ansätzen, zumal er sich um eine ausgearbeitete Typik auch nicht bemüht, will er doch im Grunde vor allem zu weiteren Studien sensibilisieren. Ein Beispiel: Ein so Vielseitiger wie Gisbert Longolius hat als Gräzist und sogar Griechischprofessor in Köln, als Mediziner[24] und Ornithologe sicher ein »Alleinstellungsmerkmal« (S. 142).

Wie identifiziert man also Humanisten? Nach den Erfahrungen des Rezensenten: An ihren Schriften, an ihrer Latinität und an ihrem Habitus sollt ihr sie erkennen! Das bedeutet nicht, dass jedes Wort und jeder Satz dieser Personen »humanistisch« geprägt sein muss. Aber wo liegt das Minimum? Das ist die Crux, die eine Definition, sei sie stärker inhaltlich (Interessengegenstände, Themen) oder formal (Techniken, Habitus) tendierend, so schwierig macht. Von Andermanns Neunundzwanzig hinterließen viele eigene Opera, oft sehr konventionelle theologische, spirituelle, juristische und schulpraktische, die oft inhaltlich, stilistisch und im Phänotyp des Drucks mit dem besten Willen kaum als »humanistisch« deklariert werden können. Es gibt aber auch Mischformen,

23 Zu Agricola gibt es als einzigem der »nordwesteuropäischen« Humanisten außer Erasmus und Wessel Gansfort eine internationale Forschung.

24 Nicht wenige Humanisten waren als Ärzte tätig, so etwa Wilhelm von Grevenbroich. Man kann hier durchaus von einem Rollenpluralismus ausgehen. Niemand war »nichts als allein Humanist«. Siehe, Andermann zum Teil ergänzend: Ulrike Kosthorst: Gelehrte Mediziner am Niederrhein. Das Italienstudium der Ärzte am Hof Herzog Friedrich Wilhelms V. (1539–1595), in: Kaspar Guberl/Rainer Christoph Schwinges (Hg.): Gelehrte Lebenswelten im 15. und 16. Jahrhundert, Zürich 2018, S. 129–156.

scholastisch-humanistische Hybrid- oder besser: Symbioseprodukte, die keineswegs nur hier im »Nordwesten« beobachtet worden sind, und für die es, soweit ich sehe, bis heute keine treffende Bezeichnung gibt.[25] Vermutlich wird man klarer sehen, wenn mehr Texte systematisch untersucht worden sind. Erst dann können auch, so Andermann (S. 295), die traditionellen Signaturen, etwa eines im Vergleich zum Südwesten expliziter »christlichen« oder »biblischen« Humanismus neu bewertet werden.

Kapitel IV ist den »Humanisten und ihre[n] Bibliotheken« gewidmet. Letztere waren für sie kaum verzichtbare Arbeitsarsenale und können gewissermaßen als Indikatoren des intellektuellen Profils ihrer Besitzer dienen. Andermann konzentriert sich hier auf vier Personen, die nicht von ungefähr alle der »nachreformatorischen« Gruppe angehören, nämlich Greselius, Longolius, Cincinnius und Heresbach. Ihre Bibliotheken, deren größte mit circa 2.000 Bänden diejenige des besonders wohlhabenden Heresbach war, sind zum Teil noch vorhanden, so diejenigen von Longolius oder zumindest retrogressiv aus Bücherverzeichnissen und Testamenten erschließbar, was für das Gros der 29 Humanisten unmöglich ist – falls sie überhaupt nennenswerte Privatbibliotheken besaßen. Antike Klassiker und genuine Humanistentexte machten natürlich immer nur einen, oft recht kleinen, Teil der Bibliotheken neben Theologica und Juridica et cetera aus.

Kapitel V wendet sich dem Thema Humanistische Sozietäten zu, einem Phänomen, das bereits in Italien zum elitären Kommunikationshabitus der Humanisten-Corona gehörte. Auch wenn sich der Begriff der »sodalitas« am Niederrhein nicht findet, wie er für die bekannten süd- und mitteldeutschen »Sodalitäten« nachweisbar ist, so betont Andermann doch, dass es auch im Nordwesten »durchaus strukturgleiche Sozietäten« (S. 165) gegeben habe, die sich um zentrale Figuren (wie im Süden etwa um Celtis) scharten, die gemeinsame Feste und auch (editorische) Projekte verbanden[26] und »regionale Kristallisationspunkte einer neuen humanistisch geprägten Bildungselite« (S. 290) darstellten. Der wichtigste Satellitenkreis bildete sich am Rhein um den einflussreichen Grafen und Kölner Domherrn Hermann von Neuenahr (S. 105–107, 354 s. v.). Neben dem Neuenahrschen stellt Andermann folgende Zirkel vor: Auch

25 Siehe etwa de Boer: Gelehrtenwelt ordnen (Anm. 5), S. 51–53. Eine Modellstudie legte vor Anita vor Traninger: Disputation, Deklamation, Dialog. Medien und Gattungen europäischer Wissensverhandlungen zwischen Scholastik und Humanismus, Stuttgart 2012.

26 Die Literatur zu den Sodalitäten ist vornehmlich den zu den süd- und mitteldeutschen Zirkeln gewidmet. Instruktiv sozialgeschichtlich, aber oft übersehen: Wolfgang Hardtwig: Genossenschaft, Sekte, Verein in Deutschland, München 1997, S. 197–207. Vgl. auch Johannes Helmrath: Sodalitäten, humanistische, in: Friedrich Jaeger (Hg.): Enzyklopädie der Neuzeit, Bd. 12, Stuttgart/Weimar 2010, S. 144–147.

zeitlich am Anfang steht die sogenannte »Akademie« am Zisterzienserkloster Aduard bei Groningen, dann die Kreise um den Dr. theol. Valentin Engelhardt in Köln, um Rudolf von Langen in Münster und um den Augustinereremiten Gerhard Hecker, der in Bologna studiert hatte, in Osnabrück. Dazu kommt als besonders konditionierter Kreis im Schnittpunkt von Humanismus, Politik und Konfession der ohnehin grundsätzlich für Humanisten »beruflich« attraktive Düsseldorfer Herzogshof, mit Konrad Heresbach und Johann von Vlatten als erasmianisch gesinnten Zentralfiguren.[27]

Kapitel VI »Universität und Schulen als Wirkungsstätten« ist nach dem prosopographischen III. Teil der wichtigste, umfasst es doch die charakteristischen Institutionen, an denen das Gros der Humanisten »beruflich« tätig war. Intellektuelles Gravitationszentrum war die 1388 gegründete »konservative Universität Köln« (S. 287). Die allermeisten der Neunundzwanzig hatten unter anderem hier studiert – auch nach der Reformation! (S. 291) –, wenige Ausnahmen kurz auch in Löwen, Erfurt, Wittenberg und Rostock. Immerhin bei zehn von ihnen, also circa einem Drittel, ist ein Studium in Italien nachweisbar, wie kurz es auch gedauert haben mag (S. 303). Viele der genannten erlebten beim Studium in Köln nach der schulischen oft eine weitere humanistische Sozialisierung. Die dortigen Anfänge humanistischer Praktiken liegen früh, nicht nur bei Wanderhumanisten aus Italien wie Jacobus Poblicius um 1468, Stephanus Surigonius ab 1471/72 oder Flavius Mithridates ab 1484, sondern auch durch indigene Bestrebungen, etwa um Johannes Tinctoris aus Flandern, 1460 Rektor der Universität (S. 183 f.).[28] Wie schon Tewes herausgearbeitet hatte, waren Humanismuszugänge auch an der zumindest zeitweise humanismusoffenen albertistischen Laurentiana-Burse, vor allem aber an der dauerhaft besonders humanismusinteressierten thomistischen Montana-Burse möglich. Die allermeisten der Neunundzwanzig blieben trotz grundsätzlich hoher Mobilität der damaligen Dozenten in ihren Karrieren im Orbit des »Nordwestens« tätig!

Nach der Universität handelt Andermann im gleichen Kapitel die Schulen ab: Unter den humanistisch transformierten alten Stifts- und Domschulen gehen Deventer und, mit Deventer immer in engem Austausch, Münster zeitlich

27 Siehe Herrschaft, Hof und Humanismus (Anm. 5).
28 Diese Entdeckung gelang Götz-Rüdiger Tewes: Frühhumanismus in Köln. Neue Beobachtungen zu dem thomistischen Theologen Johannes Tinctoris von Tournai, in: Johannes Helmrath/Heribert Müller/Helmut Wolff (Hg.): Studien zum 15. Jahrhundert. Festschrift für Erich Meuthen, Bd. 2, München 1994, S. 667–696. Zum Humanismus an der Universität Köln siehe auch Tewes: Bursen (Anm. 19); Meuthen: Kölner Universitätsgeschichte (Anm. 9). Manche Desiderate offen ließ James Mehl (Hg.): Humanismus in Köln – Humanism in Cologne, Köln 1991.

allen voran, gefolgt von Emmerich am Niederrhein, Osnabrück, Wesel, Essen und Paderborn. Neben wenigen kontinuierlich prägenden Leitungsfiguren wie Hegius in Deventer (1475–1498) oder Rudolf von Langen in Münster, findet sich meistens ein Karussell von Personenwechseln und meist große Mobilität unter den führenden Lehrern, allerdings bemerkenswerterweise – wie schon gesagt – fast immer nur innerhalb des »Nordwestens«. Diese Binnenmobilität findet sich auch in der zweiten Gruppe von Schulen, den Neugründungen, in denen oft Humanismus und Reformation gemeinsam einzogen: Minden, Herford, Osnabrück (wo das Carolinum seit 1552 als katholisch und evangelisch genutzte Simultanschule geführt wurde), dann Lemgo, Lippstadt, Soest, Dortmund, Düsseldorf und Duisburg.

Das VII. Kapitel »Humanismus und Buchdruck« ist ebenfalls lokal und prosopographisch nach Druckorten und Druckern geordnet. Zunächst stellt Andermann Drucker in der Metropole Köln vor, die zweifellos eine Art »Monopolstellung« (S. 294) besaß: Ulrich Zell, Heinrich Quentel, Johannes Potken/Johannes Soter (als Drucker griechischer Bücher gleichsam Kölns Aldus Manutius), Johann Gymnich, Eucharius Cervicornus. Es folgen als städtische Druckorte Soest, Dortmund, Düsseldorf, Wesel sowie Duisburg, Emmerich und Lemgo. Man sieht sogleich: Es sind zugleich Orte, an denen Schulen ansässig waren, weshalb die Buchproduktion folgerichtig an deren Bedarf ausgerichtet war und zahlreiche Lehrbücher, Grammatiken et cetera umfasst. So druckte beispielsweise Richard Pafraet in Deventer natürlich von Alexander Hegius verfasste oder bearbeitete Grammatiken und Lehrbücher, war aber auch für die Münsteraner Humanisten wie Rudolf von Langen oder Johannes Murmellius als Drucker tätig. Dass auch die Konfessionalisierung als Differenzierungsfaktor die Buchproduktion anfeuerte (S. 294), dürfte allgemein anerkannt sein. Darf man nach Layout und Phänotyp von genuin »humanistischen« Drucken sprechen? Auch hier ist das letzte Wort noch nicht gesagt.

Das VIII. Kapitel fokussiert schließlich ein Thema, das die ganze Zeit in der Luft lag: »Humanismus und ›Devotio moderna‹« (S. 294 f.).[29] Die Frage nach dem Verhältnis von Fraterherren und Humanisten ist alt. Die ältere Forschung (Paul Mestwerdt, Albert Hyma und andere) hielt die geistige Durchdringung für gegeben, ja ebendiese für einen Markenkern des nordwestlichen Humanismus.

29 Zur Devotio moderna nachzutragen, da von Andermann nur punktuell herangezogen: Dick E. H. de Boer/Iris Kwiatkowski (Hg.): Die Devotio Moderna. Sozialer und kultureller Transfer (1350–1580), Bd. 1: Frömmigkeit, Unterricht und Moral. Einheit und Vielfalt der Devotio Moderna an den Schnittstellen von Kirche und Gesellschaft, vor allem in der deutsch-niederländischen Grenzregion; Bd. 2: Die räumliche und geistige Ausstrahlung der Devotio Moderna. Zur Dynamik ihres Gedankengutes, Münster 2013.

Aber schon seit Regnerus R. Post (1968)[30] sieht man die Verbindung als immer geringer an, so auch Andermann: Die »Berührungspunkte [seien] stets spärlich« gewesen (S. 281). Aber Deventer, wo Erasmus zur Schule ging, und das Zisterzienserkloster Aduard wird man, mehr oder weniger unabhängig von den dort ebenfalls ansässigen Fraterherren, mit dem Verfasser weiter als eine Keimzelle des nordwestlichen Humanismus sehen müssen.

Einige verstreute Bemerkungen seien erlaubt: Gibt es nun »Spezifica eines nordwestdeutschen Humanismus« (S. 283), wie Andermann sein lesenswertes Schlusskapitel IX, die »Zusammenfassung«, betitelt? Es gibt zumindest Indizien. So stellt er wie schon zu Anfang die Frage, ob von einer »›verspäteten‹ Region« (S. 3), beziehungsweise einer »Verspätung des Nordwestens« (S. 283) zu sprechen sei, und bejaht sie. In der Tat: Die literarischen Versuche der frühen Jünger des im Reich vom Kaiserhof aus als Humanismusapostel wirkenden Enea Silvio Piccolomini/Pius II. (1405–1464), wie Niklas Wyle oder Albrecht von Bonstetten, aber auch ein Peter Luder (Italienreise 1456), liegen früher als vergleichbare Aktivitäten im Nordwesten. Deren »Anfänge« auf ein Jahr wie 1469 zu kaprizieren, sieht Andermann zurecht skeptisch (S. 283 f.). Wie schon Hashagen und Meuthen[31] hält nun auch er im Schlusssatz seines Buchs den »Schulhumanismus« für »das wichtigste Spezifikum des Nordwestens« (S. 299), wobei dieser freilich auch in Oberdeutschland (Straßburg, Nürnberg et cetera) nicht fehlte.

Bernd Moellers lange Zeit kanonische These aus dem Jahre 1959 – »Ohne Humanismus keine Reformation«[32] glaubt Andermann durch zwei Beobachtungen zu relativieren (S. 290–293): So habe es lange vor und ohne Reformation an vielen Schulen Humanismus und Humanisten gegeben, andererseits sei im Nordwesten, vor allem an manchen westfälischen Schulen, oft der Humanismus erst mit der Reformation etabliert worden (etwa Herford, Lemgo, Hamm, Bielefeld). Insofern sei der Humanismus eben nicht Motor und »Katalysator« der Reformation gewesen. Hier bemüht sich Andermann überzeugend, die hochdifferenzierten Situationen der einzelnen Schulen aufzuzeigen. So sind in Paderborn, das katholisch blieb, erst um 1550 humanistische Ansätze nachweisbar (S. 292).

30 Regnerus R. Post: The Modern Devotion. Confrontation with Reformation and Humanism, Leiden 1968, besonders S. 551–680. Vgl. auch – 1936 – Hashagen: Devotio moderna (Anm. 8).

31 Hashagen: Hauptrichtungen (Anm. 8); Meuthen: Charakter und Tendenzen (Anm. 5).

32 Bernd Moeller: Die deutschen Humanisten und die Anfänge der Reformation, in: ZKG 4 (1959), S. 46–61. Hier hatte Moeller auch den ebenso vielzitierten Begriff geprägt, das Verhältnis vieler Humanisten zu Luther, vor allem der älteren Generation, sei ein »produktives Mißverständnis« (ebd., S. 54) gewesen. Siehe auch oben die Literatur in Anm. 5 und 21. Zur uferlosen Reformationsforschung sei hier nur der problemorientierte Literaturbericht von Matthias Pohlig genannt: Jubiläumsliteratur? Zum Stand der Reformationsforschung im Jahr 2017, in: ZHF 44 (2017), S. 213–274, hier S. 222 f. zu Moellers These und ihren Relativierungen.

Gerade ein Begriff wie »Schulhumanismus« leitet zu einer eng verbundenen, ähnlich immergrünen Frage über: Hat die Reformation, beziehungsweise hat die Konfessionalisierung den Humanismus begraben, verfälscht (so etwa Erika Rummel)[33] oder ihn zumindest verkümmert, gleichsam zahnlos gemacht und domestiziert? Ihm und seinen weiterhin nützlichen und nutzbaren Kulturtechniken nur mehr ein engumzäuntes Dienstverhältnis im Korsett der Konfession, vor allem im – protestantischen wie katholisch-jesuitischen – Schulwesen eingeräumt?

Zum Vergleich zwischen süd- und nordwestdeutschen Humanisten macht Andermann eine wichtige Beobachtung: Im Œuvre der Letzteren finden sich, anders als bei den süddeutschen Humanisten, fast keine Historiographie sowie kaum Studien zur römischen Geschichte oder antiquarische Antikestudien, also humanistische Kernpraktiken (S. 295 f.). Es fehle auch erstaunlicherweise mit wenigen Ausnahmen eine nennenswerte Teilnahme am Germanendiskurs, am Nationalismus eines Celtis und anderer.[34] Für die »vorreformatorischen« Humanisten im Nordwesen trifft das in der Tat zu. Dann war aber der Höhepunkt des »Humanistennationalismus« (Caspar Hirschi), spätestens nach dem Tod des manischen Ulrich von Hutten, freilich auch überschritten: Er fand in jenem verspäteten, ja gerade auf konfessionelle wie nationale Irenik und erasmianische »via media« ausgerichteten Humanismus im Nordwesten insofern folgerichtig wenig Platz.

Eine der Ausnahmen als tatsächlicher Verfasser historiographischer Werke war Johannes Glandorp (1501–1564). Zu ihm einige Details, auch als Beispiel besonderer Mobilität (S. 132–137): Der an der Domschule Münster sozialisierte Glandorp war nach Studium in Rostock, Wittenberg (seither ein Freund Melanchthons), Köln und Marburg als Rektor der evangelischen Schulen von Braunschweig, Hameln, Hannover und Herford tätig. Zu seinen zum Teil erst posthum veröffentlichten historisch-antiquarischen, vor allem genealogisch interessierten Antikenstudien gehört eine »Genealogia gentis Antoniae«, eine Schrift über die »Familiae Iuliae gentis«, ein seine genealogischen Studien zusammenfassendes »Onomasticon Historiae Romanae«, dann kommentierende ›Annotationes‹ zum Werk Caesars und seines Fortsetzers Aulus Hirtius sowie zu den »Epistulae familiares« Ciceros. Johannes Cincinnius verfasste auf Deutsch ein Werk zur Varusschlacht »Van der niederlage drijer legionen«. Hervorzuheben

33 Erika Rummel: The Confessionalization of Humanism in Reformation Germany, Oxford 2000, hier besonders S. 9–29: Siehe jüngst Pohlig: Jubiläumsliteratur (Anm. 32), S. 240 f.

34 Grundlegend Caspar Hirschi: Wettkampf der Nationen. Konstruktionen einer deutschen Ehrgemeinschaft an der Wende vom Mittelalter zur Neuzeit, Göttingen 2005, hier S. 441–446 zur »Transformation des Humanismus« durch die Reformation. »Nordwestdeutsche« Humanisten spielen deshalb hier auch keine Rolle.

wäre als geschichtsbildprägendes Opus allerdings auch Hermann von Neuenahrs Kaiser Karl V. gewidmete Edition von Einhards »Vita Caroli Magni« aus dem Jahr 1521 und ihr berühmtes Vorwort und Titelbild.[35] Selbst eine Transformation von Suetons Kaiserviten, war Einhards Werk Muster der Gattung Herrschervita. Ihre Adaptation qua Edition für die Gegenwart des Reiches unter Karl V. macht sie zu einer der wichtigsten Editionen im deutschen Humanismus überhaupt. Sonst aber fehlen offenbar unter den Neunundzwanzig zentrale Elemente der Ehrkompetition eines genuin »deutschen« Humanismus. Das Defizit an Geschichtsstudien sollte sich dann wenig später ändern. Auch wenn es nicht mehr in Andermanns Zeitfenster liegt und wohl auch nicht die soziale Schicht der allermeisten »seiner« Schulhumanisten betrifft, ist das Phänomen doch wichtig. Köln erlebte seit der Mitte des 16. Jahrhunderts geradezu einen Boom historisch-antiquarischer Studien und privater Antikensammlungen, wie sie etwa die Studien von Peter Noelke im letzten Jahrzehnt herausgearbeitet haben.[36] Solche Antikensammlungen finden sich vor allem bei Adel, auch außerhalb der Städte, und Großbürgertum – mit entsprechender Funktion als zeitgemäßer sozialer Repräsentation. An vorderster Front stehen die Nachforschungen des Kölner Juristen Stephan Broelmann (1551–1622) über Germanen, Römer und die antike Kölner Stadtgeschichte.[37]Ein regelrecht »antiquarische[s] Netzwerk«, mit Zentrum in der Eifel (!), wurde jüngst für Graf Hermann von Manderscheid-Blankenheim (1535–1604) nachgewiesen.[38] Zum sozialen Zuschnitt der nordwestdeutschen

35 Dazu Albert Schirrmeister: Gegenwärtige Vergangenheiten. Historisches Publizieren im 16. Jahrhundert, in: Ludger Grenzmann/Burkhard Hasebrink/Frank Rexroth (Hg.): Geschichtsentwürfe und Identitätsbildung im Übergang zur Frühen Neuzeit, Bd. 1: Paradigmen personaler Identität, Berlin/Boston 2016, S. 78–113, hier S. 96–99.

36 Peter Noelke: Die Anfänge der Kölner Altertumssammlungen und -studien im Humanismus, in: Hoppe/Markschies/Nußbaum: Städte, Höfe und Kulturtransfer (Anm. 13), S. 30–65; Ders.: Kölner Altertumssammlungen und -studien vom Humanismus bis zur Aufklärung und ihr Kontext im deutschen Sprachraum, in: Kölner Jahrbuch 49 (2016), S. 487–668. – Neben Kunstbesitz und durchaus humanistisch inspirierten Ausmalungen im Haus der Familie Weinsberg wies Wolfgang Schmid zahlreiche private Kunstsammlungen, vor allem religiöser Tafelbilder, im 14., 15. und frühen 16. Jahrhundert mit einem Höhepunkt um 1500 nach: Wolfgang Schmid: Kölner Renaissancekultur im Spiegel der Aufzeichnungen des Hermann Weinsberg (1518–1587), Köln 1991, S. 80–93.

37 Alfred Schäfer: Stephan Broelmann (1551–1622). Agrippa und die Gründung Kölns, in: Dietrich Boschung/Erich Kleinschmidt (Hg.): Lesbarkeiten. Antikerezeption zwischen Barock und Aufklärung, Würzburg 2010, S. 101–120; Ders.: Topographische Studien zum römischen Köln um 1600, in: Boschung/Schäfer: Monumenta Illustrata (Anm. 2), S. 277–303. Siehe auch den materialreichen Band von Stefan Benz: Zwischen Tradition und Kritik. Katholische Geschichtsschreibung im barocken Heiligen Römischen Reich, Husum 2003, hier S. 176–183, sowie Heinz Finger: Humanistische Geschichtsschreibung im Rheinland des 16. Jahrhunderts. Historiographie einer Region zwischen mittelalterlicher Tradition und antikem Vorbild, in: Düsseldorfer Jahrbuch 67 (1996), S. 195–218.

38 Norbert Hanel: Das antiquarische Netzwerk des Sammlers Graf Hermann von Manderscheid-Blankenheim (1535–1604). Eine Zwischenbilanz, in: Boschung/Schäfer: Monumenta

Schulhumanisten gehörte das nicht, darf man vermuten. Wenn sie über freies Kapital verfügten, investierten sie es wohl in Bücher, man erinnere sich an das entsprechende Kapitel IV bei Andermann.

Also auch hier eine Verzögerung? Wie in Wirtschaft und Handel zwischen Nordwesten und Süden waren ganz offensichtlich auch die intellektuellen Kontakte und Transfers zwischen nordwestdeutschen und oberdeutschen Humanisten (geschweige zu italienischen Humanisten) recht limitiert (S. 148), eine merkwürdige Nord-Süd-Grenze also auch hier. Öfters stellt lediglich die Person des Erasmus mit ihren ubiquitären Kontakten – auch ein Johannes Caesarius tauschte mit ihm Briefe – ein universales Bindeglied dar.

Der hochkomplexe Reuchlinkonflikt der Jahre 1511–1517, unmittelbar vor der Reformation eine Art Lackmustest der deutschen Intellektuellen, in dem es wesentlich um die Kölner Universität ging, deren Ruf als Ort der angeblichen »Dunkelmänner« dauerhaft darunter leiden sollte, kommt bei Andermann nur recht peripher im Zusammenhang mit den beteiligten Personen vor. Das ausladende Monumentalwerk von Jan-Hendryk de Boer, das die Forschung auf eine neue Stufe stellt (2016),[39] wird noch genannt, konnte aber leider nicht mehr eingearbeitet werden, was angesichts des dort zahlreich versammelten neuen Materials etwa zu Ortwin Gratius und Hermann von Neuenahr schade ist.[40] Ein Paradox des Reuchlinkonflikts ist schon lange bekannt, dass sich nämlich unter den »obscuri viri« auch Personen aus Andermanns Humanistenliste befanden, wie Magdalius von Gouda OP, und dass gerade die Zentralfigur des gegen die Kölner Theologen entfesselten satirischen »shitstorms«, Ortwin Gratius, sich selbst offensichtlich als Humanisten gefühlt und als solcher publiziert hat. Schon sein früher Biograph, Dietrich Reichling, hat ihm darum 1884 eine »Ehrenrettung« angedeihen lassen.[41] Hier zeigt sich wieder das ganze Dilemma der Humanistenkategorisierung. Aber wenn man Magdalius und Gratius, ja sogar den Devoten Wessel Gansfort, von dem keines seiner

Illustrata. (Anm. 2), S. 229–244 (Georg Mölich sei für den Hinweis gedankt). Zum vielversprechenden Forschungsprojekt: Peter Noelke/Norbert Hanel: Forschungsprojekt. Die Antikensammlung der Grafen von Manderscheid-Blankenheim in der Eifel, in: Kölner und Bonner Archaeologica 6 (2016), S. 201–220.

39 Jan-Hendryk de Boer: Unerwartete Absichten – Genealogie des Reuchlinkonflikts, Tübingen 2016.

40 Der Folgeband von de Boer: Gelehrtenwelt ordnen (Anm. 5), erschien für Andermann ohnehin zu spät.

41 Dietrich Reichling: Ortwin Gratius, sein Leben und Wirken. Eine Ehrenrettung, Heiligenstadt 1884. Das Werk erfuhr in jüngerer Zeit eine stupende Zahl von Nachdrucken: 1963, 2009, 2010, 2013. Zum gesamten Komplex siehe auch James H. Overfield: Humanism and Scholasticism in Late Medieval Germany, Princeton 1984, dazu die Ergänzungen in der Rezension von Johannes Helmrath: »Humanismus und Scholastik« und die deutschen Universitäten um 1500, in: ZHF 15 (1988), S. 187–204.

schriftlichen Werke humanistisch geprägt ist,[42] für Humanisten erklärt und zugleich Figuren wie Peutinger und Reuchlin, Bruni und Valla einschließt, ist das Spektrum dieser Spezies schon extrem groß. Aber eine mögliche Unterscheidung von »Vollhumanisten« und »Teilhumanisten«, Großen und Kleinen, Weltfiguren und Schulmeistern, führte sie wirklich weiter, und ginge sie nicht am Problem vorbei?

Löwen und seine Universität, aber auch Lüttich wurden als – katholische – Bildungszentren im Laufe des 16. Jahrhunderts im Nordwesten immer wichtiger, vor allem nach Aufgabe der konfessionell auf Ausgleich bedachten »via media« in den rheinischen Fürstentümern um 1560. Dies haben die Studien von Peter Arnold Heuser zu Jean Matal und Georg Cassander gezeigt.[43] Diese Zusammenhänge gehören aber, ebenso wie die Jesuiten, mit ihrem 1544 in Köln gegründeten ersten Zentrum in Deutschland, und ihr angewandter Gymnasialhumanismus, leider nicht mehr in den Fokus des Bandes (S. 297 f.) Die Forschung sollte diese wichtigen Entwicklungen, die auch ein Phänomen wie den oben genannten Antiquarismus eines Broelman einschließen, gleichwohl im Blick haben. Der für Geist und Epoche nach der Mitte des 16. Jahrhunderts in der Forschung vielverwendete Begriff des »Späthumanismus« bleibt indessen epochal wie inhaltlich umstritten.[44]

Die »Werkanalysen« (S. 289) der Opera der meisten angesprochenen Humanisten, ihrer Paratexte und Kommentare bietet nach wie vor ein riesiges Arbeitsfeld. Immerhin finden sich im Werk Andermanns von allen Autoren Texte, die gedruckt wurden; lediglich Arnold Heymericks, des Xantener Stiftsdekans, Werk liegt »nur handschriftlich vor« (mit Ausnahme seines Berichts über die Übersendung der Goldenen Rose an Herzog Johann von Kleve 1489, S. 45. Der überreichende Papst war freilich nicht Pius II., sondern Innozenz VIII.). Dies gilt ebenso, wie auch Andermann betont, für die erst in den Anfängen stehende Erschließung der Korrespondenzen (S. 289 f.), die als Feld humanistischer Freundschaftskultur einschlägig sind. Es ist aber kaum zu erwarten, dass hier unbekannte Briefwechsel auftauchen, die an Umfang und Qualität dem

42 Zu seiner »Vita« zu berücksichtigen: Bertjaap Jan van der Ploeg: Gosewijn van Halen op het raakvlak van Humanisme en Moderne Devotie, in: de Boer/Kwiatkowski: Devotio Moderna, Bd. 1 (Anm. 29), S. 171–194.

43 Peter Arnold Heuser: Jean Matal. Humanistischer Jurist und europäischer Friedensdenker (1517–1597), Köln/Weimar 2003, hier S. 546 s. v. passim auch zu Cassander; Ders.: Netzwerke des Humanismus (Anm. 18), S. 501–530.

44 Notker Hammerstein/Gerrit Walther (Hg.): Späthumanismus. Studien über das Ende einer kulturhistorischen Epoche, Göttingen 2000; Dieter Mertens: Jacob Zincgref und das Problem des Späthumanismus, in: Zeitschrift für Geschichte des Oberrheins 150 (2002), S. 185–207; Helmrath: Humanismus in Deutschland, (Anm. 5), S. 495–500; Benz: Zwischen Tradition und Kritik (Anm. 37), S. 165–279; Muhlack: Renaissance und Humanismus (Anm. 5), S. 218–224.

Briefwerk der südwestdeutschen oder italienischen Humanisten auch nur entfernt gleichkämen. Einen Pirckheimer oder Guarino, es sei wiederholt, hat der nordwestdeutsche Humanismus eben nicht hervorgebracht! Systematisch sind auch die Editionen der Humanisten von antiken Klassikern zu untersuchen, zum Beispiel in ihren Zurichtungen zum Lehrbetrieb. Denn Editionen und Kommentare stellen grundsätzlich Formen der Aneignung, der aktuellen Neukontextualisierung von Prätexten in die Aufnahmekultur dar; sie sind wichtige Felder der Transformation.[45]

Neben dem Personenregister (S. 350–361) hätte dem Band auch ein Ortsregister gutgetan. Auch ein Register der vom Verfasser dankenswerterweise zahlreich aufgeführten Opera und Drucke der Humanisten wäre für den Benutzer nützlich gewesen. Zur Literatur hier ein Hinweis pro domo: Band 23 (1988) dieser Zeitschrift, erschienen zum 600-jährigen Jubiläum der Universität Köln, bietet zu Unrecht wenig beachtete Aufsätze, davon zum Thema dieser Miszelle besonders einschlägig Erich Meuthen über Lehrer der humanistisch-rhetorischen Dialektik an der Universität Köln.[46]

Ulrich Andermanns Buch steht zwischen Handbuch und analytischer Monographie. Um ersteres zu sein, ist es zu wenig vollständig und systematisch, für letzteres eben wiederum zu sehr handbuchartig. Dies sei konstatiert, nicht kritisiert. Der Verfasser schöpft stark aus der Literatur, zitiert auch generell viel wörtlich, um sicher Positionen aufzuzeigen und ist mit eigenen Urteilen meist sehr zurückhaltend. Doch zweifellos erleichtern dieser gründliche biobibliographische Überblick und seine Fragen und Desiderate die Arbeit am rheinischen und »nordwestdeutschen« Humanismus sehr. Und dass diese Arbeit noch groß

45 Als Beispiel: Ronny Kaiser: Kanonisierung und neue Deutungsräume. Die Grenzen der Antike in Andreas Althamers »Commentarii« zur »Germania« des Tacitus, in: Anna Heinze/Sebastian Möckel/Werner Röcke (Hg.): Grenzen der Antike. Die Produktivität von Grenzen in Transformationsprozessen, Berlin/Boston 2014, S. 353–376, siehe außerdem den Band Holtz/Schirrmeister/Schlelein: Humanisten edieren (Anm. 4). Zum Konzept »Transformationen der Antike« des Berliner SFB 644 (2005–2016) siehe Lutz Bergemann/Martin Dönike/Albert Schirrmeister/Georg Töpfer/Marco Walter/Julia Weitbrecht: Transformation. Ein Konzept zur Erforschung kulturellen Wandels, in: Hartmut Böhme/Lutz Bergemann/Martin Dönike/Albert Schirrmeister/Georg Toepfer/Marco Walter (Hg.): Transformation. Ein Konzept zur Erforschung kulturellen Wandels, München 2011, S. 39–56, hier auch die grundlegende Einführung von Hartmut Böhme: Einladung zur Transformation, S. 7–37.

46 Beiträge zur Kölner Universitäts- und Bildungsgeschichte, GiK 23 (1988), darin: Agostino Sottili: Die Lobrede des Baldassarre Rasini auf den Kölner Juristen und Kanzler Johann Ruysch 1437/38 [mit Edition], S. 34–67; Michael Sikora: Die Universität Köln und der »Wegestreit«, S. 65–90, Götz-Rüdiger Tewes: Deutsche Universitätsbesucher im Spätmittelalter. Die Kölner Universität im Vergleich, S. 91–102; Erich Meuthen: Köln und die humanistisch-rhetorische Dialektik, S. 103–118, hier geht es unter anderem um Rudolf Agricola (Andermann Nr. 1.1), Johannes Frissemius, Alardus von Amsterdam, besonders Johannes Cäsarius (Nr. 2.3) und Bartholomäus Latomus; Lothar Schilling: Die Anfänge des Kölner Jesuitenstudiums, S. 119–158.

ist, dürfte deutlich geworden sein. Man könnte sofort bei jedem der Neunundzwanzig anfangen. Würde man sich etwas besonders wünschen, so wäre es zuerst eine Biographie Graf Hermanns von Neuenahr (1490–1530),[47] des zeitweiligen »spindoctors« der rheinischen Humanisten. Man kann sie nur als Gruppenbiographie schreiben. Immerhin: Neuenahr hat es, als einziger Humanist (neben Agrippa von Nettesheim), unter die modernen Skulpturen auf dem Kölner Rathausturm[48] gebracht.

47 Auszugehen ist von Götz-Rüdiger Tewes: Neuenahr (Nuenarius, de Nova Aquila), Hermann Graf von, d. Ä., in: Franz Josef Worstbrock (Hg.): Deutscher Humanismus 1480–1520. Verfasserlexikon, Bd. II/2 (Mu–Rh), Berlin/New York 2011, Sp. 408–418, und de Boer: Unerwartete Absichten (Anm. 39), S. 1346 s. v.

48 Vgl. Hiltrud Kier/Bernd Ernsting/Ulrich Krings (Hg.): Köln: Der Ratsturm. Seine Geschichte und sein Figurenprogramm, Köln 1996, S. 463 f. zu Agrippa, S. 465–467 zu Neuenahr.

Von den Ausgrabungen zum Museum im Herzen der Stadt: das MiQua

LVR-Jüdisches Museum im Archäologischen Quartier Köln

von Christiane Twiehaus

Die Museumslandschaft im Rheinland wird ab 2024/25 um ein neues Haus bereichert: das MiQua. LVR-Jüdisches Museum im Archäologischen Quartier Köln.[1] Direkt vor und unter dem Rathaus entsteht zurzeit ein Museum, das 2.000 Jahre Geschichte im Herzen der Stadt Köln präsentieren wird. Der Platz ist nicht willkürlich gewählt: Kern und Fundament des MiQua sind die dort ergrabenen archäologischen Befunde und Funde, die Mauern und Objekte.

Die Stadt Köln, die mit dem Praetorium, dem antiken römischen Statthalterpalast, bereits seit 1959 einen wesentlichen Teil des künftigen Museums betreibt, ist Bauherr und Eigentümer, der Landschaftsverband Rheinland wird Betreiber der Einrichtung und führt den Ausstellungs- und Veranstaltungsbetrieb.

2008 wurde ein Architekturwettbewerb »Archäologische Zone und Jüdisches Museum Köln« durchgeführt. Der Entwurf des Büros Wandel Hoefer Lorch & Hirsch aus Saarbrücken (heute Wandel Lorch Architekten) konnte sich durchsetzen. Dieser sieht die Architektur des Museumsgebäudes als hallenartigen Schutzbau über der Archäologie vor. Das Museum bietet im Obergeschoss Flächen für Dauer- und Wechselausstellungen, für Veranstaltungen sowie die nötigen Funktionsräume wie Foyer, Kassenbereich und vieles mehr. Dabei ermöglichen mit verglastem Rautentragwerk eingefasste Lufträume über den archäologischen Befunden der mittelalterlichen Synagoge und der Mikwe, dem jüdischen Ritualbad, vielfältige Einblicke aus dem Obergeschoss des Museums in die Archäologie.

Das MiQua setzt sich aus einem unterirdischen archäologischen Rundgang von etwa 600 Metern Länge durch über 6.000 Quadratmeter Ausstellungsfläche und dem oberirdisch platzierten Neubau zusammen. Das Museumskonzept

1 Der vorliegende Artikel ist eine gekürzte und überarbeitete Version des 2019 erschienenen Artikels mit gleichlautender Überschrift in: Religiöse Vielfalt in Köln. Beiträge des Begleitprogramms der Ausstellung »Hilliges Köln 2.0 – Auf dem Weg zur religiösen Toleranz?«, Mitteilungen aus dem Stadtarchiv von Köln 104 (2019), S. 89–102.

sieht vor, dass neben den Befunden auch die hier am Ort entdeckten Funde präsentiert werden. Der Kontext zwischen Ort und Objekt ist somit gewährleistet und ein wesentliches Merkmal des Ausstellungskonzeptes. Ortsfremde Objekte werden in der archäologischen Dauerausstellung nur in sehr wenigen Ausnahmefällen gezeigt.

Die folgenden Ausführungen sind zunächst am Rundgang auf Befundebene mit einem Schwerpunkt der mittelalterlichen jüdischen Geschichte ausgerichtet. Die Ausstellung setzt sich chronologisch im Museumsneubau auf dem zukünftigen Augustusplatz fort und umfasst die Zeit von 1424 bis in die Gegenwart. Im Museumsneubau gelangt man aus dem ersten Stock hinabgehend (oder -fahrend) auf einen Balkon, der weite Einblicke in den Kern des jüdischen Viertels des Mittelalters ermöglicht (Abb. 1). Ebenso erhalten die Besucherinnen und Besucher hier eine Einführung zur Gesamtsituation der Archäologie und einen thematischen Einstieg in das Museum.

Am Anfang des Rundgangs liegt das mittelalterliche jüdische Viertel mit der Synagoge, der Mikwe und dem Hochzeitshaus (Abb. 2). Die Synagoge ist in vier Bauphasen vom frühen 11. bis zum frühen 15. Jahrhundert überliefert.[2] Sie weist an der östlichen Wand Fundamentreste des Aron HaKodesch,[3] des Aufbewahrungsortes der Tora-Rollen, sowie einen Raum unter der Bima in der Mitte der Synagoge auf. Von der Bima aus erfolgte die wöchentliche Tora-Lesung. Der Raum unter der Bima ist außergewöhnlich, da es kaum bekannte Vergleiche aus dem synagogalen Bereich gibt. Vermutlich diente er als Archiv für Schriften.

Die Vermutung liegt nahe, dass Frauen zunächst ebenfalls im großen Synagogenraum selbst am Gottesdienst teilgenommen haben, möglicherweise durch eine Mechiza von den Männern getrennt. Später entstand in Köln, wie auch in anderen Städten, nördlich der Synagoge für Frauen ein eigener Anbau, von dem aus sie dem Gottesdienst folgen konnten. Im Judenschreinsbuch im Eintrag Nr. 149 (siehe dazu unten) wird die Frauensynagoge im Jahr 1281 erwähnt.

Die mittelalterliche Synagoge wurde 1426, zwei Jahre nach der Ausweisung der jüdischen Gemeinde aus der Stadt, als christliche Kapelle St. Maria in Jerusalem geweiht. Auf dem Fundament des Aron HaKodesch findet der Altar der Stadtpatrone seinen Platz, ein Werk Stefan Lochners (um 1442/43).[4] In Folge

2 Katja Kliemann/Sebastian Ristow: Köln und das frühe Judentum nördlich der Alpen. Kontinuität, Umbruch oder Neubeginn? in: Mitteilungen der Deutschen Gesellschaft für Archäologie des Mittelalters und der Neuzeit 31 (2018), S. 9–20, hier S. 14–16.

3 Zugunsten einer besseren Lesbarkeit der hebräischen Begriffe wurde auf eine nach DIN vorgenommene Umschrift hier und im Folgenden verzichtet.

4 Roland Krischel: Ein »vergiftetes« Meisterwerk? Theologie und Ideologie im Altar der Stadtpatrone, in: Kölner Domblatt 80 (2015), S. 89–187, hier S. 100.

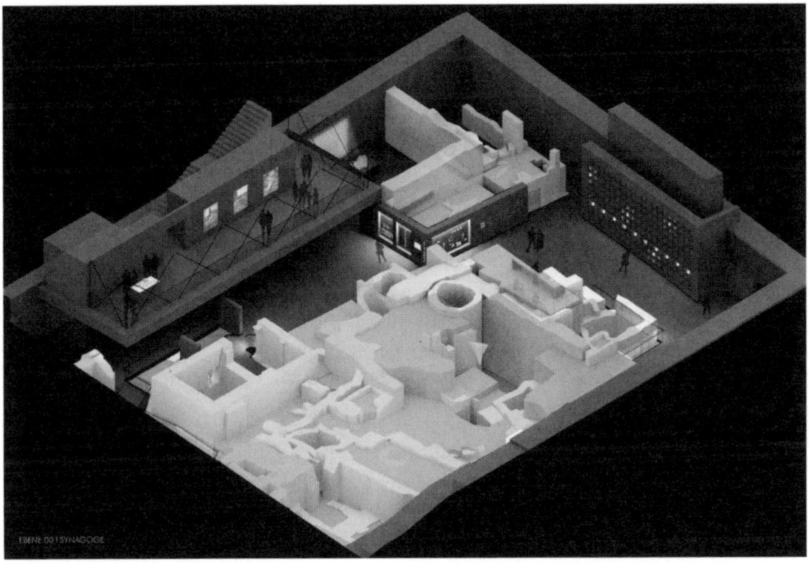

Abb. 1: Blick in das jüdische Viertel, Entwurf: Wandel Lorch Architekten, 2017 (Darstellung: © Wandel Lorch Architekten, Frankfurt am Main)

Abb. 2: Blick in das jüdische Viertel, links die Mikwe, Entwurf: Wandel Lorch Architekten, 2018 (Darstellung: © Wandel Lorch Architekten, Frankfurt am Main)

der Profanierung der Kapelle Ende des 18. Jahrhunderts wird das Triptychon in den Dom überführt, wo es heute in der Marienkapelle steht.[5]

Auf der nördlichen, der Marienkappelle gegenüberliegenden Seite des Chores steht ein weiterer, über zwei Meter hoher Zeuge der mittelalterlichen jüdischen Geschichte Kölns: das Privileg des Erzbischofes Engelbert II. von Falkenburg aus dem Jahr 1266. Bemerkenswerterweise ist dieses in Latein verfasste Privileg in Stein gehauen und somit für eine öffentliche Präsentation gedacht gewesen.[6] Spätere Schutzbriefe wurden auf Pergament festgehalten.

Die Mikwe, das Ritualbad im jüdischen Viertel gehört zum Typus der mittelalterlichen Monumentalmikwen, wie sie auch in Speyer und Friedberg zu finden sind. Diese Mikwen sind tief in die Erde gebaut, um Grundwasser in das Tauchbecken fließen zu lassen und damit dem Gesetz zu folgen, ›lebendiges‹ Wasser zu nutzen. Im oberen Bereich öffnet sich neben rundbogigen Fenstern auch ein Doppelfenster mit Säulenarchitektur und Würfelkapitell zum Schacht. Diese Ausstattung wird ein Werk der mittelalterlichen Kölner Dombauhütte gewesen sein. Als 1424 die Jüdinnen und Juden aus Köln vertrieben wurden, wird dieses eindrückliche Bauwerk anderen Zwecken zugeführt, so diente sie als Latrine. Bei den Grabungen in den 1950er Jahren entfernten die Archäologinnen und Archäologen die mittlerweile über dem Schacht eingezogene Decke und konnten so das Bauwerk mit seinen 15 Metern Tiefe wieder sichtbar machen.[7]

Zu den außergewöhnlichen und einzigartigen Funden aus der archäologischen Grabung im jüdischen Viertel gehört ein umfangreiches Konvolut von Tafeln aus Dachschiefer, die auch hebräische Inschriften tragen. Es sind Namenslisten, Bibelzitate oder Schreibübungen, die auch einen Blick in die Themen von Unterricht und Gelehrsamkeit des jüdischen Mittelalters erlauben. Aber ebenso finden sich Zeichnungen oder geometrische Übungen auf diesen vor 1349 entstandenen Einritzungen.[8] Einige Tafeln sind rot, ein Zeichen dafür, dass sie im Feuer gelegen haben müssen. Unter diesen ist ein besonderes Fragment, das einen in Miniaturschrift verfassten Fließtext enthält.[9] In Kooperation mit dem

5 Vgl. ebd., S. 186.

6 Barbara Becker-Jákli: Das Jüdische Köln. Geschichte und Gegenwart. Ein Stadtführer, Köln 2012, S. 50 f. Vgl. ausführlich dazu Joachim Oepen: Das Judenprivileg im Kölner Dom, in: Kölner Domblatt 73 (2008), S. 59–92.

7 Otto Doppelfeld: Die Ausgrabungen im Kölner Judenviertel, in: Zvi Asaria (Hg.): Die Juden in Köln. Von den ältesten Zeiten bis zur Gegenwart, Köln 1959, S. 92–106.

8 Elisabeth Hollender: Die Sprache der Kölner Juden im Mittelalter nach ihren schriftlichen Zeugnissen, in: Monika Grübel/Peter Honnen (Hg.): Jiddisch im Rheinland. Auf den Spuren der Sprachen der Juden, Essen 2013, S. 41–56, hier S. 45–54.

9 Erika Timm: Der Text auf dem Fundstück 596–10 in: Monika Grübel/Peter Honnen (Hg.): Jiddisch im Rheinland. Auf den Spuren der Sprachen der Juden, Essen 2013, S. 57–65.

Institut für Judaistik der Goethe-Universität Frankfurt unter der Leitung von Prof. Dr. Elisabeth Hollender werden die Schiefertafeln untersucht und ausgewertet.

Neben den archäologischen Befunden und Funden möchte das MiQua auch die Menschen, die am Ort lebten, und ihre Geschichten in die Ausstellung einbetten, durch sie den Ort greifbarer machen und dies durch die Einbindung christlicher wie jüdischer Quellen multiperspektivisch tun. Nah der Synagoge werden den Besucherinnen und Besuchern jüdische Bewohnerinnen und Bewohner des Viertels vorgestellt. Hierzu gehört etwa Hanna von Siegburg. Sie wurde 1377 zwangsgetauft, kopierte aber knapp zehn Jahre später ein halachisches (Gesetzes-) Werk, den SeMaK, Sefer Mitzvot Katan, das kleine Buch der Gebote. Ihr Mann Simon von Siegburg wurde 1375 des Verrates an einem Glaubensgenossen angeklagt, verhaftet und Anfang August 1377 hingerichtet. Kurz nach der Verhaftung geht Hannah mit ihrer Tochter nach Dortmund, befindet sich 1377 jedoch in der Gewalt des Kölner Hochgerichtes, das auch sie zum Tode verurteilt. Ihrer Hinrichtung entgeht sie durch Taufe.[10]

Besonders die jüdischen, die hebräischen Quellen helfen, die Geschichte des Viertels und ihrer Bewohnerinnen und Bewohner aus einer Binnenperspektive darzustellen und somit unterschiedliche Zugänge zur Geschichte aufzuzeigen. Jüdisches Leben kann nicht ausreichend und nur teilweise mit rein christlichen und nichtjüdischen Quellen beschrieben werden.

So wird beispielsweise an einer späteren Stelle in der Ausstellung die Frage nach den ›Grenzen‹ des Viertels gestellt. Vorstellungen eines mittelalterlichen Ghettos in Köln oder eine, wie auch immer definierte Abgeschlossenheit des Viertels sind allgegenwärtig, zumal hier auch Begrifflichkeiten gewählt werden, die erst aus chronologisch späteren Kontexten resultieren. Der Ghetto-Begriff ist durch die Geschichte unterschiedlich belegt und ruft unterschiedliche Vorstellungen hervor. Daher ist er nicht geeignet, das Viertel als solches zu beschreiben. Hingegen haben archäologische Befunde sowie christliche und jüdische Quellen ein durchaus vielschichtiges Bild des Viertels hervorgebracht.

Zeitweise haben auch Christinnen und Christen im Viertel gelebt.[11] Der Kontakt, Austausch und die Bewegung in der ganzen Stadt waren selbstverständlich. Allein die Tatsache, dass Juden auch bestimmte Tore in der Stadt verteidigen mussten,[12] der Friedhof außerhalb der Stadt lag und die Fleischbank am

10 Matthias Schmandt: Judei, cives et incole. Studien zur jüdischen Geschichte Kölns im Mittelalter, Hannover 2002, S. 234 f. und S. 256.

11 Adolf Kober: Grundbuch des Kölner Judenviertels 1135–1425. Ein Beitrag zur mittelalterlichen Topographie, Rechtsgeschichte und Statistik der Stadt Köln, Nachdruck der Ausgabe Bonn 1920, Düsseldorf 2000, S. 34 f.

12 Zvi Asaria: Die Juden in Köln. Von den ältesten Zeiten bis zur Gegenwart, Köln 1959, S. 40.

Heumarkt gemeinsam genutzt wurde, zeigt eindeutig, dass das jüdische Leben nicht hinter hohen Mauern und verschlossenen Toren stattfand.

Die Besuchenden verlassen nach diesem Beginn im jüdischen Viertel nun über eine ›Zeitschleuse‹ ebendies und gehen auf dem Rundweg mehr als 1.000 Jahre zurück zum Praetorium, dem römischen Statthalterpalast, Verwaltungssitz der Niedergermanischen Provinz und damit Zentrum römischer Herrschaft am Rhein. Das Praetorium ist unter den archäologisch bekannten Anlagen in dieser Größe und Erhaltung einzigartig. Als Zentralort der Niedergermanischen Provinz wird das Praetorium Kern des UNESCO-Welterbeantrages »Frontiers of the Roman Empire – The Lower German Limes« sein, der gemeinsam mit den Niederlanden und Rheinland-Pfalz vorbereitet und im Jahr 2020 der UNESCO vorgelegt wird.

Anhand dieses eindrücklichen Baubefundes werden die komplexe Baugeschichte des Praetoriums vom 1. Jahrhundert bis in die Spätantike in wenigstens vier Bauphasen, die Geschichte der Provinz und die Kontinuität von Gebäude und Platz in nachantiker Zeit erläutert. Inschriften und andere Steindenkmäler, eine Galerie der Statthalter sowie datierende Einzelfunde illustrieren diesen Befund. Der 250 Quadratmeter große Ausstellungsraum nördlich des Praetoriums beherbergt die Geschichte der Provinzverwaltung und des Niedergermanischen Limes. Definierte Stellen des Rundganges informieren über die Stratigrafie des Ortes und geben anhand von Profilen einen Einblick in 2.000 Jahre Stadtgeschichte. Der Rundgang führt die Besucherinnen und Besucher danach thematisch wieder in das jüdische Viertel, das sie topografisch gesehen nie verlassen haben, denn über dem Praetorium lag im Mittelalter der nördliche Teil des jüdischen Viertels.

Das sich hier anschließende Thema ergibt sich nicht nur aus der Geschichte, sondern auch aus dem Befund: der Pogrom von 1349. Der Schutt dieses Jahres, eine flächenhaft dokumentierte Zerstörungsschicht mit umfangreichem Fundmaterial, überliefert die für die gesamte europäische Geschichte wichtige Zäsur der mittelalterlichen Pogrome an den jüdischen Gemeinden, deren Plünderung, Vertreibung und Ermordung. Die hier ausgestellten Funde zeigen sehr eindrücklich die Gewalt, die sich über dem jüdischen Viertel und seinen Bewohnerinnen und Bewohnern entlud. Dass es im Viertel auch bei sehr hohen Temperaturen gebrannt haben muss, zeigen geschmolzene Fragmente von Kettenhemden und Dachschiefer. Im Falle des Pogroms 1349 ist die Rezeption beziehungsweise in diesem Fall auch die Nicht-Rezeption der Ereignisse in den christlichen und jüdischen Quellen bemerkenswert und zeigt auf, wie unterschiedlich die zeitgenössischen Beschreibungen von Ereignissen bestimmten Intentionen gedient haben. So sind die wenigen christlichen Beschreibungen eindeutig apologetischen Charakters, schreiben den Juden gar selbst die Schuld am Pogrom zu.[13] Auf jüdischer Seite gibt es keine Texte zum Kölner Pogrom, was nicht nur in Köln, sondern auch in vielen anderen Gemeinden in Europa der Fall ist. Dies ist insofern bemerkenswert, da etwa der Pogrom von 1096 vielfach rezipiert und damit auch in die kollektive Erinnerung eingeschrieben wurde. Hierzu zählen die Hebräischen Berichte über die Judenverfolgungen während des Ersten Kreuzzuges, drei Chroniken der Ereignisse, die in der ersten Hälfte des 12. Jahrhunderts verfasst wurden und aus einem jüdischen Blickwinkel die Ereignisse schildern.[14]

Der dritte Schwerpunkt der Ausstellung besteht aus einer dichten Abfolge von mittelalterlichen Kellern, die räumlich, chronologisch und funktional den Bereich markieren, in dem das jüdische Viertel und das christliche Goldschmiedeviertel aufeinandertreffen. In der Apsis aus römischer Zeit, die auch im Stadtbild der Nachkriegszeit auf dem Platz vor dem Rathaus sichtbar war, wird die früheste schriftliche Quelle zu jüdischem Leben in Köln ein Thema: Das Dekret Kaiser Constantins von 321.[15] Die sehr spärlichen schriftlichen wie dinglichen Quellen des ersten Jahrtausends werden an diesem Punkt auch anhand einer interaktiven Karte Nordeuropas dargestellt.

Die nun auf dem Rundweg folgenden mittelalterlichen Keller waren, wie reiches frühneuzeitliches Fundmaterial zeigt, bis zu den Zerstörungen des Zweiten Weltkrieges in Benutzung. Zentrale Themen hier sind jedoch die mittelalterliche Alltagskultur und, wie oben schon ausgeführt, das Zusammenleben der Menschen im Viertel. Ein wesentliches Dokument, das zur Erfassung des Viertels sogar wichtigste schriftliche Dokument, wird hier vorgestellt: das Judenschreinsbuch.[16] In ihm sind Verkäufe und Erbschaften im Viertel dokumentiert. Das Besondere sind neben der lateinischen Überlieferung die beigefügten hebräischen Urkunden, die als Grundlage für die lateinischen Einträge dienten.[17]

13 Tanja Potthoff/Michael Wiehen: »da man die Juden zu Colne sluch […] inde die hus in der Judengassen verbrannt wurden«. Das Kölner Judenpogrom von 1349, in: Mitteilungen der Deutschen Gesellschaft für Archäologie des Mittelalters und der Neuzeit 31 (2018), S. 21–36, hier S. 25.

14 Siehe hierzu Eva Haverkamp (Hg.): Hebräische Berichte über die Judenverfolgungen während des Ersten Kreuzzugs, Hannover 2005.

15 Text und Kommentierung: Peri Terbuyken: Juden im Rat der Stadt? Ein Gesetzestext von 321, in: Wolfgang Rosen/Lars Wirtler in Zusammenarbeit mit Dorothee Rheker-Wunsch und Stefan Wunsch (Hg.): Quellen zur Geschichte der Stadt Köln. Bd. 1: Antike und Mittelalter von den Anfängen bis 1396/97, Köln 1999, S. 49–52 (Nr. 15). Aktuell: MiQua. LVR-Jüdisches Museum im Archäologischen Quartier Köln (Hg.): Das Dekret von 321: Köln, der Kaiser und die jüdische Geschichte, Köln 2020.

16 HAStK, Judenschreinsbuch (Bestand 101), Nr. 107.

17 Benjamin Laqua: Das Judenschreinsbuch der Kölner Laurenz-Parochie. Zur Einführung, in: Alfred Haverkamp/Jörg R. Müller (Hg.): Corpus der Quellen zur Geschichte der Juden im

Eine reiche Überlieferung an Funden aus der handwerklichen Produktion wie Schmelzöfen und -tiegel, Werkzeuge und Produktionsreste wie Schlacken illustriert das mittelalterliche Goldschmiedehandwerk. Auch hier zeigen schriftliche Quellen Berührungspunkte zwischen christlichen und jüdischen Bewohnerinnen und Bewohnern und in folgendem konkreten Fall das Unterbinden von geschäftlichen Kontakten: Vermutlich Anfang des 14. Jahrhunderts wird im Statut der Kölner Goldschmiede-Zunft unter anderem den Zunftmitgliedern verboten, Arbeiten für Juden auszuführen. Bei Nichteinhaltung drohte die höchste Buße.[18] Diese Anordnung lässt zwei Vermutungen zu: Vorher haben christliche Goldschmiede für Jüdinnen und Juden gearbeitet (was man unterbinden wollte) oder möglicherweise gab es auch jüdische Goldschmiede im Viertel.

Auf dem Rundweg werden anschließend die Ausweisung der Jüdinnen und Juden 1424 in den Blick genommen, die Veränderungen im Viertel aufgezeigt und auch den Spuren der die Stadt verlassenden jüdischen Gemeinde nachgegangen. Die Ausstellung folgt ab hier weiterhin einer Chronologie, beleuchtet die Neuzeit und zeigt auch die jüngere Geschichte des Platzes und das Museum selbst mit allen Hindernissen, Meinungen und Diskussionen, denn das Museum ist selbst Teil der Geschichte des Ortes.

Während die Geschichte der Jüdinnen und Juden am Ort und deren archäologische Spuren im Jahr 1424 enden, wird im ersten Obergeschoß des Museumsgebäudes die jüdische Geschichte und Kultur von 1424 in die Gegenwart fortgeführt. Dafür steht eine Raumfolge zur Verfügung, die auch Einblicke in den Befund der mittelalterlichen Synagoge ermöglicht: Über ein transparentes Rautentragwerk werden visuelle Verbindungen vom Ausstellungsraum hinunter in die Grabung hergestellt. Es entsteht dadurch nicht nur eine architektonische Verbindung beider Museumsebenen, sondern auch eine fortführend-thematische Verknüpfung in der Dauerausstellung.

Die Dauerausstellung im ersten Obergeschoss wird sich in drei Ausstellungsteilen der jüdischen Geschichte in Köln annähern und den Besucherinnen und Besuchern unterschiedliche Perspektiven und Ansätze zum Verständnis aufzeigen. Es sollen in besonderem Maße die Menschen in den Fokus gerückt werden, die diese Geschichte geprägt, als Zeitzeugen fungiert oder sich mit der Frage nach jüdischer Identität und jüdischen Orten auseinandergesetzt haben. Der erste

spätmittelalterlichen Reich, Trier/Mainz 2011, URL: http://www.medieval-ashkenaz.org/KS01/einleitung.html [Stand: 31.07.2020]. URL: http://www.medieval-ashkenaz.org/KS01/einleitung.html [Stand: 10.07.2020].

18 Alfred Haverkamp/Jörg R. Müller (Hg.): Corpus der Quellen zur Geschichte der Juden im spätmittelalterlichen Reich, Trier/Mainz 2016, KO01, Nr. 22, URL: http://www.medieval-ashkenaz.org/KO01/CP1-c1-002c.html [Stand: 10.07.2020].

Ausstellungsteil wird einen Blick auf die letzten 100 Jahre Ausstellungs- und Sammlungsgeschichte von jüdischer Kultur und Geschichte in Köln werfen.

Jüdische Museen in Deutschland wurden nach der Schoa erst Ende der 1980er Jahre wieder gegründet. Die Ausstellungsart, die Präsentation der Objekte und die Themen haben sich seitdem sehr gewandelt. Wie auch in anderen Museen spielt die Provenienz der Sammlungsobjekte eine große Rolle. Daneben ist es wichtig, die Geschichten der Objekte zu erzählen, die über die reine Funktionsweise des Ritualgegenstandes, wie etwa einem Chanukka-Leuchter, hinausgehen. Objekte haben unterschiedliche Kontexte, vielfältige Narrative, in denen sie sich bewegen und die eine Ausstellung widerspiegeln sollte. Auch die Präsentation in einem Museum ist eine Kontextbewegung des Objekts: wenn etwa der beispielhafte Chanukka-Leuchter aus dem Gebrauch, für den er geschaffen ist, in eine Präsentation transponiert, in einer Vitrine ausgestellt und restauratorisch voll umsorgt wird, aber nicht mehr im Gebrauch ist. Das MiQua befindet sich in dieser Hinsicht in einer besonderen Lage: Die Grabung im Untergeschoss zeigt fast ausschließlich Objekte, die am Ort gefunden wurden. Die Objekte werden also den Ort ihres ›Wirkens‹ nicht verlassen. Der unmittelbare Ortsbezug bleibt bestehen. Umso mehr wirkt diese Einbettung der archäologischen Funde in ihren Ortskontext, also zwischen den Befunden aus 2.000 Jahren Stadtgeschichte Kölns.

Eine Präsentation von Judaica, von Ritualgegenständen, gehört zum klassischen Repertoire eines jüdischen Museums. So wird das MiQua ebenfalls eine Auswahl von Judaica-Objekten zeigen. Diese entstammen in überwiegendem Maße dem Kölnischen Stadtmuseum, dessen Sammlung jüdischer Ritualobjekte auf das Jahr 1925 zurückgeht, in dem die Jahrtausend-Ausstellung der Rheinlande stattfand. Mit Beschluss der Einrichtung eines Rheinischen Museums nach dieser Ausstellung fiel auch die Entscheidung für den Aufbau einer Judaica-Sammlung. Diese Sammlung hat bis heute im Kölnischen Stadtmuseum überdauert, wird von den Mitarbeiterinnen und Mitarbeitern des Hauses weitergeführt und umfasst über 350 Objekte für Religion und Alltag.

Durch die Darstellung von insgesamt sieben Ausstellungen und Sammlungen im Verlauf der letzten 100 Jahre in Köln versucht das MiQua, die Vielfalt von Intentionen und Zusammenhängen aufzuzeigen, die dazu führten, jüdische Geschichte und Kultur auszustellen oder entsprechende Objekte zu sammeln. Dieser Ausstellungsteil wird sich mit den unterschiedlichen Motivationen und historischen Kontexten auseinandersetzen, in die diese Objekte eingebettet wurden, in denen sie eine bestimmte Vermittlungsfunktion eingenommen haben und innerhalb derer ihnen bestimmte Aussagen und Identitäten zugeschrieben wurden. Hierbei kommen Ausstellungsmacher und Sammler selbst zu Wort.

Der zweite Ausstellungsteil nähert sich der jüdischen Geschichte aus einer biografischen Perspektive. Unterschiedliche Menschen aus den vergangenen 600 Jahren werden vorgestellt, bekannte und weniger bekannte, Männer und Frauen. Es soll deutlich werden, wie eng verknüpft die jüdische und nichtjüdische Geschichte Kölns waren und noch sind. Zu diesen Personen zählen unter anderem Cilli Marx, Lehrerin an der Städtischen Israelitischen Volksschule und Mitautorin der 1929 erschienen überkonfessionellen Domfibel, Ernst Friedrich Zwirner, Architekt der Synagoge Glockengasse, sowie das Ehepaar Stern, im Jahr 1798 die ersten jüdischen Bewohner Kölns nach der Vertreibung 1424. Hier sei angemerkt, dass es zwischen 1424 und 1798 zwar nicht möglich war, dauerhaft in Köln zu siedeln, doch war es Jüdinnen und Juden durchaus erlaubt, tagsüber die Stadt mit einem sogenannten Geleitbrief zu betreten.[19]

Der dritte Ausstellungsteil im Obergeschoss soll anhand eines interaktiven, digitalen Stadtrundganges den Besucherinnen und Besuchern die Möglichkeit geben, Orte in Köln zu entdecken, die Teil der jüdischen Geschichte und Kultur sind oder die zu einem bestimmten Zeitpunkt als jüdisch definiert wurden. Unterschiedliche Personen führen dabei durch die Stadt und verbinden so das Museum mit der Stadt, eine Verbindung, die in beide Richtungen wirkt. Bilder und Geschichte(n) werden zusammengefügt und können einen Eindruck der vielfältigen jüdischen Geschichte Kölns anbieten, die sich über die gesamte Stadt erstreckte und Teil dieser war und ist.

In Ergänzung dieses Stadtrundganges konzipieren das MiQua und das NS-Dokumentationszentrum der Stadt Köln zurzeit gemeinsam eine App. Entlang einer vorgeschlagenen Route zwischen den beiden Museen sind Geschichten von Menschen und Orten, insbesondere während der NS-Zeit, abrufbar.

Ein sehr besonderes Objekt wird im ersten Obergeschoß im MiQua seinen Ausstellungsplatz einnehmen: der 2017 mit dem Joods Historisch Museum in Amsterdam gemeinschaftlich erworbene Amsterdam Machsor, der auch in digitaler Form auf Befundebene angeboten wird. Er wird mit Sichtverbindung zur Synagoge präsentiert werden, dem Ort, wo das Gebetbuch an den Feiertagen durch den Vorbeter verlesen wurde.

19 Ursula Reuter: Ausgegrenzt und angefeindet. Köln und die Juden im 17. Jahrhundert, in: Stefan Lewejohann (Hg.): Köln in unheiligen Zeiten. Die Stadt im Dreißigjährigen Krieg, Köln/Weimar/Wien 2014, S. 68–75, hier S. 70.

1.700 Jahre

2021 wird in Deutschland ein besonderes Jahr begangen, denn, wie schon oben angeführt, erließ Kaiser Konstantin im Jahr 321 ein Edikt, das Juden den Zugang zu Ämtern in der Kurie und der Stadtverwaltung Kölns erlaubte. Dieses Edikt ist die früheste erhaltene schriftliche Quelle zur Existenz von Jüdinnen und Juden nördlich der Alpen. Im Jahr 2021 kann jüdisches Leben in Deutschland somit auf eine wenigstens 1.700-jährige Geschichte zurückblicken, die im Rahmen eines bundesweiten Themenjahres mit zahlreichen Veranstaltungen beleuchtet wird.

Das MiQua und das LVR-KULTURHAUS Landsynagoge Rödingen sowie das LVR-Institut für Landeskunde und Regionalgeschichte (Bonn) werden durch das gesamte Jahr in Köln, im Rheinland und in Westfalen vielfältige Aktivitäten realisieren. Neben einer zentralen Ausstellung in Köln wird sich eine Wanderausstellung im Rheinland und in Westfalen den Spuren jüdischen Lebens, jüdischer Geschichte und Kultur widmen. Eine öffentliche Vortragsreihe wird durch das Themenjahr führen. Als Forschungseinrichtung plant das MiQua zudem eine Fachtagung sowie Seminare in Kooperation mit den Hochschulen Köln, Heidelberg und Frankfurt. Daneben werden Social Media-Projekte, Podiumsgespräche mit Lesung im Rahmen öffentlicher Veranstaltungen sowie eine mobile Ausstellung die Vielfalt der Geschichte und Gegenwart jüdischen Lebens beleuchten.

Initiator und Koordinator des bundesweiten Themenjahres ist der in Köln ansässige Verein »321–2021: 1.700 Jahre jüdisches Leben in Deutschland e. V.«. Ziel des Vereins ist es, die Bedeutung der jüdischen Kultur und Geschichte für Deutschland und Europa wachzuhalten, auf ihr 1.700-jähriges Bestehen hinzuweisen und dazu zentrale Feierlichkeiten im und rund um das Festjahr 2021 zu organisieren.

Buchbesprechungen

Moritz Woelk/Manuela Beer (Hg.): Museum Schnütgen. Handbuch zur Sammlung, Köln/München: Hirmer Verlag 2018, 470 Seiten, 59,90 €.

Mit dem »Handbuch zur Sammlung« legt das Team des Museum Schnütgen einen umfangreichen Auswahlkatalog vor, der – auch wenn Format und Gewicht des Buches dem Titel »Handbuch« nicht ganz entsprechen wollen – über eine hilfreiche Unterstützung beim Museumsbesuch weit hinausgeht. Die Publikation erschien im 100. Todesjahr des Gründers einer Sammlung, die heute Weltrang hat, Alexander Schnütgen (1843–1918), und die für die Kulturgeschichte Kölns von großer Bedeutung ist. Der Auswahlkatalog soll, wie die Herausgeber im Vorwort betonen, einen »repräsentativen und aktuellen Eindruck von der Sammlung des Museums Schnütgen« (S. 8) zeigen, was – um dies vorweg zu nehmen – eindrucksvoll gelingt. Die Publikation steht dabei in der Tradition eines Auswahlkatalogs, die Hermann Schnitzler 1968 in einer 4. und erweiterten Auflage vorlegte (Hermann Schnitzler: Das Schnütgen-Museum, 4., erw. Auflage, Köln 1968), was sich nicht zuletzt darin zeigt, dass die gattungsübergreifende, chronologische Gliederung beibehalten wurde.

Zwei einleitende Beiträge beleuchten zunächst zum einen den Kontext der Publikationen über die Sammlung des Museums (Moritz Woelk, S. 11–15), zum anderen die Sammlungsgeschichte (Manuela Beer, S. 16–21). Letzterer zeichnet den Weg von einer eindrucksvollen Privatsammlung hin zu einem international anerkannten Museum für mittelalterliche Kunst, geprägt von Orten und Personen. Kriterien für die Auswahl der in ihrer Gesamtheit rund 13.000 Objekte waren – über die Auswahl Schnitzlers hinausgehend – Erwerbungen nach 1968 sowie eine exemplarische Aufnahme von kulturgeschichtlich bedeutenden Werken, darunter Tonpfeifenfiguren des 15./16. Jahrhunderts (Katalog Nr. 179) und ein Reliquienglas aus einem Altarsepulchrum (Anfang des 16. Jahrhunderts, Katalog Nr. 185). Anhand dieser Kriterien wurden 280 Objekte beziehungsweise Objektgruppen ausgewählt, angefangen bei dem Fragment eines Manteltuches mit ornamentaler Wirkerei (Ägypten, 4. Jahrhundert) bis hin zu einer Zeichnung mit dem Titel »Final Drawing, A Bell for Sankt Cäcilien« von Max Neuhaus von 1989, konsequenterweise darunter auch die Cäcilienkirche selbst (Katalog Nr. 46) und ihre Chorausmalung aus der Zeit um 1300 (Katalog Nr. 111), diese leider ohne – angesichts des schlechten Erhaltungszustandes wenigstens aus dokumentarischer Sicht interessantes – Objektfoto. Die Auswahl umfasst so neben alten Bekannten wie dem Saufang (Katalog Nr. 8), dem Kamm des hl. Heribert (Katalog Nr. 13) und der Kasel des hl. Anno (Katalog Nr. 18) auch eher unbekannte Objekte wie einen byzantinischen Lampenhalter aus dem 6./7. Jahrhundert (Katalog Nr. 6), ein Gussmodel (Byzanz, 12./14. Jahrhundert, Katalog Nr. 72), eine gefasste Tabernakeltür aus der zweiten Hälfte des 15. Jahrhunderts (Katalog Nr. 215) oder einen Immerwährenden Kalender aus Dänemark aus dem Jahr 1584 (Katalog Nr. 261). Dabei lassen die Autoren nie die Herkunft der Objekte vergessen: Sie haben die Provenienz der Werke aus dem lokalen, in ihrer Zeit jedoch künstlerisch international agierenden geistlichen Institutionen im Blick, sodass die Werke auch als kulturgeschichtliche Zeugnisse einer Stadt und ihrer Kirchen sprechen können. Die Ersterwähnung der Anno-Kasel in einem Schatzverzeichnis des Kölner Georgstiftes aus der Zeit um 1431 wird ebenso angeführt wie die zahlreichen von Aegidius Gelenius überlieferten Verehrungstraditionen, die sich mit einzelnen Objekten verbinden (Katalog Nr. 8, 18). Hierzu zählt der Palmeselchristus aus St. Kolumba (Köln, um 1520, Katalog Nr. 208), der bis 1778 am Palmsonntag in der Liturgie mitwirkte. Ein Gewandfigurenfragment vom Beginn des 13. Jahrhunderts verweist auf die frühe Tradition der Kölner Pfarrkirche St. Johann Baptist: Lange als Verkündigungsengel gedeutet, kann Adam Stead die Figur überzeugend als Darstellung des Kirchenpatrons deuten, der möglicherweise einst im Tympanon der romanischen Kirche als Teil einer Deesis erschien. Sie stünde damit im Zusammenhang mit der Bautätigkeit an der Kirche im Vorfeld der überlieferten Altarweihe von 1210. Die Figur wurde 1947 in der nördlichen Seitenschiffwand von St. Johann Baptist entdeckt. Stead vermutet, dass sie vielleicht im Zuge der Erweiterung des Langhauses zu Beginn des 15. Jahrhunderts dort vermauert worden war, wobei die Erweiterung der Kirche um ein zweites Seitenschiff im Norden bereits bis 1381 abgeschlossen war. Sollten sich weitere Hinweise auf den genauen Fundort finden, ließe sich anhand der gut dokumentierten Baugeschichte der Kirche in Zukunft möglicherweise auch der Ort des Tympanons im Detail erkennen (vgl. Dominik Meiering/Joachim Oepen (Hg.): Aufbruch statt Abbruch. Die Kirche St. Johann Baptist in Köln, Köln 2009).

Erkennbar wird, dass die früh- und hochmittelalterlichen Objekte der Sammlung zu einem Großteil aus den Kölner Institutionen stammen. Die Ankäufe in den vergangenen Jahrzehnten haben das Sammlungsprofil auf interessante Weise ausgeweitet, nicht zuletzt auch auf spätmittelalterliche Objekte internationalen Ranges (zum Beispiel Katalog Nr. 154, 168, 169). Für die viel behandelten und diskutierten »Top-Objekte« bietet das Handbuch freilich nur einen Überblick, dennoch gelingt es, die kunsthistorische Diskussion um Datierung und Lokalisierung in einer Art Fußnotentext unterzubringen, der Satz ist übersichtlich und in seiner »Hierarchisierung« klug gewählt. Für die wissenschaftliche Leserin ist es ein großer Vorteil, dass erstmals auch die bekannten Restaurierungen der Vergangenheit genannt werden, sie erleichtern im Falle einer intensiveren Behandlung der Objekte eine Einschätzung hinsichtlich des ursprünglichen Zustandes. Die Haupttexte konzentrieren sich derweil auf die Objektbeschreibung und Erläuterungen der Funktion, auf Vergleichsabbildungen wurde verzichtet, in Einzelfällen sind Detail- und Rückseitenabbildungen eingefügt. Hier wird das Ziel des Handbuches besonders deutlich: Einem breiten Publikum Zugang zu einer der bedeutendsten Sammlungen mittelalterlicher Kunst zu ermöglichen und diese in ihren ursprünglichen Bedeutungszusammenhängen zu erklären. Einen wissenschaftlichen Bestandskatalog ersetzt dies freilich nicht, für die Wahrnehmung von Kunst – zumal einer, die sich aufgrund der fortschreitenden Säkularisierung der Gesellschaft heute nicht mehr »von allein« erklärt – ist dies ein großer Schatz.

Anna Pawlik, Köln

Klaus Gereon Beuckers/Anna Pawlik (Hg.): Das jüngere Evangeliar aus St. Georg in Köln. Untersuchungen zum Lyskirchen-Evangeliar (Forschungen zu Kunst, Geschichte und Literatur der Mittelalters 5; Studien zu Kunstdenkmälern im Erzbistum Köln 5), Wien/Köln/Weimar: Böhlau 2019, 303 S., 112 Farbtafeln, 49,99 €.
Ist es wirklich angebracht, ein eigenes Buch über ein einzelnes Buch zu schreiben? Diese Frage erübrigt sich nach der Lektüre der hier anzuzeigenden Publikation von selbst, die das Lyskirchen-Evangeliar ausführlich und mit allen Aspekten behandelt. Schon die beiden Kirchennamen im Titel sorgen für Verwirrung und vermögen doch über das Schicksal des Evangeliars Auskunft zu geben: Entstanden im 11. Jahrhundert im zeitlichen Umfeld der Gründung von Kirche und Stift St. Georg am Kölner Waidmarkt (1067), gelangte es nach Aufhebung des Stiftes 1802 in die benachbarte Pfarrkirche St. Maria Lyskirchen und wurde erst 2002 wieder nach St. Georg zurückgeführt. Damit ist das Evangeliar eine der wenigen Prachthandschriften, die bis heute (wieder) am ursprünglichen Ort ihrer Verwendung aufbewahrt werden und nicht losgelöst von ihrem Kontext Eingang in die Handschriftensammlung einer Bibliothek oder eines Museen gefunden haben. Dieses Schicksal ereilte hingegen die »Schwesternhandschrift« des Lyskirchen-Evangeliars, ein ebenfalls im 11. Jahrhundert entstandenes, wenig älteres Plenarium, welches über die Sammlung des Baron von Hüpsch (siehe dazu auch den Beitrag von Gudrun Gersmann in diesem Band) in das Hessische Landesmuseum Darmstadt gelangte.

Rund um das Lyskirchen-Evangeliar gibt es nun gleich mehrere spannende Forschungskontroversen, die ihren Ursprung darin haben, dass Text, Ausmalung und Einband keineswegs in einem Zuge, sondern in verschiedenen zeitlichen Schichten entstanden sind. Dementsprechend befassen sich die meisten Beiträge (von Klaus Gereon Beuckers/Anna Pawlik; Doris Oltrogge/Robert Fuchs; Harald Wolter-von dem Knesebeck; Ursula Prinz; Harald Horst; Ulrich Kuder; Klaus Gereon Beuckers; Andrea Worm) mit der Materialverwendung, der Ausmalung und der Schrift des Evangeliars beziehungsweise mit Referenzwerken und der Einordnung in die Kölner Buchmalerei des 11. Jahrhunderts. Kurz vor der Amtszeit des Kirchen- und Stiftsgründers Anno II. (1056–1075) entstand im Wesentlichen die Texthandschrift. Die Ausmalung ist sodann auf die Zeit von um 1100 bis in das erste Viertel oder Drittel des 12. Jahrhunderts zu datieren, gefolgt vom dritten Schritt der Bindung des Buchblockes, wohl erst ab 1128. Ausgehend von dem Evangeliar befasst sich Klaus Gereon Beuckers mit der sogenannten »Strengen Gruppe« der Kölner Buchmalerei des 11. Jahrhunderts, welcher der Anlagebestand dieses Evangeliars angehört, und spricht sich für eine Entstehung sämtlicher sieben Handschriften dieser »Strengen Gruppe« »in den 1040er, spätestens in den frühen 1050er Jahren« (S. 173) aus. Dieser ist ein Straßburger Evangeliar des 10./11. Jahrhunderts nicht zuzuordnen, für das Ulrich Kuder in seinem Beitrag unter anderem daran erinnert, dass die Handschrift 1870 verbrannte, als preußische Truppen Straßburg beschossen. »In Straßburg [hatte] niemand die Deutschen eines solch brutalen Angriffs auf Geist und Kultur für fähig gehalten« (S. 110).

Mit dem Einband des Evangeliars beschäftigen sich Susanne Wittekind und Annemarie Stauffer. Auch er verdient Beachtung, nicht nur wegen des wundervollen Walrosszahnreliefs des 11. Jahrhunderts auf dem Vorderdeckel, sondern auch aufgrund der Tatsache, dass auch beim Einband drei zeitliche Schichten (Walrosszahnrelief; erste

Bindung ab 1128; neue Bindung im späten 15. Jahrhundert) feststellbar sind, sowie den Resten eines Samitgewebes des 12./13. Jahrhunderts im Innendeckel.

Aus Sicht des Historikers sind insbesondere die Beiträge von Manfred Groten und Anna Pawlik von Interesse. Groten ediert und bespricht die Nachträge im Lyskirchen-Evangeliar, die bereits in der Entstehungszeit der Handschrift einsetzten und zeitlich bis ins 18. Jahrhundert reichen: Inhaltsverzeichnisse, Eidesformeln, Statutenauszüge, ein Schatzverzeichnis, Kurzbiographien Kölner Erzbischöfe – allesamt Texte, »die keinen inneren Bezug zu den Evangelien aufweisen« (S. 209). Insbesondere die Amtseide von Funktionsträgern des Stiftes machen deutlich, dass das Evangeliar seit spätestens 14. Jahrhundert nicht mehr als liturgisches Buch im Gottesdienst diente, sondern »als Eidbuch oder Schwurevangeliar verwendet« (S. 210) wurde, und sie zeigen zudem die Binnenstruktur eines Stiftes im späten Mittelalter auf. Anna Pawlik richtet den Blick auf das im 12. Jahrhundert nachgetragene Schatzverzeichnis und vergleicht es mit einem Schatz- und Reliquienverzeichnis des 15. sowie einem Paramentenverzeichnis des 14. Jahrhunderts, was angesichts der vergleichsweise guten Überlieferung solcher Quellen für St. Georg gut möglich ist. Auf diese Weise gelingt nicht nur eine Identifizierung mit bis heute erhaltenen Ausstattungsstücken aus St. Georg, sondern auch eine Rekonstruktion der verschiedenen Nebenräume des Gotteshauses St. Georg, in denen der Kirchenschatz aufbewahrt wurde.

Abgerundet wird der Band durch insgesamt 112 Farbtafeln, die in buchgerechter, leichter Verkleinerung zum Original sämtliche Seiten des Evangeliars mit Bildern, Initialen, Zierschriften und den Nachträgen zeigen. Damit haben die Herausgeber einen sinnvollen Kompromiss gefunden zwischen der wünschenswerten, aber kaum finanzierbaren Abbildung aller Seiten und der exemplarischen Präsentation nur weniger Einzelseiten. Die Farbtafeln machen das Buch dann auch zu einem nicht nur klugen, sondern schlichtweg auch »schönen« Buch.

Joachim Oepen, Köln

Franz-Josef Arlinghaus: Inklusion – Exklusion. Funktion und Formen des Rechts in der spätmittelalterlichen Stadt. Das Beispiel Köln (Norm und Struktur. Studien zum sozialen Wandel in Mittelalter und Früher Neuzeit, Bd. 48), Wien/Köln/Weimar: Böhlau Verlag 2018, 439 S., 70,00 €.

»Alterität«, Andersartigkeit, ist das zentrale Stichwort dieser Arbeit über das vormoderne, städtische Gerichtswesen Kölns. Wie sehr unterscheidet sich das Mittelalter, die mittelalterliche Gesellschaft von der modernen? Franz-Josef Arlinghaus bleibt aber nicht beim Erstaunen über die heute nur schwer oder gar nicht verständlichen Praktiken bei Gerichtsverfahren oder beim Gruseln über die grausamen körperlichen Strafen stehen, sondern unternimmt eine Reise in die tieferen Strukturen der mittelalterlichen Stadtgesellschaft.

Zu diesem Zweck beginnt er seine bereits 2006 eingereichte aber erst 2018 publizierte Habilitationsschrift mit einer ausführlichen theoretischen Einleitung, die der Frage nach dem Verhältnis von Individuum und Gesellschaft aus Sicht der Soziologie nachgeht. Vor diesem theoretisch-soziologischen Hintergrund rückt er »die Funktion des Gerichts für die stratifikatorisch-segmentäre Gesellschaft, für die genossenschaftlichen

Personenverbände der mittelalterlichen Stadtgesellschaft, ins Zentrum« (S. 49). Seine zentrale These, entlang derer er seine Untersuchung durchführt, ist die Frage nach Inklusion in oder Exklusion aus der Gesellschaft. Sie sei »das zentrale Thema des Gerichtswesens« gewesen, anhand dessen man »Form der Verfahren und das Verhältnis von Gericht und Gesellschaft gut erklären« könne (S. 48).

Überzeugend gelingt es Arlinghaus dann im Folgenden durch die Betrachtung von Gerichtsorten (also des baulichen Substrats des Gerichtswesens und seiner Verortung im Stadtraum), des Gerichtspersonals, der Kommunikationsformen wie Gesten, Rituale und Schriftlichkeit sowie der Formen manifester Exklusion (Stadtverweis und Hinrichtung), seine These zu belegen. Schon die Gerichtsbauten waren darauf angelegt das Gericht, die Verhandlung in den Stadtraum und die damit auch die Stadtgesellschaft »einzubetten statt herauszulösen« (S. 358). Das Publikum spielte dabei eine wichtige Rolle, weil es die Verortung der Prozessparteien in der Gesellschaft widerspiegelte, genauso wie die der Richter und des Gerichtspersonals. Juristische Qualifikation war nicht nur nicht notwendig, sondern in manchen Fällen in den Augen der Zeitgenossen sogar hinderlich für das Richteramt. Wichtiger war auch hier die Verwurzelung in der Stadtgesellschaft. Eine Professionalisierung des Gerichtswesens ist daher erst relativ spät und langsam ein. »›Zugehörigkeit‹ ist das zentrale Thema, dass [sic!] in jedem Rechtsstreit mitgeführt wird, und darüber muss quasi ›in der Mitte der Gesellschaft‹ verhandelt werden, darüber können nur Mitglieder des Verbandes entscheiden« (S. 360). Ähnliches galt auch für das Gerichtspersonal, die Rituale, den Gebrauch von Schriftlichkeit und überhaupt die Kommunikation über Rechtsstreitigkeiten aber auch der Konfliktparteien untereinander. Arlinghaus kann dies anhand zahlreicher Beispiele illustrieren, die die überaus reiche Kölner Quellenlage bereithält. Rückkopplung erfährt seine Beweisführung durch Beispiele aus anderen Städten.

Mit besonderem Interesse hat der Rezensent – wohl aufgrund seiner »déformation professionelle« – die Untersuchung der Schriftlichkeit und der Gelegenheiten, bei denen sie zum Einsatz kam, verfolgt. Sie bedarf nämlich einer genaueren Betrachtung, da nicht nur die Schriftlichkeit selbst eine größere Distanz zwischen Gericht und Prozessparteien sorgte, sondern auch ihre räumliche Separierung in Kanzlei und Archiv. Sie erhielten eigene Räumlichkeiten, deren Zugang streng geregelt war. Aber auch in diesem Fall gelingt es Arlinghaus zu belegen, dass die Art und Weise des Schriftgebrauchs die Prozessparteien »verschiedenen Kommunikationsräumen« (S. 367) zuordnete: Texte für Außenstehende, »Face-to-Face-Kommunikation« für Personen der Stadtgesellschaft, lautet vereinfacht gesagt die Formel.

Insgesamt ist es Franz-Josef Arlinghaus gelungen, eine Schneise durch den Dschungel der Kölner Quellen und vor allem der stadtgeschichtlichen Literatur zu schlagen. Nur am Rande und weil dies eine Anmerkung quasi in eigener Sache ist, sei hier drauf hingewiesen, dass die Publikation »Quellen zur Geschichte der Stadt Köln« nicht vom Historischen Archiv der Stadt Köln herausgegeben worden ist, sondern vom Förderverein Geschichte in Köln.

Seine Forschungsergebnisse sind durchaus wegweisend, auch über das Beispiel Köln hinaus. Alterität wird nicht nur dargestellt und bestaunt, sondern auch erklärt und zwar nicht nur an der Oberfläche.

Christian Hillen, Bonn

Max Plassmann: Eine Stadt als Feldherr. Studien zur Kriegsführung Kölns (12.–18. Jahrhundert) (Stadt und Gesellschaft. Studien zur Rheinischen Landesgeschichte 7), Wien/Köln/Weimar: Böhlau 2020, 295 S., zahlreiche Abb. (s/w u. Farbe), 39,00 €.

Am Anfang steht ein deutliches Unbehagen. Die heutige Selbstwahrnehmung Kölns als »friedliche Stadt« (S. 7) verstellt – so der Autor – einen angemessenen Umgang mit ihrer vormodernen Geschichte. Denn die Stadt nur als Opfer und Leidtragende von Gewalt und Krieg zu sehen, greift zu kurz; vielmehr sind Max Plassmann zufolge der Krieg und die aktive Vorbereitung auf ihn »von zentraler Bedeutung für die Kölner Stadtgeschichte« (S. 11). Damit weist er Köln die Rolle einer aktiven Partei zu, die sich an Kriegen beteiligte, sie plante und sich darauf vorbereitete. Die im Titel auftretende Formulierung der »Stadt als Feldherr« ist zwar eingängig, doch wäre die »Stadt als Kriegsherr« passender gewesen, da dies genau die Tätigkeiten umfasst, die eben auch kriegerische Optionen als selbstverständlichen Bestandteil im Portfolio einer auswärtigen Politik darstellten.

Die Studie will also keineswegs eine Kriegsgeschichte bieten, die einem Schlachtenkalender gleich alle Konflikte, Gefechte und Belagerungen mit stadtkölnischer Beteiligung auflistet. Vielmehr spürt der Autor in den unterschiedlichen Bezügen der Bedeutung des Kriegs als Thema Kölner Politik nach. Seine Analyse setzt im 12./13. Jahrhundert an, als sich Köln von der erzbischöflichen Oberhoheit emanzipierte und damit als eigener Akteur im Heiligen Römischen Reich auftrat, der auch für die Selbstverteidigung zu sorgen hatte. Den Endpunkt stellt die Franzosenzeit dar, die das Ende der reichsstädtischen Unabhängigkeit besiegelte; die auch dann noch weitergehende Militärgeschichte der Stadt war nun allerdings Teil der Staatengeschichte Preußens und Deutschlands.

Anhand der mehr als 600 Jahre währenden Phase, in der Köln als eigenständiger militärischer Faktor im Reichsverband agierte, lassen sich zunächst verschiedene strukturelle Aspekte herausarbeiten. Sie finden sich im Teil »Rahmenbedingungen der Kölner Kriegsführung« (S. 32–133) und berühren Fragen, wie die Stadtverfassung militärische Zuständigkeiten geregelt hat, wie das militärische Potential der Stadt organisiert war und verwaltet wurde und wie finanzielle und ökonomische Voraussetzungen die Kriegführung prägten. Zu den Rahmenbedingungen gehörten auch der Umstand, dass Köln eine Festung, ja eine »Super-Burg« darstellte (S. 121); allerdings besaß die Reichsstadt so gut wie kein Territorium, sie war also mehr oder weniger auf das von ihren Mauern umfasste Gebiet beschränkt. Daran schließen sich »Szenarien gewaltsamer Auseinandersetzungen« (S. 134–238), in denen die Kölner Kriegsbeteiligungen aufgefächert werden: mal die offene Feldschlacht, mal Belagerungen und Blockaden, dann Überfälle und Aktionen im sogenannten Kleinen Krieg, schließlich das kriegerische Engagement mit Verbündeten, die Einsätze in Reichskriegen und in Großkonflikten, vor allem des 18. Jahrhunderts.

Der Autor schöpft seine Befunde aus der Literatur, die nicht so reichhaltig vorhanden ist. Plassmann vermag aber auch aus ganz ›unkriegerischen‹ Werken zur Stadtgeschichte Einsichten für die militärische Situation Kölns gewinnen – und zeigt auch auf diese Weise, wie sehr Kölns Geschichte mit dem Thema Militär verwoben war. Neben der lokal- und regionalhistorischen Literatur wird auch der Bogen zu anderen Stadtgeschichten, aber auch zu Themen der allgemeinen Militär- und Reichsgeschichte geschlagen; denn die Militärgeschichte Köln verlangt überregionale, ja auch europäische Verknüpfungen.

Ansonsten greift er immer wieder auf die reiche Überlieferung des Historischen Archivs der Stadt Köln zurück. Für Plassmann als dortigen Mitarbeiter ist die Nutzung ganz unterschiedlicher Bestände auch unter den erschwerten Bedingungen nach dem Archiveinsturz 2009 sicherlich einfacher, doch zeigt sich hier grundsätzlich, wie ertragreich und lohnenswert archivische Arbeit auch für derartige stadtgeschichtliche Themen ist.

Insgesamt ordnet sich die Militär- und Kriegsgeschichte Kölns ein in die Geschichte des Niedergangs, die die Städte im Laufe der Vormoderne erfahren haben. So war Köln im späten Mittelalter durchaus noch zu militärischen Aktionen außerhalb der Stadt fähig. Solche Unternehmungen waren selten, galten sie doch als sehr riskant: Nicht nur, weil hier das Leben von Bürgern auf dem Spiel stand, sondern auch weil die Abwesenheit eines erheblichen Teils der wehrfähigen Bürgerschaft die Stadt selbst anfälliger für Überfälle machte. Die Teilnahme an der Schlacht bei Worringen 1288 oder im Krieg zwischen Geldern und Jülich-Berg 1433 wie auch das Engagement gegen Karl den Kühnen im Konflikt um Neuss 1474/75 sind insofern seltene Beispiele für Heerfahrten des Kölner Militärs. Ohnehin identifiziert Plassmann den Neusser Krieg als Zäsur, denn seitdem hat Köln praktisch gar nicht mehr versucht, außerhalb der Stadtmauern Krieg zu führen.

Vielmehr beschränkte sich die Stadt nun darauf, ihre Mauern instand zu halten und damit den Ruf eines uneinnehmbaren Bollwerks zu wahren. Dies band nicht nur viele Bürger, die die Festungswerke im Krisenfall zu bemannen hatten, sondern auch erhebliche finanzielle Mittel für die permanente Instandhaltung; diese erhöhten sich noch einmal drastisch durch notwendige Modernisierungen, die die Befestigungsanlagen für die Herausforderungen der immer leistungsfähigeren Artillerie wappnen sollten. Ebenso bezog die Stadt auswärtige militärische Expertise ein: Bereits im 13. Jahrhundert gewann sie Dietrich von Falkenburg für den Kampf gegen den Erzbischof Konrad von Hochstaden, Anfang des 17. Jahrhunderts vertrauten sie Johann von Pasqualini die Modernisierung der Befestigungsanlagen an. Überdies heuerten sie immer wieder, wenn auch in bescheidenem Umfang, Söldnertruppen an, um das Aufgebot der Bürger mit professionellen Militärs zu verstärken.

Allerdings behielt der Rat der Stadt stets die Kontrolle übers Militär und die Entscheidung über die Kriegführung, anders als etwa norditalienische Kommunen, in denen Condottieri nicht nur das Militär organisierten, sondern beizeiten auch die Macht in der Stadt an sich rissen. Das Militärwesen blieb also städtische Angelegenheit, zumal sich auch die Bürgerschaft über die Notwendigkeit im Klaren war, für die Verteidigung der eigenen Stadt einstehen zu müssen. Ziel des militärischen Engagements war die Verteidigung der städtischen Freiheit und die Wahrung wirtschaftlicher Entfaltungsmöglichkeiten – darüber herrschte weitestgehend Einigkeit. Doch wie war dies in verschiedenen Situationen zu bewerkstelligen? Wenn es innerhalb der Stadt durchaus verschiedene Ansätze und Interessengruppen gab, konnte man sich doch über eine defensive Grundausrichtung verständigen: Man wollte keine »aventuyre […] soechen« (S. 157).

Ein Abenteuer etwa wäre es gewesen, wenn Köln eine territoriale Erweiterung erstrebt hätte. Dies hätte sofort die stets virulenten Spannungen mit dem die Stadt nahezu umschließenden Erzstift eskalieren lassen, und auch ein Konflikt mit dem Herzogtum Berg (Mülheim!) galt als sehr riskant. Die eingeschränkte militärische Schlagkraft motivierte die Suche nach Bündnispartnern. Besonders der Kaiser war für eine Reichsstadt der erste natürliche Bündnispartner (wobei die Studie hier den Aspekt der Konfession ausblendet); auch das Engagement auf Reichsebene und in Reichskriegen half Köln, den Status als Reichsstand zu betonen. Neutral zu bleiben schied laut Plassmann als Option aus, da die Gefahr, von einer Kriegspartei doch überrumpelt zu werden, ja in diesem Zug auch die städtische Freiheit insgesamt zu verlieren, allzu groß war (S. 204 und 255). Sicherlich war die Neutralität als Rechtsinstrument in dieser Zeit nicht verbindlich geklärt, doch die politische und militärische Praxis zeigte immer wieder eine Haltung des Sich-Heraushaltens oder der Äquidistanz zu allen Kriegsparteien. Besonders letztere war gerade für Köln im Zeitalter des Dreißigjährigen Kriegs ein erfolgversprechender Kurs gewesen. Die mehrfache Ablehnung des Angebots, der Katholischen Liga beizutreten, und die faktische Kooperation mit allen Armeen bei offizieller Reichstreue waren sicher riskante Manöver, doch am Ende gab der Erfolg der so ausgerichteten Kölner Politik und Kriegführung recht.

Dies alles zeigt aber umso mehr, wie anregend die Gedanken sind, mit denen Plassmann die Thematik von Militär und Kriegführung als »stets selbstverständliche[n] Teil der Aufgaben der städtischen Obrigkeit« (S. 259) und damit auch als integrales Thema Kölner Stadtgeschichte beschreibt. Die gut lesbaren Ausführungen münden in einem Fazit, in dem der Autor seine Thesen spiegelstrichartig und pointiert zusammenfasst (S. 254–259). Er legt damit ein notwendiges Buch vor, das Aspekte der Stadtgeschichte ausleuchtet, die in der Forschung und öffentlichen (Selbst-)Wahrnehmung Kölns lange Jahrzehnte nicht beachtet wurden.

Michael Kaiser, Köln/Bonn

Walter Buschmann (Hg.): Industriekultur. Düren und die Nordeifel, Düren: Hahne & Schloemer 2019, 468 S., zahlreiche farbige Abb., 34,50 €.

Ein stattlicher Band über Eifel und Industrie – passt das überhaupt zusammen? Verbindet man mit der Eifel nicht vielmehr Natur pur, »Toskana Deutschlands«, Wander- und Fahrradwelt und natürlich Kulturzeugnisse – Aquädukte, Burgen und Klöster – aus Römerzeit und Mittelalter? Ja, dies trifft zu, und es ist gerade das, was heute den Charme der Landschaft ausmacht. Daneben gab es noch eine andere Seite: Denn bereits seit der Frühen Neuzeit hatten sich hier regelrechte Gewerbelandschaften mit protoindustriellen und sogar industriellen Strukturen herausgebildet. Anders als etwa das Bergische Land verbindet man die Eifel nicht mit Gewerbe oder sogar Industrie. Aber genau dieser Aspekt prägte Teile dieser Region über Jahrhunderte hinweg.

Geht man etwa durch Monschau, so ist die Fachwerk- und Schieferromantik beeindruckend und lässt wenig erahnen, dass sich hier einmal ein wichtiges Zentrum der Textilindustrie befand: Hier befanden sich die ersten Volltuchfabriken auf dem Kontinent. Das Ganze verbunden mit schwerer körperlicher Arbeit und sehr ärmlichen Lebensverhältnissen. Ebenso strahlen die pittoresken Bruchstein-Ensembles der einstigen Kupferöfen an der Vicht im Stolberger Raum heute keine industrielle Aura mehr aus.

Die Kombination von kalkarmem und weichem Wasser der Flüsse Rur, Olef, Inde und Vicht sowie von Holz aus den Wäldern für die Energiegewinnung, von Erzen und

Kohle als Rohstoffe sowie von guten Böden der Börde waren exzellente Voraussetzungen für die Gewinnung von Blei- und Eisenerzen, die Herstellung von Papier, Glas sowie für die Zuckerproduktion. Vieles ist von den einstigen Industriebauten verschwunden, Einiges ist aber erhalten: Mühlen, Hämmer, Stollen, Fördertürme, Fabrikhallen, Arbeitersiedlungen, Unternehmervillen, Straßennamen, Baggerseen, Abraumhalden und Pingen. Nun liegt ein gewichtiger Sammelband vor, in dem 18 Autorinnen und Autoren verschiedener Profession – Historiker, Mineralogen, Lehrer, Volkskundler, Architekten, Elektrotechniker, Archivare – in 21 Artikeln durchweg profunde Über- und Einblicke geben. Der Band ist in vier thematische Blöcke zu den industriellen Hauptsektoren Montan, Textil, Papier, Glas und Lebensmittel aufgeteilt.

Die Anfänge protoindustrieller Strukturen reichen in die römische Zeit zurück, so der Abbau von Bleierzen. Norbert Knauf bietet hierzu einen Beitrag zur Materialkunde des »Kölnischen Bleis«. Das Mechernicher Revier beherbergte das größte Bleierzvorkommen Europas, hier waren bis zu 4.000 Menschen beschäftigt. Peter-Lorenz Könen präsentiert einen fundierten betriebsgeschichtlichen und produktionstechnischen Überblick über die Genese des Mechernicher Bleibergbaus. Hans-Gerd Dick gibt eine sehr instruktive Darstellung der Lebenswelt der Mechernicher Bergarbeiterschaft: Dabei porträtiert er die Sozialwissenschaftlerin Fanny Imle († 1965), die bereits früh eine Studie zur schwierigen sozialen Lage der dortigen Arbeiter verfasst hat.

Das Schleidener Tal an Urft und Olef stellte in der Frühen Neuzeit ein mitteleuropäisches Zentrum der Eisenerzeugung dar. Bekannte Industrielle wie Hoesch, Poensgen, Schoeller, Scheibler oder Offermann stammen aus der Eifel. So widmet sich ein eigener Beitrag von Walter Buschmann der Familie Hoesch; eine beeindruckende Gewerbegeschichte, die bis ins 16. Jahrhundert zurückgeht. In den 1830er Jahren stellte das Hoesch-Werk in Lendersdorf die zweite Fabrikationsstätte für Eisenbahnmaschinen in Deutschland dar. Eine weitere bekannte Eifeler Fabrikantenfamilie präsentiert Horst A. Wessel, indem er die umfangreichen innovatorischen und unternehmerischen Aktivitäten der Poensgen-Familien im Schleidener Tal porträtiert; eine Geschichte, die bis ins 15. Jahrhundert reicht. Bekannt wurde das Unternehmen unter anderem als Pionier bei längsnahtgeschweißten Röhren. Die Familie verlagerte erst ab 1860 ihre Aktivitäten nach Düsseldorf, wo sie für die Entwicklung der Stadt noch wichtiger wurde als die ebenfalls aus der Eifel stammenden Hoeschs für Dortmund.

Die Wasserkraft der in ihren Wasserständen stark schwankenden Rur vermochte man zu nutzten, indem man zum Fluss parallel laufende Kanäle (Mühlenteiche genannt) anlegte. Steinkohle wurde im Stolberger Raum gefördert. Braunkohle war ein weiterer Rohstoff, den man im Bereich um Zülpich und um Liblar abbaute. Hans-Gerd Dick gibt hierzu einen instruktiven und stringenten Überblick. Widerlegen konnte er dabei unter anderem die in vielen Beiträgen vertretene These, dass nur die Protestanten unternehmerisch erfolgreich gewesen seien.

Neben den Tuchen findet man in Düren die Teppich-Produktion; die Stadt war ohnehin ein bedeutendes Textilzentrum, wie der umfangreiche Überblick von Jochen Buhren aufzuzeigen vermag. Die Papierproduktion stellt noch heute eines der gewerblichen Markenzeichen Dürens dar, die erste Papiermühle stand hier bereits 1576. Paul Larue weist auf die museale Komponente dieser immer noch wichtigen und global ausgerichteten Industrie für die Rurstadt hin. Bernd Hahne zeichnet die Geschichte dieser Branche in Düren nach.

Die nachindustrielle Periode stellt die Zeit für mögliche Nutzungsumwidmungen dar. So spürt Heike Oevermann der Konversion historischer Textilkomplexe in der Euskirchener und Dürener Region nach und thematisiert dabei Fragen der Lesbarkeit von Zeitschichten sowie von Eingriffen, die Nachnutzungen zulassen und zugleich den historischen Ort nicht verschütten; mithin immer im Spannungsfeld von Denkmalpflege und wirtschaftlichen (Nach-)Nutzungen.

Es ist ein stattlicher Band mit vielen qualitätvollen, meist farbigen Abbildungen: Fotos, Zeichnungen, Karten – unter anderem instruktiv die Karten von Düren mit den Unternehmervillen (S. 47) und den Bergbaubereichen (S. 138f., 141, 145f., 149, 152, 155, 166f., 173, 201). Ein Firmen- und ein kombiniertes Register zu Orten und Regionen runden das Werk ab und lassen so gezieltere Recherchen zu. Allein das fast quadratische Format (23,4×21,5 Zentimeter) lässt den umfangreichen Band etwas unhandlich zum Lesen jenseits des Schreibtisches werden.

Ein grundsätzliches Problem von Sammelbänden solcher Art stellt allerdings die Abstimmung der verschiedenen Beiträge dar – es besteht die Gefahr vor allem von Doppelungen. Wieweit kann und muss hier die Redaktion eingreifen? Trotz aller Schwierigkeiten im Detail, wären an einigen Stellen redaktionelle Eingriffe sinnvoll gewesen. So beispielsweise im Hinblick auf die beiden Artikel von Peter Johannes Droste und Elke Janßen-Schnabel über Mühlenteiche und Mühlen oder bezüglich der Beiträge von Norbert Knauf, Wolfgang Wegner und Hans-Georg Brunemann über den Erzbergbau in der Nordeifel; teilweise sind hier diverse Fotos (so über die Pingen) gleich mehrfach vertreten. Ebenfalls die Artikel von Ulrich Glasneck über die Glasindustrie in Stolberg und Düren und von Paul Benden über die Historie der Flachglasproduktion in Stolberg überlappen sich in Teilen inhaltlich.

Darüber hinaus sind einige Monita zu erwähnen, die in einer 2. Auflage leicht behoben werden können. So ist zuweilen ist nicht klar, welches Archiv gemeint ist, wenn vom »Alten Landesarchiv« (S. 26, 33) oder Landesarchiv Rheinland (S. 389) die Rede ist; vermutlich ist das ehemalige Hauptstaatsarchiv Düsseldorf beziehungsweise das heutige Landesarchiv NRW gemeint. Was unter der »Zentralgewalt des Reiches« (S. 30) im frühen Mittelalter zu verstehen ist, wird nicht erläutert – eine derartige hat es schlicht nicht gegeben. Der Autor hätte besser statt auf recht holzschnittartige Schilderungen der Reichs- und Regionalebene verzichtet, nicht so viele Verweise auf eigene Arbeiten vorgenommen und stattdessen konkrete Beispiele genannt. Zudem kamen die Rheinlande 1794 an die Französische Republik, nicht ans Französische Reich (S. 161). Darüber hinaus sind einige Abbildungen, insbesondere Karten, nicht besonders gelungen, so zum Beispiel die Urkatasterkarte von Düren (S. 31); hier hätte man auf die sehr viel bessere Vorlage im Rheinischen Städteatlas (II, Nr. 9 von 1974) Rückgriff nehmen können. Unklar bleibt auch die Bedeutung der Karte Dürens von 1634 (S. 33), zumal diese erst nach der Urkatasterkarte präsentiert wird. In einigen Artikeln vermisst man zudem Karten an Stellen, wo sie zentral gewesen wären (zum Beispiel die Mühlenteiche, S. 35–44). Zuweilen sind die Abbildungen nicht oder nicht ausreichend beschriftet, sodass nicht klar wird, wer dort zu sehen ist (zum Beispiel S. 48,

50, 56, 350). Das Foto des Mechernicher Malakowturmes stammt natürlich nicht aus dem Jahre 1872, sondern ist neueren Datums.

Dennoch und vor alledem: Ein solches Werk vermag eindrucksvoll aufzuzeigen, wie sich unsere – vermeintlich stabilen – Kulturlandschaften veränderten: Der Dreischritt von Industrialisierung – Deindustrialisierung – postindustrieller Nutzung kann hier sehr gut aufgezeigt werden. Ein Band, zu empfehlen für jeden Interessierten – ob Fachmann, interessierter Laie oder Tourist. Zu wünschen ist ein ähnliches Projekt auch für den südlichen Eifelraum, war doch auch dieser in Teilen von einer frühen Industrialisierung geprägt.

Wolfgang Rosen, Köln/Bonn

Stefan Lewejohann/Georg Mölich (Hg.): Köln und Preußen. Studien zu einer Beziehungsgeschichte (Geschichte in Köln, Beihefte – Beiträge zur Stadt- und Regionalgeschichte, Bd. 3), Köln: Böhlau Verlag 2019, 261 S., 40 Abb., 20,00 €.
Die elf Beiträge dieses Bandes gehen auf eine Tagung des Fördervereins Geschichte in Köln im September 2015, auf eine Tagung in Aachen 2006 sowie Einzelvorträge zurück, die sich auf Köln als Preußische Stadt und als Festungsstadt sowie vor allem auf das Verhältnis des katholischen Rheinlands (besonders Köln und Aachen) zu Preußen beziehen. Zusammen mit dem ebenfalls auf eine Tagung 2015 zurückgehenden Band »Das Rheinland auf dem Weg nach Preußen 1815–1822« (Köln 2019) bieten diese Studien und Abhandlungen eine hervorragende Bilanz des Preußenjubiläums 2015 und geben zugleich einen vertieften Einblick in die komplizierte Beziehungsgeschichte zwischen Köln, dem Rheinland und Preußen.

Georg Mölich (»1865–2015: ›Preußen-Jubiläen‹ in Köln und im Rheinland. Erinnerungskulturen im Wandel«) beschreibt die Feierlichkeiten im Rheinland zum Andenken an die »Besitzergreifung« der Rheinlande durch Preußen 1815 in den Jahren 1865, 1915, 1965, 1990 mit einem Ausblick auf 2015. Diese Feiern fanden in unterschiedlichen politischen Situationen statt und reichten vom Kaiserbesuch mit Festbankett im Aachener Rathaus über Publikationen und Fachtagungen, bis hin zu dem großen Rückblick in »Danke Berlin«. Max Plassmann (»Preußisch-Kölnischer Militarismus? Überlegungen anlässlich des Preußenjahrs 2015«) erinnert daran, dass Köln eine preußische Großstadt gewesen sei und dass die Karnevalsgarden eher eine Nähe als Distanz zum Militär vermuten ließen, letztlich die Begeisterung für Militärisches nach dem 1870er Krieg in Köln nicht anders als in anderen preußischen Städten gewesen sei. Hildegard Brog (»Alltagsleben in den Festungsstädten Köln und Koblenz.«) vergleicht sehr plastisch die Bedingungen und die Einschränkungen des täglichen Lebens einschließlich gelegentlicher Auseinandersetzungen zwischen Bürgern und Militär in Köln und Koblenz. Thomas Gampp (»Das Friedrich-Wilhelm-Gymnasium. Ein preußisches Gymnasium für Köln«) berichtet von der Gründung des Vorläufers am Waidmarkt, erläutert die preußische Schulpolitik und die Rolle des Pädagogen Karl Friedrich Grashof sowie schließlich die Umstände der Benennung der Schule 1830.

Peter Dohms (†) untersucht die Rolle der Wallfahrt im Volkscharakter der Rheinländer (»Rheinische Wallfahrten des 19. Jahrhundert im Spannungsfeld von Staat und Kirche«), wobei er die Wallfahrtsorte Trier, Köln, Aachen, Klausen, Kevelaer und Neviges in den Blick nimmt. Während er für die 1820er und 1830er Jahre ein Rückgang feststellen konnte, finden sich dann ab den 1840er Jahren eindrucksvolle Manifestation katholischer Volksfrömmigkeit, die im Kulturkampf und in der nationalsozialistischen Zeit besonders bei den Heilig-Rock-Wallfahrten und der Heiltumsfahrt nach Aachen eine politische Komponente erhielten. Wolfgang Cortjaens (»Frömmigkeit und Bürgertugenden. Die Selbstinszenierung der katholischen Aachener Oberschicht im 19. Jahrhundert«) beschreibt die Rolle der katholischen Aachener Oberschicht, besonders der katholischen (Bau-)Vereine und ultramontanen Zirkel und die Manifestation in Kirchen und Denkmälern wie der Mariensäule und der Kreuzigungsgruppe vor St. Jakob. Ernst Heinen (»Katholische Mobilisierung im preußischen Köln. Eine Bastion des bürgerlichen Ultramontanismus im 19. Jahrhundert«), stellt das Netzwerk von katholischen Vereinen, unter anderem den Piusverein, vor und nach 1848 vor. Er beschreibt die Rolle der Brüder Reichensberger, von Julius Bachem und Joseph Roeckerath (Agneskirche), die propäpstliche Bewegung, das Zentrum im Kulturkampf und die Rolle der katholischen Kölner Bürgervereine im Vorfeld der Reichstagswahlen. Sybille Fraquelli (»Die Durchsetzung der Neugotik im katholischen Sakralbau des Rheinlandes«) macht deutlich, dass in der zweiten Hälfte des 19. Jahrhunderts die Neugotik als der offizielle Baustil der Diözese Köln galt, gefördert durch den Verein Christliche Kunst, sowie persönliche Verflechtungen zwischen Peter Reichensberger, dem Maler Friedrich Baudri sowie den Architekten Vinzenz Statz und Heinrich Nagelschmidt, was an zahlreichen Beispielen erläutert wird. Joachim Oepen (»Preußische Großstadt vor dem Aufbruch. Eine Selbstvergewisserung des katholischen Köln im Kulturkampf (1877)«) nimmt die aufwändige Grußadresse des katholischen Köln zum Goldenen Priesterjubiläums des Generalvikars und Weihbischofs Johann Anton Friedrich Baudri im Jahre 1877 zum Anlass, die dort genannten circa 1.000 Namen (893 hatten persönlich unterschrieben) in ihren sozialen und politischen Zusammenhang einzuordnen. Dabei ergibt sich, besonders in der Zuordnung zu den verschiedenen Gruppen und Vereinen sowie den Wählerklassen, ein gesellschaftliches Abbild des katholischen Kölns, vor allem der kirchlichen Funktionsträgerschicht.

Thomas Mergel (»Geliebt im ungeliebten Westen. Die Hohenzollern in Köln während des Kaiserreichs«) weist darauf hin, dass es einen Unterschied in der Haltung der Kölner zur preußischen Verwaltung und zum Königs-/Kaiserhaus gegeben habe. So sei zum Beispiel trotz Kulturkampf die Popularität der Hohenzollern groß gewesen, wie es sich beispielsweise in der Benennung von Schulen, der Errichtung von Denkmälern, dem Domjubiläum 1880 sowie dem Personenkult in der wilhelminischen Zeit gezeigt habe. Holger Löttel (»Konrad Adenauer – ein Preuße wider Willen?«) erinnert daran, dass Adenauer einen großen Teil seines Lebens Beamter im preußischen Staatsdienst sowie in unterschiedlichen offiziellen Funktionen in Berlin war, dass seine angeblich profranzösische Rolle in der Rheinlandbewegung von Pragmatismus geprägt war und dass seine dezidiert antipreußische Haltung nach dem Krieg auf seine negativen persönlichen Erfahrungen im Nationalsozialismus zurückgeführt werden könne.

Alle Aufsätze zusammen geben ein sehr informatives und plastisches Bild der Verhältnisse in der katholischen Gesellschaft im Rheinland im 19. Jahrhundert und der Haltung der rheinischen Bevölkerung zu den Preußen, sei es als Verwaltung, Militär oder ihren Fürsten.

Clemens von Looz-Corswarem, Köln

Reinhard Matz/Wolfgang Vollmer: Köln vor dem Krieg. Leben – Kultur – Stadt 1880–1940, Köln: Greven Verlag 2012, 384 S., 425 S/W- und Farbabb., 49,90 €; Dies.: Köln und der Krieg. Leben – Kultur – Stadt 1940–1950, Köln: Greven Verlag 2016, 288 S., 310 S/W- und Farbabb., 39,90 €; Dies.: Köln nach dem Krieg. Leben – Kultur – Stadt 1950–1990, Köln: Greven Verlag 2014, 392 S., 506 S/W- und Farbabb., 49,90 €.
Plakativ wirbt der erste Band dieser gewichtigen und großformatigen Trilogie zur Kölner Stadtgeschichte zwischen etwa 1880 und 1940 mit dem Motto »Fotokunst trifft Stadtgeschichte« auf der Buchrückseite. Im chronologisch dritten Band, der den Zeitraum bis 1990 abbildet, wird im Nachwort (Bd. III, S. 384) »Stadtgeschichte als Fotogeschichte« als ein übergeordnetes Thema der Gesamtreihe benannt. Insgesamt bieten die drei Bände 1.241 Fotografien, die sicher nicht alle dem Anspruch von »Fotokunst« genügen können, aber sicher alle mehr oder weniger wichtige visuelle Beiträge zur Stadtgeschichte Kölns darstellen. Im Vorwort zum ersten Band wird vom Autorenduo kritisiert, »dass bisherige Fotobücher ein derart traditionelles, äußerliches Bild von ihr [der Stadt Köln] entwarfen, während die Bewohner und ihre Lebensverhältnisse weitgehend ausgeblendet blieben« (Bd. I, S. 17f.). Dem wird in dieser Publikationsreihe wirklich entgegengesteuert. Der Untertitel setzt bewusst »Leben« an erste Stelle – und das wird ernst genommen: Die Bände bieten eine wahre Fülle von »Alltagsszenen«, in denen Menschen in Köln alleine oder im Gruppenzusammenhang im Zentrum stehen und die eine eindrucksvolle Serie liefern, wie es sie wohl von keiner anderen deutschen Großstadt gibt und die fast schon als Grundlage für eine kulturanthropologische Arbeit über Menschenbilder in der Großstadt ausgewertet werden könnte. Neben den Fotografien von Bauwerken, Innenräumen, historischen Ereignissen und Stadtlandschaften sind es vor allem diese Alltagsaufnahmen, die den besonderen Reiz und den Wert der Bände ausmachen. Ein größerer Teil der Fotos war bisher vollkommen unbekannt – es ist dem Autorenduo hoch anzurechnen, dass Funde aus vielen Archiven und Privatsammlungen auch außerhalb Kölns herangezogen werden konnten. Die Liste der Danksagungen in den jeweiligen Vorworten der drei Bände sind entsprechend lang geraten, verraten aber in etwa den bei der Recherche betriebenen enormen Aufwand.

Zur historischen Einordnung hat Reinhard Matz für die drei Bände insgesamt acht knappe Essays verfasst, die jeweils die Epochenzusammenhänge für Köln charakterisieren. Diese einführenden Texte sind nicht als Geschichte Kölns im Überblick konzipiert, sondern als eher subjektiv gehaltene Hinführungen zu den dann den stadthistorischen Zeitabschnitten zugeordneten Bilderstrecken. Eine weitere inhaltliche Buchebene stellen die den Bänden beigefügten insgesamt 60 Textpassagen dar, die aus literarischen, publizistischen oder sonstigen Kontexten stammen und in die Epochenabschnitte eingestreut wurden. Die Texte von heute Prominenten wie Heinrich Böll bis zu eher unbekannten Autorinnen und Autoren sind klug und spannend gewählt und kommentieren beziehungsweise konterkarieren die Bildauswahl – und bringen durchaus eigene, überraschende Akzentsetzungen hinzu, was an dieser Stelle jedoch nicht vertieft werden kann.

Die Bildbeschriftungen sind meist knapp gehalten – hier hätte man sich manchmal etwas mehr an Informationen gewünscht –, am Platz hat es dabei nicht gemangelt. Jeweils angeführt (wo bekannt) sind die Namen der Fotografen und die Datierung. Am Ende der Bände gibt es ein Verzeichnis der Fotografen mit kurzen biografischen Angaben (wobei hier zu erwähnen ist, dass es zur einer gewissen Zahl von Fotografen beziehungsweise Bildagenturen keinerlei Angaben zu geben scheint). Manchmal bieten die Beschriftungen auch Zusatzinformationen – zum Beispiel eine Auswahlliste der Kölner Nachtclubs aus einer Broschüre des städtischen Verkehrsamtes von 1970 zu Fotos von drei Bardamen (Bd. III, S. 214). Selten sind die Beschriftungen irreführend oder falsch (etwa bei der Fotografie der KVB-Demonstration 1966, die dem Neumarkt zugewiesen wird, obwohl als Hintergrund eindeutig das Hahnentor am Rudolfplatz fungiert, Bd. III, S. 220 f.). Zuweilen werden auch Rückverweise angegeben (zum Beispiel vom Bild der Weidengasse in Bd. III, S. 237 auf ein Vergleichsbild in Bd. I, S. 84), und dies hätte strukturell ausgebaut werden können, um die Bände als gedrucktes Bilderarchiv intensiver zu nutzen. Sehr eindrucksvoll sind die Bildcollagen, wo mehrere Motive auf einer Seite thematisch zusammengestellt sind (etwa »Verwaltungs-Hochhausbauten«, Bd. III, S. 226 und »Verdichtetes Wohnen«, Bd. III, S. 245). Die Bilderabfolgen in den einzelnen Zeitabschnitten leben von der enormen Vielfalt an Themen, die behandelt werden. Neben Architektur und Alltagssituationen werden zum Beispiel im dritten Band Aspekte wie kulturelles Leben, Sport, Konsum, Protestbewegungen, Prozessionen, Wohnungsausstattungen, Karneval und Hochwasser behandelt. Die Gliederungsstruktur erschließt sich dabei nicht wirklich – aber immer ist es ausgesprochen spannend, sich auf eine »Epoche« einzulassen und sie dann im Medium der Fotografie an sich vorbei ziehen zu lassen. Gerade der Blick auf die Weimarer Zeit etwa (Bd. I, S. 134–275) bietet ein Panorama dieser Zeit, wie es so verdichtet für Köln noch nie präsentiert wurde. Bei der Vielfalt von Themen und Zusammenhängen, die zur Weimarer Zeit gezeigt werden, fällt jedoch auf, dass die explizit politische Entwicklung zu kurz kommt. Es werden zwar die Großveranstaltungen, die natürlich auch immer politische Implikationen hatten, relativ ausführlich präsentiert (etwa die Befreiungsfeier 1926, die PRESSA von 1928, die »Jahrtausendausstellung« 1925 oder das große Turnfest von 1928). Aber politische Versammlungen oder Demonstrationen bleiben visuelle Mangelware (Ausnahme ist das Foto von August Sander zu einer von Frauen dominierten Demonstration der »Roten Front« 1927, Bd. I, S. 267, die jedoch nicht weiter erläutert wird). Auch der hochstilisierte und medial besonders ausgenutzte Besuch Paul von Hindenburgs im »befreiten« Köln 1926 fehlt ganz, obwohl er für die »Inszenierungsgeschichte« der Domstadt sicher nicht unwichtig war. Ein anderes Beispiel für eine politische Leerstelle aus einer anderen Epoche: Der für die Kölner Entwicklung wichtige Kölner Oberbürgermeister Theo Burauen (Amtszeit 1956–1973) wird zwar im entsprechenden Essay beiläufig erwähnt (Bd. III, S. 192), taucht dann aber nur einmal auf einem Foto auf (Bd III, S. 179, zusammen mit Elisabeth II. bei deren Besuch in Köln 1965. Das Foto ist zudem leider mit störender Rasterung reproduziert; es fehlt auch der Hinweis, dass es sich nur um einen Ausschnitt handelt). Den Amtsnachfolgern Burauens ergeht es übrigens ähnlich – auch sie tauchen in dieser Bildanthologie – wenn überhaupt – nur am Rande auf. Es soll hier natürlich nicht für eine Aneinanderreihung von Oberbürgermeisterfotos plädiert werden, aber wenn man den Untertitel der Trilogie »Leben – Kultur – Stadt« fotografisch abbilden will, gehören die politischen Repräsentanten der Stadt definitiv auch dazu. Auffällig ist auch die – wenn ich recht sehe – vollständige visuelle Vernachlässigung der Kölner Stadtverordnetenversammlung, also des Rates der Großstadt. Die opulente Präsentation der Alltagsgeschichte ist sicher vollständig zu rechtfertigen, aber dafür muss die demokratisch legitimierte Vertretung in der Weimarer Zeit und nach 1945 nicht vollkommen vernachlässigt werden. Bemerkenswert ist auch der Verzicht auf Fotografien etwa von der Trauerfeier für Konrad Adenauer im April 1967, die als Mediengroßereignis Köln in den Focus der Weltöffentlichkeit gerückt hat und für den Bandzusammenhang »Köln nach dem Krieg« hochbedeutend war, da mit dem Tod des Kölner »Übervaters« Adenauer auch eine Epoche endgültig zu Ende ging, was sich im kollektiven Gedächtnis der Kölnerinnen und Kölner tief verankert hat.

Besonders hervorgehoben werden müssen einzelne bisher unbekannte Aufnahmen, die fast schon ikonisch für Sachzusammenhänge stehen: etwa das Foto von Benno Wundshammer von 1935, das Fußgänger bei der Überquerung einer Straße zeigt, die mit Anweisungen beschriftet ist (etwa »Radfahrer! Straßenmitte freihalten!«, Bd. I, S. 292) und geradezu symbolisch für die massiven NS-Eingriffe in das öffentliche Leben steht. Oder das Foto von Alfred Tritschler von 1953 (Bd. III, S. 65) mit einer Szene einer Caféterrasse in der Innenstadt mit acht »vermummten« Frauengestalten (Nonnen!) im Hintergrund, die heute an ganz andere gesellschaftliche Konfliktkonstellationen erinnern. Solche spannenden Beispiele könnten in großer Zahl angeführt werden – was aber hier natürlich unterbleiben muss.

Auf viele weitere Aspekte der großen Fotodokumentation kann im Rahmen dieser Rezension nicht eingegangen werden. Festzuhalten bleibt, dass mit den drei Bände eine faszinierende fotografische Gesamtsicht auf die städtische Entwicklung Kölns zwischen ungefähr 1880 und 1990 vorgelegt wurde, für das die Autoren und der Verlag großen Dank verdienen. In den Bänden wurden die meisten Fotos in hervorragender Qualität und meist auch in großem Format abgedruckt – es ist ein einziges Vergnügen, in den drei Bänden auf historische Entdeckungsreise zu gehen!

Anzuknüpfen ist jedoch die grundsätzliche Frage nach dem Stellenwert einer solchen monumentalen Anthologie für die geschichtswissenschaftliche Beschäftigung mit »Köln« und die Geschichtsschreibung zur Kölner Stadtgeschichte. Klar sein dürfte, dass der in den Bänden präsentierte Bilderkosmos mangels einer klaren analytischen Ebene keine Geschichtsschreibung ersetzen kann; das Bilderpanorama fordert aber dezidiert ein, das sich Geschichtsschreibung weitaus intensiver als bisher geschehen mit fotografischen Quellen beschäftigen muss, durchaus auch als quellenorientiertes Korrektiv und Ideengeber für neue etwa alltagesgeschichtliche Fragestellungen!

Der große Erfolg der drei opulenten Bildbände rief natürlich nach einer Ergänzung in die Zeit vor 1880. Ende November 2020 soll vom gleichen Autorenteam ein »Vorgängerband zur Köln-Trilogie« unter dem Titel »Köln von Anfang an. Leben – Kultur – Stadt bis 1880« erscheinen, der die »visuelle Geschichte Kölns bis 1880« präsentieren möchte (Zitate aus der Verlagsankündigung). Im Sommer 2020 erschienen zudem die beiden ersten Bände der auf vier Bände konzipierten Reihe »Köln: eine Stadtgeschichte in Bildern«, die vom Fotografen Wolfgang F. Meier und vom Historiker und langjährigen Direktor des Kölnischen Stadtmuseums Werner Schäfke verantwortet werden (die zwei ausstehenden Bände sind für November 2020 angekündigt). Hier wird die Stadtgeschichte auf einzelne knapp kommentierte Abbildungen sowie einführende essayistische Texte heruntergebrochen. Im Rahmen eines »visual turn« scheint die Reduzierung historischer Darstellungsformen auf »Bildergeschichten« derzeit in der Kölner Stadtgeschichte zum Mainstream zu werden. Auch aufgrund der bekannten partiellen und (hoffentlich) zeitlich begrenzten »Verlustgeschichte« der schriftlichen Überlieferung durch den Archiveinsturz von 2009 mag diese Entwicklung zwangsläufig erscheinen. Aus einer geschichtswissenschaftlichen Perspektive muss darüber aber intensiv diskutiert werden, denn die damit (tendenziell) verbundene Aufgabe analytischer Kategorien und Methoden kann hoffentlich nicht das letzte Wort sein.

Georg Mölich, Köln

Fortis Colonia e. V. (Hg.): Eine Grünanlage mit Geschichte. Festungsbauten und Äußerer Grüngürtel in Köln. Festschrift für Konrad Adenauer (Fortis Colonia, Schriftenreihe Nr. 2), Köln: Fortis Colonia e. V. 2015, 271 S., zahlr. Abb., 24,95 €.
Rund 125.000 Jahren Geschichte schildert der reich bebilderte Sammelband zum Kölner Grüngürtel und geht damit über das Versprechen seines Titels hinaus. Diese Zeitspanne wird erreicht mit der Darstellung des Geografen Reinhard Zeise über die »Spuren des Rheins im Äußeren Grüngürtel«, die heute noch in den Terrassen des Grüngürtels zu erkennen sind. Die weiteren Artikel befassen sich mit der Archäologie im Äußeren Grüngürtel (Elisabeth Maria Spiegel), mit »Kölns Umland im Mittelalter« (Klaus Militzer) und mit dem Umland bis zum Bau des äußeren Festungsgürtels (Alexander Hess). Nach der Darstellung des Baus der Festungsanlage nach der Staatsgründung 1871 (Dirk Wolfrum) und einer kunsthistorischen Betrachtung der Festungsbauten (Henriette Meynen und Dieter Klein-Meynen) leitet Bernd von Felsen mit seinem Aufsatz über die Entfestigung nach dem Ersten Weltkrieg den umfangreicheren zweiten Teil der Geschichte des Festungsrings ein, der nun den Grüngürtel bildet – eine für europäische Großstädte einmalige Anlage.

Martin Turck beschreibt in dem zweiten Teil zunächst die Planung des Äußeren Grüngürtels. Petra Adenauer betont in ihrem Aufsatz noch einmal den Stellenwert der im Grüngürtel angelegten Sportplätze – unter anderem den Sportpark Müngersdorf – für den Ruf Kölns als »Sportstadt«. Während Henriette Meynen sich mit der Einbeziehung der Festungswerke in die Gestaltung der Landschaftsarchitektur durch die Planung Fritz Enckes beschäftigt und Ute Becker der Bepflanzung des Grüngürtels durch Encke und Gartenbauarchitekten Nussbaum »huldigt«, weil sie genau wussten, »welche Stimmung sie erzeugen wollten« und »dafür das geeignete Mittel« kannten, schildert Joachim Bauer die geplante Anlage eines »Reichsarboretums« in Köln nach 1938. Das dem »Reichsforstmeister« Hermann Göring unterstellte Reichsforstamt sollte nach den Wünschen des Direktors des Botanischen Gartens Hermann Sierp die Anlage eines neuen Botanischen Gartens unterstützen, an dessen Verwirklichung auch nach 1945 gearbeitet werden sollte.

In die Problematik, wie mit dem Grüngürtel und den noch immer vorhandenen Fortanlagen umzugehen ist, führt Dieter Klein-Meynen ein. Dazu werden zunächst die nach den Zweiten Weltkrieg vorgenommene »Beseitigung von Festungsrelikten« im linksrheinischen (Alexander Hess) und rechtsrheinischen (Mark Sauer) Grüngürtel dargestellt. Reinhard Zeese geht der Anlage der Festungsbauwerke und ihrer Niederlegung für die Oberflächenstruktur der Grünanlagen nach. Erschreckend sind die Befunde von Alfred Distelrath hinsichtlich der »Restaurierung und Bauunterhaltung der Kölner Festungswerke«, deren Bestand bei einer unsachgemäßen Nutzung und bei nachlässigem Umgang nachhaltig in Frage gestellt werden muss.

In einem »Ausblick« plädiert Dieter Klein-Meynen für einen behutsamen Umgang mit dem Grüngürtel und nennt vorurteilsfrei die Interessen des Denkmalschutzes und die meist wirtschaftlich motivierten Begehrlichkeiten auf die durch die Entfestigung entstandenen Freiflächen. Es fordert – und dies kann als Motivation aller Autoren für die Beschäftigung mit der Geschichte der Festungsanlagen und des Grüngürtels gesehen werden – eine öffentliche Diskussion über die weitere Entwicklung zu führen, die die »Qualitäten und bauhistorische Bedeutung« würdigt, und daraus eine Konzeption für den Umgang mit diesem in seiner Anlage einmaligen Gelände zu entwickeln. Warum allerdings auf den seit Mitte der 1970er Jahre gültigen und ständig fortgeschrieben Flächennutzungsplan, der für den Grüngürtel nicht nur ein Schutzinstrument war, sondern sogar seine Erweiterung vorsah, nicht eingegangen wird, bleibt dem Rezensenten ein Rätsel.

Der überaus vielseitige Blick auf den Kölner Grüngürtel ist nicht nur eine Festschrift für den Vorsitzenden des Vereins »Fortis Colonia« Konrad Adenauer, sondern auch eine »Hommage an seinen Großvater, dessen Wirken als Kölner Oberbürgermeister« in vielen Aufsätzen in den Mittelpunkt gestellt wird.

Für den Leser bietet das Buch eine gute Gelegenheit, sich den die Stadt umfassenden Grüngürtel auf angenehme Weise zu erschließen, wozu die knapp gefassten Aufsätze und die gut ausgewählten Abbildungen ihren Beitrag leisten. Es wird aber bei jedem Leser das Gefühl für die Bedrohung für dieses wunderbare Stadtgrün entstehen lassen.

Thomas Deres, Bergisch Gladbach

Ute Planert (Hg.): Alberts Töchter. Kölner Frauen zwischen Stadt, Universität und Republik (1914–1933), Köln: Röhrig Universitätsverlag 2019, 471 S., 32,00 €.

Die Stadt Köln ist landläufig wohl eher nicht dafür bekannt, der progressive Nukleus der deutschen Frauenbewegung vor 1933 gewesen zu sein. Proletarische und bürgerliche Emanzipationsbewegungen sind hier verhältnismäßig spät zu verzeichnen. Auch die Zahl weiblicher Studierender, die sich 1919 an der neugegründeten Kölner Universität einschreiben durften, muss, verglichen mit Bonn oder Münster, als »verschwindend gering« (S. 32) bezeichnet werden. Der vorliegende Sammelband, konzipiert als »Lesebuch zur Frauengeschichte im Umfeld der Kölner Universität« (S. 5) zwischen 1914 und 1933, beweist allerdings, dass es auch hier beachtenswerte und vereinzelt sogar vorgreifende Entwicklungen in Hinblick auf die seit Anbeginn der Frauenbewegung zentrale Frauenbildungsfrage gab – freilich unter den Vorzeichen eines nach wie vor extrem misogynen und repressiven Klimas, das auch und gerade das akademische Milieu der Weimarer Republik kennzeichnete. Aufgrund der Brisanz des Frauenwahlrechts, das ebenso eng mit der Frauenfrage verbunden ist, sind Bildungsaspekte im Jubiläumsjahr 2019 etwas ins Hintertreffen geraten, wenngleich die Weimarer Reichsverfassung ja auch gerade darauf neuartige Perspektiven eröffnete. Von daher ist eine Publikation zu einem lokalen Fallbeispiel, das die speziell für Köln wichtigen Vorentwicklungen im Kaiserreich berücksichtigt, höchst willkommen.

Der Band ist aus einem drei Semester umfassenden Lehrprojekt der Kölner Historikerin Ute Planert hervorgegangen und bündelt 16 Themenbeiträge aus der Feder von Studierenden und Promovierenden der Geschichte. Auch der Kölner Frauengeschichtsverein, der bereits in den 1990er Jahren eine Ausstellung zum Thema erarbeitet hat, ist mit einer Beiträgerin vertreten. Das Buch lag pünktlich zum ›anderen‹ Jubiläum, das der Neugründung der Kölner Universität, vor. Die Beiträge sind in vier thematischen Teilen angeordnet: »Frauenbildung im Kaiserreich«, »Krieg und Republik«, »Frauenstudium« und »Karrieren«. Wenngleich die dritte Rubrik die seitenstärkste ist, bietet das Buch weit mehr als eine Darstellung weiblicher Studentenschaft in der Zeit der Weimarer Republik, die im Übrigen, wie Nina Grützenbach treffend festhält, Studentinnen nur überaus »prekäre Freiräume« bot (S. 263–297). Es handelt sich um eine Studiensammlung an der Schnittstelle von Frauen-, Bildungs-, Stadt- und Universitätsgeschichte, in der sowohl institutionellen Entwicklungen und Netzwerkbildung als auch politischen Diskursen und sozialen Aspekten (Studienabschlüsse und Berufsaussichten, studentisches Leben und die Frage der Internationalität sowie der Herkunft, Religion und Konfession) im Spiegel städtischer Konstellationen Rechnung getragen wird. Die Bearbeiterinnen und Bearbeiter haben dafür eine beachtliche Zahl an bislang wohl wenig bekannten Quellen ausgewertet, von Akten und Schriftwechseln aus dem Universitätsarchiv, dem Landesarchiv NRW und diversen Stadtarchiven über Universitäts- und Parteipublizistik hin zu lebensgeschichtlichen Zeugnissen.

Demnach ist der Band voll von aufschlussreichen Aspekten, sodass es bedauernswert ist, hier nicht jedem Beitrag inhaltlich gerecht werden zu können. Die instruktive Einleitung von Ute Planert (S. 15–50) und der Übersichtsartikel von Irene Franken (S. 51–78) zeigen eindrücklich, dass die Wurzeln der Frauenbildung auch in Köln im seit Mitte der 1890er aktiven, vorerst unpolitischen Vereinswesen lagen. Das von Mareike Hollmann erläuterte und im Band mehrmals wiederaufgegriffene Beispiel des 1903 (probeweise) eröffneten Kölner Mädchengymnasiums – die erste nichtprivate Mädchenschulgründung auf preußischem Boden – ging ebenfalls auf eine (großbürgerliche) Initiative mit Vereinsgründung zurück, welche sich auf gewichtige, pro-preußische Männernetzwerke im Umfeld sowohl der Gesellschaft für Rheinische Geschichtskunde als auch des Stadtarchivs und des Provinziallandtags stützen konnte (S. 79–112). Der Name von Mevissen ist mit dem Vorhaben eng verbunden, genauso wie mit der von Lea Jessat behandelten Kölner Handelshochschule (S. 241–261), die 1907 ihre Türen für Frauen als (bestenfalls) künftige Handelslehrerinnen öffnete und zunächst auch die erste offizielle Studentin der späteren Kölner Universität empfing, bevor sie in der neuen Wirtschafts- und Sozialwissenschaftlichen Fakultät aufging, nämlich die von Najah Demant porträtierte Jenny Gusyk (S. 189–204).

Dass in Köln Frauenbildung und damit verbunden die formale (Selbst-)Organisation von Frauen eine besondere Geschichte hat, hat Gründe, die auch in einer Reihe Kölner Besonderheiten zu suchen sind. Zu nennen wären die engen Netzwerke des rheinischen Industrie- und Wirtschaftsbürgertums, das ausgeprägte Hochschulwesen sowie die politische Schwerpunktbildung im Bereich des Sozialen und der Wohlfahrt, für die der 1916 eingerichtete Studiengang »Frauen-Hochschulstudium« an der Hochschule für kommunale und soziale Verwaltung exemplarisch stehen kann. Dessen unverkennbar stereotypengerechtes Curriculum erörtert Kristina Strangl (S. 223–240). Daneben begünstigte die katholische Prägung der Stadt mitunter die Unterstützung von katholischen Studentinnen, an der, wie Lina Zimmermann zeigt, bedingt auch der 1903 in Köln gegründete Katholische Deutsche Frauenbund beziehungsweise die mit ihm eng verbundenen Studentinnenvereine mitwirkten (S. 299–320). Bis auf wenige Ausnahmen (etwa Soziologin Fanny Imle, S. 314f.) vertrat die katholische Frauenbewegung freilich ein »gottgewolltes und unveränderbares Geschlechterbild« (S. 303), das nicht die Gleichstellung, sondern die Sonderrolle der Frau betonte.

Das traditionale Frauenbild schlug sich bekanntlich auch in der politischen Diskursführung nieder, und zwar nicht nur der des Zentrums. In einer höchst aufschlussreichen Studie kann Lukas Doil auf der Basis einer systematischen Durchsicht der Kölnischen Parteienpresse im Kölner Dreiwahlenjahr 1919 belegen, dass es sowohl in Zentrumskreisen als auch bei den Sozialdemokraten eine parteipolitisch nicht überwindbare Auffassung über Geschlechterdualismus und vorgefertigte politische Betätigungsfelder (Erziehung und Sozialfürsorge) gab (S. 135–185). Neben Wahlbeteiligung und -verhalten der Kölner Frauen beschreibt Doil auch die diskursive Wende im Nachgang der Wahl zur Nationalversammlung, innerhalb derer sich vor allem in der MSPD dubios begründete Bedenken angesichts der weiblichen Politiktauglichkeit bahnbrachen. Auch wenn die Berufseignung im Kontext der von Janine Zeising beleuchteten Heimatfront Kölner Frauen eine neue Dimension bekam (S. 113–134), war sie nie fraglos, die Chance qualifizierter Absolventinnen auf Berufsausübung sehr begrenzt. Weibliche Universitätskarrieren gab es auch an der Kölner Universität kaum. Denkwürdige Frauenpersönlichkeiten, wie Werkbundkünstlerin Alexe Altenkirch oder die Historikerin Ermentrude von Ranke, die sich 1922 (drei Jahre nach Emmy Noether in Göttingen) als erste Frau an der philosophischen Fakultät habilitierte, begründen daher den biographisch angelegten Schlussteil des Bandes. Nie aber kamen sie ohne männliche Unterstützer – etwa aus dem Umfeld des Kölner Stadtarchivs oder aus Professorenkreisen am Forschungsinstitut für Sozialwissenschaft – aus.

Insgesamt ist ein informativer und überaus vielfältiger Leseband zum Thema gelungen. Hinter dem einwandfreien redaktionellen Abschluss steckt viel Engagement, zu dem man der Herausgeberin und den Mitwirkenden gratulieren darf. Sicherlich hätte der Aufbau des Bandes durchdachter sein können. So hätte sich der Beitrag von Kristina Strangl zur Hochschule für kommunale und soziale Verwaltung hervorragend an den Themenübergang Erster Weltkrieg – Republik stellen lassen, der Beitrag von Nina Grützenbach über »Lebenswelten« hätte sich als Einführung in die Rubrik »Frauenstudium« geeignet. Querverweise und die damit verbundene Beseitigung einiger inhaltlicher Redundanzen hätte für ein konziseres Gesamtbild gesorgt, was aber die Qualität des Bandes nicht schmälert. Die Einbindung weiterer Fotografien, die für das Köln der

Weimarer Republik ja mannigfach überliefert sind, wäre wahrscheinlich ein separates Projekt gewesen. Was es mit dem wunderbaren Titelbild auf sich hat, das Studentinnen (des einzigen farbentragenden Studentinnenvereins »Hochwacht«?) in ›Verbindungsmontur‹ zeigt, lässt sich ja vielleicht auch noch in Erfahrung bringen.

Maike Schmidt, Erlangen

Andreas Freitäger: Hundert Jahre Neue Universität zu Köln 1919–2019 – Aus Neu mach Alt. Köln: Selbstverlag des Historischen Archivs der Universität 2019, 120 S., zahlr. Abbildungen, 15,00 €.

Dass die Universität zu Köln nur wenige Jahre nach der 625-Jahr-Feier ein Jubiläumsjahr anlässlich der Gründung vor nunmehr 100 Jahren einläutete, ist nur auf den ersten Blick scheinbar paradox und ergibt sich aus ihrer wechselvollen Geschichte. Aus gutem Grund wird in dem zu besprechenden Begleitband der Ausstellung zu diesem Jubiläum der Universität Köln gleich zu Beginn die Frage aufgeworfen, wie alt die Kölner Universität tatsächlich sei. Insbesondere vor dem Hintergrund des Rekurses auf die mittelalterliche Gründung im 14. Jahrhundert, die auch im aktuellen ›Claim‹ der Universität (»Gute Ideen. Seit 1388«) anklingt, stellt sich bereits ein Leitmotiv des Begleitbandes heraus: die Frage der Rezeption von Traditionen, historischen Kontinuitäten und der Selbst(er)findung der neuzeitlichen Universität im Jahre 1919. In der Ausstellung und dem dazugehörigen Begleitband wurde erstmals versucht, die Entwicklung von Traditionen vor dem Hintergrund der Parallelität zweier divergierender Gründungsdaten zu erklären und darüber hinaus die Ausprägungen der laut Gründungsbeschluss »neuartigen Universität« herauszustellen.

Der stellvertretende Leiter des Kölner Universitätsarchivs, Andreas Freitäger, zeichnete sich neben der Konzeptionierung der gleichnamigen Ausstellung auch für die Herausgeberschaft des Begleitbandes verantwortlich. In dieser Funktion leitet er den Ausstellungsband mit einer kurzen Einführung ein, in der er auf die Erfindung von Traditionen an der Universität eingeht, die namensgebend für den Titel des Bandes »Aus Neu mach Alt« sind. Es handelt sich dabei um solche Traditionen wie Talare, Amtsketten oder Amtsstäbe, die bereits im Mittelalter, beziehungsweise dem 19. Jahrhundert, eingeführt wurden. In einem kurzen Aufriss werden einige Gründe für die heutige starke Bezugnahme auf die mittelalterliche Gründung thematisiert. Der Mediävist und ehemalige Kölner Lehrstuhlinhaber Johannes Fried führt dies auf Parallelen in der Zunahme von Wissen und der Wissensorganisation (insbesondere vor dem Hintergrund der Exzellenzinitiative) zurück. Andere Gründe seien der Charakter einer kommunalen Gründung der Universität im Mittelalter und der 1919 postulierte Anspruch einer als »Stadtuniversität« gegründeten Hochschule. Freitäger spricht sich deutlich dafür aus, die Historizität der Universität als Institution wieder verstärkt in den Blick zu nehmen und die mittlerweile einhundertjährige wechselvolle Geschichte der Universität zu Köln auch ohne konstruierte Traditionen zu betrachten. Dieses Anliegen soll in dem Band verfolgt werden, indem die Eigenständigkeit der »neuen« Universität und deren spezifischen Besonderheiten deutlich hervorgehoben werden.

Den Hauptteil des Bandes nehmen die alphabetisch geordnete Darstellung und Einordnung ausgewählter Traditionen, Amtshandlungen, Relikten, Personen oder Siegeln ein. Das Kapitel »Von Albertus Magnus bis Zepter. Ein ABC der Traditionslinien und -kulturen« versucht die unterschiedlichsten Facetten, die sich aus der vielschichtigen Kölner Universitätsgeschichte herauskristallisieren, überblicksartig zu erfassen und dem Leser zu erläutern. Dem alphabetischen Ansatz gemäß erfolgt die Darstellung nicht chronologisch, sondern thematisch, gliedert sich nach einer Einführung in die vier Teilgebiete »Anciennität«, »Feiern und Insignien«, »Relikte« und »Siegel«, die jeweils mit kurzen Ausführungen die nachfolgenden Begriffe einleiten.

Der erste thematische Abschnitt zur Anciennität geht vor allem auf die Kontinuitätslinien zwischen den beiden Universitätsgründungen ein. Sowohl die genauen Vorgänge der Gründung 1919, als auch die Position, welche die Kölner Universität im Verhältnis zu anderen Universitäten einnahm, beziehungsweise einnehmen wollte, werden dabei erläutert. Obwohl die Einrichtung der Universität zwar eine Neu- und keine Wiedergründung darstellte, versuchte die Universitätsleitung in der Folge, die mittelalterliche Vorgängereinrichtung als Ausgangspunkt der neueren Entwicklung zu etablieren, was sich insbesondere an der Verwendung des mittelalterlichen Dreikönigssiegels veranschaulichen lässt. Die übrigen Abschnitte widmen sich recht greifbaren Traditionen in Form von Siegeln oder sonstigen Relikten, die, wie im gesamten Band, durch vielfältige Abbildungen präsentiert werden. Die einzelnen Abschnitte bilden dabei nicht in sich geschlossene thematische Einheiten, da durch den Ansatz alphabetischer Ordnung das Prinzip der Aufteilung in die angeführten Kategorien zwangsläufig durchbrochen wird.

Neben grundlegenden universitären Bräuchen, die an fast allen Universitäten in dieser oder leicht abgewandelter Form vorzufinden sind, werden auch die für den Hochschulstandort Köln spezifischen Charakteristiken eingehend erläutert. Vielfach wird so der Bogen zur Stadtgeschichte geschlagen und die komplexe Verflechtung städtischer und universitärer Strukturen, etwa bei der Grundsteinlegung des neuen Universitätshauptgebäudes 1929, der Rolle der Kölner Oberbürgermeister oder dem Gürzenich als Ort universitärer Feierlichkeiten, nochmals verdeutlicht. Begrifflichkeiten, die ebenfalls im gleichen Band erläutert werden, aber auch in anderen Beiträgen verwendet werden, sind farblich abgesetzt und erlauben dem Leser den schnellen Zugriff auf die entsprechende Erläuterung oder den Verweis auf den Anmerkungsapparat.

Eine Vollständigkeit der ausgewählten Exponate – in Ausstellung und Katalog – wurde seitens der Organisatoren nicht angestrebt und trübt ohnehin nicht den Blick auf eine sorgfältig kuratierte Ausstellung und einen Begleitband, der auch zukünftigen Generationen von Studierenden und anderen Interessierten Einblicke in die wechselhafte und vielseitige Geschichte und Traditionen ihrer Alma Mater gewährt. Gleichzeitig kann der Band als Aufforderung verstanden werden, sich noch eingehender mit der Geschichte der Universität zu Köln auseinanderzusetzen und manche Themen wie das ambivalente Verhältnis von Rektorat und dem Kuratoriumsvorsitzenden Christian Eckert, die nur angedeutet werden konnten, zum Gegenstand separater Untersuchungen zu machen.

Thomas Fuchs, Bonn

Gerhard Quadt/Raimund Tenholte, Köln-Dünnwald in der braunen Zeit 1933–1945, Köln: Selbstverlag 2017, 176 Seiten, Abb., 20,00 €.
Recherchen, Nachforschungen und Untersuchungen geschichtsinteressierter Bürgerinnen und Bürger haben große Bedeutung für die lokale Aufarbeitung der NS-Zeit, sowohl was die gesellschaftliche Aneignung und Vermittlung von Geschichte als auch was die Erschließung von Quellen und Themen betrifft. Gerade in Köln kann man inzwischen auf eine Vielzahl von Stadtteil-, Viertels-, Gemeinde- oder Vereinsgeschichten zurückgreifen, die die Stadtgeschichte der NS-Zeit zu erhellen helfen. In diesen Kontext gehört auch das anzuzeigende Buch. Es will die 2016 erschienene Veröffentlichung der Bürgerstiftung Dünnwald ergänzen (»900 Jahre Dünnwald. Geschichte im Wandel der Zeit«), die bereits in einzelnen Kapiteln auf die Jahre 1933–1945 eingegangen ist. Anliegen von Gerhard Quadt und Raimund Tenholte ist es, das gesamte Spektrum der NS-Herrschaft in Dünnwald abzubilden und die Geschichte des Vorortes ohne »Verdrängungen« und Beschönigungen darzustellen; ihr Anspruch ist »Aufklärung« über die Vergangenheit – gerade angesichts des aktuellen Erstarkens rechtsextremer Ideologien und Gruppierungen (S. 5, 173).

Das Buch beruht auf Auskünften verschiedener regionalhistorisch relevanter Archive, einer Durchsicht der Lokalpresse (vor allem des Kölner Stadt-Anzeigers), Gesprächen mit Dünnwalder Bürger*innen sowie vereinzelten Hinweisen aus Literatur und Primärquellen. Abgehandelt werden etwa: die Ortsentwicklung, Rolle und zunehmender Einfluss der NSDAP, die Einordnung örtlicher Vereine in das NS-Regime, Schule und Jugenderziehung, die Haltung der Kirchen, Aspekte der Verfolgung, der auf wenige Personen aus dem linken Arbeitermilieu beschränkte Widerstand, das Kriegsgeschehen sowie die Frage der »Aufarbeitung« nach 1945, wobei die Informationen unterschiedlich dicht ausfallen. Ein eigenständiger Beitrag von Karola Fings widmet sich den »Hinrichtungen am Schießplatz Dünnwald« und nennt die Namen der dort Erschossenen.

Der Anspruch einer problemgeleiteten, verdichteten wissenschaftlichen Darstellung, den manch jüngere stadtteilhistorische Untersuchung erfüllt, wird von den Autoren nicht erhoben – wie sich auch formal (etwa im Hinblick auf die Zitierweise) zeigt. Vielmehr geht es um Darlegung des Gefundenen, die Darstellung der »Ereignisse« und »Tatsachen«, um so eine Basis zu schaffen für die informierte und »gerechte Beurteilung« der Zeit (S. 5). Insofern kann das Buch Material liefern für die weitere ortshistorische Forschung; vor allem aber ist es Aufforderung an die Bürgerinnen und Bürger zu einer weiteren, engagierten und kritischen, Auseinandersetzung mit der Geschichte des eigenen Nahbereichs.

Thomas Roth, Hennef/Köln

Rita Wagner (Hg.): Köln am Rhein oder von Zeit zu Zeit. Begleitband zur Ausstellung im Kölnischen Stadtmuseum vom 24. August bis zum 15. Dezember 2019. Oppenheim am Rhein: Nünnrich-Asmus Verlag & Media 2019, 112 S., 140 Abb., 25,00 €.
Die diesem Buch und der entsprechenden Ausstellung zugrunde liegende Konzeption ist eine denkbar einfache wie wirkungsvolle: Man nehme 26 Kölner Stadtansichten und dekliniere diese mit jeweils dem selben Blickwinkel durch die Zeit: Vor dem Krieg

entstandene Aufnahmen von Hugo oder Karl Hugo Schmölz; sodann Fotos von Karl Hugo Schmölz inmitten der Trümmer des Jahres 1947; 45 Jahre später (1992, 1994) Bilder von Helmut Buchen, Wolfgang F. Meier und Marion Mennicken, Fotografen beziehungsweise Fotografin des Rheinischen Bildarchivs; schließlich erneut in einem Abstand von 25 Jahren (2018, 2019) Aufnahmen von Michael Albers, ebenfalls Rheinisches Bildarchiv, und Marion Mennicken. Auf diese Weise sind 26 Tetraptychons entstanden, »eine Form, die im Heiligen Köln selten, aber nicht unbekannt ist« (Rolf Sachsse, S. 18), womit auf die mittelalterlichen Andachtsbilder der Diptycha und Triptycha in und aus Kölner Kirchen verwiesen wird.

Auf diese Weise hätte ein ansprechendes Fotobuch rein zum Blättern und Schmöckern zustande kommen können, doch »Köln am Rhein oder von Zeit zu Zeit« ist weitaus mehr – und das liegt ganz wesentlich an dem persönlich gefärbten Essay von Rita Wagner und dem profunden Beitrag von Rudolf Sachsse, der seine Ausführungen in dem entsprechenden Vorgängerband – seinerzeit natürlich ohne die Aufnahmen von 2018/2019 – aktualisiert und erweitert hat. Rita Wagner beschreibt in einer Tour d'horizon den ständigen Wandel der Stadt in ihrer 2.000-jährigen Geschichte, um am Ende für die Fotografien der letzten zeitlichen Schicht vollkommen zu Recht die »überbordende optische ›Vermüllung‹« (S. 15) des Stadtbildes anzusprechen. Auch die jüngsten Bilder sind in schwarzweiß gehalten, »so bleibt den Betrachtenden die allzu farbenfrohe Gestaltung Kölner Straßenflächen erspart« (S. 15).

Rudolf Sachsse wiederholt in aktualisierter Form seinen quellen- und literaturgesättigten Beitrag von 1992/1994, mit dem insbesondere die Bilder der ersten beiden Zeitschichten fotografiegeschichtlich eingeordnet werden. In größeren Teilen neu erarbeitet sind die letzten Abschnitte, in denen es unter anderem um »zwei Mal neue Bilder« (die von 1992/94 und 2018/19) geht. Dabei wiederholt Sachsse keineswegs unkritisch dass allbekante Dictum von der »zweiten Zerstörung Köln« durch den Wiederaufbau, sondern weiß durchaus etwa die »ungeheure Leistung des Wiederaufbaus der Stadt« (S. 25) zu würdigen. Gleichzeitig aber findet er auch deutliche Worte, für die man nur dankbar sein kann und die dem Rezensenten jedenfalls aus der Seele sprechen, dass nämlich die beiden jüngsten Bilderreihen schonungslos die Fehlentwicklungen Kölner Stadtplanung (was heißt hier eigentlich »Planung«?) offenlegen. Stichworte sind die wüsten Formen der Stadtmöblierung, das scheinbar ungeplant gesetzte, dann wild und ungeordnet wachsende Grün, »unförmige Relais- und Stromkästen« (S. 25), chaotische Pflastergestaltungen und Schilderwälder bis hin zu billigsten Ladenschildern ... Diese Liste ließe sich fortsetzen. Da vermisst man jeden Gestaltungswillen, und Sachsse muss nicht einmal mehr auf die charakter- und gesichtslosen Bauten moderner Investorenarchitektur rekurrieren. So oder so – das ist »Stadtplanung unter den Bedingungen einer radikalen Marktwirtschaft, wie sie sich gerade am Ende des zweiten Jahrzehnts im 21. Jahrhundert in der Wohnungsfrage niederschlägt« (S. 24) beziehungsweise eine der Konsequenzen des nach »der deutschen Wiedervereinigung erstarkten Neoliberalismus« (S. 25; Zitat umgestellt), der sich ohnehin wie Pest und Cholera schon viel zu lange auch in anderen gesellschaftlichen Bereichen wie etwa dem Bildungswesen festgefressen hat. Doch damit genug der Philippika! Wohltuend heben sich von diesen Eindrücken übrigens die »Verhältnisse im Inneren der abgebildeten Kirchen Kölns« (S. 26) ab. »Die örtliche [man müsste ergänzen: vor allem kirchliche, J. O.] Denkmalpflege hat die Bedeutung der Kirchenräume als Träger von Traditionen erkannt« (ebd.).

Es dürfte jedenfalls deutlich geworden sein, dass schon die Fotografien selbst beziehungsweise deren Präsentation in vier Zeitschnitten gar kein harmloses Fotobuch sind, sondern immanent politische Bedeutung erhalten, und das erst recht durch die Ausführungen von Wagner und insbesondere Sachsse. Die Bilder der zweiten zeitlichen Schicht von 1947 wurden damals übrigens im Auftrag des Nachrichtenamtes erstellt, offenbar um sie als Album in Gegenüberstellung mit den entsprechenden Vorkriegsaufnahmen wichtigen Kommunalpolitikern zu überreichen, vielleicht nicht zuletzt als Grundlage für Wiederaufbauplanungen. Das könnte dazu anregen, das zu besprechende Buch auch heutigen Kommunalpolitikern zukommen zu lassen, die daraus durchaus Anregungen für die Stadtplanung des 21. Jahrhunderts gewinnen dürfen.

Nicht übergangen werden soll der kleine, aber feine Beitrag von Michael Albers, der sich mit technischen Grundlagen der Bilder von Vater und Sohn Schmölz auseinandersetzt und so mit Details zu etwa kaum auffallenden Retuschierungen aufwarten kann. Das ist nicht nur spannend, sondern gibt wertvolle Einblicke in die Arbeitsweise dieser beiden bedeutenden Architektur- und Werbefotografen.

Joachim Oepen, Köln

Sakralbauten der Architektenfamilie Böhm, fotografiert von Hartmut Junker, mit Texten von Stefanie Lieb, Regensburg: Schnell & Steiner GmbH 2019, 479 S., zahlr. Abb., 110,00 €.

Pünktlich zum 100. Geburtstag des großen Kölner Baumeisters Gottfried Böhm erschien der Prachtband »Sakralbauten der Architektenfamilie Böhm«. Damit knüpft der renommierte Kunstverlag Schnell & Steiner in Ausstattung und Aufmachung an seine vor 58 Jahren erschienene Monografie »Dominikus Böhm« an und erschließt damit ein ganzes Jahrhundert katholischen Kirchenbaus – auch angesichts der sich abzeichnenden Abgabe dieser Bauten aus demografischen, pastoralen und finanziellen Gründen. Die Einordnung des Werkes von Gottfried Böhm, der in über 60 Schaffensjahren in Deutschland und darüber hinaus ebenso viele Kirchen realisierte, kann nicht ohne Blick auf das Œuvre seines Vaters erfolgen, wie auch das Werk der Söhne unverkennbar seinen Einfluss zeigt. Bei den im Nachkriegsjahrzehnt entstandenen Böhm-Kirchen ist die Autorenschaft oft nicht eindeutig zuzuschreiben, zieht man nicht bloß die Plansignatur, sondern auch Details der Umsetzung als Charakteristikum heran. So realisierte beispielsweise Gottfried Böhm den Heimatstil-Entwurf für die Kirche St. Paulus in Velbert, den der Vater Dominikus bereits 1937 mit einem überlangen Rechteck-Grundriss entwickelt hatte, 1953 als Stahlskelett-Konstruktion mit Seilhängedach. Auch die organisch entwickelten, von sechs Kapellen umstandenen Zentralraum-Grundrisse von Neviges (Maria, Königin des Friedens) oder Rheda-Wiedenbrück (St. Johann – beide 1964 bis 1968) basieren auf dem Konzept Dominikus Böhms für die Frauen-Friedenskirche in Frankfurt 1927. Parallelen im Schaffen von Vater und Sohn könnten auch erforscht werden im Hinblick auf die Schöpfung figürlich ornamentaler Buntverglasungen oder ingeniöser Tragwerkserfindungen – betonierten Parabelgewölben bei Dominikus oder gemörtelten Hängedecken bei Gottfried –, wie sie kein Kirchenbaumeister in der Moderne als Alleinstellungsmerkmal aufweisen kann. Aber solchen Themen und Fragestellungen widmet sich die vorliegende Publikation nicht. Vielmehr geht es um eine aktuelle Inventarisation der über 100 Sakralbauten der drei Generationen dieser außergewöhnlichen Architektenfamilie. Dies vor allen Dingen in Form großformatiger Fotografien, mit denen der Geist dieser besonderen Räume in ihrem städtebaulichen Umfeld dokumentiert werden soll.

Dieser gewaltigen Aufgabe, die über ein Gebiet von Zabrze in Polen, die Niederlande bis Wigratzbad im Allgäu – sicherlich mit einem Schwerpunkt im Rhein- und Münsterland – verstreuten Kirchen aufzusuchen und abzulichten, hat sich Hartmut Junker gestellt. Im Unterschied zu der Dokumentation von 1962, wo Wert darauf gelegt wurde, »den ursprünglichen Zustand festzuhalten«, ohne dass »die rasch erfolgenden Veränderungen in unserer Zeit zu vielen Schwierigkeiten bei der Bearbeitung der Werkliste führten«,[1] zeigen die aktuellen Aufnahmen die Realität: die Kircheninnenräume mit den oft beklagenswerten Altarraumbegrünungen, Wohnzimmereinrichtung, laienhafter Präsentation der Gemeindeaktivitäten oder inzwischen eingerichteten Andachtsbereichen mit teils fragwürdiger Sakralraumausstattung. Außen bedrängen wuchernde Grünkulissen oder ruhender Verkehr die uneingeschränkte Wahrnehmbarkeit der Fassaden und Baukörperkompositionen. Man erahnt die Mühe des Fotografen, Ausschnitte zu finden, die die Architektur ohne solche Störungen zeigt. Oft genug vereitelt die dann ausgewählte Partie – ohne parkende Autos – den Nachvollzug der städtebaulichen Idee (beispielsweise St. Gertrud in Köln oder Herz Jesu in Schildgen). Im Gegensatz zu den kontrastreichen schwarz-weiß Innenraumfotos aus der Erbauungszeit, die den unmittelbaren Bezug zu den berühmten Kohlezeichnungen der Böhms herstellten, verschleiern die aktuellen Farbfotografien mit den Gebrauchsspuren eher das Wesen der plastisch geformten Raumskulpturen. Auch der Einsatz von Weitwinkel oder moderner Bildbearbeitung führt nicht zum besseren Verständnis der abgebildeten Innenräume – im Gegenteil: Mancher Versuch, auf *einem* Bild den gesamten Raum zu erfassen, schlägt um in eine Verzerrung der Realität, die nichts mehr gemein hat mit der Raumerfahrung durch den eigenen Körper vor Ort. »Dieses Buch ist mit einem bedenklichen Mangel behaftet, für den vorweg Entschuldigung erbeten werden muss. Wir haben ihm Lichtbilder beigegeben, und das Lichtbild ist ungeeignet, Architektur darzustellen. Es eignet sich nicht zur Wiedergabe von Räumen und verzerrt sie bis zur Unkenntlichkeit. Es stellt auf mechanischem Wege Zentralperspektiven fest, die nichts mit der Art des lebendigen Sehens zu tun haben und aus einem willkürlich gewählten Standpunkt aufgenommen wurden, dem Standpunkt des Fotografen, nicht dem des Baumeisters«.[2] Dieser Problematik bewusst, lockt das Buch mit einer Vielzahl an Detailfotos von Bauzier, von den Architekten entworfenen Buntverglasungen und

1 August Hoff/Herbert Muck/Raimund Thoma: Dominikus Böhm, München/Zürich 1962, S. 541.
2 Rudolf Schwarz: Kirchenbau. Welt vor der Schwelle, Heidelberg 1960, S. 6.

Ausstattungsobjekten, diese Gesamtkunstwerke einmal selbst aufzusuchen, um vor Ort diese besonderen Raumschöpfungen begreifen zu können.

Eine Vorstellung von Raum können auch Architekturzeichnungen in Zusammensicht mit Fotos vermitteln. Umso bedauerlicher, dass solche Grundriss-Skizzen nur an wenigen Projekten – Platz wäre genug gewesen – angebracht sind. Es kann auch nicht nachvollzogen werden, warum einige Kirchen damit zusätzlich erklärt werden und andere nicht. Damit auch nach Umbauten der Bezug zu den Abbildungen herleitbar wäre, hätte man sich aktuelle Präsentationszeichnungen gewünscht. Besonders bedauerlich sind Grundrisse eines früheren Planungsstadiums (Dorfkirche Ringenberg) oder falsche Zuordnungen (Schildgen zur Kölner Universitätsklinikkirche).

Neben den vielen Fotos kommt die dritte Art, Architektur zu dokumentieren, nämlich das Wahrzunehmende zu beschreiben, zu kurz. Die schiere Menge der Gebäude, ihre teils unvergleichliche Konzeption und die Fülle der erwähnenswerten Details verlangt eine nachvollziehbare Systematik der Präsentation. So sind nach den Stilepochen vier Hauptkapitel gebildet – Expressionismus, Wiederaufbau, Brutalismus und Postmoderne. (Dabei müssten einige Bauten dem Heimatschutzstil zugeordnet werden, andere ein halbes Jahrhundert später dem Strukturalismus.) Eine chronologische Abfolge verbieten die zu verschiedenen Zeiten in ähnlichen Stilen entstandenen Bauten, weswegen zusätzlich 19 Zwischenkapitel eingestreut sind, die Funktionalitäten (liturgische Bewegung, funktionalistische Kirche, Krankenhauskirche, NS-Kirchenbau, Symbolarchitektur, Gemeindezentrum, Umnutzung, et cetera) und Details (Licht und Schatten, Purismus, Himmelsgewölbe, Beton, Tragwerksexperimente, Rosenmotiv et cetera) zusammenfassend erklären. Da sich Böhm-Kirchen durch unterschiedlichste (Stil-)Merkmale auszeichnen, scheint ihre Gruppierung in die jeweiligen Kapitel beliebig und teils nicht nachvollziehbar. Einige Bauten sind offenkundig falsch sortiert. Vor diesem Hintergrund wäre die bemühte Klassifizierung möglicherweise entbehrlich gewesen, und vor dem Leser hätte sich der staunenswerte Gesamtkosmos Böhm'scher Sakralarchitekturen ausgebreitet, der sich jedweder strengen Stilzuschreibung und Klassifizierung bei genauerer Betrachtung irgendwie zu entziehen scheint. In jedem Fall hätte sich der Rezensent mehr Sorgfalt bei der Ausarbeitung der Texte gewünscht, die etliche offenkundige Sachfehler – nicht nur für den Fachmann aufzuspüren – enthalten. Dies sollte bei einer Neuauflage, die dieses opulente Werk auf jeden Fall verdient, unbedingt berücksichtigt werden.

Martin Struck, Köln

Autorinnen und Autoren

Dr. Joachim **Deeters**, Berlin – Thomas **Deres** M.A., Bergisch Gladbach – Thomas **Fuchs**, Bonn – Prof. Dr. Gudrun **Gersmann**, Universität zu Köln, Historisches Institut – Dr. Georg Friedrich **Heinzle**, Staatsarchiv Graubünden (Schweiz) – Alexander **Heit**, Graduiertenkolleg 1919, Universität Duisburg-Essen, Historisches Institut – Prof. Dr. Johannes **Helmrath**, Humboldt-Universität zu Berlin, Institut für Geschichtswissenschaften, Lehrstuhl für Mittelalterliche Geschichte II. – Dr. Christian **Hillen**, Bonn – Thomas **Kahl**, Köln – Dr. Michael **Kaiser**, Max Weber Stiftung – Deutsche Geisteswissenschaftliche Institute im Ausland, Bonn – Charlotte **Kalenberg**, Königswinter – Dr. Tobias **Kanngießer**, Köln – Saskia **Klimkeit**, Historisches Archiv des Erzbistums Köln – Dr. Mario **Kramp**, Kölnisches Stadtmuseum – Nicola **Kresken**, Universität zu Köln, Historisches Institut – Birgit **Lambert**, Metropolitankapitel der Hohen Domkirche Köln, Dombauhütte, Fotoarchiv – Georg **Mölich**, LVR-Institut für Landeskunde und Regionalgeschichte, Bonn – Dr. Joachim **Oepen**, Historisches Archiv des Erzbistums Köln – Dr. Anna **Pawlik**, Erzbischöfliches Generalvikariat, Köln – Dr. phil. habil. Conradin **von Planta**, Therwil (Schweiz) – Dr. Wolfgang **Rosen**, Köln/Bonn – Dr. Thomas **Roth**, Hennef/Köln – Yvonne **Schäfers** M.A., Dachau – Dr. Maike **Schmidt**, Friedrich-Alexander-Universität Erlangen-Nürnberg, Department Geschichte – Eileen **Schwarz**, Schokoladenmuseum Köln GmbH – Martin **Struck**, Erzbischöfliches Generalvikariat, Köln – Dr. Christiane **Twiehaus**, MiQua/LVR-Jüdisches Museum im Archäologischen Quartier Köln – Prof. Dr. Clemens **von Looz-Corswarem**, Köln – Stefan **Wunsch** M.A., NS-Dokumentation Vogelsang